Hildegard von Bingen

Scivias – Wisse die Wege

HERDER / SPEKTRUM

Band 4115

Das Buch

„Du gebrechlicher Mensch, Asche von Asche und Staub von Staub, sage und schreibe, was du sehen und hören wirst": Diese Aufforderung steht am Anfang des „Scivias". Die erste vollständige und zeitgemäße wortgetreue deutsche Übersetzung dieses Hauptwerks Hildegards wird hier vorgelegt: die faszinierenden, überraschend aktuellen Visionen einer der modernsten Frauen des Mittelalters. Über der Niederschrift der 26 Kapitel dieses Buches vergehen zehn Jahre. Die visionär begabte Heilige zeigt in ihrer von starken und suggestiven Bildern geprägten Schau die tiefsten Geheimnisse menschlichen Daseins. Auf faszinierende Weise enthüllen ihre mystischen Visionen das Wesen der Schöpfung und des Menschen, die Wirklichkeit Gottes und das Geheimnis der Herkunft des Bösen. In Hildegards Bildern enthüllt sich das Heilsdrama der Erlösung, die kosmische Katastrophe am Ende der Zeiten und die Große Offenbarung. Mensch und Kosmos, Leib und Seele sind in ihrer Sicht untrennbar miteinander verbunden und aufeinander verwiesen. Eines der großen Werke der europäischen Geistesgeschichte. Illustriert mit Bildtafeln aus dem Rupertsberger Kodex.

Die Autorin

Hildegard von Bingen, 1098–1179, heiliggesprochene Äbtissin, Beraterin großer Persönlichkeiten des geistlichen und weltlichen Lebens und universale Gelehrte, ist eine der großen und weisen Frauen des Mittelalters. Ihre seherischen Fähigkeiten machten Hildegard schon zu Lebzeiten zu einer anerkannten Autorität des christlichen Abendlandes. In Herder/Spektrum: Heilwissen. Von den Ursachen und der Behandlung von Krankheiten (Band 4050); Heilkraft der Natur – Physika. Rezepte und Ratschläge für ein gesundes Leben (Band 4159).

Hildegard von Bingen

Scivias – Wisse die Wege

Eine Schau von Gott und Mensch in Schöpfung und Zeit

Übersetzt und herausgegeben von Walburga Storch OSB,
Abtei St. Hildegard, Rüdesheim-Eibingen

Herder
Freiburg · Basel · Wien

Vollständige Übersetzung der lateinischen textkritischen Edition
In: Corpus Christianorum Continuatio Mediaevalis 43, 43 A
Edd. Adelgundis Führkötter OSB et Angela Carlevaris OSB
Turnholti: Brepols, 1978

Sinngemäße Ergänzungen zum besseren Verständnis sowie prägnante lateinische Wendungen und schwer wiederzugebende schöpferische Formulierungen Hildegards sind in runder Klammer beigefügt.

Für die Abdruckgenehmigung und Reproduktionserlaubnis der s/w-Tafeln aus dem Rupertsberger Kodex danken wir dem Rheinischen Bildarchiv, Köln.

Lizenzausgabe mit freundlicher Genehmigung des Pattloch-Verlags

Verlag Herder Freiburg im Breisgau 1992
Herstellung: Freiburger Graphische Betriebe 1992
Umschlaggestaltung: Joseph Pölzelbauer
Umschlagmotiv: Detail aus dem Rupertsberger Kodex, Rheinisches Bildarchiv, Köln
ISBN 3-451-04115-4

Inhaltsverzeichnis

Vorwort

Diese Übersetzung des lateinischen Erstlingswerkes Hildegards möchte all denen einen bescheidenen Dienst leisten, die zu der zeitlosen, doch gerade heute hochaktuellen Botschaft der „Prophetissa Teutonica" in der Ursprache keinen Zugang haben. Sie fußt auf der hervorragenden lateinischen textkritischen Edition meiner Mitschwestern Adelgundis Führkötter und Angela Carlevaris und umfaßt erstmals auch alle Passagen, die – aus welchem Grund auch immer – bis jetzt unübersetzt blieben.

Ein Mosaik besteht aus unzähligen bunten Steinchen, von denen keines fehlen darf. So gehören zu der grandiosen Zusammenschau Hildegards auch scheinbar belanglose Nebensächlichkeiten, ermüdende Wiederholungen und minutiöse Beschreibungen des Geschauten. Der Sinn ihrer genialen Bildersprache und Symbolik – ein Bild geht häufig ins andere über – ist manchmal nicht leicht zu begreifen. Lange Satzgefüge und originelle Wortverbindungen erschweren zuweilen das Verständnis. Hildegards eigenständige Auslegungen zu Schrifttexten sind der Betrachtung wert; sie sind im angefügten Register verzeichnet.

Danken möchte ich – nächst Gott, der mich auf rauhen Wegen aus meiner sudetendeutschen Heimat in die rheinische Abtei geführt hat – meinen Obern und Mitschwestern und allen, die mich durch wohlwollende Kritik und diskrete Korrektur schon bei der Erstellung meiner vorjährigen Studienausgabe, die bereits vergriffen ist, unterstützt haben.

Möge die Botschaft der „Posaune Gottes" – wie sich Hildegard selbst bezeichnet hat – den Weg über alle Grenzen hinweg zum Herzen der suchenden Menschen unserer Zeit finden und sie zur Heimkehr zu Gott rufen. Ihr Werk aber diene der Verherrlichung Gottes – „Ut in omnibus glorificetur Deus."

Benediktinerinnenabtei St. Hildegard,
Eibingen/Rüdesheim, am 21. März 1990

Die Übersetzerin

Einleitung

Nach acht Jahrhunderten, in denen Hildegard von Bingen zwar im Heiligenkalender der Kirche geführt wurde, in denen aber Wissen und Bedeutung dieser Frau weitgehend in Vergessenheit geraten waren, besinnen sich in unseren Tagen die unterschiedlichsten Gruppierungen auf die rheinische Äbtissin. Besonderes Interesse findet heute Hildegards naturwissenschaftliches Schrifttum, da man neben der Schulmedizin nach alternativen Heilmethoden sucht. Ihre Niederschriften über Krankheitsursachen, über die körperlichen Auswirkungen seelischer Probleme, über die Heilkraft von Kräutern, Wurzeln, Früchten und Mineralien, über fehlerhafte oder gesunde Ernährung gehörten – unter dem Titel „causae et curae" zusammengefaßt – zu den populärsten Texten über Naturheilkunde. Und sie vor allem haben in unserem Jahrhundert für eine sogenannte „Hildegard-Renaissance" gesorgt.

Aber auch katholische Frauen, die aus ihrem Selbstverständnis heraus um mehr Einfluß in der „Männerkirche" kämpfen und Hildegard in den Rang einer Kirchenlehrerin erhoben sehen wollen, trugen dazu bei, daß der Binger Äbtissin 800 Jahre nach ihrem Tod wieder jene Aufmerksamkeit gewidmet wird, die dieser kämpferischen und weitblickenden Prophetin zukommt.

Eine Aufmerksamkeit, die es allerdings auch notwendig macht, sich den Niederschriften ihrer Visionen zuzuwenden, selbst wenn die symbolreiche und deshalb oftmals verschlüsselte Bildersprache dieser Texte nach einer intensiven Beschäftigung verlangt und sich dem oberflächlichen Leser nicht erschließt. Visionen von der schuldhaften Verstrickung des Menschen, die zu einer, den ganzen Kosmos umfassenden Theologie von der Liebe des Schöpfers zu seinem Geschöpf führten und die – wie die Apokalypsen des frühen Christentums – ihre Aussagekraft bis heute nicht verloren haben.

Daß Hildegards Visionen – so selbstverständlich sie und ihre Zeitgenossen auch von der überirdischen Herkunft überzeugt waren -kirchlicherseits als „Privatoffenbarungen" eingestuft sind, kann ihren Wert nicht schmälern. Papst Eugen III. autorisierte auf der Synode zu Trier 1147/1148 ihre Visionsgabe und ermunterte Hildegard zur weiteren Niederschrift ihrer Schauungen. Selbst wenn Hildegard nicht von Geburt an schwächlich und lebenslang leidend gewesen wäre, bliebe die Fülle ihres Lebenswerkes beeindruckend. Sie erbaute zwei Klosteranlagen, gründete und leitete zwei

Konvente, heilte Hunderte von Kranken, umsorgte in ihren Klöstern Bettler und noble Reisende, unterhielt einen breitgefächerten Briefwechsel, ging bis in die allerletzte Lebensphase hinein immer wieder auf strapaziöse Reisen wenn es galt, Kirchenobere an ihre Pflichten zu mahnen, das Ketzerunwesen anzuprangern oder Frieden in Klöstern zu stiften.

Drei große Visionen schreibt sie nieder „Scivias" – das Mahnbuch für ein gottgefälliges Leben, „Liber vitae meritorum", das Buch von den Lebensverdiensten und schließlich „Liber divinorum operum", das Buch von den Werken Gottes. Sie verfaßt die umfangreichen Naturschriften „causae et curae" und „Physica", die Lebensbeschreibung des Disibod, schreibt eine Evangelienauslegung, kommentiert die Benediktusregel, korrespondiert über spitzfindige theologische Streitfragen, verfaßt eine Fülle geistlicher Lieder, ein Mysterienspiel über den „Reigen der Tugenden" und schließlich noch eine Geheimschrift, die „lingua ignota", die bis heute nicht entschlüsselt werden konnte.

Hildegards Selbsteinschätzung als „armseliges Weibsbild", als Mensch, „der nicht glüht nach Art des starken Löwen", steht für uns in einem seltsamen Widerspruch zu ihren machtvollen Predigten, zu ihrem unbeirrbaren Festhalten an einmal für richtig erkannten Entscheidungen.

Hildegard war zwar von Geburt an leidend, während vier Perioden ihres Lebens aber scheinen die Krankheitserscheinungen von besonderer Heftigkeit gewesen zu sein, vor allem dann nämlich, wenn die Äbtissin säumte, den Auftrag zur Niederschrift einer Schau zu befolgen, wenn Unfrieden in ihrer Umgebung aufkam. Hildegard nimmt dieses Leiden als Züchtigung Gottes an, der verhindern will, daß sie ihre Demut verliere.

Das Leben Hildegards ist nicht verständlich, nicht zu interpretieren ohne einen Blick in die Zeitgeschichte. Denn dieses zwölfte Jahrhundert, in dem die Äbtissin von einem rheinischen Kloster aus zum Gewissen der Mächtigen in der damals bekannten Welt wurde, dieses zwölfte Jahrhundert war eine Zeit des geistigen, des geistlichen, des politischen und des wissenschaftlichen Umbruchs. Der Investiturstreit, die Auseinandersetzung zwischen kaiserlicher und päpstlicher Macht, manifestierte sich in innerpolitischen Wirren ebenso wie in internationalen Verwicklungen. Doch nicht nur Krone und Tiara standen einander entgegen, sondern auch das morgenländische-orthodoxe und das römisch-abendländische Christentum brachen auseinander.

Das eng geknüpfte Netz überkommener christlicher Moralvorstellungen zerriß angesichts der sinnenfrohen Lebensgier einer Zeit, in der Kriege, Verwüstungen und Seuchen frühen Tod brachten, in der eine erbarmungslose Gerichtspraxis durch Vertreibung aus der armseligen Hütte jeden ins Elend brachten, der nach einer Mißernte, bei Krankheit Zins und Zehent nicht pünktlich abliefern konnte.

Doch neben kaum vorstellbarer Brutalität und der Abkehr von allen überkommenen Moraltraditionen brachte dieses zwölfte Jahrhundert auch eine unerhörte Glaubensbereitschaft, Opfermut und Liebe. Nicht umsonst fiel die Aufforderung Papst Urbans II., das Grab Christi aus der Hand der Heiden zu befreien, beim jungen Ritter-Stand auf fruchtbaren Boden. Die Kreuzzüge freilich brachten für lange Epochen ein unvorstellbares Blutbad mit sich, für Christen wie Heiden. Und auch der neuerblühte Glaubenseifer hinterließ traurige Spuren in der Geschichte: Fanatismus regierte die asketischen Sekten wie die der Katharer, der Flagellanten – Fanatismus jagte die „Ketzer" in den Tod, auch wenn diese Ketzer oft genug nur einfache, des Lesens und Schreibens unkundige Gläubige waren, die in bester Frömmigkeit einem eifernden Bußprediger folgten. Machtgier und Weltflucht, Prunksucht und Askese hielten einander die Waage, neben dem Festhalten an dunkelstem Aberglauben begann in den neubegründeten Universitäten Europas scholastisch systematisches Forschen. Ein Jahrhundert der Gegensätze, des Aufbruchs, der Verzweiflung und der Hoffnung... Kämpft im Kloster von Clairvaux der heilige Bernhard um die Rückbesinnung des in Reichtum, Bequemlichkeit und lockere Lebensweise verstrickten Mönchtums auf seine eigentlichen Ideale, so scheut Hildegard von Bingen keine Mühe und keine Anstrengung in ihrem Streben, Kleriker, Bischöfe und Päpste ihrer machtpolitischen Verstrickung, der Vernachlässigung geistlicher Pflichten wegen zu mahnen. Immer wieder bezieht sie sich in diesem Kampf auf die Legitimation ihrer Schau, malt mit großer Eindringlichkeit die Verantwortung der in Schuld verstrickten Welt für die Schöpfung, die Verantwortung der Priesterschaft für das Seelenheil der Menschen.

Man hat Hildegard mit vielen Ehrentiteln belegt in der Hoffnung, sie leichter in vertraute Schemata einordnen zu können, sicherlich auch in dem Bemühen, dem breiten Spektrum ihres Schaffens gerecht zu werden. Man kann sie die erste deutsche Ärztin nennen, die erste deutsche Dichterin oder die erste Komponistin, prophetissa teutonica, Bannerträgerin des Glaubens, Künderin göttlicher Aussprüche oder Wisserin höchster Geheimnisse. Man kann sich dem großen Theologen und Kirchengeschichtler

Ignaz von Döllinger anschließen, der schrieb, sie sei „eine in der christlichen Geschichte einzig und unerreicht dastehende Erscheinung. So hoch wie sie hat nie ein Prophet sein Ansehen gebracht, so allgemein Glauben und uneingeschränkte Verehrung nie ein Heiliger gefunden". Man kann sich schließlich den Mönchen von Villers anschließen, denen Hildegard über eine lange Frist durch intensiven Schriftwechsel verbunden war, und die kurz vor ihrem Tod urteilten: „Mit einzigartiger Gnade hat Gott sie überkommen. Inmitten der Kirche öffnete er ihren Mund und erfüllte sie mit dem Geist der Wahrheit und der Erkenntnis."

Es ist zweifellos schwierig, Hildegard geschichtlich, weltgeschichtlich und heilsgeschichtlich einzuordnen. Sie selbst sieht sich in der Reihe der alt- und der neutestamentlichen Propheten. Hildegard unterscheidet sich von jenen großen Frauengestalten, die sichtbare Spuren in der mittelalterlichen Geschichte ihrer Länder hinterließen und für ihre ausgeprägten Formen der Frömmigkeit mit Leben und Gesundheit bezahlten wie Jeanne d'Arc, Brigitta von Schweden, Elisabeth von Thüringen oder Katharina von Siena.

Für die Nachgeborenen, die sich Hildegard und ihrem Werk nähern wollen, bleibt zunächst ihre eigene Definition verpflichtend, sie sei die „Posaune Gottes" und müsse unermüdlich tönen, um dem Schöpfer die durch Schuld und Gottvergessenheit zugestoßene Tür zu seiner Schöpfung neu zu öffnen.

Vor allem an Hildegards eigenen Formulierungen muß der im Verlauf der Kirchengeschichte oft gemachte Versuch scheitern, sie unter die Mystiker einzuordnen: nie war Hildegard ihrer Umwelt „ent-rückt", nie entfloh sie schwerelos der irdischen Bindung, nie erfuhr sie die der persönlichen Heiligung dienende „süße Minne" des himmlischen Bräutigams, das Zwiegespräch mit der Gottesmutter. Die ihr geoffenbarte Botschaft ist an die ganze Kirche gerichtet, ist ihr „Last Gottes", unentrinnbarer Auftrag.

Ihre Schau erfährt sie stets im Wachzustand, in dem sie für die alltäglichen Notwendigkeiten offen und ansprechbar bleibt. Getreu der benediktinischen Regel, in allem Maß zu halten, vermied sie eine übertriebene Askese aufs sorgfältigste. Und wie sie immer wieder betont, erfaßt sie die Visionen nicht mit dem Verstand, sondern gibt das Geschaute unreflektiert und ohne eigenes Zutun wieder.

Hildegard ist Posaune Gottes, ist Prophetin im alttestamentlichen Sinn. Und die Aufgabe der Prophetin, ihre Aufgabe, definiert sie selbst so: „Eine gewisse Härte kommt über sie gleich der Festigkeit des Marmors. Sie schmeichelt niemandem, sondern steht, vom Heiligen Geist durchströmt, ohne Wanken in der ungeteilten Wahrheit. Keine Spaltung ist in ihren Worten, denn sie empfängt das, was sie sagt, von keinem anderen als dem, der ungeteilt Gott ist. So ist sie unbeugsam wie ein Stein. Sie weicht keinem Menschen. Doch geschieht alles in der Lauterkeit der Einfalt, die wie die Einfalt eines Kindes nichts redet, als was sie sieht und weiß". Nicht also, was sie selbst fühlt, denkt, wünscht, hofft, sondern im Sinne der „Posaune" nur das, was sie empfängt. Und das soll aufrütteln, mahnen, aber auch trösten und ermutigen.

Und noch ein Satz aus der Niederschrift der Visionen verrät ihre eigene, innere Nähe zu den Propheten des Alten Testaments: „Wer gegen diese Prophezeiungen Flüche ausstößt, über den wird der Fluch kommen, den Isaak ausgesprochen".

Hildegards zentrales Thema ist die Auseinandersetzung zwischen Gott und dem Satan. In der Mitte dieses Kampfes steht der Mensch, der in der Kraft Gottes berufen ist, die zerstörenden Mächte zu überwinden. Hildegard läßt ihn erkennen, daß er in die verborgenen kosmischen Zusammenhänge der Schöpfung und der Heilsgeschichte eingeordnet ist. Und dabei bezieht sie die Bilder ihrer Visionen nicht nur aus den im Mittelalter weit verbreiteten apokryphen Apokalypsen des Judentums und der Urchristen, sondern nicht minder aus den Spannungen der Zeitgeschichte, auch aus dem alltäglichen Geschehen, wie sie es auf dem elterlichen Gut erfahren hatte, auf der Großbaustelle des Klosters Disibodenberg, auf dem Rupertsberg, wie sie es auf den Landstraßen ihrer Reise erlebte, im Umgang mit den Mächtigen der Zeit oder in den Klöstern, die sie besuchte, um Frieden zu stiften.

Sie ist dem Zwang zur Verkündigung fast lebenslang ausgeliefert, wird immer wieder aus der Stille des Klosters hinausgetrieben, mit den Großen der Politik und der Kirche konfrontiert, um ihnen den Spiegel ihrer Taten und Untaten vorzuhalten, und bezieht ihre Legitimation dabei immer und immer wieder aus den Bildern der Schau.

Auch ihr eigenes Wirken schildert sie in Formulierungen, die ihr visionär zugeflossen sind, schildert es so distanziert, wie es allein jemand kann, der sich wirklich „nur" als Sprachrohr dessen empfindet, der über seinen Propheten sagt: „Den Menschen, den Ich erwählt und . . . mächtig erschüttert habe, stellte Ich in große Wunder hinein . . . Doch warf Ich ihn zur Erde nieder, damit sich sein Geist nicht aufgeblasen erhebe".

Nein, Hildegards Geist erhebt sich zu keiner Stunde ihres Lebens, sie tritt im Gegenteil so sehr hinter ihre Botschaft zurück, daß das äußere Bild ihres Lebens nur noch skizzenhaft aus den Bildern der prophetischen Schau herausgelesen, aus wenigen Zeugnissen der Korrespondenz und der keineswegs vollständigen „Vita" rekonstruiert werden kann.

Als zehntes und letztes Kind des einflußreichen Edelfreien Hildebert von Bermersheim wurde Hildegard im Sommer des Jahres 1098 geboren, ein schwächliches Mädchen, das sicher nie an den temperamentvollen Spielen der Geschwister teilnehmen konnte, aber wachen Auges den bunten Alltag auf dem elterlichen Gut beobachtete und daraus wohl so manches für die spätere Leitung der Klosterbetriebe lernte. In der Vita notiert der Mönch Gottfried später, Hildegard habe „beinahe von Kindheit an" fast ständig an schmerzhaften Krankheiten gelitten, „so daß sie nur selten gehen konnte."

Wie oft Hildegard schon in frühen Kindertagen zukünftige Dinge geschaut und davon erzählt haben mag, wissen wir nicht. Aber spätere Anmerkungen lassen darauf schließen, daß sie schon frühzeitig lernte, darüber zu schweigen, weil sie die Verunsicherung ihrer Umwelt spürte. Sie selbst bekennt: „Schon beim ersten Werden meiner Gestalt, als mich Gott im Schoß meiner Mutter mit seinem Hauch zum Leben erweckte, hat er diese Visionsbegabung in meine Seele gelegt... Bis zu meinem fünften Lebensjahr sah ich vieles und manches erzählte ich einfach, so daß die, die es hörten, sich sehr wunderten, woher es käme und von wem es sei".

Zweifellos waren diese Erlebnisse, an denen das Kind seine Umwelt teilhaben ließ, mitbestimmend für die Entscheidung der Eltern, die achtjährige Hildegard der befreundeten Jutta von Spanheim zur Erziehung zu übergeben, mitbestimmend, als diese junge Frau sich entschloß, auf dem Disibodenberg das Leben einer Klausnerin zu führen.

Mag es auch aus heutiger Sicht anfechtbar scheinen – und mag Hildegard selbst später diese Praxis als nicht allgemein vertretbar eingeordnet haben – es war eine im Mittelalter durchaus selbstverständliche Entscheidung, etwa ein zwölfjähriges Mädchen zu verheiraten und zunächst dem Haus der Schwiegereltern zur Erziehung zu übergeben oder ein Kind, das weder Erbanspruch noch Heiratsaussichten hatte, ungefragt dem klösterlichen Leben zu weihen.

Für sich selbst hat Hildegard die elterliche Entscheidung wohl akzeptiert. Weiterhin in visionäre Erscheinungen eingebunden, über die sie mehr und mehr schwieg, empfing Hildegard in der Klause auf dem Disibodenberg eine sorgfältige Ausbildung „in den Gesängen Davids" im Singen der Psalmen. Über den Grad dieser Ausbildung ist zu allen Zeiten, in denen man sich mit Hildegards Leben beschäftigte, viel spekuliert worden, zumal sie in einem Brief an Bernhard von Clairvaux sich als „ungebildete Frau" bezeichnet.

Man sollte sich davon nicht irreführen lassen. Zum einen ist diese Formulierung eine weitverbreitete mittelalterliche Demuts-Geste, zum anderen soll, gerade bei Hildegard, durch die Betonung der eigenen „Unbildung" die Größe des sich offenbarenden Gottes unterstrichen werden, der ein so schlichtes Gefäß für die Fülle seiner Gnade wählte.

Tatsächlich kannte Hildegard ganz offensichtlich große Teile des Alten Testaments und der Geheimen Offenbarung, verfügte, wie nicht zuletzt ihre Lieder beweisen, über ein hohes Sprachniveau, war – wenn auch mit grammatikalischen Schwächen – der lateinischen Sprache mächtig genug, um mit Kaisern und Königen, Päpsten und Bischöfen zu korrespondieren und das erste systematische Werk über die Naturheilkunde niederzuschreiben. Ganz abgesehen von den Kenntnissen, die notwendig waren, Verträge zu schließen, die ihr anvertrauten Klöster mit ihren umfangreichen Versorgungsbetrieben so zu führen, daß sie weithin als Mustergüter galten.

Nicht nur die als Leiterin des sich rasch ausdehnenden Frauenkonvents offenbar begnadete Jutta von Spanheim wird der heranwachsenden Hildegard als Erzieherin zur Verfügung gestanden haben, sondern auch der Propst des Benediktinerkonvents Disibodenberg, der Mönch Volmar. Und eben die mittelalterlichen Benediktinerklöster waren ja Hochburgen der Forschung, aber auch Zentren der wissenschaftlichen Kommunikation über Ländergrenzen, ja über Kontinente hinweg. Und die Diskussion über die erstarkende Dichtung in deutscher Sprache, über Mathematik- und Sternenkunde, über uraltes Heilwissen, die immer stärker mit den heimkehrenden Kreuzfahrern aus dem Orient importiert wurden, dürfte weder am Disibodenberg noch am Rupertsberg vorübergegangen sein.

Mehr und mehr lernt die Heranwachsende, das Geheimnis der Schau, des sie umgebenden prophetischen Lichtes, zu verbergen; zweifellos begreift sie mehr und mehr, welche Last diese ungewöhnliche Gabe für ihr Leben bedeuten sollte. Zwischen dem 14. und dem 17. Lebensjahr – das genaue Datum ist unbekannt – entscheidet sich Hildegard für ein klösterliches Leben nach der Regel des heiligen Benedikt, eine Regel, die ihr längst vertraut ist.

„Nachdem die Jungfrau Christi das monastische Gelübde abgelegt und den geweihten Schleier empfangen hatte, machte sie große Fortschritte und stieg von Tugend zu Tugend..." schrieb ihr Biograph Gottfried Jahrzehnte später. Nicht nur Jutta von Spanheim, die im Dezember 1136 stirbt, dürfte dieses Reifen Hildegards beobachtet haben, auch die Frauengemeinschaft auf dem Disibodenberg, die längst zu einem kleinen Konvent angewachsen war, mußte die Kraft gespürt haben, aus der sie lebte und wirkte. Denn einstimmig wählen die Klausnerinnen die nun 38jährige Hildegard zu ihrer Meisterin. Erst nach langem Zögern und dem Zuspruch des Disibodenberger Abtes nimmt Hildegard, bedrängt von den Belastungen der prophetischen Schau und von den Beschwerden des ständig kränkelnden Körpers, die Bürde des Amtes auf sich, das sie den Klausnerinnen noch ein gutes Jahrzehnt auf dem Disibodenberg leisten sollte. Die erste große Schau-Periode, in der sie die Bild-Visionen zu „Scivias" empfing, fiel noch in diese Klausnerinnen-Jahre, sie begann, als Hildegard 42 Jahre alt war, begann mit dem Auftrag: „Tu kund die Wunder, die du erfährst. Schreibe sie auf und sprich!"

„Sci vias", Wisse die Wege, betitelte Hildegard ihre erste große Vision, die sie innerhalb von zehn Jahren niederschrieb. „Wisse die Wege" – das meint, „Erkenne die Verflechtungen der Schöpfung mit ihrem Schöpfer, begreife die Einheit der kosmischen Geheimnisse, schau auf Erlöser und Erlösung, begegne dem göttlichen Licht, öffne dich Gottes Erbarmen".

In drei Bücher hat Hildegard diese Geschichte gegliedert: 1.) Das Mysterium des Dreieinigen Gottes und seiner Schöpfung. 2.) Die Erlösung und das Geheimnis der Kirche. 3.) Das Mitwirken der Menschen am Heilswerk bis zur Vollendung.

Die Farbenglut der Schau konfrontiert Hildegard mit zwei Erscheinungen: der „lux viventis", dem lebendigen Licht, in dem sie Kraft und Ruhe findet, aber auch mit dem bedrückenden Schatten des lebendigen Lichts, der „umbra lucis viventis". Nicht nur als Heilsverkündigung ist die Scivias-Schau für alle von hohem Interesse, die sich mit Hildegard beschäftigen. In der Vorrede zur eigentlichen Niederschrift finden sich nämlich die wenigen, kostbaren autobiographischen Notizen, die uns aus der eigenen Feder der Äbtissin erhalten sind. Einblicke in ihre Empfindungen, die körperlichen, vor allem aber die seelischen Leiden, die ihr Leben bestimmten. Hildegard war ja wohl nicht das weltenfern schwebende, von allen irdischen Anfechtungen verschonte „Geisteswesen", als das man sich Jahrhunderte später eine mittelalterliche, mit himmlischen Offenbarungen begabte Heilige vorzustellen pflegt. Hätte sie sonst bekannt, beklagt: „Wenn in meinem

Zelte die fleischliche Begierde sich regt, flößt sie mir die Lust zum bösen Werke ein und ich vollbringe es ... ich fühle sie in mir, diese Lust des Fleisches zur Sünde. Von Schuld berauscht, vernachlässige ich den reinsten Gott. Und doch wollte ich den Gelüsten meines Zeltes nicht folgen ... da ich weiß, daß auch ich rein und einfältig erschaffen bin".

Die in der „Scivias"-Schrift breit aufgefächerte Auseinandersetzung mit der eigenen Schwäche, der menschlichen Verführbarkeit, führt in das tiefe Geheimnis der Schau – denn gerade aus dem Wissen um die Schuld ist das Verständnis der Erlösungshoffnung begründet, das Einfühlungsvermögen Hildegards in Verstrickung und Schuld.

Nicht nur persönliche Anmerkungen aber finden sich eingebettet in die mystischen Erörterungen, sondern auch deutliche Hinweise auf soziale, ethische und kirchliche Zustände der Zeit.

Hildegards Belastungen, die die Niederschrift der großen Visionen mit sich brachten, sind nicht zu übersehen: „Wenn es Gott gefallen hat, meinen Leib und meine Seele zu prophetischer Schau zu erheben, so konnte doch aus meinem Geist und meinem Herzen die Furcht nicht weichen. Denn ich weiß, daß ich ein Mensch bin, obgleich ich von Kindheit an eine Eingeschlossene bin".

Natürlich erscheinen viele Bilder in Hildegards Visionen vertraut, kennen wir sie doch aus dem Alten Testament, aus den Apokalypsen der jüdischen und der christlichen Tradition, aus den Schriften der Kirchenlehrer und der Scholastiker, von romanischen Fresken und gotischen Portalen, von Bestiensäulen und mittelalterlichen Altarblättern, von den Symbolfiguren, die jahrhundertelang Kirche und Glauben, Hoffnung und Liebe verkörperten, Hoffart und Geiz, Laster und Bosheit.

Hildegard läßt uns nicht allein mit der Deutung, die uns – der charakteristisch-symbolhaften Naturauffassung ebenso entfremdet wie der mystischen Bildersprache – nur oberflächlich Eindruck gewährt. Sie erläutert Zusammenhänge und Geheimnisse, zeigt die Einheit des Kosmos, in dem Schöpfer und Schöpfung einander begegnen.

Mit einem Schlag verändert sich das bislang geregelte Dasein Hildegards. „Das Licht, das ich schaue" schreibt sie 70jährig im wichtigsten Selbstzeugnis an Wibert von Gembloux, „ist nicht an den Raum gebunden. Es ist viel lichter als eine Wolke, die die Sonne in sich trägt. Weder Höhe noch Länge noch Breite vermag ich zu erkennen. Es wird mir als der Schatten des lebendigen Lichtes bezeichnet. Und wie Sonne, Mond und Sterne im Wasser sich spiegeln, so leuchten mir Schriften, Reden, Kräfte und gewisse Werke des Menschen in ihm auf".

Hildegard, durch eine große Schmerzperiode gezwungen, den visionären Auftrag zu akzeptieren, offenbart sich dem langjährigen Beichtvater Volmar und der erhält von seinem Abt die Erlaubnis, der Meisterin der Klause bei der Niederschrift der Schau als Sekretär zu dienen. Und Volmar – den Hildegard ihren Symmistra nennt, der Mitwisser ihrer Geheimnisse, erkennt schon nach den ersten Sätzen nicht nur, daß Hildegards Visionen wirklich göttlichen Ursprungs sein müssen, sondern auch, daß ein das menschliche Verständnis übersteigender Plan dahintersteht, wenn eine Seherin die göttliche Botschaft verkünden soll, die alltägliche, schlichte, allgemein verständliche Bilder zu wählen versteht".

Wegen der Schwäche des kranken Körpers, der Überfülle der äußeren Pflichten, der Angst, vor dem göttlichen Auftrag zu versagen, wendet sich Hildegard an Bernhard von Clairvaux, damit er kundtue, ob sie „über diese Dinge offen reden oder schweigen soll". Bernhard wird aufmerksam, interessiert verfolgt auch der Disibodenberger Abt Kuno die weitere Niederschrift der Visionen und erkennt, daß weder asketische Selbstzerstörung noch hysterisches Verlangen, aufzufallen, Hildegard je beeinflussen. Und so informiert er den Mainzer Erzbischof Heinrich, den Primas des Reiches, über das göttliche Wirken, das sich vor seinen Klostermauern in aller Stille vollzog.

1147 hält Eugen III. zu Trier eine Synode und Erzbischof Heinrich nutzte die Gelegenheit, den Papst über Hildegards Schauungen zu informieren. Die Vita berichtet: „Der Papst, ein Mann von hoher Diskretion, veranlaßte sorgfältige Untersuchung. Er sandte den verehrungswürdigen Bischof von Verdun, den Primizerius Adalbert und andere geeignete Männer zu dem Kloster, unter dessen Schutz die Jungfrau schon viele Jahre in der Klause lebte. Unauffällig, ohne sich von Neugier anstacheln zu lassen, sollten sie von ihr selbst zu erfahren versuchen, was an der Sache sei. Da sie nun zurückhaltend ihre Fragen stellten, eröffnete ihnen die Jungfrau in Einfalt, was sich mit ihr zugetragen hatte. Alsbald kehrten sie zum apostolischen Herrn zurück und berichteten ihm und den Versammelten über das Gehörte. Aller Aufmerksamkeit wurde wach. Der Papst ließ sich nach kurzer Überlegung die mitgebrachten Schriften der seligen Hildegard reichen und übernahm selbst das Amt des Vorlesers . . .

Da wurden alle Herzen zum Lobe des Schöpfers entflammt. Sie brachen in jubelnde Freude aus. Zugegen war auch der Abt Bernhard von Clairvaux heiligen Gedenkens. Dieser ergriff das Wort und bat, von den anderen unterstützt, den Hohenpriester, er möge nicht zulassen, daß ein so hellstrahlendes Licht im Dunkel des Schweigens bleibe, sondern die Gnadenfülle, die der Herr unter seinem Pontifikat kundtun wolle, durch seine Autorität zu bestätigen. Ihm stimmte der verehrungswürdige Vater der Väter gütig und weise zu und suchte die selige Jungfrau in huldvollem Schreiben heim. Er erteilte ihr in Christo und des heiligen Petrus Namen die Erlaubnis, was immer sie im Heiligen Geiste erkenne, kundzutun und munterte sie zum Schreiben auf".

Die Botschaft von Hildegards Schau verbreitete sich rasch, an der Trierer Synode hatten ja nicht weniger als achtzehn Kardinäle, eine Vielzahl von Bischöfen und Äbten aus Deutschland, England, Burgund, Flandern, aus der Lombardei und Tusgien teilgenommen. Und sie trugen die Kunde davon nach Hause, in die entferntesten Gegenden Europas. So erfuhr auch Wibert von Gembloux davon, ein gelehrter belgischer Theologe, ein Mönch, der Jahrzehnte später Hildegards Mitarbeiter und Biograph werden sollte.

Um das Unsichtbare zu erfassen, gilt es für Hildegard, die Geheimnisse des Sichtbaren abzulesen. Durch Christus, dem Mittelpunkt allen Seins, ist alles mit allem, jedes mit jedem verbunden und alles wiederum mit dem Schöpfer, mit dem Vater.

Die Freiheit des Menschen, immer eingebettet in die göttliche Vorsehung, als bewegende Kraft des kosmischen Geschehens, gibt Hildegards Weltschau die beeindruckende Dynamik. So wird die individuelle Sünde zu einem gegen die ganze Weltordnung gerichteten Tun, das den Ablauf der gesamten Schöpfungsgeschichte beeinflußt.

Schon vor 1147 war die Gemeinschaft der Klausnerinnen auf dem Disibodenberg auf etwa zwanzig Mitglieder angewachsen, waren die Räumlichkeiten zu eng geworden. Hildegard beschloß, auf den Rupertsberg umzusiedeln, ein eigenes Kloster zu errichten. War schon der Entschluß zur Selbständigkeit, zum Bau, in jener Zeit für eine Frau ein mutiger Entschluß – normalerweise wurden ja gerade damals die Frauenklöster von Fürstenhäusern gestiftet, gebaut und versorgt – so galt es für Hildegard auch noch, die massiven Widerstände der Mönche vom Disibodenberg zu überwinden, die die begnadete Seherin nicht ziehen lassen wollten, die wohl auch auf die wirtschaftlichen Güter der Frauengemeinschaft nur ungern verzichteten.

Hildegard bezeichnete sich zwar als „ungeschickt für weltliche Geschäfte" – nichtsdestoweniger gelang es ihr mit Zähigkeit und diplomatischem Geschick, die Loslösung vom Disibodenberg zu erreichen, vom Mainzer Bischof das Recht zur Klostergründung und zur freien Äbtissinenwahl für ihren Konvent zu erwirken, die Schwesterngemeinschaft durch die ersten, von größter wirtschaftlicher Not gezeichneten Jahre zu steuern. Jahre freilich, die nicht nur durch das chronische Leiden, die Belastungen der Schau, die Alltagssorgen gezeichnet waren, sondern auch und vor allem durch den Unfrieden im Konvent, dessen Mitglieder die strenge Einhaltung der Ordensregel nicht akzeptieren wollten, sich durch hochvermögende Verwandte aufwiegeln oder in andere, berühmtere Abteien berufen ließen. „Sturmwolken zogen über das Kloster hin und bedeckten die Sonne", schrieb Hildegard, „Trübsale brachen über mich herein . . . ich vergoß bittere Tränen".

Wibert von Gembloux, nach Volmars Tod getreuer Helfer und Sekretär, konnte die Atmosphäre liebevoll beschreiben: „Schwestern und Meisterin sind ein Herz und eine Seele. Eifer im Dienste Gottes, Selbstzucht, Wachsamkeit, liebenswürdiger, geselliger Verkehr – alles atmet Andacht, Heiligkeit und Frieden. An Sonntagen ruhen Webstuhl, Spindel und Feder. In heiligem Schweigen lauscht man frommer Lesung und übt liturgischen Gesang. An Werktagen regen sich geschäftig die Hände. Sie sticken, spinnen, weben und nähen vom Morgengrauen bis zum Abendbrot. Müßiggang wird nicht geduldet. Kein ungeziemendes Wort fällt. Die Räume des Klosters zeugen von Einfachheit und Geschmack. Eine Röhrenleitung versorgt jeden Arbeitsraum mit frischem Wasser. Zahlreiche Gäste sprechen vor, Dienstleute gehen geschäftig aus und ein. Fünfzig Schwestern finden Wohnung, Kleidung und ergiebige Versorgung. In Bescheidenheit und Würde waltet die Äbtissin. Sie sucht allen alles zu werden . . . Immer ist sie beschäftigt. Obwohl gebeugt von Alter und Krankheit, ist sie unermüdlich".

Doch Hildegard ist es nicht vergönnt, den Frieden des Klosters als Schutz gegen Welt und Zeit zu erfahren. Mit der Einladung Kaiser Friedrich Barbarossas auf seine Pfalz Ingelheim im Jahr 1154 beginnt das öffentliche Wirken der Mahnerin und Predigerin Hildegard. So sehr einerseits die Freundschaft des Stauferkaisers – die wohl in einer alten Familienbeziehung zu den Bermersheimern wurzelt – dem Kloster in den Fährnissen der Zeit hilft, so sehr wird Hildegard nun in den Investiturstreit zwischen Papst und Kaisertum hineingezogen, wird zur Mahnerin und Prophetin nicht nur im geistlichen, sondern auch im weltgeschichtlichen Sinn.

Zwischen 1158 und 1163 schreibt Hildegard die zweite große Vision, das „Buch der Lebensverdienste", nieder, zeigt – die „Scivias"-Schau weiterführend – Handeln und Sein des Menschen in der Auswirkung auf die Mitgeschöpfe, den Zeitenlauf und den gesamten Kosmos. Schöpfungsverantwortung nicht nur im Sinn des erst heutzutage als notwendig erkannten Umweltschutzes, sondern im Sinne der geistigen Verantwortung.

Das Buch von den Lebensverdiensten – „Liber vitae meritorum" – ist geschrieben unter dem Eindruck des Kirchenkampfes, eine moralische Kampfschrift, die die Auseinandersetzung von Gut und Böse zum Inhalt hat, in der 35 Tugenden und 35 Laster auf der Weltbühne in einem turbulenten, gelegentlich auch spitzzüngigen Wortgefecht gegeneinander antreten. Nicht allein die bildhafte Darstellung des Kampfes, durch den der Mensch sich in Freiheit für das Gute entscheiden soll, macht die Bedeutung dieser Schau aus, sondern auch die darin verborgene Beschreibung mittelalterlichen Rechtsempfindens, der entsprechenden Buß- und Strafmaße, die zu einer jeglichen Untat in feinsten Unterscheidungen aufgestellt werden.

Kaum ist die Niederschrift des „Liber vitae meritorum" vollendet, hört die nun 65jährige Äbtissin neuerlich die himmlische Stimme: „Du elendsgebildete Tochter vieler Mühen, schreibe, was du siehst und hörst, zu Nutz und Frommen der Menschen nieder, auf daß sie ihren Schöpfer erkennen und ihm die gebührende Ehre nicht vorenthalten". So entsteht der „Liber divinorum operum", die große, nie wiederholte Zusammenschau der Schöpfung, der statischen wie der dynamischen Bezogenheit von Mensch, Kosmos und Gott zueinander, Hildegards große „kosmische Theologie".

Diese letzte Schrift der Visionstrilogie kann man am ehesten als Welt- und Menschenkunde umschreiben. Entstanden zwischen 1163 und 1173 erläutert dieses Buch den Makro- und den Mikrokosmos, deren Bezogenheit aufeinander und zum Schöpfer, und wird zur großen, die gesamte Schöpfung umfassenden Offenbarung der göttlichen Liebe.

In der Vita bekennt Hildegard über die Schau „divinorum operum": „Die erwähnte Schau lehrte mich die Worte und den Inhalt des Evangeliums, das vom Anfang des Werkes Gottes handelt, und gab mir das Verständnis dazu ... Wie sanfte Regentropfen träufelte es aus Gottes Inspiration in mein Bewußtsein, so wie der Heilige Geist den Evangelisten Johannes betaut hat, als er aus Jesu Brust die gewaltige Offenbarung zog, daß im Anfang das Wort war".

Vor allem den innergöttlichen Dialog der Dreifaltigkeit will Hildegard als den schöpferischen Urgrund des Kosmos verdeutlichen, die Planung und Erschaffung des Menschen als Gottes Werkzeug und Gottes Tabernakel inmitten der Schöpfung, als mit Natur und Seele begabtes Leib-Geist-Wesen, das aus der Evolution nicht begreifbar wäre. Und aus dieser Erkenntnis heraus interpretiert Hildegard die kosmische Ordnung, die aus der Liebe Gottes zu seinen Geschöpfen lebt, in einer Bildersprache, in einer Symbolik, die voller Rätsel, aber auch voller Bezüge zu apokalyptischen Texten ist, deren Wurzeln im ägyptischen-koptischen Raum unübersehbar sind.

Zwanzig Jahre nachdem Hildegard das Rupertsberger Benediktinerinnenkloster gegründet hat, ist die Zahl der Schwestern so weit gewachsen, daß die Besiedelung eines Filialklosters unerläßlich wird. 1165 handelt Hildegard schnell entschlossen. Noch im gleichen Jahr läßt sie mit den Renovierungsarbeiten beginnen, wenige Monate später können die ersten Nonnen den Seitenflügel beziehen. Eibingen blieb zwar auch nach dem völligen Wiederaufbau kleiner als das Rupertsberger Mutterkloster, bestand aber – im Gegensatz zum 1631 zerstörten Rupertsberg – bis zur Säkularisation 1802. Ab 1904 führt der Konvent der Benediktinerinnen von St. Hildegard oberhalb der Eibinger Gründung das geistliche Erbe der „prophetissa teutonica" fort. Ihre Reliquien ruhen in der Eibinger Kirche und erfreuen sich großer Verehrung.

Beeindruckend wie das gesamte Lebenswerk ist der Briefwechsel, in dem Hildegard zur Mahnerin, zur Trösterin ihrer Zeit wurde. Die Päpste Eugen III. Anastasius IV., Hadrian IV. und Alexander III. sind die Korrespondenzpartner, Kaiser Friedrich Barbarossa, Könige, Fürsten, Bischöfe, Äbte und Äbtissinnen, in deren Klöster Zuchtlosigkeit und Unfrieden herrschte, aber auch einfache Ordensleute, die an ihrem Leben, an ihren Oberen litten.

Sorge um die Einheit der Kirche, um das bedrückende Schisma auf dem Stuhl Petri, um den Rang der Päpste als Stellvertreter Christi und zugleich um die Autorität der irdischen, von „Gottes Gnaden" erwählten Herrscher, um die Zuchtlosigkeit der Ordensleute und die Pflichtvergessenheit des Klerus spricht aus jeder Zeile, die Hildegard schreibt, spricht aber auch aus den wortgewaltigen Predigten, die sie – kaum vorstellbar für eine Frau, eine Nonne im 12. Jahrhundert – auf ihren Reisen hält. Zwischen ihrem 60. und 72. Lebensjahr legt sie – in schwankenden Booten, auf dem Pferderücken, auf wackligem Tragesessel, zu Fuß weite Strecken zurück, um Frieden in zerfallenden Konventen zú stiften, um Kleriker an ihre unbequemen Pflichten zu mahnen.

„Athletin Gottes“ wurde die Bingener Äbtissin von ihren Zeitgenossen genannt. Und wahrlich athletische Unternehmungen waren es sicherlich für die schwächliche, kränkelnde Greisin, die Reisen nach Mainz, Würzburg und Bamberg, nach Wertheim und Kitzingen, in den Steigerwald und den Hunsrück, nach Trier, nach Metz, nach Zabern, nach Alzey, Maulbronn, Hirsau, Kirchheim und Zwiefalten, nach Boppard, Andernach, Siegburg, nach Koblenz, Laach, Bonn, Werden und nach Köln, wo sie ihre wohl berühmteste Predigt hielt.

Nicht allein gegen die Sekte der Katharer ist, wie meist oberflächlich interpretiert, diese Predigt gerichtet, sondern gegen jene Kleriker, deren fragwürdiger Lebenswandel, deren geistliches Versagen, deren Machtgier und Prunksucht die Gläubigen erst in jene asketischen Gruppierungen trieb, die in jener Zeit allerorten auftraten.

1171 kehrt die 73jährige todmüde von ihrer letzten Reise, der Schwabenfahrt, heim. Acht Lebensjahre bleiben ihr noch, unruhige Jahre, in denen sie ihren getreuen, langjährigen Helfer Volmar, ihre Sekretärin Hiltrud, ihren Bruder Hugo verliert, Jahre, in denen sie das Ende des quälenden Schismas erfahren darf, Jahre, in denen sie das Interdikt über sich und ihre Nonnen ergehen lassen muß, also das Verbot, öffentlich Gottesdienst zu feiern und die Sakramente zu empfangen. Und das nur – vielleicht Buchstabentreue, vielleicht Rachegelüste der oftmals gescholtenen Mainzer Prälaten – weil sie, getreu der für sie richtig befundenen Haltung nicht bereit war, die Ruhe eines Toten zu stören. Sie wußte, daß der junge Adelige, der auf dem Rupertsberger Klosterfriedhof zu Grabe getragen worden war, seinen Frieden mit der Kirche geschlossen hatte, auch wenn ihm keine Zeit geblieben war, die über ihn verhängte Exkommunikation offiziell aufheben zu lassen.

81jährig stirbt Hildegard am 17. September 1179; ihre Todesstunde ist, wie ihr ganzes Leben, von Wundern gekennzeichnet, die über das Grab hinaus andauern.

Rosel Termolen

Es beginnt das Buch

SCIVIAS

aufgezeichnet von einem einfachen Menschen

SANCTA
HIL
DE
GAR
DIS

Es beginnt der erste Teil des Buches

„Wisse die Wege"

Ein öffentliches Zeugnis
(PROTESTIFICATIO)
über wahre von Gott kommende Offenbarungen

Und es geschah in meinem 43. Lebensjahr: Voller Furcht und zitternd vor gespannter Aufmerksamkeit (tremula intentione), blickte ich gebannt auf ein himmlisches Gesicht. Da sah ich plötzlich einen überhellen Glanz, aus dem mir eine Stimme vom Himmel zurief: „Du hinfälliger Mensch, du Asche, du Fäulnis von Fäulnis, sage und schreibe nieder, was du siehst und hörst. Doch weil du furchtsam bist zum Reden, in deiner Einfalt die Offenbarung nicht auslegen kannst, und zu ungelehrt bist zum Schreiben, rede und schreibe darüber nicht nach Menschenart, nicht aus verstandesmäßiger menschlicher Erfindung heraus, oder in eigenwilliger menschlicher Gestaltung, sondern so, wie du es in himmlischen Wirklichkeiten in den Wundertaten Gottes siehst und hörst. Verkünde sie also so, wie der Hörer das Wort des Lehrmeisters aufnimmt und es ganz in seiner Aussageabsicht, nach seinem Willen, und auf seinen Fingerzeig und Befehl kundtut. So sprich auch du, o Mensch, über das, was du siehst und hörst. Schreibe es nicht nach eigenem Gutdünken oder dem eines anderen Menschen, sondern wie es dem Willen dessen entspricht, der alles weiß, alles sieht und alles in der Verborgenheit seiner Geheimnisse anordnet."

Und wieder hörte ich eine Stimme vom Himmel zu mir sprechen: „Rede also von diesen wunderbaren Dingen, schreibe sie, wohlbelehrt, nieder und sprich davon."

Es geschah im Jahre 1141 nach der Menschwerdung des Gottessohnes Jesus Christus, als ich 42 Jahre und 7 Monate alt war. Aus dem offenen Himmel fuhr blitzend ein feuriges Licht hernieder. Es durchdrang mein Gehirn und setzte mein Herz und die ganze Brust wie eine Flamme in Brand; es verbrannte nicht, war aber heiß, wie die Sonne den Gegenstand erwärmt, auf den ihre Strahlen fallen. Und plötzlich erhielt ich Einsicht in die Schriftauslegung, in den Psalter, die Evangelien und die übrigen katholischen Bücher des Alten und Neuen Testaments. Doch erhielt ich keine Kenntnis vom wörtlichen Sinn ihrer Texte, noch über die Silbentrennung, die grammatischen Fälle und die Zeiten. Die Kraft und die geheimnisvolle Bedeutung der wundersamen Geschichte aber erfuhr ich auf eine wunderbare Weise seit meiner Kindheit, d. h. vom fünften Lebensjahr an, so wie auch heute noch. Ich erzählte jedoch keinem Menschen davon, außer einigen wenigen Gottesfürchtigen, die, wie ich, im Ordensstand lebten. Bis zu der Zeit, da Gott es durch seine Gnade kundtun wollte, begrub ich alles in tiefem Schweigen. Die Gesichte aber, die ich sah, empfing ich nicht im

Traum, nicht im Schlaf oder in Geistesverwirrung, nicht durch die leiblichen Augen oder die äußeren menschlichen Ohren, auch nicht an abgelegenen Orten, sondern ich erhielt sie in wachem Zustand, bei klarem Verstand, durch die Augen und Ohren des inneren Menschen, an zugänglichen Orten, wie Gott es wollte. Wie das geschieht, kann der fleischliche Mensch schwer begreifen.

Als die Jugendjahre hinter mir lagen und ich im erwähnten Alter zur Fülle der Lebenskraft gelangt war, hörte ich eine Stimme vom Himmel sprechen:

„Ich, das lebende Licht, das die Dunkelheit erleuchtet, habe den von mir erwählten Menschen herausgeholt und unter große Wunder versetzt, wie es mir gut schien. Sie übertreffen alles, was die alten Seher in mir an Geheimnissen schauen durften. Doch ich warf ihn zur Erde, damit er sich nicht im Geistesstolz erhebe. Die Welt bot ihm auch weder Anlaß zum Genuß noch zur Zügellosigkeit oder Anreiz, sich mit den Dingen dieser Welt zu befassen, denn ich hielt trotzige Verwegenheit von ihm fern. Furchtsam und ängstlich tat er sein Werk. Mark und Venen bereiteten ihm nämlich körperliche Schmerzen. Denkkraft und Bewußtsein waren beeinträchtigt, während der Leib unter schwerer Krankheit litt. So steckte in ihm keine fröhliche Unbekümmertheit, sondern er hatte ständig Schuldgefühle. Denn ich umzäunte die Fasern seines Herzens, damit sein Geist sich nicht in Hochmut und Ruhmsucht erhebe, sondern daraus mehr Furcht und Schmerz als Freude und Übermut gewänne. Daher grübelte er mir zuliebe in seinem Herzen darüber nach, wo er jemanden finden könne, der auf dem Weg zum Heil schnell voranschreite. Und er fand jemanden und gewann ihn lieb, weil er erkannte, daß er ein zuverlässiger Mensch war und sich um die Erfüllung der gleichen auf mich bezogenen Aufgabe bemühte. Und er hielt ihn fest, um sich mit ihm zusammen für die Offenbarung meiner verborgenen Wundertaten einzusetzen. Und jener Mensch erhob sich nicht über sich selbst, sondern neigte sich im wahren Aufstieg der Demut, freiwillig und in guter Absicht mit vielem Seufzen dem Gefundenen zu. Du aber, Mensch, der du das zur Offenbarung des Verborgenen Bestimmte, nicht von Täuschung verunsichert, sondern in einfacher Klarheit (in puritate simplicitatis) empfängst, schreibe, was du siehst und hörst."

Obwohl ich dies alles sah und hörte, weigerte ich mich zunächst doch, zu schreiben. Nicht aus Hartnäckigkeit, sondern wegen des Argwohns, des Vorurteils und wegen der Vieldeutigkeit der menschlichen Worte, im Dienst der Demut. Da zwang mich Gottes Geißel auf das Krankenlager.

Und endlich legte ich Hand ans Schreiben, bezwungen durch so viele Krankheiten. Das können ein wohlerzogenes adliges Mädchen und der erwähnte, heimlich gesuchte und gefundene Mensch bezeugen. Als ich mich daranmachte und, wie gesagt, erfuhr, daß sich mir der tiefste Sinn der Schriftaussagen erschloß, kam ich wieder zu Kräften und erhob mich vom Krankenlager. Mit Anstrengung brachte ich dieses Werk in zehn Jahren zustande und vollendete es.

Diese Gesichte und Worte ergingen an mich zur Zeit des Mainzer Erzbischofs Heinrich, des römischen Königs Konrad und des Abtes Kuno vom Disibodenberg, unter Papst Eugen. Und ich sprach und schrieb nichts aus eigener Erfindung oder irgendeines Menschen, sondern wie ich es in himmlischer Eingebung sah und hörte und durch die verborgenen Geheimnisse Gottes empfing.

Und wieder hörte ich eine Stimme vom Himmel zu mir sagen: „Verkünde es also laut, und schreib' es so nieder!"

Die Abschnitte der 1. Vision des 1. Teils

Es beginnt die 1. Vision des 1. Teils

Gott und der Mensch

Ich sah etwas wie einen großen eisenfarbenen Berg. Darauf thronte eine Gestalt von solchem Glanz, daß ihre Herrlichkeit meine Augen blendete. Zu ihren beiden Seiten erstreckte sich ein lichter Schatten, wie Flügel von erstaunlicher Breite und Länge. Und vor ihr, am Fuße des Berges, stand eine Erscheinung über und über mit Augen bedeckt. Ich konnte vor lauter Augen keine menschliche Gestalt erkennen. Und davor sah ich eine andere kindliche Gestalt in farblosem Gewand, doch mit weißen Schuhen. Auf ihr Haupt fiel ein solch heller Glanz von dem, der auf dem Berge saß, daß ich ihr Antlitz nicht anzuschauen vermochte. Doch von dem, der auf dem Berge thronte, ging ein sprühender Funkenregen aus, der die Erscheinungen mit lieblichem Licht umgab. Im Berge selbst konnte ich viele kleine Fenster sehen, in denen teils bleiche, teils weiße menschliche Häupter erschienen.

Und plötzlich rief der auf dem Berge Thronende mit lauter, durchdringender Stimme und sagte: „O du hinfälliger Mensch aus Erdenstaub, Asche aus Asche, verkündige und sprich über den Zugang zur unvergänglichen Erlösung, damit alle belehrt werden, die den inneren Gehalt der Schriften kennen, ihn jedoch nicht aussagen und verkündigen wollen. Denn sie sind lau und oberflächlich in der Beobachtung der göttlichen Gerechtigkeit. Erschließe ihnen die versiegelten Geheimnisse, die sie ängstlich in einem versteckten unfruchtbaren Acker verbergen. Ergieße dich wie ein überfließender Quell, verströme dich in geheimnisvoller Lehre, damit durch den Erguß deiner Flut jene aufgeschreckt werden, die dich wegen der Übertretungen Evas mit Verachtung strafen möchten. Denn du erhältst diesen in die Tiefe dringenden Scharfblick nicht von einem Menschen, sondern du empfängst ihn vom himmlischen furchterregenden Richter aus der Höhe, wo diese Herrlichkeit mit hellem Schein strahlend unter den Lichtträgern leuchten wird. Erhebe dich also, rufe und verkünde, was dir kraft mächtigen göttlichen Beistandes offenbart wird; denn er, der seine ganze Schöpfung kraftvoll und gütig regiert, durchströmt mit dem Licht himmlischer Erleuchtung, die ihn fürchten und ihm in freudiger Liebe (suavi dilectione) im Geist der Demut dienen. Und er führt sie zu den Freuden der ewigen Schau, wenn sie auf dem Weg der Gerechtigkeit ausharren."

1. Über die Stärke und den ewigen Bestand des Gottesreiches

Wie du siehst, bezeichnet deshalb auch *dieser große, eisenfarbene Berg* die Stärke und den ewigen Bestand des Gottesreiches; es kann von keinem Einbruch verderblicher Veränderlichkeit vernichtet werden. Der *auf dem Berg Thronende, dessen Herrlichkeit deine Augen blendet,* stellt den Beherrscher des ganzen Erdkreises dar; im Reich der Seligkeit im Glanz unvergänglichen Lichts leuchtend, ist seine himmlische Gottheit unfaßbar für den Menschengeist. *Doch zu beiden Seiten erstreckt sich ein lichter Schatten, wie Flügel von erstaunlicher Breite und Länge:* Das bedeutet den bergenden, zarten Schutz zu willkommener Verteidigung bei Ermahnung und Züchtigung, und zeigt, daß die unermeßliche Gerechtigkeit beharrlich in wahrer Ausgewogenheit recht und gütig verfährt.

2. Über die Furcht des Herrn

Und vor ihr, am Fuße des Berges, steht eine Gestalt, über und über mit Augen bedeckt. Denn die Furcht des Herrn betrachtet demütig angesichts Gottes das Reich Gottes. Sie hüllt sich in die durchdringende Schau der guten und gerechten Absicht und bewirkt in den Menschen Eifer und Beständigkeit. So *kannst du vor lauter Augen keine menschliche Gestalt erkennen.* Denn alles Vergessen der göttlichen Gerechtigkeit, das die Menschen oft im Überdruß ihres Herzens erfahren, verscheucht sie mit der scharfen Schneide ihres Blickes, so daß alles menschliche Bemühen nicht imstande ist, ihre Wachsamkeit zu vereiteln.

3. Von den Armen im Geiste

Daher *erscheint auch vor ihr eine andere kindliche Gestalt, in farblosem Gewand, doch mit weißen Schuhen.* Denn der vorausgehenden Furcht des Herrn folgen die Armen im Geiste. Die Furcht des Herrn umfängt nämlich mit starkem Arm in demütiger Hingabe die Seligkeit der Armut im Geiste. Sie strebt nicht stolzen Herzens nach Beifall, sondern liebt Einfalt und geistige Nüchternheit; nicht sich, sondern Gott schreibt sie – wie in ehrfürchtiger Unterwerfung erbleichend (in pallore subiectionis) – ihre gerechten Werke zu, wie das farblose Gewand zeigt, und folgt getreulich den lichten Spuren des Gottessohnes. *Auf ihr Haupt fällt ein solch heller Glanz von dem auf dem Berge Thronenden, daß du ihr Antlitz nicht anzuschauen vermagst;* denn die lichtvolle Heimsuchung des lobwürdigen

Allherrschers flößt eine derartige Kraft und Stärke dieser Seligkeit ein, daß du ihre Absicht auf schwache menschliche Betrachtungsweise nicht zu fassen vermagst. Hat doch selbst Er, der himmlischen Reichtum besitzt, sich demütig der Armut unterworfen.

4. Daß die göttlichen Tugendkräfte die Gottesfürchtigen und Armen im Geiste beschützen

Daß *aber von dem, der auf dem Berge thront, ein sprühender Funkenregen ausgeht, der diese Erscheinungen mit einem lieblichen Licht umgibt,* bedeutet: Vom allmächtigen Gott gehen blitzend unterschiedliche, überaus starke Tugendkräfte aus. Sie umgeben helfend und schützend die wahrhaft Gottesfürchtigen, welche die Armut im Geiste getreulich lieben, umfangen sie glühend und gewinnen sie.

5. Daß die Motivationen der Menschen dem allwissenden Gott nicht verborgen sein können

Deshalb *sieht man im Berge selbst viele kleine Fenster, in denen teils bleiche, teils weiße menschliche Häupter erscheinen.* Denn vor der erhabenen Höhe der tiefen und scharfen Erkenntnis Gottes können die Motivationen der Menschen nicht verheimlicht und verborgen werden. Sie geben selbst ihre Lauheit oder Lauterkeit zu erkennen; bald erschlaffen Herz und Tun der Menschen und schlummern schmählich, bald sind sie von Ehrsucht angestachelt. So bezeugt es auf mein Geheiß Salamon und spricht:

6. Was Salomon darüber sagt

„Die lässige Hand macht arm, die Hand der Starken erwirbt Reichtum" (Spr. 10,4). Das heißt: Schwach und arm machte sich der Mensch, der nicht Gerechtigkeit übt, und weder die Bosheit vernichten, noch Schuld nachlassen wollte; in seinem Müßiggang fehlte es ihm an den wunderbaren Werken der Seligkeit. Wer aber die kraftvollen, heilbringenden Werke tut und den Weg der Wahrheit läuft, erreicht den sprudelnden Quell der Herrlichkeit, aus dem er die kostbarsten irdischen und himmlischen Schätze gewinnt.

Wer immer Erkenntnis im Heiligen Geist und die Flügel des Glaubens besitzt, übergehe daher meine Mahnungen nicht, sondern sein Herz verkoste sie und nehme sie liebend gern entgegen.

Die Abschnitte der 2. Vision des 1. Teils

1. Daß die heiligen Engel sich nicht, durch den Ansturm der Ungerechtigkeit erschreckt, von der Liebe und vom Lob Gottes abbringen lassen
2. Daß Luzifer sich im Blick auf seine Schönheit und große Kraft stolz erhob und deshalb mit seinem Anhang aus der himmlischen Herrlichkeit verstoßen wurde
3. Daß Gott ungerecht wäre, wenn er ihn nicht verworfen hätte
4. Worte Jobs darüber
5. Von der Hölle, die unersättlich auf den Untergang der Seelen lauert
6. Daß die Hölle beim Sturz des Teufels zustandekam
7. Daß die Hölle den Unbußfertigen bereitet ist, und die übrigen Qualen diejenigen erwarten, welche der Reinigung bedürfen
8. Worte Ezechiels darüber
9. Vom Betrug des Teufels, der den ersten Menschen durch die Schlange täuschte
10. Daß der Teufel erst durch die Antwort Evas erfuhr, daß dieser Baum verboten sei
11. Was in der Ehe zu beachten und zu meiden ist
12. Was der Apostel darüber sagt
13. Warum vor der Menschwerdung des Herrn manche mehrere Frauen hatten
14. Warum weder Mensch noch Engel den Menschen befreien konnten, sondern nur Gottes Sohn
15. Worte der Weisheit zu diesem Thema
16. Daß Blutsverwandte einander nicht heiraten dürfen
17. Das Beispiel von der Milch
18. Warum im Alten Testament die Ehe zwischen Blutsverwandten gestattet, im Neuen Testament verboten war
19. Daß der Mann erst im reifen Alter eine schon heiratsfähige Frau heiraten darf
20. Unerlaubte Selbstbefriedigung (libidinosa pollutio) ist zu meiden
21. Warum die Frau nach der Geburt oder nach einer Vergewaltigung sich verbergen und sich des Kirchgangs enthalten soll
22. Wer sich im Umgang mit einer Schwangeren befleckt, ist ein Mörder
23. Osee über dasselbe Thema
24. Empfehlung der Keuschheit
25. Johannes über dasselbe Thema
26. Daß Gott nach der Vertreibung Adams das Paradies verschloß
27. Weil der Mensch sich gegen Gott auflehnte, widersetzte sich ihm die Schöpfung, die ihm früher untertan war
28. Von der Schönheit des Paradieses, das der Erde Saft und Kraft gab, wie die Seele dem Leib
29. Warum Gott den Menschen so schuf, daß er sündigen konnte
30. Daß der Mensch das Erhabene nicht erforschen soll, weil er nicht einmal das Niedrige durchschauen kann
31. Daß der Mensch jetzt heller leuchtet als vorher im Himmel
32. Vergleich des Menschen mit Garten, Schaf und Perle
33. Empfehlung der Demut und Liebe, die alle Tugenden strahlend übertreffen

2. Vision des 1. Teils

Urstand und Versagen der Schöpfung

Dann sah ich eine große Anzahl lebendiger Leuchten. Sie gaben einen hellen Schein, empfingen blitzendes Feuer, und verbreiteten so einen ruhigen Glanz. Und plötzlich erschien ein See von großer Breite und Tiefe. Er hatte eine brunnenartige Öffnung und sandte feurigen, stinkenden Qualm aus. Auch ein abscheulicher Nebel entquoll ihr, der sich ausbreitete und etwas wie eine Ader berührte, die verführerisch ausschaute. Er hauchte eine strahlendweiße Wolke in einer Lichtregion an, die von einer schönen Menschengestalt ausgegangen war und unzählige Sterne enthielt. Und er vertrieb Wolke und Menschengestalt aus diesem Gebiet. Da umringte ein heller Schein dieses Gebiet, so daß alle Elemente der Erde, die bisher in tiefer Ruhe lagen, in Aufruhr gerieten und einen schreckenerregenden Anblick boten.

Und wieder hörte ich die Stimme, die schon früher zu mir geredet hatte, sprechen.

1. Daß die heiligen Engel sich nicht, durch den Ansturm der Ungerechtigkeit erschreckt, von der Liebe und vom Lob Gottes abhalten lassen

Wer Gott in gläubiger Hingabe dient und ihn brennend liebt, wie es seiner würdig ist, wird durch keinen Ansturm der Ungerechtigkeit erschreckt und der himmlischen Seligkeit entrissen. Wer aber nur vorgibt, daß ihm an Gott etwas liege, dem ist kein Aufstieg zu Höherem beschieden. Ja, er wird sogar nach gerechtem Urteil dessen beraubt, was er fälschlich zu besitzen glaubte.

Das zeigt die *große Anzahl lebendiger Leuchten* mit ihrem *hellen Schein* an, die du siehst. Sie stellen das gewaltige Heer der himmlischen Geister dar; in seligem Leben erstrahlen sie, herrlich geschmückt, in großer Schönheit. Als sie nämlich von Gott geschaffen wurden, rissen sie keine stolze Erhebung an sich, sondern verharrten starkmütig in der göttlichen Liebe. Und *sie empfingen feurige Blitze und verbreiteten einen ruhigen Glanz:* Als sich nämlich Luzifer mit seinem Anhang gegen den höchsten Schöpfer zu empören wagte, erfüllte sie beim Fall des Empörers und seiner Anhänger der Eifer Gottes und sie bekleideten sich mit der Wachsamkeit der göttlichen Liebe. Jene aber umarmten den Stumpfsinn der Unwissenheit, die

Gott nicht kennen will. Wie geschah das? Beim Sturz des Teufels erhob sich unter diesen himmlischen Geistern, die unbeirrbar auf Gott ausgerichtet blieben, ein lauter Lobpreis. Sie erkannten mit durchdringendem Auge, daß Gott unerschütterlich und ohne einen Schatten von Veränderlichkeit seine Macht ausübt, so daß er von keinem Gegner überwunden werden kann. So enbrannten sie in Liebe zu ihm. Sie blieben unbeirrbar auf Gott ausgerichtet und verachteten die Ungerechtigkeit wie Staub.

2. Daß Luzifer im Blick auf seine Schönheit und große Kraft sich stolz erhob, und deshalb mit seinem Anhang aus der himmlischen Herrlichkeit verstoßen wurde

Doch Luzifer, der seines Stolzes wegen aus der himmlischen Herrlichkeit vertrieben wurde, stand zu Beginn seiner Erschaffung so prächtig und groß da, daß ihm nichts an Schönheit und Stärke abzugehen schien. Als er daher seine Schönheit betrachtete und seine große Kraft bei sich erwog, verfiel er dem Stolz. Dieser verhieß ihm die Ausführung seines eigenen Willens und die Vollendung all dessen, was er beginnen würde. Da erspähte er den Platz, auf dem er zu stehen können glaubte; dort wollte er seine Schönheit und Stärke sehen lassen. Und er sprach in seinem Herzen so von Gott: »Dort will ich glänzen wie der da.« Und seine ganze Streitmacht stimmte ihm bei und rief: „Was du willst, wollen auch wir!“ Und als er in seinem Hochmut sein Vorhaben ausführen wollte, erhob sich der Eifer des Herrn als schwarze Feuerwolke (ignea nigredine) und verstieß ihn mit seiner ganzen Gefolgschaft. Ihr Glanz, den sie früher besaßen, verglühte und sie wurden schwarz gegen ihre vorherige Helligkeit. Was bedeutet das?

3. Daß Gott ungerecht wäre, hätte er ihn nicht verworfen

Hätte Gott sie nicht in ihrer Anmaßung gedemütigt, wäre er ungerecht; denn er hätte die in Schutz genommen, welche die ungeteilte Gottheit zerteilen wollten. Doch er verwarf sie und machte ihre Bosheit zunichte. So beraubt er auch alle der Schau seiner Herrlichkeit, die den Versuch machen, ihm zu widerstehen, wie mein Knecht Job zeigt und sagt.

4. Worte Jobs zum selben Thema

„Das Licht der Gottlosen erlischt, die Flut überrollt sie und er läßt sie seinen Zorn fühlen. Sie sind wie Spreu vor dem Wind und wie Flugasche, die der Sturm verweht" (Job 21,17—18). Das heißt: die unreine Leidenschaft (flagrans spurcitia) leichtfertiger Schlechtigkeit im Streben nach trügerischem Glück geht wie eine Fackel aus dem Willen des Fleisches jener hervor, die Gott nicht fürchten. Sie spotten seiner in ihrer bösartigen Raserei und wollen von der Möglichkeit nichts wissen, daß jemand sie bezwingen könnte; denn im Feuer ihrer Leidenschaft wollen sie verzehren, was sie erjagen. Wie Erde wird der Gegenstand ihrer Begierde (haec) am Tag der göttlichen Rache zertreten und vom obersten Gericht wird über diese Gottlosen die Entrüstung aller Geschöpfe unter dem Himmel verhängt, weil auch sie Gott und den Menschen lästig werden. Weil Gott ihnen nicht gewährt, was sie begehren, wird ihnen alles zur Qual und durch ihr wahnsinniges Wüten werden sie unter die Menschen versprengt, während sie darauf brennen, das zu besitzen, was Gott sie nicht erraffen läßt. Und da sie sich so von Gott entfernen, werden sie völlig untauglich. Weder für Gott noch für die Menschen vermögen sie noch etwas Gutes zu vollbringen, wenn sie vom Lebensmark unter dem Blick des allsehenden göttlichen Auges abgeschnitten sind. Darum werden solche dem Untergang preisgegeben, weil sie den unangenehmen Geruch des schlechten Rufes verbreiten, während sie nicht empfänglich sind für die Gnadenflut (supervenientem imbrem) des Heiligen Geistes.

5. Von der Hölle, die unersättlich auf den Untergang der Seelen lauert

Der See aber, der dir *erscheint — von großer Breite und Tiefe* — ist die Hölle. Ihre Breite umfaßt eine Menge von Lastern, ihre Tiefe den Abgrund des Verderbens, wie du siehst. *Er hat eine brunnenartige Öffnung, und diese sendet feurigen stinkenden Qualm aus.* Denn sie ertränkt unersättlich die Seelen, indem sie ihnen Angenehmes und Verlockendes vor Augen hält, und führt sie durch böse Täuschung dem Abgrund der Qual zu. Ihm entweicht brodelnd, unter todbringendem Gestank, ein furchtbarer Feuerqualm. Diese grausamen Qualen warten auf den Teufel und seine Gefolgschaft, die sich vom höchsten Gut abgewandt haben und es nicht zur Kenntnis nehmen und begreifen wollten; daher sind sie von allem Guten abgeschnitten worden; nicht, weil sie das höchste Gut nicht kannten, sondern weil sie es in eitlem Stolz verachteten. Was bedeutet das?

6. Daß die Hölle durch den Sturz des Teufels zustandekam

Bei der Verwerfung des Teufels entstand diese äußerste Finsternis, die alle Arten der Bestrafung enthält. Hier empfingen die bösen Geister nämlich den elenden Lohn der verschiedensten Qualen anstatt der ihnen zugedachten Ehre. Sie tauschten gegen ihre Herrlichkeit undurchdringliche Finsternis ein. Wie geschah das? Als der stolze Engel sich wie eine Schlange hochwand, wurde ihm das Gefängnis der Hölle zuteil, denn es konnte nicht sein, daß jemand Gott übertreffe. Kann es denn vorkommen, daß sich in einer Brust zwei Herzen befinden? So darf es auch im Himmel nicht zwei Götter geben. Weil der Teufel mit seiner Gefolgschaft dies aber in stolzer Anmaßung erstrebte, wurde ihm der See des Verderbens bereitet. Menschen, die sie in ihren Taten nachahmen, bekommen Anteil an ihren Qualen, wie sie es verdienen.

7. Daß die Hölle den Unbußfertigen bereitet ist, und die übrigen Qualen diejenigen erwarten, welche der Reinigung bedürfen

Es gibt Seelen, die das Höchstmaß der Verdammnis erleiden; sie sind von der Gotteserkenntnis ausgeschlossen und leiden höllische Qualen, ohne Aussicht auf Befreiung. Einige zeigten sich zwar nicht gottvergessen, werden jedoch durch stärkere Prüfungen von ihren Sünden, in die sie gefallen waren, geläutert. Einmal werden sie jedoch von ihren Fesseln befreit und gelangen zur ewigen Ruhe. Was bedeutet das? Die Hölle kommt auf jene zu, die ohne Reue in der Gottvergessenheit leben; die anderen Qualen jedoch jenen, die zwar Böses verbrachen, aber nicht bis zum Tode darin verharrten, sondern schließlich mit Stoßseufzern zu Gott aufblickten. Deshalb sollen die Gläubigen den Teufel in die Flucht schlagen, Gott lieben, das Böse ablegen und das Gute durch den Schmuck (cum decore) der Buße vollenden, wie mein Knecht Ezechiel auf meine Eingebung mahnend spricht.

8. Worte Ezechiels zum selben Thema

„Kehrt um und tut Buße für all eure Missetaten, damit die Bosheit euch nicht vernichte" (Ez. 18,30). Das heißt: O ihr Menschen! Bisher lagt ihr in Sünden darnieder; gedenkt eures christlichen Namens, kehrt um auf den Weg des Heils und tut andere Werke, die aus der Buße entspringen. Früher habt ihr in lasterhaftem Leben (in innumerabilibus vitiis) viele Verbrechen begangen; so erhebt euch von eurer schlechten Gewohnheit, damit die Bosheit, mit der ihr euch beschmutzt habt, euch nicht dem Todessturz preisgibt, wenn ihr sie erst am Tag eurer Rettung abgelegt habt. Freude über euch wird deshalb auch bei den Engeln herrschen, weil ihr den Teufel verlassen habt und zu Gott geeilt seid. In guten Taten erkennt ihr ihn jetzt besser als ihr ihn früher kanntet, da der alte Verführer seinen Spott mit euch trieb.

9. Vom Betrug des Teufels, der den ersten Menchen durch die Schlange täuschte

Daß aber *dem See ein abscheulicher Nebel entquillt, der sich ausbreitet und etwas wie eine Ader berührt, die verführerisch ausschaut;* heißt: Aus der tiefsten Verderbnis kommt teuflischer Betrug, der sich wie eine giftige Schlange an den Menschen heranmacht, um ihn zu täuschen. Sie trägt die Sünde betrügerischer Absicht in sich. Wie geschah das? Als der Teufel den Menschen im Paradies erblickte, rief er bestürzt: „Wer rührt da an die Wohnung meines wahren Glücks?" Er war sich nämlich bewußt, daß er die Bosheit, die er in sich trug, noch in keinem anderen Geschöpft zur Vollendung gebracht hatte; doch als er Adam und Eva in kindlicher Unschuld im Paradiesesgarten lustwandeln sah, war er sehr betroffen und machte sich auf, sie durch die Schlange zu verführen. Weshalb? Er erkannte, daß die Schlange ihm mehr als jedes andere Wesen gleiche. So bemühte er sich, durch ihre Heimtücke zu erreichen, was er selbst in seiner eigenen Gestalt nicht öffentlich vollbringen konnte. Als er merkte, daß Adam und Eva sich mit Leib und Seele von dem verbotenen Baum abwandten, erkannte er, daß sie dazu durch ein göttliches Gebot verpflichtet waren, und daß er sie bei diesem eigentlichen Werk (des Gehorsams) zu Fall bringen würde.

10. Daß der Teufel erst durch die Antwort Evas erfuhr, daß dieser Baum verboten sei

Er wußte nämlich nicht, daß dieser Baum ihnen verboten sei. Er schloß es erst aus der Antwort auf seine listige Frage. Deshalb *hauchte er in jener Lichtregion eine strahlendweiße Wolke an, die von einer schönen Menschengestalt ausgegangen war und unzählige Sterne enthielt.* Denn an diesem lieblichen Ort machte er sich an Eva heran, die ein unschuldiges Herz besaß (sie war aus dem unschuldigen Adam hervorgegangen, und trug, wie Gott es vorherbestimmt hatte, das ganze Menschengeschlecht leuchtend in ihrem Schoß). Sie wollte er durch die verführerische Schlange zu Fall bringen. Weshalb? Weil er wußte, daß die Empfänglichkeit der Frau leichter zu besiegen ist als die männliche Stärke. Er sah auch, daß Adam Eva so leidenschaftlich liebte, daß nach seinem Sieg über Eva Adam alles tun würde, was sie ihm sagte. So vertrieb denn der Teufel den Menschen von diesem Ort. Der alte Verführer verstieß nämlich durch seinen Betrug Eva und Adam aus dem Zustand der Glückseligkeit (de sede beatitudinis) in die Finsternis der Zerstörung. Wie geschah das? Er verführte erst Eva, damit sie Adam schmeichelnd zur Einwilligung überrede. Sie konnte schneller als jedes andere Geschöpf Adam zum Ungehorsam verführen, weil sie aus seiner Rippe geschaffen war. Deshalb bringt die Frau den Mann unschwer zu Fall, da er sich in seiner Zuneigung leicht ihre Worte zu eigen macht.

11. Was in der Ehe zu beachten und zu meiden ist

Denn nicht einem kleinen Knaben, sondern einem erwachsenen Mann wurde eine geschlechtsreife Frau zugeführt. Da der Mann in den Jahren der Reife fruchtbar wird, muß er sich mit einer erwachsenen Frau vereinigen; auch ein Baum muß die nötige Pflege erhalten, wenn er beginnt, Blüten anzusetzen. Denn aus der Rippe Adams, voll Liebesglut und Lebenssaft, wurde Eva geformt; und deshalb empfängt nun die Frau aus der Kraft und Glut des Mannes den Samen, um ein Kind auf die Welt zu bringen. Der Mann ist nämlich der Sämann, die Frau aber empfängt den Samen. Darum bleibt die Frau unter der Herrschaft des Mannes; denn wie sich die Härte des Steines zur weichen Erde verhält, so auch die Stärke des Mannes zur Empfänglichkeit der Frau.

Daß aber die erste Frau aus dem Manne gebildet wurde, bezeichnet die eheliche Verbindung zwischen Mann und Frau. Sie ist so zu verstehen: Diese Verbindung darf nicht fruchtlos und gottvergessen vollzogen werden; denn Er, der die Frau vom Manne nahm, hat diese gute und ehrenhafte Vereinigung dazu bestimmt, Fleisch aus Fleisch zu bilden. Wie deshalb Adam und Eva ein Fleisch waren, so werden auch jetzt Mann und Frau ein Fleisch in der Liebesvereinigung zur Vermehrung des Menschengeschlechts. Daher muß auch zwischen beiden vollkommene Liebe herrschen wie zwischen den ersten Menschen. Adam konnte nämlich seine Frau beschuldigen, daß sie ihm durch ihren Rat den Tod einbrachte; er entließ sie aber nicht, solange er auf dieser Welt lebte, denn er erkannte, daß sie ihm von der göttlichen Allmacht geschenkt war. So verläßt der Mann um der vollkommenen Liebe willen seine Gattin nur aus einem der Vernunftgründe, welche der Glaube der Kirche vorsieht. Es gibt durchaus keine Scheidung für sie, wenn nicht beide einmütig, im Blick auf meinen Sohn, sagen: „Wir wollen die Welt verlassen und ihm folgen, der für uns gelitten hat." Sollten die Beiden aber im Streben nach der Ganzhingabe nicht übereinstimmen, daß sie die Welt verlassen wollen, sollen sie sich keinesfalls voneinander trennen; denn wie man Blut nicht von Fleisch trennen kann, solange darin noch Lebensodem ist, so sollen sich auch die Eheleute nicht voneinander trennen, sondern einmütig (in una voluntate) miteinander leben. Ziehen sich aber Mann oder Frau einen gesetzwidrigen Ehebruch zu, sollen sie entweder aus eigenem Antrieb oder von ihren Priestern veranlaßt, nach gerechter Beurteilung durch die geistliche Obrigkeit eine öffentliche Buße auf sich nehmen. Der Ehemann kann zwar gegen seine Gattin und die Ehefrau gegen ihren Gatten nach göttlichem Recht vor der Kirche und ihren Vorstehern über einen Ehebruch Klage führen; doch dürfen weder Mann noch Frau eine andere Verbindung suchen. Sie sollen entweder in rechtmäßiger Ehe (in rectitudine coniunctionis) verbleiben oder, wie es die Kirche vorschreibt, zusammen enthaltsam leben und sich nicht gegenseitig mit Schlangenbissen zerfleischen, sondern einander in reiner Liebe zugetan sein. Sind doch Mann und Frau selbst aus dieser Vereinigung hervorgegangen, wie mein Freund Paulus bezeugt und sagt.

12. Was der Apostel darüber sagt

„Wie die Frau vom Mann, so der Mann durch die Frau; alles aber aus Gott" (I Kor. 11,12). Das heißt: Die Frau ist um des Mannes willen geschaffen; denn wie sie vom Manne, so stammt auch der Mann von ihr, damit sie sich bei der gemeinsamen Zeugung ihrer Kinder nicht trennen, weil sie gemeinsam ein Werk vollbringen, wie auch Luft und Wind zusammenarbeiten. Wie geschieht das? Die Luft wird vom Wind in Bewegung gesetzt und der Wind von der Luft umschlossen, so daß alles, was grünt, von ihnen abhängig ist. Was bedeutet das? Frau und Mann wirken bei der Erzeugung von Kindern zusammen. Daher ist es eine überaus schändliche Tat, wenn Unzucht zur Zeit der Fruchtbarkeit eine Trennung bewirkt. Denn Mann und Frau entziehen so das eigene Blut dem Gewebe des Mutterschoßes und verschwenden es an einen fremden. Sie verfallen ohne Zweifel dem Betrug des Teufels und dem Zorn Gottes, weil sie vom Bund abgewichen sind, den Gott für sie einsetzte. Deshalb weh ihnen, wenn ihnen ihre Sünden nicht vergeben werden! Doch obgleich, wie gezeigt wurde, Mann und Frau bei der Erzeugung von Kindern zusammenwirken, entsteht doch alles, Mann und Frau und die übrigen Geschöpfe, nach göttlicher Ordnung und Planung, denn Gott erschuf sie nach seinem Willen.

13. Warum vor der Menschwerdung des Herrn manche mehrere Frauen hatten

Vor der Menschwerdung meines Sohnes hatten jedoch manche Angehörige des alten Bundesvolkes so viele Frauen zugleich, wie sie wollten. Sie hatten nämlich noch nichts von einem öffentlich ergangenen Verbot gehört. Als mein Sohn auf die Welt kam, gab er zu verstehen, daß diese Bindung zwischen Mann und Frau ursprünglich bis zum letzten Atemzug bestehen sollte, wie es die Verbindung zwischen Adam und Eva veranschaulicht, weil dieser Bund nicht aus menschlichem Willen, sondern in Gottesfurcht vollzogen werden muß. Denn besser ist es, gemäß kirchlicher Anordnung und Entscheidung, eine rechtmäßige Ehe zu führen als Unzucht zu verüben. Doch ihr Menschen laßt dies außer Acht und frönt eurer Leidenschaft, nicht nur auf menschliche, sondern sogar auf tierische Weise. Zwischen den Eheleuten aber herrsche aufrichtige Treue und reine Liebe in Gotteserkenntnis, damit die göttliche Vergeltung sie nicht treffe, wenn ihr Same durch teuflische List verdorben wurde und sie ihn auf unmenschliche Weise wie übermütige Tiere vergeuden, während sie sich gegenseitig beißen und zerreißen. Deshalb quält sie der Neid nach Schlangenart, und weil sie von verdorbenem Samen ohne Gottesfurcht und Selbstbeherrschung (humana disciplina) überfließen, werden ihnen oft als gerechte Strafe Gottes Kinder mit verkrüppelten Gliedern (contrietas in membris), die kein Glück im Leben haben, für dieses Vergehen zuteil; es sei denn, ich erzeige mich ihnen, durch Buße versöhnt, wieder gnädig. Denn wer mich in Reue über seine Sünden anruft, dessen Buße nehme ich meinem Sohn zuliebe an. Wer nämlich nur einen Finger zur Buße rührt, d. h., wer sich mit Seufzern der Herzensreue nach mir ausstreckt und spricht: „Gegen dich, Herr, habe ich gesündigt", dessen Buße hält mir mein Sohn als Hoherpriester (sacerdos sacerdotum) entgegen. Denn das Bekenntnis, das meinem Sohn zuliebe vor dem Priester abgelegt wird, gewährt den Büßenden Reinigung von ihren Sünden. Wer aber würdig seine Buße verrichtet, entgeht den Zähnen des Teufels; dieser versucht nämlich, den Angelhaken der göttlichen Macht zu verschlucken, und verletzt sich dabei schwer die Backe. So gelangen auch jetzt die Seelen der Gläubigen, am Verderben vorbei, zur Rettung. Wie geschieht das? Die Priester, die am Altar meinen Namen anrufen, sollen das Bekenntnis des Volkes entgegennehmen und ihm darin das Heilmittel zeigen. Damit Gott ihnen also gnädig sei, sollen sie ihren Samen nicht mit verschiedenen Lastern verunreinigen; wer nämlich seinen Samen in Unzucht und Ehebruch vergeudet, erhält auf diese Weise auch schlecht veranlagte Nachkommenschaft. Wie geschieht das? Kann jemand, der reinen Ton mit Schmutz oder Kot vermischt, etwa ein haltbares Gefäß herstellen? Wird so auch jemand, der seinen Samen mit Unzucht und Ehebruch verdirbt, lebenskräftige Kinder erzeugen? Viele von ihnen leiden unter äußerer und innerer Bedrängnis; viele verhalten sich klug gegenüber der Welt und Gott. Und mit ihnen bevölkert sich das himmlische Jerusalem, wenn sie die Laster aufgeben, die Tugenden lieben und in Keuschheit, unter großen Anstrengungen meinen Sohn nachahmen, soweit sie es vermögen, und sein Leiden an ihrem Leibe tragen.

Will ich aber nicht, daß ein Mensch Nachkommen erhält, nehme ich dem Samen die Fruchtbarkeit (viriles vires), damit er im Mutterschoß nicht keime (coaguletur). So verweigere ich auch der Erde die Fruchtbarkeit, wenn es mir nach gerechtem Urteil so gefällt. Mensch, warum wunderst du dich, wenn ich aus Ehebruch und ähnlichen Vergehen Kinder hervorgehen lasse? Mein Gericht ist gerecht: denn seit dem Fall Adams finde ich nicht mehr die erforderliche Gerechtigkeit im Menschengeschlecht (in humano semine). Der Teufel hat sie durch den Genuß des Apfels verscheucht. Deshalb sandte ich meinen Sohn in die Welt, rein von aller Sünde, von einer Jungfrau geboren. Er sollte in seinem Blut, das frei war von fleischlicher Befleckung, dem Teufel entreißen, was dieser dem Menschen geraubt hatte.

14. Warum weder Mensch noch Engel den Menschen befreien konnten, sondern nur Gottes Sohn

Denn weder der in Sünde empfangene Mensch noch der Engel ohne Hülle des Fleisches, konnte den Menschen, der in Schuld darniederlag und sich mit der Last seines Leibes abquälte, der Gewalt des Teufels entreißen. Er allein, der ohne Sünde erschien und einen reinen, sündelosen Leib besaß, hat ihn durch sein Leiden befreit. Darum sammle ich die Menschen, wenngleich in Sünden geboren, in meinem himmlischen Reich, wenn sie es gläubig suchen. Keine Bosheit kann mir nämlich meine Erwählten abspenstig machen, wie die Weisheit bezeugt und spricht:

15. Worte der Weisheit zum selben Thema

„Die Seelen der Gerechten sind in Gottes Hand und keine Todesqual kann sie berühren“ (Weish. 3,1). Das heißt: Die Seelen derer, die den rechten Weg einschlagen (complectuntur) und in liebender Hingabe mit himmlischem Beistand ihre Werke vollbringen, erreichen wegen ihrer guten Taten in vollkommener Gerechtigkeit den Himmel. Die Qual des Verderbens wird sie nicht vernichten; denn das wahre Licht führt sie (pascit) in Furcht und Gottesliebe. Doch nachdem Adam und Eva vom Paradiesesort (de loco amoenitatis) verjagt waren, erkannten sie ihre Aufgabe (opus), Kinder zu empfangen und zu gebären. So verfielen sie dem Tod aus Ungehorsam; das Sündigen wurde ihnen süß, weil sie jetzt wußten, daß sie sündigen konnten. Doch auf diese Weise kehrten sie meine weise Einrichtung (rectam constitutionem) in sündhafte Lust. Während sie doch wissen mußten, daß die Leidenschaft in ihren Adern nicht zu sündigem Genuß, sondern für die Liebe zum Kind bestimmt ist, mißbrauchten sie sie auf teuflische Eingebung zur Wollust; sie verloren nämlich bei ihrer Vereinigung die Unschuld und verkauften sie an die Sünde. Weil dies aber nicht ohne Einmischung des Teufels geschah, wirft derselbe immer wieder seine Netze bei dieser Gelegenheit aus, um seinen Einfluß geltend zu machen, und sagt: „Meine Macht beruht auf der menschlichen Empfängnis; so wird der Mensch mein.“ Und da er sah, daß der Mensch sich durch seine Einwilligung Anteil an seinen Qualen zugezogen hatte, sprach er wiederum zu sich: „Dem starken Gott ist alle Bosheit entgegengesetzt, denn er ist keineswegs ungerecht.“ So besiegelte der Verführer also folgenden Beschluß in seinem Herzen: Wenn ein Mensch freiwillig gemeinsame Sache mit ihm gemacht habe, soll er ihm nicht mehr entkommen können.

Deshalb faßte ich den geheimen Ratschluß, meinen Sohn zur Erlösung der Menschen zu senden, damit der Mensch dem himmlischen Jerusalem zurückgegeben werde. Und diesem Plan konnte keine Bosheit widerstehen. Denn als mein Sohn auf die Welt kam, sammelte er alle um sich, die ihn hören und nachahmen und das Sündigen aufgeben wollten. Ich bin nämlich gerecht und aufrichtig und will die Bosheit nicht, die du, Mensch, umarmst, da du erkennst, daß du Böses tun kannst. Denn Luzifer und der Mensch versuchten zu Beginn ihrer Erschaffung, sich gegen mich zu empören; und sie verloren das Gleichgewicht, als sie vom Guten abfielen und das Böse erwählten. Luzifer aber umfaßte alle Bosheit und verwarf alles Gute; ja, er kostete nicht einmal davon, sondern verfiel dem Tod. Adam jedoch hatte Geschmack am Guten, solange er gehorsam war. Doch dann war er begierig auf das Böse aus und vollbrachte es in seiner Begierde im Ungehorsam gegen Gott. Warum das so geschehen ist, sollst du, Mensch, nicht ergründen. Kein Sterblicher kann auch wissen, was vor Erschaffung der Welt geschehen ist, oder was nach dem Jüngsten Tag sein wird; Gott allein weiß es. Es sei denn, er lasse seine Erwählten etwas davon wissen.

Doch auch die Unzucht, die sich selbst den Menschen feilbietet, ist verabscheuungswürdig für mich; denn ich erschuf anfänglich Mann und Frau in allen Ehren und nicht sittenlos. Deshalb heucheln jene, die sagen, es sei erlaubt, dem Trieb zum Geschlechtsverkehr mit jedem Beliebigen wie ein Tier nachzugeben. Sie sind wie ein Schandfleck in meinen Augen, denn sie haben die Würde und Größe der Vernunft verachtet, sich auf das Vieh berufen und sich ihm angeglichen. Weh denen, die so ein schändliches Leben führen!

16. Daß Blutsverwandte einander nicht heiraten dürfen

Ich will auch nicht, daß sich verwandtes Blut in einer Ehe vermenge, wo die Liebesglut der Blutsverwandtschaft noch nicht gemildert wurde, damit nicht schamlose Liebe in der Erinnerung an verwandtschaftliche Beziehungen entsteht. Es soll also fremdes Blut (alieni populi) zusammenkommen, das noch kein Erkennen zwischen Blutsverwandten in sich brennen spürt. Denn bei dieser Begegnung soll Selbstbeherrschung geübt werden.

17. Beispiel von der Milch

Ein- bis zweimal gekochte Milch hat ihren Geschmack noch nicht verloren, während sieben- oder achtmal geronnene oder gekochte ihre Kraft verliert und nur im Notfall genießbar bleibt. Wie man mit der eigenen, blutsverwandten Gattin keinen Geschlechtsverkehr pflegen soll, so ist auch verwandtschaftlicher Geschlechtsverkehr dieser Frau in einer anderen Verbindung zu verabscheuen. So eine Verbindung darf der Mensch nicht eingehen, wie es auch die Kirche durch ihre Lehrer verbietet, die sie mit großer Sorgfalt und Wertschätzung unterstützt haben.

18. Warum im Alten Testament die Ehe zwischen Blutsverwandten gestattet, im Neuen Testament aber verboten war

Daß aber im Alten Testament für Blutsverwandte eine Gesetzesvorschrift zur Heirat bestand, geschah wegen ihrer Hartherzigkeit. Sie sollten miteinander in Frieden leben und die Liebe sollte so stark zwischen ihnen sein, daß sie sich nicht als voneinander getrennte Stämme im Umgang mit den Heiden vermischten und meinen Bund brächen, bis die Zeit kam, in der mein Sohn die Fülle der Liebe brachte und die Blutsverbindung des fleischlichen Bundes auf ein anderes, sittenreines Volk (cum pudore verecundiae) übertrug. Weil die Braut meines Sohnes nur in der heiligen Taufe das Band der Gottesfurcht und der wahren (recta) Gerechtigkeit besitzt, soll eine derartige Blutsverbindung ihr fernliegen. Denn schamlose und hemmungslose Unzucht bei der Umarmung von Mann und Frau würde sich eher an verwandtem als an fremdem Blut zu schändlicher Tat entflammen. Diesen Sachverhalt tue ich durch einen Menschen kund, der von solchen menschlichen Dingen nichts weiß, und der diese Kenntnisse nicht von einem Menschen, sondern aus der Weisheit Gottes empfing. Doch, was nun?

19. Daß der Mann erst im reifen Alter eine schon heiratsfähige Frau heiraten darf

Wenn der Mann im reifen Alter ist, so daß seine Adern voll Blut sind, dann ist sein Samen fruchtbar, und er verlobe sich nach gesetzlicher Bestimmung mit einer Frau, die auch geschlechtsreif ist (in fervente aetate), und seinen Samen ehrfürchtig empfängt, um ihm auf rechtmäßige Weise Nachkommen zu schenken.

20. Unerlaubte Selbstbefriedigung ist zu meiden

Doch darf der Mann vor den Jahren seiner Manneskraft seinen Samen nicht in unnützer Ausschweifung vergeuden; es ist nämlich eine vom Teufel eingegebene Versuchung zur Sünde, wenn er in wollüstiger Begierde versucht, Samen auszustreuen, bevor dieser kraft seiner Glut und Hitze in festerem Zustand (coagulatio) vorhanden sein kann. Und wenn ein Mann schon von großer Leidenschaft erregt ist, so soll er seine Kraft, wenn er es vermag, nicht zu diesem Akt hergeben; denn wenn er auf den Teufel blickt, wirkt er ein satanisches Werk. Er macht seinen Leib verächtlich, und das ist ganz und gar unerlaubt. Wie es die menschliche Natur lehrt, soll der Mann in der Kraft seiner Glut und mit dem Lebenssaft seines Samens seiner Gattin gegenüber den rechten Weg suchen, in Selbstbeherrschung und aus dem Verlangen nach Nachkommenschaft.

Doch will ich nicht, daß dieser Akt vollzogen wird, wenn die Frau unter der Absonderung ihres Blutflusses leidet, d. h., wenn die verborgenen Gefäße ihres Leibes sich öffnen, damit nicht mit dem Blut der reife empfangene Same ausfließt, und dieser so ausgegossene Same zugrundegeht, die Frau aber sich im Kerker ihrer Schmerzen gefangen sieht, da sie ja schon Geburtswehen verspürt (portionem doloris partus sui tangens). Ich erlasse der Frau jedoch diese schmerzvolle Zeit nicht, denn ich erlegte sie Eva auf, als sie beim Genuß des Apfels die Sünde empfing. Deshalb muß die Frau in dieser Zeit das wirksame Heilmittel der Barmherzigkeit erfahren. Sie soll auch verborgen und enthaltsam leben, doch nicht derart, daß sie sich des Kirchgangs enthalte, sondern sie betrete das Gotteshaus um ihres Heils willen in gläubiger Hingabe und demütiger Gesinnung. Weil aber die Braut meines Sohnes immer unversehrt ist, darf der Mann (wenn durch die offenen Wunden seiner verletzenden Berührung die Unversehrtheit der weiblichen Glieder zerstört wurde), die Kirche nur mit Furcht und in großer Bedrängnis betreten, damit sie nicht entweiht wird. So hat auch Kain die unversehrten Glieder seines Bruders Abel, der ein Tempel Gottes war, grausam zerstückelt.

21. Warum die Frau nach der Geburt oder nach einer Vergewaltigung sich verbergen und sich des Kirchgangs enthalten soll

Hat aber eine Frau nach der Verletzung ihrer verborgenen Organe ein Kind geboren, darf sie mein Haus nur gemäß des von mir erlassenen Gesetzes betreten, weil die heiligen Geheimnisse dieses meines Hauses vor aller Befleckung des Mannes und den Schmerzen der Frau unberührt bewahrt werden müssen. Denn meinen Sohn hat die reinste Jungfrau geboren; sie war unversehrt und ohne jede Wunde der Sünde. Der Ort, der zu Ehren dieses meines Eingeborenen geweiht ist, muß nämlich vor aller verderblichen Verwundung und Verletzung unberührt bleiben; denn auch mein Eingeborener wußte um die Unversehrtheit seiner jungfräulichen Geburt. Deshalb soll sich auch die Frau, die durch den Umgang mit einem Mann die Unversehrtheit ihrer Jungfräulichkeit zerstört hat, mit der Wunde ihrer Verletzung des Kirchgangs enthalten, bis ihre Verwundung geheilt ist, wie es die kirchliche Vorschrift ihr für diesen Fall entschieden gebietet. Denn als meinem Sohn am Kreuzesholz seine Braut anvermählt wurde, verbarg sie sich so lange, bis mein Sohn seinen Jüngern auftrug, die Wahrheit der Frohbotschaft in der ganzen Welt zu verbreiten; dann erst erhob sie sich öffentlich und verkündete offen den Ruhm ihres Bräutigams bei der Wiedergeburt im Geist und Wasser. So soll auch die Jungfrau, die mit einem Mann vermählt wird, handeln, indem sie in keuscher Zurückhaltung verborgen bleibt bis zu dem Zeitpunkt, den das kirchliche Recht vorsieht, und wenn die Zeit ihrer Zurückgezogenheit beendet ist, zur Liebesvereinigung mit ihrem Gemahl wieder öffentlich hervortreten.

22. Wer sich im Umgang mit einer Schwangeren befleckt, ist ein Mörder

Ich will auch nicht, daß der genannte Akt zwischen Mann und Frau gesetzt wird, wenn schon der Keim für ein Kindlein im Schoß der Frau ruht, damit nicht die Anlage für dieses Kindlein mit überflüssigem, verdorbenem Samen verunreinigt wird, bevor die Reinigung bei seiner Geburt erfolgt ist; dann darf dieser Akt wiederum aus Liebe zur Nachkommenschaft, in aufrichtiger Gesinnung und nicht leichtfertig, vollzogen werden. So ist das Menschengeschlecht dazu bestimmt, in ehrenhafter Selbstbeherrschung neues Leben zu zeugen und nicht so, wie es törichte Menschen beredt verkünden, die sagen, es sei erlaubt, seiner Leidenschaft nach Gelüsten zu frönen, indem sie sprechen: „Wie können wir uns so unmenschlich enthalten?“ O Mensch, wenn du auf den Teufel blickst, stachelt er dich zu allem Bösen an und tötet dich mit seinem todbringenden Gift; schaust du aber auf Gott, leistet er dir Hilfe und macht dich keusch. Verlangst du bei deiner Tat mehr nach Lust als nach Reinheit? Die Frau ist dem Mann unterstellt und er sät in sie seinen Samen, wie er auch die Erde bearbeitet, damit sie Frucht bringe. Bearbeitet der Mensch etwa die Erde, daß sie Dornen und Disteln hervorbringe? Keineswegs; sondern daß sie gute (dignum) Frucht bringe. So soll sich auch das Bemühen des Menschen auf die Liebe zur Nachkommenschaft und nicht auf zügellose Ausschweifung richten.

So weint und klagt also vor Gott, ihr Menschen; ihr verachtet ihn so oft in euern Sünden, wenn ihr in gar böser Unzucht euren Samen vergeudet und so nicht nur Ehebrecher, sondern auch Mörder werdet; denn ihr habt den Spiegel Gottes verworfen und befriedigt eure Lust, wie es euch paßt. Deshalb verfolgt euch der Teufel immer bei diesem Tun, weil er weiß, daß ihr mehr nach der Befriedigung eurer Begierde trachtet, als daß ihr auf die Freude an Nachkommen blickt. Hört also, die ihr auf den Türmen der Kirche wacht (estis)! Nicht mich klagt an bei euerm Ehebruch, sondern schaut auf euch selbst; denn wenn ihr zum Teufel eilt, während ihr mich verachtet, vollbringt ihr unerlaubte Taten und wollt nicht keusch sein, wie mein Knecht Osee vom befleckten Volk spricht und sagt:

23. Osee zum selben Thema

„Sie geben ihr Trachten nicht auf, um zu ihrem Gott umzukehren, weil in ihrer Mitte der Geist der Unzucht ist und sie Gott nicht erkennen" (Os. 5,4). Das heißt: Die bösen Menschen, die Gott nicht erkennen, verbergen das Antlitz ihres Herzens und befreien es nicht von den verschiedenen Hüllen ihrer Machenschaften, um zur wahren Herrlichkeit zurückzukehren. Mit offenem Auge erkennen sie nämlich nicht, was Gott gebührt, sondern nähren das Böse in sich. Der Anhauch leichtfertiger Unreinheit durch die teuflische Beeinflussung verweichlicht nämlich die männliche Kraft, die sie besitzen sollten, und läßt es nicht zu, daß sie ihr gutes Gewissen auf Gott stützen, wenn er sie vom Leben der Glückseligkeit abbringt.

24. Empfehlung der Keuschheit

Doch jetzt wende ich mich an meine überaus geliebten Schafe, die als Samen der Keuschheit in meinem Herzen Wurzeln geschlagen haben. Denn die Jungfräulichkeit stammt von mir (per me plantata est), weil auch mein Sohn von einer Jungfrau geboren wurde. Und darum ist die Jungfräulichkeit der schönste Obstbaum unter allen Fruchtbäumen der Täler, und hochgeachtet (magna persona) unter allen Großen, die im Palast des unvergänglichen Königs stehen; sie ist nämlich nicht der Gesetzesvorschrift unterworfen, weil sie der Welt meinen Eingeborenen schenkte. So sollen denn aufhorchen, die meinem Sohn in der Unschuld freiwilliger Keuschheit und in der Abgeschiedenheit trauernder Witwenschaft folgen wollen; hervorragender ist nämlich die Jungfräulichkeit, die nie befleckt wurde, als das Witwentum nach dem Joch der Ehe (oppressa virili iugo); doch nach dem schmerzlichen Verlust des Mannes ahmt das Witwentum die Jungfräulichkeit nach.

Mein Sohn litt nämlich viele Schmerzen an seinem Leibe und unterzog sich dem Kreuzestod; daher werdet auch ihr ihm zuliebe viele Drangsale erdulden, wenn ihr in euch überwindet, was durch Sündenlust und den Genuß des Apfels gesät wurde. Doch werdet ihr es ertragen müssen, wenn dem

Brand der Begierde Samenergüsse entströmen, weil ihr nicht so rein sein könnt, daß sich nicht heimlich die Schwäche der menschlichen Gebrechlichkeit bemerkbar macht. Bei dieser Drangsal müßt ihr meinen Sohn nachahmen, euch selbst Einhalt gebieten, die Flamme der Begierde in euch löschen und die anderen Laster dieser Welt, wie Zorn, Stolz, Leichtsinn u. ä. verwerfen und so diesen Sieg in tapferem Kampf vollenden. Dann werden diese Gefechte mit großer Herrlichkeit und reicher Frucht, strahlender als die Sonne und lieblicher als der Duft der Liebe vor mir erscheinen, weil ihr meinen Eingeborenen in seinem Leiden nachahmt, wenn ihr die brennende Begierde in so tapferem Kampf niedertretet. Und wenn ihr darin ausharrt, wird euch im himmlischen Reich große Herrlichkeit zuteil.

O ihr lieblichen Blumen, meine Engel bewundern euren Kampf, wie ihr über den Tod hinwegschreitet, ohne euch im giftigen Kot der Welt zu beflecken, obwohl ihr einen fleischlichen Leib habt. Auf diese Weise mißachtet ihr ihn, so daß ihr, an Reinheit den Engeln ähnlich, glorreich in ihrer Gesellschaft verweilen dürft. Freut euch deshalb, wenn ihr so ausharrt, denn ich bin mit euch, wenn ihr mich gläubig aufnehmt und in der Freude eures Herzens mein Wort verwirklicht, das ich in einem verborgenen Gesicht meines geliebten Johannes kundtue und spreche:

25. Johannes über dasselbe Thema

„Siehe, ich stehe an der Tür und klopfe. Wenn jemand meine Stimme hört (und die Tür öffnet), werde ich bei ihm eintreten und mit ihm Mahl halten, und er mit mir" (Offb. 3,20). Das heißt: Ihr, die ihr mich als euern Erlöser getreulich liebt, seht, wie ich euch am Zelt eures Herzens erwarte und euch zu Hilfe eilen möchte. Ich nehme wahr, was euer Gewissen bei der Erforschung des Herzens empfindet (habeat) und rüttle euern Geist mit dem Windstoß der Erinnerung auf, sich für den Empfang des guten Willens zu öffnen. Wenn dann das gläubige Herz die Stimme der Gottesfurcht vernimmt, vereine ich mich mit ihm, umarme ihn und genieße unvergängliche Speise mit ihm, da er mir sich selbst in guten Werken als Wohlgeschmack anbietet, so daß auch er in mir Lebensspeise finden wird, weil er das liebt, was den nach Gerechtigkeit Verlangenden das Leben bringt.

26. Daß Gott nach der Vertreibung Adams das Paradies verschloß

Doch, wie du siehst, *umringte dieses Gebiet* nach der Vertreibung Adams und Evas aus dem Paradies *ein heller Schein:* Wegen ihrer Übertretung müssen sie nämlich den lieblichen Ort verlassen; die Macht der göttlichen Majestät hielt jeden Makel der Ansteckung von diesem Ort fern und schützte ihn so mit seiner Herrlichkeit, daß ihn von nun an nichts Verderbliches mehr berühren kann. So zeigt sie auch, daß die Übertretung, die dort geschah, einmal gütig und barmherzig getilgt werden sollte.

27. Weil der Mensch sich gegen Gott auflehnte, widersetzte sich ihm die Schöpfung, die ihm früher untertan war

Und so *gerieten alle Elemente der Erde, die bisher in tiefer Ruhe lagen, in Aufruhr und boten einen schreckenerregenden Anblick:* Die Schöpfung, geschaffen zum Dienst des Menschen, hatte keinerlei Widerstand in sich verspürt; doch als der Mensch sich Ungehorsam anmaßte (inoboedientiam arripiente) und Gott nicht gehorchte, verlor auch sie ihre Ruhe und geriet in Aufruhr. Sie brachte dem Menschen viele und große Nachteile (contrarietates); weil der Mensch selbst sich dem Schlechteren zugeneigt hatte, sollte er durch sie gestraft werden.

Was bedeutet das? Weil der Mensch am Ort der Wonne sich Gott widersetzte, lehnte sich die Schöpfung, die dem Menschen dienstbar gewesen war, gegen ihn auf.

28. Von der Schönheit des Paradieses, das der Erde Saft und Kraft gab, wie die Seele dem Leib

Das Paradies aber ist ein lieblicher Ort, der im frischen Grün der Blumen und Kräuter von köstlichem Wohlgeruch prangt, erfüllt von auserlesenen Düften. Er ist zur Freude der Seligen ausgestattet. Dem trockenen Land spendet er fruchtbare Feuchtigkeit, weil er der Erde seine starke Lebenskraft zuführt, wie die Seele dem Leib Kräfte verleiht. Denn das Paradies wird von keinem Schatten und Verderben der Sünde verfinstert.

29. Warum Gott den Menschen so schuf, daß er sündigen konnte

Deshalb hört und versteht mich, die ihr in eurem Herzen sprecht: Was ist das und warum ist das so? Ach, warum seid ihr so töricht in euerm Herzen, die ihr nach dem Bild und Gleichnis Gottes geschaffen seid? Wie könnte eine so große Ehre und Herrlichkeit, wie sie euch verliehen ist, ohne Erprobung bleiben, als wäre sie ohne Bedeutung und Sinn (nihil et inanis causa)? Gold muß im Feuer erprobt und kostbare Edelsteine müssen gereinigt und geschliffen werden, und alle derartigen Stoffe auf alle ihre Eigenschaften untersucht werden. Ihr törichten Menschen, wie könnte also das, was als Bild und Gleichnis Gottes geschaffen ist, ohne Prüfung bestehen? Denn der Mensch muß mehr als jedes andere Geschöpf erprobt werden, und deshalb durch die ganze Schöpfung geläutert werden. Fleisch durch Fleisch, Erde durch Wasser, Feuer durch Kälte, Kampf durch Niederlage, Gutes durch Böses, Schönheit durch Häßlichkeit, Armut durch Reichtum, Süßigkeit durch Bitternis, Gesundheit durch Krankheit, Langes durch Kurzes, Hartes durch Weiches, Höhe durch Tiefe, Licht durch Finsternis, Leben durch Tod, das Paradies durch Leiden, das Himmelreich durch die Hölle, Irdisches mit Irdischem, Himmlisches mit Himmlischem. So wurde der Mensch durch die ganze Schöpfung geprüft, nämlich im Paradies, auf Erden und in der Unterwelt; danach wurde er in den Himmel versetzt. Deutlich seht ihr nämlich nur wenige von den vielen Diengen, die euern Augen verborgen sind. Und warum lacht ihr über das, was recht, verständlich, gerecht und gut vor Gott an allen Gütern ist? Warum seid ihr unwillig darüber? Gott ist gerecht, doch das Menschengeschlecht ist in der Verachtung der göttlichen Gebote ungerecht, während es danach strebt, weiser als Gott zu sein.

30. Daß der Mensch das Erhabene nicht erforschen soll, weil er nicht einmal das Niedrige durchschauen kann

Nun sag mir doch, Mensch: Was bist du nach deiner Meinung gewesen, bevor du Leib und Seele besaßest? Du weißt ja nicht, wie du selbst geschaffen wurdest; doch jetzt willst du, Mensch, Himmel und Erde erforschen, über ihren Sinn im Plane Gottes urteilen und das Erhabene erkennen, da du nicht einmal das Niedrige durchschauen kannst, weil du nicht weißt, wie du im Leibe lebst oder wie du des Leibes entkleidet wirst. Der dich erschaffen hat im ersten Menschen, er hat dies alles vorausgesehen. Als gütigster Vater sandte er seinen Sohn, daß er für das Volk sterbe, um den Menschen aus der Gewalt des Teufels zu befreien.

31. Daß der Mensch jetzt heller leuchtet als vorher im Himmel

Und so leuchtet der erlöste Mensch in Gott, und Gott im Menschen. Der Mensch besitzt nämlich in der Gemeinsamkeit mit Gott im Himmel jetzt eine strahlendere Herrlichkeit als vorher. Das wäre nicht so, wenn der Menschensohn sich nicht mit Fleisch umkleidet hätte; denn wäre der Mensch im Paradies geblieben, hätte Gottes Sohn nicht am Kreuz gelitten. Doch da der Mensch durch die listige Schlange betrogen wurde, wurde Gott von aufrichtigem Erbarmen gerührt, so daß er beschloß, seinen Eingeborenen in der reinsten Jungfrau Fleisch annehmen zu lassen. Und so erhoben sich nach dem Fall des Menschen viele leuchtende Tugendkräfte im Himmel, wie z. B. die Demut, als Königin der Tugenden, die bei der Jungfrauengeburt erblühte, wie auch die übrigen Tugendkräfte, welche die Erwählten Gottes zum Himmlischen emporführen. Wenn ein Acker nämlich mit großer Mühe bebaut wird, bringt er reiche Frucht, wie es am Menschengeschlecht zu sehen ist; denn nach dem Fall des Menschen erhoben sich viele Tugendkräfte, um ihn wieder aufzurichten. Doch ihr Menschen, vom Gewicht eures Leibes beschwert, seht nicht die große Herrlichkeit, die euch unversehrt und ohne Widerspruch in der Fülle der göttlichen Gerechtigkeit bereitet ist, so daß niemand sie zerstören kann. Bevor der Weltenbau entstanden war, hatte Gott dies alles in wahrer Gerechtigkeit vorausgeschaut. Darum, o Mensch, betrachte dieses Gleichnis.

32. Der Vergleich von Garten, Schaf und Perle mit dem Menschen

Ein Hausherr, der unverdrossen, mit großem Eifer einen Garten anlegen will, bestimmt zuerst einen geeigneten Ort für diesen Garten; darauf plant er die Anpflanzung und zieht die Fruchtbarkeit guter Bäume, ihren Nutzen, Geschmack, Duft, und die Berühmtheit der verschiedenen Gewürze in Betracht. Und so erweist sich dieser Hausherr als großer Kenner (philosophus) und unerschöpflicher Meister (profundus artifex), wenn er die Pflanzung und ihre Nützlichkeit genau erkennen kann. Und dann überlegt er, inwieweit er ihn einzäunen soll, damit keiner seiner Feinde seine Anpflanzung zerstören kann. Dann bestellt er auch seine Salbenmischer, die diesen Garten zu bewässern wissen und seine Früchte einsammeln, um daraus verschiedene Salben zu bereiten. Darum, o Mensch, erwäge es sorgsam: wenn dieser Hausherr voraussieht, daß sein Garten wegen Unfruchtbarkeit und Nutzlosigkeit eingeebnet werden muß, warum legt er ihn dann, als so großer Kenner und Meister, mit so großem Eifer und Arbeitsaufwand an, bepflanzt, bewässert und umzäunt ihn?

Höre deshalb und verstehe! Gott, die Sonne der Gerechtigkeit, sandte seinen Strahlenglanz über den Kot, d. h., über die Sünde (praevaricatio) des Menschen; und dieser Glanz erstrahlte in großer Herrlichkeit wider, weil dieser Kot so abscheulich war. Die Sonne strahlte nämlich in ihrer Herrlichkeit und der Kot faulte in seiner Verworfenheit. Daher wurde die Sonne von denen, die sie sahen, mit größerer Liebe begrüßt, als wenn ihr kein Kot gegenübergestellt worden wäre. Wie also der Kot im Vergleich zur Sonne verachtenswert ist, so ist auch die menschliche Sünde im Vergleich zur göttlichen Gerechtigkeit böse. Darum muß man die Gerechtigkeit lieben, weil sie schön ist, die Bosheit aber verwerfen, weil sie häßlich ist.

In diese Verworfenheit fiel das Schaf des Hausherrn, der so einen Garten angelegt hatte. Doch dieses Schaf wurde seinem Herrn nicht wegen dessen Nachlässigkeit gestohlen, sondern mit der Einwilligung des Schafes selbst. Später suchte es sein Herr mit dem großen Eifer der Gerechtigkeit (in multo studio et iustitia). Deshalb wurde dem Engelchor heller Ruhmesglanz verliehen, als die Engel den Menschen im Himmel erblickten. Was bedeutet das?

Als das unschuldige Lamm am Kreuz hing, erbebten die Elemente, weil der erhabene Sohn der Jungfrau durch die Hände von Mördern dem Leibe nach getötet wurde. Durch seinen Tod wurde das verlorene Schaf zur Weide des Lebens zurückgetragen. Als dann der alte Feind sah, daß er das Schaf wegen des unschuldigen Blutes des Lammes, das es zur Vergebung der menschlichen Sünden vergossen hatte, fahren lassen mußte, erkannte er erst, wer dieses Lamm war; denn vorher konnte er nicht wissen, wie dieses himmlische Brot, ohne männlichen Samen und ohne Sündenbegierde, aus der Jungfrau durch die Überschattung des Heiligen Geistes Mensch geworden war.

Dieser Feind also erhob sich zu Beginn seiner Erschaffung, von Stolz aufgebläht, stürzte sich selbst in den Tod und vertrieb den Menschen aus der Herrlichkeit des Paradieses. Gott wollte ihm nicht in seiner Macht entgegentreten, sondern überwand ihn in Demut durch seinen Sohn. Und weil Luzifer der Gerechtigkeit Gottes spottete, konnte er nach gerechtem Gericht Gottes die Menschwerdung des Eingeborenen Gottes nicht erkennen. Denn durch diesen verborgenen Ratschluß wurde das verlorene Schaf dem Leben wiedergeschenkt. Warum also, ihr rebellischen Menschen, zeigt ihr euch so hartnäckig? Gott wollte den Menschen nicht im Stich lassen, sondern sandte seinen Sohn zu seiner Rettung. So nämlich zertrat Gott in der alten Schlange den Ursprung (caput) des Stolzes. Denn als der

Mensch dem Tod entrissen wurde, öffnete die Unterwelt ihre Tore und Satan schrie: „Ach und weh, wer wird mir beistehen?" Und die ganze satanische Sippe zerfleischte sich wutschnaubend und fragte sich verwundert, was das für eine starke Macht sei, der sie mit ihrem Anführer nicht widerstehen konnte, als sie sah, daß die gläubigen Seelen ihr entrissen wurden. So wurde der Mensch über die Himmel erhoben, weil durch den Gottessohn Gott im Menschen, der Mensch aber in Gott erschien. Derselbe Hausherr, der das Schaf verloren hatte, es aber so herrlich dem Leben wiedergeschenkt hatte, besaß außer dem Schaf auch eine kostbare Perle, mit der es ihm ähnlich erging. Sie entglitt ihm und fiel in häßlichen Schmutz. Doch er ließ sie nicht im Schmutz liegen, zog sie vorsichtig heraus und säuberte sie vom Schmutz, in den sie gefallen war, wie man Gold im Schmelzofen reinigt. Und er verlieh ihr die frühere Schönheit mit noch größerem Glanz. Gott hat nämlich den Menschen geschaffen, doch der verfiel durch teuflische Überredung dem Tod. Gottes Sohn hat ihn durch sein Blut daraus befreit und ihn siegreich zur himmlischen Herrlichkeit geführt. Wie geschah das? In Demut und Liebe.

33. Empfehlung der Demut und Liebe, die alle Tugenden strahlend übertreffen

Die Demut bewirkte nämlich die Geburt des Gottessohnes aus der Jungfrau. Nicht in unersättlicher Umarmung, nicht in leiblicher Schönheit, nicht in irdischem Reichtum, in goldenem Schmuck oder in weltlicher Ehre erwies sich die Demut. Sondern der Sohn Gottes lag in der Krippe, weil seine Mutter eine arme Frau (paupercula) war. Seufzt und weint auch die Demut immer, sie macht allen Lastern ein Ende; das ist ihre Aufgabe. Wer immer also den Teufel besiegen will, schütze und bewaffne sich mit der Demut; denn Luzifer flieht sie vor allem (valde) und verbirgt sich vor ihr wie eine Schlange in der Höhle; wo sie ihn aber erwischt, zerreißt sie ihn schnell wie einen morschen Faden. Die Liebe ergriff den einzigen Sohn Gottes im Schoß des himmlischen Vaters und legte ihn in den Schoß der irdischen Mutter, denn sie verachtete weder Sünder noch Zöllner, sondern erstrebte die Erlösung aller. Deshalb entlockt sie auch oft den Augen der Gläubigen einen Tränenquell und erweicht ihre Hartherzigkeit. Dadurch erstrahlen Demut und Liebe mehr als die anderen Tugenden. Denn Demut und Liebe sind wie Seele und Leib, die zusammen mehr Gewalt besitzen als die übrigen Kräfte der Seele und die Glieder des Leibes. Wie ist das zu erklären? Die Demut ist gleichsam die Seele und die Liebe wie der Leib; sie können nicht voneinander getrennt werden, sondern arbeiten zusammen, wie auch Seele und Leib verbunden bleiben und miteinander wirken, solange der Mensch im Körper lebt. Und wie die verschiedenen Glieder des Leibes – gemäß ihrer Kraft (secundum vires) – von Seele und Leib abhängig sind, so leisten auch die übrigen Tugendkräfte ihren gerechten Beitrag zugunsten der Demut und Liebe. Deshalb, ihr Menschen, bemüht euch zur Ehre Gottes und zu euerm Heil um Demut und Liebe. So ausgerüstet (armati) werdet ihr die Nachstellungen des Teufels nicht zu fürchten brauchen, sondern unvergängliches Leben besitzen.

Wer immer Erkenntnis im Heiligen Geist und Flügel des Glaubens besitzt, übergehe daher meine Mahnungen nicht, sondern sein Herz verkoste sie und nehme sie liebend gern entgegen.

Die Abschnitte der 3. Vision des 1. Teils

3. Vision des 1. Teils

Gott, Kosmos und Mensch

Danach sah ich ein riesiges dunkles Gebilde (instrumentum) wie ein Ei, oben spitz zulaufend, in der Mitte breiter und sich unten wieder verengend. Die äußerste Schicht bestand rundum aus leuchtendem Feuer und darunter lag etwas wie eine dunkle Haut. Und in diesem Feuer befand sich ein rötlich schimmernder Feuerball von solcher Größe, daß dieses Gebilde ganz von ihm erleuchtet wurde. Darüber waren drei Fackeln in der Höhe angeordnet, die mit ihrem Feuer den Ball hielten, damit er nicht herunterfalle. Und der Ball stieg manchmal empor und flammendes Feuer trat ihm entgegen, so daß seine Flammen weiter hinausschlugen; zuweilen neigte er sich abwärts und große Kälte schlug ihm entgegen, so daß er schnell seine Flammen zurückholte. Von dem Feuer, das dieses Gebilde umgeben hatte, ging auch ein Wind mit seinen Stürmen aus; und von der Haut die darunter war, wehte ein anderer Wind mit seinen Stürmen, die sich in diesem Gebilde nach allen Seiten verteilten. In der Haut aber befand sich ein düsteres Feuer, das so schrecklich war, daß ich es nicht anschauen konnte. Es erschütterte die ganze Haut mächtig mit Donnergetöse, Gewittersturm und Hagel von großen und kleinen sehr spitzen Steinen. Als sich das Getöse erhob, gerieten das leuchtende Feuer, die Winde und die Luft in Aufruhr, so daß die Blitze dem Donner zuvorkamen; denn das Feuer verspürte die erste Regung des Donners in sich.

Doch unter der Haut befand sich ganz reine Luft und keine Haut war unter dieser. In ihr erblickte ich jedoch einen größeren, weißglänzenden Feuerball, über dem deutlich zwei Fackeln in der Höhe angeordnet waren; sie hielten den Ball, damit er seine Laufbahn nicht überschreite. Und in dieser Luft gab es überall viele helle Kugeln. Ab und zu entleerte der weiße Feuerball etwas von seinem Glanz in sie. Dann kehrte er unter den erwähnten rötlichen Feuerball zurück, entzündete aufs neue an ihm seine Flammen und blies sie wiederum in die Kugeln. Doch auch in der Luft entstand ein Wind, der sich mit seinen Stürmen in dem besagten Gebilde überall ausbreitete. Unter dieser Luft aber sah ich eine Dunstschicht und darunter eine weiße Haut, die sich da und dort ausbreitete und dem ganzen Gebilde Feuchtigkeit spendete. Zuweilen zog sie sich plötzlich zusammen und sandte einen heftig prasselnden Platzregen aus. Dann wieder dehnte sie sich behutsam aus und ließ angenehm sanften Regen herabtropfen. Doch auch daraus kam ein Wind mit seinen Stürmen, der das ganze Gebilde durchwehte.

Und inmitten dieser Elemente befand sich eine sehr große Sandkugel. Die Elemente hielten sie so umfaßt, daß sie nach keiner Seite herabfallen konnte. Doch wenn die Elemente zuweilen mit den Winden zusammenstießen, brachten sie manchmal durch ihren Zusammenprall auch die Kugel ein wenig in Bewegung.

Und ich sah zwischen Norden und Osten etwas wie einen riesigen Berg; an der Nordseite war er sehr finster und an der Ostseite hell beleuchtet; doch war es so, daß weder das Licht die Finsternis noch die Finsternis das Licht erreichen konnte.

Und ich hörte wieder die himmlische Stimme zu mir sprechen.

1. Daß durch das Sichtbare und Vergängliche das Unsichtbare und Ewige offenbart wird

Gott, der alles durch seinen Willen ins Dasein rief, hat es erschaffen, damit sein Name erkannt und verehrt werde. Nicht nur das Sichtbare und Vergängliche tut er damit kund, sondern offenbart darin auch das Unsichtbare und Ewige. Darauf weist das Gesicht hin, das du schaust.

2. Von der eiförmigen Gestalt des Weltalls und ihrer Bedeutung

Denn dieses *dunkle Gebilde wie ein Ei, oben spitz zulaufend, in der Mitte breiter und unten sich wieder verengend,* bedeutet für den Glauben (fideliter) den allmächtigen Gott, unfaßbar in seiner Majestät, unvergleichbar in seinen Geheimnissen und die Hoffnung aller Gläubigen; denn im Anfang waren die Menschen ungebildet und schlicht in ihrem Tun; später aber, im Alten und Neuen Testament, breiteten sie sich aus, und gegen Ende der Welt werden sie schließlich in ihrer Enge viele Drangsale erleiden.

3. Vom leuchtenden Feuer und der dunklen Haut und ihrer Bedeutung

Die äußerste Schicht besteht rundum aus leuchtendem Feuer und darunter liegt etwas wie eine dunkle Haut. Das deutet an, daß Gott die Menschen, die außerhalb des wahren Glaubens leben, überall mit seinem vergeltenden

Feuer quält, diejenigen aber, die im katholischen Glauben ausharren, allerorts im Feuer seiner Tröstung läutert. So vernichtet er die Finsternis der satanischen Bosheit, wie es auch geschah, als der von Gott erschaffene Teufel besiegt ins Verderben stürzte, als er sich Gott entgegenzustellen versuchte.

4. Vom Stand der Sonne und der drei Planeten und seiner Bedeutung

Und in diesem Feuer befindet sich ein rötlich schimmernder Feuerball von solcher Größe, daß dieses Gebilde ganz von ihm erleuchtet wird. Mit dem Glanz seiner Herrlichkeit weist er auf den unaussprechlich wunderbaren Eingeborenen in Gott dem Vater hin, der als Sonne der Gerechtigkeit den Strahl brennender Liebe in sich trägt und von solcher Herrlichkeit ist, daß die ganze Schöpfung vom Glanz seines Lichtes erleuchtet wird. *Darüber sind drei Fackeln in der Höhe angeordnet, die mit ihrem Feuer den Ball halten, damit er nicht herunterfalle.* Ihr Dienst zeigt offenbar, daß der Sohn Gottes, als er vom Himmel zur Erde hinabstieg, die Engel im Himmel zurückließ und den Menschen, die aus Leib und Seele bestehen, das Himmlische kundtat. Sie verherrlichen ihn, wenn sie seinem Licht folgen, allen schädlichen Irrtum von sich werfen und ihn als den wahren Gottessohn, der aus einer wahren Jungfrau Mensch geworden ist, preisen. So verkündete ihn ihnen der Engel und so nahm ihn der Mensch als seelisch-leibliches Wesen mit gläubiger Freude auf.

5. Vom Aufgang der Sonne und seiner Bedeutung

Deshalb *steigt der Ball manchmal empor und flammendes Feuer tritt ihm entgegen, so daß seine Flammen weiter hinausschlagen.* Das bedeutet: Als die Zeit kam, da der Eingeborene Gottes zur Erlösung und Aufrichtung des Menschengeschlechtes nach väterlichem Willen Mensch werden sollte, wirkte der Heilige Geist in der Kraft des Vaters auf wunderbare, übernatürliche und geheimnisvolle Weise (superna mysteria mirabiliter operatus est) in der seligen Jungfrau. So stand die Jungfräulichkeit ruhmreich da, weil sie dem Sohn Gottes in jungfräulicher Keuschheit und Fruchtbarkeit wunderbaren Glanz verlieh; denn durch die edle Jungfrau verwirklichte sich die heißersehnte Menschwerdung.

6. Vom Untergang der Sonne und seiner Bedeutung

Und so *neigt er sich* auch *zuweilen abwärts und eine große Kälte schlägt ihm entgegen, so daß er schnell seine Flammen zurückholt.* Das veranschaulicht, daß der Sohn Gottes, aus der Jungfrau geboren, sich so gütig zur Armut der Menschen hinabneigte, daß ihm großes Elend begegnete und er viel körperliche Not erfuhr. Als er sich der Welt leibhaft gezeigt hatte, kehrte er in Gegenwart seiner Jünger von der Welt zum Vater zurück, wie geschrieben steht.

7. Worte der Apostelgeschichte dazu

„Vor ihren Augen wurde er emporgehoben und eine Wolke nahm ihn auf" (Apg. 1,9). Das heißt: Den Kindern der Kirche, die den Gottessohn in das innere Bewußtsein ihres Herzens aufnahmen, wurde sein heiliger Leib (sanctitas corporis) in der Kraft seiner Gottheit entrückt und die Wolke des verborgenen Mysteriums nahm ihn durch ein geheimnisvolles Wunder auf. Sie bedeckte ihn vor den Augen der Sterblichen und das Wehen der Winde stand ihm zu Diensten.

8. Vom ersten Wind, seinen Stürmen und ihrer Bedeutung

Doch wie du siehst, *ging von dem Feuer, das dieses Gebilde umgeben hatte, ein Wind mit seinen Stürmen aus.* Er deutete an, daß vom allmächtigen Gott, der die ganze Welt mit seiner Kraft erfüllt, die Verbreitung der Wahrheit durch die rechte Verkündigung ausgeht, in der Gott den Menschen wahrheitsgetreu als lebendiger und wahrer Gott gezeigt wird.

9. Vom zweiten Wind, seinen Stürmen und ihrer Bedeutung

Und von der Haut, die darunter ist, weht ein anderer Wind mit seinen Stürmen. Auch von der satanischen Wut, die Gott kennt (non ignorans) und fürchtet, geht mit bösen Worten übelste Verleumdung aus, *die sich in diesem Gebilde nach allen Seiten verteilen;* denn auf der Welt breiten sich unter den Völkern auf verschiedene Art nützliche und schädliche Reden aus.

10. Vom düsteren Feuer, dem Donner und dem Hagel von spitzen Steinen und ihrer Bedeutung

In der Haut aber befindet sich ein düsteres Feuer, das so schrecklich ist, daß du es nicht anschauen kannst. Das bedeutet, daß aus den schlimmen und bösen Nachstellungen des alten Verderbers ein gräßlicher Menschenmord in so kochender Wut hervorbricht, daß der menschliche Verstand seine Unsinnigkeit (insania) nicht begreifen kann. *Es erschüttert die ganze Haut mächtig:* Das Morden schließt nämlich mit seiner Entsetzlichkeit alle teuflische Bosheit ein. In den Erstgeborenen entquoll dem Zorn der Haß und er beging Brudermord; *mit Donnergetöse, Gewittersturm und Hagel von großen und kleinen sehr spitzen Steinen:* denn der Menschenmord ist voll von Habsucht, Trunkenheit und verletzender Hartherzigkeit (acutissimis duritiis), die erbarmungslos in großen Mordtaten und kleineren Lastern wüten. *Als sich das Getöse erhebt, geraten das leuchtende Feuer, die Winde und die Luft in Aufruhr.* Während der Menschenmord in Blutgier knirscht, werden himmlische Gerichtsurteile, wie Wind dahineilende Gerüchte und Erlaß von Verfügungen zur Bestrafung nach gerechtem Urteil in Bewegung gesetzt, *so daß die Blitze dem Donner zuvorkommen, denn das Feuer verspürt die erste Regung des Donners in sich.* Die Erhabenheit des Schauspiels der göttlichen Gerichtsuntersuchung bereitet nämlich dem Frevel überlegen ein Ende (praecellendo opprimit), weil auch die göttliche Majestät mit allsehendem Auge, vor dem alles nackt daliegt, das Wüten dieses Wahnsinnes sieht, bevor er öffentlich zutagetritt.

11. Von der ganz reinen Luft, vom Stand des Monds und der zwei Planeten und ihrer Bedeutung

Doch unter der Haut befindet sich ganz reine Luft und keine Haut ist unter dieser. Denn unter den Nachstellungen des alten Verderbers leuchtet ganz hell der Glaube auf. Keine Verunsicherung des Unglaubens verbirgt sich in ihm, weil er nicht auf sich gründet, sondern auf Christus beruht. *In ihr erblickst du jedoch einen größeren, weißglänzenden Feuerball.* Er bezeichnet treffend (veraciter) die unbesiegte Kirche, die – wie dir gezeigt wird – im Glauben den Glanz strahlender Unschuld (candorem innocentis claritatis) und großer Würde verbreitet. *Und über ihm sind deutlich zwei Fackeln in der Höhe angeordnet; sie halten den Ball, damit er seine Laufbahn nicht überschreite:* Dadurch wird veranschaulicht, daß die beiden von oben erlassenen Testamente – nämlich altes und neues – die Kirche zu den göttlichen Vorschriften der himmlischen Geheimnisse hinziehen. Sie halten die Kirche nämlich zurück, damit sie nicht Hals über Kopf in die Unbeständigkeit der verschiedenen Sitten stürzt. Denn alte und neue Zeugnisse zeigen ihr die Seligkeit des himmlischen Erbes.

12. Vom Stand der Gestirne und seiner Bedeutung

Deshalb *gibt es in dieser Luft überall viele helle Kugeln. Ab und zu entleert der weiße Feuerball etwas von seinem Glanz in sie:* In der Reinheit des Glaubens erscheinen nämlich überall viele strahlende Werke der Frömmigkeit, in denen die Kirche, während sie zur selben Zeit vorübergehend die Mißachtung ihrer Lehre erduldete, die Schönheit ihrer Wunder überliefert. Während sie gleichsam trauernd darniederliegt, bewundert sie doch die herrlichen Werke der Vollkommenen, die sie mit Hilfe anderer vollbringen (per alios). *Dann kehrt er unter den erwähnten rötlichen Feuerball zurück, entzündet aufs neue an ihm seine Flamme und bläst sie wiederum in die Kugeln.* Denn von Vernichtung bedroht, flüchtet sie unter den Schutz des Eingeborenen Gottes. Von ihm erhält sie in göttlicher Stärkung Geduld und beweist so in seligen Werken ihre Liebe zum Himmlischen.

13. Vom dritten Wind und seinen Stürmen und ihrer Bedeutung

Doch auch *in der Luft entsteht ein Wind, der sich mit seinen Stürmen in dem besagten Gebilde überall ausbreitet:* Von der Einheit im Glauben breitete sich mit der wahren und vollkommenen Lehre der größte Ruhm zur Unterstützung der Menschen aus. Mit größter Schnelligkeit stieß er bis an die Enden der Erde vor.

14. Von der Dunstschicht und der weißen Haut und ihrer Bedeutung

Unter dieser Luft aber siehst du eine Dunstschicht und darunter eine weiße Haut, die sich da und dort ausbreitet und dem ganzen Gebilde Feuchtigkeit spendet. Denn zur Zeit des Glaubens, der unter den alten und neuen Vätern herrschte, ging, wie es dir treffend gezeigt wird, in der Kirche zum Heil der Gläubigen die Taufe aus; sie ist auf die Unschuld der seligen Beständigkeit gegründet, breitete sich auf göttliche Eingebung überall aus und brachte dem ganzen Erdkreis in den Gläubigen die Überflutung mit dem Heil. *Zuweilen zieht sie sich plötzlich zusammen und sendet einen heftig prasselnden Platzregen aus; dann wieder dehnt sie sich behutsam aus und läßt angenehm sanften Regen herabtropfen.* So sammelt sich die Taufbelehrung durch die Verteidiger der Wahrheit und ihre lebendige Verkündigung aus der Tiefe ihres Herzens und wird, in eifriger, wortreicher Verkündigungspredigt überströmend, den betroffenen Menschen kundgetan. Manchmal breitet sich dieselbe auch in den Predigern selbst in angenehmer Maßhaltung aus und tropft mit Hilfe der Unterscheidungskraft als sanfter Regen auf die Völker, zu denen sie gelangt.

15. Vom vierten Wind und seinen Stürmen und ihrer Bedeutung

Deshalb *kommt auch daraus ein Wind mit seinen Stürmen, der das ganze Gebilde durchweht.* Denn von den flutenden Wassern der Taufe, die den Gläubigen das Heil bringen, geht mit mächtigem Predigtwort die Verkündigung der Wahrheit aus und erfüllt die ganze Welt mit der Offenbarung ihrer (künftigen) Seligkeit, wie sie sich in den Völkern, die den Unglauben aufgeben und nach dem katholischen Glauben verlangen, schon offen zeigt.

16. Von der sandigen Erdkugel und ihrer Bedeutung

Und inmitten dieser Elemente befindet sich eine sehr große Sandkugel. Die Elemente halten sie so umfaßt, daß sie nach keiner Seite herabfallen kann. Das bedeutet offenbar, daß der vernunftbegabte Mensch (profundae considerationis), auf wunderbare Weise überaus herrlich aus Lehm gebildet, seine Lebenskraft aus den Geschöpfen Gottes zieht; er wird von der Kraft der Geschöpfe so stark umfangen, daß er von ihnen gar nicht getrennt werden kann; denn die Weltelemente sind für den Menschen geschaffen und erweisen ihm ihren Dienst. Der Mensch aber thront in ihrer Mitte und beherrscht sie nach göttlicher Anordnung, wie es auch David, von meinem Geist erfüllt, ausspricht.

17. Worte Davids darüber

„Mit Ruhm und Ehre hast du ihn gekrönt und ihn über die Werke deiner Hände gesetzt" (Ps. 8,6—7). Das heißt: Du, o Gott, hast alles wunderbar geschaffen; du hast den Menschen mit der prächtigen Goldkrone des Verstandes und dem würdigen Gewand sichtbarer Schönheit geschmückt (coronasti), und ihn so zum Herrscher über deine erhabenen vollkommenen Werke gestellt, die du in deiner Schöpfung gerecht und gut verteilt hast. Du hast nämlich vor allen andern deiner Geschöpfe dem Menschen hohe und bewundernswerte Würde verliehen.

18. Vom Erdbeben und seiner Bedeutung

Doch wenn die Elemente zuweilen, wie du siehst, *mit den Winden zusammenstoßen, bringen sie manchmal durch ihren Zusammenprall auch die Kugel ein wenig in Bewegung.* Wenn sich nämlich zu gegebener Zeit die Geschöpfe Gottes und die Kunde von den Wundern ihres Schöpfers begegnen (se invicem complectuntur), so daß beim Ertönen des Wortes ein Wunder dem andern folgt, erfährt der Mensch, von der Größe dieser Wunder betroffen, eine geistig-leibliche Erschütterung; denn er erwägt, in Bestürzung über dieses Wunder, die Schwäche seiner Gebrechlichkeit.

19. Vom hohen Berg zwischen Norden und Osten und seiner Bedeutung

Und du siehst zwischen Norden und Osten etwas wie einen riesigen Berg; an der Nordseite ist er sehr finster und an der Ostseite hell beleuchtet. Denn zwischen der satanischen Bosheit und der göttlichen Güte wird der tiefe Fall des Menschen sichtbar. Durch boshafte Täuschung bewirkt er für die Verworfenen das große Unglück der Verdammnis und durch das ersehnte Heil für die Erwählten das beseligende Glück der Erlösung; *doch ist es so, daß weder das Licht die Finsternis noch die Finsternis das Licht erreichen kann;* denn die Werke des Lichts vereinigen (intersunt) sich nicht mit den Werken der Finsternis und die Werke der Finsternis erheben sich nicht zu den Werken des Lichts, obwohl sich der Teufel so und so oft bemüht, sie durch böse Menschen zu verdunkeln. So geschieht es durch Heiden, Irrlehrer und falsche Propheten und alle, die sie durch betrügerische Täuschung nach sich zu ziehen versuchen. Auf welche Weise? Weil sie Dinge wissen wollen, die sie nicht wissen sollen, ahmen sie den nach, der darauf aus war (anhelavit), dem Höchsten gleich zu sein. Und weil sie ihm folgen, stellt er ihnen die Lüge als die von ihnen erstrebte Wahrheit dar. Deshalb sind sie nicht mit mir und ich nicht mit ihnen, weil sie nicht auf meinen Wegen wandeln, sondern fremde Pfade lieben. Sie erforschen, was ihnen die vernunftlose Kreatur über künftige Geschicke trügerisch offenbart. Und sie möchten es so haben, wie sie es in ihrer Verkehrtheit verlangen, indem sie mich verachten und meine Heiligen verwerfen, die mich aufrichtigen Herzens lieben.

20. Von denen, die durch ein übles Handwerk mittels der Geschöpfe die Zukunft erforschen

Doch diese Menschen, die mich durch ein übles Handwerk so hartnäckig versuchen, daß sie die zu ihrem Dienst geschaffene Schöpfung durchforschen und zu erfahren suchen, ob sie ihnen das, was sie wissen wollen, nach ihrem Willen kundtut, können sie vielleicht mit ihren Untersuchungen die von ihrem Schöpfer für sie festgesetzte Lebenszeit verlängern oder abkürzen? Sicherlich nicht; um keinen Tag und keine Stunde. Oder können sie etwa die Vorherbestimmung Gottes hintansetzen? Keineswegs. O ihr Unglücklichen! Erlaube ich nicht zuweilen den Geschöpfen, euch eure (bevorstehenden) Leiden vor Augen zu stellen? Sie werden euch zum Hinweis, weil sie mich, als Gott, fürchten, wie auch der Knecht die Macht seines Herrn verkörpert (ostendit), und wie Ochs und Esel und die übrigen Tiere den Willen ihrer Herrn kundtun, da sie ihn getreulich in ihrem Dienst erfüllen. O ihr Törichten! Wenn ihr mich der Vergessenheit anheimfallen laßt, nicht auf mich schaut und mich nicht anbetet, sondern auf die euch unterworfene Schöpfung blickt, auf das, was sie euch weissagt und anzeigt, so verwerft ihr hartnäckig mich und verehrt die machtlose (infirma) Kreatur anstelle eures Schöpfers. Deshalb sage ich: Warum, o Mensch, verehrst du das Geschöpf, das dich weder trösten noch dir helfen kann und dir kein gedeihliches Glück (prosperitatem in felicitate) verschafft, wie die Sterndeuter zu beteuern pflegen, die einem die Todesstunde verkünden (mortis instructores) und die Heiden im Unglauben nachahmen. Sie sagen nämlich, daß die Sterne euch Menschen das Leben zuteilen (tribuere) und alle eure Handlungen bestimmen. Ihr Unglücklichen, wer hat die Gestirne gemacht? Manchmal jedoch deuten sie mit meiner Erlaubnis den Menschen mit ihren Zeichen etwas an, wie es auch mein Sohn im Evangelium zeigt und sagt:

21. Worte aus dem Evangelium

„Es werden Zeichen sein an Sonne, Mond und Sternen“ (Lk 21,25). Das heißt: Das Licht dieser Gestirne leistet den Menschen einen Dienst und durch ihre Umlaufbahn wird die Länge der Zeit (tempora temporum) bestimmt. Deshalb werden auch in der Endzeit mit meinem Zugeständnis beklagenswerte und gefahrvolle Zeiten an ihnen erkennbar. Das Strahlen der Sonne, der Glanz des Mondes und das helle Funkeln der Sterne wird einmal nachlassen, damit das Herz der Menschen dadurch erschüttert werde. So wurde auch nach meinem Willen durch einen Stern die Menschwerdung meines Sohnes angezeigt. Der Mensch aber hat keinen eigenen Stern, der sein Leben bestimmt, wie das törichte Volk irrigerweise (errans) behaupten möchte, sondern alle Sterne sind für das ganze Volk zum allgemeinen Dienst bestimmt. Daß aber jener Stern heller als alle übrigen Sterne erstrahlte, geschah, weil mein Eingeborener, im Unterschied von den anderen Menschen, in jungfräulicher Geburt und ohne Sünde geboren wurde. Er brachte meinem Sohn nur den einen Vorteil (sublevamen), daß er meinem Volk seine Menschwerdung getreulich verkündete; denn alle Gestirne und Geschöpfe erfüllen in Gottesfurcht nur meinen Auftrag; sie haben aber keinerlei Kenntnis von den Angelegenheiten einer anderen Kreatur. Wenn es mir nämlich so gefällt, zeigen die Geschöpfe meinen Auftrag an. Wie der Handwerker beim Herstellen einer Münze ihr die angemessene Prägung gibt, so hat diese Münze die ihr gegebene Gestalt. Sie hat aber keinen Einfluß darauf und weiß nicht, ob der Handwerker ihr eine andere Prägung geben will, denn sie unterscheidet nicht die Länge der Zeit für ihre Gestaltung (suae formae). Was bedeutet das?

O Mensch, wenn vor dir ein Stein läge, auf dem du bei eingehender Betrachtung irgendwelche Zeichen für dein bevorstehendes Leiden feststellen würdest, wärest du in deiner irrigen Auffassung entweder über dein Unglück betrübt oder über dein Glück erfreut; und du würdest in deiner Täuschung befangen ausrufen: „Ach, ich werde sterben“, oder: „oh, ich werde leben“; und: „ach, welches Unglück oder: „oh, welches Glück für mich!“ Und was würde dieser Stein dir wohl einbringen? Könnte er dir etwa etwas rauben oder etwas schenken? Er vermöchte dir ja weder zu schaden noch zu nützen.

So können auch weder die Sterne, noch das Feuer, noch die Vögel noch ein anderes derartiges Geschöpf, dich durch deine Erforschung von Zeichen verletzen oder dir helfen. Und wenn du auf dieses zu deinem Dienst geschaffene Geschöpf vertraust, während du mich verwirfst, so werde ich dich nach meinem gerechten Gericht von meinem Angesicht (ex oculis meis) verbannen und dir die Seligkeit meines Reiches nehmen. Denn ich will nicht, daß du Sterne, Feuer, Vögel oder andere Geschöpfe solcher Art über künftige Dinge befragst; wenn du nämlich hartnäckig darauf bestehst, sie zu untersuchen, sind mir deine Augen lästig und ich verstoße dich wie den unglücklichen (perditum) Engel, der die Wahrheit verließ und sich selbst ins Verderben stürzte.

O Mensch, wo warst du, als die Gestirne und die übrigen Geschöpfe entstanden? Hast du etwa Gott beraten, als sie gebildet wurden? Doch die

Anmaßung einer derartigen Befragung ging von der ersten Spaltung aus; die Menschen überließen Gott nämlich so der Vergessenheit, daß ein Volk ums andere in seinem Hochmut (superbe inspexit) die verschiedenen Geschöpfe zu Rat zog und in ihnen Zukunftswinke suchte. So entstand auch die Irrlehre über Baal. Die Menschen wurden nämlich dazu verführt, Gottes Schöpfung als Gott zu verehren. Dazu trieb sie auch der Spott des Teufels an, weil sie mehr auf die Kreatur als auf den Schöpfer blickten und das wissen wollten, was sie nicht wissen sollten.

22. Wie der Teufel durch magische Künste mit den Menschen sein Spiel treibt

Deshalb ereignete sich noch Schlimmeres als das: im Bund mit dem Teufel (per diabolum) ließen sie sich auf den Wahnsinn der magischen Kunst ein. Sie sehen und hören den Teufel, er täuscht ihnen vor, mit ihnen zu sprechen und spiegelt ihnen vor, ein Geschöpf als eine andere Kreatur anzusehen. Ich will davon schweigen (nolo dicere), wie durch den Teufel die ersten Verführer belehrt wurden, so daß sie ihn sehen und hören, wenn sie ihn auf diese Weise suchen. Doch sie selbst werden durch diese ihre Bosheit schuldig, da sie mich, ihren Gott, auf diese Art verleugnen und den alten Verführer nachahmen. O Mensch, ich habe dich im Blute meines Sohnes gesucht, nicht aus boshafter Ungerechtigkeit, sondern mit großer Gerechtigkeit. Doch du verläßt mich, den wahren Gott, und ahmst den Lügner nach. Ich bin die Gerechtigkeit und Wahrheit, und deshalb ermahne ich dich getreulich und ermutige dich liebevoll und führe dich durch die Buße zurück, damit du dich, obgleich blutüberströmt von entehrenden Sünden, doch vom Fall deiner Niederlage erhebest. Doch wenn du meiner spottest, wird es dir ähnlich ergehen wie im folgenden Gleichnis.

23. Ein Gleichnis darüber

Ein Herr, der viele Diener unter sich hatte, gab jedem von seinen Dienern mehrere Kriegswaffen und sprach: „Erweist euch als tüchtig und tauglich; Trägheit und Ermattung werft von euch.“ Als sie mit ihm eine Reise unternahmen, sahen diese Diener einen Gaukler (illusorem) und üblen Erfinder abwegiger Kunst am Wegrand; da sagten einige von ihnen betört: „Die Kunsstücke dieses Mannes wollen wir lernen.“ Und sie warfen die Waffen, die sie bei sich hatten, weg und liefen zu ihm hin. Die andern aber sagten zu ihnen: „Was fällt euch ein (quid facitis), diesen Gaukler nachzuahmen und unsern Herrn zum Zorn herauszufordern?" Und sie erwiderten: „Was schadet das unserm Herrn?" Und ihr Herr sprach zu ihnen: „O ihr schlechten Knechte, warum habt ihr die Waffen, die ich euch gab, weggeworfen? Und warum zieht ihr es vor, diese Eitelkeit zu lieben, statt mir, eurem Herrn, dessen Knechte ihr seid, zu dienen? Folgt also diesem Gaukler wie ihr es wünscht, weil ihr mir nicht dienen wollt, und seht, was euch eure Torheit für einen Nutzen bringt." Und er verstieß sie.

Das heißt: Der Herr ist der allmächtige Gott. Er regiert alle Völker, die unter seiner Gewalt stehen; er hat nämlich jeden Menschen mit Einsicht ausgerüstet und ihm aufgetragen, tatkräftig und wachsam mit den Tugendwerkzeugen umzugehen und Verkehrtheit und Nachlässigkeit abzutun. Doch während die Menschen den Weg der Wahrheit beschreiten (arripiunt) und sich nach den göttlichen Geboten richten wollen, begegnen ihnen viele Versuchungen, so daß sie dem Teufel, dem Verführer der ganzen Welt, der in seiner Bosheit vielerlei Laster bewirkt, ihre Aufmerksamkeit zuwenden; er befindet sich nicht auf dem Weg der Wahrheit, sondern lauert mit seinem Betrug im Hinterhalt. Deshalb bemühen sich gewisse Leute unter ihnen, die eher Liebhaber der Ungerechtigkeit sind als der Redlichkeit — von ihm verführt — mehr um die Nachahmung der Laster des alten Betrügers als um die Umarmung der göttlichen Tugenden. Und den Verstand, den sie auf die göttlichen Gebote richten sollten, wenden sie den Lastern der irdischen Bosheit zu und unterwerfen sich dem Teufel. Durch die Heilige Schrift begegnen ihnen zwar oft ihre Lehrer gleichsam als Freunde, halten ihnen ihre Taten vor und lassen laut ihre Frage ertönen, warum sie den Trugbildern des Teufels folgen und sich die göttliche Vergeltung zuziehen. Doch meistens spotten sie ihrer Ermahnungen und beteuern, sie sündigten nur wenig und würden ihren Gott keineswegs durch Stolz beleidigen. Weil sie in dieser Verhärtung bleiben, empfangen sie den göttlichen Urteilsspruch. Denn diesen hervortretenden Dienern der Bosheit wird vorgeworfen, weshalb sie die himmlische Gabe der Einsicht erstickt und lieber die Betrügereien des alten Verführers angenommen haben, als ihren Schöpfer, dem sie eifrig dienen sollten, zu lieben. Durch den Spott des Teufels werden sie nun selbst gemäß ihren Werken für verächtlich gehalten, weil sie Gott nicht dienen wollten, und sind gezwungen, zu erwägen, was ihnen die boshafte Täuschung eingebracht hat. Die Verworfenen ereilt nämlich auf diese Weise die Verdammung, weil sie die göttlichen Gebote hintansetzten und mehr danach strebten, dem Teufel zu folgen, als Gott. Denn ich will nicht, daß mich die Menschen verachten, die mich im Glauben kennen müßten; da sie mich verwarfen und auf die ihnen unterstellte Kreatur blickten und damit den alten Betrüger nachahmten, lasse ich es zu, daß es ihnen mit der Schöpfung und dem Teufel gemäß ihrer Herzensbegierde ergeht, damit sie so erfahren, was ihnen die Kreatur, die sie anbeteten, nutzte, oder was ihnen der Teufel einbrachte, dem sie gefolgt sind.

24. Wenn das Heil des Menschen und sein Daseinszweck erfüllt sind, wird er die Welt verlassen

Und warum befragt ihr törichten Menschen die Kreatur nach der Länge des Lebens? Keiner von euch kann seine Lebenszeit kennen, sie aussparen oder überspringen. Seine Lebensspanne ist von mir bemessen. Denn wenn dein leibliches und geistiges Heil erreicht ist, wirst du, o Mensch, die gegenwärtige Zeit eintauschen und zu jener übergehen, die unbegrenzt ist. Ist ein Mensch nämlich so stark, daß er mich leidenschaftlicher als die andern Menschen (populi) liebt (ardentius in me ardet), so daß er von der Wahrnehmung des Verwesungsgeruchs der Sünde (in conscientia terreni liquoris foetentium peccatorum) nicht betäubt, den Nachstellungen der alten Schlange ausweicht, so treibe ich seinen Geist nicht aus dem Leibe, bevor er seine süßen Früchte von lieblichstem Duft zu voller Reife gebracht hat. Erblicke ich jedoch jemanden in großer Schwäche, so daß er zu zart ist, in schweren körperlichen Leiden und unter der Angst vor dem bösen Wegelagerer mein Joch zu tragen, nehme ich ihn aus dieser Welt hinweg, bevor er in der Mattigkeit seines erschlaffenden Herzens zu verdorren beginnt. Denn ich weiß alles. Ich will aber dem Menschengeschlecht alle Gerechtigkeit zu seinem Schutz (cautela) verleihen, damit kein Mensch sich entschuldigen kann, wenn ich die Menschen mahne und ermuntere, Gerechtigkeit zu üben, da ich das Todesurteil über sie verhänge, als müßten sie schon sterben, und doch länger am Leben bleiben sollen; niemand kann nämlich aus sich selbst leben und über seine Lebensdauer verfügen. Nur ich gewähre sie ihm nach meinem Willen, je nach dem Nutzen, den ich für den Menschen darin wahrnehme. So bezeugt es auch Job, wenn er spricht:

25. Worte Jobs zum selben Thema

„Du hast ihm unüberschreitbare Grenzen gesetzt“ (Jb 14,5). Das heißt: Du stehst über allen und siehst alles voraus, bevor es geschieht; du hast auch im Geheimnis deiner Majestät die Begrenzung des menschlichen Lebens beschlossen, so daß weder Einsicht, Klugheit oder Schlauheit irgendeines Wesens (ullius rei) sie sinnvoll (in ulla utilitate) hinauszuschieben vermag, weder in der Kindheit, noch in der Jugend oder im Alter des Menschen, wenn du, als Schöpfer des Menschen, es nicht in der Vorsehung deiner geheimen Ratschlüsse zur Ehre deines Namens so beschlossen hast.

26. Gottes Wort zum Thema

Denn schon seit Erschaffung der Welt kenne ich dich, o Mensch. Dennoch will ich deine Tage in Bezug auf deine Taten betrachten, ihren Nutzen beurteilen und deine Werke sorgfältig und sehr genau prüfen. Wen ich aber plötzlich aus diesem vergänglichen Leben abberufe, dessen Lebenssinn ist erfüllt; würde sein Leben auch weiter verlängert, hätte er doch keine Lebenskraft (viriditas) mehr zum Hervorbringen guter Früchte, sondern würde in der Erschlaffung der natürlichen Glaubenskraft (teporem carneae fidei habens) nur den Dunst leerklingender Worte von sich geben und mich nicht mit innerster Herzensbewegung berühren. Deshalb gewähre ich ihm keine Verlängerung dieses Lebens, sondern bevor er in diese unfruchtbare Ermattung verfällt, nehme ich ihn von dieser Welt weg. Doch dir, o Mensch, sage ich: Warum verachtest du mich? Habe ich nicht meine Propheten zu dir gesandt, meinen Sohn für dein Heil dem Kreuzesholz übergeben und meine Apostel dazu bestimmt, dir durch das Evangelium den Weg der Wahrheit zu zeigen? Du kannst dich also nicht entschuldigen, als hättest du nicht alles Gute von mir. Warum setzt du mich jetzt hintan?

27. Daß Gott Wahrsagerei durch Gestirne und andere Geschöpfe nicht länger duldet

Doch diesen schlimmen Aberglauben, in Gestirnen, in Feuer, in Vögeln oder anderen Geschöpfen dieser Art Zeichen für deine Taten zu suchen, mag ich nicht länger dulden; alle nämlich, die diesen Aberglauben auf teuflische Eingebung in Gottesverachtung erfanden, verwarfen gänzlich seine Gebote, und wurden daher selbst verächtlich. Ich aber erstrahle über der ganzen Schöpfung im Glanz meiner Gottheit, so daß meine Wunder an meinen Heiligen offenbar werden; deshalb will ich nicht, daß du diesen Aberglauben in der Wahrsagerei betätigst, sondern daß du zu mir aufblickst.

28. Von der menschlichen Torheit und Widerspenstigkeit

O du Tor, wer bin ich? Selbstverständlich das höchste Gut. Darum gewähre ich dir alle Güter, wenn du mich eifrig suchst. Und für wen hältst du mich im Glauben? Ich bin Gott über alles und in allem. Doch du willst mich zu einem Bauernknecht machen, der seinen Herrn fürchtet. Wieso? Du willst, daß ich deinen Willen tue, während du meine Gebote verachtest. So ist Gott nicht. Er bildet sich weder am Anfang etwas ein noch fürchtet er das Ende. Die Himmel ertönen von meinem Lob, denn sie blicken auf mich und gehorchen mir in der Gerechtigkeit, zu der sie von mir bestimmt wurden. Auch Sonne, Mond und Sterne in den Wolken des Himmels erscheinen auf ihrer Bahn und das Wehen der Winde und der Regen nehmen ihren bestimmten Lauf in den Lüften. Und dies alles gehorcht dem Befehl seines Schöpfers. Du aber, o Mensch, erfüllst meine Gebote nicht, sondern folgst deinem Willen, als ob man dir keine Gesetzesgerechtigkeit auferlegt oder offenbart hätte. So weit geht dein Trotz, obgleich du Asche bist, daß dir meine Gesetzesgerechtigkeit, die im Blut meines Sohnes geschrieben und heiliggehalten und von meinen Heiligen im Alten und Neuen Testament geübt wurde, nicht genügt.

29. Gleichnis vom Ziegenbock, Hirsch und Wolf

Doch in großer Torheit willst du mich ergreifen, indem du mich auf folgende Weise bedrohst: „Wenn es Gott gefällt, daß ich gerecht und gut bin, warum macht er mich dann nicht so“ (rectum)? Du willst mich damit so fangen, wie ein übermütiger Bock einen Hirsch anfällt. Er wird vom mächtigen Geweih des Hirsches gestoßen und durchbohrt. Wenn du in deinem Wandel mutwillig mit mir dein Spiel treibst, werde auch ich dich mit den Vorschriften meines Gesetzes wie mit Hörnern in gerechtem Gericht zunichtemachen. Das sind nämlich die Posaunen, die dir in die Ohren tönen, doch du folgst ihnen nicht, sondern läufst dem Wolf nach, den du so gezähmt zu haben glaubst, daß er dich nicht verletzen kann. Doch dieser Wolf verschlingt dich mit den Worten: „Dieses Schaf ist vom Weg abgeirrt; es wollte seinem Hirten nicht folgen, sondern lief mir nach. Deshalb will ich es auch behalten, weil es mich erwählt und seinen Hirten verlassen hat.“ O Mensch, Gott ist gerecht, und deshalb hat er alles, was er im Himmel und auf Erden gemacht hat, gerecht und ordnungsgemäß eingerichtet.

30. Vergleich mit dem Arzt

Ich bin ein großer Arzt für alle Krankheiten und handle wie ein Doktor, der einen Kranken sieht, den sehr nach einer Medizin verlangt. Was bedeutet das? Wenn es eine leichte Krankheit ist, heilt er ihn mühelos; ist sie aber schwer, sagt er zum Kranken: „Ich verlange von dir Silber und Gold. Wenn du es mir gibst, werde ich dir helfen." So tue auch ich, o Mensch. Die kleineren Sünden tilge ich durch Seufzen, Tränen und den guten Willen der Menschen; bei schwereren Verfehlungen aber sage ich: „Mensch, tu Buße und bessere dich; dann will ich dir meine Barmherzigkeit zeigen und dir ewiges Leben schenken. Gestirne und andere Geschöpfe befrage nicht über dein Schicksal (de causis tibi occurentibus), bete den Teufel nicht an, rufe ihn nicht herbei und befrage ihn nicht. Denn wenn du mehr wissen willst als dir zukommt, wirst du vom alten Verführer getäuscht. Als der erste Mensch mehr zu erfahren suchte als er erfahren sollte, wurde er von ihm betrogen und ging ins Verderben. Der Teufel wußte jedoch nichts von der Erlösung des Menschen, durch die der Sohn Gottes den Tod tötete und die Hölle überwand. Im Anfang besiegte nämlich der Teufel den Menschen durch eine Frau; doch Gott zerschmetterte am Ende der Zeit den Teufel durch die Frau, die den Sohn Gottes gebar. Er hat die Werke des Teufels wunderbar zunichtegemacht, wie auch mein geliebter Johannes bezeugt und spricht:

31. Worte des Johannes

„Dazu erschien der Sohn Gottes, daß er die Werke des Teufels vernichte" (1 Joh. 3,8). Was bedeutet das? Zum Heil und für die Rettung der Menschen erschien eine große Herrlichkeit. Gottes Sohn bekleidete sich nämlich mit der Armut des menschlichen Leibes, doch wie ein funkelnder Stern erstrahlte er im Wolkendunkel. Ebenso wurde er an die Kelter gestellt, um lauteren Wein ohne Hefe zu gewinnen; denn er fiel als Eckstein auf die Kelter und erzeugte einen Wein vom besten Wohlgeruch. Er erstrahlte nämlich im Menschengeschlecht als angesehener Mensch, ohne in beflecktes Blut getaucht worden zu sein, zertrat mit dem Fuß seines Dienstes das Haupt (os) der alten Schlange, vernichtete alle Geschosse ihrer boshaften Eifersucht (a jecore iniquitatis illius), die voller Wut und Begierde waren, und überließ sie der Verachtung.

Wer immer Erkenntnis im Heiligen Geist und die Flügel des Glaubens besitzt, übergehe daher meine Mahnungen nicht, sondern sein Herz verkoste sie und nehme sie liebend gern entgegen.

Die Abschnitte der 4. Vision des 1. Teils

1. Die Klage der Seele, die durch Gottes Gnade vom Weg des Irrtums zur Mutter Sion zurückkehrt
2. Von den Flügeln der Seele
3. Vom Zelt, das sie betrat
4. Die Klage der Seele, die mit Gottes Hilfe den teuflischen Beunruhigungen tapfer widersteht
5. Von den Unruhen, welche die teuflische Überredungskunst stiftet
6. Wodurch diese Verblendung verursacht wird
7. Wie Zorn, Haß und Stolz bezähmt werden
8. Die Klage der Seele, die zitternd ihr Zelt verläßt
9. Daß das Erkennen Gottes von keiner geschöpflichen Verdunkelung umwölkt wird
10. Daß in der Vortrefflichkeit der göttlichen Gerechtigkeit keine Ungerechtigkeit zu finden ist
11. Von den Götzenbildern und daß sie aufgegeben werden müssen
12. Der Prophet Ezechiel darüber
13. Von der Ungleichheit des menschlichen Samens und der Verschiedenheit der daraus entstehenden Menschen
14. Worte des Moses zum selben Thema
15. Warum Lahme und Verwachsene geboren werden
16. Wie das Kind im Mutterschoß lebendig wird und, wenn es ihn verläßt, von der Seele gefestigt und unterstützt wird
17. Wie die Seele gemäß den Körperkräften ihre Fähigkeiten offenbart
18. Daß der Mensch drei Wege in sich trägt
19. Vom Verstand
20. Vom Willen
21. Gleichnis vom Feuer und Brot
22. Wie sich im Zelt des Willens, d. h. im Gemüt (animus), alle Seelenkräfte erwärmen und miteinander verbinden
23. Von der Vernunft
24. Vom Empfindungsvermögen
25. Daß die Seele Herrin, das Fleisch aber Magd ist
26. Der Vergleich von Baum und Seele
27. Daß die zur Sünde neigende Seele in gottgeschenkter Zerknirschung die Sünde läßt
28. Daß die von teuflischen Nachstellungen versuchte Seele auf himmlische Eingebung die Geschosse des Satans abwehrt
29. Daß die Seele beim Verlassen der Wohnung ihres Leibes mit großer Furcht den Urteilsspruch des gerechten Richters erwartet
30. Gottes mahnende Worte an die Menschen, den göttlichen Geboten zu gehorchen, das Böse zu verwerfen und das Gute aus Liebe zu Gott getreulich zu vollbringen.
31. Vom katholischen Glauben
32. Worte Isaias

4. Vision des 1. Teils

Der Mensch und sein Lebensweg

Und dann sah ich einen überaus großen und sehr hellen Glanz, der wie mit vielen Augen aufflammte. Seine vier Ecken wiesen in die vier Himmelsrichtungen (partes mundi); das bezeichnet ein Geheimnis des himmlischen Schöpfers, das mir in einem großen Mysterium offenbart wurde. Darin erschien auch ein anderer Glanz wie Morgenrot, das die Helligkeit eines purpurnen Blitzes besitzt. Und da sah ich auf der Erde Menschen, die Milch in ihren Gefäßen trugen und daraus Käse bereiteten. Sie war teils dick und ergab kräftigen Käse, teils dünn und gerann zu magerem Käse, teils verdorben (tabe permixta) und es entstand bitterer Käse daraus. Ebenso sah ich eine Frau, die in ihrem Schoß gleichsam einen voll ausgebildeten Menschen trug. Und plötzlich regte sich nach der verborgenen Anordnung des himmlischen Schöpfers diese Gestalt mit lebhafter Bewegung, so daß eine Feuerkugel das Herz dieser Gestalt in Besitz zu nehmen schien. Sie war ohne menschliche Körperumrisse, berührte ihr Gehirn und ergoß sich durch all ihre Glieder.

Doch als dann dieses belebte menschliche Gebilde aus dem Schoß der Frau hervorging, wechselte es, je nach der Bewegung, die diese Kugel in ihm ausführte, seine Farbe. Und ich sah, wie viele Stürme über eine derartige Kugel in einem Menschenleib hereinbrachen und sie bis zur Erde niederdrückten. Doch sie sammelte ihre Kräfte, richtete sich mannhaft auf und widerstand ihnen tapfer. Stöhnend sprach sie.

1. Die Klage der Seele, die durch die Gnade Gottes vom Weg des Irrtums zur Mutter Sion zurückkehrt

„Wo bin ich Fremdling? Im Schatten des Todes. Und auf welchem Weg wandere ich? Auf dem Weg des Irrtums. Und welchen Trost besitze ich? Den Trost des Pilgers in der Fremde. Ich sollte ein Zelt haben, das mit fünf Sternen, die heller als Sonne und Sterne leuchten, geziert ist: denn nicht die untergehende Sonne und die verblassenden (occidentes) Sterne sollten darin leuchten, sondern die Herrlichkeit der Engel. Ein Topas sollte ja sein Fundament und lauter Edelsteine seine Mauern bilden, seine Treppen mit Kristall besetzt und seine Straßen mit Gold gepflastert sein. Ich sollte nämlich Gefährtin der Engel sein, weil ich der lebendige Lebenshauch bin, den Gott in den trockenen Lehm entsandte. Und deshalb müßte ich Gott kennen und ihn wahrnehmen. Doch ach! Als mein Zelt erkannte, daß seine Augen alle Wege überblicken können, stellte es seine Ausrüstung nach Norden auf. Ach, ach! Dort wurde ich gefangen, der Augen und der Freude an der Erkenntnis beraubt; mein Gewand wurde ganz zerrissen. Und so aus meinem Erbteil vertrieben, wurde ich an einen fremden Ort entführt, der aller Schönheit und Würde entbehrte. Dort unterwarf man mich härtester (pessimo) Knechtschaft. Die mich gefangen hatten, schlugen mich mit Fäusten und gaben mir Schweinefraß. An einen öden Ort führten sie mich und reichten mir in Honig getauchte, ganz bittere Kräuter zum Essen. Danach legten sie mich noch auf eine Kelter und quälten mich mit vielen Folterungen. Dann zogen sie mir meine Kleider aus, versetzten mir viele Schläge und schickten mich auf die Jagd. Ich sollte äußerst bösartiges giftiges Gewürm, wie Skorpione, Nattern und ähnliche Würmer fangen. Sie bespritzten mich so mit ihrem Gift, daß ich ganz krank davon wurde. Da spotteten sie meiner und riefen: „Wo ist jetzt deine Würde?" Ach, da erbebte ich und sprach seufzend und schwerbetrübt still zu mir selbst: „Oh, wo bin ich? Ach, woher bin ich hierhin gekommen? Und welchen Tröster soll ich für diese Gefangenschaft suchen? Wie kann ich diese Ketten sprengen? Oh, welches Auge kann meine Wunden anschauen und welche Nase diesen Gestank ertragen? Oder welche Hand wird sie mit Öl salben? Ach, wer wird mit meinem Schmerz Mitleid haben?

Der Himmel möge mein Schreien hören und die Erde soll über meine Betrübnis erzittern und alles, was lebt, habe Mitleid mit meiner Gefangenschaft: denn bitterste Qual drückt mich nieder, weil ich ein Fremdling ohne Trost und Hilfe bin. Ach, wer wird mich trösten? Denn selbst meine Mutter hat mich im Stich gelassen, weil ich vom Weg des Heils abgeirrt bin. Wer wird mir helfen außer Gott? Wenn ich aber deiner gedenke, o Mutter Sion, in der ich wohnen sollte, blicke ich auf die harte Knechtschaft (amarissima servitia inspicio), der ich unterworfen bin. Und wenn ich mich an alle Tonarten von Musik, die in dir ertönen, erinnere, werde ich meiner Wunden gewahr. Und ich denke an den Genuß und die Freude deiner Herrlichkeit; dann verwünsche ich jenes Gift, mit dem sie verunreinigt sind.

Oh, wohin soll ich mich wenden? Wohin soll ich fliehen? Mein Schmerz ist unermeßlich; denn wenn ich bei diesen Bösen bleibe, werde ich Genossin derer, mit denen ich im Land Babylon schändlichen Umgang hatte. Und wo bist du, o Mutter Sion? Weh mir, daß ich zu meinem Unglück von dir gewichen bin; denn würde ich dich jetzt nicht kennen, wäre es leichter zu verschmerzen! Jetzt aber will ich meine schlimmen Genossen fliehen, weil das unselige Babylon mich auf die Bleiwage gelegt und mich mit schweren

Balken niedergehalten hat, so daß ich kaum tief aufatmen kann. Doch wenn ich seufzend nach dir Tränen vergieße, gibt das unselige Babylon einen solchen Lärm brausender Wasserfluten von sich, daß du meine Stimme nicht vernimmst. So will ich also sehr beunruhigt enge Pfade suchen, auf denen ich meinen bösen Genossen und der unglückseligen Gefangenschaft entkommen kann."

Nach diesen Worten entrann ich auf einem schmalen Weg, wo ich mich in einer kleinen Höhle vor dem Norden verbarg und bitterlich weinte, weil ich meine Mutter verloren hatte; dort bedachte ich all meinen Schmerz und all meine Wunden. Solche Ströme von Tränen vergoß ich dort und weinte und weinte, daß all mein Schmerz und alle Wundmale davon überflutet wurden. Und plötzlich drang ein lieblicher Duft, wie ein Windhauch von meiner Mutter ausgesandt, an meine Nase. O wie viele Seufzer und Tränen entströmten mir da, als ich diesen kleinen Trost verspürte! Und von meinem Freudengeheul und meinen Tränen wurde sogar der Berg, in dessen Höhle ich mich versteckt hatte, erschüttert. Und ich rief: „O Mutter, Mutter Sion, was wird mit mir geschehen? Wo ist nun deine edle Tochter? O wie lange entbehre ich schon deine mütterliche Zärtlichkeit, da du mich liebevoll in großer Zuneigung aufzogst." Und ich wurde durch diese Tränen so beglückt, als sähe ich meine Mutter.

Doch meine Feinde hörten mein Geschrei und sprachen: „Wo ist unsere einstige Genossin, die uns so zu Willen war, daß sie uns in allem gehorchte? Seht, jetzt ruft sie die Himmelsbewohner an. Wir wollen all unsere Künste anwenden und sie so eifrig und sorgfältig bewachen, daß sie uns nicht mehr entweichen kann; denn wir hatten sie ja schon vollständig in unserer Gewalt. Wenn wir das tun, wird sie uns wieder folgen."

Doch ich verließ heimlich die Höhle, in der ich mich versteckt hatte, und wollte auf eine Anhöhe, wo meine Feinde mich nicht finden könnten. Da ließen sie ein Meer von solchem Ungestüm auf mich los, daß ich es unmöglich überqueren konnte. Auch war die Brücke, die es dort gab, so klein und schmal, daß ich auf ihr nicht hinübergelangen konnte. Am anderen Meeresufer ragten so hohe, schroffe Berggipfel empor, daß ich auch dort keinen Ausweg fand. Da sprach ich: „Ach, was soll ich Arme nun tun! Für eine kurze Weile verspürte ich die Zärtlichkeit meiner Mutter und glaubte, sie wolle mich zu sich heimholen. Aber ach! Will sie mich jetzt nicht wieder im Stich lassen? Oh weh! Wohin soll ich mich wenden? Gerate ich nämlich nur in meine frühere Gefangenschaft, werden mich meine Feinde jetzt noch mehr als vorher verlachen, weil ich unter Tränen zu meiner Mutter geschrieen habe und wiederum von ihr verlassen wurde, obgleich ich schon ein wenig die Süßigkeit ihrer Liebenswürdigkeit verspürt hatte."

Doch ich war durch den süßen Trost (suavitas), den ich von meiner Mutter vorher ausgehen fühlte, so gestärkt worden, daß ich mich zum Osten wandte und mich nochmals auf die so schmalen Pfade begab. Diese Wege waren so voller Dornen und Disteln und anderer derartiger Hindernisse, daß ich kaum einige Schritte darauf tun konnte. Mit großer Mühe und viel Schweiß legte ich sie schließlich zurück. Von dieser Anstrengung ermüdete ich so, daß mir fast der Atem ausging.

Völlig erschöpft gelangte ich schließlich zum Gipfel des Berges, in dem ich mich vorher versteckt hatte, und wandte mich dem Abhang zu, wo ich wieder herabsteigen mußte; da kamen mir plötzlich Nattern, Skorpione, Drachen und andere Schlangenbrut entgegen und zischten mich an. Erschrocken erhob ich ein Klagegeschrei: „O Mutter, wo bist du? Geringer wäre mein Schmerz, hätte ich nicht schon den süßen Trost deiner Heimsuchung erfahren; denn jetzt falle ich wieder zurück in die Gefangenschaft, die ich so lange erduldete (iacueram). Wo bleibt jetzt deine Hilfe?" Da hörte ich die Stimme meiner Mutter zu mir sprechen.

2. Von den Flügeln der Seele

„Eile, o Tochter; denn vom allmächtigen Geber, dem niemand widerstehen kann, sind dir Flügel zum Fliegen verliehen. Flieg also schnell über all diese Hindernisse hinweg." Und durch diesen Trost sehr ermutigt, nahm ich diese Flügel und überflog schnell all jene giftige Todesbrut (venenosa ac mortifera illa).

3. Vom Zelt, das sie betrat

Und ich kam an ein Zelt, das innen ganz aus starkem Stahl angefertigt war. Ich betrat es; und hatte ich früher Werke der Finsternis vollbracht, so wirkte ich jetzt herrliche Taten. Ich errichtete in diesem Zelt aber gegen Norden eine Säule aus rohem Eisen und hängte daran verschiedene, sich hin- und herbewegende Federwedel auf. Und ich fand Manna und aß es. Gegen Osten jedoch baute ich eine Schutzwehr aus Quadersteinen, zündete ein Feuer darauf an und trank dort Myrrhenwein mit Most. Doch auch gegen Süden baute ich einen Turm aus Quadersteinen, hängte rote Schilde daran auf und legte elfenbeinerne Posaunen in seine Fenster. Mitten im Turm aber goß ich Honig aus und stellte daraus unter Beigabe von anderen Gewürzen eine kostbare Salbe her, so daß sich im ganzen Zelt der starke Duft davon verbreitete. Gegen Westen jedoch errichtete ich kein Bauwerk, denn diese Seite war der Welt zugekehrt.

Doch während ich damit beschäftigt war, griffen meine Feinde zu ihren Köchern und griffen mein Zelt mit ihren Pfeilen an; ich aber bemerkte vor lauter Arbeitseifer ihr unsinniges Unterfangen erst, als der Zelteingang mit Pfeilen gespickt war. Es vermochte jedoch kein einziger Pfeil weder die Tür noch den Stahlpanzer des Zeltes zu durchdringen; deshalb konnte ich auch nicht von ihnen verletzt werden. Als sie das sahen, schickten sie mir eine Wasserflut entgegen, um mich und mein Zelt zu Fall zu bringen. Doch auch mit dieser Bosheit richteten sie nichts aus. Da lachte ich sie furchtlos aus und sagte: „Der Meister, der dieses Zelt schuf, war weiser und stärker als ihr. Sammelt eure Pfeile wieder ein und bringt sie in Sicherheit, denn sie konnten den von euch beabsichtigten Sieg über mich nicht herbeiführen. Seht nur, was für Wunden sie zufügen (ostendunt)! Ich aber habe leidvolle und mühselige Kämpfe gegen euch ausgefochten, als ihr mich dem Tod ausliefern wolltet; doch ihr habt nichts vermocht. Denn mit den stärksten Waffen ausgerüstet, schwang ich scharfe Schwerter gegen euch und verteidigte mich tatkräftig. Weicht also, weicht, denn ihr könnt mich nicht länger haben!"

4. Die Klage der Seele, die mit Gottes Hilfe den teuflischen Beunruhigungen tapfer widersteht

Doch ich gebrechliche und ungelehrte Frau sah, daß über eine andere Kugel viele Stürme hereinbrachen und sie niederdrücken wollten. Doch sie vermochten es nicht, weil sie ihnen tapfer widerstand und ihnen keinen Raum zum Wüten ließ. Dennoch sprach sie klagend: „Obwohl ich so armselig bin, habe ich doch eine große Aufgabe. Ach, wer bin ich? Und was ist die Ursache meines Klagegeschreis? Ich bin der lebendige Hauch im Menschen, der so in das Zelt von Mark und Adern, Knochen und Fleisch eingesenkt ist, daß ich diesem Zelt Lebenskraft (viriditatem) verleihe und es zu all seinen Bewegungen antreibe. Aber o weh, seine Empfindsamkeit bringt Verunreinigung, Ausschweifung, keckes Gebaren und jede Art von Lastern hervor. Ach, wie beklage ich das mit schwerem Seufzen! Denn wenn ich auch ein glückliches Leben bei den Verrichtungen in meinem Zelt führe, so begegnet mir doch eine teuflische Einflüsterung, fängt mich bei allem und läßt die Aufgeblasenheit des Hochmuts in mir aufkommen, so daß ich immer wieder sage: „Ich will wirken, wie es der irdischen Grünkraft schmeckt." Ich nehme nämlich in meinem Zelt jedes Werk wahr; doch seine sinnliche Begierde hindert mich, mein Tun zu unterscheiden, bevor ich schwere Wunden an mir wahrnehme. In welches Wehklagen breche ich da aus! Und ich frage: „O Gott, hast du mich nicht erschaffen? Sieh nur, wie mich die verächtliche Erdhaftigkeit erdrückt." Und so entschließe ich mich zur Flucht. Wie geschieht das? Da in meinem Zelt die Begierde wohnt, vollbringe ich mit ihr das Werk, weil ich Geschmack an diesem Tun habe. Doch die Vernunft, die in meiner Erkenntnis lebt, zeigt mir, daß ich von Gott geschaffen bin. Doch auf diese Weise wird mir auch bewußt, daß Adam sich aus Furcht verbarg, als er das göttliche Gebot übertreten hatte. So verstecke ich mich aus Angst vor dem Angesicht meines Gottes, weil ich merke, daß die Werke in meinem Zelt Gott zuwider sind. Habe ich aber die Bleiwage der Sünde überbelastet, verachte ich alle Werke, die in fleischlicher Begierde brennen."

5. Von den Unruhen, welche die teuflische Überredungskunst stiftet

Ach, ich arme Pilgerin! Wie kann ich diese Gefahren bestehen? Und wenn mich teuflische Einflüsterung anfällt und sagt: „Ist etwa das gut, was du nicht kennst und weder sehen noch vollbringen kannst?" Was wird dann passieren? Und wenn sie mir wiederum einflüstert: „Warum läßt du von dem ab, was du kennst, einsiehst und vermagst?" Was soll ich dann tun? Voll Schmerz erwidere ich: „Ach ich Unglückliche! Durch Adam wehte mir das schädliche Gift zu; denn er übertrat das göttliche Gebot, wurde auf die Erde verbannt und vereinigte die fleischlichen Zelte. Denn beim Genuß des Apfels, von dem er durch den Ungehorsam kostete, führte er seinem Fleisch und Blut schädliche Süßigkeit zu, und so verursachte er die Beflekkung mit Lastern. Deshalb verspüre ich in mir die Sünde des Fleisches; den allerreinsten Gott aber vernachlässige ich im Rausch meiner Schuld. Doch ich darf nicht dem folgen, was dem Geschmack meines Zeltes entspricht. Denn weil Adam am Anfang (in prima apparitione) rein und einfältig von Gott geschaffen war, fürchte ich Gott im Wissen darum, daß auch ich als reines, einfältiges Geschöpf erschaffen bin. Doch sogleich versetzt mich die böse, lasterhafte Gewohnheit in Unruhe. Ach, ich bin überall ein Fremdling!" Deshalb erheben sich in mir Stürme mit vielen lügenhaften Stimmen aller Art und rufen: „Wer bist du und was tust du? Was sind das für Kämpfe, die du da ausfichst? Unglücklich bist du! Du weißt ja nicht, ob dein

Werk gut oder böse ist. Wo wirst du landen? Wer wird dich retten? Was sind das für Irrtümer, die dich zum Wahnsinn treiben? Oder wirst du vollbringen, was dich gelüstet? Oder kannst du dem entfliehen, was dir Angst einjagt? O, was wirst du tun, wenn du eines weißt und das andere nicht? Was dir Spaß macht, ist dir verboten und was dich ängstigt, dazu treibt dich das Gebot Gottes an. Und woher weißt du, ob es sich so verhält? Es wäre besser, du wärest gar nicht gewesen." Und wenn sich diese Stürme in mir erheben, beschreite ich einen anderen Weg, der meinem Fleisch schwer fällt, weil ich beginne, Gerechtigkeit zu üben. Doch wiederum steigt in mir der Zweifel auf, ob das vom Heiligen Geist komme oder nicht und ich sage: „Es ist sinnlos!" Und dann möchte ich über die Wolken fliegen. Wie denn? Ich will mich über meine Einsicht erheben und beginnen, was ich nicht vollenden kann. Doch wenn ich versuche, dies zu tun, ruft es eine große Traurigkeit in mir hervor, so daß ich weder auf der Höhe der Heiligkeit noch auf der Ebene des guten Willens etwas ausrichte, sondern die Unruhe des Zweifels, der Verzweiflung, der Trauer und steten Niedergeschlagenheit (oppressio omnium rerum) in mir erfahre. Und wenn mich die teuflische Einflüsterung derart beunruhigt, ach, welches Unglück ereilt mich da! Alle Übel, die es da gibt oder geben kann, in Tadel, Fluch, Abtötung von Leib und Seele, in schmählichen Reden gegen die Reinheit, Nüchternheit und Erhabenheit, die bei Gott zu finden sind, all das tritt mir Unglücklichen vor Augen (mihi infelici occurrunt).Dann erhebt sich auch noch jene Bosheit gegen mich, daß mir alles Glück und Gut – im Menschen oder in Gott — lästig und verdrießlich wird, und mir mehr den Tod als das Leben verheißt. Weh mir! Welch unseliger Kampf, der mich von Mühe zu Mühe, von Schmerz zu Schmerz, von Zwiespalt und Zwiespalt treibt und mir alles Glück raubt!

6. Wodurch diese Verblendung verursacht wird

Doch wodurch entsteht das Übel solcher Verblendung? Durch folgendes: Die alte Schlange ist voller Schlauheit und betrügerischer List, voll vom tödlichen Gift der Bosheit. Denn in ihrer Schlauheit flößt sie mir die trotzige Verwegenheit zum Sündigen ein und zieht meine Erkenntnis von der Furcht des Herrn ab, so daß ich nicht davor zurückschrecke, zu sündigen, indem ich sage: „Wer ist Gott? Ich weiß nicht, wer Gott ist!" In ihrer trügerischen List jedoch verleitet sie mich zur Verstocktheit, so daß ich im Bösen verhärte. Durch das tödliche Gift der Bosheit aber raubt sie mir die geistliche Freude, so daß ich mich weder am Menschen noch an Gott zu freuen vermag. So führt sie mich in den Zwiespalt der Verzweiflung: ich zweifle nämlich, ob ich gerettet werden kann oder nicht. O, was sind das für Zelte, die so großen Gefahren, die der Betrug des Teufels heraufführt, standhalten?

Doch wenn mich die Gnade Gottes daran erinnert, daß ich von Gott erschaffen bin, dann erwidere ich unter all der Bedrängnis auf die teuflischen Einflüsterungen: „Ich werde der schwachen Natur (fragili terrae) nicht nachgeben, sondern tapfer Krieg führen." Auf welche Weise? Wenn meine Zelt Werke der Ungerechtigkeit vollbringen möchte, will ich mit weiser Geduld Mark, Blut und Fleisch hart hernehmen (conteram), wie ein starker Löwe sich verteidigt und wie eine Schlange, die den Todesstoß flieht und sich in eine Höhle verkriecht. Denn ich darf mich weder den Pfeilen des Teufels aussetzen, noch der Lust des Fleisches frönen (exercere). Auf welche Weise?

7. Wie Zorn, Haß und Stolz bezähmt werden

Wenn nämlich der Zorn mein Zelt entflammen will, schaue ich auf die Güte Gottes. Ihn hat niemals der Zorn berührt. So werde ich sanfter als die Luft, die mild die trockene Erde benetzt und empfinde geistliche Freude, wenn die Tugenden beginnen, in mir ihre Lebenskraft zu entfalten (ostendere). Und so verspüre ich Gottes Güte.

Wenn aber der Haß versucht, mich schwarz zu machen, blicke ich auf die Barmherzigkeit und das Leiden (martyrium) des Gottessohnes und bezähme so mein Fleisch. In gläubigem Gedenken atme ich den Duft der Rosen ein, die aus den Dornen erwachsen, und erkenne so meinen Erlöser.

Doch wenn der Stolz den Turm seiner Eitelkeit ohne Felsenfundament in mir errichten will und eine derartige Höhe erreichen möchte, daß er niemanden neben sich duldet, sondern immer höher als die Übrigen erscheinen will: Ach, wer kommt mir da zu Hilfe? Die alte Schlange nämlich, die alle übertreffen wollte, verfiel dem Tod und will mich zu Fall bringen. Dann sage ich traurig: „Wo ist mein König und mein Gott? Was vermag ich Gutes ohne Gott? Nichts." Und so schaue ich zu Gott auf, der mir das Leben gab, und eile zur seligsten Jungfrau, die den Hochmut der alten Höhlen(schlange) zertrat. So werde ich zu einem sehr tragfähigen Stein im Gottesbau und der überaus raubgierige Wolf, der an der Angel der Gottheit erwürgt wurde, kann mich jetzt nicht mehr überwinden. Und so erkenne ich am erhabenen Gott das anziehendste Gut, die Demut. Ich spüre die

Lieblichkeit des unvergänglichen Balsams und freue mich so an der Süßigkeit Gottes, als wäre sie der Duft aller Gewürze. Und so wehre ich auch die übrigen Laster mit dem starken Schild der Demut ab.

8. Die Klage der Seele, die zitternd ihr Zelt verläßt

Darauf sah ich Armselige, daß eine andere Kugel sich von den Umrissen der Gestalt absetzte, ihre Fesseln löste, sich seufzend von ihnen befreite und traurig ihren Wohnsitz zerstörte. Und sie sagte: „Ich werde aus meinem Zelt ausziehen. Aber ich Unglückliche voller Trauer, wohin soll ich gehen? Schreckliche und furchtbare Pfade führen mich zum Gericht, wo über mich der Urteilsspruch gefällt wird. Dort will ich die Werke, die ich in meinem Zelt verrichtet habe, vorzeigen und dort wird mir nach meinen Verdiensten vergolten. O, wieviel Angst und Not wird mich da befallen!" *Als sie sich so trennte, erschienen helle und finstere Geister; sie hatten sie im Leben — je nach den Bewegungen, die sie an ihrem Platz ausgeführt hatte — begleitet, und erwarteten ihre Auflösung. Nach ihrer Trennung wollten sie sie mit sich führen.* Und ich hörte die Stimme des Lebendigen (vocem viventem), der zu ihnen sprach: „Ihren Werken entsprechend werde sie von Ort zu Ort geführt."

Und wieder hörte ich eine Stimme vom Himmel zu mir sagen: „Die selige, unaussprechliche Dreifaltigkeit hat sich der Welt offenbart, als der Vater seinen Eingeborenen, vom Heiligen Geist empfangen und aus der Jungfrau geboren, in die Welt sandte, damit die Menschen, die sehr verschieden veranlagt geboren wurden und mit vielen Sünden beladen sind, durch ihn auf den Weg der Wahrheit zurückgeführt werden. Von den Fesseln des Körpergewichts befreit, werden sie gute und heilige Werke mit sich führen und die Freude des himmlischen Erbes erlangen."

9. Daß das Erkennen Gottes von keiner geschöpflichen Verdunkelung umwölkt wird

Damit du, o Mensch, das tiefer erkennst und deutlicher kundtust, *siehst du einen starken, überhellen Glanz. Er flammt wie viele Augen auf und richtet seine vier Ecken nach den vier Himmelsrichtungen aus.* Er bezeichnet das Erkennen (scientia) Gottes, groß in seinen Geheimnissen und rein in seinen Offenbarungen. Es strahlt in größter, tiefer Durchsichtigkeit und erstreckt sich mit vierteiliger scharfer und dauerhafter Schneide in die vier Weltgegenden. Dort sieht es die künftig Verworfenen und auch die, welche gesammelt werden, genau voraus und macht das Geheimnis der himmlischen Majestät sichtbar, das dir, wie du siehst, in einem Bild von großer Erhabenheit und Tiefe veranschaulicht wird. *Darin erscheint auch ein anderer Glanz wie Morgenrot, von purpurfarbener Herrlichkeit blitzend.* Denn das Erkennen Gottes tut auch kund, daß der Eingeborene des Vaters sich beeilte, aus der Jungfrau Fleisch anzunehmen und sein Blut im hellen Schein des Glaubens für das Heil der Menschen zu vergießen. So wird in dem Erkennen Gottes von Gut und Böse gezeigt, daß es von keiner geschöpflichen Verfinsterung umwölkt wird. Doch du, o Mensch, sagst: „Was soll der Mensch tun, wenn Gott alles vorherweiß, was der Mensch tun wird?“ Ich aber, o Mensch, sage dir:

10. Daß in der Vortrefflichkeit der göttlichen Gerechtigkeit keine Ungerechtigkeit zu finden ist

O du Tor! In der Schlechtigkeit deines Herzens ahmst du den nach, der zuerst gegen den Weg der Wahrheit Einspruch erhob und der Wahrheit die Lüge entgegensetzte, als er die Güte des Höchsten (summae bonitati) gleichkommen wollte. Wer könnte Anfang und Ende in Dunkel hüllen? Der ist, war und bleiben wird. Was bist du dagegen, du Stäubchen Asche? Und was weißt du, da du ein Nichts warst? Ein beklagenswerter Anfang und ein elendes Ende sind dir beschieden aber du widersprichst dem, was du weder weißt noch wissen sollst, nämlich der unermeßlich vortrefflichen Gerechtigkeit Gottes, in der keine ungerechte Äußerung des Unwillens zu finden ist, gefunden wurde und nicht zu finden sein wird. Du Tor! Wo glaubst du den Vater der Bosheit zu finden, den du nachahmst? Was bedeutet das? Wenn du dich hochmütig aufblähst, willst du dich über die Sterne, andere Kreaturen und Engel erheben, die stets (per omnia) die Gebote Gottes erfüllen. Doch du kommst zu Fall, wie auch jener fiel, der die Lüge gegen die Wahrheit stellte. Er liebte nämlich die Lüge, verfing sich deshalb im Tod und stürzte in den Abgrund. Darum, o Mensch, sei auf der Hut! Wenn du weder auf die Liebe blickst, in der Gott dich befreit hat, noch darauf achtest, welch große Güter Gott ständig an dich verschwendet, und nicht bedenkst, wie er dich vom Tod zurückruft; wenn du dich so oft in Sünden stürzst und den Tod mehr liebst als das Leben; wenn du dir schließlich die Heilige Schrift ins Gedächtnis rufst und die Lehren, die dir die alten rechtgläubigen Väter vorgelegt haben — nämlich, daß du das Böse meiden und das Gute tun sollst — und wenn du dann aus innerstem Herzen sprichst: „Ich habe schwer gesündigt; deshalb muß ich in würdiger

Buße zu meinem Vater und Schöpfer zurückkehren", dann nimmt dich dein Vater gütig auf, nimmt dich auf seinen Schoß und liebkost und umarmt dich. Nun aber willst du nichts von jener Seligkeit wissen, die dir Gott vor Augen stellt und weigerst dich, von der Gerechtigkeit Gottes etwas zu hören oder ihr durch Taten zu entsprechen. Würdest du denn — wenn es sein könnte — das Urteil Gottes nicht lieber ungerecht als wahr bezeichnen? Hätte dich das Blut des Gottessohnes nicht erlöst, lägest du hoffnungslos im Verderben (perditione perditus). Doch das Urteil Gottes ist wahr und gerecht. Was hat es darum für einen Sinn, o Mensch, wenn du dir über mein Urteil den Kopf zerbrichst? Im Chor der Engel und in meinem erlesenen Weinberg erklingt der Jubel der Lobsänger (laus laudantium): „Ehre sei dir, Herr", und sie widersprechen meinem Urteil nicht, denn sie sind gerecht. Was nützte es aber dem Teufel, daß er sich gegen mich stellte? Als er sah, daß er große Herrlichkeit besaß, wollte er sich über alle erheben. Eine unzählbare Schar stolzer Geister stimmte ihm bei; sie alle verstieß die göttliche Macht im rechten Eifer zusammen mit ihm. So werden auch alle verworfen, die durch ihr Beharren im Bösen die Gerechtigkeit Gottes hintanzusetzen versuchen. Denn sie bemühen sich, das höchste Gut in schlimme Bosheit zu verkehren (in perversitatem nequitiae pervertere). Deshalb hat Gott niemals etwas Ungerechtes beschlossen, sondern alles, was recht ist, in gleichbleibender Güte angeordnet.

11. Von den Götzenbildern und daß sie aufgegeben werden müssen

Doch auch die Menschen, die in ihrem Unglauben Gott verwarfen und sich Götzenbilder anfertigten, in die der Teufel fuhr und durch sie mit ihnen sein Spiel trieb, erhoben sich im Leichtsinn dieser Nichtigkeit. Das Menschengeschlecht, dem Adam und Eva erzählt hatten, wie sie von Gott erschaffen und aus dem Paradies vertrieben worden waren, war inzwischen vergangen. Ihnen folgten andere von derselben Verkehrtheit; sie verehrten die Kreatur Gottes mehr als ihren Schöpfer und glaubten, daß leblose Geschöpfe ihren Lebensweg bestimmen könnten. Deshalb sollen jene, die noch mit diesem Aberglauben beschmutzt sind, ihre Torheit aufgeben und gläubig zu dem umkehren, der die Schlingen des Teufels zerriß, die frühere Unwissenheit (vetustatem ignorantiae) ablegen und ein neues Leben beginnen (amplectentes), wie mein Knecht Ezechiel mahnt und spricht.

12. Der Prophet Ezechiel darüber

„Werft von euch alle Untreue, mit der ihr euch verfehlt habt, und schafft euch ein neues Herz und einen neuen Geist" (Ez. 18,31). Das heißt: Ihr, die ihr auf den Wegen der Sonne (der Gerechtigkeit), die die glückseligen Schafe laufen, die rechte Richtung einhalten wollt (in rectitudine perseverare), verbannt aus dem Bewußtsein eures Herzens die Erforschung der verborgenen Dinge, die der königlichen Weisheit nichts nutzen. Denn ihr wolltet euch auf ihnen zu eitler Höhe erheben, während ihr in einem tiefen See untergetaucht seid, in dem keine Ehrenhaftigkeit wohnt, sondern jene schreckliche Ausschweifung, die Gott nicht kennt. Und wenn ihr das tut, beschreitet ihr zu euerm Heil den Weg der Wahrheit. In euerm Herzen werdet ihr die Morgenröte und den neuen lebenspendenden Hauch (vivificae spirationis novitatem) in eurem Geist tragen.

13. Von der Ungleichheit des menschlichen Samens und der Verschiedenheit der daraus entstehenden Menschen

Du siehst auf der Erde auch *Menschen, die in ihren Gefäßen Milch tragen und daraus Käse bereiten.* Das sind Männer und Frauen auf Erden, die menschlichen Samen in ihrem Körper tragen, aus dem das Menschengeschlecht, aus vielen Völkern bestehend, hervorgeht. *Ein Teil davon ist dick und ergibt fetten Käse,* weil dieser Same in seiner Kraft brauchbar, gut ausgereift und richtig gemischt, tüchtige Menschen erzeugt. Ihnen werden durch angesehene Väter und hervorragende Persönlichkeiten herrliche Gaben des Geistes und der Natur mitgegeben, so daß sie im glücklichen Zustand der Klugheit, Unterscheidung und sinnvoller Beschäftigung vor Gott und den Menschen offensichtlich ausgezeichnet sind. Denn der Teufel findet seine Bleibe nicht in ihnen. *Und ein anderer Teil ist dünn; aus ihm gerinnt magerer Käse.* Dieser Same, in seiner Kraftlosigkeit unbrauchbar, halbreif und schlecht gemischt, zeugt schwächliche Menschen. So gibt es oft Dumme und Energielose, die zu göttlichen und weltlichen Werken untauglich sind, weil sie Gott nicht ernstlich suchen. Doch *aus einem Teil verdorbener Milch entsteht bitterer Käse,* weil dieser Same, in kraftloser Mischung leichtfertig hervorgebracht und unnütz vermengt, mißgestaltete Menschen erzeugt. Sie sind oft von Bitterkeit, Starrsinn und Schwermut befallen und meistens nicht fähig, ihren Geist zu Höherem zu erheben. Viele von ihnen jedoch werden brauchbare Menschen, wenn sie auch viele innere und äußere (in cordibus et in moribus) Stürme und Beunruhigungen erleiden. Aber sie erweisen sich als Sieger; wenn sie sich nämlich friedlichem Schlummer hingäben (in quiete pacis requiescerent), würden sie lau und unbrauchbar; deshalb züchtigt sie Gott und führt sie auf den Weg es Heils, wie geschrieben steht.

14. Worte des Moses zum selben Thema

„Ich töte und mache lebendig, ich schlage und ich heile, und es gibt niemanden, der meiner Hand entrinnen kann" (Dt. 32,39). Das heißt: Ich, der ich bin, ohne Anfang und Ende, vernichte die schändlichen Menschen bei ihrem Tun. Durch die Gemeinheit des Teufels schwinden sie in ihren Lastern dahin und werden an den Organen für die unselige Samenerzeugung in teuflischen Spelunken betrogen. O wie listig ist das Schlangenmaul (vipera maxilla), das sie so aufbläst, daß der Tod versucht, in sie einzuziehen! Deshalb nehme ich ihnen das Glück dieser Welt, daß sie an vielen Beschwerden, die sie nicht überwinden können, sterben, die aber nach gerechtem Gericht immer an sie herantreten. Denn ich, der ich von keiner Dunkelheit verdrängt werde, erhalte sie oft in anderer Hinsicht wunderbar am Leben, wenn ich ihren lebendigen Lebenshauch von der Erde nach oben ziehe, damit er in ihnen nicht zugrundegehe. Ich suche zuweilen auch jene mit Leid (vulneribus) über ihre große Unfähigkeit, die Mühen des Lebens zu bewältigen, heim, die hochmütigen Geistes eine unangemessene Höhe ersteigen wollen und glauben, daß es ihnen niemand verwehren könne. Manchmal jedoch richte ich, der ich überall zugegen bin, sie zum wahren Heil auf, damit sie nicht durch verführerische Nichtigkeiten in unbemerkten Gefahren umkommen. Doch bei all dem gibt es keinen Menschen noch ein anderes Geschöpf, die meine derartigen Taten durch List oder Trotz vereiteln könnten; denn niemand vermag meinem Willen und meiner Gerechtigkeit zu widerstehen.

15. Warum Lahme und Verwachsene geboren werden

Sehr oft siehst du auch, daß dort, wo die Vereinigung von Mann und Frau in Gottvergessenheit unter dem Hohnlachen des Teufels vollzogen wird, unter den Nachkommen der Menschen Lahme zu finden sind, damit die Eltern, die meine Gebote übertreten haben, in ihren Kindern gestraft, reuig zu mir zurückkehren. Oft aber lasse ich diese sonderbare Schöpfung unter den Menschen zu meinem und der Heiligen Ruhm zu; denn wenn jene auf diese Weise Verwachsenen durch den Beistand der Heiligen die Gesundheit erlangen, wird dadurch mein Name von den Menschen mehr (ardentius) verherrlicht. Diejenigen aber, welche sich das Gesetz auferlegen, die Tugend (decus) der Jungfräulichkeit anzustreben, steigen wie die Morgenröte zu den himmlischen Geheimnissen empor, weil sie sich aus Liebe zu meinem Sohn von der Lust des Leibes trennen.

16. Wie das Kind im Mutterschoß lebendig wird und, wenn es ihn verläßt, von der Seele gefestigt und unterstützt wird

Doch wenn du siehst, daß eine Frau in ihrem Schoß gleichsam einen voll ausgebildeten Menschen trägt, so bedeutet das: Wenn die Frau den menschlichen Samen empfangen hat, wird das Kind im verborgenen Gemach des Mutterschoßes mit all seinen Gliedern vollständig ausgebildet. *Und plötzlich regt sich nach der geheimen Anordnung des himmlischen Schöpfers diese Gestalt mit lebhaften Bewegungen;* wenn nämlich das Kind auf geheimen und verborgenen Befehl und Beschluß Gottes im Mutterschoß zu angemessener und von Gott richtig bestimmter Zeit die Seele empfangen hat, zeigt es durch die Bewegung seines Körpers an, daß es lebt, wie die Erde sich öffnet und fruchtbringende (fructus sui) Blüten hervorbringt, wenn der Tau auf sie gefallen ist; *so daß eine Feuerkugel ohne menschliche Körperumrisse das Herz dieser Gestalt in Besitz zu nehmen scheint.* Die Seele glüht im Feuer tiefer Einsicht und unterscheidet die verschiedenen Dinge im Bereich ihrer Fassungskraft. Sie hat nicht die Gestalt menschlicher Glieder, denn sie ist nicht körperlich und hinfällig wie der menschliche Leib; sie stärkt das Herz des Menschen, das gleichsam als Grundlage des Leibes den ganzen Körper lenkt und umfaßt, wie das Himmelsfirmament das Irdische umschließt und das Himmlische bedeckt. *Und sie berührt das Gehirn des Menschen:* Sie verkostet mit ihren Kräften nicht nur das Irdische, sondern auch das Himmlische, da sie Gott weise erkennt; *und sie ergießt sich in alle Glieder des Menschen,* denn sie verleiht dem ganzen Leib Lebenksraft für Mark, Adern und alle Glieder, wie ein Baum aus seiner Wurzel allen Zweigen Saft und Grünkraft spendet. *Doch dann verläßt diese so belebte menschliche Gestalt den Schoß der Frau und wechselt ihre Farbe je nach den Bewegungen, die diese Kugel in ihr ausführt.* Denn wenn der Mensch im Mutterschoß den lebensspendenden Geist empfangen hat und geboren ist, regt er sich zu Taten. Nach den Werken, welche die Seele gemeinsam mit dem Leib vollbringt, richten sich seine Verdienste; denn durch die guten erwirbt er sich Herrlichkeit, mit den schlechten Finsternis.

17. Wie die Seele gemäß den Körperkräften ihre Fähigkeiten offenbart

Sie zeigt nämlich gemäß den Körperkräften ihre Fähigkeiten: In der Kindheit des Menschen bringt sie Einfalt hervor, in der Jugend Stärke und im Erwachsenenalter, wenn die Adern des Menschen gefüllt sind, zeigt sie ihre stärksten Kräfte in der Weisheit. So zeigt auch ein Baum zarte erste Triebe, setzt dann Frucht an und bringt sie schließlich zur vollen Reife. Später jedoch, im Greisenalter des Menschen, wenn sein Mark und seine Adern sich der Gebrechlichkeit zuneigen, zeigt die Seele ihre Kraft in Gelassenheit (leniores vires), gleichsam aus Überdruß an menschlichem Wissen. So zieht sich auch der Saft des Baumes vor Beginn des Winters in den Zweigen und Blättern zusammen, so daß der Baum sich im Alter zu neigen beginnt.

18. Daß der Mensch drei Wege in sich trägt

Drei Wege trägt der Mensch in sich. Welche? Seele, Leib und Sinne. Auf ihnen läuft das menschliche Leben ab. Auf welche Weise? Die Seele belebt den Leib und haucht ihm die Sinne ein. Der Leib zieht die Seele an sich und öffnet die Sinne; die Sinne aber berühren die Seele und ziehen den Leib an sich. Die Seele verleiht nämlich dem Leib das Leben, wie das Feuer der Finsternis Licht spendet. Sie besitzt — wie zwei Arme — zwei Hauptkräfte, nämlich Verstand und Willen. Die Seele braucht die Arme jedoch nicht, um sich zu bewegen, sondern sie drückt sich in diesen Kräften aus, wie die Sonne sich durch ihren Glanz offenbart. Deshalb, o Frau, die du keine Last für das Mark bist, achte auf die Kunde der Heiligen Schrift.

19. Vom Verstand

Der Verstand ist in die Seele eingesenkt, wie der Arm zum Leib gehört. Denn wie der Arm, an dem sich die Hand mit den Fingern befindet, sich vom Leib ausstreckt, so geht auch der Verstand — mit der Betätigung der übrigen Seelenkräfte, durch die er die einzelnen Werke des Menschen erkennt — unzweifelhaft von der Seele aus. Er erkennt nämlich vor den anderen Seelenkräften, was in den Taten der Menschen steckt, ob sie gut oder böse sind, so daß man, von ihm gleichsam meisterlich beraten, alles versteht: denn er siebt alles, wie man auch den Weizen von allem Verderblichen reinigt. Er untersucht genau, ob etwas nützlich oder schädlich, liebens- oder hassenswert ist und ob es zum Leben oder zum Tod gereicht. Wie daher eine Speise ohne Salz geschmacklos ist, so sind auch die übrigen

Seelenkräfte ohne den Verstand matt und einsichtslos. Er bedeutet aber auch für die Seele, was die Schulter am Leib darstellt; er bildet den Kern der übrigen Seelenkräfte, wie auch der Leib starke Schultern hat; er erkennt auch die Gottheit wie die Menschheit in Gott, was dem Beugen des Armes entspricht. Desgleichen verrichtet er sein Werk im rechten Glauben; das zeigt auch die Krümmung der Hand an, mit der er dann die verschiedenen Taten mit Hilfe der Unterscheidungsgabe — wie mit Fingern — beurteilt. Er selbst aber wirkt nicht wie die anderen Seelenkräfte. Was bedeutet das?

20. Vom Willen

Der Wille nämlich erwärmt das Werk, das Gemüt empfängt es und die Vernunft bringt es hervor. Der Verstand aber erkennt das Werk und begreift das Gute und Böse, wie auch die mit Einsicht begabten Engel das Gute lieben und das Böse verachten. Und wie der Leib ein Herz besitzt, so hat die Seele den Verstand. In einem Teil der Seele übt er seine Kraft aus wie der Wille im andern. Auf welche Weise? Der Wille nämlich besitzt große Gewalt in der Seele. Inwiefern? Die Seele steht an einer Ecke des Hauses, d. h. in der Festung des Herzens, wie ein Mann, der sich in einem Winkel seines Hauses aufhält, um das ganze Haus zu übersehen und das Hauswesen zu leiten. Er hebt nämlich den rechten Arm zum Zeichen und weist auf das hin, was diesem Haus zum Wohl gereicht, und wendet sich nach Osten. So tut auch die Seele, wenn sie auf den Straßen des ganzen Leibes in Richtung des Sonnenaufgangs blickt. Sie gebraucht den Willen gleichsam als rechten Arm zur Unterstützung der Adern und des Marks und zur Bewegung des ganzen Körpers; denn der Wille wirkt jedes Werk, ob gut oder böse.

21. Gleichnis vom Feuer und Brot

Der Wille ist nämlich wie ein Feuer, das jedes Werk wie in einem Ofen bäckt. Denn das Brot wird zur Ernährung der Menschen gebacken, damit sie daran erstarken, um leben zu können. So ist auch der Wille die Kraft des ganzen Werkes. Zu Beginn mahlt er, legt Kraft als Sauerteig hinein und zerstampft es in seiner Härte; so bereitet er bedächtig (in consideratione) sein Werk wie Brot, kocht es mit seiner hellentfachten Glut (pleno opere ardoris) vollkommen gar und bietet den Menschen auf diese Weise eine bessere (maiorem) Speise als im Brot. Die Speise indes vergeht im Menschen; das Werk des Willens aber dauert bis zur Trennung seiner Seele vom

Leib. Und ist das Werk in der Kindheit, in der Jugend, im Vollalter und im Greisenalter (a decrepita incurvatione) auch von sehr verschiedener Beschaffenheit, so schreitet es doch im Willen voran und zeigt in ihm seine Vollendung.

22. Wie sich im Zelt des Willens, d. h. im Gemüt, alle Seelenkräfte erwärmen und miteinander verbinden

Doch der Wille hat am Zwerchfell des Menschen ein Zelt, nämlich das Gemüt. Der Verstand, der Wille selbst und die einzelnen Seelenkräfte teilen ihm ihre Stärke mit (afflant). Und sie alle erwärmen sich in diesem Zelt und verbinden sich miteinander. Wie? Erhebt sich der Zorn, dann schwillt die Galle an, entsendet ihren Qualm in das Zelt und der Zorn wird zur Tat (iram perfecit). Wenn sich schändliche Lust einfindet, wird der Brand der Leidenschaft entfacht (in materia sua tangitur), und so erhebt sich der Mutwille, der zur Sünde führt, und gesellt sich im Zelt zu ihm. Doch gibt es eine andere liebenswürdige Freude, die vom Heiligen Geist in diesem Zelt entfacht wird. Die Seele freut sich mit, nimmt sie gläubig auf und vollbringt in himmlischem Verlangen ein gutes Werk. Es gibt aber auch eine gewisse Traurigkeit, durch die aus den Säften um die Gallengegend im Zelt Trägheit entsteht. Sie ruft Unwillen, Verhärtung und Trotz in den Menschen hervor und drückt die Seele nieder, wenn die Gnade Gottes ihr nicht schnell zu Hilfe eilt und sie befreit. Wenn diesem Zelt jedoch Widerwärtigkeiten begegnen, wird es oft zu Haß und weiteren todbringenden Leidenschaften (rebus) hingerissen; sie töten die Seele und bereiten große Zerstörung zum Verderben. Ist der Wille aber entschlossen, dann setzt er die Kräfte des Zeltes in Bewegung und bringt sie, ob gut oder böse, in heiße Glut. Wenn dem Willen diese Werkzeuge gefallen, kocht er mit ihnen seine Speise und setzt sie dem Menschen zum Kosten vor. Dann erhebt sich im Zelt ein großes Getümmel von Gut und Böse, wie wenn jemand sein Heer an einem Ort versammelt. Kommt dann der Feldherr und das Heer gefällt ihm, nimmt er es in Dienst (suscipit), mißfällt es ihm aber, entläßt er es. So verfährt auch der Wille. Wieso? Wenn sich in der Vorkammer des Herzens etwas Gutes oder Böses erhebt, vollendet es der Wille oder er verwirft es.

23. Von der Vernunft

Im Verstand aber und im Willen ertönt (ostenditur) gleichsam als Stimme der Seele die Vernunft. Sie zeigt an, ob ein Werk göttlich oder menschlich ist. Der Schall trägt nämlich das Wort in die Weite wie der Wind den Adler trägt, damit er fliegen kann. So schickt auch die Seele die Stimme der Vernunft in das Ohr und in den Verstand der Menschen, damit sie ihre Kräfte verstehen und jedes Werk zur Vollendung komme. Der Leib ist nämlich das Zelt und die Stütze aller Seelenkräfte; denn die Seele wohnt im Leib und wirkt mit dem Leib, und der Leib mit ihr, Gutes oder Böses.

24. Vom Empfindungsvermögen

Die Tätigkeit der inneren Seelenkräfte aber schließt sich eng an das Empfindungsvermögen an. Es läßt die Früchte ihres Werkes erkennen und ist ihnen unterworfen; denn sie veranlassen es zur Tat; sie wird ihnen nicht von ihm auferlegt. Es ist nämlich ihr Schatten und handelt ganz nach ihrem Wunsch. Erwacht doch schon der äußere Mensch mit seinem Empfindungsvermögen im Schoß der Mutter, bevor er als Mensch geboren wird, während die übrigen Seelenkräfte noch verborgen bleiben. Was bedeutet das? Wie die Morgenröte das Tageslicht verkündet, so offenbart das Empfindungsvermögen des Menschen mit der Vernunft zusammen alle Seelenkräfte. Und wie das Gesetz und die Propheten auf den beiden göttlichen Geboten beruhen, so lebt auch das menschliche Empfindungsvermögen in der Seele und ihren Kräften. Was heißt das?

Das Gesetz ist zum Heil des Menschen aufgestellt und die Propheten künden die Geheimnisse (occulta) Gottes; so hält auch das Empfindungsvermögen des Menschen alles Schädliche von ihm fern und enthüllt das Innere der Seele. Denn die Seele atmet das Empfinden aus. Wie? Es belebt das Antlitz des Menschen (vivente facie vivificat) und stattet ihn wunderbar aus (glorificat) mit der Fähigkeit zum Sehen, Hören, Schmecken, Riechen und Ertasten, so daß der Mensch, in seinem Gefühlsleben angerührt, hellwach (pervigil) wird für alle Dinge. Das Empfinden ist nämlich das Zeichen für alle Seelenkräfte, wie auch der Leib das Gefäß der Seele ist. Auf welche Weise? Das Empfindungsvermögen hält alle Seelenkräfte unter Verschluß (claudit). Was bedeutet das? Den Menschen erkennt man am Gesicht; er sieht mit den Augen, hört mit den Ohren, öffnet den Mund zum Reden, tastet mit den Händen, geht mit den Füßen; so ist auch das Empfindungsvermögen im Menschen wie kostbare Edelsteine und wie ein prächtiger in seinem Gefäß versiegelter Schatz. Doch wie das Gefäß sichtbar ist und man um den Schatz darin weiß, so erkennt man auch am Empfindungsvermögen die übrigen Seelenkräfte.

25. Daß die Seele Herrin, das Fleisch aber Magd ist

Die Seele aber ist die Herrin, das Fleisch jedoch eine Magd. Wieso? Die Seele belebt und beherrscht den Leib (vivificatione regit), der Leib aber überläßt sich ihrer belebenden Führung (regimen vivificationis); denn wenn die Seele den Leib nicht beleben würde, würde der Körper sich auflösen und vergehen. Wenn aber der Mensch bewußt ein schlechtes Werk vollbringt, so ist das bitter für die Seele wie ein bewußt eingenommenes Gift für den Leib. Über ein gutes Werk aber freut sich die Seele wie sich der Leib an süßer Speise ergötzt. Und die Seele durchströmt den Körper wie der Saft den Baum. Was bedeutet das? Der Saft läßt den Baum grünen und so bringt er Blüten hervor und trägt dann Frucht. Und wie kommt diese Frucht zur Reife? Durch die rechte (temperies aeris) Witterung. Wie? Die Sonne erwärmt sie, der Regen befruchtet sie und so wird sie durch die rechte Witterung reif. Was bedeutet das? Die Barmherzigkeit der göttlichen Gnade erleuchtet den Menschen wie die Sonne, der Hauch des Heiligen Geistes betaut ihn wie Regen, und so bewirkt die Maßhaltung in ihm wie wohlausgewogenes Wetter (bona temperies aeris) die Erzeugung reifer guter Früchte (perfectionem bonorum fructuum).

26. Der Vergleich von Baum und Seele

Die Seele ist also im Leib, was der Saft im Baum ist und ihre Kräfte sind gleichsam die Gestalt des Baumes. Wieso? Der Verstand in der Seele gleicht dem Grün der Zweige und Blätter des Baumes, der Wille aber den Blüten daran, das Gemüt seiner ersten hervorgebrachten Frucht, die Vernunft der vollausgereiften Frucht, das Empfindungsvermögen jedoch seiner Ausdehnung in Höhe und Breite. Auf diese Weise wird der Leib des Menschen von der Seele gefestigt und gestützt. Darum, o Mensch, erkenne, was du durch deine Seele bist, der du die gute Einsicht verwirfst und dich mit den Tieren gleichstellen möchtest.

27. Daß die zur Sünde neigende Seele in gottgeschenkter Zerknirschung die Sünde läßt

Du aber, Mensch, der du dies siehst, erwäge, wie *über so eine Kugel in einem Menschenleib viele Stürme hereinbrechen und sie bis zur Erde niederdrücken.* Das heißt: Solange der Mensch mit Leib und Seele lebt, verwirren viele unsichtbare Versuchungen die menschliche Seele; durch die Fleischeslust drücken sie sie oft zu den Sünden irdischer Begierlichkeit nieder. Doch sie sammelt ihre Kräfte, richtet sich mannhaft auf und widersteht ihnen starkmütig. Denn wenn der gläubige und eifrige Mensch gesündigt hat, läßt er oft in gottgeschenkter Zerknirschung die Sünde, setzt seine Hoffnung auf Gott, verwirft die teuflischen Trugbilder und sucht gläubig seinen Schöpfer. So zeigt auch die erwähnte gläubige Seele, die ihr Elend beklagt, aufrichtig weiter oben.

28. Daß die von teuflischen Nachstellungen versuchte Seele auf himmlische Eingebung die Geschosse des Satans abwehrt

Doch, wie du siehst, brechen über eine andere Kugel viele Stürme herein und wollen sie niederdrücken, doch sie vermögen es nicht; das heißt: Auf diese Seele dringen viele teuflische Nachstellungen ein und versuchen, sie zum Sündigen durch viele Freveltaten zu verleiten; doch sie können sie mit ihren Täuschungen nicht überwältigen, *denn sie widersteht ihnen starkmütig und läßt ihnen keinen Raum zum Wüten;* das heißt: Sie wappnet sich mit himmlischer Eingebung, wehrt die Pfeile betrügerischer Verführung ab und eilt zu ihrem Retter, wie sie oben durch ihre Klagerufe deutlich zu erkennen gibt und oben schon gezeigt wurde.

29. Daß die Seele beim Verlassen der Wohnung ihres Leibes mit großer Furcht den Urteilsspruch des gerechten Richters erwartet

Daß du aber siehst, wie eine andere Kugel sich von den Umrissen ihrer Gestalt absetzt und ihre Fesseln löst, bedeutet: die Seele verläßt die Glieder ihres leiblichen Zeltes und reißt die Verbindung mit ihnen ab, da die Zeit der Auflösung ihrer Wohnung bevorsteht; *und sie befreit sich seufzend und zerstört trauernd ihren Wohnsitz;* denn sie verläßt in Bedrängnis ihren Leib und überläßt ihre Wohnstätte heftig zitternd dem Verfall; sie fürchtet sich vor dem bevorstehenden gerechten Gericht Gottes, weil sie dann den Lohn für ihre Werke durch den gerechten Urteilsspruch Gottes zu spüren bekommt, wie sie oben durch ihre Klage kundtut. *Deshalb erscheinen, als sie sich so trennt, helle und finstere Geister, die — je nach den Bewegungen, die sie an ihrem Platz ausgeführt hatte — ihr Leben begleiten;* denn bei dieser Trennung, wenn die menschliche Seele ihre Wohnung verläßt, sind auf gerechte und wahre Anordnung Gottes die englischen Geister, gute und böse, anwesend; sie hatten die Werke, die sie im Leibe mit ihrem Körper wirkte, beobachtet, erwarten ihre Auflösung und wollen sie nach ihrer Trennung mit sich führen. Sie achten nämlich auf den Urteilsspruch des gerechten Richters, wenn diese Seele sich vom Leib trennt, um sie, vom Leib getrennt, dorthin zu führen, wohin der himmlische Richter nach dem Verdienst ihrer Werke beschlossen hat, wie es dir, o Mensch, vorher angezeigt wurde.

30. Gottes (mahnende) Worte an die Menschen, den göttlichen Geboten zu gehorchen, das Böse zu verwerfen und das Gute aus Liebe zu Gott getreulich zu vollbringen

So öffnet denn, meine teuersten Kinder, eure Augen und Ohren und gehorcht meinen Geboten. Und warum verachtet ihr euren Vater, der euch vom Tod befreit hat? Die Engelchöre singen: Gerecht bist du, Herr; denn die göttliche Gerechtigkeit kennt keine Falte; Gott hat den Menschen nämlich nicht durch seine Macht sondern durch Mitleiden befreit, als er seinen Sohn zur Erlösung des Menschen auf die Welt sandte. Denn so wie die Sonne kein entwürdigender Unrat befleckt, kann auch Gott keine boshafte Ungerechtigkeit berühren. Doch du, o Mensch, betrachtest das Gute und Böse in spiegelgleichem Erkennen. Was bist du, wenn du vom Schmutz der vielen fleischlichen Begierden starrst? Und was bist du, wenn in dir die herrlichsten Edelsteine der Tugenden aufleuchten? Der erste Engel verachtete das Gute und begehrte das Böse; darum empfing er es im Tod der ewigen Verdammnis und wurde im Tod begraben, weil er das, was gut ist, verwarf. Die guten Engel jedoch verachteten das Böse und liebten das Gute; sie sahen den Sturz des Teufels, der die Wahrheit unterdrücken und die Lüge erheben wollte. Deshalb entbrannten sie in Gottesliebe, die sie als feste Grundlage für alles besaßen; sie wollten nichts anderes, als was Gott gefällt, und sie hörten nie auf, ihn zu loben. Doch auch der erste Mensch erkannte Gott und liebte ihn aufrichtig (in simplicitate). Er nahm sein Gebot auf sich und überließ sich dem Gehorsam; doch dann neigte er sich zum Bösen und führte den Ungehorsam aus. Denn als ihm der Teufel Böses eingab, verließ er das Gute und beging Böses; daher wurde er aus dem Paradies verstoßen. Deshalb muß man das Böse, das zum tödlichen

Untergang führt, verwerfen und das Gute aus Liebe zum Leben vollbringen.

Doch du, o Mensch besitzest die Erinnerung an das Gute und Böse und stehst gleichsam am Scheideweg; wenn du dann die Finsternis des Bösen verachtest und zu dem aufschauen willst, dessen Geschöpf du bist und den du in der Taufe bekannt hast, wo die alte Schuld Adams von dir genommen wurde, und wenn du sprichst: „Ich will den Teufel und seine Werke fliehen und dem wahren Gott und seinen Geboten folgen"; dann erwäge auch, wie man dich lehrte, dich vom Bösen abzuwenden und Gutes zu tun; und daß der himmlische Vater seines Eingeborenen nicht geschont hat, sondern ihn zu deiner Erlösung sandte. Und bitte Gott, er möge dir zu Hilfe eilen. Und er erhört dich und sagt: »Diese Augen gefallen mir." Und wenn du dann den Widerwillen aufgibst und mutig in den Geboten Gottes läufst, wird er deine Bittrufe erhören. Du mußt jedoch dein Fleisch zähmen und der Herrschaft der Seele unterwerfen. Doch du sagst: „Ich trage eine so schwere Bürde an meinem Fleisch, daß ich mich nicht überwinden kann; weil Gott aber gut ist, wird er mich gut machen. Wie kann ich als Mensch mein Fleisch zähmen? Gott ist gut: er wird alles Gute in mir vollbringen. Denn wenn es ihm gefällt, kann er mich gut machen!"

Doch ich sage dir: Wenn Gott gut ist, warum willst du von seiner Güte nichts wissen, da er doch meinen Sohn für dich dahingab, der dich unter viel Mühe und Not vom Tod befreit hat? Doch wenn du sagst, daß du keine guten Werke tun kannst, so sagst du das in boshafter Ungerechtigkeit. Du hast doch Augen zum Sehen und Ohren zum Hören, ein Herz zum Nachdenken, Hände zum Wirken und Füße zum Gehen, so daß du dich mit deinem ganzen Körper erheben und niederstrecken, schlafen und wachen, essen und fasten kannst. So hat dich Gott geschaffen. Daher widerstehe den Begierden deines Fleisches und Gott wird dir beistehen Wenn du dich dem Teufel — wie ein starker Streiter seinem Feind — widersetzst, dann wird Gott Freude an deinem Kampf haben. Er will, daß du ihn jederzeit und in aller Not mit Ausdauer anrufst. Willst du aber dein Fleisch nicht zähmen, dann mästest du es in Lastern und Sünden; denn du entziehst ihm den Zaum der Furcht des Herrn, mit dem du es vor dem Weg ins Verderben zurückhalten solltest.

Darum schaust du so auf den Teufel wie er auf die Ungerechtigkeit blickte, als er in den Tod stürzte. Und voll Freude über deinen Fall sagt er: „Seht, ein Mensch, der uns gleicht." Und dann fällt er über dich her und verlegt die Wege des Todesschattens, wie es ihm gefällt, in dich. Doch Gott weiß, was du an Gutem vollbringen kannst. Für dich ist ein Gesetz aufgestellt, das deiner Kraft angemessen ist (quod laborare potes). Gott will sich von Beginn der Welt bis zu ihrer Vollendung an seinen Auserwählten freuen; sie werden sicherlich, mit herrlichen Tugenden geschmückt, gekrönt werden. Wie? Der Mensch widerstehe auf diese Weise der Fleischeslust, damit er nicht in den Vergnügungen dieser Welt aufgeht und auch nicht in solcher Sicherheit lebt, als würde er im eigenen Hause wohnen, während er doch ein Pilger ist; denn sein Vater wartet auf ihn, wenn er zu ihm zurückkehren will, da er weiß, wo er wohnt. Deshalb, o Mensch, wenn du deine Augen auf die zwei Wege, d. h. auf Gutes und Böses richtest, lernst du Großes und Kleines verstehen. Wie? Im Glauben erkennst du den einen Gott in Gottheit und Menschheit und du siehst auch im Bösen die Werke des Satans. Und wenn du so die rechten und unrechten Wege erkennst, dann sage ich zu dir: „Welchen Weg möchtest du gehen?" Wenn du dann die guten Wege einschlagen willst und meine Worte gläubig vernimmst, bitte Gott in beharrlichem und aufrichtigem Gebet, dir zu Hilfe zu eilen und dich nicht im Stich zu lassen; dein Fleisch ist nämlich schwach. Neige in Demut dein Haupt und schüttle ab, was in deinen Werken böse ist, und wirf es schnell von dir.

Das verlangt Gott von dir. Denn wenn dir jemand Gold und Blei vorlegen und sagen würde: Streck deine Hand nach dem aus, was du haben möchtest, würdest du sehr begierig das Gold ergreifen und das Blei liegenlassen, weil du Gold lieber hast als Blei. So mußt du dich auch mehr nach dem himmlischen Vaterland ausstrecken als nach dem Gewicht der Sünden. Bist du jedoch in Sünde gefallen, erhebe dich bald zum Bekenntnis und zu ehrlicher (pura) Buße, bevor der Tod in dir sichtbar wird. Dein Vater will nämlich, daß du schreist, weinst und um Hilfe flehst, damit du nicht im Schmutz der Sünden verbleibst. Bist du aber verwundet worden, befrage einen Arzt, damit du nicht stirbst. Schickt Gott den Menschen nicht oft Unwetter, damit sie ihn umso inständiger (attentius) anrufen? Doch du, o Mensch, sprichst: „Ich kann keine guten Werke tun:" Ich aber werde erwidern: „Doch, du kannst es." Und du sagst: „Wie?" Und ich antworte: „Durch Einsicht und Handeln danach." Du aber erwiderst: „Dem kann ich nicht zustimmen." Und ich antworte: „Lerne, gegen dich zu kämpfen." Doch du sagst: „Ich kann nicht gegen mich kämpfen ohne die Hilfe Gottes." Höre also, wie du gegen dich streiten sollst: Wenn sich das Böse in dir erhebt, so daß du nicht weißt, wie du es loswirst, laß dich von der Berührung meiner Gnade treffen — meine Gnade berührt dich nämlich auf den Wegen deiner inneren Erkenntnis (interiorum oculorum) — und schreie sogleich, bete, bekenne und weine, damit Gott dir zu Hilfe eilt, das

Böse von dir nimmt und dir Kraft zum Guten gewährt. Das wird dir zuteil in deiner Einsicht, in der du Gott durch die Eingebung des Heiligen Geistes erkennst. Denn wenn du im Dienst irgendeines Mannes ständest, wie oft müßtest du da etwas tun, was deinem Leib schwerfällt! Würdest du nicht viele Widerwärtigkeiten um deines irdischen Lohnes willen auf dich nehmen? Und warum dienst du Gott nicht, der dir Seele und Leib gegeben hat, wegen des himmlischen Lohnes? Wieviel würdest du doch arbeiten, wenn du ein vergängliches Ding haben möchtest, um es wenigstens für noch so kurze Zeit besitzen zu können!

Jetzt aber empfindest du Widerwillen, das zu erwerben, was kein Ende kennt. Denn wie der Ochs angespornt wird, so mußt auch du deinen Leib in der Furcht des Herrn üben; denn wenn du das tust, wird dich Gott nicht verwerfen. Nähme dich nämlich ein Tyrann gefangen, würdest du dich sofort an jemanden wenden, der dir helfen (prodesse) kann, du würdest ihn anflehen und bitten und ihm dein Vermögen versprechen, damit er dir zu Hilfe kommt. So tu auch du, o Mensch, wenn dich die Bosheit ergreift; wende dich an Gott, flehe, bete und versprich deine Besserung und Gott wird dir beistehen. Doch du, o Mensch, bist blind zum Sehen, taub zum Hören und töricht zu deiner Verteidigung, weil du die Einsicht, die Gott dir eingegossen, und die fünf Sinne deines Leibes, die er dir gegeben hat, für Kot und Nichtigkeit erachtest. Hast du nicht Verstand und Einsicht? Das Reich Gottes kann man erkaufen, aber nicht mit Tändelei erwerben. Hört also, ihr Menschen, verachtet nicht den Einlaß ins himmlische Jerusalem, rührt nicht an den Tod, verleugnet nicht Gott und bekennt euch nicht zum Teufel, nehmt nicht an Sünden zu und im Guten ab. Ihr wollt nämlich nicht auf Gott hören, wenn ihr euch weigert, nach seinen Geboten zu leben (ambulare), und zum Teufel eilt und der Lust eures Fleisches frönen wollt. Erstarkt also und gewinnt Kraft, denn ihr habt es nötig.

Der Gläubige aber erwäge seinen Schmerz und suche einen Arzt auf, bevor er dem Tod verfällt. Hat er (die Ursache) seines Schmerzes untersucht und einen Arzt gesucht und gefunden, wird ihm dieser eine bittere Kräuterarznei verschreiben, die ihn heilen kann; das sind die harten (amara) Worte, durch die er geprüft werden soll, ob seine Buße aus dem Grund (de radice) seines Herzens oder aus der Unruhe (ventus) seiner Unbeständigkeit stammt. Wenn er das geprüft hat, gibt er ihm den Wein der Buße, um den üblen Geruch seiner Wunden zu beseitigen und bietet ihm das Öl der Barmherzigkeit an, damit diese Wunden allmählich verheilen (ad sanitatem leniat). Dann trägt er ihm auf, um seine Gesundheit besorgt zu sein und sagt: „Sieh zu, daß du diese Heilmittel eifrig und ausdauernd ohne

Widerwillen gebrauchst; denn deine Wunden sind schlimm." Es gibt jedoch viele, die beinahe nicht zu bewegen sind, ihre Buße anzunehmen; sie verrichten sie schließlich, wenn auch mit großer Anstrengung, aus Furcht vor dem Tod. Ich aber reiche ihnen die Hand und wandle diese Bitternis in Süßigkeit für sie, so daß sie die Buße, die sie unter so großen Schwierigkeiten in Angriff nahmen, in Ruhe beenden. Wer aber die Buße für seine Sünden vernachlässigt, weil er behauptet, daß es ihm schwerfällt, seinen Leib zu züchtigen, ist elend (daran); er will weder in sich gehen (respicere), noch einen Arzt aufsuchen oder seine Wunden heilen, sondern verbirgt sein schlimmes Übel in sich und deckt den Tod mit Heuchelei zu, daß man ihn nicht sehen kann. Deshalb ist er zu träge, um von der Buße zu kosten, will nicht nach dem Öl der Barmherzigkeit Ausschau halten und den Trost der Erlösung gewinnen; darum wird er in den Tod laufen, weil er den Tod geliebt und das Reich Gottes nicht gesucht hat.

Lauft also, ihr Gläubigen, unter den Geboten Gottes, damit euch nicht die Verdammnis des Todes ergreift. Ahmt den neuen Adam nach und werft den alten Menschen ab. Dem Läufer steht das Reich Gottes offen; dem, der am Boden liegt, bleibt es verschlossen. Doch unglücklich sind jene, die den Teufel verehren und Gott leugnen. Wieso? Sie verehren nicht den einen Gott in der Dreifaltigkeit und wollen nichts von Dreiheit in der Einheit wissen. Wer also gerettet werden will, zweifle nicht am rechten katholischen Glauben. Was bedeutet das?

31. Vom katholischen Glauben

Denn wer den Sohn leugnet, verehrt den Vater nicht, noch liebt jemand den Sohn, der den Vater nicht kennt; und wer den Heiligen Geist verwirft, besitzt weder Vater noch Sohn. Wer Vater und Sohn nicht ehrt, empfängt auch nicht den Heiligen Geist. Also muß man die Einheit in der Dreifaltigkeit und die Dreifaltigkeit in der Einheit sehen. O Mensch, kannst du etwa ohne Herz und Blut lebendig sein? So kann man auch nicht an den Vater ohne Sohn und Heiligen Geist, noch an den Sohn ohne Vater und Heiligen Geist, oder an den Heiligen Geist ohne sie beide glauben. Doch der Vater sandte seinen Sohn zur Erlösung des Menschen in die Welt und holte ihn wieder zu sich zurück; so entläßt auch der Mensch die Gedanken seines Herzens und sammelt sie wieder bei sich. Deshalb redet Isaias nach dem Willen der himmlischen Majestät über die heilbringende Aussendung des Eingeborenen Gottes und spricht:

32. Worte Isaias

„Der Herr sandte ein Wort gegen Jakob und es traf Israel“ (Is. 9,8). Das heißt: Das Wort, durch das alles geschaffen ist, nämlich den Eingeborenen Gottes, der immer, vor Beginn der Zeit, seiner Gottheit nach im Herzen des Vaters weilte, sandte der Herr, der himmlische Vater, durch den Mund der Propheten zum (Volke) Jakob; sie verkündeten nämlich getreulich, daß der Sohn Gottes zum Heil der Menschen in die Welt kommen werde, damit die Menschen, von ihnen vorbereitet und gerüstet, den Teufel irreführen und seine listigen Täuschungen klug meiden könnten. Und so traf das Wort Israel, als der Eingeborene Gottes in die erhabene Keimkraft (viriditas) der Jungfrau einging, in die kein Mann seinen Fuß gesetzt hat; sie hat seine Blüte unversehrt erhalten, damit der aus der Jungfrau Geborene jene auf den rechten (verum) Weg zurückführe, die das Licht der Wahrheit aus täuschender Blindheit nicht fanden, um sie dem unvergänglichen Heil zurückzuschenken.

Wer immer Erkenntnis im Heiligen Geist und die Flügel des Glaubens besitzt, übergehe daher meine Mahnungen nicht, sondern sein Herz verkoste sie und nehme sie liebend gern entgegen.

Die Abschnitte der 5. Vison des 1. Teils

5. Vision des 1. Teils

Die Synagoge

Danach sah ich eine weibliche Erscheinung, vom Scheitel bis zum Nabel fahl und von der Leibesmitte bis zu den Füßen schwarz, mit blutroten Füßen; eine leuchtend reine Wolke umgab ihre Füße. Sie besaß keine Augen, ihre Hände aber hielt sie in den Achselhöhlen. Sie stand neben dem Altar vor den Augen Gottes, berührte ihn aber nicht. Und in ihrem Herzen trug sie (stabat) Abraham, in ihrer Brust Moses und in ihrem Schoß die übrigen Propheten. Alle zeigten ihr Symbol und bewunderten die Schönheit der Kirche. Sie aber erschien in der gewaltigen Größe eines Stadtturms und trug einen Stirnreif, der der Morgenröte glich.

Und ich hörte wiederum eine Stimme vom Himmel, die zu mir sprach: „Gott legte dem alten Bundesvolk die Strenge des Gesetzes auf, als er Abraham die Beschneidung abverlangte. Später verwandelte er sie in die Güte der Gnade (gratia suavitatis), als er denen, die an die Wahrheit des Evangeliums glaubten, seinen Sohn schenkte und so mit dem Öl der Barmherzigkeit die vom Joch des Gesetzes Verletzten heilte (delenivit)."

1. Über die Synagoge, die Mutter des menschgewordenen Gottessohnes

Deshalb *siehst du eine weibliche Erscheinung vom Scheitel bis zum Nabel fahl.* Das ist die Synagoge, die zur Mutter des menschgewordenen Gottessohnes wird. Sie sieht die Geheimnisse Gottes von der Geburt ihrer ersten Kinder bis zu ihrer Kraftentfaltung schattenhaft voraus, doch sie enthüllt sie nicht vollständig; sie ist ja nicht das Morgenrot, das deutlich spricht, sondern sie erblickt es voll Bewunderung von ferne; und so spricht sie von ihm im Hohenlied:

2. Worte Salomos

„Wer ist diese, die aus der Wüste heraufsteigt, von Wonne überströmend und auf ihren Geliebten gestützt" (Hl 3,6; 8,5)? Das heißt: Wer ist diese Neuvermählte, die sich aus der Wüste der Heiden, welche die Gesetzesvorschriften der Weisheit Gottes verlassen und Götzen anbeten, mit vielen guten Werken erhebt? Wegen der Gaben des Heiligen Geistes strömt sie von Wonne über und steigt — vor Eifer keuchend und auf ihren Bräutigam, den Sohn Gottes, gestützt — zu himmlischem Verlangen empor. Sie ist es, die vom Sohn Gottes mit herrlichen Tugenden beschenkt, in Blüte steht und überfließt von den Strömen der Schrift. Doch die Synagoge redet auch von den Söhnen der neuen Braut in großer Bewunderung und spricht durch meinen Knecht Isaias, den Propheten.

3. Worte des Propheten Isaias

„Wer sind diese, die wie Wolken dahinfliegen, wie Tauben zu ihren Mauerhöhlen" (Is. 60,8)? Das heißt: Wer sind diese, die sich in ihrem Herzen den irdischen und fleischlichen Begierden entziehen und voll Verlangen und in opferbereiter Hingabe (plena devotione) dem Himmlischen entgegeneilen (volant)? Mit taubengleicher Einfalt ohne bittere Galle halten sie die Sinne ihres Leibes in Zucht und erstreben in glühendem Tugendeifer die Zuflucht des festen Felsens, welche der Eingeborene Gottes ist. Sie sind es nämlich, die aus himmlischer Liebe irdische Reiche mit Füßen treten und himmlische suchen. Dies bewunderte die Synagoge an der Kirche, weil sie erkannte, daß sie selbst nicht von solchen Tugendkräften beschützt wird, wie sie sie an jener wahrnimmt; denn die Kirche ist von Engelschutz umgeben, damit sie der Teufel nicht zerreiße und zu Boden werfe, während die Synagoge gottverlassen in ihren Lastern darniederliegt.

4. Von den verschiedenen Farben der Synagoge

Deshalb *siehst du auch, daß sie von der Leibesmitte bis zu den Füßen schwarz ist;* das bedeutet, daß sie sich vom Zeitpunkt ihrer kraftvollen Ausbreitung bis zum Vollmaß ihrer Ausdehnung durch Gesetzesübertretung und Untreue gegenüber dem Bund der Väter befleckt hat, weil sie auf vielfache Weise die göttlichen Gebote vernachlässigte und der Lust des Fleisches folgte. *Und mit blutroten Füßen; und eine leuchtend reine Wolke umgibt ihre Füße;* denn zur Zeit ihrer Vollendung tötete sie den Propheten der Propheten und kam dadurch selbst zu Fall; gleichzeitig aber erstand in den Herzen der Gläubigen der helleuchtende durchdringende Glaube. Denn das Ende der Synagoge war der Beginn der Kirche, als sich die Lehre der Apostel nach dem Tod des Gottessohnes über den ganzen Erdkreis verbreitete.

5. Von ihrer Blindheit und was Abraham in ihrem Herzen, Moses in ihrer Brust und die übrigen Propheten in ihrem Schoß bedeuten

Doch diese Erscheinung *besitzt keine Augen, ihre Hände aber hält sie in den Achselhöhlen:* Die Synagoge blickte nicht in das wahre Licht, weil sie den Eingeborenen Gottes mit Verachtung anschaute: darum bedeckt sie die Werke der Gerechtigkeit mit dem Überdruß ihrer Trägheit und schüttelt ihre Betäubung nicht ab, sondern sie verbirgt sie gleichgültig, als ob sie gar nicht vorhanden wären. *Sie steht neben dem Altar vor den Augen Gottes, berührt ihn aber nicht;* denn sie kennt zwar äußerlich das Gesetz Gottes, das sie nach göttlichem Geheiß und unter den Augen Gottes empfing, aber sie berührt es nicht innerlich, weil sie mehr davor zurückschreckt, als daß sie es liebt, und es versäumt, Gott Opfer und den Weihrauch ergebenen Gebets darzubieten.

Und in ihrem Herzen trägt sie Abraham: Denn er setzte in der Synagoge den Anfang der Beschneidung. *Und in ihrer Brust Moses:* Er senkte nämlich das göttliche Gesetz in das Herz der Menschen. *Und in ihrem Schoß die übrigen Propheten;* d. h. diejenigen, die in der ihr von Gott übergebenen Einrichtung die Aufsicht über die (Einhaltung der) göttlichen Gebote haben. *Alle zeigen ihr Symbol und bewundern die Schönheit der Kirche,* denn sie zeigten in wunderbaren Zeichen die Wunder ihres Prophetendienstes und nahmen in großer Bewunderung die Schönheit der edlen neuen Braut wahr.

6. Von ihrer turmartigen Gestalt und ihrem dem Morgenrot gleichenden Stirnreif

Sie erscheint aber in der gewaltigen Größe eines Stadtturms: Sie empfing die großen göttlichen Gebote und kündete die edle und erlesene Stadt als Zuflucht und Festung an. *Sie trägt einen Stirnreif, der dem Morgenrot gleicht;* bei ihrem Ursprung deutete sie ja das Wunder der Menschwerdung des Eingeborenen Gottes an und zeigte die leuchtenden Tugendkräfte und Geheimnisse an, die folgten. Denn sie wurde gleichsam am frühen Morgen gekrönt, als sie die göttlichen Gebote empfing; sie steht für Adam, der zuerst einen Befehl Gottes entgegennahm, doch dann durch seine Übertretung dem Tode verfiel. So handelten auch die Juden, die anfänglich das göttliche Gesetz annahmen, dann aber in ihrem Unglauben den Sohn Gottes verwarfen. Wie aber der Mensch durch den Tod des Eingeborenen Gottes gegen Ende der Zeiten dem Verderben des Todes entrissen wurde, so wird auch die Synagoge vor dem Jüngsten Tag — von der göttlichen Güte angetrieben — ihren Unglauben aufgeben und wirklich zur Erkenntnis Gottes gelangen. Was bedeutet das? Erhebt sich nicht die Morgenröte vor der Sonne? Doch das Morgenrot vergeht und es bleibt der Sonnenschein. Was heißt das? Das Alte Testament tritt zurück und die Wahrheit des Evangeliums verbleibt: Denn was die Menschen des Alten Bundes in den Gesetzesvorschriften fleischlich beobachteten, das vollzieht das neue Volk im Neuen Bund auf geistige Weise; denn was jene im Fleische andeuteten, erfüllten diese im Geiste. Die Beschneidung ging nämlich nicht verloren, weil sie auf die Taufe übertragen wurde. Denn wie jene an einem Glied kenntlich gemacht wurden, so diese an allen ihren Gliedern. Die alten Gebote gingen deshalb nicht verloren, weil sie auf eine höhere Stufe erhoben wurden, wie sich auch in der Endzeit die Synagoge der Kirche gläubig zuwenden wird. Denn obwohl du, o Synagoge, in vielen Ungerechtigkeiten irrtest, so daß du dich mit Baal und den übrigen ähnlichen Götzen beflecktest, die Befolgung des Gesetzes mit schändlichen Sitten vereiteltest (scinderes) und nackt in deinen Sünden dalagst, tat ich, wie mein Knecht Ezechiel verkündet und spricht.

7. Worte Ezechiels

„Ich breitete meinen Mantel über dich und bedeckte deine Schande und ich schwor dir und ging einen Bund mit dir ein" (Ez 16,8). Das heißt: Ich, der Sohn des Allerhöchsten, breitete nach dem Willen meines Vaters meine Menschwerdung über dich, Synagoge, aus; das geschah um deines Heiles willen, zur Tilgung deiner Sünden, die du in vielen Unterlassungen begangen hast; und ich sicherte dir das Heilmittel der Erlösung zu, indem ich dir die Wege meines Bundes zu deinem Heil kundtat; durch die Lehre der Apostel eröffnete ich dir den Zugang zum wahren Glauben, damit du meine Gebote beobachtetest, wie die Frau der Gewalt ihres Mannes unterworfen sein muß. Denn ich nahm die Härte des äußeren Gesetzes von dir und gab dir die Süßigkeit der geistlichen Lehre (zu kosten), und alle meine Geheimnisse tat ich selbst dir in den geistlichen Unterweisungen kund. Doch du hast mich, den Gerechten, verlassen und dich dem Teufel angeschlossen.

8. Vergleich mit Samson, Saul und David

Doch du, o Mensch, bedenke, wie Samson von seiner Gattin im Stich gelassen wurde, so daß er seines Augenlichtes beraubt wurde; so verließ auch die Synagoge den Sohn Gottes, als sie ihn in ihrer Verhärtung verachtete und seine Lehre verwarf. Als aber dann seine Haare wieder gewachsen waren, d. h. als die Kirche Gottes erstarkte, verstieß der Sohn Gottes in seiner Kraft die Synagoge und enterbte ihre Kinder, und sie wurden auch durch die Heiden, die Gott nicht kennen, im Eifer Gottes zerschmettert. Sie hatte sich nämlich vielen verwirrenden und trennenden Irrtümern unterworfen und sich mit den Übertretungen jeglicher Bosheit befleckt. Doch wie auch David seine Gattin, mit der er sich zuerst vermählt hatte, und die sich mit einem andern Mann eingelassen hatte, zurückrief, so auch der Gottessohn die Synagoge, mit der er sich in seiner Menschwerdung verbunden hatte, die aber — der Taufgnade untreu — dem Teufel gefolgt war. Er wird sie am Ende der Zeiten wieder aufnehmen; dann wird sie die Irrtümer ihres Unglaubens aufgeben und zum Licht der Wahrheit zurückkehren. Denn der Teufel hatte die Synagoge in ihrer Blindheit an sich gerissen und sie in vielen Irrtümern dem Unglauben überantwortet; und er wird damit fortfahren, bis der Sohn des Verderbens erscheint. Wenn dieser im Hochmut seines Stolzes den Tod gefunden hat, wie Saul, der David aus seinem Land vertrieben hatte, auf dem Berg Gelboe getötet wurde und starb, wird auch der Sohn der Bosheit meinen Sohn in seinen Auserwählten zu beseitigen suchen. Wenn der Antichrist aber gestürzt ist, wird mein Sohn die Synagoge zum wahren Glauben zurückrufen, wie auch David seine erste Gattin nach dem Tod Sauls wieder aufnahm. Sehen die Menschen in der Endzeit den besiegt, der sie verführt hatte, werden sie eilig auf den Weg des Heils zurücklaufen. Es ziemte sich nämlich nicht, daß die Wahrheit des Evangeliums den Schatten des Gesetzes ankündigte, denn das Fleischliche mußte vorangehen und das Geistliche folgen; denn auch der Knecht verkündet, daß sein Herr kommen werde, und der Herr eilt nicht dienstfertig dem Knecht voraus. So ging auch die Synagoge als Schattenbild voraus und die Kirche folgte im Licht der Wahrheit.

Wer immer Erkenntnis im Heiligen Geist und die Flügel des Glaubens besitzt, übergehe daher meine Mahnungen nicht, sondern sein Herz verkoste sie und nehme sie liebend gern entgegen.

.i. De synagoga matre incar-
nationis domini. filii dei.
.ii. Verba salemonis.
iii. Verba ysaie prophete.
iiii. De diverso colore synagoge.
.v. De cecitate eius et quod in
corde abraham. in pectore
moyses. in ventre eius reli-
qui prophete. quid significet.
vi. Quod magna ut turris. ha-
bens circulum in capite si-
milem aurore.
vii. Verba ezechielis. Item
viii. Comparatio de samsone. et de
saul et de david ad eandem

Die Abschnitte der 6. Vision des 1. Teils

6. Vision des 1. Teils

Die Chöre der Engel

Darauf sah ich in der Erhabenheit der himmlischen Geheimnisse zwei Chöre überirdischer Geister in großem Glanz erstrahlen. Im ersten Chor hatten sie Flügel an der Brust und menschliche Antlitze, in denen sich, wie in klarem Wasser, Menschengesichter spiegelten. Im zweiten Chor hatten sie gleichfalls Flügel an der Brust und Menschenanlitze, in denen auch das Bild des Menschensohnes wie in einem Spiegel aufleuchtete. Doch konnte ich in keinem der beiden Chöre mehr von ihrer Gestalt erkennen. Diese Chöre aber umgaben wie ein Kranz fünf weitere Chöre. Im ersten Chor trugen die Geister ein Menschenantlitz und funkelten von der Schulter abwärts in hellem Glanz; im zweiten Chor zeigten sie sich von solcher Herrlichkeit, daß ich sie nicht anzuschauen vermochte. Im dritten erschienen sie wie weißer Marmor, hatten menschliche Häupter, über denen sich brennende Fackeln zeigten, und unterhalb der Schulter waren sie von einer eisenfarbenen Wolke umgeben. Im vierten Chor hatten sie ein menschliches Antlitz und Menschenfüße. Auf dem Kopf trugen sie einen Helm und waren mit einem marmorschimmernden Gewand bekleidet. Im fünften Chor hatten sie keine Menschengestalt und leuchteten wie Morgenrot. Mehr konnte ich von ihrer Gestalt nicht erkennen. Doch auch diese Chöre wurden in Kranzform von zwei weiteren umgeben. In dem einen erschienen die Geister voller Augen und Flügel, hatten in jedem Auge einen Spiegel, in dem ein Menschenantlitz aufleuchtete, und erhoben ihre Flügel gleichsam zum Emporschwingen in himmlische Höhen. Im anderen Chor brannten sie wie Feuer und hatten viele Flügel, auf denen wie in einem Spiegel alle Ränge der kirchlichen Stände zu erkennen waren. Doch mehr konnte ich weder da noch dort unterscheiden. Und all diese Chöre verkündeten mit wunderbaren Stimmen jeder Art von Wohlklang die Wunder, die Gott in den Seelen der Seligen wirkt, und sie verherrlichten Gott auf erhabene Weise.

Und ich hörte eine Stimme vom Himmel zu mir sprechen.

1) Daß Gott seine Schöpfung wunderbar begründet und eingerichtet hat

Der allmächtige und unaussprechliche Gott, der vor aller Zeit war, doch ohne Anfang ist und am Ende der Zeiten nicht aufhören wird zu sein, hat jedes Geschöpf wunderbar nach seinem Willen geschaffen und wunderbar nach seinem Willen ausgestattet. Wie? Er bestimmte, daß die einen der Erde verhaftet sind, die andern aber dem Himmel angehören. Er berief die seligen himmlischen Geister sowohl zum Heil der Menschen als auch zur Ehre seines Namens. Wieso? Er bestimmte nämlich die einen dazu, den Menschen in ihren Nöten zu Hilfe zu kommen, die anderen aber, den Menschen seine geheimen Urteile kundzutun.

Deshalb siehst du in der Erhabenheit der himmlischen Geheimnisse zwei Chöre überirdischer Geister in großem Glanz erstrahlen: Denn so wird es dir in dieser erhabenen Verborgenheit, die kein menschlicher Blick, sondern nur das innere Auge des Menschen durchdringt, gezeigt. Die zwei Scharen deuten an, daß Leib und Seele des Menschen Gott dienen sollen, bei dem ihnen mit allen Himmelsbürgern das Licht der ewigen Seligkeit leuchtet.

2. Vom Aussehen der Engel und seiner Bedeutung

Und *die Geister im ersten Chor tragen Flügel an der Brust und menschliche Antlitze, in denen sich, wie in klarem Wasser, Menschengesichter spiegeln;* das sind nämlich die Engel, die das Verlangen nach tiefer Einsicht wie Flügel ausbreiten, nicht weil sie Flügel wie Vögel besitzen, sondern aus Verlangen, Gottes Willen schnell zu vollbringen, wie auch der Mensch in seinen Gedanken rasch dahinfliegt. Und so offenbaren sie durch ihre Gesichter, in denen Gott auch die Werke der Menschen genau erkennt, an sich die Schönheit der Vernunft. Denn wie ein Knecht die Worte seines Herrn vernimmt und sie nach seinem Willen in die Tat umsetzt, so achten sie auf den Willen Gottes bei den Menschen und spiegeln für ihn ihre Werke wider.

3. Vom Aussehen der Erzengel und seiner Bedeutung

Deshalb *haben sie im zweiten Chor gleichfalls Flügel an der Brust und Menschantlitze, in denen auch das Bild des Menschensohnes wie in einem Spiegel aufleuchtet.* Das sind die Erzengel; auch sie achten im Verlangen nach Einsicht auf den Willen Gottes und offenbaren an sich die Schönheit der Vernunft. Sie verherrlichen das fleischgewordene Wort Gottes auf lauterste Weise; denn in Erkenntnis der geheimen Ratschlüsse Gottes kündigten sie oft die Geheimnisse der Menschwerdung des Gottessohnes mit ihren Zeichen an.

Doch kannst du an keinem der beiden Chöre mehr von ihrer Gestalt erkennen. Denn in den Engeln und Erzengeln sind viele verborgene Geheimnisse, die der menschliche Verstand unter dem Gewicht des sterblichen Leibes nicht begreifen kann. Daß aber *diese Chöre fünf weitere wie ein Kranz umgeben,* bedeutet: Die fünf Sinne umfassen Leib und Seele des Menschen mit ihrer gewaltigen Stärke. Sie sollen — durch die fünf Wunden meines Sohnes gereinigt — geradewegs zum inneren Sinn der Gebote führen.

4. Vom Aussehen der Tugendkräfte und seiner Bedeutung

Deshalb *tragen die Geister im ersten Chor ein Menschenantlitz und funkeln von der Schulter abwärts in hellem Glanz.* Es sind die Tugendkräfte, die sich im Herzen der Gläubigen erheben und in glühender Liebe einen hohen Turm — das sind ihre Werke — in ihnen errichten. In ihrer Vernunft spiegeln sie nämlich die Werke der erwählten Menschen und in ihrer Stärke bringen sie im hellen Glanz der Seligkeit diese zu einem guten Ende. Wie? Besitzen die Erwählten nämlich die Klarheit des inneren Sinnes, werfen sie alle Bosheit ihrer Sünden ab wegen der Erleuchtung, die sie nach meinem Willen durch diese Tugendkräfte empfangen. Tapfer kämpfen sie gegen die teuflischen Nachstellungen. Und die Kämpfe, die sie auf diese Weise gegen die satanische Horde ausfechten, stellen mir, ihrem Schöpfer, unaufhörlich diese Tugendkräfte vor Augen. Denn die Menschen tragen in ihrem Innern Kämpfe zwischen Bekenntnis und Verleugnung aus. Wie denn? Der eine bekennt mich, der andere verleugnet mich. Und es geht in diesem Kampf um die Frage: Gibt es einen Gott oder nicht? Dann ertönt auf diese Frage im Menschen die Antwort des Heiligen Geistes: Es gibt einen Gott, der dich erschaffen hat; aber er hat dich auch erlöst.

Solange jedoch diese Frage und Antwort im Menschen ersteht, wird ihm die Kraft Gottes nicht fehlen, denn die Bußfertigkeit hängt von diesem Fragen und Antworten ab. Wo es aber diese Frage im Menschen nicht gibt, gibt es auch keine Antwort des Heiligen Geistes, weil dieser Mensch die Gabe Gottes verdrängt und sich, ohne nach Buße zu fragen, selbst in den

Tod stürzt. Die Tugenden bringen aber diese kämpferischen Auseinandersetzungen Gott dar, denn sie sind in Gottes Augen der Beweis (sigillum), an dem sich zeigt, mit welcher Absicht Gott verehrt oder verleugnet wird.

5. Vom Aussehen der Mächte und seiner Bedeutung

Im zweiten Chor zeigen sie sich von solcher Herrlichkeit, daß du sie nicht anzuschauen vermagst. Es sind die Mächte; sie deuten an, daß die Ohnmacht sterblicher Sünder die Ruhe und Schönheit der Macht Gottes nicht angreifen noch sich mit ihr messen kann, weil Gottes Macht unvergänglich ist.

6. Vom Aussehen der Fürstentümer und seiner Bedeutung

Im dritten Chor erscheinen sie wie weißer Marmor, haben menschliche Häupter, über denen sich brennende Fackeln zeigen, und sind von der Schulter abwärts von einer eisenfarbenen Wolke umgeben. Es sind die Fürstentümer und sie stellen dar, daß die, welche in der Welt von Gott (ex dono Dei) zu Fürsten über die Menschen bestellt sind, die echte (sincera) Stärke der Gerechtigkeit anlegen sollen, damit sie nicht dem Wechsel der Unbeständigkeit verfallen, sondern auf ihr Haupt Christus, den Sohn Gottes, schauen und ihre Regierung nach seinem Willen und dem Bedürfnis der Menschen ausrichten. In glühendem Verlangen nach Wahrheit sollen sie ihre Aufmerksamkeit der über ihnen waltenden Gnade des Heiligen Geistes zuwenden, so daß sie bis zu ihrem Ende fest und beständig in der Stärke der Gerechtigkeit verharren.

7. Vom Aussehen der Herrschaften und seiner Bedeutung

Im vierten Chor haben sie ein menschliches Antlitz und Menschenfüße. Auf dem Kopf tragen sie einen Helm und sind mit einem marmorschimmernden Gewand bekleidet. Es sind die Herrschaften; sie zeigen an, daß Er, der alles beherrscht, die menschliche Vernunft, die vom irdischen (humano) Staub beschmutzt darniedergelegen hatte, vom Boden zum Himmel erhob, als er seinen Sohn auf die Erde sandte, der in seiner Aufrichtigkeit den alten Verführer niedertrat; so mögen die Gläubigen ihn, ihr Haupt, getreulich nachahmen, ihre Hoffnung auf das Himmlische setzen und sich in großem Verlangen nach guten Werken festigen.

8. Vom Aussehen der Throne und seiner Bedeutung

Im fünften Chor haben sie keine Menschengestalt und leuchten wie Morgenrot. Es sind die Throne und sie zeigen an, daß sich die Gottheit zur Menschheit neigte, als sich der Eingeborene Gottes zum Heil der Menschen mit einem menschlichen Leib bekleidete; er kannte keine Berührung mit der menschlichen Sünde, weil er, vom Heiligen Geist empfangen, in der Morgenröte, d. h. in der seligen Jungfrau, Fleisch ohne Befleckung jeglicher Unreinheit annahm. Doch du kannst nicht mehr von ihrer Gestalt erkennen, denn es gibt viele verborgene Geheimnisse, die die menschliche Begrenztheit nicht zu erfassen vermag. *Daß aber auch diese Chöre in Kranzform von zwei weiteren umgeben werden,* heißt: Die Gläubigen, welche im Wissen darum, daß sie durch die fünf Wunden des Gottessohnes erlöst wurden, die fünf Sinne ihres Leibes auf das Himmlische richten, gelangen mit aller Anstrengung und Besinnung (circuitio mentis) zur Gottes- und Nächstenliebe, wenn sie die sinnliche Lust ihres Herzens geringachten und ihre Hoffnung auf das innere Leben (ad interna) richten.

9. Vom Aussehen der Cherubim und seiner Bedeutung

Deshalb *erscheinen in dem einen Chor die Geister voller Augen und Flügel und haben in jedem Auge einen Spiegel, in dem ein Menschenantlitz aufleuchtet, und sie erheben ihre Flügel gleichsam zum Emporschwingen in himmlische Höhen.* Denn die Cherubim bezeichnen die Gotteserkenntnis, in der sie die verborgenen himmlischen Geheimnisse wahrnehmen und von Gott wohlgefälligem Verlangen beseelt sind (exspirant). So sehen sie durch sie in ihrer tiefen Einsicht mit reinem, durchdringendem Blick bereits jene Menschen wunderbar voraus, die den wahren Gott erkennen. Diese richten die Absicht ihres verlangenden Herzens wie Flügel empor, um sich in Güte und Gerechtigkeit zu dem aufzuschwingen, der über allen steht, und mehr das Ewige zu lieben als das Vergängliche zu erstreben. Das zeigen sie auch dadurch, daß sich ihr Verlangen erhebt.

10. Vom Aussehen der Seraphim und seiner Bedeutung

Im anderen Chor brennen sie wie Feuer und haben viele Flügel, auf denen wie in einem Spiegel alle Ränge der kirchlichen Stände zu erkennen sind. Es sind die Seraphim. Sie deuten an, daß sie selbst in Gottesliebe glühen und großes Verlangen nach seiner Anschauung haben, daß aber auch die weltlichen und geistlichen Würdenträger, die den Mysterien der Kirche ihr Ansehen verdanken (vigent), in großer Lauterkeit von diesem Verlangen beseelt sind, weil die Geheimnisse Gottes wunderbar an ihnen offenbar werden. So sollen alle, welche die Aufrichtigkeit des reinen Herzens lieben und das himmlische Leben suchen, Gott glühend lieben und ihn mit ganzer Sehnsucht umfangen, damit sie zu den Freuden jener gelangen, die sie so getreulich nachahmen. Daß du aber nicht mehr von ihrer Gestalt erkennen kannst, bedeutet, daß es viele Geheimnisse in den seligen Geistern gibt, die dem Menschen nicht kundgetan werden sollen, denn solange er der Sterblichkeit unterliegt, wird er die ewigen Dinge nicht vollkommen erkennen können.

11. Daß alle diese Chöre mit wunderbaren Klängen die Wunder verkünden, die Gott in den Seelen der Seligen wirkt

All diese Chöre aber *verkünden, wie du hörst, mit wunderbaren Stimmen jeder Art von Wohlklang die Wunder, die Gott in den Seelen der Seligen wirkt und sie verherrlichen Gott auf wunderbare Weise.* Denn die seligen Geister verkünden mit Gottes Kraft in großer Freude mit unsagbarem Jubelklang im Himmel durch ihre Wundertaten, was Gott in seinen Heiligen tut. Sie verherrlichen Gott auf höchste Weise (gloriosissime), wenn sie ihn in den Tiefen der Heiligkeit suchen und in der Freude am Heil frohlokken, wie auch David, mein Knecht, der die himmlischen Geheimnisse schauen durfte, bezeugt und sagt.

12. Der Psalmist darüber

„Die Stimme des Jubels und des Glücks ertönt in den Zelten der Gerechten" (Ps. 117,15). Das heißt: Den Klang der Freude und des Glücks darüber, daß das Fleisch überwunden ist und der Geist sich zum unvergänglichen Heil erhebt, vernimmt man in der Wohnung derer, die die Ungerechtigkeit abtun und Gerechtigkeit üben. Sie könnten auf die Einflüsterung des Teufels (eingehen und) Böses tun, doch auf göttliche Eingebung vollbringen sie das Gute. Was bedeutet das? Oft zeigt der Mensch unangebrachtes Frohlocken, wenn er eine Sünde vollbracht hat, nach der es ihn unziemlicherweise gelüstete. Doch es erwächst ihm kein Heil daraus, weil er etwas tat, was dem göttlichen Gebot zuwiderläuft. Einen Freudentanz aus Seligkeit über das wahre Heil jedoch wird jener aufführen, der das Gute, nach dem er glühend verlangte, eifrig vollbringt und, solange er in diesem Leibe lebt, die Wohnung derer liebt, die den Weg der Wahrheit liefen und den Irrtum der Lüge mieden.

Wer immer Erkenntnis im Heiligen Geist und die Flügel des Glaubens besitzt, übergehe daher meine Mahnungen nicht, sondern sein Herz verkoste sie und nehme sie liebend gern entgegen. Amen.

Die Abschnitte der 1. Vision des 2. Teils

1. Vision des 2. Teils

Der Erlöser

Und ich, ein Mensch, der nicht heißblütig nach Art starker Löwen und auch nicht von dem, was sie aussagen, unterrichtet war, sondern zart wie eine zerbrechliche Rippe blieb, sah, von geheimnisvollem Hauch befruchtet, ein helleuchtendes Feuer, unendlich, unauslöschlich, ganz lebendig und voller Leben. Es hatte eine himmelblaue Flamme in sich, die in sanftem Hauch glühend brannte. Sie war so untrennbar mit diesem leuchtenden Feuer verbunden, wie es die Eingeweide mit dem Menschen sind. Und ich sah, wie diese blitzende Flamme weißglühend wurde. Und plötzlich entstand eine dunkle Luftkugel von gewaltiger Größe, der diese Flamme mehrmals entgegenschlug und jedesmal einen Funken hervorbrachte, bis die Luftkugel vollendet war und Himmel und Erde in vollständiger Ausstattung erstrahlten. Dann züngelte diese Flamme inmitten von Feuer und Glut in Richtung eines kleinen Lehmklumpens, der am Grunde dieser Luftkugel lag, und erwärmte ihn. So wurde er zu Fleisch und Blut. Sie hauchte ihn an und es erhob sich ein lebendiger Mensch. Als das geschehen war, bot das leuchtende Feuer dem Menschen mittels der in sanftem Hauch glühend brennenden Flamme eine blendendweiße Blüte an; sie hing — wie Tau am Grashalm — an dieser Flamme. Der Mensch verspürte zwar ihren Duft mit der Nase, doch er verkostete sie nicht mit dem Mund, noch berührte er sie mit den Händen. Er wandte sich nämlich ab und fiel in die dichteste Finsternis, aus der er sich nicht mehr zu erheben vermochte. Diese Finsternis aber wuchs und breitete sich in dieser Luftkugel mehr und mehr aus. Dann erschienen in dieser Finsternis in einem Glanz drei sehr große Sterne, und nach ihnen viele andere, kleine und große, in hellem Schein funkelnd, und schließlich ein riesengroßer Stern, der wunderbaren Glanz verbreitete und sich blitzend der erwähnten Flamme zuwandte. Doch auch auf der Erde erschien ein Licht wie Morgenröte. Die Flamme wurde ihm auf wunderbare Weise eingesenkt, trennte sich jedoch nicht von dem erwähnten leuchtenden Feuer. Und so entzündete sich in diesem Licht des Morgenrots ein ganz großer Wille. Und als ich diesen heraufsteigenden Willen genauer betrachten wollte, hielt man mich von dieser Schau durch ein geheimes Siegel ab und ich hörte eine Stimme aus der Höhe zu mir sprechen: „Von diesem Geheimnis kannst du nicht mehr erblicken, als dir mit Rücksicht auf das Wunder des Glaubens gestattet wird." Und ich sah aus dem Licht der besagten Morgenröte einen ganz lichten Menschen hervorgehen; er goß seinen Glanz über die erwähnte Finsternis aus, wurde aber von ihr so zurückgestoßen, daß er, blutrot und erbleichend, die Finsternis mit so großer Kraft zurückschlug, daß der andere (ille) Mensch, der in ihr darniederlag, durch diese Berührung sichtbar aufleuchtete und aufrecht aus ihr hervorging. Und so erschien der Lichtmensch, der aus der erwähnten Morgenröte hervorging, in so großer Herrlichkeit, daß es eine menschliche Zunge nicht ausdrücken kann. Er gelangte auf den höchsten Gipfel unermeßlicher Herrlichkeit, wo er in der Fülle erhabender Fruchtbarkeit und des Wohlgeruchs wunderbar erstrahlte.

Und ich hörte aus dem erwähnten lebendigen Feuer eine Stimme zu mir sagen: „O elendes irdisches Geschöpf (terra), als Frau unerfahren in jedweder Kenntnis fleischlicher Gelehrsamkeit, um die Schriften mit philosophischem Verstand zu lesen; du bist vielmehr nur von meinem Licht getroffen, das dich im Innern wie die glühende Sonne mit ihrem Brand entflammt (tangit). Verkünde, erzähle und schreibe meine Geheimnisse, die du in geheimnisvollem Gesicht siehst und hörst, nieder. Sei nicht furchtsam, sondern sage, was du im Geiste erkennst, wie ich es durch dich mitteile. Beschämt sollen werden, die meinem Volk den rechten Weg zeigen sollten, doch sich in leichtfertiger Weise weigern, die ihnen bekannte Gerechtigkeit zu verkünden. Sie wollen von ihren bösen Begierden nicht lassen; sie haften ihnen derart an, als wären sie ihre Führer, die sie veranlassen, vor dem Angesicht des Herrn zu fliehen, so daß sie sich schämen, die Wahrheit zu sprechen. Deshalb, du Kleinmütige, die du von geheimnisvollem Hauch innerlich belehrt wurdest: obgleich du wegen der Übertretung Evas vom Manne (per virilem formam) unterjocht (conculcata) wirst, sprich von diesem feurigen Werk, das dir in glaubwürdigem Gesicht gezeigt wird."

Der lebendige Gott nämlich, der alles durch sein Wort erschuf, führte durch dieses fleischgewordene Wort das unglückliche menschliche Geschöpf, das sich in Finsternis gestürzt hatte, zur sicheren Rettung. Was bedeutet das?

1. Von der Allmacht Gottes

Das helleuchtende Feuer, das du siehst, bezeichnet nämlich den allmächtigen und lebendigen Gott. Seine lichte Herrlichkeit wird niemals von irgendeiner Bosheit verdunkelt; er bleibt *unendlich*, denn er kann durch keine Teilung gespalten werden. Ohne Anfang und Ende wird sein Wesen (sicuti est) von keinem Funken geschöpflicher Erkenntnis erfaßt. *Er bleibt unauslöschlich*, denn er ist die Fülle, die niemals ans Ende kommt, *und* er ist *ganz lebendig:* denn durchaus nichts ist für ihn so verborgen, daß er nicht darum wüßte; er ist *voller Leben:* denn alles, was lebt, empfängt von ihm das Leben, wie es Job auf meine Eingebung kundtut und spricht:

2. Worte Jobs darüber

„Wer weiß nicht, daß dies alles die Hand des Herrn gemacht hat? In seiner Hand ist die Seele jedes Lebewesens und der Geist allen menschlichen Fleisches" (Job 12,9 — 10). Was heißt das? Kein Geschöpf ist von Natur aus so stumpfsinnig, daß es nicht die wechselseitigen Beziehungen, die seiner Fülle Fruchtbarkeit verleihen, kennen würde. Wieso? Der Himmel enthält Licht, das Licht Luft, die Luft Vögel; und die Erde nährt das Grün, das Grün die Frucht, die Frucht die Lebewesen. Dies alles bezeugt, daß eine kraftvolle Hand es bestellt hat, d. h. die gewaltige Macht des Allherrschers. Er hat vermöge seiner Kraft alles so gemacht, daß ihm nichts zu seinem Bedarf fehlt. Und in der Allmacht dieses Urhebers liegt der Antrieb aller Lebewesen; sowohl derer, die wie das Vieh die Welt im Irdischen suchen und nicht die von Gott eingehauchte Vernunft besitzen, als auch der Ansporn jener, die im menschlichen Leibe leben (humanam carnem inhabitant), und Vernunft, Unterscheidung und Weisheit besitzen. Wie geschieht das?

Die Seele kreist um die irdischen Dinge und müht sich in vielen Wechselfällen ab, wie es die irdischen Verhältnisse (carnales mores) erfordern. Der Geist aber erhebt sich auf zweierlei Weise: wenn er nämlich von Sehnsucht, Seufzen und Verlangen nach Gott erfüllt ist oder gleichsam Rat sucht bezüglich Herrschaft, Regierung oder eines Wunsches nach verschiedenen Dingen, weil er vernünftig zu unterscheiden versteht. Deshalb trägt der Mensch die Ähnlichkeit mit Himmel und Erde in sich. Wieso? Er hat einen Wirkungskreis, in dem deutliche Erkenntnis, Eingebung und Vernunft sichtbar werden wie man am Himmel Gestirne, Luft und Vögel wahrnimmt. Er hat auch ein Gefäß, in dem man Feuchtigkeit, Keimen und Gebären feststellt, wie auf der Erde frisches Grün, Frucht und Lebewesen erscheinen. Was bedeutet das? O Mensch, du bist ganz in jedem Geschöpf enthalten und vergißt deinen Schöpfer; und das dir Unterworfene gehorcht ihm, wie es ihm bestimmt ist. Du aber willst meine Gebote übertreten?

3. Daß das Wort vor und nach der Annahme der menschlichen Natur unteilbar und in alle Ewigkeit beim Vater ist

Doch du siehst, daß dieses *Feuer eine himmelblaue Flamme in sich hat, die in sanftem Hauch glühend brennt. Sie ist so untrennbar mit diesem leuchtenden Feuer verbunden, wie es die Eingeweide mit dem Menschen sind.* Das heißt: Das unendliche Wort war vor aller Zeit, ehe die Schöpfung wurde, im Vater. Es sollte im Lauf der dahineilenden Zeiten in der Glut der Liebe, wunderbar und ohne Befleckung und Belastung von Sünde, durch die Lebenskraft und Milde (per viriditatem suavitatis) des Heiligen Geistes im Morgenrot der seligen Jungfräulichkeit Mensch werden. Wie es jedoch vor Annahme des Fleisches unteilbar im Vater war, so sollte es auch nach Annahme der Menschennatur untrennbar in ihm bleiben. Denn wie der Mensch nicht ohne lebendigen Kreislauf besteht, so sollte auch sein eingeborenes Wort durchaus nicht vom Vater getrennt werden.

4. Warum der Sohn Gottes Wort genannt wird

Und warum heißt es Wort? Wie durch das vom Raum abhängige (locale) Wort, das im staubgeborenen Menschen verhallt, der Befehl des Gebieters und der Beweggrund seines Auftrags an die Einsichtigen und Bereitwilligen verständlich wird, so erkennt man durch das unbegrenzte (illocale) Wort, das durch das unauslöschliche Leben, in dem es in Ewigkeit weilt, unvergänglich ist, wahrhaft die Kraft des Vaters, während die verschiedenen Geschöpfe der Welt ihn als Ursprung ihrer Erschaffung spüren und erkennen. Und wie man die Macht und Würde eines Menschen an seiner Befehlsgewalt erkennt, so leuchtet im göttlichen (plenum) Wort die Heiligkeit und Güte des Vaters auf.

5. Daß in der Kraft des Wortes Gottes die ganze Schöpfung ins Leben gerufen und der Mensch durch die Erlösung zum Leben erweckt wurde

Daß du aber siehst, wie *diese blitzende Flamme weißglühend wird,* bedeutet: Das Wort Gottes zeigte gleichsam aufblitzend seine Kraft, als die ganze Schöpfung durch es belebt wurde und gleichsam weißglühend wurde, als es im Morgenrot und Glanz der Jungfräulichkeit Fleisch annahm. So entströmten ihm (stillaverunt) alle Tugendkräfte zur Erkenntnis Gottes, als der Mensch bei der Erlösung der Seelen wieder zum Leben erweckt wurde.

6. Daß die unermeßliche Macht Gottes die Welt gestaltet und verschiedene Arten von Lebewesen hervorgebracht hat

Und plötzlich entstand eine dunkle Luftkugel von gewaltiger Größe: Es ist das Gebilde der Erde (rerum) in der Dunkelheit seiner Unvollkommenheit, nämlich noch nicht erhellt durch die Vollzahl der Geschöpfe; *rund* ist es, weil es unter der unbegreiflichen Macht Gottes steht, da seine Gottheit nie abwesend ist. In der gewaltigen Kraft Gottes erhebt es sich und wird wie in einem Augenblick im himmlischen Willen emporgetragen. Und *diese Flamme schlug* ihm *mehrmals entgegen und brachte jedesmal* — wie unter der Hand eines Schmiedes — *einen Funken hervor, bis die Luftkugel vollendet war und Himmel und Erde in vollkommener Ausstattung erstrahlten.* Denn das Wort aus der Höhe, das die ganze Schöpfung übertrifft, erwies die Kraft seiner Stärke in der Erschaffung der Geschöpfe, die ihm zu Diensten stehen. Es brachte aus diesem Gebilde die verschiedenen Arten der Geschöpfe hervor, die aus dem wunderbaren Ursprung ihrer Erschaffung aufleuchteten — wie der Schmied seine Formen aus dem Erz entsprechend bildet — bis diese Geschöpfe in der Schönheit ihrer Vollkommenheit erstrahlten. Von oben bis unten sind sie anmutig, dauerhaft und vollständig angelegt, weil die oberen der Widerschein der unteren sind, und die unteren der Abglanz der oberen.

7. Daß nach der Erschaffung der anderen Geschöpfe der Mensch aus dem Lehm der Erde geformt wurde

Daß aber *dann diese Flamme inmitten von Feuer und Glut in Richtung eines kleinen Lehmklumpens züngelt, der am Grunde dieser Luftkugel liegt,* heißt: Das Wort Gottes blickte nach der Erschaffung der anderen Kreaturen im schöpferischen Willen (in forti voluntate) des Vaters und in der Liebe der himmlischen Milde (Hl. Geist) auf den gebrechlichen Grundstoff der weichen, zarten, schwachen Menschennatur; böse wie gute Menschen sollten aus ihm hervorgehen, während sie (die Menschennatur) noch im Abgrund ihrer Gefühllosigkeit und Schwere festgehalten wurde und noch nicht vom scharfen, belebenden Hauch erweckt war. *Und sie erwärmte ihn; so wurde er zu Fleisch und Blut.* Das heißt: Mit der Grünkraft gießt sie ihm Wärme ein, denn der fleischliche Grundstoff für den Menschen ist die Erde; sie nährt ihn mit ihrem Saft wie eine Mutter ihre Kinder mit Milch; *sie haucht ihn an und es erhebt sich ein lebender Mensch,* weil sie ihn durch himmlische Kraft erweckt und wunderbar den Menschen hervorbringt, der aus Leib und Seele besteht.

8. Daß Adam, als er das milde Gebot eindeutigen Gehorsams empfangen hatte, auf den Rat des Teufels hin nicht gehorchte

Als das geschehen war, bot das leuchtende Feuer dem Menschen mittels der in sanftem Hauch glühenden Flamme eine blendendweiße Blüte an; sie hing — wie Tau am Grashalm — an dieser Flamme. Denn nach der Erschaffung Adams gab ihm der Vater, der sich als ganz lichte Herrlichkeit zeigt (est), durch sein Wort im Heiligen Geist das milde Gebot eindeutigen Gehorsams, der dem Wort als lebensspendender fruchtbarer Tau (in umida viriditate fructuositatis) anhängt; denn durch das Wort träufelte vom Vater im Heiligen Geist der milde Tau der Heiligkeit herab und brachte große und zahlreiche Frucht, wie der reine Tau auf das Gras fällt und es entsprechend zum Wachsen bringt. *Der Mensch verspürte zwar ihren Duft mit der Nase, doch er verkostete sie nicht mit dem Mund, noch berührte er sie mit den Händen.* Er zog die Gesetzesvorschrift mit einsichtiger Weisheit gleichsam mit der Nase ein, doch er nahm ihre Kraft zum innerlichen liebenden Umfangen nicht mit dem Mund vollkommen in sich auf, noch vollendete er sie im Werk der Hände, um zur Fülle der Seligkeit zu *gelangen. Er wandte sich nämlich ab und fiel in die dichteste Finsternis, aus der er sich nicht mehr zu erheben vermochte.* Denn auf den Rat des Teufels hin wandte er dem göttlichen Gebot den Rücken und stürzte in den großen Rachen des Todes, weil er so Gott weder im Glauben noch im Werk suchte. Deshalb konnte er sich, mit Sünden belastet, nicht zur wahren Gotteserkenntnis erheben, bis jener kam, der sündenlos war und seinem Vater völlig gehorchte. *Diese Finsternis* aber *wuchs und breitete sich mehr und mehr aus.* Mit der Ausbreitung der Laster vermehrte sich nämlich die Macht des Todes ständig in der Welt, während sich die Einsicht des Menschen in die verschiedenen vielfältigen Laster verwickelte, die in furchtbaren, übelriechenden Sünden aufbrachen (per horrorem erumpentium et foetentium peccatorum).

9. Daß Abraham, Isaak und Jakob und die anderen Propheten die Finsternis der Welt mit ihren Vorzeichen durchstießen

Daß aber dann *in dieser Finsternis in einem Glanz drei sehr große Sterne erschienen und nach ihnen viele andere, kleine und große, in hellem Schein funkelnd,* deutet auf die drei großen Leuchten als Abbild der göttlichen Dreifaltigkeit, nämlich Abraham, Isaak und Jakob; sie umarmen sich gegenseitig sowohl im gläubigen Tun als auch in Blutsverwandtschaft (carnis coniunctione) und durchstoßen die Finsternis der Welt mit ihren Vorzeichen. Ihnen folgen viele andere Propheten, nämlich kleinere und größere, die in vielen staunenswerten Wundern aufstrahlen.

10. Daß der bedeutendste Prophet Johannes, von Wundern leuchtend, den kommenden Gottessohn anzeigte

Und schließlich erscheint *ein riesengroßer Stern, der wunderbaren Glanz verbreitet und sich blitzend der erwähnten Flamme zuwendet.* Das ist der bedeutendste Prophet, nämlich Johannes der Täufer. In ganz getreuer und froher Tat leuchtete er in seinen Wundern auf und zeigte in ihnen das wahre Wort, d. h. den wahren Sohn Gottes, weil er der Bosheit nicht wich, sondern sie durch Werke der Gerechtigkeit entschlossen und mannhaft verwarf.

11. Daß nach der Menschwerdung des Wortes Gottes dieser große alte Ratschluß sichtbar wurde

Daß *auch auf der Erde jenes Licht wie Morgenröte erscheint, dem die Flamme auf wunderbare Weise eingesenkt wird, sie sich jedoch nicht von dem erwähnten Feuer trennt,* bedeutet: Gott pflanzte an Stelle eines Abkommen den hellen Glanz rötlichen Lichts. In ihn sandte er sein Wort voll Verlangen, trennte sich jedoch nicht von ihm, sondern verlieh es als fruchtbringende Frucht und ließ es als gewaltigen Quell hervorgehen, so daß jeder gläubige Mund (guttur), der davon kostete, von nun an nicht mehr vor Durst vergeht. Deshalb *entzündete sich so in diesem Licht des Morgenrots ein überaus großer Wille.* Denn im Glanz des rötlichen Lichts zeigte sich die Grünkraft (viriditas) des großen alten Ratschlusses, so daß alle vorangehenden Scharen (legiones) dies in leuchtender Seligkeit bestaunten.

12. Daß der Mensch die Geheimnisse Gottes nicht weiter zu erforschen suchen soll, als er sie offenbaren will

Dir aber, o Mensch, der du nach Menschenart mehr über diesen erhabenen Ratschluß zu wissen begehrst, wird ein Riegel (claustrum) der Geheimhaltung vorgeschoben; du darfst nämlich die Geheimnisse Gottes nicht weiter erforschen, als die göttliche Majestät sie aus Liebe zu denen, die glauben, kundtun will.

13. Daß der Sohn Gottes, der auf der Erde geboren wurde, durch seinen Tod den Teufel besiegt und seine Auserwählten zu seinem Erbe zurückgebracht hat

Daß *du* aber *siehst, wie aus dem Licht der besagten Morgenröte ein ganz lichter Mensch hervorgeht, der seinen Glanz über die erwähnte Finsternis ausgießt, von ihr aber so zurückgestoßen wird, daß er blutrot und erbleichend die Finsternis mit so großer Kraft zurückschlägt, so daß der andere Mensch, der in ihr darniederliegt, durch diese Berührung sichtbar aufleuchtet und aufrecht aus ihr hervorgeht,* bezeichnet das Wort Gottes. Im Glanz unverletzter Jungfräulichkeit unversehrt Mensch geworden und ohne Schmerz geboren, wurde es dennoch nicht vom Vater getrennt. Wieso? Als der Sohn Gottes auf Erden aus der Mutter geboren wurde, erschien er im Himmel im Vater; deshalb erzitterten hierauf die Engel und sangen freudig das lieblichste Lob. Ohne Sündenmakel lebte er auf Erden und entsandte durch Lehre und Erlösung helleuchtende Seligkeit in die Finsternis des Unglaubens; doch er wurde vom ungläubigen Volk verworfen und zum Leiden geführt. Er vergoß sein edelstes (pulcherrimum) Blut und kostete leibhaftig die Nacht des Todes. Dadurch aber überwand er den Teufel und befreite seine Erwählten aus der Unterwelt, die in ihr zu Boden geworfen zurückgehalten wurden. Durch die Berührung mit seiner Erlösung führte er sie barmherzig zu ihrem Erbe zurück, das sie in Adam verloren hatten. Als sie in ihr Erbe gelangten, ertönten Pauken und Zithern, Gesang und Musik in unausschöpfbaren Weisen (ornamentis), weil der Mensch, der im Verderben darniedergelegen hatte, schon zur Seligkeit erhoben und dem Tod — durch himmlische Kraft befreit — entgangen war, wie ich durch meinen Knecht Osee gesprochen habe.

14. Worte Osees darüber

„Gebunden ist die Bosheit Ephraims, geborgen seine Sünde. Geburtswehen werden über ihn kommen; doch er ist ein törichter Sohn. Jetzt wird er nämlich angesichts des Elends der Söhne nicht aufrecht stehen. Aus der Hand des Todes werde ich sie befreien, vom Tode sie loskaufen. Ich werde dein Tod sein, o Tod, dein Biß, du Unterwelt" (Os 13,12—14). Was heißt das? Unter dem Gewicht der Fessel (ligaturae) ist die boshafte Ungerechtigkeit des Teufels gebunden. Sie verdient ja nicht, vom Eifer Gottes gelöst zu werden, denn sie sah ihn nie in aufrichtiger Anerkennung, wie die ihn erblicken, welche ihn gläubig fürchten. Denn der Teufel ist es, der sich immer gegen Gott erhebt und spricht: „Ich bin ein Gott." Er täuscht sich aber immer über den Gesegneten des Herrn; um seinetwillen nämlich steht er im Widerspruch zum Namen der Christen. Und deshalb ist seine Bosheit so verborgen, daß kein Besserungsmittel geeignet ist, seine Sünde, die er in so schmutzigem Stolz grausam beging, bei der Erlösung zu bedecken. Daher bleibt er in Schmerz verhärtet, wie eine Gebärende in der Bedrängnis verzweifelt und sich ängstigt, ob sie bei der Eröffnung ihres Schoßes weiterleben kann. Denn diese Unglückseligkeit ist über ihn verhängt (super eum manebit), daß er von der Seligkeit im Stich gelassen wird; denn die Weisheit der Söhne flieht ihn, weil er nicht in sich geht, wie jener in sich ging, der aus der Sünde zu seinem Vater zurückkehrte. Deshalb wird er niemals voll Vertrauen in jener Zerknirschung dastehen, durch welche die Kinder der Erlösung im göttlichen Sohn den Tod der hartnäckigen Bosheit zerschmetterten. Dieselbe listige Schlange hat ihn hervorsprudeln lassen, als sie dem ersten Menschen eine Verschlagenheit, die er nicht kannte, eingab. Doch weil diese Kinder das Gift der sündigen Beeinflussung verschmähen und auf ihr Heil blicken, werde ich sie von der Knechtschaft der Götzen befreien. Die von ihnen Betrogenen sind in der Macht des Verderbers. Durch sie geben die Ungläubigen die Ehre ihres Schöpfers preis, indem sie sich nämlich in der Schlinge des Teufels verfangen und ihre Werke nach seinem Willen vollbringen.

Und daher will ich die Seelen derer, die mich lieben und die mich verehren, nämlich die Seelen der Heiligen und Gerechten, von der höllischen Pein erlösen. Denn kein Mensch kann anders von der teuflischen Fessel gelöst werden, in der er wegen der Übertretung der Gebote Gottes zu grausamem Tod gefangen ist, als durch die Erlösung dessen, der durch das eigene Blut seine Erwählten retten wird. So werde ich dich, Tod, bis zum völligen Untergang töten, denn ich werde dich dem entziehen, woraus du zu leben meinst, so daß man dich einen unnützen Kadaver nennen wird. Denn du wirst mit deinen stärksten Kräften niedergeworfen daliegen, wie alles, was vom Lebensgeist verlassen ist, zum völligen Untergang verurteilt ist (prosternitur). Denn der Quell des lebendigen Wassers wird dich ertränken, während die Seelen der Seligen durch den neuen Menschen, der kein Genosse der giftigen Täuschung ist, barmherzig zur himmlischen Seligkeit erweckt werden. Daher bin ich auch zu deiner Beschämung dein Biß, du Unterwelt, wenn meine Macht mit großer Kraft dir die Beute wegnimmt, die du betrügerisch geraubt hast. So sollst du, gerechtermaßen beraubt, von nun an nie mehr unversehrt und befriedigt von deinem Reichtum erscheinen, sondern du wirst, mit Wunden bedeckt und häßlich am Boden liegend, in Ewigkeit deine Schande tragen.

15. Daß der Leib des Gottessohnes drei Tage lang im Grabe lag, auferstand und dem Menschen den Weg der Wahrheit vom Tod zum Leben wies

Doch, wie du siehst, *erscheint der Lichtmensch, der aus der erwähnten Morgenröte hervorging, in so großer Herrlichkeit, daß es eine menschliche Zunge nicht ausdrücken kann.* Das zeigt, daß die väterliche Herrlichkeit den edlen (nobilissimum) Leib des Gottessohnes, der aus der lieblichen Jungfrau geboren war und drei Tage im Grabe lag, berührte, um zu bekräftigen, daß es drei Personen in der einen Gottheit gibt. So empfing er den Geist zurück und erstand in strahlendster Unsterblichkeit, wie es sich kein Mensch vorstellen oder mit Worten erklären könnte. Der Vater stellt ihn mit den offenen Wunden den himmlischen Chören vor und spricht: „Das ist mein geliebter Sohn, den ich gesandt habe, für das Volk zu sterben." Darüber erhob sich unter ihnen eine unbeschreibliche Freude, wie sie das menschliche Begreifen übersteigt. Denn die schuldhafte Vergessenheit, durch die Gott nicht erkannt wurde, war vernichtet, so daß sich die menschliche Vernunft, die auf teuflische Einflüsterung hin darniederlag, zur Gotteserkenntnis erhob. Durch die höchste Glückseligkeit wurde dem Menschen der Weg der Wahrheit kundgetan, auf dem er vom Tod zum Leben geführt wurde.

16. Daß der Sohn Gottes vom Tod erstand und seinen Jüngern oft zur Ermutigung erschien

Wie aber die Söhne Israels aus Ägypten befreit wurden und vierzig Jahre durch die Wüste ziehend in das Land gelangten, das von Milch und Honig floß, so erstand auch der Sohn Gottes vom Tode, zeigte sich gütig vierzig Tage lang seinen Jüngern und den heiligen Frauen, die ihn beweinten und mit großer Sehnsucht danach verlangten, ihn zu sehen, um sie zu stärken, damit sie nicht im Glaubenszweifel sprächen: „Wir sehen ihn nicht, deshalb können wir nicht glauben, daß er unser Heil ist." Er offenbarte sich ihnen jedoch häufig, um sie zu bestärken, daß sie nicht abfielen.

17. Daß durch die Auffahrt des Gottesssohnes zum Vater seine Braut mit verschiedenen Gaben überschüttet wurde

Daß er aber *auf den höchsten Gipfel unermeßlicher Herrlichkeit gelangt, wo er in der Fülle erhabener Fruchtbarkeit und des Wohlgeruchs wunderbar erstrahlt,* bedeutet: Der Gottessohn steigt auf zum Vater, der mit ihm, dem

Sohne, und dem Heiligen Geiste der höchste Gipfel unaussprechlicher Freude und des Jubels ist. Dort erscheint der Sohn glorreich in der Fülle überaus strahlender Heiligkeit und Seligkeit seinen Gläubigen, die mit reinem und einfältigem Herzen glauben, daß er wahrer Gott und Mensch ist. Dann wird nämlich auch die neuvermählte Braut des Lammes mit verschiedenen Gaben überschüttet; sie wird mit jeder Art von Tugend ausgerüstet für den großen Kampf des ganzen gläubigen Volkes, den es gegen die listige Schlange zu führen haben wird.

Wer dies aber mit wachen Augen sieht und mit dröhnenden Ohren hört, küsse und umarme diese meine geheimnisvollen Worte, die mir, dem Lebendigen, entströmen.

Quod homo secreta dĩ n̄ debet
plus scrutari. quã ipse uult manife
Quod fili' dĩ nat' in [stare.]
mundo morte sua diabolũ supauit
7 electos suos ad hereditatẽ suã re
Verba osee de eadẽ re. [diuer]
Qđ corp' filii dĩ in sepulchro
p triduũ iacens resurrexit, 7 homi
ni uia ueritatis de morte ad uitã
ostensa ẽ. [diũ eos apparuit.]
Qđ fili' dĩ a morte resurgens. dis
cipulis suis frequent' ad corroboran
Qđ filio dĩ ascendente ad pa
trẽ. sponsa ei' diuersis ornamtis sun
[data ẽ.]

Die Abschnitte der 2. Vision des 2. Teils

2. Vision des 2. Teils

Der dreieinige Gott

Dann sah ich ein überhelles Licht und darin eine saphirfarbene Menschengestalt, die völlig von einem sanften rötlichen Feuer durchglüht war. Und das helle Licht überstrahlte das ganze rötliche Feuer und das rötliche Feuer das ganze helle Licht und das helle Licht und das rötliche Feuer die ganze Menschengestalt, so daß sie ein einziges Licht in derselben Stärke und Leuchtkraft (in una vi possibilitatis) bildeten.

Und wieder hörte ich das lebendige Licht zu mir sprechen.

1. Vom Gespür für die Geheimnisse Gottes

So zeigt sich das Gespür für die Geheimnisse Gottes: klar zu erkennen und zu verstehen, was diese Fülle darstellt, deren Ursprung man nie gesehen hat, und der nichts mangelt an einer höchst wirksamen Energie, der alles entspringt, was den Geistesmächtigen entströmt (rivulos fortium). Denn wenn der Herr nicht voll eigener Lebenskraft wäre, wie wäre es dann um sein Werk bestellt? Es wäre offenbar vergeblich. Deshalb erkennt man am vollendeten Werk, wer sein Urheber ist.

2. Von den drei Personen

Deshalb siehst du *ein überhelles Licht,* das ohne den Makel der Täuschung, des Abnehmens und des Betrugs den Vater bezeichnet, und *darin eine saphirblaue Menschengestalt,* die ohne den Makel der Verhärtung, des Neids und der Bosheit den Sohn darstellt, der vor aller Zeit — seiner Gottheit nach — vom Vater gezeugt, doch dann in der Zeit — gemäß der Menschheit — auf Erden Fleisch wurde. Sie wird *völlig von einem sanften rötlichen Feuer durchglüht;* dieses Feuer, ohne den Makel der Dürre, Sterblichkeit und Finsternis, weist auf den Heiligen Geist, von dem der Eingeborene Gottes dem Fleische nach empfangen und von der Jungfrau in der Zeit geboren wurde und das Licht der wahren Herrlichkeit über die Welt ausgoß. Doch daß *dieses helle Licht das ganze rötliche Feuer überstrahlt und das rötliche Feuer das ganze helle Licht und das helle Licht und das rötliche Feuer die ganze Menschengestalt, so daß sie ein einziges Licht in derselben Stärke und Leuchtkraft bilden*, besagt: Der Vater, der die ganz ausgewogene Gerechtigkeit darstellt, aber weder ohne Sohn noch ohne Heiligen Geist, und der Heilige Geist, der die Herzen der Gläubigen entzündet, aber nicht ohne Vater oder Sohn, und der Sohn, der die Fülle der Fruchtbarkeit ist, aber nicht ohne Vater und Heiligen Geist, sind untrennbar in der Majestät der Gottheit. Denn der Vater ist nicht ohne den Sohn, noch der Sohn ohne den Vater; und weder der Vater noch der Sohn ohne den Heiligen Geist oder der Heilige Geist ohne sie beide. So gibt es diese drei Personen als den einen Gott in der einen unversehrten göttlichen Majestät und die Einheit der Gottheit lebt untrennbar in diesen drei Personen, weil die Gottheit nicht auseinandergerissen werden kann; sie bleibt nämlich unverletzlich, ohne jede Veränderlichkeit. Der Vater aber wird durch den Sohn, der Sohn durch die Entstehung der Geschöpfe und der Heilige Geist durch den menschgewordenen Sohn offenbart. Wieso? Es ist der Vater, der vor der Zeit den Sohn zeugte; durch den Sohn wurde am Anfang der Schöpfung alles geschaffen; und der Heilige Geist erschien in Taubengestalt bei der Taufe des Gottessohnes gegen Ende der Zeiten.

3. Daß der Mensch es nie unterlassen soll, den einen Gott in drei Personen inständig anzurufen

Deshalb unterlasse es der Mensch nicht, mich, den einzigen Gott, in diesen drei Personen anzurufen; ich habe sie nämlich dem Menschen deshalb geoffenbart, daß er umso heißer (acutius) in der Liebe zu mir entbrenne, da ich ihm zuliebe meinen Sohn in die Welt sandte, wie mein geliebter Johannes bezeugt und spricht.

4. Johannes über die Gottesliebe

„Dadurch erschien die Liebe Gottes zu uns, daß Gott seinen eingeborenen Sohn in die Welt gesandt hat, damit wir durch ihn leben. Darin besteht die Liebe: Nicht als ob wir Gott geliebt hätten, sondern daß er uns zuerst geliebt und seinen Sohn als Sühne für unsere Sünden gesandt hat" (1 Joh. 4,9—10). Was bedeutet das? Dadurch, daß Gott uns geliebt hat, erstand ein anderes Heil als das, welches wir ursprünglich besaßen, als wir Erben der Unschuld und der Heiligkeit waren. Denn der himmlische Vater zeigte seine Liebe, als wir gefährdet und straffällig waren; er sandte nämlich sein Wort, das allein, vor allen Menschenkindern, von Heiligkeit erfüllt war, in himmlischer Macht in die Finsternis der Welt. Dort vollbrachte das Wort alles Gute; durch seine Milde führte es jene zum Leben zurück, die wegen Sündenbefleckung verworfen waren und nicht zur verlorenen Heiligkeit zurückkehren konnten. Was heißt das? Durch den Lebensquell des Wortes kam nämlich die umarmende Mutterliebe Gottes zu uns; sie nährte unser Leben, hilft uns in Gefahren und leitet uns — als tiefe und zarte (suavissima) Liebe — zur Buße an. Wieso?

Gott gedachte barmherzig seines großen Werkes und seiner kostbaren Perle, nämlich des Menschen, den er aus dem Lehm der Erde gebildet und dem er den Lebensodem eingehaucht hatte. Wieso? Er verlieh ihm (instruxit) Leben durch die Buße, die niemals ihre Wirksamkeit verfehlt, weil die listige Schlange den Menschen durch stolze Einflüsterung täuschte; doch Gott warf ihn durch die Buße, welche die Demut kundtut, zu Boden. Der Teufel kannte und übte sie nicht, denn er verstand es nicht, sich auf den rechten Weg aufzumachen.

Deswegen ging die Erlösungstat der Liebe (salvatio caritatis) nicht von uns aus, weil wir es nicht verstanden und vermochten, Gott zu unserer Rettung zu lieben; vielmehr hat er, als Schöpfer und Herr, sein Volk so geliebt, daß er zu seiner Erlösung seinen Sohn, das Haupt und den Retter der Gläubigen, sandte. Er wusch und reinigte unsere Wunden. Ihm entströmte (sudavit) auch jener erfrischende Quell (dulcissima materia), aus dem alle Erlösungsgüter fließen. Darum erkenne auch du, o Mensch, daß keine unselige Veränderlichkeit Gott berührt. Denn der Vater ist Vater, der Sohn ist Sohn und der Heilige Geist ist Heiliger Geist. Diese drei Personen leben nämlich unteilbar in der einen Gottheit. Wie?

5. Von den drei Kräften des Steines

Es gibt drei Kräfte im Stein, drei in der Flamme und drei im Wort. Wieso? Im Stein ist feuchte Grünkraft, greifbare Festigkeit und glänzendes Feuer. Er besitzt aber die feuchte Grünkraft, damit er sich nicht auflöse und auseinanderfalle, die greifbare Festigkeit jedoch, damit er Wohnung und Schutz biete, ferner das glänzende Feuer, damit er sich erwärme und dauerhaft festige. Die feuchte Grünkraft aber bezeichnet den Vater, der nie altert und an die Grenze der Kraft kommt; die greifbare Festigkeit den Sohn, der — aus der Jungfrau geboren — berührt und umfaßt werden konnte; und das glänzende Feuer bezeichnet den Heiligen Geist, der die Herzen der Gläubigen entzündet und erleuchtet. Was bedeutet das?

Wie ein Mensch, der mit seinem Körper häufig die feuchte Grünkraft eines Steines berührt, davon krank und hinfällig wird, so geht auch der Glaube eines Menschen zugrunde, der den Vater in der Unbeständigkeit seiner Gedanken verwegen schauen will. Und wie die Menschen aus der greifbaren Festigkeit des Steines eine Wohnung herstellen und sich mit ihm gegen die Feinde verteidigen, so ist auch der Sohn Gottes, welcher der wahre Eckstein ist, die Wohnung des gläubigen Volkes und beschützt sie vor den bösen Geistern. Wie schließlich das glänzende Feuer die Finsternis erleuchtet und verbrennt, was es berührt, so vertreibt auch der Heilige Geist den Unglauben und nimmt allen Rost der Bosheit weg.

Wie es so diese drei Kräfte in dem einen Stein gibt, so besteht die wahre Dreifaltigkeit in wahrer Einheit.

6. Von den drei Kräften der Flamme

Wie auch die Flamme in einer Glut drei Kräfte besitzt, so besteht der eine Gott in drei Personen. Wieso? Die Flamme besteht nämlich aus hellem Glanz, pupurfarbener Grünkraft und feuriger Glut. Sie hat aber den hellen Glanz zum Leuchten, die purpurfarbene Grünkraft zum Lebendigsein und die feurige Glut zum Brennen. Deshalb betrachte im hellen Glanz den Vater, der in väterlicher Güte seinen Gläubigen seine Herrlichkeit kundtut, und in der purpurfarbenen Grünkraft, die ihr innewohnt und in der das Feuer seine Stärke zeigt, erkenne den Sohn, der aus der Jungfrau einen Leib annahm und in welchem die Gottheit ihre Wunder offenbarte. Und in der feurigen Glut erblicke den Heiligen Geist, der sich glühend über die Herzen der Gläubigen ergießt. Wo aber weder heller Glanz noch purpurfarbene Lebenskraft noch feurige Glut ist, erscheint auch kein Feuer; so wird auch Gott dort nicht würdig verehrt, wo weder Vater noch Sohn oder der Heilige Geist in Ehren gehalten werden.

Wie also in einer Flamme diese drei Kräfte zu erkennen sind, so sind in der einen Gottheit drei Personen wahrzunehmen.

7. Von den drei Bestandteilen des menschlichen Wortes

Wie auch drei Bestandteile im Wort zu erkennen sind, so ist die Dreifaltigkeit in einer Gottheit zu betrachten. Wieso? Im Wort ist Klang, Kraft und Hauch. Es hat aber den Klang, damit man es hört, die Kraft, damit man es versteht, und den Hauch, damit es ans Ziel gelangt. Im Klang aber nimmt den Vater wahr, der alles in unermeßlicher Stärke offenbart; in der Kraft den Sohn, der wunderbar aus dem Vater gezeugt ist; im Hauch aber den Heiligen Geist, der lieblich in ihnen erglüht. Wo man aber keinen Klang hört, dort wirkt auch keine Kraft, noch erhebt sich ein Hauch, und deshalb versteht man dort auch das Wort nicht. Denn auch Vater, Sohn und Heiliger Geist sind nicht voneinander getrennt, sondern verrichten einmütig zusammen ihr Werk. Wie daher diese drei Bestandteile in einem Wort sind, so besteht auch die göttliche (superna) Dreifaltigkeit in erhabener Einheit. Wie deshalb im Stein keine feuchte Grünkraft ohne greifbare Festigkeit und glänzendes Feuer, und die greifbare Festigkeit nicht ohne feuchte Grünkraft und glänzendes Feuer, und das glänzende Feuer nicht ohne feuchte Grünkraft und greifbare Festigkeit da ist und wirkt; und wie in der Flamme kein heller Glanz ohne purpurne Grünkraft und feurige Glut, und die purpurne Grünkraft ohne hellen Glanz und feurige Glut, und die feurige Glut ohne hellen Glanz und purpurne Grünkraft nicht da ist und wirkt; und wie im Wort ohne Kraft und Hauch kein Klang, und ohne Klang und Hauch keine Kraft, und ohne Klang und Kraft kein Hauch da ist und wirkt, sondern alle bei ihrem Werk untrennbar zusammenhängen, so bleiben auch diese drei Personen der wahren Dreifaltigkeit untrennbar in der Majestät der Gottheit und werden nicht geschieden.

So erkenne, o Mensch, den einen Gott in drei Personen. Doch du glaubst in der Torheit deines Herzens, Gott sei so ohnmächtig, daß es ihm nicht möglich ist, wirklich in drei Personen zu leben, sondern sein Leben nur in einer zu fristen (tepide consistere). Was soll das heißen? Gott aber ist in drei Personen wahrhaft Gott, „der Erste und der Letzte" (Offb. 1,17).

8. Von der Einheit im Wesen

Doch der Vater ist nicht ohne Sohn, noch der Sohn ohne Vater; und weder Vater noch Sohn sind ohne den Heiligen Geist, oder der heilige Geist ohne sie beide. Denn diese drei Personen sind untrennbar in der einen Gottheit. Wieso? Das Wort tönt aus dem Mund des Menschen, doch der Mund ertönt nicht ohne das Wort, noch ertönt das Wort ohne Leben. Und wo bleibt das Wort? Im Menschen. Und von wem kommt es? Vom Menschen. Wie? Durch den lebendigen Menschen. So ist der Sohn im Vater, vom Vater zum Heil der Menschen auf die dunkle Erde gesandt und vom Heiligen Geist in der Jungfrau gezeugt. Wie der Sohn in der Gottheit Eingeborener ist, so ist er Eingeborener in der Jungfräulichkeit; und wie er der einzige Sohn des

Vaters ist, so ist er der einzige Sohn der Mutter: denn wie der Vater ihn allein vor der Zeit gezeugt hat, so hat die jungfräuliche Mutter nur ihn allein in der Zeit geboren, denn sie blieb nach der Geburt Jungfrau.

Daher, o Mensch, erkenne in den drei Personen deinen Gott, der dich in der Kraft seiner Gottheit erschaffen und dich vor dem Verderben gerettet hat. Vergiß nicht deines Schöpfers, wie Salomon dir zuredet und wie geschrieben steht.

9. Worte Salomos

„Gedenke deines Schöpfers in den Tagen deiner Jugend, bevor die Zeit der Drangsal kommt und die Jahre nahen, von denen du sagen mußt: Sie gefallen mir nicht" (Prd. 12,1). Was heißt das? Erinnere dich in verständiger Gesinnung dessen, der dich geschaffen hat, wenn du nämlich in den Tagen falschen Selbstvertrauens gleichsam glaubst, es sei dir möglich, hinzugehen, wohin du wünschst, dich in die Höhe zu erheben und dich in die Tiefe zu stürzen, im Glück zu stehen und in der Drangsal zu fallen. Denn das Leben (vivificatio), das in dir ist, strebt immer nach seiner Vollendung bis zu der Zeit, da es ganz vollkommen erscheint. Wieso? Das Kind entwickelt sich von seiner Entstehung bis zur vollen Größe, und bleibt dann im Erwachsenenalter; es gibt seine Ausgelassenheit (lasciviam mentis), die sich in törichtem Benehmen zeigt, auf. Doch nur mit großer Mühe trifft es sorgsam Vorkehr für das, was in seinem Interesse in Betracht zu ziehen ist; das tat es aber nicht, als es noch in der Einfalt der Kindheit lebte. So handele auch der gläubige Mensch. Er lasse das kindische Gehaben hinter sich und steige zur Fülle der Tugenden auf, harre so in ihrer Stärke aus und verlasse den Hochmut seiner Begierde, der in der Torheit der Laster auflodert. Doch in den Nöten seiner Kümmernisse sinne er darauf, was ihm Nutzen bringt, wie er sich vorher in kindischer Weise den Sitten der Kindheit zugeneigt hat.

Deshalb, o Mensch, umarme Gott so im Licht deiner Lebenskraft, bevor die Stunde der Läuterung deiner Werke kommt, da alles offenbar und nichts übersehen wird. Dann eilt die Zeit herbei, die nicht abgekürzt wird, von der du nach deinem menschlichen Empfinden insgeheim murmelst und sagst: „Dieser Lebenswandel, von dem ich nicht weiß, ob er zum Glück oder Unglück führt, gefällt mir nicht." Denn das menschliche Herz ist immer im Zweifel, weil es, während es Gutes tut, Not hat, ob es Gott gefällt oder nicht; und während es Böses begeht, fürchtet es für das Heil der Vergebung.

Wer dies aber mit wachen Augen sieht und mit dröhnenden Ohren hört, küsse und umarme diese meine geheimnisvollen Worte, die mir, dem Lebendigen entströmen.

Die Abschnitte der 3. Vision des 2. Teils

1. Vom Aufbau der Kirche, die durch die Wiedergeburt in Geist und Wasser ständig ihre Kinder gebiert
2. Daß die Kirche seit ihrer Entstehung mit den Aposteln und Märtyrern geziert ist
3. Daß sich die Kirche mit dem Priesteramt und der Verteilung von Almosen schmückt
4. Von der mütterlichen Güte der Kirche
5. Daß die Kirche, die noch nicht vollendet im Glanz ihrer Vollkommenheit dasteht, zur Zeit des Sohnes des Verderbens zur Vollendung gelangt
6. Wie die Kirche ihre Kinder in lauterer Hingabe darbringt
7. Daß keine Bosheit teuflischer Kunst die Kirche verfinstern kann
8. Daß der menschliche Verstand die Geheimnisse der Kirche nicht vollständig zu betrachten vermag
9. Von der Jungfräulichkeit Mariens
10. Von der Ausbreitung der Sakramente der wahren Dreifaltigkeit
11. Daß jedem Gläubigen Engel zu Dienste stehen
12. Von denen, die im Glauben an die Heilige Dreifaltigkeit von der Mutter Kirche wiedergeboren werden, während sie selbst unversehrt bleibt
13. Gleichnis vom Balsam, dem Salbengefäß und dem Karfunkel (carbunculus)
14. Daß die Heilige Dreifaltigkeit den Getauften bei der Taufe im geöffneten Himmel erscheint, ihnen die Sündenschwärze wegnimmt und jeden mit einem weißen Gewand bekleidet
15. Klage der Kirche über den Irrtum ihrer Kinder
16. Daß den Menschen zwei Zeichen anvertraut sind, um sich zu verteidigen
17. Gleichnis vom Jüngling
18. Warum dem Adam kein doppeltes Gebot auferlegt werden sollte
19. Daß die offenkundige Belehrung des Heiligen Geistes in Noe die alte Schlange bedrohte, die Beschneidung Abrahams ihre Backe traf und die Kirche sie fesselte
20. Was die drei Arme bedeuten
21. Daß zur Zeit der Beschneidung die unbeschnittenen Männer Gesetzesübertreter waren
22. Wie bei der Erschaffung Adams drei Kräfte angedeutet sind, so gibt es auch drei Kräfte im Mann zur Zeugung von Nachkommen
23. Daß eine Frau, die Gott zuliebe ihre Jungfräulichkeit bewahrt, von Gott sehr geachtet wird
24. Daß ein Mann, der Gott zuliebe auf eheliche Gemeinschaft verzichtet, Schicksalsgefährte des Gottessohnes wird
25. Worte des Propheten Isaias

26. Daß der Fall Adams den Himmel für den Menschen verschloß und daß diese Ausschließung bis zur Zeit des Gottessohnes dauerte
27. Worte des Evangeliums
28. Ermahnungen Gottes
29. Daß bei der Beschneidung Abrahams ein Glied, bei der Taufe Christi aber alle Glieder beschnitten werden
30. Worte des Evangeliums
31. Daß Gott jederzeit Menschen jeglichen Alters und Geschlechts, nämlich des männlichen und weiblichen, in der Taufe gütig aufnimmt
32. Daß zu Ehren der Heiligen Dreifaltigkeit drei Personen dem Täufling zur Seite stehen müssen, nämlich der Priester und zwei (Paten), die für seinen Glauben bürgen, und daß diese keine fleischliche Verbindung mit ihm eingehen sollen
33. Vergleich mit einem Kind
34. Daß bei der Taufe alle Sünden vergeben werden
35. Obgleich der Priester ein Sünder ist, nimmt Gott doch von ihm den Dienst der Taufe entgegen
36. Gleichnis vom Reichen
37. In einer Notlage, wenn kein Priester vorhanden ist, ist es jedem beliebigen Gläubigen gestattet, in der vorgeschriebenen Form zu taufen

3. Vision des 2. Teils

Die Kirche, die Mutter der Gläubigen

Danach sah ich eine Frauengestalt, riesengroß wie eine Stadt. Ihr Haupt war mit wunderbarem Schmuck umkränzt und von ihren Armen strahlte ein heller Glanz wie Ärmel vom Himmel bis zur Erde nieder. Ihr Leib war wie ein Netz von vielen Öffnungen durchbohrt, durch die eine große Menge Menschen aus- und einging. Sie hatte jedoch keine Beine und Füße, sondern stand nur auf ihrem Rumpf an einem Altar vor dem Angesicht Gottes. Sie umfaßte ihn mit ausgebreiteten Händen und überblickte mit durchdringenden Augen den ganzen Horizont. Ich konnte an ihr jedoch keine Bekleidung wahrnehmen; sie erstrahlte nur ganz von einem überhellen Licht und war von großem Glanz umgeben. Auf ihrer Brust blitzte ein rötlicher Schein wie Morgenrot auf und ich hörte daraus das vielstimmige Lied, das sie als die „funkelnde Morgenröte" besingt. Und diese Gestalt breitete ihren Glanz wie ein Gewand aus und sprach: „Ich muß empfangen und gebären." Und alsbald eilte blitzartig eine Schar von Engeln herbei und bereitete in ihr Stufen und Sitze für die Menschen, durch die diese Gestalt vollendet werden sollte.

Dann sah ich in Bodennähe schwarze Kinder wie Fische im Wasser durch die Luft schwimmen. Sie gingen durch die Öffnungen, mit denen die Gestalt durchbohrt war, in ihren Leib ein. Und sie seufzte auf und zog sie zu ihrem Haupt empor; da gingen sie aus ihrem Mund hervor, sie selbst aber blieb unversehrt. Und plötzlich erschien mir wiederum jenes helle Licht und darin eine Menschengestalt, die ganz von rötlichem Feuer durchglüht war (wie ich es schon früher in einer Vision gesehen hatte); sie zog jedem einzelnen von ihnen die schwarze Haut ab und warf sie über den Weg hinweg, bekleidete alle mit einem blütenweißen Gewand und ließ sie ein hellstrahlendes Licht sehen, während sie zu jedem von ihnen sprach:

„Lege die alte Ungerechtigkeit (vetustatem iniustitae) ab und ziehe die neue Heiligkeit an. Denn die Tür zu deinem Erbe ist dir wiedererschlossen. Bedenke also, wie du belehrt worden bist, deinen Vater zu erkennen, zu dem du dich bekannt hast. Ich habe dich aufgenommen und du hast dich zu mir bekannt. Sieh dir nun die beiden Wege an: der eine führt nach Osten, der andere nach Norden. Wenn du eifrig mit deinen inneren Augen auf mich schaust, wie es dich der Glaube lehrte, nehme ich dich in mein Reich auf. Und wenn du mich aufrichtig liebst, will ich tun, was du nur willst. Verachtest du mich aber und wendest dich von mir ab, so daß du zurückblickst und mich nicht kennen oder verstehen willst, wenn ich dich aus dem

Sündenschmutz (sordidum in peccatis) zu aufrichtiger Buße zurückrufe, du aber dennoch zum Teufel eilst, als ob er dein Vater wäre, wird dich das Verderben ereilen (suscipiet); denn du wirst nach deinen Werken gerichtet werden. Obgleich ich dir Gutes verlieh, wolltest du mich nicht erkennen."

Die Kinder aber, die durch den Leib der erwähnten Gestalt hindurchgezogen waren, wandelten in dem Glanz, der sie umgeben hatte.

Und sie schaute sie gütig an und sagte mit trauriger Stimme: „Diese meine Kinder werden wieder zum Staub zurückkehren. Ich empfange und gebäre nämlich viele, die mich, ihre Mutter, mancherlei Beunruhigungen aussetzen und bedrücken; denn sie bekämpfen mich durch Irrlehrer, Schismatiker und unnütze Gefechte, durch Raub und Mord, Ehebruch und Unzucht und andere ähnliche Verfehlungen. Doch sehr viele von ihnen erstehen in wahrer Buße zum ewigen Leben; und sehr viele verfallen in eitler Verhärtung dem ewigen Tod."

Und wieder hörte ich eine Stimme vom Himmel zu mir sprechen: „Aus lebenden Seelen wird der himmlische Bau aus lebendigen Steinen errichtet und mit dem unermeßlichen Tugendschmuck seiner Kinder geziert. Wie eine riesige Stadt umfaßt er die große Schar der Völker und wie ein weites Netz eine ungeheuere Menge Fische. Anmutig erblüht er in himmlischen Tugenden gemäß dem lebendigen Wirken der Gläubigen, die den christlichen Namen tragen.

1. Vom Aufbau der Kirche, die durch die Wiedergeburt im Geist und Wasser ständig ihre Kinder gebiert

Daher *siehst du* nun *etwas wie eine Frauengestalt, riesengroß wie eine Stadt.* Sie bezeichnet die Braut meines Sohnes, die durch die Wiedergeburt in Geist und Wasser ständig ihre Kinder gebiert; denn der starke Held (proeliator) hat sie dazu bestimmt, in seinen Erwählten eine riesige Schar zur Ausbreitung der Tugenden zu umfangen und zu vollenden. Kein Gegner nämlich kann sie in feindlichem Ansturm erobern, da sie den Unglauben verscheucht und sich im Glauben ausbreitet, so daß man auf dieser vergänglichen Welt versteht, daß jeder Gläubige, der seinem Nächsten ein gutes Beispiel gibt, im himmlischen Bereich große Tugendwerke vollbringt. Wenn jedoch jeder Gerechte zu den Kindern des Lichtes gelangt ist, wird das gute Werk, das sie getan haben, in ihnen in Erscheinung treten, während es in der Asche der Sterblichkeit noch nicht erkannt werden kann, weil es hinieden der Schatten der Vergänglichkeit (inquietudinis) verdunkelt.

2. Daß die Kirche seit ihrer Entstehung mit den Aposteln und Märtyrern geziert ist

Ihr Haupt war mit wunderbarem Schmuck umkränzt; denn als sie bei ihrer Entstehung im Blut des Lammes erweckt wurde, schmückte sie sich anmutig mit den Aposteln und Märtyrern. Sie wurde nämlich meinem Sohn als Braut anvermählt (in vera desponsatione desponsata); denn aus seinem Blut gestaltete sie sich im Glauben zu einem festen Bau für die gläubigen Seelen.

3. Daß sich die Kirche mit dem Priesteramt und der Verteilung von Almosen schmückt

Deshalb *hat sie Arme, von denen ein heller Glanz wie Ärmel vom Himmel zur Erde niederstrahlt.* Das ist das kraftvolle Wirken in den Priestern, die mit reinen Herzen und Händen im Sakrament des Leibes und Blutes ihres Erlösers das hochheilige Opfer auf dem geweihten Altar in der Kraft guter Werke darbringen; und das ist das rühmliche Werk in den Barmherzigen, d. h. in denen, die immer großmütig in aller Betrübnis Hilfe gewähren, mit gütigem Herzen Almosen unter die Armen verteilen und so von ganzem Herzen sprechen können: „Das ist nicht mein Eigentum, sondern es gehört dem, der mich erschaffen hat." Dieses von Gott eingegebene Werk erscheint vor seinem Angesicht im Himmel, wenn es im Leben der Kirche durch gläubige Menschen auf Erden vollendet wird.

4. Von der mütterlichen Güte der Kirche

Daß aber *ihr Leib wie ein Netz von vielen Öffnungen durchbohrt ist, durch die eine große Menge Menschen aus- und eingehen,* besagt: Ihre mütterliche Güte will gläubige Seelen gewinnen; sie faßt die verschiedenen Gipfel der Tugenden, auf denen die gläubigen Völker – dem wahren Glauben hingegeben – wandeln, scharf ins Auge. Mein Sohn ist es, der zum Fang der Fische sein Netz ausgeworfen hat, der Bräutigam seiner geliebten

Kirche, die er sich in seinem Blut anvermählte, um den Fall des verlorenen Menschen wieder wettzumachen.

5. Daß die Kirche, die noch nicht vollendet im Glanz ihrer Vollkommenheit dasteht, zur Zeit des Sohnes des Verderbens zur Vollendung gelangt

Sie hat noch keine Beine oder Füße, denn sie wurde noch nicht zur vollen Entfaltung ihrer Beständigkeit und zum Glanz ihrer Vollendung geführt; sie wird nämlich zur Zeit des Sohnes des Verderbens, welcher der Welt den Irrtum bringt, an all ihren Gliedern vom Brand grausamer Bosheit bis aufs Blut bedrängt (igneam et sanguineam angustiam patietur). Durch diese unheilvollen blutenden Wunden zur Vollendung gelangt, will sie schnell ins himmlische Jerusalem eilen. Aus dem Blut meines Sohnes kommt sie als liebliche Neuvermählte hervor und geht in dieser Liebesglut in ein Leben ein, das von der Freude über ihre Nachkommenschaft erfüllt ist.

6. Wie die Kirche ihre Kinder in lauterer Hingabe darbringt

Sondern sie steht nur auf ihrem Rumpf an einem Altar vor dem Angesicht Gottes. Sie umfaßt ihn mit ausgebreiteten Händen; sie ist nämlich immer schwanger und gebiert ihre Kinder im wahren Reinigungsbad und bringt sie Gott hingegeben durch die lauteren Gebete der Heiligen und den lieblichen Wohlgeruch der verschiedenen verborgenen und offenkundigen Tugenden dar; diese werden in der lauteren Absicht der Augen des Herzens hervorgebracht, ohne alle Befleckung von Heuchelei und irdischer Ruhmsucht (fama humanae laudis), wie der Weihrauch von aller schädlichen Beimischung (iniuria) widerwärtigen Geruchs gereinigt wird. Dieses gute Werk ist in den Augen Gottes (visioni Dei) ein angenehmes Opfer. Die Kirche bemüht sich ständig darum; sie strebt (anhelans) nämlich mit ganzem Verlangen im Werk der Fruchtbarkeit an Tugenden nach dem Himmlischen und erbaut mit dreißig-, sechzig- und hundertfältiger Frucht den hohen Turm der himmlischen Schutzmauern.

7. Daß keine Bosheit teuflischer Kunst die Kirche verfinstern kann

Deshalb *überblickt sie mit durchdringenden Augen den ganzen Horizont;* denn ihre Absicht, die sie getreulich auf das Himmlische richtet (habet), kann keine Bosheit, d. h. keine Überredungskunst des Teufels und kein

Irrtum des auf schwachen Füßen stehenden Volkes verdunkeln; auch nicht die in den einzelnen Ländern heraufziehenden Unwetter, wo die wahnsinnigen Menschen sich im Wüten des Unglaubens grausam zerfleischen.

8. Daß der menschliche Verstand die Geheimnisse der Kirche nicht vollständig zu betrachten vermag

Daß du aber keine Bekleidung an ihr wahrnehmen kannst, bedeutet: Ihre Geheimnisse vermag der von der Schwäche seiner Gebrechlichkeit beschwerte menschliche Verstand nicht vollständig zu schauen; er sieht *nur, daß sie ganz von einem überhellen Licht erstrahlt und von großem Glanz umgeben ist.* Denn die wahre Sonne durchstrahlt sie ganz mit dem reinen Anhauch (clarissima inspiratione) des Heiligen Geistes und dem anmutigen Schmuck der Tugenden.

9. Von der Jungfräulichkeit Mariens

Auf ihrer Brust blitzt ein rötlicher Schein wie Morgenrot auf; denn in den Herzen der Gläubigen erstrahlt in glühender Hingabe die Unversehrtheit der seligsten Jungfrau, die den Sohn Gottes gebar. *Du hörst daraus das vielstimmige Lied, das sie als die „funkelnde Morgenröte" besingt.* Wie es deinem Verständnis erschlossen wird (infunditur), soll nämlich jede Stimme der Gläubigen die Jungfräulichkeit der unbefleckten Jungfrau in der Kirche freudig begrüßen.

10. Von der Ausbreitung der Sakramente der wahren Dreifaltigkeit

Daß aber *diese Gestalt ihren Glanz wie ein Gewand ausbreitet und spricht: „Ich muß empfangen und gebären"*, heißt: In der Kirche breitet sich das Sakrament der wahren Dreifaltigkeit aus; es ist ihr Gewand zum Schutz der gläubigen Völker. Durch sie erhebt sie sich zum Bau aus lebendigen Steinen, die im Quell des Reinigungsbades (purissimi lavacri) weiß wurden. So zeigt sie auch, daß es zur Erlösung nötig ist, mit Kindern gesegnet zu sein und sie im Bad der Wiedergeburt durch den Geist und das Wasser zu gebären.

11. Daß jedem Gläubigen Engel zu Dienste stehen

Deshalb *eilt alsbald blitzartig eine Schar von Engeln herbei und bereitet in ihr Stufen und Sitze für die Menschen, durch die diese Gestalt vollendet werden soll.* Denn jedem gläubigen Menschen steht der ehrfürchtige und liebevolle Dienst der seligen Geister zu Gebote, die diesen Gläubigen für ihren Glauben Stufen und für ihren Frieden Sitze bereiten. In ihnen scheint die glückliche Mutter Kirche zur Vollendung ihrer Schönheit gelangt zu sein.

12. Von denen, die im Glauben an die Heilige Dreifaltigkeit von der Mutter Kirche wiedergeboren werden, während sie selbst unversehrt bleibt.

Doch *dann siehst du in Bodennähe schwarze Kinder wie Fische im Wasser durch die Luft schwimmen. Sie gehen durch die Öffnungen, mit denen die Gestalt durchbohrt ist, in ihren Leib ein.* Das bezeichnet die Schwärze jener törichten Menschen, die noch nicht im Bad der Erlösung abgewaschen sind; doch sie, welche das Irdische lieben, sich überall darin ergehen und ihre Wohnung in seiner Unbeständigkeit aufschlagen, gelangen schließlich doch zur Mutter der Heiligkeit, erwägen die Bedeutung ihrer Geheimnisse und empfangen ihren Segen. Dadurch werden sie dem Teufel entzogen und Gott zurückgegeben. So reihen sie sich in die Gemeinschaft der Kirche ein, wo der gläubige Mensch mit dem Heil beglückt werden soll, wenn er innerlich spricht: „Ich glaube an Gott“, und was sonst zum Glauben gehört.

Deshalb *seufzt sie auf und zieht sie zu ihrem Haupt empor; da gehen sie aus ihrem Munde hervor, sie selbst aber bleibt unversehrt.* Die gesegnete Mutter nämlich seufzt innerlich auf, wenn das Taufwasser mit dem Chrisam durch die Heiligung des Heiligen Geistes geweiht wird und ein Mensch durch die wahre Beschneidung des Geistes und des Wassers erneuert werden soll. So der höchsten Seligkeit hingegeben, die der Ursprung von allem ist, und zum Glied Christi geworden, wird er durch die Anrufung der Heiligen Dreifaltigkeit wie durch den Mund der gesegneten Mutter zum Heil wiedergeboren, während die Mutter keinerlei Verletzung erleidet, denn sie harrt ewig in ihrer unversehrten Jungfräulichkeit aus, d. h. im katholischen Glauben. Sie entsprang ja dem Blut des wahren Lammes, nämlich ihres vertrauten Bräutigams, der ohne jede Verletzung der Unversehrtheit aus der reinsten Jungfrau geboren wurde. So bleibt diese Braut unberührt, so daß keine Spaltung sie vernichten kann. Soundsooft wird ihr jedoch von verkehrten Menschen heftig zugesetzt werden (fatiganda erit), doch mit der Hilfe ihres Bräutigams wird sie sich tapfer verteidigen, wie eine Jungfrau, die oft durch satanische List (ars) und Überredungskunst vieler Menschen in wollüstiger Begierde angefeindet wird. Durch ihre Gebete, die sie vor Gott ausschüttet, wird sie jedoch zur Bewahrung ihrer Jungfräulichkeit sogleich von diesen Versuchungen befreit. So widersteht auch die Kirche ihren boshaften Verderbern, den Irrlehren der Häretiker — nämlich den christlichen, jüdischen und heidnischen — die sie befeinden und ihre Jungfräulichkeit — den katholischen Glauben — vernichten wollen. Sie aber widersteht ihnen tapfer, um nicht zugrundezugehen, denn sie war immer Jungfrau, ist es und wird es immer bleiben. Der wahre Glaube, d. h. die Grundlage (materia) ihrer Jungfräulichkeit, bleibt von allem Irrtum unberührt, wie auch die Würde der keuschen Jungfrau auf dem Fundament ihrer leiblichen Keuschheit gegenüber aller Ansteckung durch die Begierde standhaft und unversehrt bleibt.

Deshalb ist die Kirche die jungfräuliche Mutter aller Gläubigen. Sie empfängt und gebiert sie nämlich geheimnisvoll durch den Heiligen Geist und bringt sie Gott dar, so daß sie Kinder Gottes genannt werden. Und wie der Heilige Geist die selige Mutter überschattet hat, so daß sie schmerzlos, auf wunderbare Weise den Sohn Gottes empfing und gebar und dennoch Jungfrau blieb, so erleuchtet auch der Heilige Geist die glückliche Mutter der Gläubigen, so daß sie ohne jede Befleckung in Einfalt Kinder empfängt und gebiert und Jungfrau bleibt. Was besagt das?

13. Gleichnis vom Balsam, dem Salbengefäß und dem Karfunkel

Wie der Balsam vom Baum ausgeschwitzt wird und die in ihm verborgenen Heilkräfte dem Salbengefäß entströmen, und wie der helle Glanz des Karfunkels sich ohne Hindernis ausbreitet, so wurde der Sohn Gottes ohne das Hindernis der Verletzung aus einer Jungfrau geboren; und so gebiert auch die Kirche als seine Braut ohne Beeinträchtigung durch Irrtum ihre Kinder, bleibt jedoch in der Unversehrtheit des Glaubens Jungfrau.

14) Daß die Heilige Dreifaltigkeit den Getauften bei der Taufe im geöffneten Himmel erscheint, ihnen die Sündenschwärze wegnimmt und jeden mit einem weißen Gewand bekleidet

Daß du aber siehst, wie *dir wiederum jenes helle Licht und darin eine Menschengestalt, die ganz von rötlichem Feuer durchglüht ist (wie du es schon früher in einer Vision gesehen hattest), erscheint,* besagt: Die wahre Dreifaltigkeit in der wahren Einheit, nämlich der gütige (serenissimus) Vater und im Vater sein liebenswerter (dulcissimus) Sohn, der vor Beginn der Zeiten seiner Gottheit nach im Vater lebt, aber in der Zeit dem Fleische nach vom Heiligen Geist empfangen und von der Jungfrau geboren wurde, wie dir in einer ganz wahren Vision gezeigt worden ist, wird dir auch jetzt zur Bestärkung im Glauben gezeigt. Denn die selige Dreifaltigkeit erscheint den Getauften bei der Taufe im geöffneten Himmel, damit der gläubige Mensch die Gewißheit darüber empfange, wie er den einen Gott in der wahren Dreifaltigkeit verehren soll; sie ist ja auch bei der ersten Taufe (des Johannes) wirklich erschienen.

Und sie zieht jedem einzelnen Kind die schwarze Haut ab und wirft sie über den Weg hinweg, bekleidet alle mit einem blütenweißen Gewand und läßt sie ein hellstrahlendes Licht sehen, während sie zu jedem von ihnen Worte fruchtbarer (beatae) Ermahnung spricht: Die göttliche Allmacht betrachtet die Menschenherzen, wäscht ihnen im Bad der Taufe barmherzig die Vergehen ihrer Treulosigkeit (infidelitatem scelerum) ab und wirft sie über den Weg hinweg, der Christus ist. Denn in Christus gibt es keinen Tod, sondern in ihm ist durch ein aufrichtiges Bekenntnis und die Reinigung von Sünden Leben. Jeder Gläubige wird durch ihn mit dem strahlenden Glanz des Heils bekleidet und durch ihn wird ihm dann auch die Herrlichkeit des seligen Erbes, aus dem der Mensch einst verstoßen wurde, erschlossen. Er mahnt nämlich mit den Worten der Wahrheit, die altgewohnte Bosheit abzulegen und das neue Geschenk der Gnade zur Rettung anzunehmen.

Daß aber die Kinder, die durch den Leib der erwähnten Gestalt hindurchgezogen waren, in dem Glanz wandeln, der sie umgeben hatte, bedeutet: Diejenigen, deren glückliche Mutter die Kirche durch den heiligen Quell der heiligen Taufe wurde, sollen im göttlichen Gesetz, mit dem diese Mutter erleuchtet und geschmückt wurde, verharren und es bewahren, damit sie sich nicht, wenn sie es treulos verwerfen, wiederum mit den Sünden beflecken, von denen sie gereinigt worden waren.

15. Klage der Kirche über den Irrtum ihrer Kinder

Deshalb *schaut sie sie* auch *gütig an und sagt mit trauriger Stimme: Diese meine Kinder werden wieder zum Staub zurückkehren.* Denn die gesegnete Mutter liebt sie aus tiefstem Herzen (interiori dilectione diligens), erbarmt sich ihrer in innerster Seele und klagt, daß jene, die sie im Bad der Wiedergeburt geboren hat, nämlich als reine himmlische Seelen (mundos in caelestibus effectos), wieder nach dem Irdischen trachten und sich mit Sünden beschmutzen. Wieso? Weil viele den Glauben nur äußerlich annehmen, bekämpfen sie ihn innerlich durch verschiedene Laster und gehen mehr auf dem Weg des Irrtums als auf dem Weg der Wahrheit. Kommen auch viele von ihnen wieder vom Irrweg ab (a falsitate resipiscunt), verharren doch viele in der Bosheit, wie die Mutter mit ihren Worten andeutet, die oben angeführt sind.

16. Daß den Menschen zwei Zeichen anvertraut sind, um sich zu verteidigen

Man erkennt nämlich zwei Zeichen der Gesetzgeber (legis signatorum), die den Menschen anvertraut sind, nämlich die Beschneidung bei den Vätern des alten Bundes und die Taufe bei den Lehrern des neuen. Durch sie sind die Menschen ins Joch gespannt wie der Ochs in sein Gespann. Obgleich dieser mit dem Stachel angespornt wird, würde er doch krumme Furchen ziehen, wenn er an kein Joch gebunden wäre. Gleicherweise würden auch die Menschen nicht auf meinen Wegen gehen, wenn sie nicht an das Joch ihrer Zeichen gebunden wären.

17. Gleichnis vom Jüngling

So verhält es sich auch mit einem Jüngling, der auf irgendeinem Weg dahingeht und sein Vater würde sagen: „Marschiere geradeaus", ihm aber kein Schwert oder eine andere Kriegswaffe zur Verteidigung gäbe. Was würde geschehen? Unbewaffnet würde er fliehen; er würde es nicht wagen und nicht vermögen, sich vor einer Gefahr, die ihm begegnet und ihn von seinem Weg abbringen will, zu verteidigen, sondern er würde sich verstekken, weil er von keiner furchterregenden Waffenrüstung geschützt ist, mit der er sich verteidigen könnte. So wäre mein Volk unbewaffnet, wenn es nicht getauft wäre und so seinen Feinden, die es mit dem Taufchrisma besiegelt sehen, Schrecken einjagt (terribilis apparet). Dadurch widersetzt es sich sogar tapfer denen, die es vernichten wollen, nämlich den vielen Menschen und dem Heer des Teufels.

18. Warum dem Adam kein doppeltes Gebot auferlegt werden sollte

Doch Adam sollte kein doppeltes Gebot auferlegt werden. Wieso? Ich gab ihm ein Gebot bezüglich des Baumes, als er mich in der Unschuld seines Herzens schaute. Er aber verachtete mich und stimmte mit der listigen Schlange überein. Das erwies sich als so verderblich, daß mich jetzt kein sterbliches Auge mehr erblicken kann, solange Menschen auf dieser vergänglichen Welt leben. Doch weil Adam mein Gebot übertrat, blieb er samt seinem Geschlecht ohne Gebot, bis zu der Zeit, welche die Großzügigkeit meines Sohnes ankündigte.

19. Daß die offenkundige Belehrung des Heiligen Geistes durch Noe die alte Schlange bedrohte, die Beschneidung Abrahams ihre Backe traf und die Kirche sie fesselte

Die Belehrung des Heiligen Geistes trat an Noe in Erscheinung, als das Menschengeschlecht dem Untergang entgegeneilte; da errichtete ich eine Arche über der Sintflut. Denn ich sah von Ewigkeit voraus, daß nach dem bösen Geschlecht, das sich ganz mit pechschwarzer Bosheit befleckt hatte, eine neue Nachkommenschaft erstehen sollte. Denn nach dem Hinübergang Adams verfehlte sich sein Geschlecht, das nicht wußte, daß ich Gott bin, und fragte: „Wer ist Gott? Wer ist Gott?" Und dann entstand unter ihnen jegliches Böse, so daß die alte Schlange sich mit entfesselter Gewalt unter ihnen erging und ihnen einflüsterte, ganz nach ihrem Willen zu handeln. Sie war nämlich damals vom Band ihrer Fessel befreit worden, so daß sie vor der Sintflut die Belehrung des Heiligen Geistes nicht bedrohte wie ich sie durch Noe bedrohte, durch den die neue Nachkommenschaft erstand. Denn ich erzog mein Volk so, daß es seiner Lehre nicht vergessen konnte. Denn zuerst bedrohte sie die Belehrung des Heiligen Geistes durch Noe, dann traf sie die Beschneidung durch Abraham an der Backe, darauf aber fesselte sie in der Endzeit die Kirche, bis die Welt am Jüngsten Tag vergeht. Doch ich erlaubte dem Teufel vor der Sintflut, seine Macht in der Welt auszuüben — wegen des einstigen Kampfes, in dem er Adam besiegt hatte — bis er seinen Bauch mit dem Kadaver jeglicher Bosheit gefüllt hatte; und das gestattete ich deshalb, weil mein Urteil gerecht ist. Deshalb erhob ich mich auch als (rettender) Berg in der Sintflut und tötete die

Sünder, verschonte aber um meines geheimen Ratschlusses willen (in mysterio meo) Noe. Der Teufel konnte ihm nichts anhaben (exspoliare), weil er nach meinem Willen über der Sintflut schwamm. Und ich bestimmte in der Sintflut den ganz gerechten Sproß, nämlich meinen Sohn, und verkündete der neuen Welt den, der ohne Aufsehen (silenter) auf die Welt kam und kundgab, daß die Heilige Dreifaltigkeit wahrhaft zu verehren ist. Wieso?

20. Was die drei Arme bedeuten

Er (der Sproß) zeigt drei Arme, welche die Heilige Dreifaltigkeit bezeichnen; wodurch du, Synagoge, mich verleugnen wirst und womit mich ein fremdes Volk aufnehmen wird; und du, o Abraham, wirst dadurch verherrlicht werden. O Abraham, du bist umschlossen von der Beschneidung, eingemauert vom alten Bund, geschmückt von der aufgehenden Sonne der Kirche. Ich gab dir und deinem Stamm die Beschneidung bis zur Erscheinung meines Sohnes, der die Sünden der Menschen öffentlich vergab. Die fleischliche Beschneidung der alten Vorhaut hatte ein Ende (cecidit),als der Taufquell zur Heiligung im Bad meines Sohnes wahrhaft aufsprudelte.

21. Daß zur Zeit der Beschneidung die unbeschnittenen Männer Gesetzesübertreter waren

Wer aber zur Zeit der Beschneidung aus deinem Stamm unbeschnitten blieb — gemäß der Zeit, die ihnen damals kundgetan wurde, seien sie nun jünger oder älter — hat meinen Bundesschluß übertreten, ausgenommen die Frauen, denen die Beschneidung nicht auferlegt ist. Denn die Frau ist nicht zu beschneiden, weil das mütterliche Zelt in ihrem Leib verborgen ist und nicht berührt werden kann, außer das Fleisch bindet sich an Fleisch, und weil sie unter der Gewalt des Mannes ist, wie der Knecht unter seinem Herrn.

22. Wie bei der Erschaffung Adams drei Kräfte angedeutet sind, so gibt es auch drei Kräfte im Mann zur Zeugung von Nachkommen

Denn der Mann besitzt für seine Aufgabe drei Kräfte, d. h. die Begierde, die Zeugungskraft und das Streben. Die Begierde aber entflammt die Zeugungskraft; deshalb steckt in beiden das Streben nach dem vollbrachten

Werk (cocti laboris) und brennendes Verlangen danach. Es zeigt sich so, wie bei der Erschaffung Adams drei Kräfte angedeutet sind. Der Wille Gottes bildete den Menschen in Vollmacht und er tat es in großer Liebe, als er selbst den Menschen zu seinem Bild und Gleichnis schuf. Im Willen Gottes aber erkenne die Begierde des Mannes, in der Vollmacht Gottes die männliche Zeugungskraft und im Liebeswillen und in der Liebeskraft Gottes das Streben der Begierde und der Zeugungskraft des Mannes.

Auf diese Weise ging durch den Mann das Menschengeschlecht aus der Frau hervor, denn Gott schuf auch den Menschen aus dem Lehm der Erde. Wie nämlich die Erde in ihrer Keimkraft fruchtbares Ackerland ist, so ist auch die Frau zum Gebären mit Feuchtigkeit ausgestattet. Was bedeutet das?

Die Frau kennt eine Zeit, in der ihr innerer Saft zutagetritt und sich mit dem Strom ihrer Lebenskraft glühend in ihr ausbreitet, auch wenn sie keinen Mann freiwillig erkennt (suscipit), sondern ihn verschmäht und seinem Willen nicht zustimmt noch Kinder gebiert. Hätte sie nämlich keinen warmen Lebenssaft (umorem viriditatis), würde sie unfruchtbar bleiben wie dürre Erde, die sich zu keiner nützlichen Fruchtbarkeit hergibt (flectit): Doch hat auch diese feuchte Lebenskraft der Frau nicht immer den Brand der glühenden Begierde in sich, wenn sie nicht vorher von einem Mann berührt, die brennende Glut der Lust zuläßt; denn in ihr befindet sich nicht eine so starke und glühende Begierde wie im Mann. Er ist stark wie ein Löwe im Verlangen nach Zeugung von Nachkommen (operis filiorum) und hat deshalb die Kraft der Begierde und die Zeugungskraft. Die Frau jedoch hat nur die Aufgabe, seinem herrscherlichen Willen (imperio voluntatis) untertan zu sein; denn sie ist davon in Anspruch genommen, die Kinder zu gebären, bis sie sie in die Welt entläßt.

23. Daß eine Frau, die Gott zuliebe ihre Jungfräulichkeit bewahrt, von Gott sehr geachtet wird

Wenn diese (Frau) nach meinem Sohn verlangt und aus Liebe zu ihm ihre Jungfräulichkeit bewahren will, wird sie in seinem Brautgemach herrlich (valde) geschmückt) weil sie die Glut, die sie ihm zuliebe erduldet, nicht beachtet und sich nicht vom Brand der glühenden Begierde entkräften läßt, sondern in Keuschheit verharrt. Denn sie verachtet um der geistlichen Vermählung willen einen menschlichen Partner (carnalem virum) und eilt voll Verlangen meinem Sohn nach; den Gedanken an einen menschlichen

Partner verwirft sie nämlich. O liebenswerte Sprößlinge, o ihr lieblichen, süßer als aller Wohlgeruch duftenden Blumen! Daraus erhebt sich die zarte und gebrechliche Natur wie die Morgenröte zur Vermählung mit meinem Sohn. Sie umfängt ihn zärtlich in keuscher Liebe, denn sie ist seine Braut und er ihr Bräutigam. Diese Art von jungfräulichen Menschen liebt ihn nämlich sehr und soll im himmlischen Reich mit besonderem Schmuck geziert werden. Was folgt daraus?

24. Daß ein Mann, der Gott zuliebe auf eheliche Gemeinschaft verzichtet, Schicksalsgefährte des Gottessohnes wird

Wenn auch ein Mann in seiner Vollkraft (fortitudo viri) darauf verzichtet, eine eheliche Gemeinschaft einzugehen, so daß sich der Mann aus Liebe zu meinem Sohn in der Blüte seiner natürlichen Zeugungskraft Gewalt antut und seine Glieder in Zucht hält, damit sie nicht die fleischliche Begierde befriedigen, so ist mir das ein großer Liebesbeweis (valde amabile); denn so besiegt der Mann sich selbst. Deshalb will ich ihn auch zum Schicksalsgefährten meines Sohnes machen und stelle ihn als hellen Spiegel vor sein Angesicht, weil er dem Teufel tapfer widerstand, der das Menschengeschlecht durch die schlimme Beschmutzung mit Unglauben an sich gezogen hatte. Um es aus seiner Schlinge zu befreien, sandte ich meinen Sohn in die Welt, ohne allen Sündenmakel aus der liebreichen (dulcissima) Jungfrau geboren. Er brachte den Quell des Heils hervor, den er selbst als unschuldiges Lamm geheiligt hat, damit die Unreinheit (praeputium) der alten Schuld in ihm getilgt werde. Was bedeutet das?

Das Vergehen der Übertretung Adams ist eine widerwärtige Unreinheit. Mein Sohn nahm sie hinweg, als er selbst zum Qeull des Heils hinzutrat und die Christenschar großmütig (nobilissime) weihte, damit die alte Schlange, die den Menschen verführt hatte, in diesem seinem Bad ertränkt würde. Wie? Der Sohn entspricht der Forderung seines Vaters, ja er erhält sein Erbe. Was heißt das? Das Geschlecht Adams wurde seiner Sünde wegen vom Paradiesesort vertrieben und im heilbringenden Bad durch meinen Sohn zum Leben zurückgerufen. Wie? Er ließ über den Ungläubigen, die meinen Geboten widerstrebten, die Stimme des Segens ertönen, so daß sie betroffen im Geist der Zerknirschung um Vergebung flehten, wie mein Knecht Isaias in meinem Auftrag bezeugt und spricht.

25. Worte des Propheten Isaias

„Und es werden die Söhne derer, die dich gedemütigt haben, gebückt zu dir kommen und es werden dir zu Füßen fallen (adorabunt vestigia), die dich in den Staub zogen" (Is. 60,14). Was bedeutet das? O du, der du himmlischer Friede und eine klare Sonne bist, durch dich sprudelt der lebendige Quell (radix) hervor, welcher die Wiedergeburt im Geist und Wasser bewirkt (est), wenn jene beflissen kommen (sollerter venient), um dich anzuerkennen, die im Schmutz gottloser Unreinheit unter schwerem Fluch dahingestreckt lagen. So werden sie sich denn auf diese Weise doch noch wie Gebückte zur Wahrheit und Gerechtigkeit erheben. Wieso?

Sie werden die Muttermilch (maternam dulcedinem) des wahren Glaubens saugen. Obwohl sie sie augenscheinlich sehen, kennen sie sie doch nicht, sondern genießen sie (rapient) nur mit gläubigem Vertrauen. Und wer sind diese? Es sind jene, die mit dem Sündenleib (materia peccati) von denen abstammen, die dich niemals in brennender Liebe schauten, sondern welche dich grausam bedrängten und dir verwegen zusetzten; als ob du sie nicht beherrschen würdest, haben sie dich in guter Gesinnung zärtlich geliebt.

Und deshalb werden sie dich, wenn sie dem wahren Glauben gefolgt sind, wie einen König behandeln und wie einen Herrscher verehren und in schnellem Lauf den heiligen Wegen folgen, die du ihnen vorgeschrieben hast, so daß sie immer mit erhobenen Händen auf dich blicken und dir in guten Werken entgegenharren, dich nämlich im Glauben sehen, ohne Widerwillen zu empfinden. Und das alles werden jene tun, die dich früher unverschämt und ehrfurchtslos zerrissen und dich in Haß und Neid zerteilten, wenn sie dich jetzt im Spiegel des Glaubens glühend umarmen. Was bedeutet das?

26. Daß der Fall Adams den Himmel für den Menschen verschloß und daß die Ausschließung bis zur Zeit des Gottessohnes dauerte

Denn der Fall Adams verschloß in meiner Ungnade den Himmel; da der Mensch mich verachtete und auf die listige Schlange hörte, wurde ihm auch die Herrlichkeit des Paradieses verschlossen. Diese Ausschließung dauerte, bis mein edler Sohn kam, der nach meinem Willen an den Jordanfluß trat, wo meine Stimme gütig ertönte, als ich erklärte, daß er mein geliebter Sohn sei, an dem ich mein Wohlgefallen hätte. Denn ich wollte am Ende der

Zeiten den Menschen durch meinen Sohn erlösen, der mir in reiner Glut anhing wie die Wabe dem Honig. Deshalb sandte ich ihn auch als Quell, der mich als Quell lebendigen Wassers bezeichnete, damit auch er selbst als Quell des Heils jene Seelen vom ewigen Tod erwecke, denen im Wasser durch den Heiligen Geist die Vergebung der Sünden geschenkt werden sollte. Darum erschien dort auch der Heilige Geist, weil durch ihn den Gläubigen die Sündenvergebung zuteil wird; dort nämlich wies der Heilige Geist in Gestalt der Taube — die sich einfältig und aufrichtig verhält — um des mystischen Geheimnisses willen auf meinen Eingeborenen hin. Denn auch der Heilige Geist ist in Einfalt und Güte die unvergängliche Gerechtigkeit aller Guten. Und das ziemte sich, weil mein Sohn ohne einen Makel der Schuld aus der Jungfrau geboren wurde, damit auch der Mensch, der unter der Sünde von Mann und Frau geboren wird, sündenlos, herrlich und ruhmreich wiedergeboren werde, wie dieser mein Sohn im Evangelium zu Nikodemus spricht.

27. Worte des Evangeliums

„Amen, Amen, ich sage dir, wenn jemand nicht aus Wasser und Geist wiedergeboren wird, kann er nicht in das Reich Gottes eingehen" (Joh. 3,5). Was besagt das? Mit unwandelbarer Sicherheit und ohne unsichere Zweideutigkeit sage ich dir, der du aus Verderbnis geboren bist, daß der Mensch, der mit vergifteter Leiblichkeit bekleidet (involutus venenosae facturae) aus brennender Glut hervorging, in der Lauheit seiner Nachlässigkeit zuschanden wird, wenn er nicht in der wahren Freude der Neugeburt (sobolis) aus dem Wasser der Heiligung und dem Geist der Erleuchtung wiedergeboren wird. Wieso?

Der Mensch wird nämlich mit dem lebensspendenden Geist wie mit Wasser übergossen; denn wie das Wasser den Schmutz abwäscht und der Geist das Unbelebte belebt, so kann der Mensch nicht auf dem Weg (per introitum) der Erlösung Erbe des Reiches seines Schöpfers werden, wenn er nicht in der wahren Wiedergeburt gereinigt wurde. Denn er ist mit der Sünde des ersten Menschen, den der Teufel listig täuschte, belastet. Wieso?

Wie nämlich ein Dieb, welcher den edlen und kostbaren Schatz eines Königs stiehlt, heimlich einbricht, so schlich sich auch die im Rachen des Teufels versteckte Empfängnis verführerisch ein, so daß er das kostbare Kleinod der heiligen Unschuld und Keuschheit in denen, welche der Heilige Geist bewohnt, boshaft entwendete; deshalb muß es jetzt im heiligenden

Bad gereinigt werden. Denn die todbringende Glut, welche die Lust zusammen (in coagulatione) mit dem Verlangen nach der Sünde der Übertretung der Gebote des allmächtigen Gottes entfachte, muß in dem ertränkt weden, der niemals seine Wunder eifersüchtig verbirgt, sondern es (das Kleinod) in unsagbarer Güte lobenswerterweise deutlich offenbart.

28. Ermahnungen Gottes

Hört also in Bezug auf die Einrichtung der Wiedergeburt (in der Taufe) auf meinen Sohn. Sie ist eine Offenbarung meines Reiches. Lernt von ihm, damit ihr meine Gebote erfült. Tut danach und es wird mir wohlgefallen. Hütet euch vor der Verführung durch die alte Schlange. Wenn ihr eure Taufunschuld (baptismum) bewahrt, wie euch im Namen der Heiligen Dreifaltigkeit aufgetragen ist, werdet ihr nicht sterben; und sooft ihr fallt, erhebt euch — wie es meinem Erbarmen entspricht — reuig zur Besserung von euren Sünden. O ihr, meine geliebten Söhne, erkennt die Güte eures Vaters, der euch in seiner Kraft (in semetipso) durch ein aufrichtiges Bekenntnis und durch wahre Vergebung aus dem Rachen (maxilla) des Teufels befreit und euch alle Güter verschafft hat, mit denen ihr euch anstrengen sollt, das himmliche Jerusalem in Besitz zu nehmen, das ihr durch verführerischen Betrug verloren habt. Denn man kann sein verlorenes Erbe nur zurückgewinnen, wenn man Mühe und Schweiß aufwendet. Ihr aber könnt die himmlische Seligkeit — sie ist euer rechtmäßiges Erbe — leicht durch die Beobachtung einer kleinen Vorschrift erlangen. Denn der Heilige Geist hat — wie gesagt — in der Taufe die Macht des Satans vom Menschen vertrieben und ihn in der Wiedergeburt zu einem neuen Menschen geheiligt, damit er die verlorenen Freuden wiederzugewinnen vermag. Deshalb weigere sich keiner, der nach Erlösung verlangt, durch die Tilgung seiner Vergehen wiedergeboren zu werden.

29. Daß bei der Beschneidung Abrahams ein Glied, bei der Taufe Christi aber alle Glieder beschnitten werden

Denn ich gab den männlichen Nachkommen Abrahams (das Gesetz) der Beschneidung eines Gliedes; doch durch meinen Sohn gebot ich den Männern und Frauen aller Völker die Beschneidung all ihrer Glieder. Wieso? Die Beschneidung der Taufe hat ihren Ursprung in der Taufe meines Sohnes; und das wird bis zum Jüngsten Tag so bleiben; und nach ihm wird seine Heiligkeit in Ewigkeit fortbestehen und kein Ende haben. Und wer so im Bad der Taufe beschnitten wird, wird wirklich beschützt, wenn er diese Reinheit (lavacrum) in gerechten Werken gläubig bewahrt. Denn, sei er ein jüngerer oder ein älterer Mensch, ich nehme ihn an, wenn er meinen Bund hält, den er mit mir geschlossen hat, indem er nämlich an mich glaubt und mich in der wahren Dreifaltigkeit bekennt — entweder er selbst oder durch andere, die für ihn sprechen, wie ein Kind oder ein Stummer Worte aus einem fremden Mund erbittet — und ich werde ihn in Ewigkeit nicht vernichten wie denjenigen, der sich weigert, diesen Quell mit den Werken des Glaubens anzuerkennen (suscipere), wie es wiederum mein Sohn lehrt und es im Evangelium geschrieben steht.

30. Worte des Evangeliums

„Wer glaubt und sich taufen läßt, wird gerettet; wer aber nicht glaubt, wird verdammt" (Mk. 16,16). Was besagt das? Sieht ein Mensch in seiner Erkenntnis, die das innere Auge ist, etwas, was dem äußeren Auge verborgen ist, und zweifelt er nicht daran, so glaubt er sicherlich; und das ist der Glaube. Denn was der Mensch äußerlich erkennt, das kennt er auch äußerlich, und was er innerlich sieht, das schaut er auch innerlich. Wenn daher die Erkenntnis des Menschen im Spiegel des Lebens die unfaßbare Gottheit, die das äußere Auge nicht zu schauen vermag, leidenschaftlich erfaßt, wird das Verlangen des Fleisches unterdrückt und zu Boden geschlagen. Deshalb seufzt auch der Geist jenes Menschen nach der wahren Erhabenheit, wenn er diese Wiedergeburt erfährt, die der Menschensohn — vom Heiligen Geist empfangen — mit sich brachte. Seine Mutter empfing ihn nicht vom Fleisch eines Mannes, der von seiner Leidenschaft geplagt ist (sudantis in libidine), sondern aus dem Geheimnis des Vaters aller (Schöpfung). Und er erschien liebenswert und wies auf den reinen und lebendigen Spiegel des Wassers hin, so daß der Mensch darin neues Leben empfängt (in regeneratione vivit). Denn wie der Mensch aus dem Fleisch geboren wird, da ihn die göttliche Macht in der Gestalt Adams erschafft, so erwirbt der Heilige Geist das Leben der Seele durch die Überflutung mit Wasser, wenn diese den Geist des Menschen umfängt und zum Leben erweckt, wie er vorher in der Woge des Blutes erweckt wurde, als er im Gefäß des Leibes sichtbar wurde. Wie nämlich die Gestalt des Menschen damals so liebevoll geformt wurde, daß sie Mensch genannt wird, so wird der Geist des Menschen jetzt unter dem Blick Gottes im Wasser belebt, so daß Gott ihn als Erben des Lebens anerkennt.

Wer deshalb den Quell des Heils mit dem Bund der Gerechtigkeit entgegennimmt, findet in der Erlösung das Leben, weil er getreulich geglaubt hat. Wer aber nicht glauben will, ist tot, weil er kein Seufzen des Geistes kennt, mit dessen Hilfe er sich zu den Höhen des Himmels emporschwingen könnte; er berührt und ertastet ihn nur mit blinden Augen, mit der umdunkelten fleischlichen Erkenntnis ohne Leben. Ihm fehlt die lebendige Unterweisung, die Gott dem Menschen einhaucht, der gegen den Willen des Fleisches emporsteigt. Darum wird er zum Tod des Unglaubens verurteilt, weil er das Bad des Heiles verschmähte (non habuit). Ich verwehrte nämlich keiner Zeit und keinem Geschlecht dieses Heil, sondern habe diese Berufung durch meinen Sohn dem ganzen Volk gütig eingestiftet.

31. Daß Gott jederzeit Menschen jeglichen Alters und Geschlechts — nämlich des männlichen und des weiblichen — in der Taufe gütig aufnimmt

Denn wenn ein Mensch, welchen Geschlechts und Alters er auch sei, ein Mann oder eine Frau, ein Kind oder ein Greis — zu welcher Zeit auch immer im Verlauf des Lebens (labentium horarum) — in verlangender Hingabe zur Taufe kommt, will ich ihn mit entgegenkommender Liebe aufnehmen. Und ich verweigere einem Kind nicht das Bad der Taufe, wie gewisse betrügerische Verführer behaupten, die mir unterstellen, ich verwerfe eine solche Darbringung; auch im Alten Testament verwarf ich nicht die Beschneidung eines Kindes, obzwar es sie weder mit seiner Stimme erbat noch willentlich empfing, sondern seine Eltern sie für es vollzogen.

So verwerfe ich auch jetzt in der neuen Gnadenzeit nicht die Taufe eines Kindes, obgleich es sie weder mit Worten noch mit seiner Zustimmung verlangt, sondern nur die Eltern dies für es tun.

32. Daß zu Ehren der Heiligen Dreifaltigkeit drei Personen dem Täufling zur Seite stehen müssen, nämlich der Priester und zwei Paten, die für seinen Glauben bürgen, und daß diese keine fleischliche Verbindung mit ihm eingehen sollen

Und dennoch wird es, wenn es das Heil empfangen möchte, das gläubige Versprechen rechtskräftig erfüllen, welches die für es ablegten, welche es zum hochheiligen Quell brachten. Zu Ehren der Heiligen Dreifaltigkeit müssen es drei Personen sein, nämlich der Priester, der es übergießt, und zwei, die seinerstatt den Glauben bekennen. Wer aber auf diese Weise durch das Bad der Taufe zu dem Täufling in Beziehung steht, darf sich mit ihm zu keiner fleischlichen Zeugung verbinden; denn er ist mit ihm durch geistliche Vaterschaft verbunden. Bei der Taufe meines Sohnes nämlich ließ ich, der Vater, meine Stimme ertönen; das deutet auf den Priester, der beim Taufbad den Segen spendet; und der Heilige Geist erschien in Gestalt eines sanften Lebewesens; das bezeichnet den Mann in der Einfalt seines Herzens, der verkündet und dartut, daß dort ein Mensch getauft werden soll. Daß eine Frau als liebevolle Amme anwesend ist, zeigt an, daß auch mein Sohn wegen der beglückenden Menschwerdung als mein Eingeborener sich leibhaftig als Täufling einstellte. Was folgt?

33. Vergleich mit einem Kind

Doch wie ein Kind mit Milch und der von einem andern zerkleinerten Speise leiblich ernährt wird, so wird es auch die Unterweisung und den ihm in der Taufe vorgesetzten Glauben aus ganzem Herzen beobachten. Wenn es aber nicht an der Brust seiner Mutter saugt und die für es zerkleinerte Nahrung nicht aufnimmt, wird es unverzüglich sterben; so wird es auch, wenn es die Nahrung seiner gütigen Mutter Kirche nicht entgegennimmt und die Worte der gläubigen Lehrer, die ihm bei der Taufe vorgelegt wurden, nicht bewahrt, dem grausamen Tod der Seele nicht entrinnen. Es hat nämlich die Rettung der Seele und das Glück (dulcedinem) des ewigen Lebens zurückgewiesen. Und wie das Kind die leibliche Nahrung mit seinen Zähnen nicht kauen kann und ein anderer sie ihm zum Schlucken zerdrücken muß, damit es nicht sterbe, so muß es geschehen, daß ihm geistliche Helfer beistehen und ihm — da es bei der Taufe noch keine Worte zum Bekenntnis zu mir finden kann — die Lebensnahrung, d. h. den katholischen Glauben, vorsetzen, damit es nicht in der Schlinge des ewigen Todes gefangen werde. Wie?

Der Herr gibt seinem Diener mit befehlender Stimme seinen Auftrag und dieser erfüllt ihn, von Furcht genötigt, im Werk; und eine Mutter belehrt ihre Tochter in Liebe und diese erfüllt ihre Wünsche (verba) in Unterwürfigkeit. Auf ähnliche Weise sprechen die Verkünder (debitores) des Glaubens gelegentlich heilsame Worte zu dem Getauften, damit er sie in gläubiger Hingabe aus Liebe zum Himmlischen ausführt.

34. Daß bei der Taufe alle Sünden vergeben werden

Denn niemand wird von zu großer Sündenlast niederdrückt, wenn er im Namen der allerheiligsten Dreifaltigkeit zur Taufe zugelassen wird; ich tilge wirklich alle schlimmen Sünden, so wie ich auch von einem Kind, das mit dem Wasser der Wiedergeburt übergossen wird, die alte Schuld Adams wirklich abwasche. Wundere dich also nicht, o Mensch, daß der Mensch im Quell der Taufe von allen seinen Sünden gerechtfertigt wird, so daß er darin um die Last seiner Sünden gütig erleichtert wird. Denn das unschuldige Lamm, das ohne Makel der Sünde zum Taufquell hinzutrat, nimmt in der Taufe mit dem großen Geheimnis seiner Menschwerdung barmherzig die Sündenschuld der Menschen hinweg. Doch ich durchschaue und durchforsche alles genauestens in dieser Welt und in der ewigen, wo es den leiblichen Tod nicht gibt, jedoch alles offenliegt. Was besagt das?

Die Hölle erweist sich an den Werken des Todes und das ewige Leben in den Taten, die zum Leben führten (pertinent). Wieso? Der Tod wird durch den Tod erwiesen, weil der Mensch ohne Reue und ohne die Barmherzigkeit Gottes (weil er sie nicht sucht) nach gerechtem Urteil Gottes in den Sünden stirbt; seine Leiche verwest im höllischen Tod. Das Leben erprobt sich am Leben, so daß die guten Werke im Himmel aufstrahlen, wenn das ewige Leben in ihnen zur Herrschaft kommt. So werden auch die, welche im Quell des Segens getauft werden, in der Heiligkeit der zweiten Geburt erprobt. Doch dort werde ich durch die Segensherabrufung des Priesters angerufen, so daß meine Ohren die Worte des Glaubens vernehmen, obschon der, welcher mich anruft, unter Sündenschuld steht (in obligationibus peccatorum).

35. Obgleich der Priester ein Sünder ist, nimmt Gott doch von ihm den Dienst der Taufe entgegen

Wenngleich dieser Priester ein Sünder ist, nehme ich doch den Dienst der Taufe von ihm entgegen, wenn er sein Amt unter Anrufung meines Namens gläubig ausübt. Seine Sünde wird ihn verurteilen, wenn er ohne Reue darin verharrt. Ich weigere mich aber nicht, den Vollzug der Taufe durch ihn anzunehmen, weil er mich mit Worten des Glaubens angerufen hat. Was bedeutet das?

36. Gleichnis vom Reichen

Wenn irgendein Reicher einen Verwalter hat, der seinen Beamten seine Güter gerecht zuteilt und sein Amt getreu ausübt, und wenn dieser Verwalter sich durch eine andere Tat schuldig macht, wird sein Herr dennoch nicht ungnädig seinen Dienst abweisen; er wird ihm jedoch sagen: „Du böser Knecht wegen deiner Tat.“ Er wird ihm in seinem Herzen zürnen, den Dienst seiner Gerechtigkeit aber gnädig entgegennehmen. So weigere auch ich mich nicht, der ich viele Verwalter besitze, von einem rechtmäßig gesalbten Priester, der seinem Amt treu bleibt, obwohl er sich wegen anderer Werke schuldig macht, die Spendung meines Sakramentes (sacramentum meum) anzunehmen, ihn aber wegen seiner ungerechten Taten als Gegner zu erachten; ich weigere mich jedoch nicht, was mir zukommt, von ihm anzunehmen.

37. In einer Notlage, wenn kein Priester vorhanden ist, ist es jedem beliebigen Gläubigen gestattet, in der vorgeschriebenen Form zu taufen

Wenn irgendein Ungetaufter, der glaubt, seine Auflösung stehe bevor, nach der Taufe verlangt und kein Priester da ist, von dem er getauft werden könnte, so wird er getauft, wenn jemand ihn unter Anrufung der dreifaltigen Majestät (mit Wasser) übergießt. Durch diese Übergießung wird er die Vergebung seiner Sünden und die Gnade der himmlischen Seligkeit empfangen, weil er ganz nach katholischem Glauben getauft wurde und dieses Taufmerkmal (baptisma) nicht entfernt werden kann.

Gleichwohl darf bei dieser Anrufung keine der drei unaussprechlichen Personen ausgelassen werden. Denn wenn man aus Unglauben unterläßt, eine von ihnen dabei anzurufen, wirkt nicht die Wahrheit das Heil, sondern vielmehr bringt der Irrtum Täuschung mit sich. Und deshalb wird dort die Anrufung dieser unaussprechlichen Dreifaltigkeit nicht fehlen, weil auch bei der ganz schlichten Taufe meines Sohnes die Dreifaltigkeit nicht fehlte, sondern auf wunderbare Weise ihre eigenen Wunder selbst verkündete. Darum mögen alle Menschen, die gerettet werden möchten, die Wiedergeburt zum Leben und Heil empfangen und nicht unterlassen, sie entgegenzunehmen, damit sie nicht zugrundegehen. Denn was ohne Lebenswärme dahinschwindet, wird als Fehlgeburt weggeworfen. Weder durch die Entstehung noch durch die Erweckung gehört es zum Fleisch und Blut seiner Mutter (adhaerens visceribus); so wird auch in Lebensgefahr der Trost des Heiligen Geistes denen vorenthalten, die sich weder im Herzen noch im

Werk auf die Sakramente der Kirche einlassen, die sich als Mutter aller Heiligkeit zeigt.

Das sollen alle Völker hören und begreifen, die das Reich Gottes in der Wiedergeburt aus Geist und Wasser betreten wollen, wie es ihnen in der Heiligen Schrift durch das Gnadenwirken des Heiligen Geistes vor Augen gestellt wird.

Wer dies aber mit wachen Augen sieht und mit dröhnenden Ohren hört, küsse und umarme diese meine geheimnisvollen Worte, die mir, dem Lebendigen, entströmen.

Die Abschnitte der 4. Vision des 2. Teils

4. Vision des 2. Teils

Mit Kraft gesalbt

Und dann sah ich etwas wie einen großen runden Turm. Er bestand aus einem einzigen weißen Stein und hatte oben drei Fenster. Aus ihnen erstrahlte ein so heller Glanz, daß auch das Dach des Turmes, das wie eine Helmspitze emporragte, im Schein dieses Glanzes deutlicher zu erkennen war. Die Fenster aber waren rundum mit herrlichen Smaragden besetzt. Der Turm jedoch stand mitten hinter der erwähnten Frauengestalt, so wie ein Turm auf die Stadtmauer gesetzt wird; dank seiner Festigkeit konnte diese Gestalt gar nicht umfallen.

Und ich sah, daß die Kinder, welche — wie gesagt — durch den Leib dieser Gestalt hindurchgezogen waren, in großer Herrlichkeit aufleuchteten; die einen von ihnen waren von der Stirn bis zu ihren Füßen mit Goldglanz übergossen; andere leuchteten wohl, doch ohne Goldglanz. Von diesen Kindern aber blickten einige auf einen reinen hellen Glanz, andere jedoch auf einen unruhigen rötlichen Schein, der im Osten flackerte. Von denen, die den reinen hellen Glanz betrachteten, hatten einige helle Augen und starke Füße und gingen beherzt im Leib dieser Gestalt umher. Andere aber hatten kranke Augen und schwache Füße und wurden vom Wind hin- und hergeweht. Doch hielten sie einen Stock in ihren Händen. Sie umschwärmten die besagte Gestalt und stießen sie zuweilen an, doch sehr zaghaft. Einige aber mit hellen Augen, doch schwachen Füßen, schwebten vor der Gestalt in der Luft umher. Andere jedoch, mit kranken Augen und mit starken Füßen, wankten dennoch matt vor der Gestalt dahin. Von denen aber, die auf den unruhigen rötlichen Schein blickten, gingen einige in der erwähnten Gestalt schön geschmückt beherzt umher; andere jedoch machten sich vor ihr davon, bekämpften sie und unterdrückten ihre festgefügte Ordnung. Einige davon kehrten demütig in fruchtbarer Buße zu ihr zurück, andere jedoch blieben durch nachlässige Verhärtung in tödlichem Stolz.

Und wiederum hörte ich eine Stimme vom Himmel zu mir sprechen.

1. Daß jeder Getaufte mit der Salbung eines Bischofs versehen und gestärkt werden soll

Wie die neue Braut des Lammes — vom Leuchten der Sonne der Gerechtigkeit, welche die Welt mit ihrem Glanz heiligt, überstrahlt und mit der feurigen Glut des Heiligen Geistes ausgestattet und bestärkt — zur Vollendung ihrer Schönheit gelangt, so muß auch der gläubige Mensch, der die Wiedergeburt in Geist und Wasser erfahren hat, mit der Salbung des himmlischen Lehrers versehen und gestärkt werden, damit er, an allen seinen Gliedern zur Erlangung der Seligkeit gestärkt, die reife Frucht der himmlischen Gerechtigkeit hervorbringe und zur Vollendung seiner Ausstattung und seines Schmuckes gelange. Deshalb bezeichnet *dieser Turm, den du siehst,* das Feuer der Gaben des Heiligen Geistes, das der Vater seinem Sohn zuliebe auf die Erde gesandt hat; es entzündete die Herzen seiner Jünger mit feurigen Zungen. Daher erstarkten sie im Namen der wahren Dreifaltigkeit. Doch daß sie vor der Herabkunft dieses feurigen Heiligen Geistes in ihrem abgeriegelten Gemach saßen, deutet auf ihre leibliche Begrenztheit; denn sie waren zu furchtsam zum Reden über die Gerechtigkeit Gottes und zu schwach, um die Quälerei ihrer Feinde zu ertragen. Und weil sie meinen Sohn körperlich gesehen hatten, liebten sie ihn mit ihren geschlossenen inneren Augen fleischlich, so daß sie damals nicht die öffentliche Unterweisung wahrnahmen, die sie später, als sie mit dem Heiligen Geist gestärkt worden waren, in die Welt trugen. Durch seine Herabkunft wurden sie so bestärkt, daß sie vor keiner Qual zurückschreckten und sie starkmüitg ertrugen. Das ist nämlich die Festigkeit des Turmes, durch welche die Kirche so gestärkt wurde, so daß sie von keinem unsinnigen Wüten des Teufels besiegt werden konnte.

2. Daß in der Firmung die unermeßliche und unvergangliche Süßigkeit des Heiligen Geists verliehen wird

Daß *du* aber *siehst, daß er rund ist und aus einem einzigen weißen Stein besteht,* bedeutet: Die Süßigkeit des Heiligen Geistes ist unermeßlich; sie umgreift und umkreist in der Gnade alle Geschöpfe, so daß keine Verderbnis der reinen und vollen Gerechtigkeit sie vernichtet. Denn sie ist ein mitreißender Strom und sendet in ihrer herrlichen Stärke alle Bäche der Heiligkeit aus. Niemals fand sich an ihr irgendein schmutziger Fleck; denn der Heilige Geist ist glühende und leuchtende Klarheit, die nie vergehen wird, und die glimmenden Tugenden heftig in Brand setzt. Deshalb wird alle Finsternis von ihm verscheucht.

3. Daß in der Firmung die unaussprechliche Dreifaltigkeit offenbar wird und sich in lebenskräftigen Tugenden kundtut

Er hat oben drei Fenster. Aus ihnen erstrahlt ein so heller Glanz, daß auch das Dach des Turmes, das wie eine Helmspitze emporragt, im Schein dieses Glanzes deutlicher zu erkennen ist. Denn die unausprechliche Dreifaltigkeit tut sich in der Ausgießung der hervorragenden Gaben des Heiligen Geistes kund; aus der seligen Dreifaltigeit geht nämlich durch die Lehre der Apostel eine so leuchtende Gerechtigkeit hervor, daß dadurch auch die überaus starke Macht der Gottheit, die in der Erhabenheit ihrer allmächtigen Majestät unfaßbar ist, dem sterblichen Geschöpf — nämlich dem Menschen — deutlicher erkennbar vor Augen gestellt wird; doch allerdings so, wie es der Fassungskraft und dem Glauben des gläubigen und getreuen Menschen zugemutet werden kann.

Deshalb *sind die Fenster rundum mit herrlichen Smaragden besetzt;* denn die Dreifaltigkeit wird durch die kraftvollen (viridissimis) Tugenden und Mühen der Apostel, die nie die Dürre der Lauheit kannten, in der ganzen Welt ganz freimütig verkündet. Wie? Bekanntlich wurden sie von räuberischen Wölfen wegen des Glaubens an die Wahrheit durch verschiedenes Unheil aufgerieben; sie wurden dadurch zu hartem Streit (bellum certaminis) gestählt, so daß sie durch ihren Kampf der Kirche Gewinn einbrachten. Sie stärkten sie mit kraftvollen Tugenden zum Aufbau des Glaubens und schmückten sie auf vielerlei Weise mit hellem Glanz. Und weil die Kirche auf Eingebung des Heiligen Geistes durch sie so bestärkt wurde, erstrebt und verlangt sie, daß auch ihre Kinder durch jene Salbung mit dem Siegel des Heiligen Geistes versehen werden. Wie der Heilige Geist in der so geheimnisvollen himmlischen Barmherzigkeit die Herzen der Gläubigen durchdrang, so kam er auch nach dem Willen Gottes des Vaters in feurigen Zungen auf die Welt herab. Deshalb soll auch der von der Taufgnade (baptismate salvationis) erfüllte Mensch durch die Salbung des erhabensten Lehrers gefirmt werden, wie auch die Kirche auf festen Fels gegründet (firmata) ist.

4. Daß die Kirche — mit der Salbung des Heiligen Geistes ausgerüstet — niemals von verderblichem Irrtum zu Fall gebracht werden kann

Deshalb *steht der Turm mitten hinter der erwähnten Frauengestalt, so wie ein Turm auf die Stadtmauer gesetzt wird; dank seiner Festigkeit kann diese Gestalt gar nicht umfallen.* Denn der Heilige Geist wirkte in der großen

Kraft der Menschwerdung dessen, der der wahre Bräutigam der Kirche ist, auf staunenswerte Weise seine Wunder. Er zeigt an, daß die Kirche so stark in der Verteidigung ihrer Festung ist, daß sie dank der Kraft, mit der sie durch die feurige Gabe ausgerüstet ist, niemals der Torheit irgendeines Irrtums verfallen kann. Durch den himmlischen Schutz wird sie sich nämlich ohne Makel und Runzel immer der Liebe ihres Bräutigams erfreuen, weil auch mein Eingeborener vom Heiligen Geist empfangen und rühmlich und makellos aus der Jungfrau geboren ist. So sprach ich auch zu Moses.

5. Worte des Moses über dieses Thema

„Siehe, sprach er (der Herr), bei mir ist Platz; du kannst dich auf den Felsen stellen. Wenn dann meine Herrlichkeit vorüberzieht, will ich dich in die Felsenhöhle stellen und meine Hand wird dich schützen, bis ich vorüber bin. Wenn ich dann meine Hand zurückziehe, wirst du mich von hinten sehen" (Ex. 33,21-23). Was besagt das? Das Wunder, das nach meinem Willen geschieht, tritt bald ein. Doch du wirst erst unter der Härte der Gesetzesvorschriften kämpfen und durch äußere Zeichen ihre Kraft kundtun. Ihre Süße und Milde, die in meinem Sohn erschlossen werden wird, wirst du nicht verkosten (invenies). Und diese Gesetzesstrenge, die du in meinem Gebot beschreiben wirst, wird so lange in den steinharten Herzen (in duritia lapideorum cordium) bestehen, bis all jener Ruhm offenbar wird, der mir von dir und deinen Nachahmern bis zum Auftreten meines Sohnes verschafft werden soll. Wenn das, was du jetzt im Gesetz schreibst, erfüllt ist, werde ich verherrlicht und stelle dich auf den durchbrochenen Stein. Wieso? Ich stelle dich auf die Gesetzesstrenge, wenn ich dich durch mein Gebot über sie setze; ich nenne dich nämlich Lehrer der Vorzeit, die mein Sohn durchstoßen wird, machtvoller (plus), als du in geheimnisvollen Worten andeutest, wenn ich ihn zur rechten Zeit auf die Erde sende. Und deshalb wird dich seine Stärke schützen, weil er schärfere Worte als du gebrauchen und den Riegel der Gesetzesvorschriften wegschieben wird (aperiet), bis er zu mir zurückkehrt. Was bedeutet das?

Er wird so lang leibhaftig der Welt die heilbringenden Worte schenken, bis er in dem von der Jungfrau angenommenen Fleisch körperlich den Tod erleidet. Dann werde ich meine Hand zurückziehen, denn ich erhebe ihn über die Gestirne und decke durch den Heiligen Geist alle seine Geheimnisse auf; und so wirst du seine Menschwerdung schauen, wie wenn man einen Menschen von hinten erkennt, ohne ihn von vorn zu sehen. Du wirst nämlich erfahren, daß er Fleisch wurde, doch seine Gottheit wirst du nicht begreifen. Denn deine Söhne werden ihn deutlicher sehen (magis), wenn er zu mir zurückkehrt, als sie ihn zu erkennen vermochten, da er körperlich unter ihnen lebte.

6. Daß die Getauften vom Bischof der Salbung mit Chrisam gewürdigt werden

Und daß *du siehst, wie die Kinder, welche — wie gesagt — durch den Leib der Gestalt hindurchgezogen waren, in großer Herrlichkeit aufleuchten,* besagt: Die, welche in der Unschuld ungetrübter Herzensreinheit (munditiae puri cordis) durch den Quell der Wiedergeburt — wie dir gezeigt wurde — in der Kirche eine Mutter erhielten, werden wegen der Reinigung von ihren Sünden Kinder des Lichts. *Die einen sind von der Stirn bis zu ihren Füßen mit Goldglanz übergossen;* denn sie werden vom Beginn der guten Werke durch die strahlenden Gaben des Heiligen Geistes bis zum Ziel der Heiligkeit von der Salbung aufrichtiger Gläubigkeit durch die Hand des Bischofs geschmückt. Auf welche Weise? Wie das Gold durch eingefügte Edelsteine geziert wird, so erscheint auch nach der durch die Hand des höheren Lehrmeisters getreulich an den Gläubigen vollzogenen Salbung der Taufschmuck, wie geschrieben steht.

7. Worte aus dem Buch der Könige über dieses Thema

„Auch der König überquerte den Bach Kedron und das ganze Volk zog hinüber auf dem Olivenweg in Richtung der Wüste" (2 Kg. 15,23). Was bedeutet das? Der Sohn der Jungfrau, der die ganze Welt beherrscht, durchschreitet wie ein irdischer König vor seinem Volk den Sturzbach des seligmachenden Bades, der nach der Belehrung des Heiligen Geistes für den, der von großem Verlangen erfüllt ist (forti desiderio), den Weg des Heils bedeutet. Was besagt das? Er ließ den Tod hinter sich und schritt ins Leben hinüber, als er in der Wiedergeburt von Geist und Wasser, d. h. in der prächtigen Ausstattung der himmlischen Stadt Jerusalem, die niemals untergeht, die höchste Seligkeit verkündete. Deshalb zog das ganze Volk, das an ihn glaubte, auf Eingebung des Heiligen Geistes auf jenem verborgenen Weg dahin, der sich bei der Salbung mit Öl auf die Übertretung Adams ausrichtete, welche eine Wüste ohne das schöne Erbe der göttlichen Gerechtigkeit war. Und es erwog, ob es zum Heil zurückkehren sollte oder nicht. Denn die Sündenwunde des ersten Menschen bedurfte der Salbung durch das priesterliche Amt; dessen bedurfte der Sohn der Jungfrau nicht, weil er ganz in Heiligkeit empfangen und der Schoß seiner Mutter nicht verletzt und versehrt wurde, sondern in ehrenvoller Unberührtheit verblieb.

Was nämlich durch die Wunden der teuflischen Beeinflussung geschwächt und verwirrt wurde, muß von der Salbung mit Öl durchtränkt und versehen werden, so daß der unersättliche Neid vertrieben wird, den die fleischliche Begierde hervorruft (operatur).

8. Daß der ungefirmte Getaufte die Taufherrlichkeit besitzt, doch nicht mit dem Glanz der Salbung seines himmlischen Lehrers ausgestattet ist

Andere jedoch, wie du siehst, leuchten wohl, doch ohne Goldglanz. Sie sind nämlich nur im Bad der Taufe gereinigt, besitzen jedoch nicht die Salbung ihres Hohenpriesters mit Chrisam. Sie ist das Zeichen für die Glut (ardentis) des Heiligen Geistes. Was besagt das? Die Salbung des Firmlings leuchtet besonders durch das Bischofsamt als Gabe des Heiligen Geistes auf. Sie soll dem gläubigen Volk nach der Wiedergeburt in Geist und Wasser gespendet werden (exercendum est), denn der Gläubige soll auf dem sicheren Felsen festen Stand fassen. Wie? Mein Sohn empfing leiblich die Taufe und heiligte sie so durch sein Fleisch, das ungeteilt ist, weil er allein der Sohn nur einer Jungfrau ist. Und deshalb wird er Menschensohn genannt; die Jungfrau empfing ihn nämlich nicht aus einem Mann, sondern gebar ihn in ihrer unversehrten Jungfräulichkeit. Nach der Not seines Leidens und der Herrlichkeit der Auferstehung durchdrang er in diesem Fleisch den Himmel und kehrte zu mir zurück. Dann erleuchtete der Heilige Geist die Welt in brennender Glut und bestärkte die Herzen seiner Jünger zu aller Gerechtigkeit, als er ihnen kundtat, was vorher verborgen war. Wie?

Wie die Sonne hinter einer Wolke hervortritt, so entzündete der Heilige Geist ihre Herzen. Er offenbarte seine brennende Glut in seinem strahlenden Licht. Was bedeutet das? Die Liebe zu meinem Sohn brannte schwach und verborgen in ihren Herzen, und so zeigte die auf sie übergehende Glut des Heiligen Geistes die Kraft der Sonne ihrer Lehre an. Denn das ist das Zeugnis, das der Heilige Geist der Kirche gab: Der Tod kann der Gerechtigkeit Gottes nicht widerstehen.

9. Daß die Firmung zur Ehre des Heiligen Geistes nur durch Bischöfe zu spenden ist

Deshalb hört, ihr Söhne der Wahrheit, und versteht die Firmung des Heiligen Geistes, die er euch in der milden Salbung seines Amtsträgers — nämlich als Lehrer aller Salbung — gütig anbietet. Und daher soll diese Salbung zur Ehre des Heiligen Geistes nur von einem Bischof gespendet werden, weil die ganze Hierarchie der Kirche im Heiligen Geist eingesetzt ist und daher diese Salbung als Salbung des Heiligen Geistes gilt. Deswegen hat der Mensch, der das Geheimnis der Wiedergeburt zum Leben empfangen hat, wenn er nicht auf diese Weise gesalbt wurde, dann auch nicht den Schmuck der vollen Zugehörigkeit zur Kirche (ecclesiasticae plenitudinis) empfangen, denn die Kirche zeigt sich ausgestattet mit der Glut des Heiligen Geistes, wie oben angedeutet wurde. Wie aber die Kirche durch die Gaben des Heiligen Geistes vollendet wird, so soll auch der Gläubige durch die Salbung des ersten Lehrers, der als ehrfurchtgebietender Lehrer des Heiligen Geistes geschätzt wird, gefirmt werden; denn der Heilige Geist bringt dem christlichen Volk auf feurige Weise durch seine Glut die zuverlässige Lehre und erhellt sie.

10. Wer dem Firmling die Hände auflegt, soll sich nicht zu fleischlicher Zeugung mit ihm zusammenfinden

Deshalb sollen sich die, welche durch diese Salbung des Heiligen Geistes zu dem Gesalbten in Beziehung treten, zu keiner menschlichen Zeugung (saeculari procreatione) mit ihm vereinigen, weil sie im Heiligen Geist mit ihm verbunden sind. Was besagt das? Der Glaube führt den Menschen zu dieser Salbung, und daher deutet der, welcher ihm dabei die Hände auflegt, den Glauben an, der nicht das Fleischliche sucht, sondern nach dem Geistlichen strebt. Denn mein Auge sieht den Menschen so, wie er durch seine Werke zu mir gelangen wird.

11. Wer nach der Taufe zum Teufel zurückkehrt, wird verdammt, wenn er nicht Buße tut; wer aber getreulich das Taufgelöbnis befolgt, wird von Gott angenommen, da die Kirche Gott für ihre Kinder anfleht

Wenn du, o Mensch, mich aber nach der Taufe verläßt und zum Teufel zurückkehrst, wirst du dafür nach gerechtem Urteil verdammt, weil ich dir die große Gabe des Verstandes verliehen und dir im Bad der Taufe mein

Erbarmen gezeigt habe. Alle nämlich, die in der Taufe meine Barmherzigkeit begehren, werden sie gütig erhalten um meines Sohnes willen, der in die Welt kam und viele Mühsal an seinem Leibe erduldete. Deshalb mußt du, o Mensch, geduldig seelische und körperliche Kämpfe ertragen und ich werde dich um meines Sohnes willen aufnehmen. Und niemand darf dem Taufbad ferngehalten werden, der es gläubig in meinem Namen erstrebt, denn zu welcher Zeit auch immer mich ein Mensch sucht, nehme ich ihn liebend gern (ardenter) auf. Wenn aber seine Werke danach unrecht sind, verurteilen sie ihn zum Tode. Deshalb, o Mensch, reinige dich in der Wiedergeburt zum Heile und salbe dich mit der Salbung der Heiligkeit, fliehe den Tod und folge (imitare) dem Leben. Denn auch die Mutter der Gläubigen, die Kirche, fleht getreulich für ihre Kinder, daß sie dem Tod entgehen und das Leben finden möchten. Wieso? Sie verleiht nämlich dem Seufzen für ihre Kinder Ausdruck, das Gott in sie hinein gelegt hat, bis die Vollzahl ihrer Söhne in das Zelt der himmlischen Stadt eingeht. Und diese Stimme besitzt sie deshalb, damit sie mich, der ich vor aller Zeit bin, erinnere, immer darauf zu sehen und zu beachten, daß mein Eingeborener Mensch wurde, damit ich ihrer Kinder wegen der Liebe zu meinem Sohn schone, welche sie selbst in der Wiedergeburt von Geist und Wasser angenommen hat. Denn sie können nur durch die Erlösung ins Himmelreich eingehen.

12. Die drei Weisen, in denen die Kirche als Posaune ertönt

Deshalb ruft sie aus: Fürchte den Vater, liebe den Sohn und glühe im Heiligen Geist! Wieso? Dieser Ruf wird ihr von mir, dem Vater, durch meinen Sohn im Heiligen Geist eingegeben. Das ist die Stimme, welche in ihr ertönt wie eine Posaune in der Stadt. Und auf keine andere Weise als diese spricht sie bezüglich ihrer Kinder. Deswegen wird der allmächtige (fortissimus) Gott auch so von seinem Sohn dazu aufgefordert, der menschlichen Sünden zu schonen; sie sollen um der Buße willen ohne Verwerfung geduldet werden, weil Gottes Sohn die Menschheit ohne Sünde angenommen hat. Er sollte sich mit unbeflecktem Fleisch bekleiden, das nicht aus dem Samen der Sünde empfangen war. Denn Gott ist gerecht und die Herrlichkeit des Himmelreiches bleibt unberührt von jeglichem schimpflichen Makel. Und wie könnte es geschehen, daß der mit ungeheurer Häßlichkeit befleckte Mensch in das himmlische Reich eingehe, wenn nicht durch meinen ohne Befleckung fleischgewordenen Sohn? Er nahm ja die durch Buße gereinigten Sünder auf. Und wer könnte das tun außer Gott? Daher wendet sich die Kirche ihren Kindern zu und umfängt sie mit mütterlicher Liebe.

13. Von der vielgestaltigen Verschiedenheit der Getauften

Daß du aber siehst, daß *von den erwähnten Kindern einige auf einen reinen hellen Glanz blicken, andere jedoch auf einen unruhigen rötlichen Schein, der im Osten flackert,* besagt: Von den Kindern der Kirche, die sie in der Unschuld ihrer Unversehrtheit durch die Kraft Gottes gebiert, beobachten einige die Reinheit des geistlichen Lebens, die in freundlicher Tugendhaftigkeit aufstrahlt; aus Liebe zur wahren Sonne treten sie das Irdische mit Füßen. Einige aber haben irdische Veranlagungen (carnales facultates), die von sehr vrschiedenen Lastern in Unordnung gebracht werden. Dennoch glühen sie getreulich im rechten Glauben und seufzen auch wegen des himmlischen Lohns nach der Ewigkeit. *Und von denen, die den reinen hellen Glanz betrachten, haben einige helle Augen und starke Füße und gehen beherzt im Leib dieser Gestalt umher;* denn da diese nach dem Himmlischen trachten, richten sie auf die Gebote Gottes den Blick gerechter Erwägung und den Schritt zu gutwilliger Erfüllung (bonae finitionis). So wandeln sie, von müttericher Liebe zärtlich umfangen, und beeinträchtigen weder in vergänglichen noch in ewigen Belangen ihre hingabebereite Einstellung.

Andere aber haben kranke Augen und schwache Füße. Sie halten weder an ihrer lauteren Absicht noch an der Betätigung beim Werk der Vollkommenheit fest, und *werden* deshalb *vom Wind hin- und hergeweht.* Sie ergehen sich nämlich durch mannigfache Versuchungen zum Hochmut in abweichenden Sitten (in diversitatem morum).

Doch sie halten einen Stock in ihren Händen. Sie umschwärmen die besagte Gestalt und stoßen sie zuweilen an, doch sehr zaghaft. Sie setzen nämlich vermessenes Vertrauen auf ihre Werke, zeigen sich der Kirche Gottes in falschem Ruf, tadeln sie aber dennoch in unverständiger Weise aus weltlicher Klugheit. Denn wenn sie durch betrügerische Heuchelei vor den Menschen weise erscheinen, werden sie bei Gott durch eitlen Ruhm Toren. *Einige aber mit hellen Augen doch schwachen Füßen, schweben vor der Gestalt in der Luft umher.* Denn — obgleich ihnen die göttlichen Gebote durch sinnende Betrachtung bekannt sind, hinkt doch ihr Fuß der Erfüllung nach. So erblickt sie die Braut Christi, wie sie in unbeständigem Hin- und Herlaufen die Weisheit im Trugbild suchen. Sie glauben sie in ihrer Macht zu haben, bevor sie sie im Herzen anrührt, und so verfügen (obtineant) sie nicht über ihre Kraft.

Andere jedoch mit kranken Augen und starken Füßen, wanken dennoch matt vor der Gestalt dahin; denn ihr Wille zum guten Werk ist schwach, während sie doch mutig in den Werken der Gerechtigkeit voranschreiten müßten. Doch sie richten sich (currunt) nicht einfach nach den Vorschriften der Kirche, weil sie den Sinn mehr auf das Irdische als auf das Himmlische richten. Deshalb sind sie vor Gott töricht; sie wollen nämlich aus weltlicher Klugheit ergreifen, was sie nicht erlangen können.

Von denen aber, die auf den unruhigen rötlichen Schein blicken, gehen einige, schön geschmückt, beherzt in der erwähnten Gestalt umher. Obwohl diese irdische Güter besitzen, tragen sie doch im Schoß der Kirche den Schmuck ihrer Mühen; sie verschmähen es nicht, ihren Fuß auf den gerechten Pfad (pedem rectitudinis) des göttlichen Gesetzes zu setzen, da sie den Geboten Gottes gehorchen, Fremde aufnehmen, Nackte bekleiden und Hungernde speisen. O wie glücklich sind sie, weil sie auf diese Weise Gott aufnehmen und er deshalb bei ihnen wohnt!

Andere jedoch machen sich vor dieser Gestalt davon, bekämpfen sie und unterdrücken ihre festgefügte Ordnung. Denn sie verlassen den Mutterschoß und die süße Nahrung der Kirche, belästigen sie mit allerlei Irrtümern und vernichten und zerstückeln ihre von Gott aufgestellten Gesetze in gegnerischer Gesinnung (diversis oppresionibus). *Von ihnen kehren einige durch fruchtbare Buße demütig zu ihr zurück.* Denn durch würdige Genugtuung strafen sie sich selbst streng in dem, worin sie schwer gefehlt haben, um wieder zum Leben erweckt zu werden. *Einige jedoch bleiben durch nachlässige Verhärtung in tödlichem Stolz.* Sie schätzen das Leben gering ein und empfangen — um ihres verwegenen und unbußfertigen Wahnsinns willen — harten Herzens das Todesurteil, wie Ezechiel in seiner geheimnisvollen Vision sagt.

14. Worte Ezechiels darüber

„Der König wird trauern und der Fürst wird sich in Trübsal kleiden und die Hände des Volkes im Lande werden zittern. Ich will mit ihnen gemäß ihrem Weg verfahren und sie nach ihren Urteilen richten und sie sollen wissen, daß ich der Herr bin" (Ez. 7,27). Was bedeutet das? Wenn die Seele, in der die königliche Vernunft wohnt, spürt, daß sie die Lust zur Sünde überkommt (adesse sentit), weil sie das Böse kennt, willigt sie kläglich ein. Wieso? Vernunft, Weisheit und Erkenntnis sind ihr von Gott eingehaucht, und deshalb — obwohl sie dem Leib beistimmt — erachtet sie dennoch das

Böse als ungeziemend, weil sie weiß, daß es nichts Gutes ist. Wenn sie sich daher mit abwegigen Vergehen in fleischlichen Werken befleckt, seufzt sie tief auf und eilt zu Gott. Und wenn dann unter dem Einfluß des Stolzes die verbrecherische Tat vollbracht ist, gerät der Leib wie ein schändlicher Anführer in Bestürzung (induetur confusione); er übt seine Herrschaft nämlich im Unrat aus. Denn wie der Mensch schmerzlich berührt ist (dolet), wenn er schäbige Kleider trägt, so ist er auch traurig, wenn zu seiner eigenen Beschämung ein schlimmer Ruf von ihm ausgeht. Deshalb werden auch die schlechten Taten jener Menschen, die von bösen Werken zu Boden gestreckt sind, von den himmlischen Geboten in Verlegenheit gebracht. Denn sie tragen nicht die Gewänder des Heils, d. h. sie sind nicht glücklich bei Gott. Wem nämlich dieses Glück fehlt, der ist von schlimmer Verwirrung besessen. Und daher verfahre ich mit ihnen gemäß dem Weg ihrer Bosheit, der sie immer anhängen, weil sie nämlich den Pfad der Sünde lieben (colentes) und keine Gerechtigkeit auf ihrem inneren (cordis) Weg kennen, wenn sie der Heilige Geist mahnt. So verfahre ich mit ihnen so, daß ich ihnen kein Erbarmen erweise; denn weil sie von guter Einsicht nichts halten, fürchten sie mich nicht, sondern verachten mich, den Schöpfer des Alls, in rasender Bosheit und tun, was immer sie nur wollen.

Daher werde ich sie nach ihrer Erkenntnis richten, die sich an ihren Taten zeigt, die sie in ihrer Eigenwilligkeit begehen. Ich verleihe ihnen keine Seligkeit zum Lohn, sondern strafe sie mit Verderben, weil sie mir keine Ehre erweisen. Und so sollen sie erfahren, daß keiner außer mir, dem Herrn des Alls, sie daraus befreien kann.

Wer dies aber mit wachen Augen sieht und mit dröhnenden Ohren hört, küsse und umarme diese meine geheimnisvollen Worte, die mir dem Lebendigen, entströmen.

I. Quod omīs baptizat⁹ p̄ unctionē
epī ornari & stabiliri debet.
II. Quod inmēsa & indeficiens dulcedo
spc̄ scī datur in ꝯfirmatione.
III. Quod ineffabilis trinitas ī ꝯfirma
tione manifestat̃. & uiridissimis
uirtutib⁹ declaratur. / potest.
IIII. Q͛d ecclīa unctione spc̄ scī munita.
nūq͂m ī terrore p̄uersitatis deici /
V. Verba moysi de eadem re.
VI. Quod baptizati ī unctione crisma
tis a pontifice decorantur.
VII. Verba libri regū ad eandē rē.
VIII. Q͛d baptizat⁹ & n̄ ꝯfirmat⁹ clarita
tē baptismatis habet. s; ornatū
ꝯfulgorē unctionis sup̄ioris doc
toris sui n̄ habet.
VIIII. Q͛d ī honore spc̄ scī p̄ solos epōs con
firmatio exercenda ē.
X. Qui ꝯfirmandū manib⁹ tenet. in
carnali peccatione ei n̄ ꝯiungat̃.
XI. Qui post baptismū ad diabolum re
uertit̃. n̄ peniteat ꝯdempnabit̃.
qui aut̄ baptismū fidelit̄ seq̃t̃. a dō
suscipit̃. ecclīa p̄ filiis suis dm̄ exorante.
Tres modi quib⁹ ecclīa resonat ut
tuba. / quomodo.
XII. De diuersitate baptizatorū mul
XIII. Verba ezechielis de eodem.

Quarta Visio Secde
partis.

Die Abschnitte der 5. Vision des 2. Teils

1. Daß die Apostel und ihre Nachfolger, die Salbenspender, nämlich die Priester, die Kirche durch ihre Lehre mit wunderbarem Glanz umgeben
2. Das Beispiel von Abel
3. Daß die Diener der Kirche die Keuschheit bewahren sollen
4. Wer von ihnen unter Klausur und Regel lebt und keine priesterliche Funktion ausübt, erlangt himmlischen Lohn
5. Vom Stand der edlen, liebenswerten jungfräulichen Vollkommenheit
6. Von der mädchenhaften Gestalt
7. Von der wunderbar geschmückten Schar, die sie umgibt
8. Worte des Johannes darüber
9. Daß es die gottgeweihte Jungfräulichkeit klug zu bewahren gilt
10. Wer nach Verletzung des Jungfräulichkeitsgelübdes zurückkehrt, ist der Blüte der Unversehrtheit beraubt und wird nicht wie eine Herrin, sondern wie eine Magd aufgenommen
11. Ein Beispiel dazu
12. Daß himmlisches Verlangen und irdische Begierde sich so sehr unterscheiden, daß der Mensch nur durch das Blut des Gottessohnes erlöst wird
13. Von denen, die in leidenschaftlicher Liebe das Leiden Christi nachahmen und als lebendiger Wohlgeruch den Weg der besonderen Wiedergeburt an sich reißen
14. Worte des Evangeliums zu diesem Thema
15. Daß das jungfräuliche Geschlecht und dieser Stand, der sich auf den Weg der besonderen Wiedergeburt verpflichtet, nicht unter die Gesetzesvorschriften fallen
16. Das diesbezügliche Beispiel des Johannes
17. Daß die Mönche (vivens odor), die den Weg der besonderen Wiedergeburt geloben, wegen der Bedrängnis und zum Nutzen der Kirche eine kirchliche Würde bekleiden, sich aber nicht mit weltlichen Angelegenheiten abgeben sollen
18. Worte des Evangeliums über Johannes
19. Daß ihr Gewand, das sich von der Kleidung der anderen Leute unterscheidet, auf die Menschwerdung und die Grablegung Christi hinweist
20. Daß das erste Tageslicht die apostolische Lehre, das Morgenrot den Beginn dieser Lebensweise, die Sonne den besonderen Weg des heiligen Benedikt bezeichnet, der gleichsam ein zweiter Moses ist
21. Die in dieser Lebensweise erprobt erscheinen, sollen wegen des Bedürfnisses der Kirche das erhabene Amt des Priestertums empfangen
22. Daß sich niemand ohne die Prüfung innerer Erprobung plötzlich ihrer Lebensweise anschließen soll

5. Vision des 2. Teils

Die Stände der Kirche

Danach sah ich, wie ein schneeweißer und kristallklarer Glanz die erwähnte Frauengestalt vom Scheitel bis zur Kehle umstrahlte. Von der Kehle aber bis zu ihrem Nabel umgab sie ein anderer, rötlicher Glanz; er schimmerte von der Kehle bis zur Brust wie Morgenrot, doch von der Brust bis zum Nabel leuchtete er wie eine Mischung von Purpur und Hyazinth. Und von der Stelle, wo er wie die Morgenröte schimmerte, verbreitete sich sein Schein bis ins Innere des Himmels; und darin erschien eine überaus schöne mädchenhafte Gestalt. Sie trug nahezu schwarze Haare auf dem unbedeckten Haupt und ein rotes Gewand wallte bis auf ihre Füße nieder.

»Und ich hörte eine Stimme vom Himmel sprechen: „Das ist eine blühende Blume (floriditas) im himmlischen Sion. Mutter ist sie, Rosenblüte und Lilie der Täler. O du blühende Blume, du wirst dem Sohn des allmächtigen Königs vermählt, dem du namhafte Nachkommenschaft schenken wirst, wenn deine Zeit der Vollkraft gekommen ist" (cum tempore tuo confortaberis).«

Und rundum erblickte ich eine riesige Schar von Menschen, die das Mädchen umstanden; sie leuchteten heller als die Sonne und alle waren wunderbar mit Gold und Edelsteinen geschmückt. Einige von ihnen hatten auch das Haupt verschleiert und der Schleier war mit einem goldenen Reif geziert. Über ihrem Scheitel erschien, kreisförmig auf diesen Schleier aufgeprägt, die Herrlichkeit der unsagbar heiligen Dreifaltigkeit, wie mir schon vorher bildlich angedeutet worden war, auf ihrer Stirn das Lamm Gottes, an ihrem Hals eine Menschengestalt, am rechten Ohr ein Cherubim und am linken eine andere Engelsgestalt. So traf diese Gestalten gleichsam ein goldener Strahl vom Bild der himmlischen dreifaltigen Herrlichkeit. Unter ihnen aber zeigten sich einige andere mit einer Mitra auf dem Haupt und dem Pallium der bischöflichen Würde auf den Schultern.

»Und wiederum vernahm ich die Stimme aus der Höhe, die sprach: „Das sind die Töchter Sions; bei ihnen ertönt Zitherspiel und alle Art von Musik und die Stimme lauten Jubels und der Freude über alle Freuden."«

Doch unter dem Glanz, an der Stelle, wo er wie Morgenröte schimmerte, sah ich zwischen Himmel und Erde dichteste Finsternis heranrücken, so schrecklich, daß es eine menschliche Zunge nicht auszudrücken vermag.

»Und wiederum hörte ich die Stimme vom Himmel sagen: „Wenn der Sohn Gottes nicht am Kreuz gelitten hätte, würde es diese Finsternis keinesfalls zulassen, daß der Mensch zur himmlischen Herrlichkeit gelangt.“«

Wo aber dieser Glanz wie eine Mischung von Purpur und Hyazinth leuchtete, umloderte er sehr beängstigend (fortiter constringens) die erwähnte Frauengestalt. Doch ein anderer Glanz umgab ehrfürchtig wie eine blendendweiße Wolke die Gestalt vom Nabel abwärts bis dorthin, wo sie noch nicht voll ausgebildet war (nondum creverat). Und dieser dreifache Glanz breitete sich weit um die Gestalt aus und es wurden in ihr gut und entsprechend angeordnete Sitzreihen und Stufen sichtbar.

Aber als ich das sah, erfaßte mich ein so starkes Zittern, daß ich kraftlos zu Boden stürzte und mit niemanden sprechen konnte. Da berührte mich plötzlich ein überheller Glanz wie eine Hand und ich erlangte Kraft und Sprache wieder. Und wiederum hörte ich eine Stimme daraus zu mir sprechen:

„Das sind große Geheimnisse. Betrachte nur Sonne, Mond und Sterne. Ich bildete die Sonne als Tageslicht und Mond und Sterne, daß sie nachts leuchten. Die Sonne bezeichnet meinen Sohn, der aus meinem Herzen hervorging und die Welt erleuchtete, als er am Ende der Zeiten aus der Jungfrau geboren wurde, wie die Sonne hervorbricht und die Welt erhellt, wenn sie gegen Ende der Nacht aufgeht. Der Mond aber bezeichnet die Kirche, welche meinem Sohn in wahrhaft himmlischer Vermählung angetraut ist. Und wie der Mond nach seiner Bestimmung ständig zu- und abnimmt, doch nicht aus eigener Kraft glüht, sondern vom Sonnenlicht entzündet wird, so beschreibt auch die Kirche eine Kreisbahn. Ihre Kinder gewinnen häufig Zuwachs an Tugenden, oft nehmen sie durch abweichende Sitten und zerstörerische Feindseligkeiten ab. So geschieht es oft, daß sie in ihren (Glaubens-)Geheimnissen von räuberischen Wölfen angegriffen wird, nämlich durch boshafte Menschen — schlechte Christen, Juden oder Heiden. Die Kraft, das zu ertragen, findet sie aber nicht aus sich, sondern in mir; mein Sohn erleuchtet sie, damit sie im Guten verharre. Die sich an Leuchtkraft sehr unterscheidenden Sterne deuten auf die Angehörigen der verschiedenen Stände des kirchlichen Lebens hin.

1. Daß die Apostel und ihre Nachfogler, die Salbenspender, nämlich die Priester, die Kirche durch ihre Lehre mit wunderbarem Glanz umgeben

Deshalb *siehst du* auch, *wie ein schneeweißer und kristallklarer Glanz die erwähnte Frauengestalt vom Scheitel bis zur Kehle umstrahlt.* Die apostolische Lehre umgibt nämlich die unversehrte Braut, die Kirche; sie verkündet das Aufleuchten der Menschwerdung dessen, der vom Himmel in den Schoß der Jungfrau hinabstieg und der ein zuverlässiger, leuchtender Spiegel aller Gläubigen ist. Von ihrer Entstehung und ihrem Aufbau an umgab er so die Kirche getreulich mit dem Licht seiner Lehre bis zu der Zeit, da sie die Lebensspeise gut vertragen konnte (fortiter deglutire). Wie?

Die apostolische Lehre leuchtete um das Haupt der Kirche, als die Apostel mit ihrer Predigt das Fundament zu ihrem Aufbau legten; sie durchzogen nämlich die Gegend und sammelten Arbeiter, die sie im katholischen Glauben stärken, ihr Priester und Bischöfe und alle kirchlichen Stände verschaffen und über das Recht der verheirateten Männer und Frauen und andere Angelegenheiten bestimmen sollten. Deshalb gehorchen ihre Nachfolger, welche den alttestamentlichen Priestern gleichen, dieser Lehre. Diese waren unter dem Gesetz der Beschneidung dazu aufgestellt, das Volk mit geistlicher (interiori) Nahrung zu versehen; darum wählten die Apostel diese Stände und statteten die Kirche damit auf himmlische Eingebung aus. Was besagt das?

Ihre Nachfolger tragen an ihrer Stelle die heilkräftigen Salben (des Wortes Gottes) getreulich durch Straßen, Dörfer und Städte, durchziehen andere Gegenden und Länder und verkünden dem Volk das göttliche Gesetz. Sie sind nämlich die erlesenen Väter und Verwalter der kirchlichen Disziplin, die dem ganzen Volk durch ihre Lehre vermittelt werden soll, und sollen ihm die Lebensspeise austeilen. In ihrem Lebenswandel sollen sie sich auch derart verhalten, daß sie meinen Schafen mit ihren Werken keinen Anstoß geben; diese sollen vielmehr auf dem rechten Weg hinter ihnen herlaufen. Denn sie haben die Aufgabe, dem Volk öffentlich die Lebensnahrung zu reichen und jedem diskret treue Dienste zu leisten. Sich selbst aber sollen sie so streng in Zucht nehmen, daß sie keine fleischliche Bindung begehren. Denn sie haben den Gläubigen die geistige Speise zu reichen und auch Gott ein unbeflecktes Opfer darzubringen, wie am unschuldigen Abel angedeutet wurde und von ihm geschrieben steht.

2. Das Beispiel von Abel

„Auch Abel opferte von den Erstlingen seiner Herde und von ihrem Fett" (Gen. 4,4). Was bedeutet das? Zu Beginn des Weltalters leuchtete die Heiligkeit der königlichen Offenbarung an dem auf, der ein unschuldiges Leben führte. Diese Gabe des allmächtigen Gottes rührte mächtig an den Himmel, nicht an die Erde. Wieso? Abel brachte Gott die reine Absicht seines Willens und die vollkommene Erfüllung dieses Willens dar, als er sich in seinem Herzen vornahm, ihm den ersten Ertrag seines Besitzes anzubieten. Als er das auch in der Tat vollbrachte, ehrte er nämlich auf diese Weise den himmlischen Vater und erwies ihm die geschuldete Ergebenheit.

Wie deshalb Abel seiner Herde vorstand und sie als Hirt bewachte, und wie er in einfältiger Hingabe Gott von ihren Erstlingen und ihren Fettstücken ein Opfer darbrachte, so sollen auch die besagten Salbenspender (pigmentarii) die den Kindern der Kirche, d. h. den Schafen Christi nach seiner Anordnung als Hirten vorstehen, sie mit den Worten der kirchlichen Lehre getreulich speisen, sie vor den Nachstellungen des alten Feindes tapfer beschützen und auch in aufrichtiger Gesinnung dem, der alles sieht, einige von ihnen als Gabe anbieten. Auf welche Weise? Weil sie sie nicht in jeder Beziehung vollkommen machen können, sollen sie wenigstens irgendeine Frucht, die sie hervorbringen, Gott opfern, nämlich zuerst — gleichsam als natürlichen Sprößling von den Erstlingen ihrer Herde — die rechte Absicht ihres Willens; dann — wie den wohlschmeckenden Ertrag ihres Fettes — die durch diesen Willen ins Werk gesetzte Tat. Doch wodurch kam es, daß Abel Gott so ergeben verehrte? Seine vollkommene Keuschheit (castitas integritatis) hatte ihn zu so großer Hingabe getrieben.

3. Daß die Diener der Kirche die Keuschheit bewahren sollen

Deshalb müssen die, welche durch die Weihe dazu bestellt sind, Gott das hochheilige Opfer darzubringen, in wohlgefälliger (in suavitate) Keuschheit an seinen Altar treten. Denn wenn sie selbst Urheber der Verderbnis sind, wie können sie den von Wunden Entstellten die (hilfreiche) Hand der heilsamen Arznei reichen? Damit sie deshalb den andern zuversichtlicher das wirksame Heilmittel bringen können, will ich, daß sie meinen Sohn starkmütig in der Liebe zur Keuschheit nachahmen. Sind sie aber gefallen, sollen sie sich beeilen, sich schnell durch die Buße zu erheben und dadurch gleichsam nackt die Schande der Sünde zu fliehen, und nach der heilsamen

Arznei verlangen und so Abel, dessen Opfer Gott angenehm war, gläubig folgen.

4. Wer von ihnen unter Klausur und Regel lebt und keine priesterliche Funktion ausübt, erlangt himmlischen Lohn

Wer sich jedoch von ihnen gehorsam in der Klausur lebend meinem Sohn zuliebe enthält, sich mit seiner Lebensweise nach der Vorschrift seiner Obern richtet, wie er es auf meine Eingebung gelobt hat, und keine priesterliche Funktion ausübt, wird dennoch — obwohl er die Last ihrer Sorgen nicht teilt — mit diesen Priestern (pigmentarii) den himmlischen Lohn in der Stadt der Auserwählten (in electa civitate) erringen, weil er sich seinen Vorgesetzen um des himmlischen Siegespreises willen unterwarf.

5. Vom Stand der edlen, liebenswerten jungfräulichen Vollkommenheit

Daß du aber siehst, wie sie *von der Kehle bis zu ihrem Nabel ein anderer, rötlicher Glanz umgibt,* bedeutet: Nach der Belehrung durch die Apostel, als die Kirche so erstarkt war, daß sie die heilbringende Speise wirklich unterscheiden und sie ihrer inneren Kraft zuleiten konnte, erwachte die edle Vollkommenheit im Ordensstand. Sie verkostete in brennender Liebe die himmlische Süßigkeit und streckte sich unter strenger Zucht danach aus, mit geheimer Kraft umgürtet zu werden. Sie teilte allerdings nicht die fleischliche Bedrängnis (amaritudo), weil sie die Bindung menschlicher Beziehungen verwarf. Wieso?

Denn *dieser Glanz schimmerte von der Kehle bis zur Brust wie Morgenrot,* weil sich diese Vollkommenheit vom Verkosten einer wunderbaren Belebung und der süßen Nahrung des Ordensstandes bis hin zur lieblichen Jungfräulichkeit ausweitet, so daß er *von der Brust bis zum Nabel wie eine Mischung von Purpur und Hyazinth leuchtet.* Sie wappnete sich nämlich, von edler Erziehung angefangen bis zur Verpflichtung auf die Herzensreinheit (intimae castitatis); denn so ahmt sie — um der himmlischen Liebe willen, die sie gläubig im Herzen trägt — das Leiden meines Sohnes nach. Darum *verbreitet sich sein Schein von der Stelle, wo er wie die Morgenröte schimmert, bis ins Innere des Himmels.* Denn diese Vollkommenheit, welche in ehrwürdiger Jungfräulichkeit erblüht, richtet ihr Tugendstreben nicht auf irdische Niedrigkeit, sondern wunderbarerweise auf überirdische, himmlische Güter.

6. Von der mädchenhaften Gestalt

Und darin erscheint eine überaus schöne mädchenhafte Gestalt. Sie trägt nahezu schwarze Haare auf dem unbedeckten Haupt. Das stellt die lichte, von aller Häßlichkeit menschlicher Begierde freie (innocens) Jungfräulichkeit dar. Ihr Seele ist jeglicher Fessel der Verderbnis ledig; freilich vermag sie noch nicht, die quälenden dunklen Gedanken in ihren Kindern ganz zu bannen, solange sie auf Erden sind. Dennoch nimmt sie sich vor, ihnen starkmütig zu widerstehen.

Deshalb *wallt ein rotes Gewand bis auf ihre Füße nieder.* Denn sie verharrt unter Schweiß und Mühen bis zum Ziel der umfassenden seligen Vollkommenheit in tugendhaften Werken, nämlich von vielfältigen Tugendkräften umgeben, und ahmt den nach, der die Fülle der Heiligkeit ist. Sie ist auch — wie dir im Geheimnis des himmlischen Lichtes gezeigt wird — der edelste Sproß im himmlischen Jerusalem, nämlich der Ruhm und die Zierde jener, die aus Liebe zur Jungfräulichkeit ihr Blut vergossen haben, und auch (derer), die ihre Jungfräulichkeit um Christi willen im Glanz der Demut bewahrten und in süßem Frieden ruhten. Denn als Braut des Sohnes des allmächtigen Gottes, der König des Alls ist, gebar sie ihm die edelste Nachkommenschaft, d. h. den erhabenen Chor der Jungfrauen, als sie im Frieden der Kirche gedieh und erstarkte.

7. Von der wunderbar geschmückten Schar, die sie umgibt

Daß *du* aber *rundum eine riesige Schar Menschen erblickst, die das Mädchen umstehen und heller als die Sonne leuchten, und alle wunderbar mit Gold und Edelsteinen geschmückt sind,* heißt: Der erhabene Chor der Jungfrauen umarmt in leidenschaftlicher Liebe die edle Jungfräulichkeit; sie alle erstrahlen vor Gott in flammenderer Helligkeit, als sich die Sonne auf Erden zeigt, denn sie haben — sich selbst mit Füßen tretend — den Tod mannhaft besiegt, und werden deshalb auch mit höchster Weisheit um der leuchtenden Werke willen, die sie demütig für Christus vollbrachten, wundersam anmutig geschmückt. Darum *haben einige auch das Haupt verschleiert und der Schleier ist mit einem goldenen Reif geziert,* weil sie durch den Glanz rühmlicher Jungfräulichkeit anzeigen, daß die, welche nach dem Schmuck der Jungfräulichkeit streben, ihr Herz (mentes) vor aller schädlichen Glut schützen und sich den Glanz der Unschuld, mit dem herrlichen Schein der Keuschheit geziert, gläubig aneignen sollen.

Über ihrem Scheitel erscheint — kreisförmig auf diesen Schleier aufgeprägt — die Herrlichkeit der unaussprechlichen Dreifaltigkeit, wie mir schon vorher bildlich angedeutet worden war; sie zeigen nämlich, daß sie die Absicht der Menschen, die himmlische glorreiche Dreifaltigkeit zu ehren — wie es dir in der Offenbarung des Geheimnisses wahrhaftig angezeigt wurde — im Erlangen der Liebe und in standhafter Keuschheit fest und tatkräftig bewahren sollen.

Auf ihrer Stirn das Lamm Gottes, an ihrem Hals eine Menschengestalt, am rechten Ohr ein Cherubim und am linken eine andere Engelsgestalt; das besagt, daß sie in ihrer ehrfürchtigen Keuschheit die Milde des Gottessohnes nachahmen, den Übermut ihres stolzen Nackens ablegen und sich als gebrechliche Menschen betrachten sollen. Im glücklichen Los (in prosperitate) ihres Gehorsams umarmen sie das wahre und unvergängliche Wissen und Verlangen nach dem Schutz der Engel bei der Widerwärtigkeit, die ihnen bei diesem Gehorchen begegnet, *so daß diese Gestalten gleichsam ein goldener Strahl vom Bild der himmlischen dreifaltigen Herrlichkeit trifft,* weil die unaussprechliche Dreifaltigkeit nicht aufhört, in den Gläubigen, die nach Tugend streben und teuflische Verführung fliehen, in ihrer tiefen Weisheit Wunder über Wunder zu wirken.

Unter ihnen aber zeigen sich einige andere mit einer Mitra auf dem Haupt und dem Pallium der bischöflichen Würde auf den Schultern. Denn unter denen, die in ehrwürdiger Jungfräulichkeit blühen, leben einige in der himmlischen Stadt, die die Würde geistlicher (antiquorum) Väter bekleideten und in der Welt den Ruhm eines höheren Amtes kraftvoll innehatten; und dennoch verloren sie nicht den Schmuck der Jungfräulichkeit. Wie du hörst, werden darum alle, die aus himmlischer Liebe unter Seufzen ihre Unversehrtheit bewahrt haben, in der himmlischen Heimat „Töchter Sions" genannt. Denn sie haben meinen Sohn, die Blüte der Jungfräulichkeit, in der Liebe zur Jungfräulichkeit nachgeahmt. Und deshalb vernimmt man bei ihnen Engelsgesang, die zarten Klänge (germina) von Musik und erfreut sich an den zierlichen Flügeln der glücklichen Seelen und am Anblick goldfunkelnder Perlen und Edelsteine. Wieso? Es wird ihnen vom Gottessohn verliehen, daß ein Klang vom Thron ausgeht, in den der ganze Chor der Jungfräulichen in großem Verlangen einstimmt; d. h. sie singen das neue Lied, wie der geliebte jungfräuliche Johannes bezeugt und sagt.

8. Worte des Johannes darüber

„Und sie sangen etwas wie ein neues Lied vor dem Thron, den vier Wesen und den Ältesten" (Apoc. 14,3). Was bedeutet das? Der gute Wille in den Gläubigen, die in guter Absicht die Keuschheit umarmen und aus Liebe zu Gott ihre Jungfräulichkeit unversehrt bewahren, bricht wunderbar ins Lob ihres Schöpfers aus. Wieso? Im Morgenrot der Jungfräulichkeit, die sich immer dem Gottessohn anschließt, ist kraftvoller Lobgesang verborgen; keine irdische Pflicht noch irgendeine gesetzliche Vorschrift kann sie daran hindern, mit frohlockender Stimme das himmlische Lied zur Ehre Gottes zu singen. Auf welche Weise? In neugewonnener Freiheit entspringt nämlich dieses Lied mit großer Begeisterung (velox iter habens) auf wunderbare Weise. Es war nicht zu vernehmen, bevor der Eingeborene Gottes, die wahre Blüte der Jungfräulichkeit, als Menschgewordener von der Erde zum Himmel zurückgekehrt war und sich zur Rechten des Vaters gesetzt hatte. Doch dann erging es ihm wie neuartigen Dingen, die man früher nicht kannte und bei deren Anblick man staunte: Dieses neue geheimnisvolle Lied (mysterium) ertönte jetzt im Himmel und wurde zur Ehre der Jungfräulichkeit vor der Majestät Gottes vernommen — denn das konnte Gott tun — und erklang vor den vier Rädern, die nach den vier Himmelsrichtungen liefen und wie die Lebewesen im Neuen Bund die Wahrheit aller Gerechtigkeit und Menschenfreundlichkeit des Erlösers verbreiteten, und vor den Ältesten, die vom Heiligen Geist erfüllt (imbuti), im Alten Bund den Menschen durch ihr Leben (suo itinere) den geraden Weg wiesen. Was besagt das? Gott hat durch die neue Gnade die Strengheit des Alten Bundes gemildert.

9. Daß es die gottgeweihte Jungfräulichkeit klug zu bewahren gilt

Weil aber die Jungfräulichkeit in Gottes Augen so ruhmreich ist, soll sie von denen, die sie Gott aus freiem Willen geweiht haben, klug bewahrt werden. Denn dieser heilige Vorsatz, den man mit höchster jungfräulicher Hingabe gefaßt hat, muß treu gehalten werden. Deshalb sollen sich die, welche zu diesem Geheimnis hinzugetreten sind, vor dem Zurückweichen hüten. Denn sie sind die geliebten Nachahmer meines Sohnes, wenn sie sich Gott so darbringen, daß kein Verdacht auf Eheabsichten besteht oder man ihnen zur Last legen kann, sie würden die fleischliche Verbindung aus einem natürlichen (saeculari) Grund verschmähen, damit sie — aller irdischen Sorgen darum ledig — nur danach verlangen, sich der rühmlichen Unschuld des unschuldigen Lammes anzuschließen.

Darum soll ein Mann, der sich in seinem Herzen dazu entschließt, sich mit keiner Frau zu vereinigen (ne ullam costam sibi copulet), sondern aus Liebe zu meinem Sohn in keuscher Jungfräulichkeit verharren möchte, seine Freundschaft gewinnen, wenn er in den Werken der Keuschheit ausgeharrt hat; denn er hat diese heiligen Gaben um der himmlischen Belohnung willen meinem Sohn im Gelübde des unverletzbaren kirchlichen Vertrages der Gottesverehrung dargebracht.

Wenn er aber später diesen Vertrag brach (relinquens) und aus schändlicher Fleischeslust Ehebruch beging, lieferte er seine Freiheit der Knechtschaft aus, weil er seine Ehre (honorem collis), mit der er meinen Sohn keusch nachahmen sollte, in schändlicher Lust boshaft verdorben hat und log, als er sein Gelübde, keusch zu leben, nicht einlöste. Verharrte er daher leichtfertig in dieser seiner Schuld, unterliegt er dem strengen Urteil des gerechten Richters, denn in der himmlischen Herrlichkeit gibt es weder Schande noch Lüge.

10. Wer nach Verletzung des Jungfräulichkeitsgelübdes zurückkehrt, ist der Blüte der Unversehrtheit beraubt und wird nicht wie eine Herrin, sondern wie eine Magd aufgenommen

Tut er jedoch vor seinem Ende mit bitteren Tränen für seine Schuld Buße, nimmt ihn der Strom des Blutes meines Sohnes in sich auf, weil er Abscheu vor seinem Vergehen empfand; er versetzt ihn aber nicht unter seine Gefährten, die in ruhmreicher Unversehrtheit blühen, weil er ihre Gemeinschaft verließ, die Freiheit seines Vertrages mißachtete und sie wieder unter die Knechtschaft der Sünde zwang.

So wird auch ein Mädchen, das meinem Sohn freiwillig in heiliger Vermählung dargebracht wird, geziemend von ihm aufgenommen, weil er die auf diese Weise mit ihm Verbundene zur Gefährtin haben will. Auf welche Weise? Wie sie ihn in keuscher Liebe umarmt, so liebt auch er sie in seiner geheimen Erwählung (in secreto suo); denn sie erscheint ihm immer liebenswert, weil sie mehr nach ihm als nach einem irdischen Bräutigam verlangt. Bricht sie aber später ihr Gelöbnis, erscheint sie vor denen, die in der himmlischen Freude weilen, entweiht; darum wird sie auch, wenn sie so leichtfertig bleibt, nach gerechtem Urteil der himmlischen Herrlichkeit beraubt. Tut sie aber Buße, wird sie wie eine Magd und nicht wie eine Herrin aufgenommen. Denn sie hat die königliche Verlobung aufgegeben und einen andern mehr geliebt als den, welchen sie lieben sollte. Auch ihr

Verführer, der sie verletzt hat, soll büßen wie einer, der den Himmel erbrochen hat, wenn er seine Schuld sühnen möchte, damit er nicht im Verderben des Todes umkomme, weil er verwegen ein himmlisches Verlöbnis zerstört hat. Was besagt das?

11. Ein Beispiel dazu

Wenn nämlich irgendein großer Herrscher eine ihm sehr teure Braut besäße, die einer seiner Diener ehebrecherisch entehrt, was würde dieser Herr tun? Wahrlich, er würde in rasendem Zorn sein Heer aussenden, daß es ihn vernichte, weil er seinem eigenen Fleisch und Blut Schmach antat. Doch wenn dieser Diener ihn aus Furcht vor dem ganzen Heer anfleht, für ihn einzutreten, und obendrein weinend zu den Füßen seines Herrn niederfällt, damit er seiner schone, dann wird ihn der König ob seiner Güte und um ihrer Fürbitte willen am Leben lassen und ihn der Gemeinschaft seiner Mitknechte zurückgeben. Er entlohnt ihn aber dennoch nicht so wie seine Hausgenossen und vertrauten Freunde, obgleich er ihm unter den ihm gleichgestellten Mitknechten die geschuldete Gnade erweist. So ergeht es auch dem, der eine Braut des ewigen Königs verführt und verletzt hat. Dieser König führt nämlich in sehr gerechtem Zorn sein Urteil aus und übergibt ihn dem Verderben, weil er sich ihn wie einen Betrüger wegen dieser Tat aus den Augen schaffen wollte.

Wenn aber jener Unglückliche den Tag (der Erfahrung) seiner Ungnade vorwegnimmt und die Erwählten Gottes demütig anfleht, daß sie ihm die Vergebung seines Herrn erbitten, und obendrein weinend auf die Menschheit seines Erlösers blickt, um durch seine Gnade von seiner Sünde losgesprochen zu werden, dann wird der König auf dieses Blut, das zur Rettung des Menschengeschlechts vergossen wurde, und auf die Liebe der Himmelsbürger achten; er wird ihn seiner Schuld und der teuflischen Macht entreißen, damit er nicht zugrundegehe, und ihn zu den seligen erlösten Seelen zählen. Doch er wird ihn nicht mit dem Freudenreigen der königlichen Hochzeit beglücken (decorare), bei dem sich die übrigen Gottesfreunde mit den heiligen Jungfrauen, die meinem Sohn in himmlischer Vermählung geweiht sind, freuen. So wird er auch den, der die jungfräuliche Keuschheit verloren hat, nicht mit dem jungfräulichen Schmuck krönen, wenn er ihm auch mit den andern Erwählten durch unvergleichlichen Lohn die Freude der himmlischen Stadt gewähren mag.

12. Daß himmlisches Verlangen und irdische Begierde sich so sehr unterscheiden, daß der Mensch nur durch das Blut des Gottessohnes erlöst wird

Daß du aber siehst, wie unter diesem Glanz, an der Stelle, wo er wie Morgenröte schimmert, zwischen Himmel und Erde dichteste Finsternis heranrückt, so schrecklich, daß es eine menschliche Zunge nicht auszudrükken vermag, heißt: Gleich nach dem Ruhm der Jungfräulichkeit wurde zwischen der geistigen und fleischlichen Erkenntnis der Fall des ersten Stammvaters öffentlich bekannt, der ganz dicht von der Finsternis des Unglaubens umgeben war, so daß kein Mensch seinen erschreckenden Anblick erklären konnte. Wieso?

Bei der Menschwerdung des Gottessohnes, der aus der Jungfrau geboren wurde, stieg das himmlische Verlangen empor und die irdische Begierde war gelähmt; denn die Übertretung Adams wurde durch das Blut des Gottessohnes in der Erlösung wiedergutgemacht, da sie vorher niemand außer dem Eingeborenen Gottes, der vom Vater in die Welt gesandt wurde, für den Eintritt in den Himmel aufheben konnte. Wie du also hörst und dir zeichenhaft angedeutet wird, hätte diese Übertretung den Menschen so niedergedrückt, daß er nicht zu dieser Freude der Himmelsbürger gelangen könnte, wenn nicht der Sohn Gottes sein Blut für das Heil der Menschen vergossen hätte.

13. Von denen, die in leidenschaftlicher Liebe das Leiden Christi nachahmen und als lebendiger Wohlgeruch den Weg der besonderen Wiedergeburt an sich reißen

Daß aber dieser Glanz, wo er wie eine Mischung von Purpur und Hyazinth leuchtet, die erwähnte Frauengestalt sehr beängstigend umlodert, bezeichnet die Vollkommenheit derer, die in brennender Liebe das Leiden meines Sohnes nachahmen und die Kirche durch ihre strenge Zucht verherrlichen. Auf welche Weise? Nach göttlichem Ratschluß erheben sie sich nämlich zu einem hohen kostbaren Bauwerk; denn als die Kirche schon gefestigt und erstarkt war, brachte sie zu ihrer Zierde einen lebendigen Wohlgeruch (die Mönche) hervor, der den Weg der besonderen Wiedergeburt gelobte. Was bedeutet das? Damals entstand ein bewundernswürdiger Stand, der sich dem Beispiel meines Sohnes eng anschloß; denn wie mein Sohn auf die Welt kam und vom übrigen Volk getrennt war, so lebt auch diese Schar vom restlichen Volk abgesondert auf der Erde. Wie nämlich ein Baum duftenden Balsam ausschwitzt, so entstand auch zuerst in der Verborgenheit der Wüste auf einzigartige Weise dieses Volk, breitete dann wie ein Baum seine Zweige aus und wuchs allmählich zu einer gewaltigen Schar heran. Und dieses Volk habe ich gesegnet und geheiligt, denn sie sind für mich liebliche Rosen- und Lilienblüten, die ohne menschliche Mühe auf dem Feld sprießen. So zwingt auch dieses Volk kein Gesetz, so einen beschwerlichen Weg anzustreben, sondern es betritt ihn auf meine sanfte Anregung hin freiwillig, ohne Gesetzesvorschrift. Es tut mehr, als ihm geboten ist, und erhält deshalb dafür einen hohen Lohn, wie es auch im Evangelium vom Samaritaner geschrieben steht, der jenen Verwundeten in die Herberge führte.

14. Worte aus dem Evangelium dazu

„Am nächsten Tag zog er zwei Denare hervor, gab sie dem Wirt und sprach: Trage Sorge für ihn, und was du darüber hinaus aufwendest, erstatte ich dir, wenn ich zurückkomme" (Lk. 10,35). Was bedeutet das? Beim Anbruch des Tages des Heils, als nämlich der Sohn Gottes wunderbar Mensch geworden war und leiblich auf der Erde lebte (manebat), vollbrachte er viele staunenswerte Taten in seiner Menschheit bis zu seiner Auferstehung, durch die er den verwundeten Menschen zu den wahren Heilmitteln führte, damit er gesunde. Doch am nächsten Tag, d. h. als alle Geheimnisse der Wahrheit allgemein in der Kirche verankert (posita) waren, brachte er in zeichenhafter Andeutung das Neue und Alte Testament, d. h. den deutlichen Hinweis auf das ewige Leben und die süße Nahrung für das gläubige Volk zum Vorschein.

Und diese Schriften übergab er in seiner Güte (per gratiam suam) den Hirten der Kirche, die seine Herde bewachen, und sprach zu ihnen in gewinnenden Worten der Ermahnung: Sorgt für die Schar der Christen, die ich in meinem Blut erlöst und euch anvertraut habe; seid eifrig bestrebt, daß sie nicht, in mancher Hinsicht dem Weg zum Leben untreu, in die Irre geht. Wenn ihr zu dem, was ich euch zur Befolgung übergeben habe, großmütig (in bona voluntate) etwas hinzufügt, indem ihr mehr tut als euch geboten ist, werde ich, euer Führer und Erretter, der jetzt die Welt verläßt, um zum Vater aufzusteigen, euch den Lohn für eure Mühe und den guten Willen mit vielfältiger Frucht geben. Denn ich komme wieder, um die Welt zu richten und sie unvergänglich bestehen zu lassen; sie soll also im Lauf der Geschichte nicht mehr ihres Haltes beraubt werden. Und ich werde zu dir sagen: Du getreuer und rechtschaffener Knecht, du treuer

Diener! Wer zu seinem Gelübde mehr hinzufügt, als im Gesetz vorgeschrieben ist, wird doppelten Lohn erhalten; denn ich halte ihn in meinem Namen in Ehren, weil er mich sehr geliebt hat. Und ich sage:

15. Daß das jungfräuliche Geschlecht und dieser Stand, der sich auf den Weg der besonderen Wiedergeburt verpflichtet, nicht unter die Gesetzesvorschriften fallen

Weder das jungfräuliche Geschlecht noch dieser Stand einzigartiger Hingabe oder die, welche sie nachahmen, so nämlich jene, die in der Wüste wohnen (iacent), fallen unter die Gesetzesvorschrift. Auch die Propheten werden von den Menschen nicht dem fleischlichen Gesetz unterstellt, weil sie nur von meiner Eingebung erfüllt (madentes) auftraten. Doch sie fügen mehr hinzu als ihnen geboten ist, wie es der Priesterstand und die übrigen Stufen des priesterlichen Dienstes nicht tun; denn so wurde es von Abraham und Moses im Alten Testament angeordnet. So haben es auch die Apostel aus diesem Gesetz übernommen und es im Heiligen Geist nach meinem Willen gut geordnet der Kirche zur Bewahrung anvertraut. Doch auch die apostolische Lehre selbst ist im Evangelium durch meinen Sohn dargelegt; mit ihr wurden seine Jünger zur Ausbreitung der Worte der Wahrheit in die ganze Welt gesandt. Was folgt daraus? Als nämlich die Apostel dem Volk den Weg des Heils verkündeten, ging die leuchtende Morgenröte der Töchter Sions in der Liebe zu meinem Sohn auf; derer nämlich, die ihr Fleisch männlich in Zucht nahmen und die böse Begierde erbarmungslos abtöteten. Und wie dann diese keusche Jungfräulichkeit in brennender Liebe meinem Sohn folgte, so ahmte auch dieser mir so liebenswerte Stand einzigartiger Hingabe seine Menschwerdung nach. Das sind wirklich meine Tempel, nämlich die, welche mich wie die Engelchöre verehren, und Leiden, Tod und Begräbnis meines Eingeborenen an ihrem Leib tragen. Sie sterben aber nicht durch das Schwert oder andere schreckliche Dinge (terroribus), an denen Menschen zugrundegehen, sondern sie ahmen meinen Sohn darin nach, daß sie den Willen ihres Fleisches aufgeben, wenn sie sich von allen weltlichen Dingen und den Bedürfnissen, deren Befriedigung sich die Welt erfreut, trennen, wie im Evangelium über Johannes, einer Leuchte der Welt, geschrieben steht.

16. Das diesbezügliche Beispiel des Johannes

„Johannes aber trug ein Gewand aus Kamelhaar und einen ledernen Gürtel um seine Lenden“ (Mt. 3,4). Was besagt das? Der, in dem die göttliche Gnade wunderbare Enthaltsamkeit geweckt hatte, fand durch dieselbe Gnade die Kraft zur Verteidigung der Tugend, so daß er in seinem Herzen Ehre und weltlichen Reichtum verachtete; er hatte auch durch die strenge Zucht, die er sich zur Abtötung der Laster in Bezug auf seine fleischliche Lust auferlegt hatte, die mutwilligen Regungen seines Leibes so stark in der Gewalt, daß er größere Bauwerke als seine Vorgänger errichtete, d. h. auf harten und rauhen Wegen wandelte und die irdischen Begierden niedertrat. Wieso? Er vollbrachte eifrig viele Tugendwerke, liebte leidenschaftlich die Keuschheit und wies auch denen den Weg zur Heilung, die sie hingebungsvoll suchten. Darum sollen jene, die (als Mönche) ein lebendiger Wohlgeruch sind und den Weg der besonderen Wiedergeburt geloben, diesem Johannes, der in der großen Finsternis der Welt leuchtet, durch die wirksame Betätigung seliger Tugenden in ihrem Leben folgen, die übertriebene Bedeutung (ineptam altitudinem) und den Einflußbereich (latitudinem) der weltlichen Dinge fliehen und die böse Begierde verwerfen, indem sie ihren zerstreuten Geist in strenge Zucht nehmen und so ihren Leib zügeln. So strahlen sie mit Hilfe hervorragender Werkzeuge heller als jene, die vor ihnen einfältig auf dem Weg des Herrn pilgerten und einfache Wohnungen (der Seele) erbauten. Sie reißen den rauhen und engen Weg an sich, indem sie nämlich das, was weltlicher Lust dient, mit Füßen treten. Wieso? Sie verachten sich selbst, unterwerfen ihren Leib durch Tugendübungen der Knechtschaft Christi und beugen ihre Zuchtlosigkeit (petulantia) der Strenge ihrer Sitten. So werden sie durch ihr gutes Beispiel für andere Menschen ein hellstrahlendes Licht, denn sie ahmen getreulich den Chor der Engel nach. Inwiefern? Durch die Verachtung des Irdischen. Wie die Engel suchen und verlangen sie nicht nach weltlichen Dingen. So folgen sie ihnen auf wunderbare Weise durch die Verachtung alles Irdischen nach.

17. Daß die Mönche (vivens odor), die den Weg der besonderen Wiedergeburt geloben, wegen der Bedrängnis und zum Nutzen der Kirche eine kirchliche Würde bekleiden, sich aber nicht mit weltlichen Angelegenheiten abgeben sollen

Mein Sohn ist der Verkünder der heilbringenden Sakramente, der Hohepriester, der größte der Propheten (propheta prophetarum) und der Baumeister gesegneter Türme. So soll auch im Falle dringender Notwendigkeit der, welcher unter solchen Menschen den guten Dienst leistet, Quelle dieses Duftes zu sein, Botschafter und Priester, Prophet und Ratgeber zur Erbauung der Kirche sein; auf keinen Fall entferne man ihn aus diesen Ämtern, wenn nur sein reines (claritatis) Auge in ihm leuchtet, und er verschlafe nicht (die Gelegenheit) der Kirche zu nutzen, sondern wache über ihr Rüstzeug und verwerfe rein weltliche Beschäftigung und Umgang mit irdischen Angelegenheiten. Denn weder Engel noch Priester oder Propheten verbergen die göttliche Gerechtigkeit, sondern verkünden sie wahrheitsgetreu nach seinem Gebot. So steht es wiederum im Evangelium von Johannes geschrieben; er war kein vom Wind bewegtes Schilfrohr und sie folgen ihm in seiner Sittenstrenge nach.

18. Worte des Evangeliums über Johannes

„Und es zogen zu ihm ganz Judäa und alle Bewohner Jerusalems hinaus. Indem sie ihre Sünden bekannten, wurden sie von ihm im Jordanfluß getauft" (Mk 1,5). Was heißt das? Tief aufseufzend zog der Wille jener Menschen, deren Herzen von Todesangst erschüttert zum Leben übergingen — ganz bereit zu einem einfältigen Bekenntnis und zur einmütigen Verwirklichung der Schau des Friedens — aus dem Vergnügen am Laster zu dem hinaus, in welchem die göttliche Gnade wirkte. Wieso? Dieser Johannes, der Vorläufer der Wahrheit, hatte sie in ihre Bitternis und Süße eingeweiht. Daher forderten sie von seiner Rechtschaffenheit die Bußtaufe (perfusionem paenitudinis), damit sie durch Vermeidung des Bösen und Erhebung zum Guten ein Bekenntnis über ihre Missetaten ablegten und verdienten, zu dem zu gelangen, der ihnen nicht im Schatten des Alten Bundes ein Heilmittel verkündete, sondern ihnen im Licht des Neuen wahres Heil bringen sollte. Doch wie Johannes die Menschen, welche zu ihm kamen, lehrte, sie im Fluß taufte und ihr reumütiges Bekenntnis zu Ehren des kommenden Erlösers entgegennahm, so sollen auch diejenigen jetzt im Namen des Erlösers, der kam, um den Gläubigen das Heil zu bringen, nicht versäumen, so zu verfahren, welche dem Zeugnis der Heiligung ein noch überwältigenderes Werk hinzufügen. Sie begannen nämlich auf die Eingebung des heiligen Geistes durch den Verzicht auf die Dinge der Welt eine neue, strengere Lebensweise, die derjenigen glich, zu der sie sich anschickten, als sie sich auf den gebotenen Beweis für die Heiligung in der Wiedergeburt aus Geist und Wasser verpflichteten, die Knechtschaft des Teufels abzuwerfen und den neuen Menschen anzuziehen. Doch wo ihnen der Ansporn einer dringenden Notwendigkeit gegeben wird, sollen sie den Bewerbern die aufrichtende und heilende Hand zu selbstloser Hilfe (devoti iuvaminis) reichen, wenn sie dieses Amtes im Auftrag der Kirche gewürdigt wurden. Indem sie im neuen Licht in Wirklichkeit erfüllen, was er wie im Schattenbild andeutete, sollen sie gläubig ihren Vorläufer nachahmen.

Sie sind nämlich der Gürtel der Kirche, der sie eng umschließt, weil sie von der Menschwerdung meines Sohnes ergriffen sind und auch die Lebensweise der Engel führen — sie hören nämlich nicht auf, zu jeder Stunde im Chor (cum sonitu) zu singen oder zerknirschten Herzens zu beten, nicht mit lautem Schreien, das wie unnützer Staub ohne die belebende Kraft der Zerknirschung unfruchtbar (aridus) bleibt — und weil sie es nicht verschmähen, für ihren Lebensunterhalt zu arbeiten. Ihre Hände greifen jedoch nicht nach weltlichen Dingen, sondern in Liebe und Demut achten sie auf sich selbst. O, sie sind mein starkes, liebenswertes Volk! In ihnen erkenne ich die Bedrängnis, die mein Sohn an seinem Fleisch erduldete, denn sie sterben wie er, wenn sie ihren Willen aufgeben, sich um des ewigen Lebens willen einem Obern unterwerfen und nach dem Befehl ihrer Vorgesetzten wandeln.

19. Daß ihr Gewand, das sich von der Kleidung der andern Leute unterscheidet, auf die Menschwerdung und die Grablegung Christi hinweist

Deshalb gleiche ihr Gewand auch nicht der Kleidung anderer Leute, denn auch dieses weist ungeschmälert auf die unversehrte Menschwerdung meines Sohnes hin, die sich sehr von der Zeugung der anderen Menschen unterscheidet. Diese Menschwerdung berührte nämlich keine Gesetzesvorschrift für Mann und Frau, wie auch dieses Volk durch kein Gebot des Gesetzes zu diesem strengen Leben verpflichtet werden darf, sondern wer es freiwillig, aus Liebe zu Gott, durch ein Gelübde auf sich nimmt, soll darin ausharren, damit er nicht ins Verderben läuft, wenn er zurückweicht, wie Luzifer, der vom Licht in die Finsternis geriet.

Dieses Gewand bezeichnet nämlich die Menschwerdung und Grablegung meines Sohnes. Dieses Gewand gleicht nämlich dem Flügelschlag der himmlischen Geister mit seinen einfachen flatternden Ärmeln. Denn wer zu starkmütigem Gehorsam bereit ist, trägt in seinem Gewand ein Symbol für die Menschwerdung. Und wer in Werken der Gerechtigkeit dem weltlichen Leben entsagt, trägt das Zeichen seines Begräbnisses an diesem Gewand. Wer daher in reiner Absicht dieses Gewand anlegt, erfährt die Hilfe eines kräftigen Heilmittels.

Deshalb darf es der, welcher es unter der Anrufung des Heiligen Geistes mit Segensgebeten empfängt, nicht abwerfen. Wer es nämlich als beharrlicher Übeltäter ablegt und verachtet, hat Gemeinschaft mit dem, der den Engelchor verschmähte und im Tode begraben wurde. Was besagt das? Dieses Volk wurde durch keine Gesetzesvorschrift zu dieser strengen Lebensweise angeregt, sondern es trat freiwillig zur Beobachtung meines Bundes hinzu und verherrlicht so meine Kirche mit seinem heiligen Wandel. Wieso? Wie man nach dem ersten Tageslicht die Morgenröte der Sonne erblickt, so entstand dieser Orden nach der Predigt der Apostel. Was bedeutet das?

20. Daß das erste Tageslicht die apostolische Lehre, das Morgenrot den Beginn dieser Lebensweise, die Sonne den besonderen Weg des heiligen Benedikt bezeichnet, der gleichsam ein zweiter Moses ist

Das erste Tageslicht bezeichnet die getreue Predigt der lehrenden Apostel, die Morgenröte aber bedeutet den Beginn dieser Lebensweise, die zuerst in der Wüste und in Höhlen infolge dieser Predigt entstand (germinavit); die Sonne jedoch weist dann auf den besonderen, von meinem Knecht Benedikt gut vorgezeichneten Weg hin. Ihn durchglühte ich mit Feuer und lehrte ihn, in seinem Ordensgewand die Menschwerdung meines Sohnes zu ehren und in der Verleugnung seines Willens sein Leiden nachzuahmen. Denn dieser Benedikt ist wie ein zweiter Moses; er lag in einer Steinhöhle und peinigte und züchtigte aus Liebe zum (ewigen) Leben seinen Leib mit großer Strenge, wie auch der erste Moses auf meinen Befehl das rauhe und harte Gesetz auf Steintafeln schrieb und den Juden übergab. Doch mein Sohn durchtränkte dieses Gesetz mit der Süße des Evangeliums; so gestaltete auch mein Diener Benedikt die Regel dieses Ordens, die vor ihm zu einer strengen Lebensweise verpflichtete, auf die milde Eingebung des Heiligen Geistes zu einem maßvollen und ebenen Weg. Dadurch sammelte er eine große Schar Ordensleute seiner Lebensweise, wie auch mein Sohn durch seinen süßen Duft das christliche Volk nach sich zog.

Und dann bewog der Heilige Geist das Herz seiner Auserwählten, die nach dem (wahren) Leben seufzten, zum Hinweis auf das Leiden meines Sohnes den Prunk der Welt abzuwerfen, wie auch im Taufbad die Vergehen des Volkes abgewaschen werden. Wieso? Wie sich nämlich ein Mensch in der heiligen Taufe vom Einfluß des Teufels abkehrt und sich von der Sünde der Erbschuld lossagt, so sollen sich auch jene im Zeichen ihres Gewandes von irdischen Angelegenheiten abwenden; sie tragen ja das Symbol engelgleichen Lebens (angelicum signum). Wieso? Nach meinem Willen sind sie nämlich zu Beschützern meines Volkes bestellt.

21. Die in dieser Lebensweise erprobt scheinen, sollen wegen des Bedürfnisses der Kirche das erhabene Amt des Priestertums empfangen

Wer von ihnen daher in dieser heiligen Lebensweise erprobt scheint, soll zum Hirten meiner Kirche bestellt werden, denn auch die Engel, welche mit keiner irdischen Angelegenheit in Berührung kommen, sind Hüter meines Volkes. Wie nämlich die Engel vor Gott ein doppeltes Ehrenamt innehaben, so führen auch die Ordensleute ein zweifaches Leben. Wieso? Die Engel im Himmel dienen Gott ohne Unterlaß und sie beschützen auch die Menschen auf Erden fortwährend vor der Nachstellung des Teufels. So ahmt auch dieses Volk den Engelchor nach, wenn es unter Verachtung des Irdischen Gott täglich dient und wenn es die übrigen Menschen ebenfalls mit seinen Gebeten Tag und Nacht vor den bösen Geistern verteidigt. Wenn daher meine Kirche keinen rechtmäßigen Hirten besitzt, soll das Volk der Ordensleute ihr mit flehendem Gebet unter Tränen (clamando et flendo) zu Hilfe kommen, und findet man einen Bewährten darunter, soll er — wenn nötig — das hocherhabene Priesteramt übernehmen und sie in göttlichem Eifer (zelo meo) verteidigen.

22. Daß sich niemand ohne die Prüfung innerer Erprobung plötzlich ihrer Lebensweise anschließen soll

Keiner aber geselle sich plötzlich und wie aus dem Schlaf erwachend ihrem Ordensstand zu, wenn er nicht erst durch strenge Geisteszucht innerlich erprobt und geprüft wurde, ob er unter dieser Regel auszuharren vermag, damit er nicht, wenn er sich freiwillig mit den Segensgebeten daran gebunden hat, sie nachher in böswilligem Irrtum von sich wirft, mich ohne Reue verspottet und elend, zum Tode verdammt, zugrundegeht. Daher, meine geliebten Söhne, die ihr heftig hin- und hergezerrt werdet, erhebt euch schnell in Demut und Liebe und stimmt mannhaft und einmütig mit euerm heiligen Vorsatz überein.

23. Daß das Volk der Laien durch die Befolgung des göttlichen Gesetzes die Kirche Gottes sehr verherrlicht

Daß *du aber siehst, daß ein anderer Glanz wie eine blendendweiße Wolke die Gestalt vom Nabel abwärts bis dorthin, wo sie noch nicht voll ausgebildet ist, ehrfürchtig umgibt,* bedeutet das Leben der Laien, das im Glanz der reinen Absicht die Kirche von der Fülle der Zeugungskraft bis zu dem Punkt, an dem sie nicht mehr mit Nachkommenschaft in Erscheinung tritt, ehrfürchtig mit gebührender Hilfe unterstützt. Wieso? In der Nähe des Nabels liegen die Glieder, aus denen alles menschliche Leben hervorgeht; deshalb erscheint dort in der Kirche das Volk der Laien, durch das sie zur vollen Zahl ihrer Stände gelangen soll. Denn dort werden Könige und Führer, Fürsten und Vorsteher mit ihren Untertanen und auch die übrigen Reichen, Armen und Bedürftigen mit dem sonstigen Volk bei der Umkehr gezeigt. Die Kirche wird von ihnen allen herrlich geschmückt, denn wenn die Laien das ihnen gegebene göttliche Gesetz gläubig befolgen, tragen sie viel zur Verherrlichung der Kirche bei. Sie umfangen Gott nämlich mit vielen Umarmungen, wenn sie in aufrichtiger Demut und Hingabe ihren Meistern gehorchen und ihren Leib mit Almosen, Nachtwachen, Enthaltsamkeit und auch mit Witwenschaft und den übrigen guten Werken, die Gott gefallen (Dei sunt), aus Liebe zu Gott züchtigen. Daher sind mir die, welche das für sie aufgestellte Gesetz nach meinem Willen beobachten, sehr liebenswert.

24. Daß weder der Gatte die Gattin noch die Gattin den Gatten um eines solchen Entschlusses willen verlassen darf, wenn es nicht beider Wille ist

Wenn aber jemand von ihnen in Weltverachtung das Joch meiner Freiheit tragen möchte, soll er möglichst schnell (citius) zu mir kommen, wenn er nicht durch fleischliche Bindung gehindert ist. Diese Fessel darf er nicht leichtfertig lösen, außer sein Lebensgefährte stimmt zu. Wieso? Weder der Gatte darf die Gattin noch die Gattin den Gatten um eines solchen Entschlusses willen verlassen, wenn es nicht beider Wunsch ist. Wenn sie dann beide zu dem Entschluß gekommen sind, sollen sie entweder beide in der Welt bleiben oder sich beide von der Welt trennen; es kann nämlich nicht geschehen, daß ein Fuß am Körper bleibt und der andere vom Leib abgeschnitten wird, ohne daß der Mensch Schaden nimmt (salvo homine). So ist es nicht entsprechend, daß der Gatte die Welt liebt (colat) und die Gattin die Welt verläßt oder die Gattin in der Welt lebt (resideat) und der Gatte die Welt flieht, wenn sie im himmlischen Leben zu Ehren kommen wollen (decorem suum invenire). Was nämlich maßlos und unklug übertrieben wird, wird als Raub und nicht als Opfergabe angesehen (appelabitur). Deshalb sollen die, welche in rechtmäßiger fleischlicher Verbindung vereint sind, einmütig zusammen leben. Ohne die Zustimmung des anderen und ohne Anordnung oder Hinweis der kirchlichen Behörde darf sich keiner unklug vom andern trennen, wie wiederum im Evangelium geschrieben steht.

25. Worte des Evangeliums

„Was aber Gott verbunden hat, soll der Mensch nicht trennen" (Mt. 19,6). Was besagt das? Gott nahm zur Erschaffung des Menschengeschlechtes Fleisch von Fleisch und verband es zu einem Gefüge. Er richtete es so ein, damit diese Verbindung nicht vorschnell voneinander geschieden werde. Wieso? Die Vereinigung von Mann und Frau soll so beschaffen sein, daß durch ein gesetzliches Zeichen Fleisch mit Fleisch und Blut mit Blut verbunden wird und sie sich nicht töricht Hals über Kopf trennen; es sei denn, es käme dazu aus einem gerechten Grund oder wegen eines wohlbedachten Gelübdes (rationabili devotione), das beide verpflichtet. Denn Gott hat im Geheimnis seiner Weisheit gütig diese Vereinigung von Mann und Frau zur Vermehrung der Menschen gestiftet. Und weil diese Verbindung von ihm so geziemend geschaffen wurde, darf der törichte und genußsüchtige Mensch (stulta cupiditas hominis) keine Teilung dieser Einheit vornehmen. Keiner der beiden Partner darf die Gabe seines Blutes einem fremden Leib (locus) zuführen. Wie Gott nämlich den Menschenmord verbot, so untersagte er auch dem Menschen, sein Blut in grausamem Ehebruch dem rechten Empfänger (recto loco) zu entziehen.

Daher soll der Mensch auch die Glut seiner Begierde unterdrücken, damit er nicht seinen Brand auf ein anderes Feuer übertrage. Denn wenn dieser leidenschaftlich entbrannte Wille die Glut eines anderen Willens mit lodernder Begierde aus kraftvoller oder weichlicher Veranlagung empfängt, dann verschmelzen sie sich tatsächlich mit dem Verlangen seines Geistes und der vereinenden Umarmung dessen Herzens. Denn das äußerlich sehende Auge facht die innere Hitze zum Brand an. Und obgleich der Leib keine Sünde mit jenem Leib begeht, so wirkt doch der lebhafte Wunsch das brennende Werk in ihnen, so daß ihr ganzes Innere durch ihr Gewissen erschüttert wird. Deshalb soll der äußere Mensch in vorsorglicher Wachsamkeit in Schranken gehalten werden, damit der innere nicht durch unkluge Nachlässigkeit verletzt werde.

26. Daß die erwähnten kirchlichen Einrichtungen die Kirche durch ihre Stände und Orden festigen

Und – wie du siehst – *breitet sich dieser dreifache Glanz weit um die Gestalt aus.* Das besagt, daß zu Ehren der himmlischen Dreifaltigkeit diese drei kirchlichen Stände die heilige (felicem) Kirche überall durch das Wachstum der entstehenden Nachkommen und die Ausbreitung fruchtbarer Lebenskraft wunderbar umgeben und festigen. Daher *werden in ihr gut und entsprechend angeordnete Sitzreihen und Stufen sichtbar.* Das sind die verschiedenen Stände der Laien und der Gottgeweihten, durch welche die Kirche ihre Kinder zu guten Sitten und der Zucht der Tugenden mit Liebe und Würde (suavissima reverentia) erzieht und zu Himmlischem führt. Wie? Indem sie das Irdische verachten und das Himmlische lieben. Was bedeutet das? Sie erfüllen gläubig die Gesetzesvorschriften, die ihnen die göttliche Lehre aufstellt.

27. Daß in einem jeden Stand Einheit herrschen und man abweichende Sitten, Absonderlichkeiten und Neuartiges in Lebensweise und Kleidung meiden soll

Wie aber der eine Gott in drei Pesonen besteht, so bilden auch diese drei Stände eine Kirche. Ihr Begründer ist der Schöpfer alles Guten. Was er nämlich nicht geschaffen hat, kann nicht bestehen. So wird auch eine Einrichtung, die er nicht gestiftet hat, unter großer Täuschung zugrundegehen. Wieso? Gott schuf nichts, das versucht, im Anflug des Stolzes emporzusteigen und sich dem Höherstehenden nicht unterwerfen will. Das geschieht dort, wo ein geringerer Stand sich über einen höheren, der nach der alten Regel der Gründer auf meinen Wunsch gestiftet wurde, zu erheben strebt. Gewisse Leute trachten danach, sich mit verschiedenen auffallenden Merkmalen am Gewand nach ihrer Gepflogenheit wichtigzumachen (se extendere); das ersinnen sie in ihrem Wahn, wie wenn der Chor der Engel sich über den Chor der Erzengel erheben wollte. Und wozu kann das führen? Wer so von Gott richtig getroffene Anordnungen in seiner Eitelkeit zunichtemachen (dividere) will, würde der Bedeutungslosigkeit und Sinnlosigkeit verfallen. Doch das darf nicht geschehen.

So schickt es sich auch nicht, daß ich von denen angerufen werde, die beabsichtigen, immer ungewöhnlich zu erscheinen; ich weiß, daß sie immer auf ihrem Vorsatz beharren wollen und – unerfahren in der Selbsterkenntnis – den gut ausgetretenen Pfad und das wohlgepflügte Feld der

Mönchsväter verlassen, die ihnen der Heilige Geist anwies (inspiravit). Daher lassen viele von ihnen in großem Hochmut von den aufgestellten Regeln ab, welche die Kirche von den Vätern übernahm. Sie tun das in vielen Abweichungen (schismata) von den verschiedenen Anordnungen; sie wollen nämlich bei ihrem häufigen Umherschweifen fruchtbare Bäume genannt werden; doch sie können nicht einmal als nutzloses Schilfrohr gelten. So erscheint dem geliebten Johannes der in Lauheit Erschlaffte, wie geschrieben steht.

28. Worte des Johannes zum selben Thema

„Ich kenne deine Werke; du bist weder kalt noch warm. Wenn du doch kalt oder warm wärest! Doch weil du lau bist, will ich dich aus meinem Munde ausspeien" (Offb. 3,15—16). Was heißt das? Du Tor, der du schmählich innerlich ermattest! Ich, der Kenner der Geheimnisse, sehe mit (all)wissendem Auge die Werke, nach denen du begehrst (desideriorum tuorum). Du hast nämlich weder ganz das Handeln verschmäht, das dem Feuer des flammenden Erleuchters entspricht, noch die Werke, welche Eis und strengen Frost (glaciem frigidi rigoris) herbeiführen, ganz verworfen. Wieso? Du bist weder völlig kalt bei bösen Taten, noch ganz glühend im guten Tun, sondern durch die Unbeständigkeit deines Geistes bist du unentschlossen wie ein matter Wind. Du weißt nämlich bei keinem von beiden (Gutem und Bösem), was du bist. Denn du betrachtest weder die verdiente Strafe für das Böse noch den entsprechenden Lohn für das Gute. Wieso? Du blickst in so große Tiefe, daß du den Grund nicht zu loten vermagst und du erstrebst einen so hohen Berg, daß du seinen Gipfel nicht ersteigen kannst.

Ach, es wäre besser, du würdest dich als unnützen Knecht und Sünder erachten, als so lau zu sein, daß du kaum ein Auge auf die Gerechtigkeit wirfst (respicias). Wenn du nämlich ohne gute Taten wärest, würdest du dich als Sünder erkennen, oder wenn du dich von bösen Werken fernhieltest, hättest du ein wenig Hoffnung auf das Leben. Nun bist du aber ein matter Windhauch, der den Früchten weder Feuchtigkeit spendet noch Wärme bringt. Du bist wie einer, der beginnt und nichts vollbringt, weil du nur leise an das Gute rührst (in inceptione), dich jedoch nicht vollkommen daran erquickst, wie der Wind, der den Mund des Menschen streift, und nicht wie die Speise, die in seinen Magen gelangt. Ist denn ein leerer Schall mehr wert als ein vollendetes Werk? Das vollbrachte Werk ist doch besser (acceptius) als leerer Schall. Arbeite deshalb in stiller Demut und erhebe dich nicht hochmütig, denn für nichtig wird der erachtet, welcher die heilige Gemeinschaft derer verachtet, die mich in sanfter Fügsamkeit lieben, und in leidenschaftlicher Ruhmsucht (iactantia) das unternimmt, was er in wohlgefälliger Sanftmut zu erfüllen verschmähte.

Wenn du aber versuchst, durch den ersten Schritt (per inchoationem) zur Aufrichtigkeit die Kraft meiner Worte, die den Gläubigen Nahrung bieten, zu erfahren, dann jedoch erschlaffst, und weil du keine Berührung mit der Süßigkeit der Gerechtigkeit in ihnen verspürst, noch tiefer fällst, dann beginne auch ich dich wegen deiner Lauheit und Nachlässigkeit auszuspeien; ich verstoße dich mit derselben Kraft meiner Worte, weil du keinen süßen Geschmack durch dein praktisches Wirken bietest und dich nicht um die Bekömmlichkeit des Genusses (beatae receptionis) bemühst. Deshalb wirst du so weggeworfen und zertreten wie jene Speise, die wegen faden Geschmacks vom Mund des Menschen ausgespuckt wird, bevor sie in seinen Magen gelangt. Doch was folgt daraus?

Die Winde nämlich wehen und der Sturm heult, doch die Pflanzen (radices) blühen und sprossen nicht. Denn die, welche mein Joch tragen sollten, sind zügellos und kennen keine Zucht. Was bedeutet das? Sie überspringen den rechten Weg und bauen sich viele unnütze Zelte. Solche Menschen nämlich entbrennen nicht für die Gerechtigkeit, erlahmen innerlich und zeigen weder Eifer für das Gesetz, das ihnen aufgelegt ist, noch handeln sie nach dem Beispiel (conversatio) ihrer vorangegangenen Väter, sondern jeder von ihnen erfindet (plantat) etwas Besonderes für sich und stellt sich ein Gesetz nach seinem Willen auf. So erhebt er sich nach seinen eigenen Vorstellungen und in großer Unbeständigkeit auf die Eingebung des Stolzes zum Flug. Und weil jene dem rechtmäßigen Bund ihrer Väter nicht treubleiben (adhaerent), schweifen sie immer von neuem und unbelehrbar (novi et rudes) nach ihrem Willen in großer Unbeständigkeit da und dort umher.

29. Vergleich mit Baumeistern

Deshalb vergleiche ich sie mit törichten Baumeistern, die ein großes, hohes Gebäude errichten und nicht die Klugheit anderer Baumeister nachahmen, die bestens mit ihren Geräten umzugehen wissen und in manchen Bauproblemen erfahren sind; diese kennen alles gut, was zum Bauen gehört, und wenden alle ihre Werkzeuge sachgerecht an. Sie jedoch vertrauen eitel und unklug auf sich, weil sie alle an Klugheit übertreffen wollen; sie errichten ihre Häuser nicht widerstandsfähig genug, daß sie den Stürmen standhalten, und deshalb werden sie von den Winden niedergerissen, weil sie nicht auf Fels, sondern auf Sand gebaut sind.

So tun auch jene, die in ihrem Hochmut auf sich selbst vertrauen, die klüger als die alten Väter scheinen möchten und nicht nach ihrem Bund wandeln wollen, sondern sich in großer Unbeständigkeit Gesetze nach eigenem Wunsch aufstellen. Deshalb werden sie oft durch teuflische Versuchungen zu Sünden getrieben, weil sie sich nicht auf Christus, sondern auf die Unbeständigkeit ihrer Sitten stützen.

30. Daß jedem in Demut die Ordnung seiner Vorgänger genügen soll

Damit daher das, was der Heilige Geist in den alten Vätern wirkte, nicht durch die Einflüsterung des Stolzes (per superbam inflationem) zunichte werde, will ich, daß der gläubige Mensch mit dem zufrieden sei, was für ihn von seinen Vorgängern festgesetzt wurde. Er soll nicht vergeblich nach mehr verlangen, als was er in Demut erstreben sollte, um dann — laugeworden — davon zurückzuweichen und darüber schamrot zu werden, wie geschrieben steht.

31. Worte des Evangeliums darüber

„Wenn du zu einer Hochzeit geladen bist, setze dich nicht auf den ersten Platz, damit nicht etwa, wenn ein Angesehenerer als du von ihm eingeladen ist, euer Gastgeber komme und zu dir sage: Mach diesem Platz; dann müßtest du dich beschämt auf den letzten Platz begeben" (Lk: 14,8—9). Was bedeutet das? Wenn du auf göttliche Eingebung dazu ermuntert wurdest, durch deine getreuen Bemühungen zu jenem Zelt zu gelangen, das immer von hochzeitlichem Leben erfüllt ist, dann unterwirf deinen Geist der Demut und erhebe ihn nicht hochmütig. Dieses (Zelt) erfreut sich nämlich unter jungfräulicher Zucht innerhalb der heiligen Mutter Kirche der Unversehrtheit, Würde und Heiligkeit und ist nicht betrübt über Verderbnis, Verwirrung und Vernichtung der Knospe und Blüte. Wieso?

Wenn du dir aus Liebe zu Gott weltliche Angelegenheiten vom Leibe hältst, dann wirst du wie eine wunderschöne Blume aufgehen (ascendes), die im himmlischen Jerusalem, ohne zu verwelken, beim Sohne Gottes blüht. In ihm offenbart sich aller Schmuck der Seelen; denn der alte Mensch bringt alle menschlichen Greuel hervor, der neue aber errichtet den ganzen heiligen Tugendbau. Wenn du daher zu dieser Heiligung gelangst, schäme dich, die alte Schlange, die sich selbst um das Paradies brachte, durch das Trachten nach eitlem Ruhm nachzuahmen. Was besagt das? Siehst du jemanden von größerem Ansehen als du, hüte dich, dein leidenschaftliches Herz über ihn zu erheben und zu sagen: „Ich will über ihm stehen oder ihm gleichen!" Wenn du dich auf diese Weise erhöhst, bist du dann etwa ein treuer Diener? Du forderst den Herrn zum Zorn heraus, wenn du dich mit ihm vergleichst. Wenn du aber siehst, daß jemand stärker ist (fortium instrumentum habere) als du, und ihn aus Neid herabsetzst, gehst du nicht auf ebenem Weg, sondern läufst in die Irre. Bemühe dich deshalb, Gott in Demut zu dienen und ergehe dich nicht im Stolz; erhebe dich nicht in eitler Täuschung über den, der nach gerechter Erwägung in größerem Verlangen nach dem ewigen Leben brennt (lucet) als du. Durch himmlische Glut ist er nämlich zum Gipfel dieser Seligkeit von jenem eingeladen, der sich allen, welche die Wahrheit lieben, gütig offenbart. Kommt dann der Allwissende (in sciente oculo), der dich zu demütiger Unterwerfung und ihn zur Liebeshingabe durch Eingebung und fruchtbare Ermahnung berufen hat, möge er dich nicht nach gerechtem Urteil verurteilen und sprechen: „Der du dich in leidenschaftlichem Stolz an die Stelle dessen gesetzt hast, dessen Gefährte du nicht bist, laß deinen eitlen Ruhm fahren und überlasse in einem Akt der Unterwerfung diesem meinem Geliebten den Gipfel des Ruhms, den du leichtfertig an dich gerissen hast." Was folgt daraus für dich?

Wenn du dich auf diese Weise verdemütigt hast, wirst du in notvoller Niedergeschlagenheit und Trauer an die äußerste Grenze der Erniedrigung kommen und so vor deiner Verwerfung zurückschrecken. Denn der Wächter der Seelen wird dir die fremde Ehre, die du betrügerisch angegriffen hast, wegnehmen. Du hast dich mit einem andern verglichen und versuchtest keck zu rauben, was du nicht besitzen solltest; deshalb wird dir auch genommen, was du haben, und dir gegeben, was du nicht haben wolltest. Wenn sich der niedrigere Stand so über den höheren erhebt, wird er durch mein gerechtes Gericht verworfen und herabgesetzt, denn ich will nicht, daß sich der Stolz vor meinen Augen anders zeigt als in beschämender Erniedrigung. Erhebt sich nämlich eine Magd über ihre Herrin, so wird sie allen, die sie sehen, umso verachtenswerter erscheinen, weil sie versuchte, das zu werden, was sie nicht erstreben sollte.

32. Was das Evangelium von denen sagt, die sich Gesetze nach ihrem Herzen machen

Deshalb gelangen die, welche Gesetze nach ihrem Herzen machen und dabei nicht nach meinem Willen fragen, dadurch eher zum Abfall als zum Fortschritt, wie wiederum mein Sohn im Evangelium bezeugt und spricht: „Jedes Gewächs, das nicht mein himmlischer Vater gepflanzt hat, wird ausgerissen“ (Mt. 15,13). Was bedeutet das? Jeder Keim der Erkenntnis des Herzens, des Geistes und der Sitten entwickelt sich in der Grünkraft des menschlichen Lebens, wenn der Mensch ihn innerlich als Samen empfängt. Entbrennt er dann in Leidenschaft, verbindet er sich mit ihm, je nach dem Werk, das er vollbringen will, und er wird in Geistesstolz, fleischliche Zuchtlosigkeit, unnötige Beschmutzung, willkommene Ausreden oder ruhelose Tätigkeit versetzt, geht unklug höher oder weiter hinaus und erkennt nicht die Ursache (fundamentum); er verschmäht es nämlich, zu wissen, ob etwas nützlich oder unnütz ist, und das wird tatsächlich nach gerechtem Urteil vereitelt. Denn dieses Gewächs in einem solchen Werk hat nicht der Vater gepflanzt, der den Himmel und alle Gerechtigkeit innehat (habitator est). Und deshalb verdorrt es nach dem Ausreißen, weil es nicht vom Tau benetzt wuchs, sondern aus dem Saft des Fleisches kam. Wieso? Weil der Mensch dieses Werk in seiner törichten Erkenntnis vollbrachte und nicht auf die Gerechtigkeit und den Willen seines Schöpfers blicken wollte, sondern auf den schaute, der unermüdlich das Rad seines Fleisches in Bewegung hält.

Was nämlich den Menschen, die ihr Auge nicht scharf auf Gott heften wollen, durch Täuschung ihres Verstandes bisweilen gut erscheint, verfällt dem Verderben, wenn der Hauch des Heiligen Geistes es nicht erwärmt. Denn wenn die eitlen Menschen bezüglich des einen von Überdruß erfaßt werden und andererseits sich wieder falschem Ruhm hingeben, ergehen sie sich oft in Stolz, Heuchelei und Eifersucht und zerfleischen sich auch häufig duch Verdruß, Ärger und Widerspruch gegen die anderen von mir gestifteten Einrichtungen; ja sie hemmen sich gegenseitig im Streben nach dem Guten, das nicht in Lauheit und Widerwillen besteht, sondern in brennender Sehnsucht, von Tag zu Tag fortzuschreiten.

Was nämlich von mir kommt (fluit), bietet der Seeele einen süßen und angenehmen Geschmack; es schreitet stets beharrlich voran und schaut nicht unstet nach hinten zurück. Glücklich ist daher, wer auf mich vertraut und seine Hoffnung bei Beginn und zur Vollendung seiner Werke nicht auf sich, sondern auf mich setzt. Wer das tut, wird nicht zu Fall kommen; wer aber ohne mich bestehen will, verfällt dem Untergang. Und wem ergeht es so? Denen, die sich durch eitlen Ruhm hervortun (novos faciunt) und wegen des Überdrusses, den sie unter meinen Geboten verspüren, auf sich selbst vertrauen. Man darf nämlich mich und meine Gaben nicht wie ein altes Kleid, das nach Ansicht der Leute anstößig wirkt, verachten; denn sie sind in ihrer Einfachheit immer neu, und je altehrwürdiger, desto kostbarer (cariora).

Was sich daher Menschen ohne meine Eingebung an sinnlosen Bräuchen (in vanitate morum) ausdenken, wird durch ihr vergebliches Mühen vergehen; obwohl es manchmal vor den Menschen Bestand zu haben scheint, werde ich es dennoch vor meinem Angesicht vertilgen und für nichts erachten, wie wiederum im Evangelium geschrieben steht.

33. Wiederum Worte aus dem Evangelium

„Laßt sie nur; sie sind blind und führen Blinde. Wenn aber ein Blinder einen Blinden führt, fallen beide in die Grube" (Mt. 15,14). Was bedeutet das? Laßt die, welche böse Werke tun, in ihrer Verkehrtheit vergehen, weil sie sich nicht zu rechten und guten Werken bekehren wollen. Und weil sie sich nach ihrem Urteil gerecht nennen, während sie fruchtlose Taten wirken, werden sie in dieser Leichtfertigkeit blind. Sie verschmähen es, auf dem Weg der Gerechtigkeit zu wandeln und empfehlen den Menschen, die sich beeilen, ihnen mit bösen Taten zu folgen, eher den Weg des Unrechts als den Weg der Wahrheit. Wenn sie daher auf diese Weise keine Vorstellung von Rechtschaffenheit haben, sich als gerecht betrachten und ungerecht sind, da sie denen, welche die wahre Lehre nicht kennen, den Pfad der falschen Gerechtigkeit zeigen, fallen sie ebenso in die Grube der Verzweiflung; denn weder diese noch jene wissen, wohin sie gehen.

34. Daß Gott manche um dieser Neuerungssucht willen verwirft, andere schweigend duldet, sie aber künftig richtet

Aber in meinem Unwillen verwerfe ich manchmal gewisse Dinge unter ihnen vor den Menschen; andere jedoch dulde ich einstweilen schweigend vor den Menschen und mäßige den durchdringenden Blick. Doch strafe ich sie künftig und fälle mein gerechtes Urteil. Wer darum gläubig ist, bemühe sich, den Berg der Tugenden zu ersteigen und nicht in die irdischen Niederungen herabzusteigen. Wieso?

35. Daß man von einer niedrigeren Stufe auf eine höhere steigen darf, doch nicht von einer höheren auf eine tiefere

Wer auf einer niedrigeren Stufe steht, kann auf eine höhere steigen; wer aber auf einer höheren steht, darf sich nicht einer niedrigeren zuneigen. Was heißt das? Statthalter können nämlich Fürsten werden, Fürsten aber zum Königtum aufsteigen; es ziemt sich jedoch nicht, daß Könige zu Fürsten werden und Fürsten sich zu Statthalter erniedrigen. Wenn nämlich Könige sich Fürsten unterwerfen würden oder Fürsten Statthaltern untertan wären, würde das ganze Volk ein unwilliges Geschrei erheben und sie auslachen.

So können also Laien den Weg der erwähnten Priester (pigmentariorum) einschlagen und die, welche auf dem Weg zum Priestertum sind, können sich den besagten Mönchen (vivens odor), die den Weg der besonderen Wiedergeburt geloben, anschließen; doch schickt es sich nicht für Mönche, die den Weg der besonderen Wiedergeburt geloben, zu den Priestern überzugehen, und nicht für Priester, zu den Laien herabzusinken.

Wenn jedoch die Mönche, die den Weg der besonderen Wiedergeburt geloben, auf die Priester blicken oder die Priester zu den Laien übergehen, werden sie von den Seelen der Gerechten mit »Ach und Weh« beklagt und von mir verworfen, wenn sie nicht durch würdige Buße umkehren; denn wenn eine höhere Stufe über eine niedrigere fällt, werden beide vernichtet.

So wird es auch denen ergehen, die ihren rechten Weg verlassen und Rückschritte machen. Denn wer meinen Sohn angezogen hat, wen könnte er statt eines solchen Sohnes anziehen? Keinen, wirklich keinen! Erfreut euch also in euerm Vater, denn ich sehe häufig in den Geringeren die Größeren und in den Größeren finde ich die Geringeren, weil der Stolz zu Fall kommt und die Demut aufsteigt.

36. Beispiel von Seelen und Engeln

Bewahrt deshalb Liebe und Frieden unter euch, wie sie auch die Seelen der Gerechten mit den Engeln und die Engel mit den Erzengeln haben. Denn die Seelen der Gerechten beneiden die Engel nicht um ihr Amt und die Engel verachten nicht die Herrlichkeit der Erzengel. Was bedeutet das? Die Erzengel deuten in größerer Notlage Wichtigeres an, die Engel aber verkünden bei häufig wiederkehrenden Gelegenheiten das weniger Wichtige.

Das gläubige Volk gehorcht demütig. Darum übe jeder getreulich sein Amt aus. Wie?

Denn die ein lebendiger Wohlgeruch sind und den Weg der besonderen Wiedergeburt geloben, sollen wie die Erzengel, wenn sich gelegentlich eine größere Notwendigkeit in der Kirche ergibt, eine unersetzliche Hilfestellung geben. Die zum Priesteramt Bestellten (in opere pigmentariorum) üben wie die Engel durch eifrigen Gebrauch der Entscheidungsgewalt in den anfallenden Angelegenheiten gewisse Funktionen nach ihrer Anweisung aus. Und die Menschen, welche zur höchsten Glückseligkeit gelangen möchten, nehmen ihre Worte gläubig auf. Auf welche Weise?

37. Daß die, welche sich auf dem Weg der besonderen Wiedergeburt als lebendiger Wohlgeruch erweisen, ein nahrhaftes Getreidekorn, die Priester süßschmeckendes Obst und die Laien Fleisch bezeichnen

Denn die Mönche auf dem Weg der besonderen Wiedergeburt sind wie ein Getreidekorn, das den Menschen eine einfache und kräftige Nahrung bietet. So ist auch mein Volk herb und abgehärtet gegenüber dem Genuß des Geschmacks an weltlichen Dingen. Doch die erwähnten Priester sind wie Obst, das denen, die davon kosten, süß schmeckt; so erweisen sich auch diese durch ihr nützliches Amt anziehend für die Menschen. Das gewöhnliche Laienvolk jedoch erachtet man als Fleisch, unter dem sich auch reines Geflügel befindet; denn die in der Welt Lebenden bringen in fleischlicher Lebensweise Kinder hervor, unter denen man gleichwohl Nachahmer der Keuschheit findet, wie z. B. die Witwen und die Enthaltsamen, die durch das Verlangen nach guten Tugenden zur himmlischen Sehnsucht eilen.

38. Daß diese drei kirchlichen Ordnungen zwei Wege befolgen

Doch diese Stände der kirchlichen Ordnung befolgen zwei Wege. Welche? Den geistlichen und den weltlichen. Auf welche Weise? Wie Tag und Nacht. Was besagt das? Sie sind geistlich wie der Tag und weltlich wie die Nacht im irdischen Leben der Menschen. Was heißt das? Der Tag besitzt den Sonnenschein und erstrahlt in heiterer Atmosphäre. Das deutet an, daß die geistlichen Menschen den Mönchsstand und das erwähnte Priestertum umfassen. Die Nacht aber besitzt das Mondlicht mit dem Glanz der Sterne und die Dunkelheit der finsteren Schatten. Das deutet an, daß der Laienstand Gerechte, die in ihren Werken leuchten, und Sünder, die von finsteren Vergehen belastet sind, umfaßt. Wer aber die Nacht der Welt verläßt und sich aus Liebe zum Leben zum Tag des Geistes bekehrt, erweise sich darin beständig; sonst gleicht er durch sein Zurückweichen dem alten Adam, der das Gesetz des Lebens übertrat und in irdische Mühsal gestoßen wurde. Es verlasse daher niemand allzuschnell die Welt und schließe verwegen einen Bund nach seinem Willen, wenn er nicht vorher durch schwere Erprobung geprüft wurde. Denn ich will nicht, daß jemand, der durch das Gewand meinen Sohn gewann, ihn verlasse. Wenn sich nämlich jemand seine Menschwerdung angezogen hat und sein Kreuz in die Hände nahm, ziemt es sich dann für ihn, seinen Herrn zu verwerfen? Keinesfalls. Achte also darauf.

39. Wer das Zeichen seiner heiligen Verpflichtung, das er mit verlangendem Herzen empfangen hat, ablegt, zieht sich eine strenge Gerichtsuntersuchung zu

Wenn ein Mensch nach dem Willen seines Herzens Profeß gemacht und mit hingabebereiter Seele gelobt hat, mein Joch unter Absage an die Welt zu tragen, und dann in der Glut seines Herzens durch den Willen seiner verlangenden Seele das Zeichen der heiligen Verpflichtung als Besiegelung (in condimento) der rechten Absicht empfangen hat, soll er darin verharren, damit er es nicht später — auf dem Bösen beharrend — verächtlich abwirft und nach strenger Untersuchung das Urteil empfängt. Was heißt das? Er verachtete den, dessen Zeichen er persönlich empfing und mit Füßen trat, wie auch die Juden ihn verachteten, als sie ihn in wahnsinnigem Unglauben an das Kreuz hefteten. Denn wie die Juden vor diesem Unrecht nicht zurückschreckten, so scheut sich auch dieser nicht, dieses Leiden in seinem Gelöbnis herabzuwürdigen. Was der Mensch mir nämlich versprochen hat, das muß er auch einlösen, wie es David bezeugt und spricht.

40. Worte Davids darüber

„Mit Opfern will ich dein Haus betreten und meine Gelübde will ich dir einlösen, die über meine Lippen kamen" (Ps. 65, 13—14). Was besagt das? Durch die Absicht, gut und gerecht zu handeln, werde ich dir, o mein Gott, deine ganz heilige Gabe zur Verfügung stellen, d. h. in brennendem Verlangen das Lager meiner Lust verlassen; denn nichts ist süßer für mich, als zu dir, dem Schöpfer des Alls, zu eilen (anhelare). Deshalb will ich dir meine Gelübde einlösen, die mein Mund und meine Seele hervorbrachten; denn ich will vollbringen, was ich dir, dem gerechten Richter, früher in heißem Verlangen versprochen habe, nämlich meine Taten nach dir auszurichten, da ich unklug durch Übertretung gefehlt habe. Doch jetzt möchte ich zu dir zurückeilen; ich will das Böse meiden und Gutes tun. Denn Vernunft und Einsicht, die in mir glühen, suchen durch die Entscheidung zu wahrer Zucht lieber zu dir, dem lebendigen Gott zu eilen, als durch die Torheit irrigen Widerstrebens den Teufel nachzuahmen.

Hast du mir, o Mensch, auf diese Weise dein Herz dargebracht, so bedenke, wie du das klug vollziehst. Mein Auge sieht nämlich äußerst scharf, was der Wille des Menschen zu mir spricht. Daher verlange ich streng, was mein ist.

Darum, ihr Törichten und mehr als Törichten, wozu erlegt ihr euch so schwere Lasten auf, da ihr doch glaubt, es sei so leicht, euren fleischlichen Willen aufzugeben? Denn durch das euch in meinen Geboten auferlegte Gesetz werdet ihr nicht gezwungen, die Welt zu verlassen, wenn ihr euch nicht vorher sehr mühevoll darauf eingeübt habt, das in euch wohnende fleischliche Begehren zügeln zu können.

41. Daß die, welche das Zeichen ihrer heiligen Verpflichtung nicht aus Liebe zu Gott, sondern aus irgendeinem irdischen Zwang heraus heuchlerisch entgegennehmen, Balaam gleichen

Doch ihr gleicht einem matten Wind, denn wenn eitler Ruhm euern Geist anweht, dann redet ihr aus irgendeiner Bitternis heraus und sprecht: „Ich will mich nicht länger mit der Welt plagen, sondern möchte sie eilends fliehen. Und warum soll ich mich mit sinnloser Mühe so entmutigen?" Doch wenn ihr so in euerm Innern sprecht, glaubt ihr diese Dinge so zu Ende zu führen, wie ihr es euch ausdenkt. Denn viele suchen mich mit schwankendem Herzen, so daß man sie nur äußerlich am Zeichen ihrer heiligen Verpflichtung erkennt. Sie suchen mich nicht mit reinen Augen und schauen sich nicht einfach in der wahren Lehre um, wie sie dem Teufel, der sie verschlingen möchte, entkommen können, wie eine Taube, die im klaren Wasser einen Raubvogel erblickt, der sie zu entführen sucht, und flieht. So fliehen diese den Teufel nicht, wenn sie ihn in den (Irr)lehren kommen sehen, sondern sie laufen — in der ihnen anhaftenden Herzensblindheit plötzlich betäubt — wie ein matter Wind zu mir.

Etliche legen nicht ihren Willen, sondern nur ihr weltliches Kleid ab, um ein geistliches Leben zu beginnen; sie hatten nämlich in der Welt viel Elend und Armut zu erdulden und konnten keinen Reichtum ihr eigen nennen. Sie verlassen daher die Welt, weil sie sie nicht so haben können, wie sie möchten. Andere sind in weltlichen Dingen (ad saeculum) dumm und einfältig, so daß die Menschen sie geringschätzen, weil sie nicht über sich selbst zu bestimmen vermögen; und deshalb fliehen sie die Welt, weil sie mit ihnen ihr Spiel treibt. Etliche aber tragen einen schwachen und gebrechlichen Leib und plagen sich viel mit diesem Mißgeschick; sie verlassen die Welt nicht um meinetwillen, sondern um diesen Leiden umso angenehmer abhelfen zu können.

Andere jedoch erleiden so große Not und Bedrängnis durch ihre fleischlichen Herren, denen sie unterstellt sind, daß sie sich aus Furcht vor ihnen aus der Welt zurückziehen; nicht um meinen Geboten zu gehorchen, sondern damit diese ihre fleischlichen Herren nicht länger ihre Macht über sie ausüben.

Und sie alle kommen nicht aus übernatürlicher Liebe, sondern wegen dieser irdischen Beschwerden, die sie zu tragen haben, zum Ordensleben und achten nicht darauf, ob ich gesalzen oder fade, süß oder bitter, ein Himmels- oder Erdenbewohner bin. Was besagt das? Sie beachten weder die Würze noch die Süßigkeit der Heiligen Schrift, und denken auch nicht darüber nach, wie ich im Herzen dieser Menschen wohne, die das Himmlische suchen. Und weil sie das nicht untersuchen wollen, werfen sie die Gottesfurcht ab und wandeln nach ihren Wünschen; daher sind sie mir fremd und gelten als Abtrünnige. Deswegen sage ich nicht, sie hätten die Welt hinter sich gelassen und seien zu mir gekommen, sondern sie machen sich schuldig, weil sie den Knecht fürchten und den Herrn verachten. Denn sie folgen irdischen Beweggründen und verehren mich nicht; daher hält man sie für ängstlich in geringfügigen Dingen und verwegen im Großen. Also gleichen sie Balaam, der das ruhmvolle israelitische Volk in seinen Zelten erblickte und so tat (ficto animo), als wünsche er sehnlichst, bei ihnen zu wohnen.

42. Das Beispiel von Balaam

„Meine Seele sterbe den Tod der Gerechten und mein Ende gleiche dem ihren" (Nm. 23,10). Was heißt das? Wenn ein Mensch einmal von Sehnsucht verzehrt wird (suspiriis animae concutitur), sich Werken der Gerechtigkeit hinzugeben, dann spricht er mit wachsendem Verlangen den sehnlichen Wunsch danach aus und sagt in seinem Herzen: „Ich Elender, von vielen Sünden und Belastungen behindert, ersehne inständig, daß meine Seele die fleischlichen Begierden hinter sich lasse, alle böse Ungerechtigkeit aufgebe und in jener Zerknirschung, in der sich die Gerechten selbst verachten, in der Wohnung der guten Werke bleibe. Auf welche Weise? Wie mein Ende durch rechtes Handeln dem der Menschen, die göttliche Gerechtigkeit wirken, gleicht, so werde das Endziel meiner guten Werke dem Beginn ihrer guten Absicht angeglichen." Doch ein Mensch, der so im Innern spricht und nach Verlauf dieser Zeit des sehnlichen Verlangens (suspiriorum) von den Versuchungen der bösen Geister behelligt wird (afflatur) und von fleischlicher Begierde besiegt, zur Ungerechtigkeit zurückkehrt, handelt wie Balaam. Er tat dasselbe, als er von der Bosheit seiner Leidenschaft verführt wurde. Wieso? Weil er später in diese Zwiespältigkeit gerät, in der er vorher mein Volk verwünschen wollte. Ich widerstand ihm durch meinen Engel und seine Eselin und brachte ihn wenigstens in meinem Eifer so weit, daß er mit den Segensworten, die ich in seinen Mund legte, mein Volk segnete. Als das Verlangen nachgelassen hatte, mit dem er sich danach sehnte, in seinem Tod diesem Volk Israel beigesellt zu werden (assimilari), kehrte er zu seiner früheren Zwiespältigkeit zurück und zerstreute dieses Volk um des Geldes willen nach seinem tödlichen Plan durch einen Treuebruch, wie er versprach und sagte: „Indessen gehe ich zu meinem Volk und verrate ihm, was dein Volk diesem Volk zum Schluß antun wird" (Nm. 24,14). Was besagt das? Wenn ich nämlich zum Weg meines Verlangens zurückkehre, das dem Fleisch zur Ehre gereicht, dann lasse ich mich mit den Begierden ein, die ich früher kannte. Wieso? Weil ich weiß, was ich in meinem Fleisch bin, dem ich ehrbar diene; so zeige ich dir, o Mensch, der du in denselben Gelüsten brennst, im Versteck meines Herzens den Antrieb für deine Begierden; denn ich bin mit diesen Ursachen, die immer in ihm vorhanden sind, vertraut. Durch den Einfluß meiner Lust entfache ich deine glimmende Glut, so daß du dieses glühende Verlangen, in dem du früher nach jenen Werken strebtest, die heilig genannt werden, auslöschst, da du die sinnlichen irdischen Regungen, die in deinem Herzen erblühen, anerkennst. Du setzst ihnen auf diese Weise ein Ende und gibst sie zu gelegener Zeit auf, als ob du sie niemals gekannt hättest.

Deshalb, o Mensch, handeln auch sie wie Balaam, der — von gerechtem Verlangen erfüllt — zuerst aufblickte und sich dann verführerischen Begierden beugte. So handeln auch die, welche vorgeben, mich zu suchen, denn sie sehen die, welche die Welt wirklich hinter sich ließen, einfältig wandeln und im Leben strenger und seliger Bekehrung lobwürdig und aufrichtig ausharren. Sie nennen sie edel und anziehend und möchten sich sogleich in plötzlicher Begeisterung ihrer Lebensweise anschließen, da sie leben wollen wie sie. Doch nachdem sie sich zu ihnen geschlagen haben, wie auch Balaam sich mit dem israelitischen Volk einließ, werden sie häufig durch verschiedene Laster, die schon in der Welt in ihren Herzen wohnten, zu den fleischlichen Begierden zurückgezogen (revocantur), denn diese beherrschten sie ja früher. Wenn sie daher so gehemmt werden, stecken sie meine erlesene Herde mit Gift und ihrem Widerstreben an, beunruhigen sie lange Zeit und zerstreuen sie mit ihrer boshaften Absicht. Denn da sie selbst hinterhältig die Welt verließen, mich in ihren Gebeten nicht um Hilfe anflehten und mich in der Erprobung ihres Leibes nicht befragten, ob sie auf diesem Vorsatz beharren könnten oder nicht, so lasse ich sie erwägen, was ihr Wille ihnen zu helfen vermag, da sie auf sich selbst vertrauen.

O wie unklug und unfruchtbar sind sie, weil sie unnütz sind und ohne Pflug des göttlichen Gesetzes und die Lebenskraft seines Wortes, weil sie nicht erforschten, was sie tun sollten, als sie den engen Weg einschlugen; so ist nämlich gutes Erdreich darauf aus (se circumspicit), damit es nützliche Frucht bringt. Daher sollen sie hören: O Mensch, heute bist du dem Feuerofen entgangen, da dein Fleisch in Begierde entbrannte; und wer gewährte dir eine so große Abkühlung, daß du dem heftigen Brand deiner Lust entkommen kannst?

43. Wer das Zeichen der heiligen Verpflichtung unbedacht empfangen hat und schlechten Gebrauch davon macht, läuft ins Verderben

Wahrlich, wer das unternehmen will, muß mit seinen inneren Augen untersuchen, wie er es durch mich beginne und wie er es mit meiner Hilfe vollende, damit er nicht ins Verderben läuft, wenn er es unbedacht anfängt und schlecht vollbringt. So ging auch jener alte Feind, der auf sich selbst vertraute, in meinem Zorneifer zugrunde. So werden auch die verworfen, welche weder auf mich noch auf sich selbst achten; in der Überstürzung großen Hochmuts legen sie das Leiden meines Sohnes an, doch danach weisen sie es aus Überdruß an seinem Anspruch (superfluitatis) zurück. Wer es daher auf sich genommen hat, gebe acht, wie er es liebt, wie der Prophet Jeremias vom heiligen Geist inspiriert mahnt und spricht.

44. Worte des Jeremias darüber

„O ihr alle, die ihr auf dem Weg vorbeikommt, gebt acht und seht, ob es einen Schmerz wie den meinen gibt; denn der Herr hat mich übel zugerichtet, wie er am Tag seines Zornes gesprochen hat“ (Klgl. 1,12). Was heißt das? „O ihr alle, die ihr die Laster aufgebt, indem ihr nämlich die weltlichen Dinge verwerft und euch den geistlichen hingebt auf dem Weg, der Wahrheit und Leben ist, das ich, der Sohn Gottes bin, achtet bei Beginn guter Werke darauf, nicht meines Schmerzes zu vergessen, wenn ihr mich in meinem Leiden nachzuahmen trachtet; und seht zu, daß beim Vollbringen der Gerechtigkeit jener Schmerz, den ihr euch mir zuliebe auferlegt, meinem Schmerz gleiche. Wie? Verharrt ohne müde zu werden in dem Elend, das ihr um meinetwillen erduldet, bis zu einem guten Ende, wie auch ich in meinem Leiden aushielt, um für euch zu sterben. Ich wurde nämlich im Kreuzesleiden — wie eine Traube in der Kelter zerquetscht wird — zerdrückt und zertreten, damit ihr meinen Leib essen und mein Blut trinken könnt.“ So sprach in der Voraussicht seines durchdringenden Auges der Herr des Himmels und der Erde bei jenem Beginn, als nämlich Adam das Leben aufgab und den Tod empfing. Damals sah mein himmlischer Vater jedoch voraus, daß er am Ende der Zeiten durch mich, seinen aus der Jungfrau menschgewordenen Sohn, der ich mich in der starken Kraft der Gerechtigkeit dem Teufel entgegenstellte, jenen alten Verführer besiegen und das Menschengeschlecht mit der Verteidigungsmacht himmlischer Unterstützung befreien würde. Also gebe der Mensch, der das Leiden Christi anzieht, acht — welchen Geschlechts und Alters er auch sei — daß er es tapfer bewahre, damit er nicht, wenn er es in irriger Nachlässigkeit abgeschüttelt hat, vergeblich danach sucht, wenn er es später festhalten möchte.

45. Wer seine Kinder dem Ordenstand weihen will, verfahre nicht unklug, sondern tue es weise, mit ihrer Zustimmung, ohne Zwang

Daher sollen auch jene, die ihre Kinder diesem Leiden (Christi) im demütigen Wandel weihen wollen, nicht in anmaßender Übereilung unklug verfahren, sondern die Entscheidung weise abwägen; sie sollen sie nicht ohne ihre Zustimmung und Einwilligung zu etwas zwingen, was sie selbst nicht tragen können. Wieso?

Wenn du mir dein Kind darbringst, da es noch keine Erkenntnis zu vernünftiger Entscheidung besitzt, sondern sein Gemüt noch ganz einfältig ist (iacet), du es aber dennoch ohne seine Einwilligung weihst und nicht auf seine Zustimmung dazu achtest, tust du unrecht und bringst einen Widder dar. Wieso? Opfert ein Mensch an meinem Altar einen Widder, bindet ihn aber nicht mit Stricken an den Hörnern fest, so wird der Widder zweifellos die Flucht ergreifen. Weihen ein Vater oder eine Mutter so ihren Sohn (den Widder) meinem Dienst, und achten sie dabei nicht auf seinen Willen (die Hörner) — weder durch sorgfältige Wachsamkeit noch durch Bitten, Flehen und Ermahnung in aller Umsicht (das deuten die fesselnden Stricke an, weil der Knabe zu großmütiger Zustimmung zu veranlassen ist) — wird er sicherlich leiblich oder geistig fliehen, wenn er nicht durch solche Prüfungen erprobt wurde; es sei denn, Gott behüte ihn durch sein wunderbares Wirken.

Wenn du aber, o Mensch, diesen Knaben in so einem festen Gefängnis körperlicher Strenge einschließt, so daß er den Druck des widerstrebenden Willens nicht loswerden kann, dann erscheint er mir wegen dieser Gefangenschaft, die ihm ohne seine Zustimmung zu Unrecht auferlegt wurde, zu kraftlos, um an Leib und Seele Frucht zu bringen. Dann sage ich auch zu dir, o Mensch, der du diese Bindung veranlaßt hast:

46. Das Beispiel vom Acker

Ich verfügte über einen grünenden Acker. Habe ich ihn etwa dir, o Mensch, übergeben, damit du ihn eine Frucht nach deinem Wunsch hervorbringen läßt? Und wenn du den Samen in ihn gelegt hast, kannst du ihn etwa in Frucht verwandeln? Nein. Denn du schickst weder Tau noch sendest du Regen; du spendest weder Feuchtigkeit zum Grünen noch bringst du Wärme durch die Sonnenglut hervor; all das muß ausreichend zum Fruchtbringen vorhanden sein. So kannst du auch ein Wort in das Ohr des Menschen säen, doch seinem Herzen, das mein Acker ist, kannst du weder den Tau der Zerknirschung noch den Regen der Tränen, die Feuchtigkeit der Hingabe oder die Glut des Heiligen Geistes eingießen; durch all diese Dinge muß die Frucht der Heiligkeit sprossen.

Und wie könntest du es wagen, ohne weiteres an den mir in der Taufe Geheiligten zu rühren und ihn ohne seine Einwilligung der argen Täuschung auszuliefern, sich zu verpflichten, mein Joch zu tragen? Er wurde dadurch weder unfruchtbar noch lebenskräftig, weil er weder der Welt starb noch für die Welt lebt. Und warum hast du ihn so vergewaltigt, daß er keines von beiden vermag? Doch mein wunderbares Wirken dürfen Menschen nicht untersuchen. Es soll ihn bestärken, im geistlichen Leben zu verharren; ich will nämlich, daß seine Eltern durch seine Darbringung nicht sündigen, wenn sie ihn mir ohne seine Einwilligung aufopfern.

Wenn nämlich ein Vater oder eine Mutter ihren Sohn meinem Dienst weihen wollen, sollen sie vor seiner Darstellung sprechen: „Ich verspreche Gott, daß ich meinen Sohn bis zum Alter der Vernunft eifrig hüten und bewachen will, d. h. ich werde ihn anflehen, bitten und ermahnen, dem Dienst Gottes treu zu bleiben. Wenn er mir zustimmt, bringe ich ihn eilends Gott zum Dienst dar; verweigert er mir aber die Zustimmung, bin ich vor den Augen der Majestät nicht verantwortlich" (insons).

Haben seine Eltern aber den Knaben auf diese Weise bis zum Alter der Vernunft geleitet, der Knabe jedoch wendet sich ab und will ihnen nicht zustimmen, dann dürfen sie ihn, weil sie ihre Hingabebereitschaft ihm gegenüber, so gut sie konnten, gezeigt haben, nicht ohne seine Einwilligung darbringen und ihn nicht zwingen, sich einer Knechtschaft zu überantworten, die sie selbst weder tragen noch vollziehen wollen.

47. Wer in boshaftem Neid die, welche Gott folgen wollen, zurückhält, begeht Gottesraub

Wer sich mir aber mit hingabebereitem Herzen gern unterwerfen will, soll eifrig dazu ermahnt werden, sich danach auszustrecken, und nicht durch den Neid einer übelwollenden Seele von seiner guten Absicht abgebracht werden. Wenn nämlich jemand einen von denen, die mir nachzufolgen verlangten, von seinem Vorsatz abbringt, begeht er Gottesraub, weil er meinen Bund in seinem Herzen bricht. Daher muß er beim gerechten Gericht Rechenschaft darüber geben, ob er hartnäckig in dieser Bosheit verharrte, jemanden abspenstig zu machen, der mir dienen wollte; das war ihm nicht erlaubt, wie geschrieben steht.

48. Worte des Moses

„Alles, was dem Herrn geweiht wird, Mensch, Tier oder Grundbesitz, darf nicht veräußert oder eingelöst werden" (Lv. 27,28). Was heißt das? Wenn irgendeine eifrige (anhelans) Seele im Vollbesitz ihrer Erkenntnis den guten Willen (sensum) in einem Menschen veranlaßt, irgendetwas zu vollbringen, dann schickt sich sein Wille dazu an und spricht: „Das geziemt sich zur Ehre Gottes." Und so verspricht dieser Mensch es Gott in mutiger Hingabebereitschaft und rechter Ehrfurcht und bringt es ihm durch einen Kuß des Herzens dar, d. h. durch das Verlangen seines Willens (per voluntatem desideriorum suorum). Und dann ist es auf diese Weise Gott als heiligende Gabe aufgeopfert. Wieso? Weil Gott in diesem Menschen den zielstrebigen (aedificantem) Willen sieht, nimmt er ihn durch den Siegelring der Heiligung an, wie ein Mann sich seine Braut durch den Verlobungsring für den Lebensbund zu sichern pflegt, um sie von nun an nicht zu verlassen.

Wenn daher Gott diese Willensentscheidung aus dem kraftvollen und beherzten Entschluß (de viriditate virilis animi) des Menschen annimmt, der sich selbst auf diese Weise verpflichtet, aufzugeben, was er hat, und was er besitzt, lieber Gott als sich anzuvertrauen, so wird diese Vereinigung mit einer solchen Weihe Bestand haben und er wird seine Hingabe nicht zurücknehmen. Warum? Weil die menschliche Erkenntnis um sie wußte, sein Großmut sie verstand und sein Wille sie zur Ehre Gottes benutzte (aedificavit). Und deshalb darf — was es auch sei, ein Mensch, der sich selbst Gott so darbringt, oder ein dem Menschen gehörendes Tier, das genau so zur Ehre Gottes geopfert wird, oder ein fruchtbarer Acker, der Gott auch so geweiht wird — weder für einen höheren Preis veräußert, noch unter einer billigeren Vergütung zurückbehalten weden, damit die Ehre Gottes nicht wie ein verächtlicher Wert eingeschätzt wird.

49. Wer aus freiem Willen den Dienst Gottes antritt und ihn nachher verächtlich geringschätzt, ist entschieden zur Rückkehr aufzufordern

Doch wie niemand gegen seinen Willen gezwungen werden darf, den weltlichen Weg mit dem geistlichen Pfad zu vertauschen, so ist auch jener nach gerechtem Urteil aufzufordern, meinen Dienst wieder aufzunehmen, der unter der Hingabe seines Willens dazu angetreten ist und ihn nachher verächtlich geringgeachtet hat. Wie? Wenn er rechte Führer und geistliche Lehrmeister hat, die von göttlichem Eifer erfüllt sind, sollen diese ihn in meinen Dienst zurückrufen; das sollen sie vor allem durch Flehen, Ermahnung und Besänftigung mit gewinnender Rede tun. Dann sollen sie ihn mit Schlägen, strenger Kälte, Hunger und ähnlichen Züchtigungen strafen, damit er sich — durch dieses Elend gemahnt — die höllischen Qualen ins Gedächtnis rufe und aus Furcht vor ihnen die Fäulnis seiner Seele beseitigt. Und so zurückgerufen, soll er auf den Weg, den er verlassen hatte, zurückkehren, wie auch darüber im Evangelium geschrieben steht.

50. Worte des Evangeliums

„Geh hinaus an die Wege und Zäune und nötige zum Eintritt, damit mein Haus gefüllt werde" (Lk 14,23). Was bedeutet das? Der du ein geistlicher Hirte, rechter Führer und guter Lehrmeister bist, gib deine früheren Gewohnheiten auf, die dir von deinem Stammvater anhaften, und begib dich auf den beschwerlichen und engen Weg und an die Befolgung (in compositionem) der unabänderlichen Gebote, die bewährte Männer im Zusammenwirken (textura) mit dem Heiligen Geist aufstellten. Beobachte mit göttlichem Eifer genau jene, die unter deinem Befehl und deiner Leitung stehen und es auf sich nahmen oder gelobten — freiwillig und ohne von einem anderen Menschen auf unrechte Weise genötigt zu werden — mein Bundesgelöbnis zu halten, und es dennoch später verachten und zu den alten Lastern zurückkehren möchten. Mit milden und bitteren Zurechtweisungen nötige sie, die kirchliche Disziplin wiederaufzunehmen (intrare), damit das Haus meiner Freigiebigkeit sowohl mit eifrig Zurechtgewiesenen als auch mit mild Ermahnten gefüllt werde; denn die einen muß man mit mannigfachen Züchtigungen, die andern mit allerlei gewindenden Worten zum Leben einladen. Wieso?

Wie ein rechter Hirt sein verlorenes Schaf eifrig sucht, so müssen auch die geistlichen Lehrmeister ihre Untergebenen, die sich in verschiedene Laster verirren, mit großem Eifer suchen, nämlich sie geschickt nötigen, in das Haus der Gerechtigkeit, aus dem sie ausgezogen sind oder ausziehen wollten, zurückzukehren, damit die Kirche teils mit hart (amare) Zurechtgewiesenen, teils mit mild ermahnten Schafen gefüllt werde und so zur himmlischen Weide gelange.

51. Die zuchtlos leben und sich durch keine Strafe bessern lassen wollen, sollen weggeschickt werden, damit sie die Herde des Herrn nicht anstecken

Die aber dann so verhärtet sind, daß sie sich weder durch körperliche Züchtigung, die sie sich von ihren vorgesetzten Lehrern durch meinen Eifer zuziehen, noch aus Gottesfurcht, weil ich ein Gott bin, der kein Unrecht will, noch aus Liebe zum vergossenen Blut meines Sohnes, der für sie gelitten hat, bessern wollen, sondern darauf bedacht sind, meine getreuen Freunde, die auf meinen Wegen dahineilen, mit ihrer Fäulnis zu beschmutzen, sollen wie Wölfe vertrieben werden, damit sie meine Herde nicht anstecken, wie mein Freund Paulus mahnt und spricht.

52. Worte des Apostels zum selben Thema

„Schafft das Böse aus eurer Mitte" (I Kor 5,13). Was heißt das? Ihr, die ihr das höchste Leitungsamt innehabt, und ihr, die ihr demütig unterworfen bleibt, vertreibt jenes Böse aus eurer Mitte, das die Gottesfurcht verachtet und mir, dem Schöpfer des Himmels und der Erde, widerspricht. Verscheucht es durch so eine genaue Untersuchung, daß es in euerm Gewissen keine Wurzel schlägt und keinen Fuß in eure Gemeinschaft setzt, damit der schöne Schmuck der guten Werke an euch nicht wertlos werde. Will aber jemand von ihnen reuig umkehren und mich, seinen Schöpfer, mit lauterem Herzen suchen, werde ich ihn aufnehmen, wenn er auch erst am Ende seines Laufes kommt; denn ich beurteile alles gerecht.

53. Die, welche sich heuchlerisch bekehren, täuschen sich, und die sich von ganzem Herzen bekehren, werden von Gott angenommen

Wer aber den Schatz seines Herzens entwendet, ihn verbirgt und spricht: „Solange ich nicht meinen Tod herannahen spüre, werde ich mich von den weltlichen Angelegenheiten nicht abkehren", und so seine Bekehrung bis zum Aushauchen seiner Seele aufschiebt und erst dann versucht, der Welt zu entsagen, wenn er schon nicht mehr zu atmen vermag und die Hoffnung aufgibt, länger im gegenwärtigen Leben verweilen zu können, der täuscht seine Seele. Seine Bekehrung ist nämlich heuchlerisch; er tut es im Scherz, so daß es auch als Scherz aufgenommen wird. Der dem Tode Nahe aber, welcher von ganzem Herzen wegen seiner Sünden und aus Liebe zu mir der Welt entsagt, d. h. mir, solange er lebt, eifrig dienen möchte, dessen Liebe nehme ich mit allen Engelchören wirklich an und gewähre ihm die Herrlichkeit des (ewigen) Lebens. Denn ist auch ein Mensch mit schwerer Schuld beladen, wenn er Hand an seine Sünden legt (tangit), indem er seine Vergehen bitterlich beweint und das mit ehrlicher Absicht (simplici oculo) tut, weil er mich zum Zorn herausgefordert hat, hebe ich ihn vom Tod zur Erlösung empor und verweigere ihm nicht das himmlische Erbe; das bezeugt der Psalmist David in meinem Geist und spricht.

54. Worte Davids zum selben Thema

„An welchem Tag auch immer ich dich anrufe, siehe, ich erfahre, daß du mein Gott bist" (Ps. 55,10). Was heißt das? In was für einem Licht für mein Leben sich auch — während ich in Finsternis liege — in meinem Herzen durch die göttliche Gnade irgendein Strahl (claritas) himmlischer Erleuchtung zeigt, so daß ich dich, in bitterer Reue über meine Sünden und mit Herzenswunden bedeckt, anrufe, der du allen, die dich reinen Herzens anrufen, das Heilmittel deiner Vatergüte gewährst, erkenne ich in dieser Heimsuchung, daß du, der dies barmherzig bewirkt, mein Gott bist. Was bedeutet das?

Wenn du mich duch deine Gnade dazu führst, dich, meinen Gott, in den Werken der Gerechtigkeit zu erkennen, so wie ich in den bösen Taten mich selbst zu Fall bringe — denn du allein vermagst das — dann wirst du mich aufnehmen; ich suche dich einfältig, schreie weinend nach dir und erkenne dich in der Lebenskraft meiner Seele. Denn ich nehme meinen Leib in wahrer Buße hart her und erachte ihn gleichsam für nichts. Und wenn ein Mensch auf solche Weise seine Buße getan hat, wird er das Heilmittel für seine Sünden finden. Wieso? Weil er mich, seinen Gott, erkannt hat. Weshalb? Weil er seine Sünden aufgab und daher durch das Auge der Reue sehen wird, wie sinnlos das gewesen ist, was er vorher — in böser Begierde brennend — begangen hat.

55. Wer — ohne es zu bereuen — den Heiligen Geist gelästert hat, und wer sich selbst in den Tod stürzte, den kennt Gott nicht

Darum verachte es niemand, das Heilmittel der Buße zu suchen; und wenn er es als körperlich Gesunder verschmäht hat, bemühe er sich dennoch, es wenigstens am Ende seines Lebens zu finden. Und ich werde ihn zur Rettung annehmen, denn ist auch der Sündenschmutz groß, er wird doch um meines Sohnes willen in aufrichtiger Buße abgewaschen; ausgenommen ist, wer gegen den Heiligen Geist lästert, ohne es zu bereuen, und wer sich selbst in Verhärtung in den Tod stürzt. Denn diese beiden (Sünden) sind gleichsam eine. In der Herrlichkeit des himmlischen Lebens kenne ich solche nicht, wie im Evangelium geschrieben steht.

56. Worte des Evangeliums

„Jede Sünde und Lästerung wird dem Menschen vergeben; die Lästerung wider den Heiligen Geist aber wird nicht vergeben" (Mt. 12,31). Was heißt das? Jede Sünde, die in der Maßlosigkeit des Fleisches oder aus Begierde, Bitterkeit und anderen ähnlichen Lastern begangen wurde, und die Gotteslästerung im Götzenkult, bei der man Gott nicht kennt und ein nichtiges

Bildnis anbetet, oder die Anrufung von Dämonen, bei der man, trotz Gotteserkenntnis, in menschlicher Bosheit den Teufel anruft, dies alles wird den Menschen durch aufrichtige Buße vergeben, wenn sie mit Tränen der Zerknischung aus innerstem Herzen den wahren Gott, der allen, die ihn anrufen, mitleidig sein Erbarmen erweist, gläubig suchen. Denn wenn auch solche Menschen irrtümlich durch schwere Sünde gefehlt haben, werden sie seine hilfreiche Hand finden, wenn sie sie suchen und sich nicht von Gott lossagen, der mit Herrschermacht (imperio et potestate) im Himmel regiert. Wenn sie jedoch in ihrem Unglauben verharren und niemals aus dieser Verkehrtheit zu Verstand kommen, sondern mit ungerührtem (fixo) Herzen und zustimmender Seele Gott gänzlich leugnen, indem sie zu sich sprechen: „Was ist das, was Gott genannt wird? Denn Gott ist ja nicht so barmherzig oder so wirklich, daß er mir helfen will oder kann", und so unbußfertig daran zweifeln, von ihren Sünden gereinigt oder auf irgendeine Weise gerettet werden zu können, so lästern sie Gott und werden wegen ihrer boshaften Verhärtung — wenn sie darin verharren — keine Vergebung für so eine Lästerung empfangen; denn sie erstikken die Erkenntnis ihres Herzens derart, daß sie nicht nach oben aufseufzen können. Sie erachten nämlich den, durch dessen Barmherzigkeit sie gerettet werden sollten, gleichsam wie ein Nichts, wie auch der Psalmist David bezeugt und spricht.

57. Worte Davids darüber

„Der Tor spricht in seinem Herzen: Es gibt keinen Gott" (Ps. 13,1). Was heißt das? Durch dummes Reden leugnete Gott in seinem Herzen, wer der Weisheit und Einsicht entbehrte, denn er war zu töricht, ihn zu erkennen. Wieso? Weil er den wahren Gott weder kennen noch verstehen wollte, als er in seinem verhärteten Herzen sprach: „Was ist Gott? Gott existiert nicht. Und was bin ich schon? Ich weiß nicht, was ich bin." Wer so redet, ist töricht, denn er besitzt nicht die wahre Weisheit, mit der man Gott erkennt. Doch wer immer Gott ohne Täuschung als mächtigen Herrscher erkennt, ist weise, wenngleich ein Sünder. Wer also mit seinem Herzen daran festhält, an der Barmherzigkeit Gottes zu verzweifeln, und sagt: „Gott ist ein Nichts", den kenne ich nicht, weil er mich nicht kannte, und den verleugne ich, weil er mich verleugnet hat; daher wird er auch nicht zum Leben auferstehen und kann keine Freude besitzen, weil alle Geschöpfe ihn im Stich lassen, da er ihren Schöpfer für nichts erachtet. Doch auch der, welcher über seinen Sünden verzweifelt, so daß er nicht glaubt, er könne von ihrer Last gerettet werden, ist ungläubig und gelangt deshalb nicht zum Leben, weil er dem widerspricht, der allen das Leben schenkt. Sucht mich jedoch einer von ihnen aufrichtig, von Reue erfaßt, wird er mich finden, denn ich verwerfe keinen, der mit lauterem Herzen zu mir eilt.

58. Wen die Gotteslästerung der Verzweiflung überfällt, dem eilt Gott schnell zu Hilfe, wenn er in seiner Qual Widerstand geleistet hat

Haben aber irgendeinen Menschen die unheilvolle Unruhe dieser Lästerung und die Verzweiflung überfallen, und hat er sich weder mit seinem Herzen, seinem Willen oder im Kosten des verkehrten Genusses mit ihnen verschworen, sondern quält sich sehr mit diesem Streit, dann komme ich ihm schnellstens zu Hilfe, wenn er in diesem Wettkampf mit mannhaftem Widerstand ausgehalten hat. Und er zweifle wegen dieser Schwierigkeiten nicht daran, denn ich nenne ihn einen starken Kämpfer gegen große Stürme, werde ihm eilends zu Hilfe kommen und ihn als Freund betrachten, weil er aus Liebe zu mir so große Widerstände geduldig ertrug und rühmlich überwand.

59. Wer Seele und Leib, die Gott verbunden hat, trennt, verfällt dem Verderben

Doch auch der, welcher von mir, dem wahren Gott, keineswegs in Glauben oder Hoffnung in seinem Herzen etwas wissen will, ersteht — wie gesagt — nicht zum Leben. Desgleichen auch jene nicht, die diese Trennung, die ich für die Menschen bestimmte, nicht abwartet, sondern sich selbst — ohne Hoffnung auf Erbarmen — auseinanderreißt. Er verfällt daher dem Verderben, weil er das tötet, womit er Buße tun sollte. Wer nämlich vom Menschen trennt, was ich in den Menschen gelegt habe, stürzt sich in große Schuld, wie mein Sohn im Evangelium zeigt und spricht.

60. Worte des Evangeliums

„Ihr habt gehört, was den Alten gesagt wurde: Du sollst nicht töten. Wer aber tötet, wird dem Gericht verfallen" (Mt. 5,21). Was heißt das? Ihr, die ihr euern Fuß auf das Felsenfundament setzen wollt, gebt acht! Durch die Stimme, die aus der Tiefe (de radice) der Vernunft kommt, habt ihr begriffen, daß das Werk der Heiligen Schrift, die den Sinn beansprucht (habet), den der Finger Gottes ihr gab, euern Vorfahren verdeutlichte, daß sie im Menschen nicht trennen sollten, was die göttliche Anordnung in ihm verbunden hat. Was bedeutet das? Der, welcher dem Adam den Baum der Erkenntnis von Gut und Böse verbot, indem er sprach: „Sobald du davon ißt, mußt du sterben" (Gen. 2,17), hat auch seinen Nachkommen gesagt: „Du sollst nicht töten", damit nicht vernichtet werde, was als Ebenbild Gottes geschaffen war. Doch wie Adam im Übertreten des göttlichen Gebots sich selbst und seine Nachkommenschaft des Lebens im Heil beraubte, entzieht auch der Mensch, welcher das Werk Gottes in einem anderen Menschen zerstört, der Seele und seinem Leib die zuverlässigen Zeugungskräfte für heilbringende Werke. Dadurch zieht er sich den richterlichen Urteilsspruch zu und wandert in elende Verbannung.

Deshalb begibt sich der, welcher eine so grausame Trennung im Menschen vollzog, ins Unglück; er trennte nämlich, was mir gehört, denn ich habe Leib und Seele zu einem Menschen vereint. Und wer ist es, der es wagte, sie zu trennen? Und ist schon der, welcher einen anderen Menschen tötet, von großer Sündenschuld belastet, wie wird es erst dem ergehen, der sich selbst dem Tod übergibt und das in den Staub tritt (mittit), mit Hilfe dessen er seine Vergehen sühnen (delere) sollte? Denn wer sich selbst umbringt, ahmt den verworfenen Engeln nach, der die erste Bosheit erfand und sich dem Verderben übergab, als er sich selbst tötete. Wieso? Weil er Gott beneidete, der keinen Anfang hatte und kein Ende nehmen wird. Er ist Herrscher über alles im Himmel und auf der Erde. Und wie dieser stolze Teufel nicht auf mich blicken wollte, als er sich selbst ins Verderben stürzte, so läßt sich auch der Mensch, der sich selbst gewaltsam auseinanderreißt, nicht herbei, mich zu kennen; daher verfällt er genau wie jener dem Tod, welcher sich selbst die Verwerfung zuzog. Bevor er nämlich zugrundeging, wollte er seine Bosheit auf den Flügeln des Sturmes emporheben und versuchte, im Himmelsraum zu fliegen wie ein Vogel in der Luft. Daher stürzte er sich in dieser Anmaßung von der Seligkeit ins Unglück. Doch ich bildete den Menschen aus Erde, damit er aus der Niedrigkeit zum Himmel aufsteige und im Beginnen und Vollenden guter Werke oben einen ragenden Gipfel herrlicher Tugenden errichte.

Deshalb darf der Mensch, der Leib und Seele hat, sich nicht selbst töten, solange er Gutes tun und büßen kann, damit er später nicht an den Ort kommt, wo er weder Werk noch Buße vorweisen kann. So wurde auch der Teufel, als er sich selbst umbrachte, in die Unterwelt verstoßen.

Wer dies aber mit wachen Augen sieht und mit dröhnenden Ohren hört, küsse und umarme diese meine geheimnisvollen Worte, die mir, dem Lebendigen entströmen.

Die Abschnitte der 6. Vision des 2. Teils

1. Daß die Kirche Christus in seinem Leiden anvermählt und mit seinem Blut beschenkt wurde und die Rettung der Seelen begann
2. Daß Gott der Vater die alte Schlange durch die Demut seines Sohnes besiegte, nicht durch Gewalt
3. Worte des Psalmisten
4. Daß die heranwachsende Kirche ihre Hochzeitsgabe Gott vor den Engeln ergeben darbringt und die tiefe (Bedeutung) der Sakramente auf die Eingebung des Heiligen Geistes offenbart wird
5. Ein Gleichnis vom Gold
6. Während der Priester zum Opfern an den Altar tritt, leuchtet große Herrlichkeit auf und himmlische Geister erscheinen zum Dienst
7. Im Sakrament des Altars gedenkt Gott der Vater zum Heil des Volkes des Leidens seines Sohnes
8. Warum im Sakrament des Altars Brot, Wein und Wasser dargebracht werden sollen
9. Worte Joels darüber
10. Daß den Priester beim Sakrament des Altars der persönliche Beistand Gottes nicht verläßt und bis zur Vollendung (der Feier) der Geheimnisse ein heller Schein bleibt
11. Während der Priester ‚Sanctus, sanctus, sanctus' anstimmt und die (Feier der) heiligen Geheimnisse beginnt, verklärt ein unbegreifliches Licht diese sakramentalen Gestalten
12. Die göttliche Herrlichkeit zieht das Opfer des Altares wie in einem Augenblick unsichtbar empor und läßt es — in wahres Fleisch und Blut verwandelt — wieder herab
13. Ein Vergleich von Salbe und Saphir zum selben Thema
14. Warum der Mensch diese geistliche Gabe nicht sichtbar zu sich nehmen kann
15. Wenn der Priester getreulich an Gott glaubt und das Opfer mit demütiger Hingabe darbringt, wird es Fleisch und Blut Christi
16. Das Gleichnis vom Küchlein und dem Insekt
17. Beim Sakrament des Altares erscheinen ganz offensichtlich wie in einem Spiegel Geburt, Leiden, Grablegung, Auferstehung und Himmelfahrt Christi
18. Während der gläubige Mensch sprechen soll: ‚Vergib uns unsere Schuld wie auch wir vergeben unsern Schuldigern', wird das Leiden Christi im Erbarmen Gottes des Vaters sichtbar
19. Daß die Opfergabe niemals als blutiges Fleisch erscheint, außer wenn sie in Zeiten großer Bedrängnis den Erwählten gezeigt wird
20. Während das Lied vom unschuldigen Lamm gesungen wird, kommunizieren die Gläubigen, um, von der Übertretung gereinigt, das ewige Erbe wiederzuerlangen

51. Von den fünf Arten der Kommunikanten
52. Von denen, die einen leuchtenden Leib und eine feurige Seele haben
53. Von denen, die mit fahlem Leib und finsterer Seele erscheinen
54. Von denen, die behaarten Körpers und schmutzbefleckter Seele sind
55. Von denen, deren Leib mit spitzen Dornen umgeben ist, und die mit aussätziger Seele erscheinen
56. Von denen, die mit blutigem Körper und einer Seele, die wie ein verwesender Leichnam riecht, erscheinen
57. Von denen, die zu diesem Sakrament mit hingabebereiter Gesinnung und reinem Glauben, und denen, die mit widerstrebendem Herzen und schwankendem Gemüt hinzutreten
58. Worte des Apostels
59. Das Sakrament des Altares soll vom Priester und vom Volk mit ehrfürchtiger Liebe behandelt und aufbewahrt weden
60. Die mystischen Geheimnisse des Leibes und Blutes des Herrn soll man nicht zu ergrübeln suchen
61. Diener der Kirche, welche nicht durch den Eingang, sondern duch eine Seitentür eintreten, ahmen, weil sie schlimme Spötter und ungeschliffene Edelsteine sind, den Teufel und Baal nach und trachten danach, Christus zu verletzen und ihn gleichsam zu kreuzigen
62. Die Diener der Kirche sollen nach dem Beispiel der Apostel sehr sorgfältig die Keuschheit bewahren und sich aller Unreinheit enthalten
63. Worte des Moses zum selben Thema
64. Der Priester darf sich nicht doppelt binden
65. Wie der Teufel Priester der Priester spielen kann
66. Worte aus dem Gesetz darüber
67. Worte des Evangeliums dazu
68. Worte des Apostels über dasselbe Thema
69. Desgleichen Paulus darüber
70. Von den drei Arten der Verschnittenen
71. Wer sich nicht zu enthalten vermag, werde unter keinem Vorwand Priester oder ein Diener des Priestertums
72. Aus welchem Grund Verheirateten, die sich später getrennt haben, in der Urkirche der Zutritt zum Priestertum gewährt wurde und warum es jetzt nicht erlaubt wird
73. Das Gleichnis vom König über dieses Thema
74. Zu Junge und Ungeweihte sollen keine Gemeinde (ecclesia) übernehmen und einer soll sich nicht herausnehmen, mehrere zu verwalten
75. Aus dem ganzen Volk, das den christlichen Namen trägt, sind gutgesinnte Priester männlichen Charakters zu erwählen, die körperlich unversehrt sind
76. Frauen dürfen nicht zum Altardienst hinzutreten
77. Ein Mann darf keinesfalls weibliche Kleidung tragen und eine Frau keine männliche, wenn sie nicht durch große Bedrängnis dazu gezwungen sind
78. Daß Gott Frauenschänder und Frauen wie Männer, die sich in widernatürlicher Unzucht mit andern oder selbst verunreinigen oder mit Tieren vergehen, streng verurteilt

79. Von der Verunreinigung, die bei Schlafenden vorkommt
80. Worte des Moses darüber
81. Wer stark in Begierde brennt, soll seine Glut zu keinem Brand entfachen
82. Wer mit derartigen Fehltritten belastet ist, flüchte sich in einem Bekenntnis zur Barmherzigkeit Gottes
83. Daß das Heilmittel der Reinigung bei den Altvätern schon lange vorgebildet war
84. Wer sich weigert, seine Sünden zu bekennen, täuscht sich selbst
85. Wenn in der Todesstunde kein Priester anwesend ist, beichte der Mensch einem anderen Menschen; steht ihm kein Mensch zur Verfügung, beichte er Gott allein in Gegenwart der Elemente
86. Niemand soll wegen der Last seiner Sünden verzweifeln
87. Das Evangelium darüber
88. Die Sünden sollen sowohl durch Almosen als auch durch körperliche Genugtuung getilgt werden
89. Aus dem Buch der Weisheit
90. Die Elemente sind ein Sammelbekken für die menschlichen Leidenschaften
91. Arme und Reiche und ehrgeizig nach Macht Strebende, ein jeder erhält den Lohn gemäß seiner Absicht
93. Die Priester sollen mit Flehen und Drängen das Volk zum Bekenntnis ermuntern
94. Wenn Priester dem Volk keine Bevollmächtigung für das Vorsteheramt vorweisen, werden sie nicht Priester, sondern Wölfe genannt
95. Die Elemente wehklagen vor Gott über die Bosheit der Priester und die Himmel nehmen deren Bosheit auf
96. Die Priester haben die Gewalt zu binden und zu lösen
97. Worte des Evangeliums darüber
98. Niemand darf ohne strafwürdige Schuld gebunden werden
99. Wenn jemand unschuldig gefesselt wird, soll er um der Ehre Gottes willen um Freisprechung nachsuchen
100. Aufrührer, die nicht zu Christus zurückkehren wollen und in ihrer Verhärtung nicht nach Barmherzigkeit fragen, ahmen die alte Schlange nach
101. Worte des Teufels
102. Durch die Menschwerdung des Gottessohnes werden die Menschen aus dem Dunkel des Unglaubens herausgeführt

6. Vision des 2. Teils

Das Opfer Christi und der Kirche

Und danach sah ich, wie die erwähnte Frauengestalt — als der Sohn Gottes am Kreuz hing — wie ein heller Glanz unversehens (propere) aus dem ewigen Ratschluß hervorging. In göttlicher Kraft wurde sie ihm zugeführt, vom Blut, das hoch aufsprudelnd aus seiner Seite floß, überströmt. Nach dem Willen des himmlischen Vaters wurde sie in seliger Vermählung mit ihm vereint und mit seinem Fleisch und Blut reich (nobiliter) beschenkt.

Und ich hörte eine Stimme vom Himmel zu ihm sagen: „Diese, mein Sohn, soll deine Braut zur Wiederherstellung meines Volkes sein. Sie sei ihm Mutter in der Wiedergeburt der Seelen durch die Erlösung in Geist und Wasser."

Und als diese Gestalt auf solche Weise an Kraft gewann, sah ich eine Art Altar, zu dem sie öfter hinzutrat, dort jedesmal andächtig ihre Brautgabe betrachtete und sie demütig dem himmlischen Vater und seinen Engeln zeigte. Als dann auch ein Priester, mit heiligen Gewändern angetan, an den Altar trat, um die göttlichen Geheimnisse zu feiern, sah ich, daß plötzlich ein sehr heller Lichtschein, von Engeln begleitet, aus dem Himmel kam. Er umstrahlte den ganzen Altar und ruhte solange auf ihm, bis sich nach Vollendung dieser Meßfeier (sacramenti) der Priester vom Altar entfernte. Nachdem dort das Evangelium des Friedens verkündet, die zu konsekrierende Opfergabe auf den Altar gelegt war und der Priester den Lobpreis des allmächtigen Gottes, d. h. ‚sanctus sanctus sanctus Dominus Deus Sabaoth' anstimmte und so die Feier der heiligen Geheimnisse begann, kam plötzlich aus dem offenen Himmel ein feuriger Blitz von unvorstellbarer Helligkeit auf diese Opfergaben hernieder und übergoß sie ganz mit seinem Schein; so erleuchtet die Sonne einen Gegenstand, auf den ihre Strahlen fallen. Und während er sie so beleuchtete, zog er sie unsichtbar in das Innere des Himmels empor und ließ sie wieder auf den Altar hinunter; wie ein Mensch Luft einatmet und sie wieder ausatmet. Obwohl sie in den Augen der Menschen als Brot und Wein erschienen, waren sie wahres Fleisch und wahres Blut geworden.

Als ich das betrachtete, erschienen plötzlich wie in einem Spiegel die Symbole für Geburt, Leiden und Begräbnis, und auch für die Auferstehung und Himmelfahrt unseres Erlösers, des Eingeborenen Gottes; so trug sich das alles auch im irdischen Leben des Gottessohnes zu. Als jedoch der

Priester das Lied vom unschuldigen Lamm, d. h. ‚Lamm Gottes, das du hinwegnimmst die Sünden der Welt' sang und sich anschickte, die heilige Kommunion zu empfangen, kehrte der erwähnte feurige Blitz zum Himmel zurück und ich hörte aus dem verschlossenen Himmel folgende Worte: „Eßt und trinkt das Fleisch und Blut meines Sohnes zur Tilgung der Übertretung Evas, damit ihr wieder in euer rechtmäßiges Erbe eingesetzt werdet." Und während auch die übrigen Menschen zum Empfang dieses Sakraments an den Priester herantraten, nahm ich fünf Arten von ihnen wahr. Die einen hatten nämlich einen leuchtenden Leib und eine feurige Seele; andere aber erschienen mit häßlichem Leib und finsterer Seele; einige waren behaarten Körpers und die Seele starrte vom Schmutz menschlicher Verunreinigung; der Leib mancher war von spitzen Dornen umgeben und sie erschienen mit aussätziger Seele; manche dagegen erschienen mit fahlem Körper und einer Seele, die wie ein verwesender, Leichnam roch. Während einige von denen, die das Sakrament empfingen, wie mit feurigem Glanz übergossen wurden, umdunkelte die anderen gleichsam eine finstere Wolke.

Nach Vollendung des Meßopfers aber, als der Priester sich vom Altar entfernte, zog sich der besagte Lichtschein, der vom Himmel gekommen war und den ganzen Altar umstrahlt hatte, nach oben in das Innerste des Himmels zurück.

Und wiederum hörte ich eine Stimme, die von oben aus dem Himmel zu mir sprach.

1. Daß die Kirche Christus in seinem Leiden anvermählt und mit seinem Blut beschenkt wurde und die Rettung der Seelen begann

Als jedoch Christus Jesus, der Sohn Gottes, an seinem Marterholz hing, wurde ihm die Kirche in der Verborgenheit der himmlischen Geheimnisse beigesellt und mit seinem purpurnen Blut beschenkt. Das deutet sie selbt an, wenn sie häufig an den Altar tritt, ihre Hochzeitsgabe einfordert und genau beobachtet, mit wieviel Andacht ihre Söhne zu den göttlichen Geheimnissen hinzutreten und sie empfangen.

Deshalb *siehst du, wie die erwähnte Frauengestalt wie ein heller Glanz unversehens aus dem ewigen Ratschluß hervorgeht, als der Sohn Gottes am*

Kreuz hängt. In göttlicher Kraft wird sie ihm zugeführt. Denn als dieses unschuldige Lamm zum Heil der Menschen auf den Altar des Kreuzes gehoben worden war, erschien die Kirche im reinen Glanz des Glaubens und der anderen Tugenden plötzlich aus dem geheimen Ratschluß durch ein unermeßliches Mysterium im Himmel und wurde dem Eingeborenen Gottes durch die erhabene Majestät verbunden. Was bedeutet das? Als nämlich aus der Seitenwunde meines Sohnes Blut strömte, begann alsbald die Erlösung der Seelen; denn die Herrlichkeit, aus welcher der Teufel mit seiner Gefolgschaft vertrieben wurde, ward dem Menschen geschenkt, als mein Eingeborener den zeitlichen Tod am Kreuz auf sich nahm, die gläubigen Seelen der Hölle entriß und sie zum Himmel führte. So begann er auch den Glauben seiner Jünger und ihrer aufrichtigen Nachfolger zu mehren und zu stärken, damit sie Erben des Himmelreiches würden.

Daher *wurde diese Gestalt vom Blut, das hochaufsprudelnd aus seiner Seite floß, überströmt. Nach dem Willen des himmlischen Vaters wurde sie in seliger Vermählung mit ihm vereint.* Denn als die Kraft der Passion des Gottessohnes sie glühend überströmte und sich wunderbar zum Gipfel der himmlischen Geheimnisse erhob, wie der Duft guter Wohlgerüche sich in der Höhe verbreitet, erstarkte daran die Kirche in den leuchtenden Erben des ewigen Reiches und wurde nach der Bestimmung des himmlischen Vaters dem Eingeborenen Gottes im Glauben angetraut. Wie? Wie die Braut ihrem Bräutigam in unterwürfigem Gehorsam dient und mit dem Liebesbund die fruchtbringende Gabe zur Zeugung von Nachkommen empfängt, um sie ihrem Erbe zuzuführen, so wird auch die Kirche dem Sohn Gottes zu demütigem und liebendem Dienst angetraut, empfängt von ihm die Wiedergeburt aus Geist und Wasser mit der Erlösung der Seelen zur Wiederherstellung des Lebens und führt sie dem Himmel zu.

Deshalb *wird sie* auch *mit seinem Fleisch und Blut reich beschenkt,* weil der Eingeborene Gottes seinen Leib und sein Blut seinen Gläubigen, welche die Kirche und Kinder der Kirche sind, in strahlender Herrlichkeit brachte, damit sie durch ihn das Leben in der himmlischen Stadt besitzen. Wieso?

2. Daß Gott der Vater die alte Schlange durch die Demut seines Sohnes besiegte, nicht durch Gewalt

Denn er gab sein Fleisch und Blut zur Heiligung der Gläubigen hin, wie auch der himmlische Vater ihn zur Erlösung der Völker dem Leiden auslieferte. So besiegte er durch ihn die alte Schlange in Demut und

Gerechtigkeit und wollte sie nicht durch Gewalt und Stärke überwinden. Denn er ist ein gerechter Gott, der kein Unrecht will, wie der Psalmist sagt und spricht.

3. Worte des Psalmisten

„Selig der Mann, der nicht zum Rat der Gottlosen abweicht, nicht auf dem Weg der Sünder steht und nicht auf dem Sitz des Verderbens thront" (Ps. 1,1). Was heißt das?

Weil Gott der Vater aller Glückseligkeit und Fruchtbarkeit seiner Geschöpfe ist, tut er an diesen seinen Geschöpfen viele verschiedene Wunderzeichen kund. So ließ auch die Menschwerdung seines Sohnes einen lieblichen Wohlgeschmack von großer Süßigkeit träufeln, als die himmlischen Tugendkräfte viele Bauwerke in ihm errichteten, über die der Mensch zum Himmelreich zurückkehren sollte, das von keinem Todesschatten verdunkelt ist. Und so wurde offenbar, daß auch im himmlischen Vater die starken Kräfte aller Tugenden wohnen, denn er hat durch seinen Eingeborenen den Tod mannhaft getötet und die Hölle zerschmettert und wird auch am Jüngsten Tag den Erdkreis in einen anderen und besseren verwandeln.

Deshalb gerät er auch in der Weite seines Herzens nicht auf die unsicheren Wege der bösen Geister, welche die Wahrheit verließen und die Lüge an sich rissen. Wieso? Weil sie die Wahrheit durch ihre Lüge zerteilen wollten. Inwiefern? Sie wollten den Altehrwürdigen (antiquum dierum), der vor der Zeitrechnung von Tagen und Stunden war, niederhalten und trachteten danach, die alte Schlange, die nicht vor der Zeit der Zeiten existierte, ihm an die Seite zu stellen. Doch das konnte und durfte nicht sein, denn Gott ist nur einer. Darum ist der Teufel ein Lügner. Denn er wich von Gott, verließ das Leben und fand den Tod. Und so stand auch Gott nicht auf dem Weg, an den die Sünder ihre Schritte heften, weil er den Weg Adams verwarf und seine Sünde nicht liebte, sondern den vom Teufel Verführten aus dem Paradies verstieß. Und er übte auch seine Herrschermacht nicht aufgrund irgendeiner Ungerechtigkeit aus. Sonst wäre das ganze Menschengeschlecht im Schatten des Todes sitzend in den Tod verwickelt worden, weil es hochmütig die Wahrheit aufgegeben hätte. Was heißt das? Gott hat nämlich weder der satanischen Anmaßung noch der menschlichen Nachlässigkeit so mit seiner Gewalt widerstanden, daß er sie durch seine Stärke zu Fall gebracht hätte. Auf welche Weise?

Wie bei zwei Kämpfern — wenn der eine dem anderen an Kraft überlegen ist (fortioribus viribus) — der Stärkere dem Schwächeren gewiß vor Augen führt, daß er noch größeren Gefechten gewachsen wäre, um sich den Entmutigten zu unterwerfen, und ihm in keinem Punkt zu weichen.

Doch so handelte Gott nicht, denn er widerstand dem Werk der Bosheit durch äußerste Güte; er sandte nämlich seinen Sohn in die Welt, der durch seinen Leib in tiefster Demut sein verlorenes Schaf zum Himmel zurückführte. Wieso? Das Blut, welches seinem Leib entströmte, floß aus den offenen Wunden und wurde alsbald in der Verborgenheit des Himmels sichtbar. Es forderte die Erlösung der Seelen heraus. Wieso? Weil die ganze Schöpfung im Sohn Gottes kundtat, daß durch sein Leiden und seinen Tod der verlorene Mensch (perditio hominis) dem Leben wiedergeschenkt wurde. Inwiefern? Der Eingeborene Gottes, das Leben schlechthin, brachte sich selbst zur Erlösung des Menschengeschlechts zum Leiden am Altar des Kreuzes dar. Dort erwählte er sich — wie du auch wirklich die Kunde durch die aus dem Innersten des Himmels ertönende Stimme vernommen hast — die Kirche zur Braut, damit sie zur Wiederherstellung des Heils Mutter des Volkes der Gläubigen werde, um sie durch die geistliche Wiedergeburt makellos in den Himmel zu versetzen.

4. Daß die heranwachsende Kirche ihre Hochzeitsgabe Gott vor den Engeln ergeben darbringt und die tiefe Bedeutung der Sakramente auf die Eingebung des Heiligen Geistes offenbart wird

Und als diese Gestalt auf solche Weise an Kraft gewinnt, siehst du einen Altar, zu dem sie öfter hinzutritt, dort jedesmal andächtig ihre Brautgabe betrachtet und sie demütig dem himmlischen Vater und seinen Engeln zeigt. Die Kirche gewann — wie gesagt — bald Zuwachs an fruchtbaren und starken Tugenden und — wie dir mit einem deutlichen Hinweis gezeigt wird — begann bald auf Eingebung des Heiligen Geistes im tiefen Aufseufzen der Gläubigen (in profunditate fidelium suspiriorum) die Heiligung der mystischen Altäre. Dort legt die Kirche in beständiger Aufmerksamkeit auf die Spur seiner Beispiele ihre Brautgabe nieder, nämlich den Leib und das Blut des Gottessohnes, und opfert sie, indem sie sie mit größter Hingabe betrachtet, dem Schöpfer des Alls vor den Augen der lebendigen glühenden Leuchten, nämlich der Himmelsbürger, in unterwürfigem und demütigem Gehorsam auf. Was bedeutet das? Wie das Fleisch meines Eingeborenen im unversehrten Schoß der Jungfrau Maria entstand und dann für das Heil der Menschen ausgeliefert wurde, so geht auch jetzt sein Fleisch immer wieder aus der Unversehrtheit der Kirche hervor und wird zur Heiligung der Gläubigen ausgeteilt.

5. Das Gleichnis vom Gold

Wie der Schmied einmal sein Gold im Feuer verflüssigt und zusammenschmilzt (unit), und ein andermal das Vereinte auf dieselbe Weise trennt, so wandle auch ich, der Vater, jetzt das Fleisch und Blut meines Sohnes durch die Heiligung des Heiligen Geistes als Opfergabe und teile es dann verwandelt unter den Gläubigen zu ihrem Heil aus.

6. Während der Priester zum Opfern an den Altar tritt, leuchtet große Herrlichkeit auf und himmlische Geister erscheinen zum Dienst

Deshalb kommt auch plötzlich ein sehr heller Lichtschein, von Engeln begleitet, aus dem Himmel, wenn der Priester, mit heiligen Gewändern angetan, an den Altar tritt, um die göttlichen Geheimnisse zu feiern. Wenn der Seelsorger, mit dem heiligen Gewand umgürtet, zum Opfer des unschuldigen Lammes an den lebensspendenden Tisch tritt, vertreibt plötzlich die große Herrlichkeit des himmlischen Erbes die dichte Finsternis und leuchtet — von dienenden Engeln aus dem Inneren des Himmels begleitet — auf; da verklärt sie die heilige Handlung (compositionis sanctificationem), denn hier wird zum Heil der Gläubigen die Speisung der Seelen vorgenommen. Wie? Wenn die Kirche durch die Stimme des Priesters ihre Brautgabe zurückverlangt, d. h. den Leib und das vergossene Blut meines Sohnes, damit sie zum Heil der Seelen einer seligen Geburt fähig wird — sie empfängt nämlich durch das Vergießen des kostbaren Blutes eine große Zahl Völker — dann erleuchte ich, der ich das unvergängliche Licht bin, in meiner Heiligkeit diesen Ort der Heiligung zur Ehre des Leibs und Blutes dieses meines Eingeborenen.

7. Im Sakrament des Altares gedenkt Gott der Vater zum Heil des Volkes des Leidens seines Sohnes

Denn wenn der Priester mich zur Heiligung des Altares anzurufen beginnt, damit ich darauf achte, daß mein Sohn mir Brot und Wein beim letzten Abendmahl darbrachte, als er die Welt verlassen sollte, dann sehe ich, daß mein Sohn mich in der Stunde seines Leidens darauf hinweist, als er am

Kreuzesholz sterben sollte, und damit andeutet, daß ich sein Leiden immer vor Augen haben solle und es nicht vor meinem aufmerksamen Blick tilge, wenn die fruchtbare Gabe des hochheiligen Opfers durch den Dienst des Priesters dargeboten wird. Denn auch er hat mir im Vergießen seines Blutes Brot und Kelch aufgeopfert, den Tod vernichtet und den Menschen aufgerichtet.

8. Warum im Sakrament des Altares Brot, Wein und Wasser dargebracht werden sollen

Doch weil die Ehre, das Gemach (clausuram) der jungfräulichen Keuschheit zu betreten und zu verlassen, nicht der menschlichen Natur, sondern der göttlichen Macht zukam, kann es auch geschehen, daß das Fleisch meines Eingeborenen aus Weizenkorn und sein Blut aus Traubenwein und Wasser in der heiligen Handlung zugegen ist (iteritur), wie ich durch meinen treuen Knecht den Propheten Joel anzeige und spreche.

9. Worte Joels darüber

„Und die Tennen füllen sich mit Getreide und die Keltern werden von Wein und Öl überfließen. Und ich will auch die Jahre ersetzen, deren Ertrag Heuschrecken, ungeflügelte Heuschrecken, Mehltau und Raupe verzehrten, mein großer Machterweis, den ich gegen euch aussandte. Und ihr werdet reichlich zu essen haben und satt werden und den Namen eures Gottes loben, der Wunderbares an euch getan hat; und mein Volk wird in Ewigkeit nicht zuschanden" (Joel 2,24–26). Was bedeutet das? Auf wunderbare Anordnung Gottes werden die Tennen des Glaubens der gläubigen Kirche mit jeglichem Gut gefüllt; denn die Getreidefrucht verwandle ich (trado) in das Fleisch meines Sohnes. So wird auch bei der wahren Erlösung, durch die meine Gläubigen zum Vaterland zurückgerufen werden, die Kelter der Zerknirschung überfließen, in der sie die Begierden ihres Fleisches um meines Namens willen zermalmen; dann verwandle (duco) ich für sie den Traubensaft in das Blut meines Eingeborenen und gebe ihnen auch das Öl der Barmherzigkeit. Inwiefern? Auf andere Weise, nämlich zu euerm Heil, will ich euch die (Zeit der) eitlen Umwege, welche die Heuschrecke der (Gott)vergessenheit durch Unglauben und Unwissenheit verzehrte, ersetzen. Denn in den Kindern Adams entstand alsbald die Bosheit, so daß sie den Reichtum meiner Gerechtigkeit so vergaßen, wie der Mensch sein Bedürfnis nach Nahrung vergießt, wenn sie in seinen Magen gelangt ist. In ihrer Gottlosigkeit haben sie so meine Gerechtigkeit zerrissen, wie die Heuschrecke die Früchte zernagt. Wieso? Wo die Heuschrecke der Nachlässigkeit durch den Müßiggang des Geistes den Nutzen der guten Früchte raubt, da verpuppt sich auch die häßliche ungeflügelte Heuschrecke im Schmutz der Unreinheit; denn solche Menschen hüllen sich in den Auswurf des Götzenaberglaubens und anderer ähnlicher Häresien, in teuflische Befragungen, magische Künste, Untersuchung der Geschöpfe des Schöpfers, zufällige irdische Geschehnisse und in die gemeine Scheußlichkeit der Mörder und Unzüchtigen. Sie nähren sich so davon, wie die ungeflügelte Heuschrecke vom Schmutz. Wieso? Wo die ungeflügelte Heuschrecke der Niederträchtigkeit den Gestank der Gemeinheit liebt, dort verzehrt auch der Rost der Bitterkeit die glänzenden Metalle des Glaubens, weil diese Menschen Feinde der göttlichen Gerechtigkeit sind und sich bemühen, sie zu verdunkeln, wie auch der Rost die Schönheit der Metalle zu beseitigen pflegt. Wieso?

Wo der gefräßige Rost den Glanz der guten Taten angreift, dort verdirbt auch der Mehltau des schädlichen Tuns die nützliche grüne Saat, weil derartige Menschen die strahlenden Tugenden, wie Einfalt, Keuschheit und kraftvolle (virtuosa) Standhaftigkeit, die der Heilige Geist in aller fruchtbaren Grünkraft verleiht (in omni viriditate beatitudinis irradiat), durch ihre boshafte Schlechtigkeit abwerfen und vesuchen, sie zu vernichten. So mindert auch der Mehltau den Nutzen der Saat. Und in all dem wird meine ungeheure Stärke offenbar, die mit ihrer großen Kraft die teuflische Feindschaft überwand, als ich sie zu euerm Heil zu euch sandte. Wieso?

Ich, der Vater, sandte meinen Sohn, leiblich aus der Jungfrau geboren, in die Welt, um euch durch ihn aus der Verderbnis des Todes zu retten, so daß sowohl ich in euch, wie auch ihr in mir wohnen würdet. So hat auch mein Sohn, als er zum Leiden schritt, euch sein Fleisch zum Essen und sein Blut zum Trinken übergeben. Deshalb genießt andächtig dieses Sakrament zu euerm Heil; nährt euch fruchtbringend davon und ihr werdet außerdem den Hunger der verirrten Seele am Öl der Barmherzigkeit sättigen. Denn mein Sohn hat in der Buße eine Medizin für eure Wunden gebracht, und weil auch die Braut meines Sohnes mit aller Gerechtigkeit und Wahrheit geschmückt ist, deshalb werdet ihr meinen Namen gläubig preisen. Ich regiere euch als *ein* Gott in wahrer Dreifaltigkeit und offenbare unter euch meine Wunder, indem ich euch wunderbar der satanischen Gewalt entreiße. Und daher wird mein Volk in der künftigen Ewigkeit von keiner tödlichen Verwirrung aus der Fassung gebracht; ich habe es auf so wunderbare Weise aus dem Rachen der Hölle herausgeführt.

10. Daß den Priester beim Sakrament des Altares der persönliche Beistand Gottes nicht verläßt und bis zur Vollendung der Geheimnisse ein heller Schein bleibt

Und du siehst, daß *der erwähnte Schein den ganzen Altar umstrahlt und so lange auf ihm ruht, bis sich nach Vollendung dieser Meßfeier der Priester vom Altar entfernt.* Dieser Schein, nämlich der ewigen Schau, offenbart sich so lange aufs Herrlichste, bis sich der Verwalter dieser Sakramente nach Vollzug der hochheiligen Geheimnisse seines Dienstes von dieser heiligen Handlung (sanctificatio) der Vollendung der geheimnisvollen Feier der Sakramente zuwendet. Was bedeutet das? Es ist der göttlichen Majestät angemessen, in den seligen Geheimnissen ihre ganze Kraft zu zeigen; und wenn auch der Mensch in dem verweilt, was Gottes ist, wird ihn die Hilfe Gottes nicht verlassen.

11. Während der Priester ‚Sanctus, sanctus, sanctus' anstimmt, und die Feier der heiligen Geheimnisse beginnt, verklärt ein unbegreifliches Licht diese sakramentalen Gestalten

Nachdem dort das Evangelium des Friedens verkündet, die zu konsekrierende Opfergabe auf den Altar gelegt ist und der Priester den Lobpreis des allmächtigen Gottes, d. h. ‚sanctus, sanctus, sanctus Dominus Deus Sabaoth' singt und so die Feier der heiligen Geheimnisse beginnt, kommt plötzlich aus dem offenen Himmel ein feuriger Blitz von unvorstellbarer Helligkeit auf diese Opfergaben hernieder. Denn im Kuß des Königs kommt die Lebenskraft des lebendigen Hauchs zum Vorschein und die herrliche Frucht des Lebens (claritatis vitae), die in der Wandlung hell erglänzen soll, wird in das göttliche Bauwerk hineingelegt, wenn dieser Verkünder der Wahrheit in dreimaliger Anrufung der Salbung des Herrn der Heerscharen den lieblichen Gesang (sonum) zum Lob des Schöpfers aller Dinge ertönen läßt. Und so beginnt das geheimnisvolle Aufstrahlen der Morgenröte (absconsa fulgoris aurorae), nämlich des menschgewordenen Gottessohnes aus der Jungfrau; und aus dem geöffneten Zelt läßt sich plötzlich ein undurchdringlicher Schein von unfaßbarer Erhabenheit über die Geheimnisse dieses Sakraments nieder *und übergießt sie ganz mit seinem Schein; so erleuchtet die Sonne einen Gegenstand, auf den ihre Strahlen fallen.* Diesen rotschimmernden Schein um die Opfergabe durchdringt in der Kraft des Vaters die heilige Glut derart, wie der leuchtende Blitz in einen Gegenstand eindringt, auf dessen Oberfläche er fällt (se diffundendo cadit). Was heißt das?

Die Braut meines Sohnes bringt mir in hingabebereiter Absicht auf meinem Altar die Opfergabe von Brot und Wein dar. Auf welche Weise? Sie mahnt mich nämlich, ihr durch die Hand des Priesters in getreulicher Wiedergegenwärtigsetzung dieser Darbringung das Fleisch und Blut meines Sohnes auszuliefern. Wieso? Weil die Leiden meines Eingeborenen immer im Innern des Himmels erscheinen, deshalb vereint sich diese Opfergabe in meiner brennenden Glut auf ganz wunderbare Weise (profundissima admiratione) so mit meinem Sohn, daß sie wirklich unzweifelhaft sein Fleisch und Blut wird. Die Kirche erstarkt daher an dieser seligen Speise.

12. Die göttliche Herrlichkeit zieht das Opfer des Altares wie in einem Augenblick unsichtbar empor und läßt es — in wahres Fleisch und Blut verwandelt — wieder herab

Denn während der erwähnte Schein diese Opfergabe — wie gesagt — *beleuchtet, zieht er sie unsichtbar in das Innere des Himmels empor.* Denn während dieser feurige Blitz — wie erwähnt — dieses Sakrament mit seinem Schein überflutet, zieht er es mit unsichtbarer Gewalt zu diesem verborgenen (Ort) empor, den kein menschliches Auge zu schauen vermag, und läßt es wieder auf den Altar hinunter; denn er legt es ja in Erwartung seines Mitherabsteigens liebevoll auf den Altartisch (mensa sanctificationis), *wie der Mensch Luft einatmet und sie wieder ausatmet,* da er selbst den Hauch lebendiger Lebenskraft, von dem er lebt, auf wunderbare Anordnung Gottes in sich einzieht und ihn wiederum, um leben zu können, von sich gibt; *so sind sie wahres Fleisch und wahres Blut geworden, obwohl sie in den Augen der Menschen als Brot und Wein erscheinen.* Denn wie Gott wahrhaftig und ohne Trug ist, so ist auch dieses erhabene Sakrament zuverlässig und unergründlich und niemand kann es herabwürdigen. Es ist ohne Täuschung wahres Fleisch und Blut; denn wie die Seele wirklich in Fleisch und Blut wohnt, solange der Mensch in seinem Leib lebt, so wohnt auch dieses Sakrament in Brot und Wein, wo es wirklich feierlich verehrt wird, und wird so auch den Menschen sichtbar. Denn wenn ein blindes menschliches Auge Gott nicht ganz sehen kann, so vermag auch der Mensch diese Geheimnisse nicht leibhaftig zu schauen; wie nämlich ein Mensch den Leib des Menschen, und nicht seinen Geist sieht, so kann auch der Mensch nur Brot und Wein, und nicht dieses Sakrament durchschauen. Was bedeutet das?

Die Helligkeit, die über dem Leib des im Grab bestatteten Gottessohnes erschien, erweckte ihn vom Todesschlaf. Sie erstrahlt auch über dem Sakrament des Leibes und Blutes des Eingeborenen Gottes und verhüllt es so vor dem Blick der Menschen; so können sie seine Heiligkeit nur in der Gestalt des Brotes und Weines sehen, wenn diese Opfergabe auf dem Altar liegt, wie auch durch die Menschheit des Gottessohnes die Gottheit, die in ihm wohnte, vor den Menschen verhüllt wurde, so daß sie ihn nur als Menschen sehen konnten, der wie ein Mensch — doch ohne Sünde — unter ihnen lebte: Was heißt das?

Ich, der ich alles erschaffen habe, nehme die erwähnte Opfergabe, welche mir die Kirche durch die Hand des Priesters darbringt, gütig entgegen; denn wie die Gottheit im Schoß der Jungfrau ihre Wunder offenbarte, so weist sie auch in dieser geheimnisvollen Darbringung auf ihre Geheimnisse hin. Wieso? Weil dort Fleisch und Blut des Gottessohnes sichtbar werden. Auf welche Weise?

13. Ein Vergleich von Salbe und Saphir zum selben Thema

Denn wenn diese Opfergabe wie in einem Augenblick unsichtbar durch die Kraft Gottes emporgezogen und wieder herniedergelassen wird, wird sie so von der Glut der göttlichen Majestät erwärmt, daß sie Fleisch und Blut des Eingeborenen Gottes wird. Die Menschen erkennen dieses Geheimnis nicht mit dem fleischlichen Sinn, wie wenn jemand ein überaus kostbares Salböl in einfaches Brot mengen (involveret) und einen Saphir in Wein legen würde; ich würde es in einen so süßen Wohlgeschmack verwandeln, daß du, o Mensch, es weder als Brot mit Salböl noch als Wein mit einem Saphir beurteilen könntest, sondern nur den süßen Geschmack wahrnehmen würdest; denn auch mein Sohn ist süß und mild. Was besagt das? Unter diesem Salböl versteht man meinen aus der Jungfrau geborenen Sohn, der mit überaus kostbarem Öl gesalbt ist. Wieso? Weil er mit der heiligen Menschheit bekleidet ist, die ein so kostbares Salböl ist, daß sie mit ihrer Lieblichkeit die tödlichen Wunden der Menschen so durchtränkt, daß sie weiterhin beim Untergang Adams nicht faulen und stinken, wenn sie sich zu ihm bekehren. In diesem Saphir aber wird die Gottheit bezeichnet, die in diesem meinem Sohn wohnt, der ein sanfter und demütiger Eckstein ist, weil er nicht aus der Wurzel des menschlichen Fleisches entspringt, das von Mann und Frau stammt, sondern in meiner Glut wunderbar aus der lieblichen Jungfrau Mensch wurde. Daher ist sein Fleisch und Blut auch süß und lieblich zum Genuß der Gläubigen.

14. Warum der Mensch diese geistliche Gabe nicht sichtbar zu sich nehmen kann

Doch du, o Mench, kannst diese geistliche Gabe nicht so sichtbar zu dir nehmen, als wenn du sichtbares Fleisch ißt und sichtbares Blut trinkst, denn du bist faulender Kot; sondern wie der lebendige Geist in dir unsichtbar ist, so erweist sich auch das lebendige Sakrament bei dieser Darbringung als unsichtbar und muß unsichtbar von dir aufgenommen werden. Wie nämlich der Leib meines Sohnes im Schoß der Jungfrau entstand (surrexit), so ersteht auch jetzt bei der Meßfeier (in sanctificatione altaris) das Fleisch meines Eingeborenen. Was bedeutet das? Der menschliche Geist, der unsichtbar ist, empfängt unsichtbar dieses Sakrament, das bei dieser Opferfeier unsichtbar ist, während der Leib des Menschen, der sichtbar ist, sichtbar diese Opfergabe, die in diesem Sakrament sichtbar wird, zu sich nimmt. So werden sie jedoch eins, wie Gott und Mensch der eine Christus ist und wie die geistbegabte Seele und das sterbliche Fleisch im Menschen den einen Menschen bilden. Denn wenn der Mensch, der dieses Sakrament empfängt, im rechten Glauben auf mich blickt, erhält er es gläubig zu seiner Heiligung. Was besagt das? Mein Sohn wurde wunderbar aus der reinsten Jungfrau geboren, deren Fleisch niemals in süßer Begierde aufwallte, und unberührt blieb; denn das Gefäß dieser lieblichen Jungfrau war ganz rein und ich wollte in ihm meinen Eingeborenen Fleisch werden lassen. Deshalb erlaubte ich auch nicht, daß dieses Gefäß der lieblichen Jungfrau sich in Liebesglut verzehre, weil in ihm mein Sohn auf wunderbare Weise einen menschlichen Leib empfing.

15. Wenn der Priester getreulich an Gott glaubt und das Opfer mit demütiger Hingabe darbringt, wird es Fleisch und Blut Christi

Daß aber die selige Jungfrau in dieser Abgeschiedenheit eine wirkliche Anrede vernahm, so daß sie dann in ihrem Herzen gläubig Seufzer nach oben richtete, als sie sprach: ‚Siehe, ich bin die Magd des Herrn, mir geschehe nach deinem Wort' (Lk. 1,38), und so durch die Herabkunft des Heiligen Geistes den Eingeborenen Gottes empfing, bedeutet, daß der allmächtige Gott durch die Worte des Priesters beim priesterlichen Dienst anzurufen ist. Der Priester, der getreulich an Gott glaubt und ihm mit hingabebereitem Herzen die reine Opfergabe darbringt, wird die Worte des Heils in demütigem Gehorsam aussprechen (dabit); so nimmt die himmlische Majestät auch diese Opfergabe an und verwandelt sie durch wunderbare Kraft in das Fleisch und Blut des liebevollen Erlösers. Wieso? Wie mein Sohn einst wunderbar in der Jungfrau die Menschheit annahm, so wird auch jetzt diese Opfergabe auf wunderbare Weise auf dem Altar zu seinem Fleisch und Blut. Daher ist dieses Sakrament ganz vollständig und es existiert unsichtbar und sichtbar, wie auch mein Eingeborener ganz vollkommen ist, seiner Gottheit nach unsichtbar und gemäß seiner Menschheit sichtbar in dieser Welt weilend.

16. Das Gleichnis vom Küchlein und dem Insekt

Wie nämlich ein junges Vöglein aus dem Ei kommt und wie ein Insekt aus einem winzigen Körnchen entsteht, und wenn das Tierchen davongeflogen ist, das zurückbleibt, woraus es entstanden ist, so muß man auch bei dieser Darbringung an der Wirklichkeit von Fleisch und Blut meines Sohnes im Glauben festhalten, obgleich diese Opfergabe in den Augen der Menschen wie Brot und Wein erscheint.

17. Beim Sakrament des Altares erscheinen ganz offensichtlich wie in einem Spiegel Geburt, Leiden, Grablegung, Auferstehung und Himmelfahrt Christi

Deshalb erscheinen auch — wie du siehst — wie in einem Spiegel die Symbole für Geburt, Leiden und Begräbnis, und auch für die Auferstehung und die Himmelfahrt des Erlösers der Menschen, nämlich des Eingeborenen Gottes; so trug sich dies alles auch im irdischen Leben des Gottessohnes zu. Denn wie du es in wahrer Offenbarung erblickst, leuchten die Geheimnise des aus der Jungfrau Geborenen, am Kreuz Leidenden und im Grab Bestatteten, und auch des von den Toten Erstandenen und zum Himmel Aufgefahrenen, nämlich dessen, der zum Heil der Menschen auf die Erde kam, in lauterster Herrlichkeit in diesem Sakrament auf; so hat es der Eingeborene Gottes, zur Zeit, als er auf Erden unter den Menschen lebte, nach dem Willen des Vaters an seinem Leib erduldet. Was bedeutet das? Vor meinen Augen tritt in Erscheinung, was mein Sohn aus Liebe zum Menschen in der Welt gelitten hat, denn Geburt, Leiden, Begräbnis, Auferstehung und Himmelfahrt meines Eingeborenen haben den Tod des Menschen getötet. Daher leuchten sie vor meinem Angesicht im Himmel auf, weil ich ihrer nicht vergaß. Sie werden vielmehr bis zur Vollendung der Welt wie Morgenrot vor mir in großer Herrlichkeit erscheinen. Was heißt das?

18. Während der gläubige Mensch sprechen soll: ‚Vergib uns unsere Schuld wie auch wir vergeben unsern Schuldigern', wird das Leiden Christi im Erbarmen Gottes des Vaters sichtbar

Denn ich sehe in diesen Leiden bis zum Ende der Welt alle vorher, die an dieses Leiden glauben und die es verwerfen werden; es leuchtet nämlich immer vor mir auf, wenn ein Mensch auszusprechen verpflichtet ist, was mein Sohn seine Jünger lehrte. Sie sollen Gott bitten, wie geschrieben steht: ‚Und vergib uns unsere Schuld wie auch wir vergeben unsern Schuldigern.' (Mt. 6,12) Was heißt das? Du, der du alles in deiner Gewalt hast, blicke auf jenes vergossene Blut, das sich für das Menschengeschlecht verströmte, und vergib uns, den Kindern der Übertretung, unsere Schuld, die wir dir bezahlen sollten, es aber wegen der Verkehrtheit (incurvatio) unseres Herzens nicht getan haben. Was bedeutet das? Wir haben nicht erfüllt, was wir bei der Taufe versprochen haben, denn wir übertraten deine Gebote und warfen die Unschuld ab, wie auch Adam im Paradies nicht gehorcht und das Kleid der Unschuld verdorben hat. Doch weil du gütig bist, bestrafe uns nicht gemäß unserer Bosheit, sondern erlasse uns in deiner Güte unsere Schuld, wie auch wir, die wir Sünder sind, trotz der großen Bosheit unseres Herzens (in nobis) in Furcht und aus Liebe zu unserem Erlöser von Herzen unseren Schuldnern das Unrecht, das sie uns antaten, vergeben. Wieso? Jene, welche uns als Mitmenschen lieben sollten und uns mit vielem belästigen und dadurch nicht lieben, sondern deine Gebote vernachlässigen, verfolgen wir nicht entsprechend der Bosheit, die sie gegen uns verüben, sondern wir blicken auf dein gerechtes Gericht; wir rächen uns nicht an ihnen, soweit wir es vermögen, damit auch du, o Gott, uns gnädig seist, weil du gerecht und gut bist.

Höre also, o Mensch! Solange du Hilfe brauchst und den andern Menschen zu Hilfe eilen kannst, solange wird das Leiden meines Sohnes vor mir des Erbarmens würdig (in misericordia) erscheinen und solange wird auch sein Fleisch und Blut auf dem Altar geweiht (consecrabitur), damit es die Gläubigen zur Erlösung und Tilgung ihrer Vergehen empfangen. Denn als mein Eingeborener leiblich auf Erden lebte, wurde auch sein Leib von Weizen und Wein zur Nahrung seines Fleisches und Blutes erhalten; daher wird auch jetzt auf dem Altar sein Fleisch und Blut im Opfer von Weizen und Wein geweiht, damit sich die Gläubigen seelisch und leiblich daran erquicken. Denn mein Sohn hat den Menschen wunderbar aus der Verlorenheit Adams erlöst; so befreit er nun auch barmherzig die Menschen vom täglichen Übel, in das sie häufig hineingeraten. In der Wandlung des erwähnten Opfers wird offenbar, was immer mein Sohn an seinem Fleisch zur Erlösung des Menschen leiblich erduldete; und das will ich nicht verbergen, weil ich seine Auserwählten zum Himmlischen emporziehe, damit durch sie sein Leib in den bevorzugten Gliedern vollendet wird.

19. Daß die Opfergabe niemals als blutiges Fleisch erscheint, außer wenn sie in Zeiten großer Bedrängnis den Erwählten gezeigt wird

Deshalb stelle ich alle diese Geheimnisse bei diesem Opfer wunderbar vor Augen, denn wenn sie über diesem Altar erscheinen, wird auch das Fleisch und Blut meines Sohnes als dasselbe Opfer gegenwärtig. Es erscheint jedoch vor den Augen der Menschen als Brot und Wein. Denn der Mensch ist so empfindsam und gebrechlich (tenera est fragilitas), daß er davor zurückschrecken würde, rohes Fleisch und frisches Blut zu genießen. Der vergängliche Mensch kann nämlich, solange er sterblich ist, die Gottheit nicht schauen; daher ist auch dieses Sakrament, weil es ganz göttlich ist, dem Menschen selbst verborgen. So empfängt er es unsichtbar, weil auch mein Eingeborener jetzt unsterblich ist und nicht mehr stirbt. Deshalb übergebe ich auch dir, o Mensch, mein Fleisch und Blut im Opfer von Brot und Wein, damit du durch das Sichtbare das Unsichtbare im wahren Glauben empfängst. Und du nimmst durch die göttliche Vollmacht dieses Sakrament in wahrer Gewißheit entgegen, so daß es dir gleichwohl unsichtbar erscheint, außer in großer Notzeit, wo es auch meinen Auerwählten zuweilen gezeigt wird, wenn sie um meinetwillen in schwere Bedrängnis geraten sollten. Dies alles aber tue ich aus Liebe und zum Nutzen des Menschen. Doch die ganze Schöpfung ist meinen Gesetzen unterworfen; du aber, o Mensch, zeigst dich mir gegenüber stets als Rebell. Daher bist du blind und taub. Doch du kannst dich dennoch nicht gegen mich auflehnen. Tue ich nicht, was ich will, ohne daß du es siehst? Du aber siehst im Fleisch (lebend) nicht mit deinen Augen noch hörst du mit deinen Ohren, wie ich die Seele des Menschen in seinen Leib schicke und wie ich sie aus seinem Leib wegnehme. Doch deine Seele erkennt mich, wenn sie ihren sterblichen Leib verläßt. So liefere ich auch das Fleisch meines Sohnes zum Essen und sein Blut zum Trinken aus, und das tue ich in meiner Kraft, ohne daß du, o Mensch, es siehst.

20. Während das Lied vom unschuldigen Lamm gesungen wird, kommunizieren die Gläubigen, um, von der Übertretung gereinigt, das ewige Erbe wiederzuerlangen

Wenn deshalb — wie du siehst — *der Priester das Lied vom unschuldigen Lamm, d.h. ‚Lamm Gottes, das du hinwegnimmst die Sünden der Welt' singt und sich anschickt, die heilige Kommunion zu empfangen, kehrt der erwähnte feurige Blitz zum Himmel zurück.* Denn wenn dieser Diener das Lob dessen, der in der Unschuld seiner Sanftmut die Sündenstrafe der Menschen auf sich nahm, verkündet und das Innere seines Herzens bei äußerer Hingabe für diese Geheimnisse auftut, zieht sich jene unbesiegliche Herrlichkeit, die dort ihre Kraft zeigt, in die himmlische Verborgenheit zurück; *und so hörst du aus dem verschlossenen Himmel,* d. h., wenn sich diese himmlischen Geheimisse zurückziehen, *folgende Worte:* Die getreuen Gläubigen sollen mit wahrer Andacht das Fleisch und Blut ihres Erlösers essen und trinken, der für sie gelitten und den zeitlichen Tod auf sich genommen hat, um die Befleckung abzuwaschen, welche die Stammeltern durch die Übertretung des göttlichen Gebotes der Welt beigebracht hatten. So sollen die Menschen, von diesem Vergehen gereinigt, das rechtmäßige Erbe, das sie in ihrer Hartnäckigkeit verloren hatten, im Glauben wiedererhalten.

Denn wie der Eingeborene Gottes beim Abendmahl sein Fleisch und Blut den Jüngern überlieferte, so schenkt er auch jetzt am Altar seinen Gläubigen sein Fleisch und Blut; so wie ein Mensch, wenn er das Werk seines Willens vollbracht hat, es den Menschen zu ihrem Gebrauch überläßt. Denn der Sohn Gottes erfüllte die Gebote seines Vaters, brachte sich für das Heil der Menschen dar und gab seinen Leib und ein Blut zu ihrer Heiligung zum Essen und Trinken hin, wie auch im Hohenlied der Bräutigam zu seinen Freunden sagt und spricht.

21. Worte Salomons im Hohenlied

„Eßt meine Freunde, trinkt und berauscht euch, Geliebteste" (Hl. 5,1). Was heißt das? Eßt im Glauben, die ihr durch die heilige Taufe meine Freunde geworden seid; denn das vergossene Blut meines Sohnes hat für euch den Fehltritt Adams getilgt. Im Leib meines Eingeborenen genießt (ruminantes) ihr das wahre Heilmittel, damit eure immer wiederkehrenden Vergehen barmherzig getilgt werden, wenn ihr so oft in euren Werken Ungerechtigkeit verübt. Deshalb trinkt auch in Hoffnung von diesem

Wein, der euch der ewigen Strafe entriß; nehmt den Kelch des Heils, indem ihr nämlich fest und mutig an die Gnade glaubt, durch die ihr erlöst seid. Denn ihr werdet von dem Blut durchströmt, das für euch vergossen ist. Und so berauscht euch mit Liebe, die ihr mir sehr liebenswert seid, und fließt über von den Bächen der Heiligen Schrift, damit ihr mit größtem Eifer mit den fleischlichen Begierden brecht, so daß ich die mir so liebenswürdigen herrlichen Tugenden in euch erwecke, da ich euch auch den Leib und das Blut meines Eingeborenen so übergebe, wie er selbst seinen Jüngern dieses Sakrament schenkte. So steht im Evangelium geschrieben.

22. Wie die Worte des Herrn aufzufassen sind, die er über dieses Geheimnis zu den Jüngern bei seinem letzten Abendmahl sprach

„Als sie aßen, nahm Jesus Brot, sprach den Segen, brach es, gab es seinen Jüngern und sprach: ‚Nehmt und eßt: das ist mein Leib.' Und er nahm den Kelch, sagte Dank, reichte ihn seinen Jüngern und sprach: ‚Trinket alle daraus. Das ist mein Blut, das Blut des Neuen Bundes, das für viele vergossen wird zur Vergebung der Sünden.' Ich aber sage euch: Von dieser Frucht des Weinstocks trinke ich von nun an nicht mehr, bis zu dem Tag, an dem ich von neuem im Reich meines Vaters mit euch davon trinke' (Mt. 26, 26–29). Was heißt das?

Als der Sohn Gottes mit seinen Jüngern jene Vollendung feierte, in der er von der Welt hinübergehen sollte, nahm er zum Heil der Menschen in äußerster Hingabe Brot zum Gedenken an seinen Leib – er sollte nämlich nicht länger wie bisher unter irdischen Bedingungen leben, sondern im Willen des Vaters bis zum Kreuzestod aushalten [illegible] und erinnerte voll Verlangen seinen Vater daran, daß er zu ihm zurückkehren wollte, wie er von ihm ausgegangen war. So hielt er dabei auch Ausschau, ob es möglich sei, in der Schwachheit seines Fleisches den Kelch, den er trinken sollte, vorübergehen zu lassen, obwohl das nicht geschehen durfte. Daher segnete er auch das Brot im Gedenken an den (Angst)schweiß seines Leibes, als er sich dem Gebot seines Vaters unterwarf, d. h. da er am Kreuz sterben wollte, und überlieferte in der Not dieses Leidens seinen Leib und sein Blut seinen Jüngern, damit sie nicht vergessen sollten, daß er ihnen dieses Beispiel gegeben hatte.

„Und er brach es ihnen"; obwohl dieses Leiden seinen Leib hart ankam, gehorchte er dennoch seinem Vater, besiegte den grausamen Tod im Tod seines Leibes und deutete damit an, daß sein Fleisch und Blut den an ihn

Glaubenden in der Opferhandlung übergeben werden sollte. „Und er gab es“ diesen seinen Jüngern zum wahren Heil, damit auch sie dies in seinem Namen täten wie er es aus Liebe zu ihnen tat, indem er mit sanfter Stimme sprach: ‚Die ihr mir demütig folgen wollt, nehmt mit brennender Liebe das Beispiel an, welches ich euch hinterlasse, nämlich mein Leiden und meine Werke, die ich nach dem Gebot meines Vaters vollbracht habe. Denn er sandte mich, zu lehren und sein Reich zu verkünden. Eßt also gläubig, was ich euch reiche, denn es ist mein Leib. Was heißt das? Eßt meinen Leib, denn ihr müßt meine Werke im Geist und in euerm Fleisch nachahmen. Der Heilige Geist gibt sie nämlich euern Herzen ein, wie der Mensch Nahrung aufnimmt, die er seinem Magen zuführt. Wie ihr mir nämlich in meinen Werken folgen müßt, so sollt ihr und alle, die meine Gebote halten wollen, auch meinen Leib essen.‘

Und dann nahm der Gottessohn zur Erlösung den Kelch des Heils, sagte seinem Vater Dank, daß diese Gabe den Gläubigen geschenkt wurde, als sich aus seiner Seite das Blut ergoß, und sie so stark war, daß sie die alte Schlange überwand, den verlorenen Menschen befreite und die ganze Kirche im Glauben (fideliter) stärkte. Wieso? Weil der Erlöser den Gläubigen in der Süßigkeit der Liebe sein so kostbares Beispiel hinterließ und sie mit sanfter Einsprechung mahnte: ‚Trinkt zuversichtlich aus dem heilbringenden Kelch, ihr alle, die ihr mir getreulich folgen wollt; züchtigt so mit Drangsal euern Leib und haltet euer Blut aus Liebe zu mir unter Schweiß in Schranken und verleugnet euch selbst zur Stärkung der Kirche, wie auch ich mich den Leiden unterwarf und mein Blut zu eurer Erlösung vergoß. Ich achtete dabei nicht auf die Empfindsamkeit meines Fleisches, sondern dürstete nach euerm Heil. Denn dieses Blut, das für euch vergossen wurde, ist nicht das Blut, welches als Abbild im Alten Testament versprengt wurde, sondern mein Blut ist das Blut des Neuen Bundes, das zum Heil der Völker hingegeben wurde. Wie? Ich, der einzige Sohn meiner Mutter, nämlich der Sohn der unversehrten Jungfrau, vergoß mein Blut am Kreuz für die Rettung der Menschen, die im Glauben auf mich blickten. Und weil ich es damals zur Befreiung des Menschengeschlechts hingegeben habe, so überliefere ich es jetzt den Menschen auch auf dem Altar, d. h. zur Reinigung derer, die es gläubig entgegennehmen.

Beim Mahl vor meinem Leiden (passionis meae) gab ich euch meinen Leib und mein Blut zum Essen und Trinken, damit ihr desgleichen auch auf dem Altar zu meinem Gedächtnis tut. Daher sage ich euch, die ihr mir gläubig gefolgt seid, aufrichtig und offen: Ich werde von nun an nicht mehr den Todeskelch (angustiae) unter jener Belastung trinken, die mir jetzt von den

Juden auferlegt wird, bis zu dem Tag, da ich vom Tod erstehe, der Tod vernichtet ist und ich den Tag der Erlösung herbeiführe. Dann werde ich den Kelch der Erlösung mit euch trinken, die ihr zu mir gehört, und euch die neue Freude offenbaren; denn die Verderbnis der alten Schuld wird beseitigt, da euch der Zugang zu jenem Reich offensteht, das mein Vater denen bereitet hat, die ihn lieben. Was bedeutet das? Ihr werdet durch den Tod, den ich am Kreuz erlitten habe, die Erlösung der Seelen erfahren, wenn ihr auch nach meiner Auferstehung bei meiner Erhöhung den Tröstergeist empfangt und die neue wahre Belehrung erhaltet. Denn um meines Namens willen werdet ihr viele Drangsale erdulden, welche ich mit euch trage. Allerdings erleide ich diese Bedrängnisse nicht am eigenen Leib wie früher, als ich körperlich auf der Erde litt, sondern ihr erduldet sie in meinem Namen und ich trage sie dabei mit euch, weil ihr in mir seid und ich in euch.'

Und so werdet ihr — wie schon erwähnt — den Leib und das Blut meines Sohnes zur Abwaschung eurer Vergehen empfangen, ihr, die ihr treu an mich glaubt, damit ihr — durch dieses Sakrament freudig gestimmt — die Kraft himmlischer Stärkung erlangt, wie auch mein Knecht David nach meinem Liebeswillen (in voluntate ardoris mei) ausruft und spricht.

23. Worte Davids zum selben Thema

„Von der Frucht deiner Werke wird die Erde gesättigt. Sie bringt Gras für das Vieh und Pflanzen zum Nutzen der Menschen hervor, damit du Brot aus der Erde erstehen läßt und Wein das Herz des Menschen erfreue und damit sein Antlitz von Öl erglänzt und Brot das Herz des Menschen stärke" (Ps. 103,13). Was bedeutet das? O Gott, dessen Herrlichkeit über alle erhaben ist, der Mensch wird von jenem Glauben gesättigt, durch den man dich wahrhaft erkennt, so daß dieser Glaube in deiner Weisheit die Frucht der Tugendkräfte ist. Denn wer dem Glauben anhängt, legt auf dem Weg der Gerechtigkeit den Hunger des Unglaubens ab. Vorher fehlte es dem Hungrigen in Unkenntnis der Wahrheit an der Rechtschaffenheit. Doch jetzt bringt er — mit guten Werken gesättigt — aus seinem Herzen Zerknirschung hervor und bietet den Einfältigen, die seine Gebrechlichkeit sehen, gläubig ein Beispiel der Demut. Beim Aufkeimen der Tugenden erhebt er sich und bietet denen, die dem Irdischen nachjagen, in überreicher Sättigung die Lebenskraft der wahren Rechtschaffenheit zum Dienst an. Denn zum Nutzen derjenigen müht er sich mit solchen Werken ab, die durch den Dienst ihrer Bestärkung und Verteidigung die gläubigen Seelen zu den himmlischen Freuden führen. So verteidigen auch jene mit Hilfe ihrer Kraft und ihres Schutzes diejenigen, welche sie unter ihre Obhut nehmen sollen. Und das geschieht nach deinem Willen, o Gott, deshalb in den Menschen, damit du für die mit Tugenden Geschmückten den Leib deines Sohnes wunderbar aus jener Frucht erwachsen läßt, welche die Erde in keuscher Grünkraft hervorbringt. So ging auch mein Eingeborener leiblich aus dem Schoß jungfräulicher Keuschheit hervor und hat sich denen, die an ihn glauben, barmherzig als Brot des Lebens geschenkt. Du wirst jedoch dieses Wunder deshalb wirken, damit auch das Blut meines Eingeborenen, das zur Erlösung der Seelen vergossen wird, die innere Kraft des Menschen, d. h. seine Seele, mit der Vergebung der Sünden erfreue. Wieso? Wie vorher der Leib deines Sohnes zur Erlösung des Menschengeschlechts am Kreuz dargebracht wurde, so wird jetzt auch sein Fleisch und Blut zum Heil der Gläubigen auf dem Altar geopfert. Weil das wunderbar nach deinem Willen geschehen ist, wird es jetzt auch geschehen, daß dieses Sakrament das Antlitz aufheitert, d. h. die Kirche mit dem Öl der Barmherzigkeit überströmt; denn die mit Glaubensfreude Erfüllten (credentes) umarmen die Barmherzigkeit und erscheinen schön in den Augen des Herrn. Denn als das Heil der Welt am Kreuz hängend den Menschen erbarmend aus der Schlinge des Teufels befreite, hat es die Menschen auch gütig von der Fessel der Sünde gelöst, damit auch sie in der Freude ihres einfältigen Herzens getreu an Gott glauben und nicht aufhören, denen, die unter Unglück leiden, in glühender Hingabe zu Hilfe zu kommen.

Und die Gläubigen sollen in dieser Liebe glühen wie jenes Brot, das denen, die davon kosten, zum Leben dient. Es bestärkt die Gesinnung der stets unbeständig Schwankenden, damit sich die Absicht ihres Herzens nicht dem Bösen zuneige, sondern mutig zum Leben (quod vita est) emporstrebe.

24. Dieses Sakrament, das von aller Befleckung reinigt, ist bis zum Jüngsten Tag (ad novissimum hominem) zu verehren

Dieses Brot aber ist das Fleisch meines Sohnes, welches keine Sündenfinsternis mit Schmach bedeckt noch irgendein Makel der Ungerechtigkeit umwölkt. Wer es also würdig empfängt, wird an Seele und Leib mit himmlischem Licht überflutet und im Glauben von den Makeln seiner inneren Unlauterkeit gereinigt. Und deshalb darf es keinen Zweifel an diesem hochheiligen Fleisch geben, denn es ist dem, der den ersten Menschen weder aus Fleisch noch aus Knochen gebildet hat, möglich, auf diese Weise dieses Sakrament zu wirken. Daher, du jungfräulicher Sproß, erhebst du dich, wächst du und breitest dich aus und bringst einen großen Ast mit vielen Zweigen hervor. Aus ihm wird das himmlische Jerusalem erbaut, nicht aus dem Samen des Mannes, sondern aus dem geheimnisvollen Hauch. Denn bei deinem Entstehen warst du nicht mit irgendwelchen Sündenbefleckungen behaftet (ligatus), sondern du blühtest in bewunderungswürdigen Tugenden, da du dich aus dem ungepflügten Acker als eine Blume erhobst, die niemals aus irgendeinem Grund abstirbt und verwelkt, sondern immer in der Fülle ihrer Grünkraft verbleibt. Deshalb ist das Geheimnis deines Leibes und Blutes solange zum Dienst an der Wahrheit in der Kirche zu verehren , bis am Ende der Welt der letzte Mensch geboren wird (veniat), der durch dieses Geheimnis wirklich zu retten ist; denn es kommt aus dem Geheimnis Gottes und bringt den Gläubigen das Heil, wie auch David bezeugt und spricht.

25. Wiederum Worte Davids darüber

„Und er erteilte den Wolken droben den Befehl und öffnete die Himmelstore. Und er ließ für sie Manna zur Speise herabregnen und gab ihnen Brot vom Himmel. Das Brot der Engel aß der Mensch; Nahrung sandte er ihnen in Fülle" (Ps. 77,23—25). Was bedeutet das?

Der himmlische Vater hat in der Macht seiner Herrlichkeit aus himmlischer Höhe das Herz der Menschen erweicht, als er den Patriarchen und Propheten in der Verborgenheit seiner Geheimnisse zeigte, daß sie im Heiligen Geist seinen Sohn wirklich vorausverkündet und ihn in den Gesetzesvorschriften durch das Blut der Böcke und anderer Symbole den Menschen wunderbar angezeigt haben. Und auf diese Weise eröffnete er ihnen die Süßigkeit und Wonne seines Herzens und sandte ihnen in der Milde und Glut der Liebe seinen Sohn, damit sie durch ihn im Hunger ihres Unglaubens erquickt würden. So schenkte er ihnen die himmlische Speise, mit der sie die Fülle aller Freude und Seligkeit und das Glück der Sättigung im Glauben erlangten. So empfing der Mensch in der Menschheit des Gottessohnes jenes Brot, an dessen Süßigkeit sich selbst die Engel des Himmels nicht ersättigen können, nämlich Gott zu schauen. Der himmlische Vater sandte damals den Menschen diese Speise der Seligkeit zur Überfülle geistlicher Freude. Und deshalb höre der gläubige Mensch mit gläubigem Ohr.

O ihr Gläubigen, die ihr der Keim der Kirche seid, hört und versteht die Ausstattung (instrumentum) euerer Seele! Ihr seid nicht Kinder des Teufels, sondern Erben des himmlischen Reiches. Und bedenkt, wie ich, der milde und gütige Vater, euch mit großem Glück über euer Heil umgeben habe. Achtet also auf die Güte eures Vaters, d. h., wie ich alles zu euerm Heil geordnet habe; denn obwohl ihr wertlose Asche seid, hat dennoch die Menschheit meines Sohnes dieses euer Heil gefordert. Wieso? Mein Sohn ist aus der unversehrten Jungfrau geboren, die keinen Schmerz kannte, sondern in der Keimkraft (viriditas) ihrer Unberührtheit verblieb, wie die Pflanze in herrlichem Grün prangt, auf die der Himmelstau fällt.

26. Warum im Sakrament des Altares Brot dargebracht wird

Und weil die Jungfrau, aus der mein Sohn auf diese Weise das sündelose Fleisch angenommen hat, unversehrt war, ist es geziemend, daß sein Fleisch auch jetzt aus einer Frucht hervorgeht, die ohne bitteren Geschmack ist. Wieso? Das Getreide ist die kraftvollste und beste Frucht aller Früchte. Es enthält in seinem Halm keinen Saft oder Mark wie ihn die übrigen Pflanzen (arbores) haben, sondern sein Stengel bildet eine Ähre und trachtet so nach seiner Fruchtbarkeit. Weder durch Wärme noch durch Kälte bringt es bitteren Geschmack hervor, sondern erzeugt trockenes Mehl. So war auch das Fleisch meines Sohnes trocken, ohne häßliche menschliche Befleckung, durch die das Menschengeschlecht aus den begierigen Umarmungen von Mann und Frau erwächst. Mein Eingeborener wurde nicht so geboren; er ging vielmehr aus unberührter Keimkraft hervor, wie auch eine befruchtete (intextum) Pflanze Getreide hervorbringt. Denn wie der Weizenhalm ohne Mark wächst und in der reinen Ähre ein trockenes Korn entsteht, so gebar auch die selige Jungfrau ihren heiligsten Sohn in einfältiger Unschuld und brachte ihn ohne Manneskraft hervor. Er zog aus seiner Mutter keinen Saft der Sünde, weil auch sie ihn ohne männliches Mark empfing; so führt auch der Halm dem Korn keinen Saft zu, weil es nicht vom Mark des Halmes lebt, sondern durch Sonne, Regen und milde Luft grünt, wie auch die erwähnte Jungfrau nicht von einem Mann, sondern von der Kraft des Allerhöchsten überschattet und von der Eingießung des Heiligen Geistes durchtränkt, meinen Eingeborenen in lieblicher Keuschheit hervorbrachte. Obgleich jedoch diese Jungfrau aus dem Willen des Mannes und der Frau hervorgegangen war, gebar sie dennoch meinen Sohn nicht auf diese Weise, sondern sie gebar den vom Himmel kommenden wahren Gott und Menschen ohne den Willen eines Mannes in ihrer Unversehrtheit, ganz rein. Weil sie ihn in ihrer Jungfräulichkeit ohne Makel ganz rein geboren hat, ist auch jetzt das Brot, das wirklich in sein Fleisch verwandelt wird, ganz rein und unversehrt (in integritate sua) und muß von den Gläubigen in Herzensreinheit und ohne andere Beimischung empfangen werden, wie ich den Söhnen Israels andeutete und wie nach meinem Willen geschrieben steht.

27. Worte des Moses zum selben Thema

„Gedenkt des Tages, an welchem ihr aus Ägypten und dem Haus der Knechtschaft ausgezogen seid, denn der Herr hat euch mit starker Hand von dort herausgeführt; darum dürft ihr kein gesäuertes Brot essen" (Ex. 13,3). Was heißt das? Ihr, die ihr Nachfolger meines Sohnes sein wollt, blickt vom Tod nach dem Leben aus, d. h. gedenkt der Erlösung des Tages, der mein Sohn ist; er hat den Tod zertreten und das Leben geschenkt. Durch ihn seid ihr zu euerm Heil dem elenden Exil der Verwerfung entgangen, als ihr nämlich die so dichte Finsternis des Unglaubens abgelegt und euch vor dem Verbleiben in der teuflischen Knechtschaft gerettet habt, welcher ihr durch die Sünde Adams ausgeliefert worden seid. Jetzt blickt also von den irdischen Taten nach dem Himmlischen aus; denn ich entriß euch mit göttlicher Macht dem Bösen. Ich, der Herr, leite alles mit so großer Kraft, daß meiner Stärke kein feindliches Hindernis entgegensteht; vielmehr durchdringe ich alles tiefgreifend und entreiße euch durch meinen Sohn diesem Zustand (locus), in dem ihr durch euern Unglauben dem Tod dient und euch nicht um gute Werke bemüht, sondern — in eurer Verkehrtheit darniederliegend — in schändlicher Weise darin verharrt.

Doch weil ihr jetzt durch meinen Eingeborenen von dieser Unterdrückung befreit seid, eilt von Tugend zu Tugend. Hütet euch, jenen Unglauben in euer Bewußtsein aufzunehmen, der euer Herz durch seine Annahme nicht stärkt, sondern vielmehr mit seiner Bitternis belastet. Was bedeutet das? Folgt nicht den teuflischen Künsten und den übrigen Täuschungen, welche die Menschen im humanen Umgang mit den heidnischen und häretischen Philosophen für sich erfanden, sondern ahmt meinen Sohn im Spiegel des Glaubens nach, der euch aus dem Gefängnis der Hölle befreit hat, als er sich selbst für euch zum Leiden am Kreuz aufopferte. Damit ihr aber seinen Spuren umso sicherer folgen könnt, stärkt euer Herz mit dem himmlischen Brot, d. h. nehmt seinen Leib in gläubiger Hingabe zu euch; denn er kam vom Himmel, wurde von der lieblichen, reinen Jungfrau geboren, litt am Kreuz für euer Heil und brachte sich für euch dar, damit auch ihr ohne eine Beimischung von Bitterkeit das süße und reine Brot, das durch die Anrufung Gottes (divina invocatione) auf dem Altar in seinen Leib verwandelt wurde, mit aufrichtiger Liebe entgegennehmt; denn dadurch entgeht ihr dem Hunger des inneren Menschen und könnt zum Mahl der ewigen Seligkeit gelangen.

28. Warum Wein beim Opfer des Altares dargebracht wird

Deshalb will ich auch am Wein, der aus dem Weinstock strömt und durch die gleiche Anrufung zum Sakrament seines Blutes wird, mein wunderbares Wirken aufzeigen. Was heißt das?

Das Blut meines Sohnes floß aus seiner Seite, wie auch die Traube des Weinstocks (Saft) ausschwitzt. Doch wie die Traube mit Füßen getreten und in der Kelter ausgepreßt wird, und so zur Stärkung des menschlichen Blutes süßer und starker Wein herausfließt, so wurde auch mein Eingeborener unter Angstschweiß mit Schlägen und Geißelung mißhandelt und am Kreuzesholz vernichtet und das edle, kostbare Blut strömte aus seinen Wunden. Es ergoß sich zur heilbringenden Erlösung über die gläubigen Völker. Wie die Traube sich zudem von anderen Obstarten unterscheidet, die eine harte Schale besitzen und eßbar sind, die Menschen jedoch die Traube mehr aussaugen als essen, so glich auch mein Sohn nicht den übrigen Menschen in Bezug auf die Sünde. Mit dem Gewicht der Bosheit belastet, unterliegen sie nämlich verschiedenen Leidenschaften, während mein Eingeborener, wunderbar aus der Jungfrau geboren, frei von aller Berührung mit Sünde(r)n ist. Und weil die Traube von zarter Beschaffenheit ist, darum will ich auch, daß Wein in das Blut meines Sohnes verwandelt werde.

Denn wie Wein aus der Rebe träufelt (sudat), so ging auch mein Sohn aus meinem Herzen hervor. Mein Eingeborener ist auch der wahre Weinstock, aus dem nach allen Seiten Rebzweige wachsen. Denn die Gläubigen sind ihm durch seine Menschwerdung eingepfropft und werden in guten Werken fruchtbar. Und wie dieser Saft der süßen und starken Frucht des Weinstockes entströmt, so erscheint auch alle Gerechtigkeit durch die Menschwerdung meines Sohnes im Erbarmen und in der Wahrheit. Alle, die ihn gläubig suchen, finden in ihm diese Tugenden. Wieso? Die ihm getreulich anhängen, bekommen von ihm Grünkraft und Fruchtbarkeit, so daß sie in den Tugenden beste Früchte hervorbringen. So ist auch er süß und mild, brachte kostbare Frucht (germina) in Heiligkeit und Gerechtigkeit und reinigte die an ihn Glaubenden von aller Befleckung des Unglaubens, wie im Hohenlied von ihm geschrieben steht.

29. Worte aus dem Hohenlied darüber

„Eine Zyperntraube ist mein Geliebter für mich in den Weinbergen Engaddis“ (Hl. 1,13): Was bedeutet das?

Der Sohn Gottes, der mich, die verbannte Seele, durch sein Leiden erlöst, reicht mir bei seiner Auferstehung auch barmherzig den Becher des Lebens. Wieso? Wie die Zyperntraube eine große Menge Flüssigkeit enthält, so trägt auch der Eingeborene Gottes in seiner Hoheit eine unerschöpfliche Fülle (magnitudinem) in sich. Der Sohn Gottes wird nämlich niemals so ausgeschöpft, daß er den Dürstenden keinen Lebenstrank mehr spenden könnte, denn er selbst ist Heil und Leben (salus vitae). Früher litten wir Mangel; jetzt genießen wir — durch die Offenbarung und Erkenntnis der wahren Heiligung in guten Werken gestärkt — durch ihn die Speise des Lebens. Durch sie erkennen wir Gott und brechen zum Leben auf. Im Alten Testament dagegen, das gleichsam im Schattenbild noch nicht den Vollsinn besaß, sondern in zeichenhafter Andeutung viel Gegensätzliches enthielt, litten wir großen Hunger und vermochten nicht, uns zur Erlösung zu erheben. Jetzt aber in ihm gesättigt, trinken wir auch in ihm den heilsamen Kelch, indem wir nämlich zuversichtlich im wahren Glauben verkosten, wer Gott ist, den wir mit den leiblichen Augen des sterblichen Fleisches nicht sehen können. Wir tragen ihn in der geistlichen Erkenntnis im Herzen (intus), wie auch der Wein seine starke Kraft in den Adern der Menschen erweist; die Menschen spüren das jedoch nicht, sondern sie wissen nur innerlich, daß es so ist.

Und deshalb ist der Bräutigam der Seelen eine Zyperntraube, deren Frucht nicht vergeht. Auf welche Weise? Ein Blinder vermißt an der Eingangstür seine Sehkraft. Wieso? Wenn ein Mensch, der kein Glaubenslicht besitzt, zum Glauben kommt, geht er durch Keltern in den Tau des Blutes Christi ein. Auf welche Weise? Wie wir durch seine Gebote Leben in unserer Seele haben, so empfangen wir auch in seiner Gabe die Reinigung unseres Fleisches; denn wir sind — in der Sünde Adams geboren — unrein, werden aber in seinem Blut geheiligt. Daher spricht die bräutliche Seele (desponsatio animarum) von ihm: Mein Geliebter, der meinem Herzen süß und liebenswert ist, wird mir durch sein Blut in vollkommener (plena) Heiligung zum starken Wein; denn während ich in der fleischlichen Veranlagung (in plantatione carnis) unrein bin wie ein Weinberg, der, noch ungepflegt, von Dornen überwuchert ist, wäscht er als Quell der Erlösung die Sünder barmherzig von ihrem Schmutz rein und heiligt sie herrlich im Geheimnis seiner Sakramente. Denn wie er aus dem Herzen des Vaters lieblich hervorging, so zeigt er auch liebreich im Wein sein Blut. Und wie er wunderbar aus der Jungfrau geboren wurde, so erscheint im Brot wunderbar sein Leib; denn er ist die Traube, die nie einen Mangel durch irgendeinen Verlust aufweist.

Deshalb wird er auch auf dem Altar nach dem Willen des Vaters wie in einer Kelter zertreten, damit der Mensch, der nicht aus sich existieren kann, nicht der Schwäche seiner Gebrechlichkeit erliege. Denn wie das Blut des Menschen durch Trinken vermehrt wird, so gewinnt auch der Mensch aus dem Blut des Gottessohnes die Heiligung. Und wie man das menschliche Blut mit einem Trunk erquicken muß, damit es nicht ohne Flüssigkeitszufuhr (sine rivulo potus) austrocknet, so wird auch der Wein zur Verwandlung in das Blut des Gottessohnes nicht ausgehen, sondern immer im Geheimnis dieses Sakraments auf dem Altar vorhanden sein.

30. Warum im Sakrament des Altares der Wein mit Wasser vermischt werden muß

Doch du, o Mensch, weißt auch sehr genau (acutissime), daß bei dieser Wandlung der Wein mit Wasser vermischt werden muß, weil aus der Seite meines Sohnes Blut und Wasser floß, so daß im Wein seine Gottheit und im Wasser seine Menschheit wahrgenommen wird. Und weil in ihm Gottheit und Menschheit vereint sind, wird auch bei dieser Konsekration der Wein mit Wasser vermischt; denn der Wein bezeichnet die Gottheit, das Wasser aber zeigt seine Menschheit an, die — ohne Beimischung von männlichem Blut — lauter und rein ist. Mein Eingeborener, der Quell lebendigen Wassers, hat nämlich in der Wiedergeburt aus Geist und Wasser die Menschen von der alten Schuld Adams gereinigt und in den Himmel versetzt, da er zu ihrem Heil in die Welt kam, wie geschrieben steht.

31. Worte der Weisheit

„Ich ging wie der Fluß Doryx und gleichsam wie ein Bewässerungsgraben vom Paradies aus" (Sir. 24,41). Was heißt das? Gott verlieh dem Menschen durch die Vernunft Stärke und schenkte ihm viele Geheimnisse, als er den Hauch des Lebens in ihn sandte und ihn mit dem Verstand auszeichnete. Als er verführt wurde und dem Tod verfiel, kam ich, der Sohn Gottes, um ihn zu befreien. Ich verströmte mich in den Bächen der schönen (in decore) durchbohrten Liebe; ich ergoß mich zur Verbreitung der wahren und unvergänglichen Reinheit und verließ die Verborgenheit des himmlischen Paradieses, damit der Mensch, welcher aus eigener Schuld verlorengegangen war, barmherzig seinem Verderben entrissen werde. Wieso? Damit das schuldlose Blut der unversehrten Unschuld in der Bedrängnis des notvollen Leidens für ihn vergossen werde. Auf welche Weise? Als Adam infolge seiner Übertretung aus dem Paradies verstoßen wurde, strömte sein Blut vor Herzklopfen über, weil er schuldig war. In dieser Not wurde es dünn und mit Schweiß vermischt. Und man muß wissen, daß so durch den Schweiß dem menschlichen Blut Wasser beigemischt wird.

Daher, o Mensch, gab das Blut des Eingeborenen Gottes, als er an seinem Leib von Angst erfaßt wurde, d. h. als er für das Menschengeschlecht leiden wollte, Schweißtropfen von sich; als er dann am Kreuz aufgehängt war, entströmte seiner Seitenwunde Wasser und Blut. Und deshalb muß bei dem Sakrament, in dem das Geheimnis seines Leidens begangen werden soll, der Wein mit Wasser vermischt werden, weil auch aus der Seitenwunde des Gottessohnes Wasser und Blut floß. Doch bei diesem Opfer überwiegt der Wein das Wasser, weil auch das Blut die Verwesung überdauert; so scheidet auch die Milch ihre Flüssigkeit, die Molke, aus. Wer aber dieses Geheimnis feiert, vollziehe es so wie es ihm gezeigt wurde, und wie dazu auch die Menschen ermuntert werden, wenn sie durch meine Eingebung von der Weisheit angeredet werden, wie geschrieben steht.

32. Desgleichen aus dem Buch der Weisheit

„Kommt, eßt mein Brot und trinkt den Wein, den ich euch gemischt habe" (Spr. 9,5). Was bedeutet das? Ihr, die ihr die Torheit ablegen wollt, kommt heraus aus jener Unwissenheit, die Gott nicht kennt, und aus jener Unzucht, durch die ihr verbannt wurdet, und kehrt zurück in euer glückliches Land, das euch durch den Spiegel des Glaubens im Quell des lebendigen Wassers verheißen (praemonstrata) ist; und eßt mit liebevoller Hingabe mein Brot, das kein Ackermann gesät hat, sondern das von Gott ausging und in ihm bleibt. Wie nämlich das Brot gegessen wird und wie man auf die Erde tritt, so übertrifft der Sohn Gottes, das lebendige Brot, die Menschenkinder, weil er in der Kraft seiner Gottheit beständig ist, die Menschenkinder in der Schwachheit ihres Fleisches aber unbeständig sind. Der Sohn Gottes trug in seinem Fleisch, als er körperlich auf der Erde lebte, nicht die Schwäche des sündigen Blutes (mollitiem liquoris peccati), denn wie Feuer das Brot bäckt und austrocknet und ihm keine üppige Feuchtigkeit läßt, so war auch der Eingeborene Gottes — vom starken Feuer des Heiligen

Geistes empfangen und aus der reinsten Jungfrau geboren — an seinem Leib ohne Berührung mit der Sünde. Und wie das Brot den Menschen erquickt, so werden auch die Gläubigen durch den Sohn Gottes im Glauben genährt; denn er ist die kräftige Frucht, die nie abnimmt.

Daher, ihr Gläubigen, eßt dieses Brot, trinkt auch in reiner Absicht diesen Wein, der ganz ohne Hefe ist und nicht zu jener eitlen Ausschweifung übergeht, in der die Verderbnis die Reinheit der Unschuld verschlingt und sie in Gift verwandelt.

33. Adam hatte vor dem Sündenfall reines Blut, nach der Übertretung vergeudete er es in widerlicher Unreinheit

Denn auf diese Art und Weise war der erste Mensch bei seiner Erschaffung rein, weil er nichts Gegensätzliches in sich trug, sondern reines Fleisch und reines Blut besaß. Als er die Übertretung beging, wurde er betrogen, so daß er danach immer sein Blut in widerlicher ehebrecherischer Unreinheit vergeudete. Denn wie dieser (erste) Mensch die Würde der Unschuld weggeworfen hatte, so verliert auch sein Blut die Färbung des Blutes, wenn es in der menschlichen Empfängnis in einen Samenerguß übergegangen ist. In dieser Flüssigkeit ist es so anders beschaffen, bis wieder Blut erscheint. So nimmt dieses Blut eine andere Gestalt an und ruht kraftlos nach dem Erguß, bis sein Mark wieder zur Fülle seiner Kraft gelangt und (der Mensch) durch unvermerktes Auflodern der Erregung dessen inne wird. Und so erscheint dann von Verderbnis gereinigtes reines Fleisch und Blut, bis es von verderblicher Glut berührt wird; denn durch seine Erregung gibt es den Schaum der Unreinheit von sich. Doch von all dem blieb der Sohn Gottes unberührt (mundus): er hatte nämlich so reines Fleisch und Blut, daß ihn niemals der Einfluß irgendeiner sündhaften Leidenschaft berührte; er verblieb vielmehr in der Heiligkeit und Würde lebenskräftiger (viridissimae) Keuschheit und konnte von keiner Berührung verletzt werden. Dennoch vergoß er inmitten (positus) der Bedrängnis des Leidens im Blut seiner Seite Wasser, weil sich Blut ohne Wasser nicht verströmen kann, sondern so gemischt ist, daß Blut dem Wasser Kraft gibt und Wasser das Blut beruhigt.

34. Die, welche Leib und Blut Christi empfangen, werden von großer Süßigkeit belebt

Die ihr deshalb Gott mit Hingabe verehren wollt, weil ihr euer Heil liebt, nehmt den Kelch der Heiligung, den ich euch gemischt habe, damit ihr in milder Vergebung keine harte Vergeltung zu spüren bekommt. Denn im göttlichen (supernus) Sohn ist Gottheit und Menschheit (vereint). Durch sein Leiden vom Tod befreit und durch seinen Leib und sein Blut genährt, sollt ihr in der ewigen Wohnung Gemeinschaft (mit ihm) genießen. Doch ich, der ich Anfang und Ende bin, spreche wiederum zu dir, o Mensch, von meinem edlen Sohn, der als Rosenblüte und Lilie der Täler von der reinsten Jungfrau geboren wurde. Sie gebar ihn in ihrer Unversehrtheit. Es war eine solche Geburt, daß ich durch sie mit der Ungerechtigkeit der Stammeltern des Menschengeschlechts versöhnt wurde; sie hatten mich mit ihrer Übertretung zum Unwillen herausgefordert. Daher blicke ich immer auf diese Geburt, wenn ich das meinem Namen geweihte Fleisch und Blut meines Sohnes täglich auf dem Altar (vor mir) habe. So wirst du, o Mensch, in diesem Sakrament geheiligt, wenn du dieses Fleisch ißt und dieses Blut trinkst. Denn wenn dort der Priester sein Amt in vorgeschriebener Weise ausübt, d. h. wenn er mich mit den hochheiligen Worten anruft, dann bin ich in derselben Macht zugegen, in der ich anwesend war, als mein Eingeborener ohne trennende sündige Berührung Mensch wurde. Daher war sein reiner und lieblicher Leib ganz von Heiligkeit erfüllt, so daß auch jetzt diejenigen, welche sein Fleisch und Blut gläubig empfangen, von einer so großen Süßigkeit belebt weden, daß sie keine Verachtung und Verwerfung erleiden, wie auch im Hohenlied geschrieben steht.

35. Worte Salomons über dieses Thema

„Wer macht dich zu meinem Bruder, der an der Brust meiner Mutter saugt, damit ich dich draußen treffe und küsse und mich nun niemand mehr verachtet" (Hl. 8,1)? Was bedeutet das? Das Seufzen und die Hingabe der Kinder der Kirche sagen in festem Glauben: Wer ist jener, der mir elendem, in Mühsal lebendem Menschen in großer Mildtätigkeit (mitissima oblatione) dich, den Bräutigam der Kirche, schenkt? Ich nenne dich ja wegen deiner Menschwerdung Bruder, der Barmherzigkeit und Wahrheit trinkt; das ist die Speise, mit der die Gottheit die Menschen nährt. Sie ist mir durch meine Erschaffung Mutter, d. h. sie gibt mir mit der Kindernahrung (cum educatione vegetationis) das Leben. Was heißt das? Die Nahrung der Kirche ist voller Gnade, denn du, das lebendige Brot und der Quell des lebendigen Wassers, gewährst ihr im Sakrament deines Leibes und Blutes überreiche Fülle. Und das tust du deshalb, damit ich dich offensichtlich und unzweifelhaft (manifesta certitudine) draußen finde, d. h., daß ich dich im Wissen darum, daß du der Sohn Gottes im Himmel bist, auch als Menschen auf Erden sehe. Meine sterblichen Augen können dich in der Gottheit nicht erkennen, wie ich dich auch im Brot und Wein des göttlichen Mysteriums finde; es ist das Sakrament ohne belastende Täuschung und Angst vor Betrug; auf diese Weise will ich dich küssen. Denn du bist um meines Heiles willen Mensch geworden und machst mich auch deines Leibes und Blutes teilhaftig, damit mich ferner kein Geschöpf mehr verachte, weil du um meinetwillen in die Welt gekommen bist und mir dich selbst ausgeliefert hast. Denn es folgt dir immer, deinem Willen unterworfen, während ich mich gegen deine Gebote auflehne und so oft als Feind erfunden werde.

36. Bei der Anrufung des Priesters wird auf dem Altar das Geheimnis des Leibes und Blutes Christi vollzogen

Wenn der Priester mit den Worten, die ihm vom Heiligen Geist vorgeschrieben sind, nun nach Darbringung des Opfers — wie du, o Mensch, siehst — beginnt, mich am Altar anzurufen, amen, ich sage dir, in meiner brennenden Liebesglut bin ich zugegen und vollende mit ganzem Verlangen dieses Geheimnis. Auf welche Weise? Beim Vollzug dieses Sakraments breite ich die Glut meiner Liebe über diese Opfergabe aus, d. h. zu Beginn der Anrufungen des Priesters, der daran erinnert, daß mein Sohn in der Bedrängnis seines (bevorstehenden) Leidens Brot und Wein segnete und seinen Jüngern übergab, damit auch sie so zum Heil des Volkes tun möchten. Wahrlich, ich sage euch: Nie wird es diese Anrufung über eine solche Opfergabe zum Gedächtnis meines Eingeborenen geben, ohne daß das Geheimnis seines Leibes und Blutes dabei vollzogen wird. Ein fleischliches Augen wird es — solange es Asche ist — nicht sehen können, außer es schaut es in demütiger Hingabe im Glauben. Wieso? Wenn ein Vogel sieht, daß man ihm ein Ei ins Nest legt, fliegt er eifrig herbei, wärmt es mit seiner Wärme und brütet das Junge aus; die Eierschale bleibt zurück und das Küken schlüpft aus. Was bedeutet das?

Wenn zum Gedächtnis meines Sohnes auf dem meinem Namen geweihten Altar das Opfer von Brot und Wein dargebracht wird, verwandle ich, der Allmächtige, es wunderbar mit meiner Kraft und Herrlichkeit verklärend, in den Leib und das Blut meines Eingeborenen. Wie? Im selben Wunder, durch das mein Sohn aus der Jungfrau Fleisch annahm, wird diese Opfergabe in der Wandlung zu seinem Fleisch und Blut. Doch werden hier Brot und Wein offensichtlich mit den leiblichen Augen erkannt, den inneren Augen aber bleibt die Heiligkeit des Leibes und Blutes meines Sohnes unsichtbar. Wieso? Als mein Sohn bei den Menschen auf Erden weilte, war er auch bei mir im Himmel; und jetzt bleibt er bei mir im Himmel, bleibt aber auch bei den Menschen auf der Erde. Doch das ist geistlich (zu verstehen), nicht fleischlich.

37. Gott übt in der ganzen Schöpfung nach seinem Wohlgefallen die Macht und Stärke seines Willens aus

So bin ich der Vater, in der ganzen Schöpfung zugegen und entferne mich von keinem Geschöpf, wie du, o Mensch, dich von ihm trennst. Schaust du nämlich in einen Wasserspiegel, erscheint zwar dein Gesicht darin, doch du kannst so keine Macht darauf ausüben; und wenn du dich davon abwendest, erscheinst du nicht länger in ihm. Ich aber erschien der Schöpfung nicht in solcher Veränderlichkeit, sondern ich bin ihr in wahrer Offenbarung gegenwärtig und ziehe meine Macht nicht von ihr zurück. Ich übe die Kraft meines Willens in ihr aus, wie es mir gefällt. Deshalb gebe ich auch meine Hoheit im Sakrament des Leibes und Blutes meines Sohnes wahrheitsgetreu zu erkennen und wirke dort in staunenswerter Weise meine Wunder vom Beginn der geheimnisvollen Worte des Priesters an, bis das Volk dieses Sakrament empfängt.

38. Nach den Erfordernissen der Zeit kann von der ersten bis zur neunten Tagesstunde eine heilige Messe gefeiert weden

An dieser heiligen Messe (sacerdotale officium) können die Gläubigen jedoch von der ersten bis zur neunten Tagesstunde teilnehmen, je nach den Erfordernissen der Zeit und den üblichen Gepflogenheiten (in moribus hominum). Denn auch Adam erhob sich frühmorgens und wurde zur neunten Stunde verführt. Ebenso begann das Leiden meines Sohnes in der Morgendämmerung und wurde offensichtlich zur neunten Stunde vollendet, so daß er am Kreuze sterbend verschied und durch seinen Tod den Tod tapfer überwand. Dabei stand die Kirche meinem Eingeborenen zur Seite und empfing dort ihre Brautgabe. Das soll nun von den Kindern der Kirche gefeiert werden.

39. Alle sollen nüchtern kommunizieren, mit Ausnahme derer, die in Todesgefahr schweben

Diesen Opferdienst aber sollen die Priester mit nüchternem und nicht mit vollem Magen vollziehen, damit nicht die Verdauung (coagulatio escarum) das geistliche Verlangen beeinträchtigt. Denn zuerst muß das geistige Mahl stattfinden und dann die leibliche Speisung, und es soll sowohl der Geist gewürdigt, als auch das Fleisch erquickt werden. Dieses Sakrament ist nämlich mit geistlichem Verlangen und nicht mit fleischlicher Begierde zu empfangen. Deshalb muß man es unter Fasten und nicht bei einem Festmahl entgegennehmen. Ausgenommen ist der Notfall, wenn ein Mensch in Todesgefahr schwebt und sich zum Hinübergang aus der Welt anschickt. Doch mein Sohn gab seinen Jüngern gegen Ende des Tages seinen Leib und sein Blut, weil er ihnen den wahren Morgen des ewigen Lebens brachte und weil auch am Ende der Welt, wenn der zeitliche Tod über den Menschen kommt, die Gerechten wie die Sonne in meinem Reich leuchten werden.

40. Daß der Teufel ohne fremde Beeinflussung zu Fall kam, der Mensch aber wurde von Gott aufgehoben, weil er in seiner Gebrechlichkeit durch die Einflüsterung des Teufels fiel

Und auf diese Weise zeigte mein Eingeborener in seiner Auferstehung, daß er die Seelen der Gerechten der Unterwelt entreißen und das Menschengeschlecht zur Wiederherstellung des ewigen Lebens zurückführen werde. Die verworfenen Engel verloren es und verlangten ohne fremde Beeinflussung den Tod. So wurden sie von keinem andern Betrüger verführt, sondern durch sich selbst, da sie den Geschmack an der Sünde nicht in sich hatten, wie der Mensch in der Gebrechlichkeit seines Leibes ihn in sich trug. Weil daher der Mensch in der Schwachheit seines Fleisches von einem Betrüger verführt wurde, wurde er auch von einem Helfer zum Leben zurückgeführt und der Teufel, ohne leibliches Gewicht, wurde seiner Verkehrtheit überlassen. Doch dem Menschen wurde im Empfang des Leibes und Blutes meines Sohnes eine wirklich heilsame Speise geschenkt, damit er sich durch dieses Sakrament mit auf unsichtbare Weise erquickter Seele erhebe und seinem unsichtbaren Feind tapfer widerstehe.

41. Beim Empfang des Leibes und Blutes des Herrn ist die Heiligkeit, nicht die Menge zu erwägen

Empfängt man aber dieses Sakrament in größerer oder kleinerer Menge, so stelle man es sich so vor: Jeder, ob er mehr oder weniger empfangen hat, erhält ein und dieselbe Kraft, denn dieses Sakrament besteht nicht aufgrund der Menge, sondern aufgrund der Heiligkeit. Und es erlöst die Empfänger gemäß ihres Glaubens; so steht es auch über das Manna geschrieben.

42. Vergleich mit dem Manna zu diesem Thema

„So verfuhren die Kinder Israels; und es sammelte der eine mehr, der andere weniger. Und als sie es mit dem Gomer maßen, hatte der, welcher mehr gesammelt hatte, nicht mehr, und der, welcher weniger aufgelesen hatte, erhielt nicht weniger, sondern jeder Einzelne hatte eingesammelt, was er essen konnte" (Ex. 16,17—18). Was heißt das? Die auserwählten Söhne, die glühend danach verlangen, Gott zu schauen, richten ihre Aufmerksamkeit auf das himmlische Sakrament, wie es ihnen geboten ist, und sie nehmen es nach der Lehre ihrer ersten Meister auf und sinnen in ihrer Seele darüber nach, wie sie es von ihnen gelernt haben; der eine trägt es andächtiger, der andere weniger achtsam verborgen im Herzen.

Daher beurteilen und würdigen sie es (cum aestimatione metiuntur), wie sie es in ihrer Seele erfahren; sie unterscheiden den (Grad des) Glaubens, den sie an Gott haben, zerteilen ihn nicht, sondern besitzen ihn vollständig und erwägen, mit wieviel und welcher Andacht sie Leib und Blut ihres Erlösers empfangen. Doch dieses Sakrament macht den nicht heiliger, der mehr davon empfängt, und jenen nicht weniger heilig, der nur einen Partikel (minus ex eo) davon erhält, sondern nach dem Glauben des Empfängers wird es ihn erleuchten. Deshalb, o Mensch, braucht man es nicht in großer Menge zu empfangen, weil der starke Gott ebenso in einer geringen, wie auch in einer großen Substanz (oblatio) dieses Sakraments enthalten ist. Darum sollen die Empfänger nur darauf achten, daß sie den dreifaltigen und einen Gott in festem und vollkommenem Glauben in ihrem Herzen tragen. Und so soll ein jeder Gläubige die Kräfte seiner Seele sammeln, wie der Glaube es ihm ermöglicht und es erfordert. Er hüte sich, die Gottheit höher oder tiefer zu erforschen, als er es mit Verstand und Denkkraft fassen kann. Er sei vielmehr nüchtern, wie er im Heiligen Geist belehrt ist, und der Gottesfurcht unterworfen, weil der Mensch armselige Asche ist.

43. Man darf nicht daran zweifeln, daß der wahre Leib und das wahre Blut Christi auf dem Altar sind

Doch ihr, o törichte Menschen, bezweifelt nicht, ob dieses Sakrament, das euch auf diese Weise vorgestellt wird, Leib und Blut meines Sohnes ist. Denkt also daran, woraus ich Adams Fleisch und Blut schuf. Nämlich aus dem Lehm der Erde. Was meint ihr? Ist es mir leichter möglich, aus dieser Opfergabe Fleisch und Blut meines Sohnes zu machen oder aus Erdenlehm den Menschen zu bilden? Zwar erzeugt der Mann aus seinem Blut Samen und die Frau empfängt ihn. Und was fügen sie dann hinzu? Überhaupt nichts, weder zur Zeugung noch zum Fleisch des Kindleins. Wer also bildet den Menschen mit Fleisch, Knochen, Mark und schönem Antlitz, wenn nicht ich, der Vater aller? Vater und Mutter haben ja keinerlei Macht, ein Kindlein hervorzubringen oder zu schaffen; sie geben nur in leidenschaftlicher Lust (in ardente libidine) ihr Blut von sich und haben danach keine Gewalt über seine Ausgestaltung. Könnt ihr etwa sehen, wie das geschieht, außer ihr erkennt es an seinen Gebilden?

Du aber, o Mensch, sagst: ‚Ich sehe diese Opfergabe nicht als Fleisch und Blut, so wie ich erkenne, daß ein Mensch aus Fleisch und Blut besteht.' Darauf werde ich erwidern: ‚Ihr habt meinen Sohn als Sterblichen von Leib und Blut auf Erden gesehen; jetzt ist er unsterblich im Himmel, und ihr könnt deshalb nicht nur ihn nicht mit leiblichen Augen sehen, sondern auch nicht, wie sein Fleisch und Blut auf dem Altar konsekriert wird'. Dieses Sakrament wird dort nicht zum Ruhm des Priesters, sondern zur Ehre meines Eingeborenen gefeiert, der diese Handlung bei seinem Abendmahl mit seinen Jüngern vollzog. Doch wie ihr mich in meiner Herrlichkeit, solange ihr sterblich seid, nicht zu sehen vermögt, so seht ihr auch weder das Fleisch noch das Blut meines Sohnes auf fleischliche Weise mit euern fleischlichen Augen, denn ihr könnt das Unsichtbare nicht durchschauen, sondern euer sterblicher Blick (obtutus) kann das Sichtbare auf sichtbare Weise erfassen.

44. Im Sakrament des Altares ist im Namen der Dreifaltigkeit dreierlei aufzuopfern: Brot, Wein und Wasser

Dieses Sakrament aber muß mir unter dreierlei Gestalten aufgeopfert werden. Wie? Im Brot, Wein und Wasser, zur Ehre der allerheiligsten Dreifaltigkeit. Wenn deshalb etwas von den drei Substanzen fehlt, dann wird dort die Dreifaltigkeit nicht wirklich verehrt; denn unter dem Wein versteht man den Vater, unter dem Brot den Sohn und unter dem Wasser den Heiligen Geist. Wer also Wein ohne Brot und Wasser darbringt, verehrt den Vater, leugnet jedoch den Sohn und den Heiligen Geist. Oder wer Brot ohne Wein und Wasser opfert, besitzt den Sohn, verwirft aber den Vater und den Heiligen Geist. Und wer Wasser ohne Wein und Brot gebraucht, achtet den Heiligen Geist, weist aber den Vater und den Sohn zurück. Oder opfert jemand Wein und Brot ohne Wasser, so besitzt er Vater und Sohn, verwirft aber den Heiligen Geist. Bringt jedoch jemand Wein und Wasser ohne Brot dar, verehrt er den Vater und den Heiligen Geist, leugnet aber den Sohn; und gebraucht jemand Brot und Wasser ohne Wein, achtet er den Sohn und den Heiligen Geist, weist aber den Vater zurück. Also darf es bei diesem Sakrament keine Trennung geben, weil auch ich unteilbar bleibe und ein untrennbarer Gott in drei Personen bin. So sind auch Gedanke, Wille und Werk im Menschen eins und ohne sie gibt es keinen Menschen.

45. Ein Priester, der aus Nachlässigkeit, Unglauben oder Vergeßlichkeit versäumte, diese drei Substanzen beim Sakrament des Altares aufzuopfern, ist schwer zu bestrafen

Wenn aber bei diesem Opfer etwas fehlt, so daß man dafür Brot, Wein oder Wasser vergißt, dann soll der, welcher diese Nachlässigkeit verschuldet, einer wirklich schweren Strafe unterliegen. Hat er das nämlich bewußt, aus geringschätziger Lauheit oder treulos im Glaubenszweifel getan, so will ich den Schuldigen aus meinen Augen verbannen, wenn er nicht in großer Reue in sich geht und sich selbst dafür mit schwerer Buße bestraft; ist es dagegen unbewußt aus nachlässiger Vergeßlichkeit geschehen, dann muß sich mir der Schuldige für diese Veschuldung durch Wiedergutmachung und Reue stellen, weil er nicht genau achtgegeben hat, ob dies alles, was zu meinem Opfermahl gehörte, vorhanden war. Als nämlich mein Sohn am Kreuz hing, fehlte nichts an der Erlösung. Er brachte den Menschen durch das Vergießen seines Blutes die Erlösung der Seelen und deshalb darf auch bei diesem Sakrament nicht irgendetwas fehlen. Denn dieses Sakrament stellt die heiligste Heiligung in aller Unantastbarkeit dar; und deshalb ist dieses Fleisch und Blut mit vollem Glauben und aller Hingabe zu empfangen.

46. Wie Leib und Blut Christi an das Volk ausgeteilt werden sollen

Wer aber dieses hochheilige Fleisch empfängt, soll es auch nicht ausschlagen, das Blut dieses Sakramentes zu genießen. Denn mein Sohn ist der Allerreinste und ein Spiegel der Tugenden. Deshalb soll man sein edles Blut empfangen, wenn nicht der Priester wegen der Einfältigkeit des Empfängers die Gefahr des Verschüttens fürchtet. Dann soll man mit dem, der es empfangen will, einfach wie mit einem Kind verfahren, dem man Brotnahrung gewährt und einen Weintrunk verweigert. So werde ihm das hochheilige Fleisch gereicht und das flüssige Blut vorenthalten, damit nicht dadurch eine größere Gefahr heraufbeschworen wird. Es ist ja auch das hochheilige Fleisch mit seinem Blut, und das Blut mit seinem Fleisch in einer einzigen Heiligkeit verbunden. Hat aber dieser Mensch die Unterscheidungsgabe und Not, dieses Sakrament zu konsumieren, dann werde ihm auch das Blut dieses Fleisches zum Trinken gereicht, wenn man ihm das heilige Fleisch zu essen gibt.

47. Der Priester soll beim Sakrament des Altares die Gewänder und Worte gebrauchen, welche die alten Väter festgesetzt haben

Der Priester aber, der dieses Sakrament feiert, sei sorgfältig mit jenen Gewändern bekleidet, welche die alten Väter — vom Heiligen Geist belehrt — zum Anlegen für dieses Amt bestimmt haben, und er beachte genau die Worte, die der Heilige Geist den Vätern für die Feier dieses Geheimnisses eingegeben hat. Er hüte sich sorgfältig, irgendetwas davon auszulassen und er sehe auch getreu darauf, nicht über das Beispiel hinauszugehen, wie mein Sohn das Brot und den Kelch nahm und seinen Jüngern zum Essen und Trinken reichte. Wer aber bezüglich der Gewänder oder der zu diesem Amt gehörenden Worte durch nachlässige Vergeßlicheit unbewußt irgendwie gefehlt hat, ist mit schwerer und heilsamer Buße zu bestrafen. Er findet aber dennoch mein Erbarmen, wenn er es sucht, weil er diese Übertretung nicht willentlich oder aus der Bosheit seines Herzens beging. Wer jedoch bewußt oder aus absichtlicher Lässigkeit (per teporem voluntatis) oder aus boshaftem Herzen sich an diesem Sakrament verfehlt hat, der beleidigt mich. Zu ihm spreche ich:

48. Worte des Herrn an einen nachlässigen Priester

„Du böser Knecht, warum warst du nicht richtig mit dem priesterlichen Gewand bekleidet, wie es die ersten alten Lehrer für dich zur Kennzeichnung des geistlichen Amtes festgesetzt haben, so wie mir meine Engel immer dienen? Und warum hast du die vorgeschriebenen Worte (modum verborum) nicht beachtet, die deine Väter im Heiligen Geist ebenfalls zur Konsekration des Leibes und Blutes meines Sohnes zum Heil und Ruhm des Menschengeschlechts überliefert haben?" Wer sich daher mit dieser Schuld verfehlt, muß sich vor mir verantworten, wenn er sich nicht selbst harte Buße auferlegt.

49. Der Priester, welcher diese Speisen auf dem Altar aufopfert, soll nicht vom Altar weggehen, ohne von diesen Speisen genossen zu haben

Doch der Priester, welcher diese Speisen auf meinem Altar aufopfert, soll nicht von dort weggehen, ohne von diesen Speisen gegessen zu haben; er soll vielmehr im Leib und Blut meines Sohnes eine Stärkung für seine Seele empfangen. Weiß er sich jedoch mit schwerer Schuld (oneribus) beladen und dieser Speise unwürdig, dann nehme er sich nicht heraus, an meinen Tisch zu treten und meinen Sohn — ungereinigt vom üblen Geruch seiner Vergehen — zu berühren. So haben auch jene das Festmahl und auch ihre Menschenwürde befleckt, die das Haupt der brennenden Lampe (Johannes d. T.) grausam abhieben. Daher soll der, welcher auf diese Weise befleckt ist, die Male seiner Krankheit dem Hohenpriester, d. h. meinem Sohn, zeigen und sich auch bei einem andern irdischen Priester anklagen. Dieser soll ihn heilsam trösten und auf die Buße verweisen, und so trete er schließlich gereinigt seinen Dienst an.

50. Der Priester soll beim Sakrament des Altares nicht viele und große Worte machen, sondern die Anordnung der ersten Vorsteher befolgen

Doch will ich nicht, daß der Priester, der mich mit bestimmten heiligen Worten am Altar anrufen soll, mich, den Vater aller (Menschen), mit vielen und großen Worten anredet. Er soll es vielmehr nach der richtigen Anordnung der ersten Vorsteher, die von der Gabe des Heiligen Geistes recht ermahnt und über meine Anrufung belehrt worden sind, tun. Das darf nicht in der Vielfalt einer törichten Weisheit geschehen, sondern in der Einfalt des Herzens. Denn ich finde nicht an vielem Reden mein Gefallen, sondern an der Herzensreinheit derer, die mich getreulich suchen und mich mit der Glut ihrer Liebe liebevoll (benigne) umarmen. Wenn mich meine Auserwählten auf andere Weise suchen, gewähre ich ihnen meine Gnade je nach den Gaben, die der Heilige Geist verleiht; in diesem Sakrament aber zeige ich mich ihnen ganz, weil mein Sohn in mir ist und ich in ihm bin und der Heilige Geist in uns ist und wir in ihm und wir eins in der Gottheit sind. So bilden auch Leib und Seele und ihre Kräfte einen lebendigen Menschen. Wer daher zu diesem Sakrament hinzutritt, sorge dafür, so zu kommen, daß er die Ehre der Gottheit nicht verletzt.

51. Von den fünf Arten der Kommunikanten

Doch du, o Mensch, *nimm — während auch die übrigen Menschen zum Empfang dieses Sakraments an den Priester herantreten — fünf Arten von ihnen wahr.* Denn die, welche sich danach sehnen, das göttliche Sakrament von ihrem Priester zum Genuß gereicht zu bekommen, sollen die fünf Sinne ihres Leibes von der Hefe ihrer Sünden reinigen und sie vor unbewußter Verunreinigung würdig und lobenswert bewahren, um es umso heilbringender zu empfangen.

52. Von denen, die einen leuchtenden Leib und eine feurige Seele haben

Deshalb *haben* nämlich — wie du siehst — *die einen, die zu diesem Sakrament hinzutreten, einen leuchtenden Leib und eine feurige Seele.* Denn sie besitzen einen klaren Glauben an dieses Sakrament und bezweifeln nicht, daß es der wahre Leib und das wahre Blut meines Sohnes ist. Weil sie es in diesem Glauben empfangen, wird ihr Fleisch belebt und geheiligt; und so erscheinen sie nach der Auferstehung, durch dieses Geheimnis geheiligt, in diesem Leib im Himmel und ihre Seele wird von der feurigen Gabe des Heiligen Geistes übergossen und entzündet, damit sie — ganz von diesem Glanz erfüllt — das Irdische verschmähen und nach dem Himmlischen verlangen. Auf welche Weise? Wie ein Feuer vom Wind zum Brand entfacht wird, so werden sie auch von diesem Sakrament erfüllt (imbuuntur), um in himmlischer Liebe zu brennen.

53. Von denen, die mit fahlem Leib und finsterer Seele erscheinen

Andere aber erscheinen mit fahlem Leib und finsterer Seele, denn sie sind matt im Glauben und glauben nicht fest an dieses Sakrament. Sie sind nämlich zu töricht, um die Weisheit zu erkennen. Sie gleichen einem Knaben, dessen Tun töricht ist. Denn äußerlich hören sie bereitwillig (in auditu auris) und mit zögerndem Herzen nehmen sie auf, was man ihnen von diesem Sakrament sagt. So würden sie es gern ganz im Glauben erfassen, doch wegen des Zweifels, den sie in sich tragen, können sie nicht erkennen, welche Heiligkeit in ihm wohnt. Deshalb sind sie in ihrem Innern von Finsternis umgeben, weil sie ihren Geist nicht zu jener Vollkommenheit in die Höhe erheben können; sie sind nämlich in Sünden empfangen und sind durch die Last der leiblichen Gebrechlichkeit zu schwerfällig, vollkommen daran zu glauben. Dennoch stimmen sie mehr dem Geist zu, so daß sie den Glauben ergreifen möchten, aber ihr Herz ist lau.

Bei jenen, deren Werke noch nicht durch größere Sündenlasten beladen sind, unterwirft die Seele den Leib ihrem Willen, obwohl sie gleichsam widerwillig dem Geist zustimmen müssen. Denn sie hat noch die größere Macht, weil sie noch nicht in den Sünden untergegangen ist. Es gibt nämlich Kämpfe zwischen Leib und Seele, weil die Seele den Leib beherrschen möchte. Denn ihr widerstrebt, was zum Fleisch und seiner Begierde gehört: die Sünde. Und der Leib veschmäht die Gerechtigkeit, nach der die Seele verlangt, weil sie das Leben liebt. Was besagt das? Was tot ist, erstrebt den Tod, und was lebt, liebt das Leben. Wieso? Das Fleisch liebt die Sünde und die Seele liebt die Gerechtigkeit. Sie befeinden sich und stimmen selten überein. Doch wie ein Knabe sich ohne Mühe und Sinneserkenntnis nährt und sättigt, so werden auch jene Menschen von diesem Sakrament gleichsam ohne ihr Wissen belebt. Sie verachten es nämlich nicht aus Ingrimm oder Trotz, sondern umarmen es einfach nur.

54. Von denen, die behaarten Körpers und schmutzbefleckter Seele sind

Einige sind behaarten Körpers und die Seele starrt vom Schmutz menschlicher Verunreinigung. Denn diese sind häßlich in ihrem Fleisch, unkeusch und schamlos. Sie beflecken sich mit dem Kot der Laster; und wie sich das Schwein im Schlamm wälzt, so entweihen sie ihre Seele mit allerlei Sündenschmutz, da sie sich durch andere Menschen anstecken lassen. Und weil sie von diesen Lastern befleckt sind und sich nicht scheuen, zum Sakrament des Leibes und Blutes meines Sohnes ungereinigt hinzuzutreten, müssen sie in strenger Prüfung wegen dieser Überheblichkeit geläutert werden. Bei dieser Reinigung verweigere ich ihnen dennoch nicht mein Erbarmen, weil ich voraussehe, daß sich in ihren Herzen angemessene Reue erhebt.

55. Von denen, deren Leib mit spitzen Dornen umgeben ist und die mit aussätziger Seele erscheinen

Der Leib mancher ist von spitzen Dornen umgeben und sie erscheinen mit aussätziger Seele, weil ihr Herz von Zorn, Haß und Neid umgeben ist und sie mit diesen Dornen der Bosheit Sanftmut, Süßigkeit und Liebe aus sich vertreiben. So erstreben sie das Böse und vernachlässigen das Gute. Durch Spott fügen sie den übrigen Menschen Schmach zu und verunreinigen ihre Seele mit überaus bösen Geschwüren. Wenn sie so zum göttlichen Geheimnis hinzutreten, verletzen sie sich selbst schwer; ich wende ihnen aber dennoch meine Augen zu, wenn sie sich selbst erbittert strafen und danach meine Gnade in der Buße suchen.

56. Von denen, die mit blutigem Körper und einer Seele, die wie ein verwesender Leichnam riecht, erscheinen

Manche dagegen erscheinen mit blutigem Körper und einer Seele, die wie ein verwesender Leichnam riecht, weil sie mit roher Hand Menschen zerreißen und ihrer Seele durch die verwesende Fäulnis grausamer Bosheit gleichsam einen schlechten Geruch verleihen. Denn sie schauen nicht auf die Gottesfurcht und zerstören durch ihre Grausamkeit, was ich in den Menschen gelegt habe. Wenn sie daher mit dieser Verunreinigung befleckt, sich nicht scheuen, den Leib und das Blut meines Sohnes zu genießen, fügen sie sich selbst eine schwere Verletzung zu, weil sie sich herausnehmen, so ungereinigt dieses Sakrament zu berühren. Dennoch aber wird sie der Quell der Erlösung später erreichen, wenn sie sich bemühen, diese ihre Bosheit in würdiger Buße abzuwaschen.

57. Von denen, die zu diesem Sakrament mit hingabebereiter Gesinnung und reinem Glauben, und denen, die mit widerstrebendem Herzen und schwankendem Gemüt hinzutreten

Während einige von denen, die das Sakrament empfangen, wie mit feurigem Glanz übergossen werden, umdunkelt die andern gleichsam eine finstere Wolke. Denn während die Gläubigen sich mühen, dem Geheimnis des Leibes und Blutes meines Sohnes näherzutreten, werden die, welche es mit hingabebereitem Herzen, in reinem Glauben und von guten Werken strahlend, empfangen, von der Gabe des Heiligen Geistes sowohl zum Heil des Leibes als auch der Seele erleuchtet; und die, welche es mit widerstrebendem Herzen in schwankender Gesinnung, gelähmt durch verkehrte Taten, genießen, ziehen sich die Finsternis vorweggenommener Unglückseligkeit zu ihrem äußeren und inneren Schaden zu, weil sie sich verwegen herausgenommen haben, sich beschmutzt mit dieser Heiligkeit zu vereinen. Denn ein Mensch, der so aufrührerisch und hartnäckig ist, daß er nicht davor zurückscheut, sich entweder mit sexueller Selbstbefriedigung durch die Berührung des eigenen Körpers zu beschmutzen, oder sich durch einen Samenerguß in Unzucht mit einem Mann oder einer Frau befleckt, sich mit den übrigen Menschen in Zorn, Haß und Neid entzweit oder sich durch Mord an den ihm im Weg Stehenden mit Blut besudelt und sich derart ungereinigt und unbußfertig herausnimmt, zu Leib und Blut meines Sohnes ohne reinigendes Bekenntnis und reuige Besserung hinzuzutreten, geht bewußt und wissentlich für seine Schuld ins Feuer des Gerichts. Wieso? Er wird für diese Vermessenheit und seine Sünde wie Gold im Ofen geläutert, so daß kein Stäubchen dieser Anmaßung in ihm zurückbleibt. Denn er trat beschmutzt und ungebessert zur Kommunion des unschuldigen Lammes hinzu. Wer also — wie gesagt — so unrein zur Heiligung durch den Leib und das Blut meines Sohnes hinzutritt und dieses Sakrament so genießt, ißt es sich zum Gericht. Auf welche Weise? Wie es mein vielgeliebter Paulus sagt.

58. Worte des Apostels

„Wer also unwürdig das Brot ißt und den Kelch des Herrn trinkt, vergeht sich am Leib und Blut des Herrn. So prüfe sich der Mensch und esse nur so von diesem Brot und trinke aus dem Kelch. Wer nämlich unwürdig ißt und trinkt, ißt und trinkt sich das Gericht, weil er den Leib des Herrn nicht unterscheidet. Deshalb gibt es unter euch viele Kranke und Schwache und viele entschlafen" (1 Kor. 11,27—29). Was heißt das?

Wahrlich, ich sage euch: Wer das Brot des Lebens ißt oder den Kelch des Herrn, d. h. das Sakrament des Herrn über Himmel und Erde, unwürdig, mit Sünden beschmutzt, genießt, wird sich damit schuldig machen. Wieso? Er empfängt den Leib und das Blut des Herrn, d. h. des Erlösers der Welt, auf kränkende Weise und sich zum Tode. Denn er neigt sich dem Bösen zu, ist mit Unreinheit beschmutzt und vergißt der Furcht des Herrn. So befleckt, betritt er das Heiligtum (palatium) der heilbringenden Erlösung. Und deshalb begeht er dort auch einen Mord. Wieso? Weil er sich selbst viele Wunden zufügt und ohne die Linderung und das Bad der Reue seine Vergehen verbirgt und dieses Sakrament vermessen behandelt.

Darum sage ich ihm auch: ‚O du elender und schlimmer (amarissime) Mensch, wie wagtest du es, deinen Herrn, nach dem die Himmelsbürger in ihrer Schau verlangen, in eine so elende Grube zu stürzen? Deshalb wirst du an Leib und Seele mit bitterer Reue geläutert und wenn du nicht deine Schuld wieder gutmachst, erfährst du nach der Auferstehung der Toten diese Züchtigung.' Daher prüfe sich der, welcher sich selbst bestrafen will, und erforsche sich getreulich; in aufrichtiger Selbsterkenntnis (devotione considerationis suae) nehme er dieses Brot und koste von diesem süßen Kelch, damit er so zur unvergänglichen Speise gelange und dem Hunger der schwachen Seele entgehe. Denn wer dieses Sakrament schlecht behandelt, weil er sich vom Schmutz der Bosheit nicht reinigt und es unwürdig empfängt, zieht sich ein Rachegericht zu, denn er ißt und trinkt es in unreinem Zustand. Dennoch vermag er nicht, dieses Geheimnis in seiner Überheblichkeit zu verletzen oder zu verdunkeln, sondern verdammt sich selbst. Und weil ihr euch herausnehmt, vom Schmutz der Laster starrend, zu diesem Sakrament hinzuzutreten, deshalb sind in eurer Gemeinschaft viele Kranke, d. h. solche, die in diesem Heiligen nicht ein Heilmittel für die Seele suchen wollen. Sie ziehen sich selbst vielmehr in diesem Sakrament eine schlimme Krankheit zu, weil sie es zu ihrer Verurteilung genießen. Und es gibt auch viele Schwache, nämlich jene, die im göttlichen Gesetz so wenig bewandert (debiles) sind, daß sie sich gar nicht erst um die Erkenntnis mühen, wer dieser ist, den sie so unwürdig empfangen. Was besagt das? Sie wollen nicht erwägen, wie sie ihren Herrn fürchten und verehren müßten, oder wie sie ihr Fleisch mit bitterer Buße strafen sollten, das sie derart mit Lastern genährt haben. Weil sie aber so leichtfertig sind, entschlafen auch viele, ohne auf diese Nachlässigkeit zu achten. Sie wissen nicht und wollen nicht wissen, wie sie ihre Sünden beweinen müßten, wie ein Mensch, der schlummert und schläft, nicht weiß und erkennt, daß und wie er in seinem Leibe weilt.

Daher, o Mensch, weil du dich weder durch Bekenntnis noch durch Buße gereinigt hast und Leib und Blut meines Sohnes ungereinigt empfängst, wirst du mit furchtbarer Genauigkeit auf diese Anmaßung in deinen Sünden geprüft werden, wie auch der Most von der Verunreinigung, die er aufweist, gereinigt wird, wenn er sie bei seinem Gärungsprozeß (in fervore suo) absondert.

59. Das Sakrament des Altares soll vom Priester und vom Volk mit ehrfürchtiger Liebe behandelt und aufbewahrt werden

Dieses Sakrament soll auch vom Priester und vom Volk mit so ehrfürchtiger Liebe behandelt und aufbewahrt werden, daß es von niemandem nachlässig gehandhabt oder unachtsam auf den Boden geworfen wird. Denn wenn es aus träger Nachlässigkeit auf die Erde gefallen ist, räche ich diese Auflehnung in meinem Eifer an der Erde oder am Menschen; es sei denn, dieser Mensch strafe sich selbst durch Buße und harte Schläge, denn Fleisch und Blut müssen für Fleisch und Blut Ersatz leisten. Wieso? Der Mensch von Fleisch und Blut trauert, daß das Fleisch und Blut meines Sohnes von einem Menschen nachlässig behandelt werden, wie auch die Erde bebte und die Menschen sich vor Furcht ängstigten, als mein Sohn — am Kreuz hängend — seinen Geist aufgab.

60. Die mystischen Geheimnisse des Leibes und Blutes des Herrn soll man nicht zu ergrübeln suchen

Doch wenn du, o Mensch, dich in der Unbeständigkeit deines Herzens fragst, wie diese Opfergabe auf dem Altar zum Leib und Blut meines Sohnes wird, dann will ich dir antworten: ‚Warum, o Mensch, fragst du danach und warum suchst du das zu erfahren? Verlange ich das etwa von dir? Was erforschst du meine Geheimnisse bezüglich des Leibes und Blutes meines Sohnes? Du sollst das nicht untersuchen, sondern es nur in großer Furcht und Ehrfurcht annehmen und sorgsam bewahren. Und zweifle nicht länger an diesem Geheimnis. Denn du darfst mich nicht so verwegen versuchen. Und was geht dich das an? Suche mich vielmehr in entschiedenem Glauben. Ich schaue nämlich auf deinen ganzen Glauben und befrage dich nicht, woraus der Leib und das Blut meines Sohnes bestehen, oder wie dieses Sakrament auf dem Altar konsekriert wird. Und wer sucht dich, o Mensch, im Feuer und erfährt nicht die Glut des Feuers? Keiner. So suche auch mich nicht verwegen in meinen Geheimnissen, damit du dich nicht daran verletzt. Doch willst du sie mit ergebener Seele erforschen, dann erforsche sie sorgsam in Gebet, Weinen und Fasten. So haben sie gewiß auch unsere Väter erforscht und soundsooft sind sie ihnen enthüllt worden. Wenn du sie auf diese Weise gesucht und gefunden hast, dann wirst du das übrige dem Heiligen Geist überlassen.'

Die jedoch zu diesen Sakramenten hinzutreten, sollen nicht auf Abwegen, sondern auf geradem Weg kommen, damit sie nicht — von ihnen verwiesen — eine große Katastrophe erleiden.

61. Diener der Kirche, welche nicht durch den Eingang, sondern durch eine Seitentür eintreten, ahmen, weil sie schlimme Spötter und ungeschliffene Edelsteine sind, den Teufel und Baal nach und trachten danach, Christus zu verletzen und ihn gleichsam zu kreuzigen

Denn der böse Betrüger, der sich ohne Wahl und Salbung zum Vorsteher den Sitz des Hirtenamtes durch Täuschung aneignet, und der schlimme Räuber, der seinen Hirten vertreibt und sich unter dem Pfeifen seiner Anhänger (sibis consentium) mit Gewalt dessen Amtssitzes bemächtigt, werden sich weder von sich aus freiwillig einer großen Strafe unterziehen oder dafür durch meinen Eifer einen schweren Urteilsspruch auf sich zu nehmen haben. Sie sind mir nämlich zum ärgsten Greuel geworden, denn sie ahmen den nach, der aus sich selbst die größte Ehre genießen wollte und aus der Herrlichkeit der Glückseligkeit in den Tod verwiesen wurde. Und sie folgen auch Baal, der mich so verhöhnte, daß er sich betrügerisch Gott nannte und der Vernichtung anheimfiel. Und wenn sie in dieser boshaften Lüge und in ihrer Anmaßung vorgeben, meine heiligen Anordnungen zu erlassen, so gelten die, welche von ihnen auf diese Weise mehr angesteckt als gewonnen werden, in meinen Augen so (wenig) wie Knaben, die das Volk belacht, wenn sie in ihren Scherzen und Spielen Spaßmacher darstellen. Wie das aber vor den Menschen eitel ist, so ist auch vor mir nichtig, was solche Räuber mit ihrem Betrug zum Schein tun.

Weil sich daher ihr Bauwerk als schlecht erweist, kann es nicht bestehen, denn es wird einfallen. Wenn sie deshalb in meinem Tempel etwas mit heiligen Anordnungen aufzubauen scheinen, ist es zu vernichten, denn es ist widerrechtlich und wird als wertlos (frivolum) erkannt. Also sollen sie von dieser Verwegenheit wieder zu Verstand kommen, damit sie nicht bei der Bestrafung Schicksalsgenossen dessen werden, der von der Höhe in die Tiefe gestürzt wurde, weil er mehr suchte als er durfte. Aber auch jener

Wüterich, der ohne Priesterweihe im Wahnsinn seines Geistes so tollkühn an meinen Altar tritt, als ob ich ein Spötter wäre, wie er ein Spaßmacher ist, und dort den meinem Namen geweihten Tisch keck berührt, schreckt nicht davor zurück, meinen Sohn mit grausamer Qual zu verwunden; er will nämlich mein heiliges Opfer darbringen und dazu ist er nicht bestellt. Wieso? Wie ein Ungläubiger durch seinen Unglauben Gott angreift und wie ein Wahnsinniger in seiner Wut ins Feuer läuft, so weiß dieser nicht, daß ich Gott bin und erfährt mich nicht als brennendes Feuer. Er wirft die Gottesfurcht ab und liebt nicht meine Langmut, sondern verwundet meinen Sohn, wenn er mit ungeweihten Lippen mein Wort zerreißt, das mein Eingeborener seiner Braut gebracht hat, als er ihr seinen Leib und sein Blut als Hochzeitsgabe übergab. Deshalb wird zu dem, der ihn so keck überfällt, gesagt: ‚Wer berührt meinen Sohn so verwegen ohne Weihe?' Doch wer so an meinen Altar tritt, trachtet so oft danach, meinen Sohn zu verwunden, als er sich herausnimmt, ihn mit dem erwähnten heiligen Wort anzurufen. Und verharrt er in dieser Verächtlichkeit ohne Reue, wird er beim Strafgericht unter denen stehen, die meinen Sohn ohne Grund kreuzigten und verwundeten. Um daher nicht diese Qualen zu erfahren, nehme er sich betrübtes Wehklagen zuhilfe. Doch maße er sich dennoch von nun an nicht mehr an, zu meinem Altardienst hinzutreten. Die übrigen aber, die danach streben, unter einem Priester in einem kirchlichen Amt Dienst zu tun, sollen sich davor hüten, in so anmaßender, unrechtmäßiger Weise diesem Dienstamt nahezutreten, um nicht durch gerechten Urteilsspruch von der Errichtung des Baues der Kirche ausgeschlossen zu werden, wenn sie sich dieses Recht betrügerisch angeeignet haben und dadurch unförmig und ungeschliffen erfunden werden. Ich will nämlich, daß meine Diener – ohne Falsch und ohne Befleckung — rein vor meinem Angesicht erscheinen. Wieso? Rechtmäßig erwählt sollen sie an meinen Altar treten und mir dann auch ohne Verunreinigung dienen. Wieso?

62. Die Diener der Kirche sollen nach dem Beispiel der Apostel sehr sorgfältig die Keuschheit bewahren und sich aller Unreinheit enthalten

Sie sollen nach keiner weltlichen Verbindung Ausschau halten, weil sie eine geistliche erwählt haben. Wieso? Weil sie zu meinem Dienst angetreten sind. Wenn aber jemand von ihnen von leidenschaftlicher Begierde seines Fleisches entflammt wird, möge er seinen Leib durch Enthaltsamkeit und Fasten schwächen und sich mit Kälte und Geißelung züchtigen; verfällt er dennoch der Sünde mit einer Frau, dann fliehe er diese Befleckung wie brennendes Feuer und tödliches Gift und reinige seine Wunden mit harter Buße. Denn ich will, daß man mir in Keuschheit dient. Wieso? Weil auch mein Sohn ganz keusch war und all diese kirchlichen Vorschriften an sich selbst aufzeigte. Auf welche Weise? Durch Gehorsam, Gebet, Predigt und Aufopferung. Die Beschneidung betraf nämlich seinen Gehorsam, das Prophetentum zeigte sich in seinem lauten Rufen, und er predigte den Menschen durch seine Person; und schließlich brachte er sich auf dem Altar des Kreuzes als lebendiges Opfer dar. Und weil er sich in Keuschheit zum Brandopfer hingab, sollen jene, die es wagen, auf dem Altar Brandopfer darzubringen, auch seine Keuschheit nachahmen. Sie sollen die Keuschheit jedoch nicht nur andern gegenüber einhalten, sondern sie auch an sich selbst bewahren. Wie? Wie ein Priester sich vor der Berührung mit einer Frau hüten muß, so soll er sich auch seiner selbst enthalten, d. h. sich davor hüten, durch eigenhändige Berührung seine Entehrung herbeizuführen, damit nicht so das Toben der Begierde in ihm auf schuldhafte Weise Aufruhr verursacht. Denn die Schuld Adams, die den Menschen den Tod eintrug, erregte in ihnen unzüchtige Empfindungen. Deshalb sollen die Menschen ihr Fleisch in Zucht nehmen, damit sie nicht schmählich dem Schicksal des Todes unterliegen. Wieso? Weil mein Sohn den Tod überwand und ihnen das Leben schenkte. Weil er in unversehrter jungfräulicher Keuschheit Fleisch annahm, deshalb müssen auch die keusch sein, welche ihm dienen möchten, wie nach göttlichem Gebot geschrieben steht.

63. Worte des Moses zum selben Thema

„Haltet euch übermorgen bereit und naht euch nicht euren Frauen" (Ex. 19,15). Was besagt das? Die ihr Gott besonders dienen wollt, seid mit willfährigem Herzen bereit für den Tag seiner Huld (serenitatis), an dem die unaussprechliche Dreifaltigkeit wirklich erscheint und in einem großen Wunder ihre staunenswerte Kraft (mirabilia sua) zeigt. Und wenn ihr euch da Gott würdig nahen wollt, hütet euch vor der fleischlichen Neigung, euch in leiblicher Vereinigung zu binden, d. h. mischt euer Blut nicht mit Blut eines geringwertigeren (Wesens). Das müßt ihr, die ihr mir unter einer geistlichen Würde (nomen) dient, vermeiden; denn die Apostel, in deren Nachfolge ihr steht, haben ihre Liebe nicht geteilt und euch kein solches Beispiel hinterlassen.

64. Der Priester darf sich nicht doppelt binden

Ich will nämlich nicht, daß die Priester sich doppelt binden, d. h. von geistlichem und weltlichem Trachten erfüllt sind. Denn der Priester hat sich mit der Gerechtigkeit Gottes verbunden, so daß sie seine Gattin ist, mit der er das übrige Volk ernährt und belehrt, wie ein Vater seine Söhne zu erziehen und lehren pflegt. Und wie wäre er als Priester dazu fähig, im rechten Maß zwei Bindungen gerecht zu werden, die sich durch Gegensätzlichkeit unterscheiden? Wieso? Die eine ist fleischlich, die andere geistlich.

65. Wie der Teufel Priester der Priester spielen kann

Und wenn der Priester Hirte und Vater jener Menschen ist, die in fleischlicher Ehe leben, und er selbst es in gleicher Weise tun würde (possideret), wer sollte dann sein Priester sein? Er könnte keinen andern Priester haben, der ihm vorsteht, als den Teufel, der sein Priester sein müßte, er hätte ja auch ihn nachgeahmt, wenn er Gift unter Honig versteckte. Wieso? Weil er wie der Teufel das Böse unter dem Guten verbarg; und deshalb trachten solche Priester, die mehr ihrer Schändlichkeit folgen als die Keuschheit lieben, danach, die fleischliche Bindung unter der geistlichen Ehe geheimzuhalten wie Gift unter Honig. Doch weil mein Sohn ganz keusch ist, deshalb sollen auch jene die Keuschheit lieben, die seinen Leib und sein Blut am Altar berühren, wie geschrieben steht.

66. Worte aus dem Gesetz darüber

„Ein Priester darf keine Hure oder gemeine Dirne zur Gattin nehmen und keine von ihrem Mann Geschiedene, weil er seinem Gott geweiht ist und die Schaubrote darbringt" (Lev. 21,7—8). Was bedeutet das? Wer dazu bestellt ist, Gott das Opfer darzubringen, liebe nicht die Ungerechtigkeit des Teufels — sie macht sich nämlich aller Unflätigkeit, Schlechtigkeit und Bosheit gemein — und bringe seine Sinne nicht so billig zu Fall, daß er den Willen seines Fleisches gegen die Gerechtigkeit Gottes und gegen das Beispiel der heiligen Väter umarmt und ihm folgt, während er mein Joch tragen will. Er bewirke also nicht durch seine schändlichen Taten jene Unreinheit, die von diesen seinen alten Vätern verabscheut wurde, weil sie erkannten, daß sie durch den Anhauch der alten Schlange entsteht. Er lasse daher diesen Schmutz hinter sich und sei ein Liebhaber der göttlichen Gerechtigkeit, denn er ist seinem Gott in Heiligkeit geweiht. Den fleischlichen Begierden in den Werken der Zeugung von Kindern ist er nämlich entzogen und kann deshalb so nüchtern und unbefleckt jenes Brot darbringen, das zum Heil der Menschen auf den Altar gelegt wird. Was besagt das? Es heißt, daß jenes Opfer, welches das Leben der Lebendigen, die Speise der Seelen und ein Spiegel aller Tugenden ist, die durch die heilige Unschuld in der Gestalt der Keuschheit offenbart werden, ganz rein von aller Befleckung ist. Deshalb müssen auch die, welche dieses Opfer darbringen wollen, ohne unflätige Beschmutzung sein. Sie sollen sich auch der Üppigkeit und Trunkenheit, der Spaßmacherei und des Gelächters und der leichtfertigen und ungeordneten Sitten enthalten. Sie seien vielmehr von jener Ehrfrucht erfüllt, wie es den Nachfolgern der heiligen Väter, von denen sie abstammen, geziemt, und von jener Würde, wie es ehrwürdigen Herren (patronos) zukommt. Und sie sollen auch so leben, daß sie keine Doppelrolle spielen (duplices in duabus personis), d. h. nicht zugleich auf dem weltlichen und dem geistlichen Weg wandeln, weil es schwierig ist, zwei Herren zugleich zu dienen, wie auch mein Sohn im Evangelium bezeugt und sagt.

67. Worte des Evangeliums dazu

„Keiner kann zwei Herren dienen" (Mt. 6,24). Was heißt das? Niemand, der das Gewand der Sterblichkeit trägt, vermag wegen der Empfindsamkeit der Sinne und seines Leibes zwei Herren gleichzeitig und unter dem gleichen Gehorsam seinen Dienst zu erweisen. Was besagt das? Er kann nicht zugleich dem rechtmäßigen Herrn und dem Herrn der Ungerechtigkeit dienen. Warum? Weil die Gerechtigkeit die Ungerechtigkeit verwirft und die Ungerechtigkeit die Gerechtigkeit bekämpft. So kann der Priester nicht mit gleicher Hingabe der Herrin und der Magd ergeben sein, d. h. der fleischlichen Bindung und der geistlichen Gemeinschaft, denn diese beiden sind in ihrer Vollkommenheit nicht gleichwertig. Das Fleischliche bekämpft nämlich das Geistliche und das Geistliche unterdrückt das Fleischliche. Auch mein Freund Paulus erkannte, daß sich das so verhält, und deutet es nach meinem Willen an, wenn er spricht.

68. Worte des Apostels über dasselbe Thema

„Der Bischof muß also untadelig sein, nur einmal verheiratet" (I Tim. 3,2). Was besagt das? Es ist erforderlich, daß einer, der den übrigen Menschen im Amt der geistlichen Leitung voranleuchtet, sein Leben so einrichtet, daß kein Ärgernis zum Anstoß und Tadel an ihm erfunden wird. Wieso? Weil der Priester keine Doppelrolle spielen darf, indem er zugleich der Gatte einer fleischlichen Frau und der Mann einer geistlichen Gattin ist, sondern der Mann einer einzigen Frau. So wird er nämlich in Heiligkeit der Kirche gehören, die hinsichtlich meines Sohnes der Einzige ist, weil in ihm *eine* Kirche erstand. Doch, obwohl sie nur eine ist, hat sie dennoch mehrere Ehemänner; denn sie feiert mit den Priestern meines Sohnes, die täglich in seinem Dienst stehen, Hochzeit, bleibt aber dennoch in ihrer Unversehrtheit Jungfrau, weil ihr Glaube unversehrt ist. Deshalb sagt auch Paulus, mein Werkzeug, nicht, daß diese Frau einem Mann gehören soll, weil sie mit diesen Priestern, die bis zum Jüngsten Tag im (Namen) meines Eingeborenen auftreten, vermählt ist, bis dann die Hochzeit anbricht, welche niemals durch sterbliche Unbeständigkeit zu Ende geht. Doch auch die, welche unter den Priestern ganz nahe bei mir Altardienst leisten, sind Männer dieser Frau, wie Paulus durch mich in getreuer Belehrung der Menschen gesprochen und gesagt hat.

69. Desgleichen Paulus darüber

„Die Diakone seien nur einmal verheiratet; sie sollen ihren Kindern und ihrem Hauswesen gut vorstehen" (I Tim. 3,12). Was bedeutet das? Die, welche den Priestern mit hilfreichem Dienst zur Seite stehen, seien in Treue als Gatten einer Frau verbunden. Und wer ist diese Gattin? Es ist die reinste Braut, die keine Verletzung versehren kann, wie eine Frau verletzt wird, die ihren Jugendreiz (floriditatem) und ihre Unschuld verliert, die sie vor der Vermählung besitzt, da sie noch unversehrt mit ihrem Verlobten zusammenlebt. Deshalb sollen auch diese Verlobten mit dieser Gattin, der Gerechtigkeit, so gläubig verkehren, daß sie denen, die unter ihrem Beistand aus Geist und Wasser wiedergeboren sind, gute Beispiele der Tugend bieten; sie sollen auch in ihrem Amt mit gläubigem Eifer danach trachten, was zur Befestigung des Baues der Kirche gehört. So richtet ein weltlicher Mensch seine Aufmerksamkeit mit aller Hingabe und Fürsorge auf seine Kinder und sein Haus.

Mein Freund Paulus zeigt diese Braut nämlich den Priestern und den übrigen Dienern meines Altares, damit sie sie zur Gattin erwählen und keine fleischliche Frau erstreben. Denn weder Paulus noch die übrigen Jünger meines Sohnes oder die übrigen Väter, d. h. ihre Nachfolger, gaben ihnen in ihrer Person das Beispiel, eine fleischliche Gattin anzunehmen und jene im Stich zu lassen, die sie vorher zu ihrer geistlichen Gattin erkoren hatten. Ein Priester nämlich, der so trotzig sündigt, daß er unerlaubterweise eine Frau nach dem Willen seines Fleisches nimmt, begeht Ehebruch; denn er verläßt seine rechtmäßige Gattin, nämlich die Kirche, die ihm durch das geistliche Amt vermählt ist, und führt schamlos eine andere nach dem Verlangen seines Herzens heim. Doch obwohl es schwierig für ihn sein mag, sich in dieser Leidenschaft zu bezähmen, möge er sich dennoch um der himmlischen Liebe willen von diesen Begierden enthalten, wie auch mein Sohn im Evangelium aufzeigt und spricht.

70. Von den drei Arten der Verschnittenen

„Es gibt Verschnittene, die vom Mutterleib an so geboren sind; und es gibt Verschnittene, die von Menschen dazu gemacht wurden; und es gibt Verschnittene, die sich selbst verschnitten haben um des Himmelreiches willen. Wer es fassen kann, der fasse es" (Mt. 19,12). Was besagt das? Es gibt nämlich manche Menschen, die derart aus dem Mutterschoß hervorgekommen sind, daß sie wegen der Gefühlskälte oder wegen der Schwäche ihres Körpers keinen Ehegatten haben können. Daher werden sie für diese ihre Enthaltsamkeit keinen guten Lohn empfangen; sie brauchen nur keine Strafe für jenes sündige Tun erleiden, weil sie für eine Sünde, die sie nicht begangen haben, nicht bestraft werden. Und es gibt andere Menschen, die auf den Wunsch von Mitmenschen so an ihrem Leib geschwächt wurden, daß sie ihre Fleischeslust in diesem ehelichen Akt nicht auszuüben vermögen; doch auch sie verdienen deshalb für diese Enthaltsamkeit kein rühmliches Lob, weil sie — obwohl sie diesen Akt der Leidenschaft (opus incendii) nicht vollziehen können — dennoch willentlich häufig schändliche Glut in sich tragen. Und es gibt noch andere Menschen; nämlich solche, die sich zu einem geistlichen Leben anschicken und sich selbst versagen, was sie leicht mit ihrem Leib vollbringen könnten, weil sie wegen der Herrlichkeit des himmlischen Erbes die fleischliche Bindung verachten und sie nicht wollen. Deshalb werden sie äußerst gelobt und verdienen sich damit einen seligen Lohn.

Daher sollen meine Priester und alle, die zum Altardienst bestellt sind, sie auch mit ganzem Einsatz ihres Willens (plenissima voluntate) nachahmen, damit sie die Krone der Enthaltsamkeit beim großen Siegesreigen der himmlischen Freude empfangen. Und wer deshalb freiwilligen Herzens dieses Beispiel fassen kann, so daß er voller Sehnsucht nach Glückseligkeit seinen Leib zu besiegen und die fleischlichen Begierden zu opfern vermag, der möge in glühender Hingabe in der Bezähmung seines Fleisches die fleischliche Bindung gläubig aufgeben und so zur himmlischen Gemeinschaft gelangen.

71. Wer sich nicht zu enthalten vermag, werde unter keinem Vorwand Priester oder ein Diener des Priestertums

Wer sich aber nicht zu enthalten vermag und in fleischlichem Begehren brennt, werde weder wegen des angesehenen Standes (propter personam superbiae) noch aus Streben nach Reichtum Priester oder ein Diener des Priestertums, damit er nicht großen Schaden erleide, wenn er später der Lust seines Fleisches verfällt. Denn die zu meinem Altardienst hinzuzutreten pflegen, halten ihren Leib von der Berührung mit Frauen zurück und schaffen sich nicht irgendeinen Vorwand zum Eingehen einer Ehe. Sie werden sich vielmehr freiwillig und um mir rechtmäßig zu dienen, keusch enthalten. Sonst müssen sie auf den heiligen Dienst an meinem Altar verzichten

72. Aus welchem Grund Verheirateten, die sich später getrennt haben, in der Urkirche der Zutritt zum Priestertum gewährt wurde und warum es jetzt nicht erlaubt wird

Obgleich man feststellt, daß dieser Dienst einigen Menschen, die sich vorher unter das weltliche Joch begeben hatten, einmal zugestanden wurde, sieht man, daß er sich dennoch offenkundig bei jenen vorfindet, die vor und nicht nach der Übernahme meines Dienstes das fleischliche Joch auf sich genommen hatten. Das geschah jedoch in der Weise, daß der Heilige Geist in denen, die später dieses Joch abwarfen, herrlichen Lobpreis durch seine Wundertaten bewirkte, als es wegen des Priestermangels in der anwachsenden Urkirche erstaunlicherweise erlaubt wurde. Jetzt aber, da sie herangewachsen und mit einer vermehrten Zahl von Dienern versehen, tüchtig erstarkt ist, muß man sehr darauf achten, was die kirchliche Behörde (censura) von diesem Fall hält. Das gilt in ähnlicher Weise vom Beginn der Schöpfung: Wegen der geringen Zahl (ob raritatem) der Menschen war es den Männern gestattet, Frauen aus der Verwandtschaft heimzuführen, was jetzt, da sie sich ausgebreitet haben, verboten werden muß. In das Fundament eines Baues pflegt man auch unförmige und unbehauene Steine einzufügen; später werden dann schöne und gutgeformte Steine für sein Mauerwerk ausgesucht. So sind auch im Anfangsstadium (infantia) der Kirche Priester, wie man sie damals finden konnte, zu diesem Amt bestellt worden. Doch findet man nun im geistlichen Stand die volle Zahl solcher, die zum Priesteramt geeignet sind, d. h. nicht von der weltlichen Last irdischer Bindung in Beschlag genommen. Es ist nämlich nicht vorteilhaft, wenn ein Hausvater, der das Gebot der weltlichen Ehe befolgt, als mein Bote im Priestertum gilt (vocetur). Deshalb vernimm folgendes Gleichnis.

73. Das Gleichnis vom König über dieses Thema

Ein König, der über große Stärke verfügte, hatte ein kleines Heer gesammelt. Als er es sich sorgfältig ansah und bemerkte, daß es unerfahren für die Strapaze des Feldzugs war, wählte er aus ihm einen Mann mit einigen anderen, nämlich aus dem Fußvolk, aus, die er für geeignet erachtete, ihn zu vertreten, und stellte sie seinem Heer voran. Es war nämlich noch kein vortrefflicher Anwärter für diese gehobene Stellung herangereift. Als aber dann das Heer Zuwachs erfahren hatte und es schon erwachsene ruhmreiche Männer besaß, erließ der König in diesem Heer ein allgemein gültiges, gut geregeltes Gesetz und stellte von diesen ruhmreichen Männern Offiziere und Feldherren nach jeglicher Gerechtigkeit an seine Spitze. Was besagt das?

Der himmlische König, der alle an Stärke übertrifft, hatte zur Gründung der Kirche nur eine kleine Schar von Gläubigen gesammelt. Als er sie sehr genau untersuchte und erforschte, betrachtete er sie noch als zu schwach und hinfällig, um seines Namens willen körperliche Leiden auf sich zu nehmen. So nahm er Petrus, einen von ihnen, der sich früher mit irdischen Tätigkeiten abgegeben hatte, und nach ihm einige andere, die auch einmal den Geschmack der Erde verkostet hatten, und reinigte sie eifrig (ardenter) vom Schmutz der irdischen Dinge. Er sah nämlich voraus, daß sie klug und gläubig als Vorgesetzte für die Seelsorge und zur leiblichen Unterstützung sein würden und den katholischen Glauben liebten. So erkor er sie für das Amt des Bindens und Lösens. Die schimmernde Morgenröte, welche in der Glut der Keuschheit die menschlichen Berührungen durchglüht, hatte ihre lieblichen Blüten noch nicht im weiten Umkreis erstehen lassen. Doch als auf dem ganzen Erdkreis der Samen kirchlichen Lebens reichlich ausgestreut war und der Ruhm der kirchlichen Würde schon in vornehmer Weise zugenommen hatte, erfüllte der himmlische König die Menschen in äußerst gütiger und geziemender Verfügung sowohl mit weltlichen als auch mit geistlichen Gaben. Und er setzte fest, daß die Priester und die übrigen Amtsträger des göttlichen Dienstes ihre Nüchternheit und Keuschheit nach kirchlichem Recht und gemäß der göttlichen Gerechtigkeit sehr tugendhaft bewahren sollten.

Daher, o Mensch, weil unter den geistlichen Menschen schon viele erstanden sind, die sich abmühen, gegen die Welt und den Teufel Krieg zu führen, und in Keuschheit und körperlicher Zucht meinem Altar entgegeneilen, will ich, daß meine Priester unberührt von irdischer Vereinigung vor meinem Angesicht erscheinen. Denn wenn schon im Alten Testament den Priestern geboten wurde, sich der Berührung mit Frauen zu enthalten, wenn sie an meinen Altar treten, so wurde das im Neuen Testament von meinen Priestern in ganz vollkommener Weise eingehalten. Wovor sich nämlich jene alttestamentlichen in einer Stunde der Keuschheit hüteten, das sollen diese neutestamentlichen von früher Jugend an bis zu ihrem Greisenalter erfüllen. Und wenn ich von den alttestamentlichen kein vom Umgang mit Frauen beflecktes Opfer annehmen wollte, so wünsche ich in noch größerem Maße, daß die neutestamentlichen, die mit meinem Sohn umgehen, zur Keuschheit verpflichtet sind.

74. Zu Junge und Ungeweihte sollen keine Gemeinde übernehmen und einer soll sich nicht herausnehmen, mehrere zu verwalten

Ein zu Junger und Ungeweihter soll keine Gemeinde übernehmen und sich nicht herausnehmen, mehrere Gemeinden zu verwalten, damit er nicht zum Übertreter der Gerechtigkeit wird, wenn er in jugendlichem Alter oder ohne Priesterweihe sich herausnimmt, eine Gemeinde zu übernehmen — oder wenn er eine besitzt — versucht, sich mehrere zu unterjochen; er wird sonst nach schwerwiegendem und strengem Urteil entfernt wie einer, der sich nicht scheut, vor der legitimen Zeit oder ohne legitime Vermählung Umgang zu haben oder sich — im Besitz einer rechtmäßigen Gattin — befleckt und zum Ehebruch mit anderen eilt.

75. Aus dem ganzen Volk, das den christlichen Namen trägt, sind gutgesinnte Priester männlichen Charakters zu erwählen, die körperlich unversehrt sind

Doch aus dem ganzen Volk, das unter dem christlichen Namen lebt, sind weise veranlagte Priester männlichen Charakters zu erwählen. Sie sollen jedoch in der rechten Ordnung, rechtmäßig geweiht und freiwillig in meinen Dienst treten. Es darf nämlich nicht sein, daß solche zum Altardienst kommen, die aufgrund der Schwäche eines ihrer Glieder lahm sind, denn auch im Himmelreich wird es die verschiedenen Wunden nicht mehr an den Menschenseelen geben. Und deshalb will ich nicht, daß solche an meinem Altar stehen, die an irgendeinem Glied einen Fehler haben. Doch, obgleich sie mit leiblicher Schwäche behaftet sind, werden sie dennoch nicht wegen dieser fehlenden Glieder des Himmelreiches beraubt, wenn sie nur eine gesunde Seele haben und mich so in der Lauterkeit guter Werke suchen. Dennoch will ich nicht, daß sie Dienst an meinem Altar ausüben, sondern demütig wirksame gute Werke vollbringen.

76. Frauen dürfen nicht zum Altardienst hinzutreten

So dürfen auch keine Frauen zu diesem meinem Altardienst hinzutreten, weil sie ein schwaches und gebrechliches Gefäß sind. Sie sind dazu bestellt, Kinder zu gebären und die sie gebären, sorgfältig aufzuziehen. Doch empfängt die Frau nicht aus sich, sondern von einem Mann ein Kind, wie auch die Erde von einem Landmann und nicht durch sich selbst gepflügt wird. Wie daher die Erde nicht sich selbst pflügen kann, so darf auch dem Priester beim Dienst der Konsekration des Leibes und Blutes meines Sohnes keine Frau gleichgestellt werden, wenngleich sie das Lob ihres Schöpfers singen kann. So empfängt auch die Erde Regen zu fruchtbarer Bewässerung; und wie die Erde jede Frucht hervorbringt, so kommt in der Frau jede Frucht eines guten Werkes zur Vollendung. Wieso? Weil sie den Hohenpriester zum Bräutigam nehmen kann. Auf welche Weise? Die meinem Sohn vermählte Jungfrau erhält ihn als Bräutigam, weil sie ihren Leib einem fleischlichen Mann versagte (conclusit). Und deshalb hat sie in ihrem Bräutigam das Priestertum und jeden Altardienst und besitzt all seinen Reichtum mit ihm. Doch auch eine meinem Sohn geweihte Witwe kann man Braut nennen, denn sie hat einen fleischlichen Mann zurückgewiesen und hat sich unter seine schützenden Flügel geflüchtet. Und wie der Bräutigam seine Braut innig (valde) liebt, so umarmt auch mein Sohn liebevoll seine Bräute, die aus Liebe zur Keuschheit eifrig zu ihm eilen.

77. Ein Mann darf keinesfalls weibliche Kleidung tragen und eine Frau keine männliche, wenn sie nicht durch große Bedrängnis dazu gezwungen sind

Doch darf ein Mann keinesfalls weibliche Kleidung tragen, noch eine Frau ein Männergewand anziehen, damit man auf diese Weise beide Geschlechter unterscheidet. Der Mann zeige nämlich seine männliche Kraft, die er besitzt, und die Frau weise auf die ihr innewohnende Schwäche hin. Denn so war es schon zu Beginn des Menschengeschlechts von mir festgesetzt; es sei denn, ein Mann befinde sich in Lebensgefahr oder die Keuschheit einer Frau sei gefährdet. Wenn sich dann in dieser Situation aus Kleinmut oder Todesangst ein Mann wie eine Frau oder eine Frau wie ein Mann kleidet, werden sie meine Barmherzigkeit für diese Tat finden, wenn sie sie suchen. Denn sie haben es nicht aus Verwegenheit getan, sondern wegen ihres gefährdeten Heils. Und weil eine Frau kein männliches Gewand anziehen darf, soll sie auch nicht zu meinem Altardienst hinzutreten, denn sie wird weder durch die Haartracht noch durch die Kleidung als Mann gelten.

78. Daß Gott Frauenschänder und Frauen wie Männer, die sich in widernatürlicher Unzucht mit anderen oder selbst verunreinigen oder mit Tieren vergehen, streng verurteilt

Die aber an meinen Altar treten, sollen in Keuschheit vor meinem Angesicht erscheinen; und nicht nur sie, sondern auch die übrigen, die den Leib und das Blut meines Sohnes empfangen möchten, damit sie sich nicht selbst in Tod und Verderben stürzen. Doch es gibt viele unter den Geistlichen und Laien, die sich nicht nur mit Ehebruch verunreinigen, sondern sich auch mit widernatürlicher Unzucht beflecken und sich die schwere Last eines strengen Urteils aufladen. Wieso? Ein Mann, der sich wie eine Frau mit einem andern Mann vergeht, sündigt schwer (amare) gegen Gott und gegen jene Verbindung, mit der Gott Mann und Frau vereinigt hat. Daher erscheinen beide vor Gott entehrt, böse (nigri) und geil, furchterregend, Gott und den Menschen lästig und des Todes schuldig, denn sie haben ihrem Schöpfer gegenüber die ihnen innewohnende Natur (creaturam) hintergangen. Wieso?

Gott hat Mann und Frau verbunden, nämlich was stark und schwach war miteinander vereinigt, damit eins das andere stütze. Doch diese widernatürlichen Unzüchtigen verwerfen die rechte Ordnung zwischen Mann und Frau, wenn sie ihre Manneskraft in widernatürliche Weichlichkeit verkehren. Sie folgen in ihrer Verkehrtheit auf schändliche Weise dem Satan, der in seinem Hochmut den Unteilbaren (Gott) zerreißen und zerteilen wollte, denn sie schaffen sich in ihren schlechten Taten einen ungehörigen und widernatürlichen Ehebruch und erscheinen deshalb beschmutzt und schimpflich vor meinem Angesicht.

Wer sich aber in gleicher Weise durch widernatürliche Unzucht mit einer Frau vergeht, ist ein unersättlicher Wolf in dieser Verkehrtheit. Wieso? Wie nämlich ein Mensch, der die besten und reinsten Speisen, die er hat, verschmähen und ausgeschiedenen menschlichen Kot essen würde, den Menschen zuwider und lästig wäre, so sind auch sie unwürdig und unrein vor mir, weil sie die rechtmäßige Ordnung der Vereinigung mit einer Frau aufgeben und nach einer unangemessenen Übertretung darin trachten. Doch auch eine Frau, die sich solche teuflischen Künste aneignet, daß sie sich mit einer anderen Frau in männlichem Beischlaf zu vereinigen scheint, erscheint gemein in meinen Augen, und auch jene, die sich ihr zu so einer schändlichen Tat unterwirft. Denn während sie sich ihrer Affekte schämen müßten, rauben sie sich in unkeuscher Weise ein fremdes Recht. Und weil sie sich auf fremdartige Weise ausgetauscht haben, deshalb gelten sie mir als entartet (transpositae) und verachtenswert.

Auch jene Männer, die durch Berührung ihrer Vorhaut ihren Samen hervorbringen, ziehen sich großes Unglück für ihre Seele zu, weil sie sich mit dieser Aufreizung gänzlich zerrütten und daher wie unreine Tiere, die ihre Jungen verschlingen, vor mir erscheinen. Denn sie geben ihren Samen auf verkehrte Weise von sich und mißbrauchen (deducunt) ihn zu schmählicher Entehrung. Auch Frauen, die sie durch eine unkeusche Berührung nachahmen, wenn sie sich in der anreizenden Glut der brennenden Begierde zur Zügelung ihres Leibes schwächen, machen sich dadurch sehr schuldig; denn während sie sich keusch enthalten sollten, beschmutzen sie sich mit Unreinheit. Deshalb fügen sich Frauen wie Männer, die durch eigenhändige Berührung ihres Körpers ihren Samen hervorbringen, durch diese Beschmutzung ihrer Seele selbst Geschwüre und Wunden zu, weil sie sich nicht mir zuliebe mit der Verpflichtung zur Keuschheit in Zucht nehmen wollen. Was besagt das? Wenn ein Mensch den Stachel seines Fleisches zu spüren bekommt, laufe er zur (bergenden) Höhle der Enthaltsamkeit, ergreife den Schild der Keuschheit und verteidige sich vor der Unreinheit. Auf welche Weise? Er entferne das Unkraut aus dem Weizen, d. h. er trenne das Toben der Leidenschaft von der sanftmütigen Keuschheit (a suavitate castitatis).

Wer immer also den Genuß der Begierde von sich wirft, ist mir angenehm und liebenswert. Doch ihr, o Menschen, verwerft die Keuschheit und liebt die Leidenschaft, da ihr nicht nur mit Menschen, sondern auch mit Tieren Unzucht treibt. So legt ihr euren Samen nicht in das, was lebt, sondern was tot ist, verlaßt euren Schicksalsgefährten und strebt nach dem, was eurer Knechtschaft unterworfen ist. Deshalb schreien die Elemente über euch auf und rufen: ‚Wehe wehe, unsere Herren vermischen sich mit uns durch die Vermengung ihres Samens.' Und so zeigen sie ihre Trauer über meinen Unwillen wegen eurer Taten. Warum also kehrt ihr Verstand und Einsicht (intellegibilem intellectum) in viehische Dummheit, da ihr doch wißt, daß ihr Menschen seid? Habe ich euch etwa zur Vereinigung mit Haustieren erschaffen? Keineswegs. Und da ihr euch mit ihnen verbindet, überfallen euch die widerwärtigen Genossen gottloser Vergehen, weil ihr meine Anordnung bezüglich der Vereinigung von Mann und Frau verachtet. Denn wer in seinen Taten so entartet, daß er tut, wozu ihn die Begierde treibt, d. h. sich so erniedrigt, daß er seinen Samen in ein Tier ergießt, zieht sich das größte Unglück zu. So hat auch Satan sich selbst durch seine Widersetzlichkeit zu Fall gebracht, als er Gott gleich sein wollte.

Deshalb widersteht eurer Begierde, ihr alle, die ihr euch durch die unrechte Verunreinigung mit diesen verschiedenen Befleckungen entehrt. Nehmt euern Leib in Zucht und tut wahre Buße in großer Trauer, durch Fasten und Züchtigung eures Fleisches und mit harten Schlägen, damit ihr nicht unbußfertig zum Gipfel eurer so entsetzlichen Schuld geratet.

79. Von der Verunreinigung, die bei Schlafenden vorkommt

Ich will aber nicht nur, daß sich die Menschen von bewußter (vigilante) Unreinheit säubern, sondern sich auch von der Verunreinigung, die sie sich im Schlaf zugezogen haben, geziemend reinigen. Denn wenn einen schlafenden Menschen im Schlummer eine Erregung des Samens überkam, will ich nicht, daß er so in jener brennenden Glut zum Geheimnis meines Altardienstes hinzutritt, bevor sich jene Hitze in ihm gelegt hat, wie geschrieben steht.

80. Worte des Moses darüber

„Ist unter euch jemand, der sich in einem nächtlichen Traum verunreinigt hat, entferne er sich aus dem Lager und kehre nicht zurück, bevor er sich abends mit Wasser gereinigt hat; nach Sonnenuntergang kehre er ins Lager zurück" (Deut. 23,10—11). Was besagt das? Ist unter denen, die sich in meinem Dienst abmühen, ein Mensch, der sich nachts, während er schläft, in einem Traum verunreinigt, trenne er sich von der heiligen Gemeinschaft (congregatio sanctitatis), die zum meinem Altar gehört. Er nehme sich also nicht heraus, sich diesem Geheimnis zuzugesellen, bevor er sich, nach dem Nachlassen dieser verderblichen Erhitzung, durch die Reinigung der Buße im Bekenntnis und in der Herzenszerknirschung vom Brand seiner Leidenschaft gereinigt hat. Und wenn er dann die Buße, welche sein Herz erhellt, vollbracht hat, kehre er in Liebe zur Keuschheit zu denen zurück, die sich gläubig von Unreinheit und Befleckung zurückhalten, und trete würdig und ehrenwert zu dem Sakrament hinzu, das ganz von Heiligkeit erfüllt ist.

81. Wer stark in Begierde brennt, soll seine Glut zu keinem Brand entfachen

Doch ein Mensch, der sowohl im Schlaf als auch in wachem Zustand stark in Begierde brennt, hüte sich, seine Glut zu einem Brand zu entfachen. Auf welche Weise? Er reize sich nicht mit Speisen, die in ihm den Saft der Begierde erzeugen (offerunt), sondern enthalte sich demütig vom Fleisch der Tiere, die nackt aus den Muttertieren, nämlich des Viehs, hervorgegangen sind; denn in ihnen glüht eine Wärme, die im Fleisch des Geflügels nicht so groß ist, da es nicht nackt, sondern mit einer schützenden Schale geboren wird. Deshalb ist auch weniger Hitze darin. Doch enthalte er sich auch von unmäßigem Weingenuß, damit seine Adern nicht durch überflüssiges Trinken mit verderblichem Blut gefüllt werden und sich in schändlicher Weise zu glühendem Brand erhitzen.

82. Wer mit derartigen Fehltritten belastet ist, flüchte sich in einem Bekenntnis zur Barmherzigkeit Gottes

Plagt sich aber jemand gar sehr mit all diesen Dingen und vermag nicht, sich selbst zu widerstehen, suche er mich in ganz frommer Absicht und zeige mir in sehr demütiger Enthüllung die Wunden seines Herzens. Wie? Er eröffne sie mir in einem demütigen Bekenntnis vor dem Priester. Und weshalb? Weil ein wahres Bekenntnis eine zweite Auferstehung ist. Wieso? Im Fall des alten Adam wurde das Menschengeschlecht getötet. Der neue Adam hat es durch seinen Tod auferweckt. Daher entspringt dem Tod dieses neuen Adam die Auferstehung der Seelen; und so muß der Mensch seine Sünden bekennen, wie es der alte Adam nicht tat. Er vertuschte (obtexit) lieber seine Sünde, als sie zu bekennen. Auf welche Weise? Er bekannte sie nicht reuig, sondern indem er die Frau anklagte, verbarg er sie. Deshalb ist ein Bekenntnis angeordnet, damit die Menschen sich dadurch von ihrem Sturz erheben, wenn sie gefallen sind. Wer also immer aus Liebe zu mir in einer aufrichtigen Beichte dem Priester seine Sünden bekennt, erhebt sich vom Tod zum Leben. So wurde auch jene dem Tod entrissen, die sich beim Gastmahl in Gegenwart meines Sohnes mit Tränen der Reue von ihrem Schmutz reinigte.

83. Daß das Heilmittel der Reinigung bei den Altvätern schon lange vorgebildet war

Dieses Heilmittel der Reinigung ist bei den Altvätern schon lange vorgebildet. Wieso? Vor dem Gesetz waren nämlich die Patriarchen und Propheten der Trost der Menschen und unter dem Gesetz belehrten sie die Hohenpriester und Priester; dann kamen die Apostel und brachten in meinem Sohn die wahre Gerechtigkeit, so daß viele Menschen zu ihnen eilten und inständig um ihre Hilfe flehten. Und so gab es immer solche, die von Adam bis zum Dienst der Apostel auf himmlische Eingebung mit Trost und Belehrung den Menschen im Elend zu Hilfe kamen. Doch wie die Apostel den Menschen durch ihre Predigt und viele Wunder zeigten, konnte sich der Mensch, der durch teuflische Einflüsterung dem Tod verfiel, niemals aus eigener Kraft erheben und wurde durch meinen Sohn dem Tod entrissen. Auf welche Weise? Als er auf der Welt lebte, erduldete er viel Mühsal an seinem Leib und wurde schließlich zur Erlösung der Welt ans Kreuz geschlagen (positus est). Das sollen die Gläubigen um ihres Heiles willen mit ihren Priestern nachahmen. Wie? Sie sollen nach der Hilfe meines Sohnes verlangen, denn weil sie nach der Taufe die alte Schuld Adams wiederholt haben, vermögen sie sich nicht aus eigener Kraft von ihrem Fall zu erheben. Wie sie deshalb nach dem Rat der Patriarchen und Propheten fragen und von den Hohenpriestern und Priestern Belehrung empfangen, so sollen sie auch gleichsam durch die Apostel Hilfe erfahren, indem sie ihre Sünden mit ihren entblößten Wunden in wahrer und aufrichtiger Offenbarung gläubig kundtun. Auf welche Weise? Sie sollen ihre Sünden mit ganz ergebenem Herzen und Mund dem Priester, welcher der Diener meines Sohnes ist, bekennen. Und dann reicht ihnen dieser Priester in ihrer Buße das Heilmittel und begräbt so ihre Sünden im Tod meines Eingeborenen. Dann aber verherrlichen die zum Leben Auferstehenden auch die Auferstehung meines Sohnes.

84. Wer sich weigert, seine Sünden zu bekennen, täuscht sich selbst

Wer sich aber weigert, die Wunden seiner Sünden bloßzulegen, sondern versucht, sie selbst stillschweigend, ohne Hilfe eines andern zu heilen, wie es sein Herz will und gelten läßt, täuscht sich selbst, weil er sein eigener Priester sein will. Er vermag sich ja nicht ohne Hilfe eines andern zu erheben, weil der Mensch nicht aus eigener Kraft erstand, sondern durch meinen Sohn gerettet wurde. Wer also gerettet werden möchte, gebe es auch am Ende seines Lebens nicht auf, seine Sünden zu bekennen.

85. Wenn in der Todesstunde kein Priester anwesend ist, beichte der Mensch einem anderen Menschen; steht ihm kein Mensch zur Verfügung, beichte er Gott allein in Gegenwart der Elemente

Wenn jemand in der Stunde seines Todes ein Heilmittel für seine Sünden sucht, jedoch keinen Priester bekommen kann, dem er seine Sünden bekennt, so tue er sie einem andern Menschen, der ihm zu dieser Zeit zur Verfügung steht, kund;oder kann er so plötzlich keinen Menschen erreichen (habere), eröffne er sie mir mit innerstem Herzensverlangen in Gegenwart der Elemente, mit denen er sie auch begangen hat. Und ich sehe die Hingabe seines Herzens und verwerfe seine Buße nicht.

86. Niemand soll wegen der Last seiner Sünden verzweifeln

Deshalb verzweifle niemand an der Last seiner Ungerechtigkeit; denn wenn er an meiner Barmherzigkeit verzweifelt, wird er nicht zum Leben erstehen. Wer aber mit der Verzweiflung kämpft und sie schließlich zunichtemacht, der hat sich befreit, weil er sich stark erwies und männlich gesiegt hat. Wer aber aus hochmütigem Herzen (per tumorem mentis suae) die Arznei für sein Heil nicht sucht, dem ist nicht zu helfen. Er weigerte sich nämlich, mich zu suchen, solange er mich finden konnte. Solange also der Mensch Zeit hat, vernachlässige er sich nicht selbst, sondern suche die Erquickung eines lauteren Bekenntnisses, wie auch mein Sohn dem Aussätzigen im Evangelium gebot und sprach.

87. Das Evangelium darüber

„Geh und zeige dich dem Priester und bringe zum Zeugnis für sie die Gabe dar, die Moses vorgeschrieben hat" (Mt. 8,4). Was bedeutet das? Der du von Sündenschmutz starrst, geh in guter Absicht und zeige sie — wenn du dich von ihnen reinigen möchtest — in aufrichtigem Bekenntnis dem Priester, der mein Diener ist. Bringe mit ergebenem Herzen die Gabe wahrer Buße dar. Nach dem Willen Gottes hat sie jener (Aussätzige) im Vorhinein bezeichnet, der zahlreichen Überflutungen irdischer Bosheit durch die göttliche Macht enthoben worden war. Die, welche dich früher im Schmutz der bösen Taten gesehen hatten, sollen bezeugen, daß du jetzt durch die Bitterkeit der Buße von ihnen — wie im Feuerofen erprobt — gereinigt bist. Wenn daher, o Mensch, ein Sünder seine Taten im Versteck seines Herzens verbergen würde, wer würde dann als Zeuge seiner Buße dasein? Niemand. Daher tue der Mensch seine Sünden kund, damit er einen Zeugen seiner Buße besitze.

88. Die Sünden sollen sowohl durch Almosen als auch durch körperliche Genugtuung getilgt werden

Wer aber die Buße für seine Sünden vollenden möchte, nehme sich ein Almosen zu Hilfe. Wieso? Weil der Leib des Menschen durch seine Schwäche bei der Mühsal der Buße versagt, eile ihm ein Almosen zu Hilfe. Und weil es schwierig für den Menschen ist, hart und gebührend zu büßen, nehme er ein Almosen als Mutter mit sich, damit er mit ihr vollende, was seinem Leib beschwerlich ist. Denn wie eine Mutter nicht aufhört, der Not ihres Sohnes abzuhelfen, obwohl er schon erwachsen zu sein scheint, so kommt auch das Almosen der Schwächlichkeit des menschlichen Leibes bei der Buße zu Hilfe, obgleich dieser Mensch stark (genug) für die Buße durch Züchtigung seines Körpers zu sein scheint. Aber dennoch soll der Mensch die bösen Werke, die er mit seinem Leib durch seine fleischliche Begierde vollbracht hat, auch körperlich selbst an sich strafen, damit die Tat, die seinem Fleisch süß und lieb war, durch die Bitterkeit der Buße gläubig von ihm getilgt werde; denn die Bitternis der Buße muß die todbringenden Sündenwunden mit Hilfe des Almosens in den Menschen heilen. Wieso? Wenn der Mensch sich mit Strafe züchtigt, soll er sich auch am Almosen erquicken. Wieso? Weil das Almosen meine Barmherzigkeit bezeichnet. Wieso? Wenn der Gläubige mir zuliebe den Armen mit seinem Besitz zu Hilfe kommt, hält er meine Gebote, weil er zur Ehre meines Namens den Bedürftigen meine Barmherzigkeit erweist. So entziehe auch ich meine Gnade denen nicht, die mich in der Lauterkeit ihres Herzens suchen. Wer aber auf diese Weise, von Erbarmen gerührt, den Armen mit einem erquikkenden Almosen zu Hilfe eilt, ist mir sehr liebenswert, weil er ein barmherziges Herz hat (viscera misericordiae) und erfüllt, was geschrieben steht.

89. Aus dem Buch der Weisheit

„Leg deinen Schatz an nach dem Gebot des Allerhöchsten und das Almosen wird dir mehr nützen als Gold“ (Sir. 29,14). Was heißt das? Nimm nach rechter und vernünftiger Überlegung etwas (de materia) von deinem Geld, das du im Beutel hast und ins Herz schließt, und verteile es nach den Geboten dessen, der über allen steht, weil Gott geboten hat, daß du dich vom Bösen abwendest und Gutes tust. Deswegen mußt du es auf diese

Weise großmütig aus deinem Herzen überfließen lassen, damit du nicht zu den verlorenen Schafen gehörst. Heilige dich vielmehr vor Gott, indem du von deinem Besitz denen, die Mangel leiden, Erquickung gewährst; dann wird nämlich auch Gott sich deines Elends erbarmen. Wenn du das tun würdest, brächte dir dieses Mitleid mit dem, der keinen Schatz besitzt, größeren Nutzen, als wenn du einen hohen Berg erstiegest und zu deinem Stolz viele Goldmünzen besäßest. Wieso? Es ist nämlich besser für dich, daß du den Geringen demütig ein wenig gibst, als wenn du dich sehr am Reich der Welt ergötzen würdest. Denn dann würde dir wegen der Größe deines Stolzes (pondus superbiae) die Barmherzigkeit Gottes zur Belohnung fehlen, weil du dich dort nicht von Herzen des Armen erbarmen würdest.

90. Die Elemente sind ein Sammelbecken für die menschlichen Leidenschaften

Deshalb sind auch die Elemente ein Sammelbecken für die Leidenschaften der Menschen und verraten ihr Verhalten. Wieso? Weil sie das Strafgericht Gottes über diese Sünder herbeiführen. Verlasse deshalb, o Mensch, die Eitelkeit der Habsucht, die zum Schiffbruch führt, weil dein rechtmäßiges Erbe im ewigen Leben liegt; d. h. gib das Böse auf und tu Gutes, damit du die mißgünstige Hartherzigkeit verläßt und Mitleid hast, indem du den Bedürftigen von deinem Besitz gibst und darin Gott nachahmst, der barmherzig ist.

91. Die ein Almosen geben und die es empfangen, sollen das nicht vergeblich tun

Deshalb, o Mensch, kann auch kein Lügner ableugnen, daß ihr dadurch meinen Willen erfüllt, wenn ihr den Armen so zu Hilfe kommt. Wie? Wie ich euch meine Gnade verleihe, so mußt auch ihr den Armen euer Almosen gewähren. Doch die ein Almosen empfangen, sollen es nicht vergeblich und aus Habsucht entgegennehmen. Was besagt das? Es gibt viele, die die Trägheit lieben; sie wollen weder körperlich arbeiten, um sich selbst ernähren zu können, noch sich um gute geistliche Werke bemühen, um ihrer Seele zu helfen; sie sind vielmehr wie das Vieh und haben kein Verständnis für die Gerechtigkeit bezüglich des Leibes und der Seele. Daher erscheinen sie auch unwürdig vor meinen Augen, wenn sie ohne Besserung und Reue in dieser verkehrten Erschlaffung verharren. Doch gibt es auch viele, die leibliche Not erdulden und das Almosen in Demut und Gottesfurcht empfangen. Sie beten und arbeiten für die, welche ihnen Barmherzigkeit erweisen und meiden auch schlechte, mit Unrat beschmutzte (immundissimae sordis) Werke. Unter ihnen findet man auch viele, denen ich deshalb den irdischen Reichtum entziehe, weil ich ihnen himmlische Schätze geben will.

92. Arme und Reiche und ehrgeizig nach Macht Strebende, ein jeder erhält den Lohn gemäß seiner Absicht

Die aber um meines Namens willen gern die Armut auf sich nehmen, sind mir sehr liebenswert. Die jedoch wegen ihrer Habgier gern weltlichen Reichtum besitzen würden und ihn nicht haben können, verlieren den Lohn dieser Mühe. Wer aber darum Reichtum erstrebt, um damit meinen Willen und nicht seine Begierde zu erfüllen, der wird für seine gute Absicht einen ehrenhaften (honoris) Lohn bei mir erhalten. So ist auch der für mich gleichsam ein faulender Kadaver, welcher Macht und Ehre aus hochmütigem Stolz und nicht zur Verherrlichung meines Namens erstrebt. Wer sie aber deshalb sucht, weil er davon meine Ehre und nicht seine Erhöhung erwartet, wird darum ruhmreich in meinem Reich erscheinen. Deshalb sollen auch die Priester das geistliche Amt der Leitung und Lehre (officii spiritalis regiminis magisterium) nicht um ihretwillen, sondern um meinetwillen auf sich nehmen, um so meinem Volk umso sicherer und hingegebener vorstehen zu können. Wieso?

93. Die Priester sollen mit Flehen und Drängen das Volk zum Bekenntnis ermuntern

Weil sie mein Volk belehren, ermahnen, auffordern und drängen müssen, das göttliche Gesetz würdig und lobenswert zu beobachten. Und die Hirten sollen immer wieder davon reden, wenn sie das Volk flehentlich ermahnen, nicht ohne Beichte und Reue in ihren Sünden zu verharren, sondern die schlechten Werke mit Füßen zu treten und gute zu vollbringen. Gehorcht das Volk aber nicht dieser Aufforderung seiner Priester, dann soll das Volk seine Schuld zu spüren bekommen und die Priester sind der Verantwortung für diese Nachlässigkeit enthoben.

94. Wenn Priester dem Volk keine Bevollmächtigung für das Vorsteheramt vorweisen, werden sie nicht Priester, sondern Wölfe genannt

Stehen die Priester dem Volk jedoch ohne Ermächtigung dazu vor, dann werden sie nicht Priester, sondern räuberische Wölfe genannt. Sie benutzen nämlich ihr Amt zum Raub, wie auch der Wolf grausam das Lamm zerreißt, weil sie lieber ihrem Willen folgen, als ihre Schafe hüten. Und weil sie falsch leben, deshalb fürchten sie sich, dem Volk die wahre Lehre einzuprägen. So stimmen sie der Ungerechtigkeit, d. h. den fleischlichen Begierden, wie irgendeinem Untertanen zu und verschließen die Tür ihres Herzens gleichsam ihrem Hausgenossen, d. h. der Gerechtigkeit Gottes.

95. Die Elemente wehklagen vor Gott über die Bosheit der Priester und die Himmel nehmen deren Bosheit auf

Deshalb, ihr Hirten, heult und beklagt eure Vergehen, die in eurer Bosheit eine gräßliche Stimme erschallen lassen. So nehmen die Elemente ihr Geschrei auf und wehklagen mit ihnen laut vor mir. Wie könnt ihr es bei euerm Amt wagen, euern Herrn mit blutigen Händen, widerwärtiger Gemeinheit und boshafter Falschheit zu berühren? Wahrlich, ihr erschüttert mit eurer Unreinheit die Grundfeste der Erde. Wieso? Weil ihr nämlich, mit so großen Vergehen beschmutzt, euch nicht scheut, eueren Herrn zu berühren, zermalme ich die Erde in großem Unmut. So räche ich das Fleisch und Blut meines Sohnes, weil ihr mit diesem Entsetzlichen nicht nur grausam die Erde erschüttert, sondern auch den Himmel mit eurer Unreinheit aufs Schlimmste entweiht. Wieso?

Wenn ihr mit dem schlechten Geruch eurer Unreinheit euern Herrn berührt, wie ein Schwein im Kot Perlen besudelt, dann nehmen die Himmel eure Bosheit auf und ergießen nach meinem Willen die Rache meines Gerichtes über die Erde. Denn ihr müßtet in wahrer Gerechtigkeit meinem Volk nach dem göttlichen Gesetz voranschreiten und ihm durch gute Werke den Weg erhellen (lucentes), damit mein Volk, das euch folgt, sich an keinem Ärgernis den Fuß verletze. Doch ihr beschmutzt manchmal mein Volk mit größerer Bosheit als es sich selbst besudelt. Darin hat es ein böses und äußerst schlimmes Beispiel an euch. Während ihr ein funkelnder Edelstein sein solltet, damit die Gläubigen in euerm Licht voranschreiten und den rechten Weg erkennen können, gebt ihr ihnen aber ein Beispiel, das zum Tode führt (exemplum mortis); so vermögen sie in eurer Bosheit keinen Maßstab zu finden. Und wie könntet ihr ihre Hirten sein, wenn ihr sie so verführt? Wie also werdet ihr für sie Rechenschaft ablegen, wenn ihr nicht einmal über euch Rechenschaft geben könnt? Deshalb weint und heult, bevor euch die Todesstunde hinwegrafft (subtrahat). Und warum erwägt ihr nicht eure Würde, die euch vor den übrigen Menschen verliehen ist? Was bedeutet das?

96. Die Priester haben die Gewalt zu binden und zu lösen

Weil ihr von meinem Sohn vor allen andern die Schlüssel des Himmels empfangen habt, die nach der Schriftkenntnis gerechte Urteilsfällung bedeuten, so überlegt richtig, was es ist, das ihr binden sollt. Was besagt das? Wenn sich mir Menschen bezüglich meines Gesetzes hartnäckig widersetzen, müßt ihr ihnen Furcht vor meinem Gericht einjagen. Machen sie dann ihre Schuld nicht gut, so verhängt über sie eure Bindung. Wieso? Weil sie Empörer sind, sollt ihr sie öffentlich (apertis vocibus) mit meinen Worten binden und ihnen diese Bindung auferlegen; denn wegen ihrer Widerspenstigkeit sind sie vor mir gebunden, wie mein Sohn dem ersten Hirten der Kirche eröffnete und sprach.

97. Worte des Evangeliums darüber

„Dir übergebe ich die Schlüssel des Himmelreiches. Was du auf Erden bindest, wird auch im Himmel gebunden sein; und was du auf Erden löst, wird auch im Himmel gelöst sein" (Mt. 16,19). Was bedeutet das? Ich, der ich die Macht über Himmel und Erde habe, ich werde dir, der du mich getreu nachahmst, durch meine Gnade das Gericht übergeben, welches an die Erhabenheit des Himmelreiches rührt. So sollst du, wenn du die Menschen auf Erden sündigen siehst, das Unrecht nach gerechtem Urteil binden; trenne ich aber nachher die menschliche Seele vom Leib, dann soll sich dein Urteil nicht über ihn erstrecken, denn dieses Urteil kommt mir zu (meum est). Er sei in seiner Bosheit auch im Himmel gebunden, nämlich vom Himmel getrennt und verworfen. Denn in der himmlischen Wohnung wird keiner Bosheit Freiheit oder Raum gewährt. Doch auch der Strick, den du früher empört so zusammengezogen und dann zur Buße für die Fehlenden auf Erden verknotet hast (nach dem Tod eines Menschen betest du zwar für seine Seele, du kannst ihn aber dann nicht von den Schlingen seiner Fessel lösen), wird in der Verborgenheit des Himmels gelöst. Denn das Seufzen eines ergebenen Herzens verwirft Gott nicht.

98. Niemand darf ohne strafwürdige Schuld gebunden werden

Ihr aber, o Priester, die ihr auf diese Weise durch meinen Sohn diese Macht empfangen habt, sollt niemanden ohne strafwürdige Schuld aus ingrimmigem Herzen durch meine Worte binden, sondern ihr müßt sehr genau erwägen, wen ihr so fesseln müßt. Wer nämlich weder aus Menschenscheu noch aus Gottesfurcht oder durch euer Bitten und Gebieten daran gehindert werden kann, auf seiner Bosheit zu beharren, den sollt ihr durch kirchliches Urteil mit meinen Worten von der Kirche trennen. Doch einen Unschuldigen sollt ihr nicht binden; fesselt ihr ihn nämlich, so begebt ihr euch selbst in die Schlinge einer schrecklichen Schuld.

99. Wenn jemand unschuldig gefesselt wird, soll er um der Ehre Gottes willen um Freisprechung nachsuchen

Wird aber jemand dennoch in dieser Weise ungebührend gefesselt, obgleich er unschuldig ist, soll er jedoch in ganz demütiger und gehorsamer Unterwerfung um der Ehre meines Namens willen um Freilassung nachsuchen, damit er sich nicht, wenn er sich als widerspenstig erweist, durch Stolz schuldig macht. Doch diese Bindung ist folgende: Will ein Mensch in seiner Verkehrtheit weder mir noch den Vorschriften seiner Obern gehorchen, so muß er durch mein Wort vom Himmelreich getrennt werden, wie Adam, der mir ungehorsam war und auf mein Gebot aus dem Paradies vertrieben wurde. Er werde auch nicht in die Gemeinschaft der Gläubigen aufgenommen, wenn er nicht gehorsam Buße tut. So wurde auch das Menschengeschlecht durch das Leiden meines gehorsamen Sohnes zum himmlischen Vaterland zurückgerufen.

100. Aufrührer, die nicht zu Christus zurückkehren wollen und in ihrer Verhärtung nicht nach Barmherzigkeit fragen, ahmen die alte Schlange nach

Wer aber so widerspenstig ist, daß er nicht in einem Akt (officio) der Demut umkehren will, soll — wenn er so in seiner Hartnäckigkeit verharrt — mit jenen Gemeinschaft haben, die sich weigerten, das steinerne Herz abzulegen. Sie verharrten vielmehr in ihrem Unglauben und wiesen den Besitz der Herrlichkeit im Schoß der Kirche (ecclesiasticae beatitudinis) zurück. Wer nämlich so verhärtet ist, daß er sich nicht darum kümmert, für seine Bosheit Barmherzigkeit zu erlangen, ahmt die alte Schlange nach, welche den ersten Menschen im Paradies verführte und zu sich sprach:

101. Worte des Teufels

,Bin ich auch aus dem Himmel verstoßen, weil ich gegen das Heer des Allerhöchsten mit seinen Engeln kämpfen wollte und ihm nicht widerstehen konnte, da ich von ihm besiegt wurde, so habe ich jetzt auf der Erde den Menschen gefunden. An ihm werde ich meine Wut auslassen und mich tüchtig rächen. Auf der Erde werde ich nämlich im Menschen ausführen, was ich im Himmel tun wollte: dem Allerhöchsten gleich zu sein. Und wenn Gott gerecht ist, wird mir diese Macht nicht genommen, weil der Mensch mir zugestimmt hat und Gott nicht gehorchte.' So sprach der Teufel zu sich und wendete alle seine Künste gegen den Menschen an, weil dieser von Gott abgewichen und dem Teufel gefolgt war. Daher band er ihn auch so fest an sich, daß der Mensch ihn anstelle Gottes verehrte und Gott, seinen Schöpfer, verleugnete.

102. Durch die Menschwerdung des Gottessohnes wurden die Menschen aus dem Dunkel des Unglaubens herausgeführt

Doch als der Mensch in einem so tiefen Dunkel des Unglaubens lag und sich nicht zu erheben vermochte, sandte ich meinen Sohn, wunderbar aus der Jungfrau Mensch geworden, den wahren Gott und wahren Menschen, zu seiner Erlösung. Was besagt das? Er ging seiner Gottheit nach wahrhaftig aus mir, dem Vater, hervor und nahm aus der jungfräulichen Mutter seiner Menschheit nach wirklich Fleisch an. Was heißt das? O Mensch, du bist sanft und zart dem Leibe nach; doch du bleibst hart und unbeugsam in deinem Unglauben. Einen Stein kann man nämlich zum Bauen glätten, du aber willst dich nicht zum Glauben erweichen lassen. Doch gibt acht! Wie ein Mensch, der einen wunderschönen Edelstein besitzt, ihn auf Metall setzt, damit ihn die Menschen sehen, so wollte auch ich meinen Sohn, den ich in meinem Herzen trage, aus der Jungfrau Fleisch werden lassen, damit er den Gläubigen Heil und Leben (salutem vitae) bringe. Hätte ich ihm einen fleischlichen Vater gegeben, wer wäre er jetzt? Nicht mein Sohn, sondern mein Knecht. Doch das durfte nicht sein. Er wurde jedoch aus einer Jungfrau geboren, aß, trank, schlief und ruhte sich aus; er ertrug noch andere leibliche Armesligkeiten, erfuhr aber dennoch nicht den Geschmack der Sünde an seinem Fleisich, weil er nicht aus Lüge, sondern in Wahrheit Fleisch angenommen hatte. Was heißt das? Die übrigen Menschen werden in der Sünde Adams und Evas durch das Kosten der Lust geboren, d. h. in der Lüge und nicht in der Wahrheit. Mein Sohn entstand nicht so, sondern wurde in Heiligkeit von der reinsten Jungfrau zur Erlösung der Menschen geboren. Denn niemand vermag seinesgleichen von seiner Fessel zu lösen, wenn nicht ein Größerer kommt, der ihn befreien kann. Was heißt das? Ein in Sünden geborener Mensch vermag keinen Sünder dem Verderben des Todes zu entreißen. Deshalb kam mein Sohn ohne Sünde. Durch seinen Sieg über den Tod entriß er den Menschen barmherzig dem Tod.

Wer dies aber mit wachen Augen sieht und mit dröhnenden Ohren hört, küsse und umarme diese meine geheimnisvollen Worte, die mir, dem Lebendigen entströmen.

Et post
hec uidi
cū filius
di in cru
ce pepen
dit. quod
pdicta
muliebris
imago uelut lucidus splendor ex an
tiquo consilio ꝓpere ꝓgrediens. ꝑ di
uinam potentiam ad ipsū adducta
ē. & sanguine qui de latere ei9 flux
it se sursū eleuante ꝑfusa. ipsi ꝑ uo
luntatem supni patris felici despon
satione associata ē. atq; carne & san
guine ei9 nobilit̄ dotata. Et audiui
uocem de celo illi dicentem. Hec fili
sit tibi sponsa ī restaurationem po
puli mei. cui ipsa mater sit. animas
ꝑ saluationem spiritus & aque rege
nerans. Et cum eadem imago iam
hoc in uirib9 suis ꝑficeret. uidi q̄si
quoddā altare ad quod ipsa frequent̄
accedebat. & ibi dotem suā deuote
reuisens eam supno patri & angelis
ei9 humilit̄ ostendebat. Unde etiā
cū sacerdos sacris uestib9 indut9 ad
celebranda diuina sacramta ad idē
altare accederet. uidi qd subito
magna serenitas lucis cū obsequio

Die Abschnitte der 7. Vision des 2. Teils

7. Vision des 2. Teils

Der Mensch in der Anfechtung

Dann sah ich ein brennendes Licht, so groß wie ein gewaltiger, hoher Berg. Es teilte sich an seinem höchsten Punkt gleichsam in viele Zungen. Und vor diesem Licht stand eine Schar weißgekleideter Menschen. Von der Brust bis zu ihren Füßen war etwas wie ein Schleier — durchsichtig wie Kristall — vor ihnen ausgebreitet. Doch vor dieser Schar lag auf dem Weg rücklings etwas wie ein ungeheuer großer und langer Wurm, der so schrecklich und wild aussah, daß es kein Mensch zu sagen vermag. Zu seiner Linken befand sich etwas wie ein Marktplatz, auf dem menschlicher Reichtum, weltliche Vergnügungen und verschiedene Handelsgeschäfte zu sehen waren. Manche Menschen liefen ganz schnell vorbei, ohne ein Geschäft abzuschließen, einige aber schlenderten umher (tepide euntes) und verlegten sich aufs Verkaufen und Einkaufen. Der Wurm aber war schwarz und borstig, voller Geschwüre und Blattern. Fünf verschiedene Farbstreifen trug sein Leib (in se habens), vom Kopf über den Bauch bis zu den Füßen zogen sie sich hin: ein grüner, ein weißer, ein roter, sowie ein gelber und ein schwarzer war zu sehen, voll von tödlichem Gift. Sein Haupt aber war so zerschmettert, daß seine linke Backe schon auseinanderzufallen schien. Seine Augen, äußerlich blutunterlaufen, glühten vom innerem Feuer (extrinsecus sanguinei et intrinsecus ignei), seine Ohren waren kugelrund und struppig, Nase und Maul aber glichen denen einer Viper. Er hatte Hände wie ein Mensch, doch Füße wie eine Viper und sein Schwanz sah kurz und furchterregend aus. Um seinen Hals war eine Kette gelegt, die ihm auch Hände und Füße fesselte. Diese Kette band ihn so fest an den Felsen im Abgrund, an dem sie befestigt war, daß er sich nach keiner Seite seinem bösen Willen gemäß bewegen konnte. Aus seinem Maul kam ein Flammenmeer, das sich in vier Flammen teilte. Die eine züngelte bis zu den Wolken hinauf, die zweite ergriff die weltlich gesinnten Menschen, die dritte die geistlich Lebenden; die vierte aber loderte bis in den Abgrund hinab. Die Flamme aber, die bis zu den Wolken hinaufzüngelte bedrängte (proeliabatur) die Menschen, welche zum Himmel gelangen wollten. Unter ihnen sah ich drei Gruppen.

Die eine Schar befand sich nahe an den Wolken, die zweite war mitten zwischen den Wolken und der Erde und die dritte wanderte nahezu auf dem Boden dahin. Und sie riefen sich immer wieder zu: ‚Laßt uns zum Himmel pilgern!' Sie wurden aber von der Flamme hin- und hergeworfen: einige fielen nicht hin, andere aber vermochten sich kaum auf ihren Füßen zu halten, wieder andere jedoch stürzten zu Boden, erhoben sich aber wieder und strebten zum Himmel. Die Flamme aber, die die weltlich gesinnten Menschen umloderte, versengte einige davon zu furchtbarer Schwärze, manche aber durchbohrte sie derart mit ihrer Spitze, daß sie sie dahin bewegte, wohin sie wollte. Einige entgingen ihr jedoch und schlossen sich denen an, die zum Himmel strebten. Sie wiederholten immer wieder den lauten Ruf: ‚Ihr Getreuen, kommt uns zu Hilfe!' Einige aber blieben durchbohrt. Die Flamme jedoch, welche die geistlichen Menschen umzüngelte, hüllte sie in Rauch. Ich erblickte sechs Gruppen davon.

Andere nämlich verletzte die Flamme grausam mit ihrer Glut; die sie nicht verzehren konnte, blies sie mit dem weißen, roten, gelben oder schwarzen todbringenden Gift, das vom Haupt bis zu den Füßen des Wurms herabrann, glühend an. Doch die Flamme, welche bis in den Abgrund hinabloderte, trug die verschiedenen Strafen derer in sich, die nicht im Quell der Taufe abgewaschen waren, das Licht der Wahrheit und des Glaubens nicht gekannt und Satan an der Stelle Gottes verehrt hatten.

Und ich sah aus seinem Mund spitze Pfeile hervorzischen: schwarzer Rauch entfloh seiner Brust, seinen Lenden entquoll eine glühende Flüssigkeit und aus seinem Nabel wehte ein heißer Wirbelwind. Aus seinem Unterleib quoll gleichsam der Unrat seiner Verwerflichkeit (immunditia ranarum). Dies alles verursachte große Unruhe unter den Menschen. Doch auch ein furchtbarer Dunst und Gestank, der von ihm ausging, verpestete viele Menschen mit seiner Schlechtigkeit. Und plötzlich kam eine große Schar helleuchtender Menschen. Sie trat den Wurm völlig nieder und fügte ihm bittere Qualen zu. Sie konnte jedoch weder von seinem Feuer noch von seinem Gift versehrt werden.

Und ich hörte wiederum eine Stimme vom Himmel zu mir sprechen.

1. Gott ordnet alles gerecht und offenbart in Gerechtigkeit die verschiedenen Gaben des Heiligen Geistes; er bestärkt die Gläubigen in den guten Werken, damit sie vom Teufel nicht überwunden werden können.

Gott ordnet alles gerecht und richtig und ruft die gläubigen Völker zur Herrlichkeit des himmlischen Erbes. Doch der alte Betrüger, der im Hinterhalt liegt, versucht, sie davon abzuhalten und wendet die Künste seiner Bosheit gegen sie auf. Er wird aber dennoch von ihnen besiegt und empfängt die Beschämung für seine Anmaßung, da jene das himmlische Vaterland in Besitz nehmen und er selbst Höllenqualen erduldet (infernales horrores habeat).

Deshalb *siehst du ein brennendes Licht, so groß wie ein gewaltiger, hoher Berg. Es teilt sich an seinem höchsten Punkt gleichsam in viele Zungen*. Es stellt die Gerechtigkeit Gottes dar, die im Glauben der Gläubigen erglüht und in der Stärke ihrer Macht die Größe der Heiligkeit und Erhabenheit ihrer Herrlichkeit offenbart. In dieser Herrlichkeit verkündet sie wunderbar die verschiedenen Gaben des Heiligen Geistes.

2. Von der Schar der Gläubigen und dem vor ihnen ausgebreiteten göttlichen Gesetz

Und die vor diesem Licht stehende Schar weißgekleideter Menschen ist die in Gegenwart der göttlichen Gerechtigkeit im Glauben leuchtende Menge der Menschen, die durch ihre guten Werke gut und schön ausgestattet sind. *Vor ihnen ist etwas wie ein Schleier — durchsichtig wie Kristall — von der Brust bis zu ihren Füßen ausgebreitet.* Denn sie haben das hellstrahlende göttliche Gesetz immer vor Augen, von der Absicht zu guten Werken bis zu deren Vollendung. Durch sie werden sie so gestärkt, daß die Schlauheit und Verführung betrügerischer Überredungskünste sie nicht überwinden können.

3. Die Betrügereien des Teufels auf dem Weg dieser Welt liegen offen vor den Menschen

Daß aber *vor dieser Schar etwas wie ein ungeheuer großer und langer Wurm rücklings auf dem Weg liegt,* bedeutet: Offen erkennbar für den Blick der Menschen erscheint auf dem Weg dieser Welt, den Gute und Böse beschreiten müssen (ad gradiendum proposita est), die alte Schlange; nicht in ihrer wirklichen Gestalt, sondern in geheimnisvoller Zeichenhaftigkeit: groß an Bosheit, lang in ihrer Hinterhältigkeit, nach oben schnappend, um die nach dem Himmlischen Strebenden durch ihren Betrug niederzuwerfen, aber dennoch liegend. Denn durch den Sohn Gottes wurde sie ihrer Kräfte beraubt, so daß sie sich nicht mehr auf sie zu stützen (in eis stare) vermag. Dennoch sieht sie so schrecklich und wild aus, daß es kein Mensch zu sagen vermag, weil menschliches Urteil ihre giftige Wut und die bösen Angriffe in der Vielfalt ihrer Art und Weise nicht erklären kann.

4. Der Teufel bietet den Menschen offen und verführerisch Reichtum und Vergnügen an und wer sie begehrt, ersteht sie auch

Deshalb *befindet sich zu seiner Linken etwas wie ein Marktplatz, auf dem menschlicher Reichtum, weltliche Vergnügungen und verschiedene Handelsgeschäfte zu sehen sind.* Denn im Tod, den man unter der Linken des Verderbers versteht, sieht man einen Marktplatz, d. h. die schlimmen Taten, die zum Tod führen (eiusdem mortis): am verderblichen Reichtum entzünden sich nämlich Stolz und eitler Ruhm, an den vergänglichen Vergnügungen Übermut und Begierde und am Handelsgeschäft Verkauf und Erwerb vieler Arten irdischer Leidenschaften. Wer jedoch vor diesem offenkundigen teuflischen Terror zurückschaudert, wird heimlich davon getäuscht; man bietet ihm nämlich sanftmütig viele Empfehlungen für die Laster an, wie der Kaufmann den Menschen verschiedene Waren zeigt, damit sie daran Gefallen finden und umso eifriger kaufen, was sich ihrem Blick darbietet. Denn der Teufel bietet den Menschen verführerisch seine Künste an. Wer sie aber dann begehrt, der kauft sie. Auf welche Weise? Sie werfen ihr gutes Gewissen wie Verkäufer weg und wie Käufer ziehen sie sich Wunden für ihre Seele zu.

5. Einige widerstehen mannhaft der teuflischen Überredungskunst und verachten sie; einige Laue willigen ein

Doch *manche Menschen laufen ganz schnell vorbei, ohne ein Geschäft abzuschließen.* Sie erkennen nämlich Gott, tragen den Schatz des guten Willens und den Duft der Tugenden und eignen sich ihn sehr mutig an. So gehen sie schnell unter den Geboten Gottes an den weltlichen Begierden und teuflischen Gemeinheiten vorbei und verachten die Lust (dulcedinem) ihres Fleisches. *Einige aber schlendern umher und verlegen sich aufs Verkaufen und Einkaufen.* Sie sind nämlich träge zu guten Werken, ersticken wie die Verkäufer durch die Lauheit ihres Herzens das himmlische Verlangen in sich und nähren die Lüsternheit ihres Fleisches, indem sie sie gleichsam kaufen. Deshalb werden jene den Lohn für gutes Handeln empfangen, diese aber für ihre Bosheit Strafe erdulden, wie Ezechiel zeigt und sagt.

6. Worte Ezechiels über dasselbe Thema

„Der Gerechte erfährt Gerechtigkeit, der Gottlose erhält den Lohn der Gottlosigkeit" (Ez. 18,20). Was besagt das? Die leuchtenden Werke eines reinen Menschen erfüllen ihn mit Heiligkeit und umgeben ihn überall wie mit tausend Augen, die zur Höhe und in die Tiefe blicken. Sie erheben ihn zu großer Würde und zur Abtötung seiner Lust, wie der Heilige Geist es ihm eingibt, wie einen Vogel der Fittich hinauf in die Luft trägt, wohin es ihm beliebt. Doch das Natterngift der bösen wilden Schlange, die gegen den Himmel geifert, bedeckt die Perle mit Kot und schnaubt gegen die schönste aller Kostbarkeiten. Den Treulosen, der das nachahmt, trennt sie vom edelsten Werk des Fingers Gottes und beraubt ihn aller Würde und der glückseligen himmlischen Schau. Sie verbannt ihn von der Frucht des Lebens und trennt ihn von der Wurzel des Baumes der Gerechtigkeit (iustae arboris).

7. Der Teufel, der voller Bosheit ist, bemüht sich, mit dem Gift seiner vielgestaltigen List die fünf Sinne des Menschen zu täuschen

Daß *du* aber *siehst, wie dieser Wurm schwarz und borstig und voller Geschwüre und Blattern ist,* zeigt an, daß die alte Schlange mit schwarzer Finsternis des Unglaubens, mit Haaren geheimer Verführung, mit Geschwüren schmutziger Entehrung und mit Blattern, den Höhlen blinder Leidenschaft, bedeckt ist. *Fünf verschiedene Farbstreifen trägt ihr Leib, vom Kopf über den Bauch bis zu den Füßen ziehen sie sich hin;* Denn sie hört nicht auf, die fünf Sinne des Menschen mit verschiedenen lasterhaften Leidenschaften anzuwehen. Sie reichen von jener Verführung, mit der sie sich zuerst zu befriedigen suchte, bis zu jenem Untergang, da ihrer Raserei ein Ende gesetzt wird. Doch täuscht sie falsche Gerechtigkeit vor und zieht die Menschen zu den Abgründen ihrer unreinen Künste. *Ein grüner, ein weißer, ein roter, sowie ein gelber und ein schwarzer ist zu sehen, voll von tödlichem Gift.* Denn Grün zeigt die weltliche Trauer, Weiß die alberne Ehrfurchtslosigkeit, Rot den eitlen Ruhm, Gelb die beißende Geringschätzung und Schwarz die schändliche Täuschung an, also die Fülle aller Verkehrtheit, die den Seelen der einwilligenden Menschen den Tod einbringt.

8. Der Hochmut des Teufels ist in der Menschwerdung des Gottessohnes zu Boden geschlagen

Daß *aber sein Haupt so zerschmettert ist, daß seine linke Backe sich schon aufzulösen scheint,* bedeutet: Sein Stolz ist in der Menschwerdung des Gottessohnes so zu Boden geschlagen, daß auch die Feindschaft des Todes schon vernichtet ist und ihre erbitterte Gewalt nicht auszuüben vermag.

9. Was Augen, Nase und Ohren der Schlange bedeuten

Ihre Augen, äußerlich blutunterlaufen, glühen von innerem Feuer. Denn ihre boshafte Absicht flößt dem Leib der Menschen gleichsam das Unrecht der Blutgier ein und greift ihre Seele wie mit einem feurigen Geschoß an. *Ihre Ohren sind kugelrund und struppig.* Sie umgibt nämlich den Menschen kreisförmig mit dem Gestrüpp ihrer Künste, um ihn schnell zu Fall zu bringen, wenn sie etwas von ihm erhascht, was ihr gehört. *Nase und Maul aber gleichen denen einer Viper;* denn sie zeigt den Menschen rücksichtslose und anrüchige Gewohnheiten und tötet sie grausam, indem sie sie mit vielen Lastern durchbohrt.

10. Was ihre Hände und Füße und ihr Schwanz bedeuten

Sie hat Hände wie ein Mensch, weil sie die Machenschaft ihrer Künste in den menschlichen Werken ausübt; *doch Füße wie eine Viper,* weil sie nicht aufhört, den Menschen unterwegs durch ihre Nachstellungen teuflische Verletzungen zuzufügen. *Und ihr Schwanz sieht kurz und furchterregend aus.* Das bezeichnet ihre Macht, die für eine kurze, aber äußerst schlimme Zeit dem Sohn des Verderbens gewährt ist. In seiner Raserei möchte er mehr unternehmen (apprehendere) als er vollenden kann.

11. Die Gewalt des allmächtigen Gottes hat die Stärke des Teufels so zugrundegerichtet, daß er seine Bosheit nicht wunschgemäß ausüben kann

Und daß *um seinen Hals eine Kette gelegt ist, die ihm auch Hände und Füße fesselt,* bedeutet: Die Kraft des Satans ist durch die Macht des allmächtigen Gottes so gebrochen und zertreten, daß auch seine schlimmen Taten und bösen Wege, zu denen er die Menschen verführt, durch seinen Sturz vernichtet werden, *so daß diese Kette ihn so fest an den Felsen im Abgrund, an dem sie befestigt ist, bindet, daß er sich nach keiner Seite seinem bösen Willen gemäß bewegen kann.* Denn die Macht Gottes bleibt unerschöpflich (sine defectione), fest und ewig und hält den Teufel zur Rettung der Seelen mit so großer Kraft nieder, daß er weder mit äußeren noch mit inneren Mitteln seiner boshaften Bemühungen vermag, den Seelen der Gläubigen das Heil der Erlösung zu rauben, damit sie nicht an den Ort der Freude gelangen, den er in seiner Hartnäckigkeit verscherzte.

12. Der Teufel sendet die Feuerbrunst seiner boshaften Überredungskunst in die vier Himmelsrichtungen gegen das ganze Geschlecht der verschiedenartigen Menschen aus

Daß *aber aus seinem Maul ein Flammenmeer kommt, das sich in vier Flammen teilt,* besagt, daß er aus seiner räuberischen Gefräßigkeit heraus das überaus böse und vielfältig schlimme und grausame Verderben seiner boshaften Überredungskunst in die vier Himmelsrichtungen unter die Menschen aussendet und weit ausstreut, damit sie ihm folgen.

Die eine züngelt bis zu den Wolken hinauf. Denn dieser teuflische Anhauch hält mit seiner Spitze die Menschen, die mit ganzem Verlangen nach dem Himmel streben, zurück. *Die zweite streckt sich nach den weltlich gesinnten Menschen aus.* Denn sie verführt die, welche unter den irdischen Gegebenheiten leben, mit ihrem Widerspruch. *Die dritte ergreift die geistlich Lebenden,* weil sie mit ihrer Täuschung diejenigen ansteckt, welche sich mit einer geistlichen Lebensweise abmühen. *Die vierte aber lodert bis in den Abgrund hinab;* denn sie schickt in ihrer Bosheit jene Treulosen, die ihr zustimmen, in die höllischen Qualen, weil sie den falschen und verführerischen Weg gingen, sich nicht an den rechten Weg hielten, noch dem wahren Gott die geschuldete Ehrfurcht erwiesen, wie David bezeugt und spricht.

13. Worte Davids darüber

„Vernichtung und Unglück lauert auf ihren Wegen und den Weg des Friedens kennen sie nicht; die Gottesfurcht haben sie nicht vor Augen" (Ps. 13,3). Was besagt das?

Die uneigennützigen (innocentia) und kraftvollen Taten Gottes, die im lebendigen und lauteren Quell ihren Dienst tun (militant), zermalmen die, welche Gott mit bösen und verdammungswürdigen Taten aus ihrem Herzen vertreiben, so wie ein heftiger Regenguß etwas versinken läßt, so daß man es nicht mehr sieht. Und daher strahlen sie auch nicht vor dem Angesicht Gottes, weil auf ihren Wegen Unglück und unselige Gewohnheit ist, wohin sie sich auch auf der Weide des Todes begeben. Wodurch? Durch Schmecken und Genießen des Bösen. Deshalb kennen sie auch in ihren Werken nicht den Weg, der in Sonnenglut emporführt; denn sie kosten die Süßigkeit Gottes weder in Ehrfurcht noch in Liebe und verwerfen die Gottesfurcht wie die Furcht vor einem Fremden, da sie ihn weder sehen noch anschauen möchten.

14. Wie der Teufel mit Versuchungen aller Art durch lebhafte Überredungsversuche die verschiedenen geistlichen und weltlichen Stände angreift

Deshalb *bedrängt* auch *die Flamme* — wie du siehst — *die zu den Wolken hinaufzüngelt, die Menschen, welche zum Himmel gelangen wollen.* Wenn nämlich dieser böse Verderber (incendium) merkt, daß die Herzen der Gläubigen nach oben streben, tobt er gegen sie in grausamer Weise mit seinen Künsten, damit sie nicht zu den himmlischen Dingen, die sie mit vielem Seufzen suchen, gelangen.

15. Von ihren drei Gruppen

Unter ihnen siehst du drei Gruppen, weil sie nicht aufhören, die wahre unaussprechliche Dreifaltigkeit zu verehren, obwohl sie in ihren Kämpfen sehr ermatten. *Die eine Schar befindet sich nahe an den Wolken;* denn sie kämpfen sehr tapfer gegen den Teufel und erheben ihr Herz so aus den irdischen Tätigkeiten hinauf zum Himmel, wie auch eine Wolke über der Erde zu schweben pflegt. *Und die zweite ist mitten zwischen den Wolken und der Erde;* denn diese enthalten sich in gewisser Mäßigung, bemühen sich aber weder aus ganzem Herzen um das Himmlische noch mit allem Verlangen um das Irdische; sie legen vielmehr dabei ihren Maßstab an, suchen das Innerliche und verachten dennoch nicht das Äußere. *Und die dritte wandert nahezu auf dem Boden dahin;* jene verlassen nämlich das Hinfällige nicht ganz und hängen den vergänglichen Dingen noch ein wenig an. So mühen sie sich sehr damit ab und erfahren dabei, daß ihnen viele Leiden zusetzen; dennoch erweisen sie sich mit himmlischer Hilfe als Sieger. Und *sie rufen sich immer wieder zu: ‚Laßt uns zum Himmel pilgern!'* Denn diese wie jene ermuntern sich mit vielen Seufzern ihrer Sehnsucht, nach dem zu streben, was im Himmel verborgen (in supernis secretis) ist, obzwar sie soundsooft in dieser Absicht durch die List der alten Schlange ermatten. *Sie werden aber von der Flamme hin- und hergeworfen,* weil sie durch den Anhauch teuflischer Versuchung zu abweichenden Sitten getrieben werden. *Einige fallen nicht hin,* weil sie sich als sehr mutige Kämpfer erweisen und sich tapfer vor diesen Täuschungen verteidigen. *Andere aber vermögen sich kaum auf ihren Füßen zu halten,* weil sie auf dem rechten Weg dahinschreiten (itinera sua ponunt), doch von den vielen Anstrengungen ermüdet, gerade noch die teuflischen Ränke überwinden und unter den Geboten Gottes verharren. *Manche jedoch stürzen zu Boden, erheben sich aber wieder und streben zum Himmel.* Denn diese sind in verschiedene Laster verfallen, haben sich dann durch Buße wieder erhoben und setzen ihre Hoffnung, mit guten Werken verbunden, auf Gott.

16. Von der Versuchung der Laien

Daß *aber die Flammen die weltlich gesinnten Menschen umlodert und einige davon zu furchtbarer Schwärze versengt,* bedeutet: Feuersbrunst böser Verführung erreicht jene, die sich mit irdischen Angelegenheiten abgeben. Einige davon unterwirft sie ihrer Bosheit und steckt sie mit bösen Lastern finsterer Ungerechtigkeit an, so daß sie das Licht des wahren Glaubens verachten, sich selbst einen bitteren Tod zufügen und zu Boden fallen. Sie vollenden mit ihren Taten gottlose Werke. *Manche aber durchbohrt sie derart mit ihrer Spitze, daß sie sie dahin bewegt, wohin sie will.* Denn sie bezwingt sie so mit ihrer Schlechtigkeit, daß sie sie zu allen Lastern ihrer Verkehrtheit hinneigt, d. h. sie flößt ihnen in der Umarmung brennender Begierde Süßigkeit ein, so daß sie sich abweichende Sitten bei ihren Gebräuchen, nämlich in Wort, Haartracht, Kleidung, Gang und ähnlichen Dingen aneignen (habent). So werden sie unaufrichtig (tortuosi), vernachlässigen die Gerechtigkeit Gottes und sind Gesetzesübertreter. Sie nehmen die Beschneidung des Herzens nicht auf sich, weil sie übertrieben nach der Befriedigung der Begierde trachten und keine gesetzliche Zeit einhalten, wie es ihnen von Gott geboten wird. Wie vielmehr das Meer vom Wind in Bewegung versetzt wird, so lassen sie sich vom Schnauben des alten Drachen zu den verschiedenen Lastern treiben. *Einige entgehen ihr jedoch und schließen sich denen an, die zum Himmel streben. Sie wiederholen immer wieder den lauten Ruf: ‚Ihr Getreuen, kommt uns zu Hilfe!'* Denn sie entziehen sich der schändlichen und schädlichen Gewohnheit, ahmen diejenigen nach, die ihr Herz im Himmel verankern (caelestibus infigunt), und verlangen mit Herz und Stimme nach ihrer eifrigen Hilfeleistung. *Einige aber bleiben durchbohrt,* weil sie – in verschiedene Laster verstrickt — im Bösen verharren.

17. Von der sechsfachen Versuchung der geistlichen Menschen

Daß jedoch *die Flamme, welche die geistlichen Menschen umzüngelt, sie in Rauch hüllt,* bedeutet: Der Anhauch der teuflischen Überredung sendet seine Hitze gegen die aus, welche mit aller Anstrengung dem Geist dienen müßten. Sie benebelt sie mit ihren verkehrten Lastern, damit sie mehr nach dem Fleischlichen als nach dem Geistlichen trachten.

Du erblickst sechs Gruppen davon, weil der alte Feind sowohl ihre fünf äußeren Sinne, als auch die innere Hingabe ihres Herzens — gleichsam als sechste Größe (modum) — zu verkehren sucht. *Einige nämlich verletzt die Flamme;* denn der Teufel läßt seine Künste gegen sie los und versengt sie mit fleischlichen Begierden und Leidenschaften. So entflammt er sie zur Lust und zu sehr entehrender Beschmutzung. *Die sie nicht versehren kann, bläst sie mit dem weißen, roten, gelben oder schwarzen todbringenden Gift, das vom Haupt bis zu den Füßen des Wurms herabrinnt, glühend an.* Wieso? Wenn sie die Lust der Entehrung zurückweisen, flößt er ihnen entweder weltliche Traurigkeit ein, die wie frisches Grün aufschießt — dadurch werden sie so niedergedrückt, daß sie weder in geistlichen noch in weltlichen Belangen etwas taugen — oder er senkt ihnen wie unscheinbares Weiß ehrfurchtslose Lasterhaftigkeit ein, so daß sie weder vor Gott noch vor den Menschen ihre Schande verbergen. Oder er bringt ihnen — wie leuchtendes Rot — irdischen Ruhm in Erinnerung, aus der sie Bitternis und Herzensangst schöpfen, oder läßt die Verleumdung der Nächsten wie fahles Gelb über sie kommen, so daß sie dadurch Ohrenbläser und Doppelzüngige werden. Oder er legt auf sie geheuchelte Gerechtigkeit wie furchtbare Schwärze, durch die sich ihr Herz erbarmungswürdig verfinstert. All diese todbringenden Seuchen entstehen vom Beginn der Verführung durch den Verderber bis zu jenem Ende, das seinem Wahnsinn auf der Erde ein Ende setzen wird. Durch sie erfüllt er die Menschen mit der schädlichen Glut der Laster.

18. Von den Ungetauften

Daß *aber die Flamme, welche bis in den Abgrund hinablodert, die verschiedenen Strafen derer, die nicht im Quell der Taufe abgewaschen waren, das Licht der Wahrheit und des Glaubens nicht gekannt und Satan an der Stelle Gottes verehrt hatten, in sich trägt,* besagt: Dieser Brand hängt mit dem Verderben zusammen und bringt jenen Seelen, die nicht im Quell des Heils gereinigt sind, harte und bittere Qualen. Sie sehen nicht den Glanz des himmlischen Erbes und die Glaubenslehre der Kirche (fidem ecclesiasticae institutionis) und hören nicht auf, anstelle dessen, der den Menschen Leben und Heil gewährt, den zu verehren, der aus dem Hinterhalt versucht, die Menschenseelen in den Tod zu schicken.

19. Was die Pfeile seines Mundes, der Rauch aus seiner Brust und die Flüssigkeit seiner Lenden bedeuten.

Und du siehst aus seinem Maul spitze Pfeile hervorzischen. Aus dem satanischen Wahn gehen äußerst schlimme und böse Durchbohrungen hervor und toben sich in vielen Sünden aus. *Doch schwarzer Rauch entflieht seiner Brust.* Das ist die Aussendung häßlichen Zornes und Neids, die er boshaft unternimmt. *Und seinen Lenden entqillt eine glühende Flüssigkeit:* das ist der Erguß seiner Unreinheit in der glühenden Wollust der Prälaten.

20. Was der Wirbelwind des Nabels und die Unreinheit (immunditia ranarum) seines Leibes bedeuten

Und aus seinem Nabel weht ein heißer Wirbelwind. Das ist die erstickende Glut der Unzucht, die unersättlich die ihr Unterliegenden ergreift. *Und aus seinem Unterleib quillt der Unrat seiner Verwerflichkeit* (ranarum). Das ist die ekelhafte Ausscheidung der Verderbnis, die er sich unrechterweise in hartnäckiger Verzweiflung aneignet, wenn der alte Nachsteller seine Nachfolger zur Erfüllung seines Willens gebracht hat. *Dies alles verursacht große Unruhe unter den Menschen.* Denn derartige Verkehrtheiten erlegen denen das große Unglück elender Verstrickung auf, die ihre Hoffnung nicht auf das Himmlische, sondern auf das Irdische richten.

21. Der Teufel wiegelt die törichten Menschen mit boshaftem Unglauben auf, daß sie für wahr halten, was er ihnen vortäuscht

Daß *aber auch ein furchtbarer Dunst und Gestank, der von ihm ausgeht, viele Menschen mit seiner Schlechtigkeit verpestet,* bedeutet: Vom Teufel geht der schwärzeste Irrtum eines verdorbenen Gewissens aus und treibt törichte Menschen zu bösem Unglauben an. Wieso? Johannes der Täufer zeigte auf, daß der Sohn Gottes die verwundenden Sünden vergibt. Durch seine Enthauptung entstand ein sehr schlimmer Irrtum. Der Teufel verführte viele Menschen durch verschiedene Vorspiegelungen dazu, für wahr zu halten, was er ihrem Beurteilungsvermögen vortäuscht. Deshalb werden viele auf diese Weise getäuscht, weil auch ihr Glaube immer schwach und unsicher ist. Doch wenn ihr, meine geliebten Kinder, gerecht und fromm leben wollt, flieht diesen so bösen Irrtum, damit euch nicht im Unglauben der bittere Tod ergreife.

22. Die Irrlehrer sind von der Kirche zu meiden und hinauszuwerfen; sie verehren statt Gott den Teufel und sind der Mutterschoß des Teufels und der erste Sproß des Sohnes des Verderbens

Flieht also die, welche sich in Höhlen aufhalten und gefangene Teufelskohorten werden. Weh denen, die darin verharren, denn sie sind des Teufels Mutterschoß und der erste Sproß des Sohnes des Verderbens. Daher, meine geliebten Kinder, meidet sie mit aller Aufopferung und Kraft der Seele und eures Leibes; denn die alte Schlange nährt und kleidet sie mit ihrer List, weil sie sie statt Gott verehren und durch ihre betrügerische Täuschung auf sie vertrauen. Das sind die schlimmsten Mörder. Sie töten nämlich die, welche ihnen einfältig anhängen, bevor sie ihnen erlauben, von einem Irrtum abzuweichen. Sie sind schändliche Ehebrecher an sich selbst; auch ihren Samen töten sie beim Morden ab und bieten ihn dem Teufel an. So fallen sie auch in ihren Spaltungen und durch das Vollß ihrer Lasterhaftigkeit meine Kirche an, indem sie die Taufe, das Sakrant des Leibes und Blutes meines Sohnes und die übrigen Einrichtunn, die meine Kirche besitzt, mit ihren schändlichen Machenschaften boshaft verhöhnen. Aber obzwar sie aus Furcht vor meinem Volk meine Einrichtungen nicht offen bekämpfen, machen sie sie doch im Herzen und in ihren Taten zunichte. Denn aus teuflischem Hohn heucheln sie Heiligkeit und werden dadurch vom Teufel getäuscht. Würde sich der Teufel ihnen nämlich offen zeigen, würden sie ihn erkennen und ihn so meiden. Deshalb zeigt er ihnen in seiner List Dinge, die gut und heilig scheinen, und so verführt er sie. Weh denen, die so in diesem Tod verharren! Doch weil der Teufel weiß, daß die Zeit für seinen Irrtum kurz bemessen ist, beeilt er sich jetzt, den Unglauben in seinen Gliedern zu vollenden. Ihr seid diese Glieder, o schlimme Verführer, die ihr euch bemüht, den katholischen Glauben zu vernichten. Ihr seid zu unbeständig und nachgiebig, um die giftigen Pfeile der menschlichen Lasterhaftigkeit zurückzuhalten, die ihr eigenwillig gegen das Gesetz richtet. Deshalb betet ihr heuchlerisch, nachdem ihr durch den giftigen Samen der Unzucht eure Lust befriedigt habt, und legt euch fälschlich Heiligkeit zu. Das ist in meinen Augen wertloser als stinkender Kot.

Sicherlich fällt über euch die Spaltung herein, die am Horeb entstand, wo das jüdische Volk ein Götzenbild herstellte und in teuflischem Hohn zu tanzen begann, wie auch noch manche zu tanzen pflegen; oder der Abfall zu Baal, an dem viele zugrundegingen; oder der Abfall zur Unzucht, bei dem man bei den Madianitern schändliche Taten beging, und weitere ähnliche Dinge. Weil ihr an all diesen Dingen in eueren Lastern Anteil habt, erweist ihr euch schlechter als das einstige Volk. Ihr erkennt nämlich das wahre Gesetz Gottes und werft es hartnäckig von euch.

Doch ihr, die ihr nach eurem Heil verlangt, da ihr die Taufe empfangen habt und ein gesalbter Fels Gottes seid, widersteht dem Satan und steigt nicht von dem Berg eurer Erlösung herab.

23. Die Gnade Gottes verläßt die, welche die Hilfe Gottes verschmähen; sie kommt barmherzig denen zuhilfe, die sie suchen

Ist ein Mensch so hartnäckig, daß er die Hilfe Gottes zur Bekämpfung des Teufels verschmäht, so hört dieser nicht auf, ihm nachzustellen. Denn er sieht, daß sich in ihm die Schwärze der Bosheit erhebt, die seinem ganzen Leib eine so große Bitternis bringt, daß dadurch auch sein Körper krank und dürr wird. Wenn daher ein Mensch beginnt, sich Böses ins Gedächtnis zu rufen (malum ruminare) und sich selbst verzweifelt zu zerreißen, als ob es ihm nicht möglich sei, das Böse zu meiden und Gutes zu tun, dann sieht es der Teufel und sagt: ‚Sieh da, ein Mensch, der uns gleicht und seinen Gott verleugnet; er kehrt sich uns zu und folgt uns. Deshalb beeilt euch; wir wollen schnell zu ihm eilen und ihn mit unsern Listen hemmen, damit er uns nicht entschlüpfen kann. Denn er will seinen Gott verlassen und uns folgen.‘

Doch ein Mensch, der durch teuflische Einflüsterung von diesen bösen Dingen bestürmt wird, d. h. von Mord, Ehebruch, Unersättlichkeit, Trunkenheit und dem Übermaß aller Laster befleckt wird, verfällt — wenn er unbußfertig darin verharrt — dem Tod. Wer aber dem Teufel widersteht und sich in Reue diesen Lastern entzieht, ersteht zum Leben. Denn wer dem Begehren seines Fleisches folgte und das gute Verlangen seines Herzens mißachtete, von dem sagt der Schöpfer des Erdkreises: ‚Dieser verachtet mich und liebt sein Fleisch und die Sünde. Er will nichts davon wissen, daß er sich vom Verderben abkehren sollte. Und deshalb ist er zu verwerfen.' Wer aber den guten Eifer seines Geistes liebte und die Lust seines Fleisches abwarf, von dem spricht der Schöpfer der Welt: ‚Dieser blickt auf mich und nährt seinen Leib nicht im Schmutz. Er will einsehen, daß er sich vom Tod entfernen muß. Daher muß man ihm zuhilfe kommen.'

Auf welche Weise? Wie Salomon auf meinen Wunsch spricht.

24. Worte Salomons darüber

„Die Sünder verfolgt Unglück und dem Gerechten wird mit Gutem vergolten" (Spr. 13,21). Was heißt das? Die Wankenden stürzen und die Fallenden gehen zugrunde; von allen Seiten fallen tödliche Krankheiten über sie her. Denn sie blicken nicht klug auf das, was wahr ist, sondern verwerfen es gleichgültig. Weil sie daher nicht würdig sind, Gott zu schauen und ihr Glück nicht in Gott oder bei den Menschen zu finden, da sie Gott zurückweisen und den Teufel erwählen, bringt ihnen das getane Böse viel Unglück. Doch in den Guten errichtet der rechte Sinn und gerechtes Denken einen himmlischen Bau (in excelso aedificat), so daß ihnen das Erbe des Vaters in den Schoß fällt. Sie achten nämlich auf das himmlische Licht. Beim Feilschen (in irrisione) auf dem Markt, wie man dies oder jenes preiswert (sine comparatione) verkaufe, verhalten sie sich nicht betrügerisch, sondern besitzen das, was in Gott Wirklichkeit ist.

25. Die wahren Gottesverehrer, welche mit aller Anstrengung das Irdische mit Füßen treten, stürzen die alte Schlange mit unerschrockener Geringschätzung

Daß du aber siehst, wie *eine große Schar helleuchtender Menschen kommt, die den Wurm völlig niedertritt und ihm bittere Qualen zufügt*, bedeutet: Die getreue Schar der Gläubigen, welche aber in menschliches Elend hineingeboren wurden, eilt mit dem in der Taufe verliehenen Glauben und mit seligen Tugenden reich geschmückt und geziert, zur (Erfüllung der) himmlischen Sehnsucht. Mit ihren Werken umringen sie diesen alten Verführer, treten ihn kraftvoll nieder und fügen ihm bittere Qualen zu. Das sind die Jungfrauen, Märtyrer und übrigen Gottesverehrer, die mit aller Anstrengung das Irdische mit Füßen treten und das Himmlische ersehnen. So können sie weder von seinem Feuer noch von seinem Gift mehr versehrt werden. Denn sie sind mit so großer Stärke und Beständigkeit in Gott gefestigt, daß keine offene Leidenschaft noch geheime Überredung der teuflischen Bosheit sie zu beflecken vermag. In großer Tugendstärke verlassen sie nämlich die eitlen Trugbilder und halten mit einem gerechten Leben an der Heiligkeit fest.

Wer dies aber mit wachen Augen sieht und mit dröhnenden Ohren hört, küsse und umarme diese meine geheimnisvollen Worte, die mir, dem Lebendigen, entströmen. Amen.

Septima visio secunde partis.

DEINDE
vidi arden
tem lucem
tante mag
nitudinis
ut aliquis
mons mag
nus et altus est, in summitate sua velut
in multas linguas divisa. Et coram
luce ista quedam multitudo albato
rum hominum stabat, ante quos ve
lut quoddam velum tamquam cristal
lus perlucidum a pectore usque ad pedes
eorum extensum erat. Sed et ante
multitudinem istam quasi in quadam via
velut quidam vermis mire magni
tudinis et longitudinis supinus iace
bat, qui tanti horroris et insanie
videbatur ultra quam homo effari po
test. Ad cuius sinistram quasi forum erat,
ubi divicie hominum atque delicie se
culares et mercatus diversarum rerum
apparuerunt. Ubi etiam quidam homines
multa celeritate currentes nullum
mercatum faciebant, quidam autem te
pide euntes et vendicioni et emptio
ni ibi insistebant. Vermis autem ille
niger et hirsutus atque ulceribus et pu
stulis plenus erat, qui quinque varietates
a capite per ventrem suum usque ad pedes

Die Abschnitte der 1. Vision des 3. Teils

1. Die Herzen der Gläubigen sollen die Größe, Weite und Tiefe der Furcht des Herrn fürchten und verehren
2. Jede gläubige Seele, die Gott weise fürchtet, ist durch den Glauben ein Thron Gottes
3. Die Tiefe der Geheimnisse Gottes ist für den Menschen unbegreiflich, insoweit man sie nicht im Glauben erfaßt, der von ihm geschenkt wurde
4. In der Weisheit Gottes des Vaters wird die Vollkommenheit aller Erwählten nach der Liebe zu seinem Sohn bemessen
5. Ein Beispiel zu demselben Thema im Evangelium
6. Was der schmutzige Lehm in der Brust bedeutet und warum der Mensch vom Engel nicht verachtet wird
7. Worte Isaias zum selben Thema
8. Worte Davids
9. Gott Vater wirkt, ordnet und vollendet all seine Werke in seinem Sohn, der aus der jungfräulichen Morgenröte (aurora virgo) Fleisch wurde
10. Vom kreisenden Licht
11. Die Macht Gottes ist erhabener als der Mensch erfahren darf, und warum die Engel Gott loben sollen
12. Gott ist lautere Gerechtigkeit, unveränderlich, wahr und gerecht
13. Die Kraft, Gerechtigkeit und Entscheidung Gottes haben keine Grenze, die der menschliche Verstand begreifen könnte
14. Vom Fall des ersten Engels und seiner Anhänger und warum, wie und wodurch sie gefallen sind
15. Worte Ezechiels über dasselbe Thema
16. Die Herrlichkeit des Glanzes, den der Teufel durch Stolz verlor, ist im Geheimnis des Vaters für ein anderes geschaffenes Licht aufbewahrt
17. Der Teufel ging ohne Erben zugrunde, der Mensch aber fiel im Besitz eines Erbens
18. Das Beispiel von Goliath und David zu diesem Thema

1. Vision des 3. Teils

Gott und der Mensch

Und ich, ein Mensch, von anderen Menschen abstammend, wegen der Übertretung des göttlichen Gebotes nicht würdig, Mensch genannt zu werden — ich müßte gerecht sein und bin ungerecht, nur bin ich durch seine Gnade, die mich auch erlösen wird, ein Geschöpf Gottes — ich schaute nach Osten. Und plötzlich erblickte ich etwas wie einen ungeheuer breiten und hohen eisenfarbenen Felsblock (lapidem unum totum integrum) und über ihm eine glänzendweiße Wolke. Darauf stand ein runder Königsthron. Auf ihm thronte ein lebendiges Wesen, das von wunderbarer Herrlichkeit leuchtete. Es strahlte von solcher Herrlichkeit, daß ich es nicht genau betrachten konnte. In seiner Brust trug es gleichsam einen schwarzen schmutzigen Lehmklumpen in der Größe des Herzens eines erwachsenen Menschen. Er war von Edelsteinen und Perlen umgeben. Und von dem Leuchtenden, der auf dem Thron saß, ging ein großer goldener Lichtkreis wie Morgenrot aus; seinen Umfang konnte ich gar nicht ermessen. Er kreiste vom Osten über den Norden zum Westen und weiter zum Süden und kehrte so zum Leuchtenden im Osten zurück; und er hatte gar kein Ende. Und dieser Kreis hatte einen so großen Abstand von der Erde, daß ich ihn nicht ermessen konnte; er sandte einen ganz schreckenerregenden Glanz aus, nämlich steinfarben, stahlfarbig und feuerrot. Nach allen Seiten erstreckte sich sein Umfang hoch in den Himmel hinauf und hinunter in die Tiefe des Abgrunds, so daß ich seine Grenze nicht erkennen konnte.

Dann sah ich auch, wie aus dem Geheimnis des auf dem Thron Sitzenden ein großer Stern von starkem Glanz und leuchtender Schönheit hervorging, und mit ihm eine große Menge hellstrahlender Funken, die mit diesem Stern zusammen alle nach dem Süden zogen. Den auf dem Thron Sitzenden betrachteten sie als Fremden, wandten sich von ihm ab und schauten lieber unverwandt (inhiabant) zum Norden als daß sie ihn anschauen wollten. Doch sofort beim Abwenden ihres Blickes erloschen alle und wurden so kohlschwarz.

Und plötzlich entstand ein Wirbelwind unter ihnen, der sie alsbald vom Süden zum Norden hinter den Thronenden trieb und sie in den Abgrund stürzte. So konnte ich keinen von ihnen mehr sehen. Den großen Glanz aber, der ihnen genommen wurde, sah ich sofort bei ihrem Erlöschen zu dem Thronenden zurückkehren.

Und ich hörte den auf dem Thron Sitzenden zu mir sagen: ‚Schreibe, was du siehst und hörst.' Und ich erwiderte aus der inneren Erkenntnis dieser Schau: ‚Ich bitte dich, mein Herr, schenke mir Einsicht, damit ich diese geheimnisvollen Dinge auszudrücken vermag, und verlaß mich nicht, sondern bestärke mich in der Morgenröte deiner (anbrechenden) Gerechtigkeit, in der sich dein Sohn geoffenbart hat. Verleihe mir die Fähigkeit und gib mir zu erkennen, wie ich den göttlichen Plan, der im ewigen Ratschluß gefaßt wurde, verkünden soll, wie dein Sohn nach deinem Willen Fleisch annehmen und ein sterblicher (sub tempore) Mensch werden sollte; du hast ja vor aller Schöpfung ganz einfach und im Feuer der Taube, nämlich des Heiligen Geistes, beschlossen, daß dein Sohn am Morgen der Jungfräulichkeit wie eine strahlende Sonne wunderbar aufgehe und um des Menschen willen wirklich mit der Menschheit umkleidet werde und Menschengestalt annehme.'

Und wieder hörte ich ihn zu mir sprechen: ‚O wie schön sind deine Augen, wenn du göttliche Dinge kundtust, während sich dabei die Morgenröte des göttlichen Ratschlusses erhebt!' Und wiederum antwortete ich aus der inneren Erkenntnis dieser Schau: ‚Im Innersten (in sinu) meiner Seele (animus) erkenne ich mich als Asche und Moder (cinis cinereae putredinis), wie vergänglichen (instabilitatis) Staub; daher sitze ich zitternd wie eine Feder im Schatten. Vertilge mich jedoch nicht wie einen Fremdling aus dem Land der Lebenden, denn ich mühe mich unter Schweiß mit dieser Schau ab; auch versetze ich mich — wenn ich meinen geringen und törichten Verstand betrachte, der in meinem Fleisch wohnt — ständig an den niedrigsten und gewöhnlichsten Platz, weil ich nicht würdig bin, Mensch genannt zu werden, denn ich fürchte mich sehr und wage nicht, deine Geheimnisse zu künden. O guter und milder Vater, lehre mich deinen Willen und was ich sagen soll. O du ehrfurchtgebietender Vater, o du Liebenswertester (dulcissime), o du von aller Gnade Erfüllter, verlaß mich nicht, sondern bewahre mich in deiner Barmherzigkeit!'

Und wieder hörte ich zu mir sagen: „Sprich nun, wie du belehrt worden bist. Ich will, daß du redest, obwohl du Asche bist. Sprich offen über das Brot, das mein Sohn ist. Er ist das Leben in feuriger Liebe. Er erweckt nämlich jeden Toten an Seele und Leib und läßt die leichtfertig begangenen Sünden in huldvoller Hoheit nach. Er selbst beginnt als Heiligkeit im Menschen zu erstehen, bevor sie in ihm entfacht wird. Deshalb übergab der herrliche, ruhmreiche und unfaßbare Gott (dem Menschen) ein mächtiges (magnum) Werkzeug, indem er seinen Sohn in die Keuschheit der Jungfrau sandte; sie konnte keinerlei Makel in ihrer Jungfräulichkeit dulden, die sie geschwächt hätten. Da konnte noch durfte nicht irgendeine fleischliche Befleckung im Geist der Jungfrau sein, denn der Vernichter und Besieger des Menschengeschlechts, der Tod, wurde wie im Schlaf betrogen, als der Sohn Gottes in tiefem Schweigen in die Morgenröte, d. h. in die demütige junge Frau einging (venit). Der Tod trat gleichsam sicher auf und wußte nichts von dem Leben, das jene liebliche Jungfrau in sich trug, weil ihm ihre Jungfräulichkeit verborgen war. Die Jungfrau selbst lebte in ärmlichen Verhältnissen, weil die göttliche Majestät sie so antreffen wollte. Schreibe nun folgendermaßen über die wahre Erkenntnis der Güte des Schöpfers."

1. Die Herzen der Gläubigen sollen die Größe, Weite und Tiefe der Furcht des Herrn fürchten und verehren

Gott, der alles erschaffen und den Menschen für jene Herrlichkeit bestimmt hat, aus welcher der gefallene Engel mit seinen Nachahmern verstoßen wurde, ist von seiner ganzen Schöpfung mit größter Ehre und Furcht zu verehren und zu fürchten; denn es ist recht, daß dem Schöpfer des Alls von seiner Kreatur Ehrfurcht erwiesen wird und er als Gott über alles gläubig angebetet werde. Das deutet mit aller Sicherheit auch *dieser Fels* an, den du siehst. Er ist nämlich ein geheimnisvolles Zeichen (in mysterio) für die Größe der Furcht des Herrn, die in den Herzen der Gläubigen immer in reiner Absicht entstehen und bestehen soll.

Daß du aber einen *ungeheuer breiten und hohen eisenfarbenen Felsblock* erblickst, bedeutet: Die feste und erhabene Größe der Furcht des Herrn ist fest zu bewahren; denn Gott ist von der ganzen Schöpfung ganz ungeschmälert zu fürchten, damit man erkennt, daß er der eine und wahre Gott ist, weil es keinen außer ihm und keinen gibt, der ihm gleicht. Er ist *ungeheuer breit,* weil er unbegreifbar in allem und über alles ist; *und hoch,* weil niemand die heilige Gottheit verstehen, noch sie mit der Größe seines Wahrnehmungsvermögens berühren kann, denn sie ist über alles (erhaben). Daß er aber *eisenfarben* scheint, bedeutet: Für das Menschenherz (humanis mentibus) ist es mühsam und hart, Gott zu fürchten, denn der unbeständigen (mollitiei) vergänglichen Asche fällt es sehr schwer, weil die menschliche Natur sich gegen ihn auflehnt.

2. Jede gläubige Seele, die Gott weise fürchtet, ist durch den Glauben ein Thron Gottes

Die *glänzendweiße Wolke* über dem Fels aber ist die herrliche Weisheit des menschlichen Geistes; und *der darauf stehende runde Königsthron* ist der starke, ursprüngliche Glaube, der im christlichen Volk umgeht, das tief an Gott glaubt. Wo nämlich die Furcht des Herrn wurzelt, dort erstrahlt auch darüber die Weisheit des menschlichen Geistes, und es wird mit der Hilfe Gottes der Glauben darauf errichtet, in dem Gott selbst sich einen Ruheort bereitet. Fürchtet man nämlich Gott, so erkennt man ihn durch die Weisheit des menschlichen Geistes im Glauben, weil er damit berührt werden soll, wie ein Thronsitz seinen Herrn berührt. Und dann bereitet sich Gott darauf einen Thron und steht über allem; denn weder Macht noch Herrschaft kann ihn umfassen, sondern er ruht im einzigen und reinen Glauben, weil er der einzige ist, an den man als Gott über alles glauben soll.

3. Die Tiefe der Geheimnisse Gottes ist für die Menschen unbegreiflich, insoweit man sie nicht im Glauben erfaßt, der von ihm geschenkt wurde

Deshalb *thront auf ihm ein lebendiges Wesen, das von wunderbarer Herrlichkeit leuchtet. Es strahlt von solcher Helligkeit, daß du es nicht genau betrachten kannst. In seiner Brust trägt es gleichsam einen schwarzen schmutzigen Lehmklumpen von der Größe des Herzens eines erwachsenen Menschen. Er ist von Edelsteinen und Perlen umgeben.* Es ist der lebendige Gott, der über alles herrscht, leuchtend in Güte und wunderbar in seinen Werken. Seine unermeßliche Helligkeit in der Tiefe seines Geheimnisses kann kein Mensch ganz betrachten, insoweit Gott nicht im Glauben erfaßt und getragen wird, wie ein Thron seinen Herrn umfaßt und umgibt. Und wie er ihm unterstellt ist, so daß er sich nicht gegen seinen Herrn erheben kann, so verlangt der Glaube nicht hochmütig danach, Gott zu sehen, sondern berührt ihn nur in innerster Hingabe.

4. In der Weisheit Gottes des Vaters wird die Volkommenheit aller Erwählten nach der Liebe zu seinem Sohn bemessen

Und gleichsam *in seiner Brust*, d. h. in der Weisheit seines Geheimnisses, trägt er aus Liebe zu seinem Sohn einen wertlosen, nichtigen und armseligen *Lehmklumpen;* das ist der Mensch, *schwarz* in der Schwärze seiner Sünden und *schmutzig* in der Befleckung des Fleisches *und von der Größe des Herzens eines erwachsenen Menschen.* Das bezeichnet die Ausbreitung der tiefen und großen Weisheit, in der Gott den Menschen erschuf. Er sieht sich nach jenen um, die zur Erlösung der Seele durch die Reue bestimmt sind, was immer sie auch in ihrer Schwäche Gott widerstrebend (calcitrantes) begehen mögen, denn sie werden dennoch zu ihm gelangen. Diese sind vom vielen Schmuck derer *umgeben,* dies sich *wie Edelsteine* an großen Persönlichkeiten unter ihnen erheben. Es sind die Märtyrer und heiligen Jungfrauen; *und wie Perlen* — das sind die unschuldigen und büßenden Kinder der Erlösung — *mit denen dieser Lehmklumpen reich geschmückt ist,* da im menschlichen Leib so große Tugendkräfte aufstrahlen, wie sie in Gott in aller Herrlichkeit leuchten. Denn der den Hauch und das Leben der Menschen geschaffen hat, erblickte sich selbst. Wieso?

Er wußte nämlich beim Erlösungswerk in seiner Vorherbestimmung schon, daß sein Sohn Fleisch annehmen würde, damit sein Leib alle Makel der verschiedenen Vergehen tilge. Und so sieht er auch die Seelen, die nach der Vermehrung und dem Übermaß der Sünden gerechtfertigt werden, während sie noch in ihrem Leibe wohnen und wie von selbst (consuescent) in der Gerechtigkeit Gottes wandeln, nachdem sie viele Irrtümer begangen haben. So haben sie Bestand in Gott und lassen von vielerlei Vergessenheit ab. Sie kehren von jedem Laster um, mit dem sie sich in der Zeitlichkeit (in mortalibus) verwundet haben und deshalb in Sünden fielen. Und sie sehen, daß sich viele Völker von ihren Irrwegen entfernt haben, auf denen sie voller Wunden wandelten und in schlimme Netze gerieten, und vom häßlichen Sündentod wiedererweckt wurden. Ebenso kommen auch viele, die von der Bitterkeit des herben Schmerzes über die Sünde so schwer verletzt sind, daß sie sogar von selbst der gewohnten schlechten Sitten so überdrüssig wurden, in denen sie maßlos sündigten, daß sie nicht mehr in den Fluten atmen konnten, um ein todbringendes Werk im Ehebruch, Mord und an allen sonstigen Schlechtigkeiten zu vollbringen.

5. Ein Beispiel im Evangelium zum selben Thema

O die Unglücklichen! Kommen sie nicht wie Fremdlinge aus einem fernen Land, wie es im Evangelium der Heiligen Schrift steht, wo der jüngere Sohn sagt: ‚Ich will mich aufmachen, zu meinem Vater gehen und zu ihm sprechen: Vater, ich habe gegen den Himmel und vor dir gesündigt, ich bin nicht mehr würdig, dein Sohn zu heißen; behandle mich wie einen deiner Taglöhner' (Lk. 15,18—19)? Das ist so: Ein Mensch, der auf die Mahnung des Heiligen Geistes nach einem Fehltritt in sich geht, sagt: ‚Ich will mich aus den unerträglichen Sünden erheben; um der schweren Schuld willen darf ich sie keinesfalls dulden. Ich will vielmehr umkehren und in der Erinnerung meines Herzens (mentis) meine Sünden beklagen und betrauern. So komme ich zu meinem Vater, der mein Vater ist, weil er mich erschaffen hat, und will ihm sagen: ‚Vater, ich habe gegen den Himmel gesündigt', d. h. gegen das himmlische Werk, das ich bin. Du hast mich nach deinem Willen gebildet und mich bei dieser Erschaffung so berührt, daß ich auch in meinen Taten himmlisch hätte sein müssen; doch ich ließ mich mit schändlichen Werken ein und sündigte auch vor dir, weil ich die menschliche Natur in mir zerstört habe. Wodurch? Durch viele Abscheulichkeiten. Deshalb bin ich auch schuld an meinem Verderben und schuldig gegen deine Majestät und nicht würdig, dein Sohn zu heißen, weil ich wegen der Bosheit meines Herzens deine Schöpfung in mir zu einem anderen Ziel (modus) geführt habe als das von dir für mich bestimmte. Doch jetzt handle an mir wie an deinem Knecht, den du mit dem Preis des Blutes deines Sohnes zurückgekauft hast. Du hast ihn zu so einem großen Preis dahingegeben, wie ihn der Tod mit keiner Vergeltung bezahlen könnte. Er gibt vielmehr die Sünder frei durch die Reue, welche beim Leiden deines Sohnes entstand. Denn ich habe das rechtmäßige Erbe der Söhne in Adam verloren; er war als Sohn in Gerechtigkeit geschaffen und der herrlichen Glückseligkeit beraubt worden. Nun aber soll die Reue die Sünden des Menschen mit dem Blut deines Sohnes loskaufen.

Das soll für jene gesagt sein, die den Fall Adams wiederholen und danach durch Reue umkehren, so zur Erlösung gelangen und dessen eingedenk sind, daß sie viele Dinge gehört haben, die von der Heiligen Schrift zu erwähnen sind: von der Qual und dem Blut ihres Erlösers. Und seufzend erinnern sie sich, daß sie überhört haben, was sie eifrig hätten aufnehmen sollen, nämlich wie sie das Wort Gottes bewahren sollten. Sie vernachlässigten indessen sein Gesetz, das ihnen in der Aufstellung des Gebotes zur Beobachtung gegeben wurde, und weigerten sich, darauf zu achten, was sie um der Furcht Gottes willen tun oder lassen sollten. Sie gelangen aber trotzdem zur Wahrheit, wenn sie sich daran erinnern, was sie von Gott gehört haben oder wissen, obwohl sie vorher so verblendet waren, daß sie überhaupt nichts von seiner Gerechtigkeit wissen wollten und sich jeweils dem zuneigten, was sie sich in ihren Sünden darunter vorstellten, während sie sie verachteten, ihr Gesetz zurückwiesen und das Wort Gottes ablehnten.

Viele von ihnen werden überreich an Gutem, so daß sie nicht befriedigt sind und ihr Genügen finden, im Haus Gottes bei der Feier des göttlichen

Offiziums Festmahl zu halten und reichlich Gerechtigkeit zu üben; sie weinen immer und denken mit Schmerzen an die bösen Dinge, die sie vorher begangen haben, als sie unerlaubte Taten liebten und die vom göttlichen Gesetz gebotenen übergingen.

6. Was der schmutzige Lehm in der Brust bedeutet und warum der Mensch vom Engel nicht verachtet wird

Das bezeichnet der *schmutzige Lehmklumpen, den du in der Brust des gütigen Vaters siehst.* Wieso? Dem Sohn Gottes, der aus dem Herzen des Vaters hervorging, als er in die Welt kam, ist das gläubige Volk gegenwärtig. Es hängt ihm mit dem Eifer, mit dem es an ihn glaubt, an. So erscheinen also auch jene im Herzen des gütigen Vaters, damit kein Engel oder ein anderes Geschöpf den Menschen verachte, weil der fleischgewordene Sohn des höchsten Gottes das Bild des Menschen in sich trägt. Denn der selige Chor der Engel würde den Menschen wegen der so häßlichen Laster seiner Sünden unwürdig erachten, da selbst die Engel im Himmel unversehrt von jeder Beschmutzung mit Ungerechtigkeit sein sollen, um das Antlitz des Vaters ganz klar zu sehen. Und was der Vater liebt, das lieben auch sie im Sohn. Was? Daß Gottes Sohn als Mensch geboren wurde. Denn ich, der Vater, bestimmte meinen aus der Jungfrau geborenen Sohn zur Erlösung und Wiederherstellung des Menschen, wie mein Knecht Isaias, der Prophet, sagt.

7. Worte Isaias zum selben Thema

„Wie ein Hirt weidet er seine Herde, er treibt die Lämmer mit seinem Arm zusammen und hebt sie auf seinen Schoß, die Muttertiere führt er selbst behutsam“ (Is. 40,11). Das ist so: Wie ein Hirt seine Herde weidet, so weidet mein Sohn, der Gute Hirt, seine Herde der Erlösten (redemptum gregem). Auf welche Weise? Er weidet sie durch sein Gesetz, das er selbst durch mich aufgestellt hat (plantavit). Deshalb sammelt er auch in seiner ausgedehnten Macht wie mit seinem Arm — das heißt nämlich, daß dieser Sohn Mensch ist — die unschuldigen Lämmer aus der Schuld Adams, wenn ihnen durch die Unschuld der Taufe der alte Mensch mit seinen Werken ausgezogen wird; und er hebt sie durch seine Tugendkräfte und sein Gesetz auf seinen Schoß. Wie? Er hebt sie nämlich derart über die Höhe des Himmels empor, daß sie seine Glieder werden.

Daher erscheint der Mensch im innersten Geheimnis der Gottheit so in seiner Gestalt, wie es weder bei den Engeln noch irgendeinem anderen Geschöpf der Fall ist. Denn mein Eingeborener hat wegen der Erlösung des Menschengeschlechts im jungfräulichen Fleisch Menschengestalt angenommen. Er trägt auch die Muttertiere in seinem Herzen. Wieso? Mein Sohn trägt die Menschen in seinem Blut, so daß sie durch seine fünf Wunden das Heil erlangen. Denn was immer sie durch ihre fünf Sinne gesündigt haben, wird nach der Buße durch die höchste Gerechtigkeit getilgt; er selbst hat sie nämlich so getragen, weil er Fleisch wurde und am Kreuz Wunden erlitt, und weil er starb, begraben wurde und von den Toten auferstand. Er reicht ihnen auch seine Hand, wenn er sie zu sich zurückzieht. Wie? Mein Sohn nahm für jene die Menschheit an, die sich wegen Adams Fall verloren glaubten. Mein Eingeborener besiegte auch den Tod, so daß dieser nicht länger über sie herrschen konnte. Deshalb kennt er sie so in der Kraft seiner Herrlichkeit, wie sie durch die läuternde Reue kommen werden.

Daß du sie aber im Schoß des Vaters erblickst, bedeutet: Der Menschensohn wird mit seinen Gliedern im Geheimnis des Vaters vollendet. Wie? Wenn nämlich die Welt vollendet wird, dann werden auch die Auserwählten Christi vollendet, die seine Glieder sind. O wie schön ist dieser Sohn, wie der Psalmist sagt.

8. Worte Davids

„Du bist schöner als die Menschenkinder" (Ps. 44,3). Das ist so: Die größte Schönheit erstrahlt in ihm in der herrlichsten Gestalt ohne jeden Sündenmakel, ohne den übelriechenden menschlichen Saft und ohne jede Begierde nach dem in sündigem Verlangen vollbrachten Werk, das die Schwachheit des menschlichen Fleisches fordert. Diesen Menschen hat das nie berührt. Und der Leib (forma) des Menschensohnes wurde auf einzigartige Weise wie kein anderer Mensch geboren, indem die unversehrte Jungfrau ihren Sohn in Unkenntnis der Sünde hervorbrachte und die Mühsal des Gebärens nicht kannte. Wieso? Weil sie keine Berührung mit der Sünde (contactum opus in peccatis) erfuhr, deshalb wußte sie nichts von Geburtswehen, sondern sie erfreute sich der Unversehrtheit ihres Leibes. O wie schön ist sie!

Doch die Menschen sollen wissen, daß seine körperliche Schönheit dort nicht größer war, als es die Anordnung der tiefen Weisheit für die Gestalt des Menschen bestimmt hat; denn Vater, Sohn und Heiliger Geist, der eine Gott in drei Personen, erfreuen sich nicht an fleischlicher Schönheit, sondern an der großen Demut, wie sie der Gottessohn in der Menschheit anzog. An der Gestalt des Menschensohnes aber fand sich nichts Entstellendes, wie es sich manchmal auf den Urteilsspruch Gottes bei einem Menschen durch unangenehmes Aussehen (molesta facie) wegen körperlicher Abnormitäten (in diversitate corporum) zeigt; da sind die Gliedmaßen eines Menschen auseinandergeraten und nicht recht dienstbar wie bei Gelähmten. Das geschieht am menschlichen Leib nicht durch natürliche Entwicklung, sondern gemäß dem Urteil Gottes. Eine starke Natur ist nämlich wohlgeformt, eine schwache aber zeigt verschiedene Mißbildungen (contrariae formae). Das hatte dieser Mensch, mein Sohn, nicht nötig.

Doch so sehr verschieden die Menschen in ihren Gliedern sein mögen, ob sie schwarz, häßlich, befleckt, aussätzig, wassersüchtig oder voller Laster sind, den Rost der Bosheit tragen, die von teuflischer List angeraten wurde, oder zu unklug und hartherzig sind, die Güte (bona) des Herrn zu sehen; ob sie wegen ihrer großen Vergessenheit angeklagt und beschuldigt werden müssen, weil sie Gerechtigkeit üben sollten, aber Böses tun und das Gute unterlassen, oder das Kreuz und Leiden ihres Herrn verachten: Gott der Vater blickt dennoch in gütiger Absicht auf sein Werk aus Lehm, wie ein Vater seine Kinder anschaut, wenn er sie auf seinen Schoß hebt. Und weil er Gott ist, hat er die Liebe eines gütigen Vaters zu seinen Kindern. Von solcher Art ist nämlich seine liebende Herzenszuneigung zu den Menschen, daß er seinen Sohn ans Kreuz schickte, der wie ein sanftes Lamm, das zum Schlachten geführt wird, getötet werden sollte. So trägt der Sohn das verlorene Schaf, das er durch die Annahme der Menschennatur auf seine Schultern nahm, heim. Er trug es mit großen Schmerzen, als er sich würdigte, für seine Schafe zu sterben.

Unter diesen Menschen aber tragen viele Schmuck; sie sind geziert mit dem kostbaren Schmuck der Tugenden, nämlich die Märtyrer, Jungfrauen, Unschuldigen, Büßenden und die ihren geistlichen Meistern Gehorchenden, wie schon gesagt wurde. Die sich ihrer Schuld bewußt sind, kreuzigen sich dafür in unbesieglichem Kampfeifer, indem sie sich selbst verleugnen. Es läßt sich nicht sagen, wer oder wo die Erwählten sind, denn alle zählen dazu.

Wer könnte die tiefe Weisheit des Allerhöchsten erkennen und sein Wissen, das er von der Zahl derer, die dazu rechnen, hat? Unbegreiflich sind seine Urteile für alle Menschen. Ihr aber müßt eilen, weil das Reich Gottes für euch bereitet ist. Denn nach dem Eifer der Gläubigen, die göttliche Gerechtigkeit üben, in der Taufe gereinigt und am Glauben erkenntlich sind, richtet sich auch ihr Lohn.

9. Gott Vater wirkt, ordnet und vollendet all seine Werke in seinem Sohn, der aus der jungfräulichen Morgenröte Fleisch wurde

Daß *du* aber *siehst, wie von dem auf dem Thron Sitzenden ein großer goldener Lichtkreis wie Morgenrot ausgeht, dessen Umfang du gar nicht ermessen kannst,* bedeutet: Vom allmächtigen Vater dehnt sich die stärkste Gewalt und sein kraftvollstes Werk aus, das alles in seiner Macht umfaßt, mit der er in seinem Sohn wirkt. Er hatte ihn immer in der Majestät der Gottheit bei sich. Durch ihn, der im schönsten Glanz wie Morgenröte erstrahlt, ordnet und vollendet er all seine Werke vor der Welt und in der Welt von Anfang an; denn dieser Sohn wurde in der weisesten Jungfrau, welche die Morgenröte bezeichnet, durch die Einhauchung des Fingers Gottes, des Heiligen Geistes, Mensch. In ihm ist überdies jedes Werk des Vaters entstanden. Du kannst den Umfang seiner Herrlichkeit auf keine Weise ermessen, weil es kein Maß der Güte oder Macht für seine Macht und für sein Werk gibt, im Vergleich zu jenem Maß, das ist, war oder sein soll in jeglicher Kreatur, außer daß Gott unermeßlich und unbegreiflich in seiner Macht und unüberwindlich und wunderbar in seinem Werk ist.

10. Vom kreisenden Licht

Und dieser Lichtkreis kreist vom Osten über den Norden zum Westen und weiter zum Süden und kehrt so zum Thronenden im Osten zurück; und er hat gar kein Ende. Das heißt: Die Macht und das Werk Gottes umkreisen und umfassen die ganze Schöpfung. Wie? Im Willen des Vaters, der mit dem Sohn und dem Heiligen Geist ein Gott ist, entstehen alle Geschöpfe. Sie erfahren ihn alle in (seiner) Macht. Wieso? Alle erfahren ihn bei der Erschaffung, nämlich *kreisend vom Osten,* d. h. dem Ursprung aller Gerechtigkeit, *nach Norden strebend* zur Beschämung des Teufels, und *zum Westen,* wo die Finsternis des Todes das Licht des Lebens vernichten will, das Licht sich aber wieder erhebt und das Dunkel der Finsternis besiegt; *und zum Süden,* wo die glühende Liebe zur Gerechtigkeit Gottes in den Herzen der Gläubigen brennt. So *kehrt er zurück zum* Ursprung der Gerechtigkeit, dem *Osten.* Was besagt das? Während das Werk Gottes zur von Gott vorbestimmten Zeit äußerst kraftvoll an den Menschen in der

Welt vollendet wird, erfüllt sich auch der Lauf dieser Welt vollkommen am Ende der Zeit mit dem Jüngsten Tag. Und in dem Thronenden, der kein Ende kennt, strahlen alle seine Werke an seinen Erwählten wider. Denn Gott ist unversehrt an Macht und in seinem Werk. Er war, ist und bleibt Gott (in divinitate) ohne Anfang zu irgendeiner Zeit, so daß er nicht war, sondern ist.

11. Die Macht Gottes ist erhabener als der Mensch erfahren darf, und warum die Engel Gott loben sollen

Und daß dieser Kreis einen so großen Abstand von der Erde hat, daß du ihn nicht ermessen kannst, bedeutet: Die himmlische Macht ist so hoch über allem geschöpflichen Leben, das ein Mensch erfahren und begreifen kann, und so unfaßbar in allem und über allem, daß kein Geschöpf sie mit irgendeinem fassungsfähigen Sinn begrenzen kann; sie zeigt sich viel erhabener als zu begreifen ist. Deshalb besingen die Engel Gott auch ständig mit Lobliedern. Sie sehen ihn nämlich in seiner Macht und Herrlichkeit; doch sie können ihn nicht vollkommen, gleichsam zuende schauen und vermögen sich nie an seiner Größe und Schönheit zu sättigen.

12. Gott ist lautere Gerechtigkeit, unveränderlich, wahr und gerecht

Daß *er* aber *einen ganz schreckenerregenden Glanz aussendet, nämlich steinfarben, stahlfarbig und feuerrot,* besagt: Die göttliche Macht beweist ihre furchtbare Stärke gegenüber heuchlerischer, unbußfertiger und ungestrafter Bosheit in großer Härte *wie Stahl.* Denn Gott ist lautere Gerechtigkeit. Sie kennt keine Ungerechtigkeit, die wie Staub der Schwäche nachgibt, wie man sagt: ‚Dieses Unrecht ist wohlbegründet.' Das mißfällt Gott. Sondern er ist jene Gerechtigkeit, die alle andere Gerechtigkeit gleichsam stählt, welche so viel schwächer ist als seine Gerechtigkeit, wie Eisen im Vergleich zu Stahl; *und feuerrot,* weil er das Feuer des Gerichts ist, das die Sünde in jeder Ungerechtigkeit verbrennt, die sich nie zu ihm hinneigen wollte, um seine Barmherzigkeit zu suchen.

Gott zeigt sich auch wie ein *Stein* gegenüber dem Menschen, denn er ist unverändlich wahr und gerecht. *Wie ein Stein* sich nicht erweichen läßt, so wandelt er sich nicht; und *wie Stahl,* nämlich alles scharf durchdringend, ohne zeitliche Veränderung, weil er Gott über allem ist, der auch wie ein *Feuer* ist, weil er alles entflammt, entzündet und erleuchtet, ohne Veränderung der bestehenden Verhältnisse zu etwas Neuem. Denn er ist Gott.

13. Die Kraft, Gerechtigkeit und Entscheidung Gottes haben keine Grenze, die der menschliche Verstand begreifen könnte

Und daß *dieser Glanz sich nach allen Seiten in seinem Umfang hoch in den Himmel hinauf und hinunter in die Tiefe des Abgrunds erstreckt, so daß du seine Grenze nicht erkennen kannst,* bedeutet: Die Stärke der Macht und des Wirkens Gottes, seine Gerechtigkeit und sein richtiges Urteil hat nirgends in seiner Unbegreiflichkeit eine Grenze — weder im Himmel oben noch in der Tiefe des Abgrunds — die ein menschlicher Verstand erfassen könnte.

14. Vom Fall des ersten Engels und seiner Anhänger und warum, wie und wodurch sie gefallen sind

Du siehst auch, wie aus dem Geheimnis des auf dem Thron Sitzenden ein großer Stern von starkem Glanz und leuchtender Schönheit hervorgeht und mit ihm eine große Menge hellstrahlender Funken. Denn auf das Geheiß des allmächtigen Vaters zeigte sich der Engel Luzifer, welcher jetzt der Satan ist, bei seiner Erschaffung mit großer Herrlichkeit geschmückt, mit viel Ruhm und Schönheit angetan; und mit ihm die Funken seiner Heerschar, die damals im Glanz des Lichtes erstrahlten, jetzt aber im Dunkel der Finsternis erloschen sind. Zum Bösen geneigt, schaute er nicht ungeteilt auf mich, sondern glaubte im Vertrauen auf sich selbst beginnen zu können, was er wollte, und das Begonnene vollenden zu können. Was er also dem, der auf dem Thron saß, an Ehre schuldete, weil er von ihm erschaffen war, das bog er auf sich selbst zurück, und damit neigte er sich dem Bösen zu.

Daß aber *alle zusammen mit diesem Stern nach Süden ziehen, den auf dem Thron Sitzenden als Fremden betrachten, sich von ihm abwenden und lieber unverwandt nach Norden blicken, als daß sie ihn anschauen wollen,* bedeutet: Dieser Luzifer und sein ganzes Gefolge, wunderbar im heiß geliebten göttlichen Gut erschaffen, stellte sich gleichsam quer, als er nämlich im Stolz den verachtete, der im Himmel herrscht. Denn sie alle kosteten vom Beginn ihres Daseins bei ihrer Erschaffung die Bosheit, welche sich zum Verderben neigt, weil sie Gott nicht so anschauten, daß sie ihn in seiner Güte zu erkennen verlangten, sondern sich wie über einen Fremden über ihn zu erheben suchten. Mit wildem Hochmut nämlich wandten sie sich von der Erkenntnis Gottes ab und erstrebten mehr ihren Untergang, als daß sie Gott in seiner Herrlichkeit zu erkennen wünschten. Doch *sofort beim*

Abwenden ihres Blickes erloschen alle und wurden so kohlschwarz. Das besagt: Während sie stolz verschmähten, Gott zu kennen, wurde Luzifer mit allen seinen Anhängern in seiner Bosheit ausgelöscht und verlor den blitzenden, hellen Glanz, mit dem er von der göttlichen Macht ausgestattet war. Er zerstörte in sich selbst die innere Schönheit, durch die er am Guten teilhaben sollte, und bot sich der Bosheit zum Verschlingen dar. So erlosch seine ewige Herrlichkeit und er verfiel dem ewigen Verderben. *Deshalb wurden sie alle schwarz wie ein erloschenes Kohlenfeuer,* weil sie mit ihrem Anführer, d. h. dem Teufel, der Herrlichkeit ihres Glanzes entkleidet wurden. Im Verderben der Finsternis wurden sie ausgelöscht und entbehren aller herrlichen Glückseligkeit, wie die Kohle des Feuers ihrer glühenden Funken.

Daß aber *ein Wirbelwind unter ihnen entsteht, der sie bald vom Süden zum Norden hinter den Thronenden treibt und sie in den Abgrund stürzt, so daß du keinen von ihnen mehr sehen kannst,* heißt: in diesen Engeln der Bosheit erhob sich die Aufgeblasenheit der Gottlosigkeit, als sie Gott übertreffen und hochmütig bezwingen wollten. Sie blähte sich zu böser, verderblicher Schwärze auf und warf sie vom Süden, d. h. vom Guten zurück, nämlich in die Vergessenheit Gottes, der alles regiert, gleichsam in nördliche Richtung. Wodurch sie sich stolz erheben wollten, dadurch kamen sie beschämt zu Fall; wegen ihres Hochmuts wurden sie in den Abgrund des ewigen Todes gestürzt, der ihr Verderben ist, so daß sie nicht mehr im Glanz erscheinen, wie ich durch meinen Knecht Ezechiel zum Südland sagte, das voll Eifer die Frucht der Gerechtigkeit (ardentem fructum iustitiae) bringen sollte und nicht brachte, und sprach.

15. Worte Ezechiels zum selben Thema

„Siehe, ich will in dir ein Feuer entzünden und jeden grünen und jeden dürren Baum in dir verbrennen. Die Flamme des Brandes soll nicht erlöschen und alle Gesichter vom Süden bis zum Norden sollen darin versengt werden. Alles Fleisch wird sehen, daß ich, der Herr, ihn entfacht habe und er nicht erlischt" (Ez. 20,47—48). Das ist so: O Tor, der du dich in deinem Stolz gegen mich erhoben hast, ich, der ich weder Anfang noch Ende besitze, will bewirken, daß in meinem Eifer gegen dich das Feuer meines Unmuts entbrennt. Ich will darin alle Grünkraft in dir verbrennen, die du zur eigenen Entfaltung mißbrauchen (incipere in falsa viriditate) wolltest, indem du mehr auf dich, als auf mich vertrautest. Du hattest es dir nämlich in deiner übertriebenen Erkenntnis angemaßt, zu sein, was dein

Stolz von dir verlangt. Ich will in dir alle Dürre der Verworfenen verbrennen, weil du dem Menschen, der Asche ist, die Sünde, welche hinsichtlich des Guten dürr ist, eingibst. Denn deine Beeinflußung garantiert dir keine Erlösung, sondern wird in dir zum ewigen Feuer. Weder dir noch denen, die deinem Beispiel folgen, wird eine heilbringende Vergeltung zuteil. Und dieser schmerzvolle (poenarum) Brand zu deiner Bestrafung wird nicht erlöschen, sondern den voreiligen Hochmut gleichsam angesichts der ersehnten Ehre, nach der du innerlich verlangend ausgeschaut hast, verbrennen. Aus all deiner Herrlichkeit wurdest du verstoßen, als du dich vom Süden im hellbrennenden Licht erhobst und in die Finsternis des Nordens, d. h. die Hölle stürztest.

Und das werden alle Menschen sehen, nämlich die Auserwählten und die Verworfenen, welche die Hölle erkennen. Denn die Erwählten erkennen sie, weil sie flohen, die Verworfenen aber, weil sie unter Qualen darin bleiben. Sie wissen, daß ich, der allmächtige Herr, sie zur Vergeltung deiner bösen Taten, o Teufel, entzündet habe und sie weder durch dein böses Tun noch das deiner Anhänger ausgelöscht wird. Und so warf das Verderben des teuflischen Hochmuts den Satan und seine Engel hinaus in die Finsternis der ewigen Qualen, ohne irgendeinen lichtvollen Trost, so daß im ewigen Licht kein Platz für ihn zu finden ist, wie auch du, o gebrechlicher Mensch, nichts mehr von ihnen erblicken konntest. So spricht auch Ezechiel in meinem Geist in geheimnisvoller Bedeutung zum König von Tyrus: „Alle unter den Völkern, die dich sehen, werden entsetzt über dich sein; man schätzt dich gering und du wirst nicht bestehen" (Ez. 28,19). Das ist so: Alle aufrichtigen Herzens, die dich, Teufel, trunken von Lastern in jenen Völkern, die dich in der Übertretung des göttlichen Gesetzes umarmen, erblicken werden, vertrocknen und sind entsetzt über deine Gemeinheit, mit der du durch deine Einflüsterung den Tempel im Bauwerk Gottes, welcher der Mensch ist, befleckst. Und daher bist du durch deinen Stolz zunichte geworden, indem du aus aller Erlösungsherrlichkeit herausgefallen bist. Denn du bist überhaupt nicht lebenskräftig für irgendeine Seligkeit und in der himmlischen Ewigkeit wird man keine Herrlichkeit mehr an dir finden, weil du in Ewigkeit ohne Ende darin zuschanden wurdest.

16. Die Herrlichkeit des Glanzes, den der Teufel durch Stolz verlor, ist im Geheimnis des Vaters für ein anderes geschaffenes Licht aufbewahrt

Daß *du* aber *den großen Glanz, der ihnen genommen wurde, sofort bei ihrem Erlöschen zu dem Thronenden zurückkehren siehst*, bedeutet: Der klare und starke Glanz, den der Teufel wegen seines Hochmuts und seiner Vermessenheit verlor, als in ihn und alle Anhänger der Keim des Todes einging — denn Luzifer strahlte von reinerem Licht als die übrigen Engel — kehrte zu Gott dem Vater zur Aufbewahrung in seinem Geheimnis zurück. Die Herrlichkeit seines Glanzes sollte nämlich nicht nutzlos sein, sondern Gott bewahrte sie für ein anderes geschaffenes Licht auf. Denn Gott ließ ihn — nämlich den Teufel mit seinem ganzen Anhang — ungeschützt und nicht mit Fleisch umhüllt entstehen, aber dennoch in hellem Glanz; seinen Glanz bewahrte er für den Lehm auf. Er formte ihn zum Menschen und umkleidete ihn mit ganz gewöhnlichem Erdenstoff (natura terrae), damit er sich nicht zur Gottähnlichkeit erhebe. Denn den er herrlich, in großer Pracht (multo fulgore) erschaffen hatte, aber nicht wie den Menschen mit einer so gebrechlichen und elenden Gestalt umhüllt hatte, der konnte in seinem Hochmut nicht bestehen, weil es nur einen Gott ohne Anfang und Ende in Ewigkeit gibt. Und deshalb ist es das verbrecherischste aller Vergehen, Gott gleichen zu wollen.

Jetzt aber habe ich, der Gott des Himmels, das strahlende Licht, das vom Teufel wegen seiner Bosheit wich, sorgsam bei mir geborgen, und es dem Lehm der Erde, den ich zu meinem Bild und Gleichnis geformt habe, verliehen. So verfährt ein Mensch, wenn sein Sohn stirbt, dessen Erbschaft keine Kinder antreten. Weil er keine Erben hat, nimmt der Vater dieses Erbe an sich und bestimmt es im Herzen für einen ihm noch nicht geborenen zweiten Sohn. Er gibt es ihm nach der Geburt (natus ex ipso).

17. Der Teufel ging ohne Erben zugrunde, der Mensch aber fiel im Besitz eines Erbes

Der Teufel ging nämlich ohne Erben zugrunde, d. h. ohne ein gutes Werk in rechter Absicht. Denn er tat nie etwas Gutes, noch unternahm er es. Darum empfing ein anderer sein Erbe; er fiel zwar auch, hatte aber einen Erben, nämlich den Anfang im Gehorchen. Er nahm den Gehorsam bereitwillig (cum devotione) auf sich, obgleich er das dazugehörige Werk nicht vollbrachte; doch die Gnade Gottes vollendete dieses Werk in der Menschwerdung des Erlösers der Menschheit (populorum) zur Wiederherstellung.

des guten Erbes. Und so erhielt der Mensch sein Erbe in Christus wieder, weil er anfänglich das Gebot Gottes nicht verachtete, während der Teufel überhaupt nicht gutwillig seinem Schöpfer dienen wollte, sondern stolz seine eigene Ehre suchte. Deshalb empfing er nicht seine Herrlichkeit, sondern ging im Verderben zugrunde.

18. Das Beispiel von Goliath und David zu diesem Thema

Und wie sich Goliath verächtlich gegen David erhob, so erhob sich der Teufel in innerer Anmaßung und wollte dem Allerhöchsten gleich sein. Und wie Goliath nicht um die Kraft Davids wußte und ihn ganz gering achtete und einschätzte, so verachtete der aufgerichtete Hochmut des Teufels die Demut in der Menschheit des Gottessohnes. Dieser wurde auf der Erde geboren und suchte in allem nicht seine Ehre, sondern die Ehre des Vaters. Wie? Der Teufel wollte dieses Beispiel nicht nachahmen (tangere), um sich seinem Schöpfer zu unterwerfen, wie sich der Sohn Gottes seinem Vater unterwarf. David jedoch schlug in der verborgenen Kraft Gottes Goliath das Haupt ab, wie auf Eingebung des Heiligen Geistes geschrieben steht.

„David aber nahm das Haupt des Philisters und trug es nach Jerusalem, seine Waffen jedoch legte er in sein Zelt“ (I Kön. 17,54). Das ist so: Beute und Raub des Teufels eroberte mein so starker Sohn, als er den Kopf der alten Schlange zertrat. Wo? Im Schoß der Jungfrau. Durch wen? Durch diesen meinen Sohn. Was ist dieses Zertreten? Die heilige Demut, welche in Mutter und Sohn sichtbar wurde, vernichtete den ersten Beginn des Stolzes, d. h. das Haupt des Teufels. Und so trug mein Sohn dieses Haupt in der Demut seines Leibes in die heilige Kirche, die Schau des Friedens (Jerusalem). Durch seine ganz starke Demut zeigte er ihr, daß der Stolz des Teufels vernichtet war. Dessen starke Waffen sind aber seine Laster, die er ihr entgegenhält und mit denen er das Menschengeschlecht besiegte. Es verehrte ihn anstelle Gottes und er erschreckte es mit seinen Lastern, wie Waffen die Menschen abschrecken. Diese zerbrach mein Sohn und legte sie in sein Zelt, d. h. in das Leiden seines Leibes, als er am Kreuz litt.

Und den Kampf selbst ließ er auch in den Zelten, nämlich im Leib seiner erwählten Glieder; sie sollten auch mit ihm die Waffen des Teufels verteilen. Wie? Wie er selbst den Teufel durch sein Leiden besiegt hatte, so sollten auch sie ihn durch strenge Zucht ihrer Begierden besiegen und seinen Lastern nicht zustimmen. Und auf die gleiche Weise, wie der Ruhm des Goliath David zufiel, gab ich auch die Herrlichkeit, die dem ersten Engel genommen wurde, Adam und seinem Geschlecht, das sich nach der Vernichtung des teuflischen Hochmuts im Befolgen meiner Gebote zu mir bekennt.

Wer aber scharfe Ohren zum inneren Verständnis besitzt, der lechze in leidenschaftlicher Liebe zu meinem Abbild nach diesen Worten und schreibe sie ins Gewissen seiner Seele ein.

Die Abschnitte der 2. Vision des 3. Teils

1. Der Glaube war früher ein verborgenes Geheimnis; nach der Menschwerdung des Gottessohnes trat er ans Licht
2. Der Glaube hängt mit der Gottesfurcht zusammen und die Furcht des Herrn mit dem Glauben
3. Die Gläubigen in allen vier Erdteilen bauen auf dem Glauben gute Werke auf
4. Von den vier Grundsteinen
5. Der Mensch soll demütig auftreten und die Nachstellungen des Teufels weise fliehen
6. Was die vier Ecksteine des Gebäudes bezeichnen
7. Noch etwas über diese Ecksteine
8. Gott Vater gewährt den Menschen Schutz und Verteidigung zum Wirken großer Taten; sie seien vorsichtig, weil sie Fleisch aus Asche (cinerea caro) sind
9. Von der spekulativen Erkenntnis
10. Worte des Paulus
11. Worte Salomons
12. Von der Wahl zwischen zwei Beweggründen
13. In Abraham und Moses entstanden richtige Institutionen
14. Die spekulative Erkenntnis trat zuerst bei Noe auf — allerdings unter der Herrschaft der Ungerechtigkeit; sie erstreckte sich ohne Unterbrechung bis zu Abraham und Moses
15. Worte des Paulus zum selben Thema
16. Das rechte Werk offenbarte sich in Abraham und Moses, die lautere Gerechtigkeit in der Menschwerdung des Gottessohnes, das feurige Werk besteht durch die Taufe bis zum Ende der Welt in der Kirche fort
17. Worte Davids zum selben Thema
18. Die Glieder Christi bleiben in seinen Auserwählten noch unvollkommen und die Kirche entbehrt noch der künftigen Vollendung, zu der sie gelangen soll (habitura est)
19. Wie die Zehnzahl durch Adam gemindert wurde, im Sohn Gottes sich zum Denar, und der Denar sich zum Tausender entwickelte
20. Worte des Evangeliums über dasselbe Thema
21. Durch die fünf Wunden Christi werden die Sünden der Menschen getilgt
22. Der Mensch unterscheidet mit den fünf Sinnen, die ihm der Heilige Geist einhauchte, Gut und Böse
23. Der Mensch müht sich mit Seele und Leib, das Böse zu meiden und im Glück und Unglück Gutes zu tun
24. Der menschliche Geist muß Weisheit und Unterscheidung besitzen, um Gott zu erkennen
25. Der Mensch besteht aus vier Elementen und muß den katholischen Glauben mit entsprechender Hingabe pflegen
26. Der Gläubige steige von Tugend zu Tugend auf

27. Der Sohn Gottes wurde zu der vom Vater vorherbestimmten Zeit in die Welt gesandt, um den Willen des Vaters, die Erlösung des Menschen, zu vollbringen

28. Kein Mensch kann den Stolz des Bösen oder das Ende seines Einwirkens auf die Schöpfung, den Beginn und das Ziel der himmlischen Gerechtigkeit und die rechte Zuteilung des Willens Gottes erforschen

2. Vision des 3. Teils

Das Heilsgebäude

Dann sah ich innerhalb des Lichtkreises, der sich vom Thronenden ausbreitete, etwas wie einen großen Berg, dicht am Fuße jenes ungeheuren Felsens, über dem auf der Wolke der Thronsitz stand. Der Fels schien hoch hinaufzuragen, der Berg in die Breite zu gehen. Und auf dem Berg stand ein sozusagen rechteckiges Gebäude, ähnlich einer rechtwinklig angelegten Stadt. Es lag etwas schräg, so daß eine Ecke nach Osten, die andere nach Westen, eine nach Norden und eine nach Süden schaute. Die Mauer rings um das Gebäude aber war von zweifacher Art: teils von hellem Glanz wie das Licht des Tages, teils wie aus Stein gefügt. Sie trafen an der östlichen und an der nördlichen Ecke so zusammen, daß sich der leuchtende Teil der Mauer ganz unversehrt und ohne irgendeine Unterbrechung von der Ostecke bis zur Nordecke erstreckte. Und der andere, nämlich der steinerne Teil, lief von der nördlichen Ecke zur westlichen und zur südlichen und endete an der östlichen. Sie hatte zwei Lücken, nämlich zwischen der West- und der Südecke.

Die Länge dieses Gebäudes aber war hundert Ellen, seine Breite fünfzig Ellen und seine Höhe fünf Ellen. So hatten die beiden gegenüberliegenden Längsmauern und die beiden Mauern vorn und hinten die gleiche Länge. Die vier Wände des Gebäudes hatten aber auch allerseits und überall die gleiche Höhe, mit Ausnahme seiner Bollwerke, die ein wenig über diese Höhe hinausragten.

Der Abstand zwischen dem Gebäude und dem erwähnten, sich bis in die Tiefe des Abgrunds ausbreitenden Lichtglanz betrug an der Ostecke jedoch nur eine Handbreit, an den andern Stellen aber, d. h. an der nördlichen, westlichen und südlichen Seite, war überall ein so großer Abstand zwischen dem Gebäude und dem Glanz, daß ich seine Weite überhaupt nicht ermessen konnte.

Als ich mich über all dies wunderte, sprach der Thronende wiederum zu mir.

1. Der Glaube war früher ein verborgenes Geheimnis; nach der Menschwerdung des Gottessohnes trat er ans Licht

Der Glaube, welcher in den alten Heiligen mit dem vom gütigen Vater darauf errichteten Werk der Gerechtigkeit gleichsam blaß erschien, trat nach der Fleischwerdung des Gottessohnes mit feurigen Werken in offenkundiger Erscheinung auflodernd ans Licht, als der Sohn Gottes, der nicht nach dem Vergänglichen verlangte, durch sein Beispiel lehrte, es mit Füßen zu treten und das Himmlische zu lieben. Die früheren Väter flohen die Welt nicht und trennten sich nicht von ihr; sie verehrten Gott lediglich in schlichtem Glauben und mit demütiger Hingabe. Denn es war ihnen noch nicht gezeigt worden, daß sie alles verlassen sollten.

Deshalb *siehst du* auch *innerhalb des Lichtkreises, der sich vom Thronenden ausbreitet, etwas wie einen großen Berg, dicht am Fuß jenes ungeheuren Felsens, über dem auf der Wolke der Thronsitz steht. Der Fels scheint hoch hinaufzuragen, der Berg in die Breite zu geben.* D. h., daß das gewaltig starke Werk der Macht des himmlischen Vaters, das er kraftvoll wirkt, als Berg dasteht, der den Glauben bezeichnet. Er ist groß an Kraft und erhebt sich augenscheinlich in der Beschneidung Abrahams; und so wächst er zum Sohn des höchsten Gottes an. Nach dem Untergang der alten Schlange wird er durch den Heiligen Geist den Menschen eingegeben, damit sie unter der Güte des Vaters gläubig wirken und glauben, daß Gott allmächtig ist, der einen so großen Feind besiegen konnte. Durch diese Gläubigkeit emporgehoben, sollen sie zu jener Herrlichkeit gelangen, aus welcher der Teufel seines Stolzes wegen verstoßen wurde.

2. Der Glaube hängt mit der Gottesfurcht zusammen und die Furcht des Herrn mit dem Glauben

Und *dieser Berg liegt am Fuß des erwähnten ungeheuren Felsens,* der ein geheimnisvolles Zeichen für die Furcht des Herrn ist; denn der Glaube hängt mit der Beständigkeit in der Furcht des Herrn zusammen und die Furcht des Herrn mit der Glaubensstärke, da nämlich der Sohn vom Vater zur Geburt aus der Jungfrau gesandt wurde und aus ihm der wahre Glaube als Fundament des guten Werkes sproß. Diesen brachte die Furcht des Herrn hervor. Sie berührt mit allen Tugendkräften Gott in seiner Erhabenheit, so daß Gott von den weisen gläubigen Seelen als Allherrscher verehrt wird. Wieso? Weil die Furcht des Herrn die himmlischen Geheimnisse mit aufmerksamem Blick scharf durchdringt, denn sie ist der Beginn der rechten Absicht. Mit ihr erstreckt sich auch der selige Glaube zu Gott in die Weite der Vollkommenheit, wenn er sich in guten Werken zur Heiligkeit ausweitet.

3. Die Gläubigen in allen vier Erdteilen bauen auf dem Glauben gute Werke auf

Daß aber *auf dem Berg ein rechteckiges Gebäude, ähnlich einer rechtwinklig angelegten Stadt, steht,* heißt: Die Güte des Vaters errichtet über dem Glauben gute Werke, sammelt viele der Gläubigen von den vier Enden der Erde und zieht sie zum Himmlischen, damit sie der himmlische Vater — in der Tugendbeständigkeit gefestigt — in seinem Schoß, d. h. mit innerer Macht nach seinem geheimnisvollen Plan gütig im Glauben mit diesen vier Ecksteinen zusammenfüge. Wie?

4. Von den vier Grundsteinen

Ich, nämlich der Allerhöchste, bestimmte für mein Werk als ersten Grundstein den Menschen, d. h. Adam, dessen Geschlecht nach seinem Tod durch eine große Spaltung geschwächt, bis zum zweiten Grundstein Noe, heranwuchs. Dann kam die Sintflut, bei der ich die Geheimnisse meines Sohnes in der Arche andeutete. Doch in diesem Grundstein, der Noe bezeichnet, offenbarte ich durch meine Mahnung die leuchtende Seite der Mauer des besagten Gebäudes. Denn dort in der Sintflut ertränkte ich die Sünder und gab den Menschen einen Wink, den Tod zu fliehen und das Leben zu erstreben. So eröffnete ich ihnen die spekulative Erkenntnis zur Wahl zwischen den beiden Beweggründen. Was bedeutet das?

Der Mensch grünt und wächst im lebendigen Leben, welches die Seele ist. Durch sie erspäht er zwei Wege und erkennt sie, nämlich einen guten und einen schlechten. Denn der Mensch wird nach einer der beiden Richtungen bewegt (tangitur), so daß er in seinem Körper (manens in corpore) Gutes und Böses mit Seele und Leib wirkt. Er beginnt es mit der Wahl seines Herzens und erfüllt so seinen Willen im Werk. Und so wurde in Noe durch meine Ermahnung die spekulative Erkenntnis der beiden Beweggründe sichtbar, d. h. durch sehr genaue Erwägung das Böse zu verachten und das Gute zu lieben. Mit dem Auftrag zur Beschneidung dem Willen Gottes voraneilend, gelangt sie so bis zum dritten Grundstein; dort sind Abraham und Moses in Beschneidung und Gesetz vereint. So schreiten Beschneidung und Gesetz bis zum 4. Grundstein, der Dreifaltigkeit, voran. Dort ist das Alte Testament mit äußeren Zeichen im Sohn Gottes abgeschlossen. Daraus erwuchs sogleich durch den Gottessohn in der Kirche ein verborgener Sproß. Er wurde geboren und litt für das Heil der Menschen, erstand vom Tode und kehrte zum Vater zurück. Er stellte zur Erlösung mit den Seelen der Menschen jenen Winkel wieder her, der im Fall Adams unsichtbar gemacht und geschwächt worden war.

5. Der Mensch soll demütig auftreten und die Nachstellungen des Teufels weise fliehen

Daß aber *dieses Gebäude ein wenig schräg liegt,* bedeutet: Der Mensch, der das Werk Gottes ist, kann vor Schwäche nicht sicher und sündenlos einherschreiten und den Teufel kühn und ohne Furcht des gebrechlichen Fleisches überwinden; er muß ihn vielmehr demütig meiden und seine Nachstellungen weise fliehen, um nicht zu sündigen, und sich gläubig mit guten Werken verbünden und so im Sohn Gottes feststehen, der gleichsam an der Ecke sitzend der Eckstein ist. So fügt er auch im Menschen das auserwählte Werk zusammen.

6. Was die vier Ecksteine des Gebäudes bezeichnen

Daß aber *eine Ecke nach Osten, die andere nach Westen, eine nach Norden und eine nach Süden schaut,* bedeutet: Der Gottessohn wurde aus der Jungfrau geboren und litt im Fleisch, damit der Mensch beim Aufgang der Gerechtigkeit zum Leben wiederhergestellt werde; ihm ist alle Gerechtigkeit beigesellt. Das deutet *die östliche Ecke* an. Von dort erhebt sich die Erlösung der Seelen, und so vollendet Gott in seinem Sohn alle Gerechtigkeit, die von Abel bis zum Sohn Gottes vorgebildet wurde. In ihm ist die Festsetzung der fleischlichen Beobachtung des Alten Bundes abgeschlossen, und so kommt das Heil der Gläubigen durch den Glauben, den der vom Vater in die Welt gesandte Sohn Gottes am Ende der Zeiten brachte; das deutet *die westliche Ecke* an. Auch in Abraham und Moses erhob sich die Gerechtigkeit gegen den Teufel. Diese deuteten in ihr die verheißene Gnade an, durch die der Mensch erlöst wurde. Der Teufel täuschte ihn, indem er ihn wie ein Räuber im Fall Adams ums Leben brachte. Das bezeichnet *die nördliche Ecke,* aus welcher der unglückselige Fall des Menschen (mortalis casus) kam, der dem Menschengeschlecht zustieß, und der später durch die himmlische Gnade ruhmreich und schön mit der vollkommenen Frucht im feurigen Werk Gottes und des Menschen wiedergutgemacht wurde; das bezeichnet *die südliche Ecke.*

7. Noch etwas über diese Ecksteine

Die südliche Ecke deutet auch an, daß der erste Mensch von Gott erschaffen ist. Daß aber von dieser Ecke kein Glanz der spekulativen Erkenntnis der beiden Beweggründe ausgeht (incipit), heißt: Von Adam an war sein Geschlecht ungeordnet; es verehrte Gott nicht in seiner Erkenntnis, daß es verpflichtet sei, dem Gesetz zu dienen; sondern erfüllte nur zum größten Unheil seinen eigenen Willen. So erstrahlte es weder in der rechten Gotteserkenntnis noch in der wahren Glückseligkeit, ja es lag sogar tot da. Es war jedoch nur im Herzen des Vaters verborgen, was er mit dem Menschen tun wollte.

Die Ecke im Osten bezeichnet ferner Noe; hier begann sich die Gerechtigkeit zu zeigen, und auch die vorher genannte spekulative Erkenntnis, die auf alle Heiligkeit hinweist, trat dort offen ans Licht. Im Sohn Gottes sollte sie später zur Vollendung kommen. Und weil jedwede Gerechtigkeit im Sohn Gottes, welcher der wahre Aufgang ist, begann, deshalb muß man sich — zu Ehren der Heiligkeit, die auch zuerst in Noe wahrhaftig offenbart wurde — diesem Gebäude zuerst im Osten nähern.

Auch die Ecke im Norden bezeichnet Abraham und Moses. Zum Schutz gegen den Satan umhüllten sie die erwähnte spekulative Erkenntnis mit der Ausführung des Werks, indem sie sie gleichsam mit Edelsteinen und obendrein mit dem vergoldeten Werk der lauteren göttlichen Gerechtigkeit, d. h. der Beschneidung und dem Gesetz umgaben. Denn die Gerechtigkeit war vor der Beschneidung und dem Gesetz gleichsam nackt und tatenlos.

Und *die vierte westliche Ecke* bildet ferner die wahre Dreifaltigkeit vor. Sie wurde in der Taufe des Erlösers offenkundig. Er errichtete die vollendete heilige Stadt Jerusalem, in dem er mit seinem ganzen (Heils)werk bei der Erlösung der Seelen in den Himmel zurückeilte.

8. Gott Vater gewährt den Menschen Schutz und Verteidigung zum Wirken guter Taten; sie seien vorsichtig, weil sie Fleisch aus Asche sind

Daß aber *die Mauer dieses Gebäudes von zweifacher Art ist: teils von hellem Glanz wie das Tageslicht, teils wie aus Stein gefügt,* und daß sich *die beiden Teile an der östlichen und an der nördlichen Ecke treffen,* heißt: Die Güte des Vaters schenkt dem Menschen von allen Seiten gleichsam dieselbe Sicherheit, d. h. Schutz und Verteidigung durch gute Werke, damit sie von ihnen umgeben und gefestigt, die fleischlichen Begierden aufgeben und sich zu dem einen Gott, der ihr Schutz ist, flüchten.

Die Mauer ist von zweifacher Art, denn der eine Teil ist gleichsam die spekulative Erkenntnis der beiden Beweggründe, weil der Mensch diese Erkenntnis durch die sehr genaue und sichere Erforschung mit Hilfe des Nachdenkens seines Geistes besitzt, um in allen seinen Angelegenheiten umsichtig zu verfahren; und der andere Teil ist gleichsam das Fleisch des Menschen aus Asche, weil der Mensch von Gott erschaffen ist und schöpferisch das (von Gott) geschaffene Werk wirkt (operans factum opus in operatione).

9. Von der spekulativen Erkenntnis

Und diese spekulative Erkenntnis leuchtet im Glanz das Tageslichtes, denn durch sie sehen und erwägen die Menschen ihre Taten, weil sie ein heller Lichtstrahl des menschlichen Geistes ist, der sich vorsichtig umblickt. Denn diese vortreffliche Erkenntnis zeigt sich im Menschen wie eine schimmernde Wolke, die schnell am Geist der Menschen (populorum) vorbeizieht, wie eine Wolke in der Luft verschwindet; und sie leuchtet wie das Tageslicht, weil sie sich glänzendweiß zeigt wegen des herrlichen Werkes, das Gott gütig in den Menschen wirkt, damit sie nämlich das Böse meiden und Gutes vollbringen, das in ihnen wie Tageslicht leuchtet.

Jegliches Werk im Menschen geht aus der Erkenntnis hervor. Wie? Zwei Wege liegen vor dem Menschen. Wieso? Er erkennt mit seiner Empfindsamkeit Gut und Böse. Wenn er vom Bösen dazu übergeht, Gutes zu wirken, ahmt er Gott nach, da er das Gute in dem tut, der gerecht ist und keine Ungerechtigkeit will. Tut er aber Böses, verwickelt er sich durch den verführerischen (contractorem) Teufel in Sünden, denn dieser läßt nicht von ihm ab, bis er ihn in der Fessel der bösen Taten weiß. Denn der Teufel sucht die Ungerechtigkeit und flieht die Heiligkeit. Wenn der Mensch sich jedoch dem Bösen entzieht und Gutes tut, dann nimmt ihn die größte Güte auf. Er hat sich nämlich aus Liebe zu Gott überwunden, der seinen Sohn für ihn dem Kreuzestod überlieferte.

Deshalb ist die Erkenntnis auch spekulativ, weil sie wie ein Spiegel (speculum) ist, solcher Art, wie wenn ein Mensch sein Gesicht im Spiegel betrachtet, ob es schön oder entstellt ist. So untersucht er in der Erkenntnis das Gute und das Böse in der vollbrachten Tat, die er innerlich betrachtet. Diese Erwägung hat ihren Sitz im Sinn der Vernunft, den Gott dem Menschen eingesenkt hat, als er den Hauch des Lebens der Seele in sein Angesicht blies. Denn das Leben der Tiere vergeht, weil es unvernünftig ist; die Seele des Menschen aber vergeht nie, weil sie ewig lebt, denn sie ist vernunftbegabt. Deshalb nimmt der Mensch bei der Erwägung von Gut und Böse wahr, welche Tat verkehrt oder erwählenswert ist. Er ist von der Gnade Gottes geformt und es wurde ihm vom Beginn seiner Erschaffung an der Sinn der Vernunft eingehaucht; diese Gnade stellte ihn in der Erwählung zur Taufe und Erlösung der Seele im Neuen Bund wieder her, wie mein vielgeliebter Paulus von dieser Gnadenwahl spricht.

10. Worte des Paulus

„Der Rest ist durch Gnadenwahl gerettet; wenn aber durch die Gnade, dann nicht mehr aufgrund von Werken, sonst wäre die Gnade nicht mehr Gnade" (Röm. 11,5—6): Das ist so: Der Rest, den die Schlinge des Todes nicht erfaßt, soll sich nicht dem Beispiel des Teufels zuneigen; er ist in offenkundiger Erlösung gerettet worden, als Gott seinen Sohn zur Menschwerdung (incarnari) sandte; diese ist die Erwählung der Gnade zum offenkundigen Heil der Menschen.

Auf welche Weise?

Die Gnade Gottes schuf den Menschen, doch er verfiel auf schlimme Taten. Da tat sich die Gnadenwahl in einem erlesenen Werkzeug kund, als der Gottessohn aus einer Jungfrau geboren wurde. Ihm durfte keine Sünde zustoßen (fieri ullum lapsum). Denn wenn irgendein Mensch sich ein nützliches Werkzeug herstellt, das ihm von einem andern entwendet wird, dann sucht er sich ein anderes, noch nützlicheres aus, das ihm niemand wegnehmen kann, und an dem er vollauf genug hat. So verfuhr auch die Gnade Gottes. Sie gestaltete den ersten Menschen, Adam. Ihn machte der Teufel dem unschuldigen Tun abspenstig. Doch dieselbe Gnade wirkte später eine Menge guter Werke zur Erlösung der Seelen durch den Sohn Gottes. Wenn aber die Gnade die Erlösung bewirkte, dann geschah Erlösung nicht aus dem Verdienst menschlicher Werke. Wieso?

Adam fehlte es an Gerechtigkeit im Tun, so daß der Mensch niemals durch das Verdienst seiner Taten zur Erlösung zurückgelangen würde, wenn er nicht durch dieselbe Gnade im ganz gerechten Gottessohn durch dessen Werke zurückgewonnen würde, nämlich, weil er seinem Vater gehorsam war, und wenn der Mensch auch nicht durch die Taufe gereinigt würde, die der Sohn Gottes den Menschen mit dem guten Werk übergab. Dieses Werk wirkt die Gnade Gottes mit dem Menschen und der Mensch dieses Werk mit ihr. Daher ist die Gnade Gottes mit diesem Werk und dieses Werk ging aus der Gnade hervor.

Denn wenn diese Erlösung aus menschlichem Verdienst stammte und eine rechte Tat des Menschen aus seiner eigenen Kraft hervorginge, so daß nicht die göttliche Gnade dieses Werk anregen würde (accenderet), dann wäre die Gnade keine Gnade. Wieso? Dann wäre der Mensch aus sich selbst und nicht von Gott und die Gnade Gottes wäre bedeutungslos. Nun hat aber die Gnade Gottes den Menschen, der sich auf die Vernunft stützt, erschaffen, damit er in der Erkenntnis des Guten und Bösen Gerechtigkeit wirke und aus dieser Erkenntnis heraus das Gute erstrebe und das Böse von sich werfe. So soll er Leben und Tod zu erkennen suchen und dadurch imstande sein, zu wählen, auf welcher Seite er bleiben möchte, wie Salomon in verständiger Weisheit spricht.

11. Worte Salomons

„Ich habe dir Wasser und Feuer vorgelegt; nach dem, was du willst, strecke deine Hand aus“ (Sir. 15,17). Das ist so: Gott legt der Seele zu Beginn ihrer Erweckung eine große und durchdringende Kraft vor, nämlich das vorherige Wissen um Böse und Gut; das sind Wasser und Feuer. Wie aber das Wasser immer überströmt und viele todbringende Lebewesen in sich birgt — meistens unnütze — so fließt auch der Mensch in seinen bösen Taten über und verbirgt sie, damit sie nicht bekannt werden. Und wie auch das Feuer brennt und nichts Unliebsames (nullam indignationem) in sich unverbrannt läßt, wie auch der Schmied seine Kleinodien durch Entfernung des Rostes reinigt, so macht auch das Gute den Menschen rein und beseitigt den Rost der Bosheit an ihm. Denn Wasser und Feuer befeinden sich und ersticken und töten einander. So tut auch der Mensch. Mit dem

Bösen tötet er das Gute und mit dem Guten tötet er das Böse. Und bei beiden verbirgt er schweigend in sich seine Begierde, die er auf dieses oder jenes richtet.

12. Von der Wahl zwischen zwei Beweggründen

Und bei der Erregung der Begierden steht seinem Willen zur Wahl, welchen Beweggrund er wählen möchte; mit dem Willen zur Tat wendet er sich ihm (dem Beweggrund) zu und streckt gleichsam seine Hand danach aus. Er vollbringt nämlich das gute Werk mit der Hilfe Gottes durch die Gnade und führt das Böse infolge der Nachstellungen des Teufels durch die Beeinflussung seiner Listen aus. Mit der vernunftbegabten Erkenntnis untersucht dies der Mensch. In dieser Erkenntnis betrachtet er nämlich Gut und Böse und es entsteht in ihm daher das Verlangen nach der Wahl zwischen den zwei Beweggründen, d. h. des guten und des bösen, nach seinem Wunsch. Was heißt das?

Wählen heißt, daß der Mensch im Verlangen seines Geistes wie in einem Spiegel wichtige Dinge sieht und zu sich sagt: ‚Wenn ich doch dieses oder jenes tun könnte!' Er tritt ihm (dem Verlangen) jedoch nicht durch die Tat näher, sondern legt es in seiner Erkenntnis nieder, gleichsam am Scheideweg, d. h. er besitzt die Erkentnis beider Beweggründe, des guten und des bösen, und so erstrebt er schließlich nach seinem Wunsch dieses Werk in der Höhe oder in der Tiefe.

13. In Abraham und Moses entstanden richtige Institutionen

Und der andere Teil der Mauer, den du siehst, erscheint wie aus Stein gefügt und bezeichnet das Menschengeschlecht und auch die richtigen Institutionen, die in den Menschenherzen entstanden, wie bei Abraham und Moses und den übrigen, welche den ersten Sproß unter dem Gesetz Gottes bildeten, mit allen Hinzufügungen der göttlichen Gerechtigkeit im Gesetz bis in die jüngste Zeit. Wieso? Das Werk Gottes ist nämlich im Menschen und durch den Menschen, so daß Gott seinen Sohn ohne Sünde am Ende des Gesetzes zur Erlösung des Menschen sandte. Er wirkte im menschlichen Leib und legte in seiner Person das Fundament des Glaubens. Auf diese Weise trug er das Menschengeschlecht, das mit dem ersten Menschen wegen der Übertretung der Gerechtigkeit aus dem Paradies vertrieben worden war, und bewirkte durch sein Gesetz all das Wunderbare im

Menschen, als er die christliche Jüngerschaft sammelte. Sie ist dieses Bauwerk des gütigen (in bonitate) Vaters; denn der Mensch soll ins himmlische Jerusalem gelangen (ponendus est).

14. Die spekulative Erkenntnis trat zuerst bei Noe auf — allerdings unter der Herrschaft der Ungerechtigkeit; sie erstreckte sich ohne Unterbrechung bis zu Abraham und Moses

Deshalb treffen diese Teile auch an der östlichen und nördlichen Seite zusammen, denn in der spekulativen Erkenntnis und im menschlichen Werk liegt die gemeinsame Beendigung der Ungerechtigkeit, in die das Menschengeschlecht durch die Gottvergessenheit verwickelt war. Diese erhob sich zuerst von Adam an mit der heillosen Ungerechtigkeit vor der Sintflut. So wurde sie mit dem ganzen Volk um der großen Bosheit willen in der Wasserflut versenkt. Dort begann auf meine Eingebung hin die spekulative Erkenntnis sichtbar zu werden, zusammen mit der Erkenntnis des Guten bei Noe, gleichsam an der Ostecke, wie schon erwähnt wurde. Doch obwohl sich in Noe die Ermahnung Gottes erhob, schritt dennoch die Dreistigkeit und das Trachten (appetitus) nach dem Bösen bei ihrer Beherzigung triumphierend nach Norden voran. So wurde die boshafte Trennung von Gott nicht zertreten bis zu Abraham, in dem sie gleichsam an der nördlichen Ecke erstickt wurde, weil in ihm die scharfe Schneide der göttlichen Gerechtigkeit sichtbar wurde.

Daß sich *jedoch der leuchtende Teil der Mauer ganz unversehrt und ohne irgendeine Unterbrechung von der Ostecke bis zur Nordecke erstreckt,* bedeutet: Die spekulative Erkenntnis begann zum Schutz der Menschenherzen von der östlichen Ecke, d. h. von der Zeit Noes an, sichtbar zu werden, nachdem früher vor Noe die Bosheit zustandezubringen trachtete, was sie zur Verhöhnung Gottes begehen konnte. Die Menschen folgten nämlich mehr ihren Begierden als daß sie die Gottesverehrung liebten. Denn das erste Menschengeschlecht von Adam an, als die spekulative Erkenntnis noch verborgen war, verschlang der Teufel ganz nach seinem Belieben bis zu Noe. In diesem trat, wie gesagt, die Erkenntnis offen ans Licht und der Teufel vertraute dennoch bislang darauf, daß er das ganze Menschengeschlecht unter seinem Befehl haben würde, da die Bosheit so zur nördlichen Ecke voranschritt, d. h. bis zu Abraham und Moses. Denn vor ihnen war in der spekulativen Erkenntnis die Ungerechtigkeit in ihrer Bosheit gleichsam unversehrt vorhanden und noch nicht durch die im Gesetz Gottes festgelegte Gerechtigkeit unterbrochen oder vernichtet. Es war nämlich noch nicht die Beschneidung oder das Gesetz übergeben worden; unter diesen Vätern begann der Teufel gleichwohl aus der Fassung zu geraten, während er früher gleichsam verwegen in der Welt regierte, wie mein Paulus, das leuchtende Werkzeug der Erwählung, sagt.

15. Worte des Paulus zum selben Thema

„Der Tod herrschte von Adam bis Moses auch über die, welche nicht durch eine ähnliche Übertretung wie Adam gesündigt hatten; dieser ist das Urbild des künftigen (Adam)" (Röm. 5,14). Das ist so: Der Tod herrschte, ohne daß ihn jemand bekämpfte und im Streit überwand, von Adam bis Moses. Wieso? Die Strenge und Erziehung (cultura) des Gesetzes war vor Moses nicht gegeben. Die bei Abraham auf das Geheiß Gottes vollzogene Beschneidung hatte sie nur sanft angedeutet. Doch die Todesschuld schritt von Irrtum zu Irrtum voran wie es ihr beliebte. Da erhob sich nach dem Willen Gottes der starke Streiter Moses und bereitete die starken Waffen der Gerechtigkeit vor, mit denen der Tod durch die Werkzeuge des Gesetzes in seinem Kult vernichtet wurde. Denn das Gesetz birgt in sich die ganze Erlösung der Seelen und weist schon auf den Sohn Gottes hin, weil der Tod auch Herr über die Unschuldigen war, die einfach aus Selbstbeherrschung (prae simplicitate moderationis suae) in ihren Werken die Tat der Übertretung Adams, der das Urbild des künftigen ist, unter den Völkern nicht kannten. Wieso? Adam war gerecht und unberührt von aller Empfängnis (conceptione) und dem Sicheinlassen (inceptione) mit der Sünde von Gott erschaffen; und so wurde auch der Gottessohn aus der Jungfrau Maria geboren und erschien ohne jeden Sündenmakel.

16. Das rechte Werk offenbarte sich in Abraham und Moses, die lautere Gerechtigkeit in der Menschwerdung des Gottessohnes, das feurige Werk besteht durch die Taufe bis zum Ende der Welt in der Kirche fort

Daß du aber siehst, daß *der steinerne Teil von der nördlichen Ecke zur westlichen und zur südlichen läuft und an der östlichen endet,* heißt: Die rechten Werke der Menschen, mit denen sie in Gott gefestigt sind, gingen gleichsam aus der nördlichen Ecke hervor — d. h. aus der Beschneidung Abrahams, dem Gesetz des Moses und ihren Hinzufügungen zur Gerechtigkeit unter den Menschen — bis zur westlichen Ecke. Dort erhob sich die lautere Gerechtigkeit in der Menschwerdung des Gottessohnes, die sich von da an bis zur südlichen Ecke weiter ausbreitete; dort wurde das feurige Werk durch die Taufe und die übrige Gerechtigkeit der erwählten neuen Braut des Sohnes Gottes zur Wiederherstellung Adams in der Erlösung entfacht. Von dort weitergeführt, setzte es den Schlußstein im ersten, dem östlichen Winkel, und kehrte so zum himmlischen Vater zurück. Wieso? Der himmlische Vater ordnete in seinem geheimen Ratschluß jegliche Gerechtigkeit so, daß der Fehltritt des ersten Menschen durch die Rückkehr zu Gott zur Rettung der Seelen gereichen sollte. Wieso? Weil der Mensch gefallen war, deshalb erhob ich mich in Barmherzigkeit und sandte meinen Sohn zur Wiederherstellung der Erlösung der Seelen, wie mein Knecht, der Psalmist David, aufzeigt und spricht.

17. Worte Davids zum selben Thema

„Sein Verlangen ist vielmehr auf das Gesetz des Herrn gerichtet, über sein Gesetz sinnt er Tag und Nacht nach" (Ps. 1,2). Das ist so: Im Gesetz der Gerechtigkeit, das der aus der Jungfrau geborene Eingeborene Gottes der Welt darlegte, lag der Wunsch des Vaters nach der Erlösung. Er ist mit dem Vater und dem Heiligen Geist ein Gott und herrscht über die ganze Welt. So erschien der fleischgewordene Sohn des Vaters und sichtbare Mensch als Herr im Fleisch über alle Schöpfung erhoben. Wieso? Weil der Sohn Gottes vor der Welt vom Vater gezeugt und dann am Ende der Zeiten von einer Mutter geboren, vor der Menschwerdung unsichtbar im Vater blieb, wie der Wille des Menschen unsichtbar ist, bevor er ins Werk gesetzt wird; darauf erschien er sichtbar im Fleisch zum Heil der Menschen.

So sinnt der allmächtige Vater mit seinem Sohn auf alle Gerechtigkeit gegenüber dem ersten Fall Adams. Wodurch? Durch die Liebe seines Sohnes, der vor der Zeit in der göttlichen Herrlichkeit im Vater blieb, danach zur festgesetzten Weltzeit Mensch wurde, so daß der Vater ihn aus seinem Herzen überdies als Hohenpriester über alle Gerechtigkeit in die Welt sandte. Daher stellte der Sohn auch das Gesetz der Gerechtigkeit zusammen, um es vom Vater, zum Gesetz der Christen gemacht, zu empfangen. Doch über dieses Gesetz, das der Vater durch seinen Sohn aufstellen und erfüllen wollte, sinnt er am Tag nach. Wieso? Am Tag nämlich, der er selbst ist, da kein Schatten der Bosheit auf irgendeinem Gschöpf lag, bevor er irgendein endliches (saeculorum) Geschöpf erschaffen hatte, sann er über dieses Gesetz seines Sohnes nach.

Und auch in der Nacht. Wieso? Während sich im geschaffenen Geschöpf das Böse, d. h. gleichsam der Schatten der Nacht, im Engel und im Menschen zu erheben begann, sinnt der Vater also darauf bis zum Jüngsten Tag; bis zu diesem erstrecken sich seine Werke, die er auf unsagbare Weise wirkt, indem er das Gesetz seines Sohnes aufzeigt und offenbart. Denn in ihm vollendet er alles Gute, das im Menschen vollendet werden soll.

18. Die Glieder Christi bleiben in seinen Auserwählten noch unvollkommen und die Kirche entbehrt noch der künftigen Vollendung, zu der sie gelangen soll

Daß du aber siehst, *daß der erwähnte steinerne Teil der Mauer zwei Lücken, nämlich zwischen der West- und Südecke, hat,* bedeutet: Das Werk zum Schutz und zur Verteidigung des Menschengeschlechts ist in doppelter Weise noch unvollendet, da die Glieder des menschgewordenen Gottessohnes in seinen Erwählten noch gleichsam unvollkommen sind; das zeigt gleichsam die erste Lücke im Westen. Denn der Sohn Gottes wurde am Ende der Zeiten in die Welt gesandt. Ferner ist die Kirche noch gleichsam unvollkommen in all ihren Tugendkräften, durch die sie im himmlischen Jerusalem vorhanden sein und auferbaut werden soll. Das ist *gleichsam die andere Lücke im Süden;* denn die Kirche wird im Himmel vollendet.

19. Wie die Zehnzahl durch Adam gemindert wurde, im Sohn Gottes sich zum Denar und der Denar sich zum Tausender entwickelte

Daß aber *die Länge dieses Gebäudes hundert Ellen ist,* heißt: Die einfache Zehnzahl wurde im sündigen Menschen gemindert und durch meinen Sohn in der Hundertzahl des vervielfachten Denars zur Vermehrung der Tugendkräfte für die Erlösung der Seelen wiedergewonnen. Aus der hundertfachen Zehnzahl entstand dann der in allen Tugenden vollendete Tausender, damit die tausend Künste des Teufels ganz zunichtegemacht würden, mit denen er die ganze Herde der geliebten Schafe des allmächtigen Gottes verführt. Was bedeutet das?

Ich, der Allmächtige, habe am Anfang funkelnde und lebendige Lichter geschaffen, die in ihrem Glanz leuchten sollten; einige verharrten in meiner Liebe, andere kamen zu Fall, weil sie mich, ihren Schöpfer, verachteten. Es ziemte sich jedoch nicht für mich, den Schöpfer, daß ich meine Schöpfung (institutionem) leer und erfolglos zurückließ. Wieso? Die geschaffenen Engel (angelica creatura) der hochmütigen Schar mißbrauchten (deputavit) nämlich das Gut, das ihnen ihr Schöpfer gegeben hatte, damit sie ihn erkennen, zu dem verführerischen Ruhm, ihrem Schöpfer gleichen zu können. Deshalb verfielen sie dem Tod. Da sah Gott voraus, daß in einem anderen (Geschöpf) kraftvoller wiederhergestellt werden müsse, was in dieser verworfenen Schar zu Fall gekommen war. Wieso? Weil er den Menschen aus Erdenlehm als ein Wesen von Leib und Seele erschuf, damit er zu jener Herrlichkeit gelange, aus welcher der abtrünnige Teufel mit seinen Nachahmern vertrieben wurde. Denn der Mensch ist Gott sehr teuer, weil er ihn zu seinem Bild und Gleichnis schuf. So sollte er in vollkommener Heiligkeit alle Tugenden wirken, wie auch Gott alle Geschöpfe geschaffen hat; und er sollte auch durch seine Bemühungen in ganz demütigem Gehorsam und im Tugendwerk dem Lob der ruhmreichen Engelchöre zur Erfüllung verhelfen, um auf diesem Gipfel der Glückseligkeit den Lobpreis dieser himmlischen Geister, die Gott unablässig Lob darbringen, zu vollenden (adornare). Er war bestimmt, in dieser seiner Seligkeit zu erfüllen, was der verworfene Engel in seiner Anmaßung beim Sturz entleerte.

Deshalb ist der Mensch die volle Zehnzahl, welcher dies alles durch die Kraft Gottes vollbringt. Doch die Zehnzahl wächst bei diesem Plan zum Hunderter; denn der durch teuflische Verführung fallende Mensch, von Gottes Erbarmen und seiner Eingebung ermuntert, begann schließlich eifrig, Gott mit dem Gesetz und den alttestamentlichen Propheten anzuerkennen; später auch noch entschiedener (acutius) durch Heiligkeit und alle Werkzeuge der Kirche zu kraftvoller Beständigkeit (virtuosae constantiae).

Und so begann der Mensch von Abel an alle Tugenden zu wirken und vollendete sie auf diese Weise bis zum letzten Gerechten. Das bedeutet die Hundertzahl der Länge dieses Gebäudes, das Gott in geheimnisvollem Bild den Menschen vor Augen stellt, damit sie, niedergestreckt in ihren Sünden, nicht verzweifeln, sondern sich aus ihnen erheben und sich kraftvoll am Werk Gottes abmühen. Denn ein jeder, der in Sünden fällt und sich aus ihnen erhebt, wird stärker sein als er vorher war, wie auch Gott größere und stärkere Tugendkräfte im Menschen wiedererweckte, als der Mensch sie früher betätigte, da er seinen Sohn zur Aufrichtung des gefallenen Menschengeschlechts in die Welt sandte.

Deshalb wirkt auch der Mensch kraftvoller mit Seele und Leib, als wenn er ohne körperliche Schwerkraft wäre, weil er unter vielen Gefahren innere Gefechte führt und äußerst tapfere Kämpfe austrägt und sich mit dem

Herrn, seinem Gott, als Sieger erweist. Er dient ihm treu und erkennt ihn so bei seinem Kriegsdienst, indem er nämlich seinen Leib in Zucht hält. Weil der Engel der Schwerkraft des irdischen Leibes entbehrt, ist er nur ein leuchtend reiner Kämpfer für die himmlische Harmonie und verharrt in der Schau Gottes. Der Mensch jedoch, mit einem verweslichen Leib (corporali putredine) belastet, ist mit dem (von Gott) neu ermöglichten Werk, das er um Gottes willen in Seele und Leib wirkt, ein sehr starker, ruhmreicher und ganz heiliger Streiter. So gelangt er durch die Hundertzahl der gegenwärtigen Anstrengung zum Tausender der künftigen Belohnung, wenn er nämlich am Jüngsten Tag den vollen Lohn empfängt und sich ohne Ende an Leib und Seele in der himmlischen Wohnung erfreut. So wurde die geminderte Zehnzahl von meinem Sohn wiedergewonnen, der aus der Jungfrau geboren wurde, am Kreuz gelitten und den Menschen zum Himmel zurückgeführt hat, wie mein Sohn im Evangelium sagt.

20. Worte des Evangeliums über dasselbe Thema

„Welche Frau, die zehn Drachmen besitzt und eine Drachme verliert, zündet nicht ein Licht an, kehrt das Haus aus und sucht sorgfältig, bis sie sie findet? Und wenn sie sie gefunden hat, ruft sie ihre Freundinnen und Nachbarinnen zusammen und sagt: Freut euch mit mir, denn ich habe die Drachme, die ich verloren hatte, gefunden" (Lk. 15,8—9). Das ist so: Die heilige Gottheit besaß zehn Drachmen, nämlich zehn verschiedene himmlische Ordnungen in den erwählten Engeln und im Menschen. Doch sie verlor eine Drachme, als der Mensch, der lieber der teuflischen Verführung als dem göttlichen Gebot folgte, dem Tod verfiel. Da entzündete sie eine brennende Leuchte, nämlich Christus, den wahren Gott und wahren Menschen und die strahlende Sonne der Gerechtigkeit, kehrte mit ihm das Haus aus, d. h. das jüdische Volk, und suchte sorgfältig nach jedem Anzeichen für die Erlösung. Sie schuf in ihm eine neue Heiligkeit und so fand sie ihre Drachme, nämlich den Menschen, den sie verloren hatte. Dann rief sie ihre Freundinnen zusammen, d. h. die rechtschaffenen Taten (saeculares iustitias), und die Nachbarinnen, nämlich die geistlichen Tugenden, und sagte: Freut euch mit mir, lobsingt und seid fröhlich und erbaut das himmlische Jerusalem aus lebendigen Steinen, weil ich den Menschen, der durch die Verführung des Teufels verlorengegangen war, gefunden habe.

21. Durch die fünf Wunden Christi werden die Sünden der Menschen getilgt

Doch wie du siehst, *ist die Breite dieses Gebäudes fünfzig Ellen.* Das heißt: Die ganze Breite der Laster der Menschen, die am Werk Gottes arbeiten sollten, aber lieber ihren Begierden folgten, statt für das Werk Gottes Sorge zu tragen, wird durch die offenen fünf Wunden meines Sohnes, die er am Kreuz erlitt, barmherzig abgewaschen und nachgelassen. So tilgten die Wunden seiner Hände die Taten der ungehorsamen Hände (manuum inoboedientiae) Adams und Evas, die Wunden seiner Füße befreiten den Menschen vom Weg in die Verbannung und die Wunden seiner Seite, aus der die Kirche hervorging, vernichtete die Schuld Evas und Adams; denn aus der Seite Adams wurde Eva erschaffen. Deshalb wurde auch mein Sohn an das Holz geheftet, um zu beseitigen, was durch das Holz zur Übertretung wurde. Und er wurde mit Essig und Galle getränkt, um den Geschmack des Apfels zu vernichten.

22. Der Mensch unterscheidet mit den fünf Sinnen, die ihm der Heilige Geist einhauchte, Gut und Böse

Und seine Höhe ist fünf Ellen. Das ist die Erhabenheit der inspirierten Schriftkenntnis, die um des Werkes Gottes willen in den fünf Sinnen des Menschen wohnt und welche der Heilige Geist zum Nutzen der Menschen aushaucht. Denn der Mensch blickt mit seinen fünf Sinnen zur Höhe der Gottheit auf und unterscheidet zwischen Gut und Böse.

23. Der Mensch müht sich mit Seele und Leib, das Böse zu meiden und im Glück und Unglück Gutes zu tun

So haben die beiden gegenüberliegenden Längsmauern die gleiche Länge, denn im Bau der Güte Gottes muß der Mensch an den beiden gegenüberliegenden Mauern der Seele und des Leibes, nämlich des Glücks und des Unglücks, sehr beharrlich arbeiten. Wieso? Um das Böse zu meiden und Gutes zu wirken. Wieso? Weil die unerschöpfliche und unbegreifliche göttliche Macht den Menschen dazu bestimmt hat, Gott mit allen seinen Kräften und mit seiner ganzen Gesinnung mit gleicher Hingabe im Ausmaß seiner einsichtigen Vernunft zu verehren. Denn es geziemt sich, daß der Schöpfer des Alls vor allem und über alles in äußerst würdiger Weise als Gott verehrt wird.

24. Der menschliche Geist muß Weisheit und Unterscheidung besitzen, um Gott zu erkennen

Deswegen *haben auch die beiden Mauern vorn und hinten die gleiche Länge.* Im Bau Gottes sind nämlich Weisheit und Unterscheidung gleichsam zwei Mauern, d. h. die Weisheit liegt sozusagen an der oberen und die Unterscheidung an der unteren Seite. Als billige und rechte Gabe haucht sie Gott in den großen und weiten menschlichen Geist aus, damit er ihn erkennt.

25. Der Mensch besteht aus vier Elementen und muß den katholischen Glauben mit entsprechender Hingabe pflegen

Daß aber *die vier Wände des Gebäudes auch allerseits und überall die gleiche Höhe haben, mit Ausnahme seiner Bollwerke, die ein wenig über diese Höhe hinausragen,* bedeutet: Der Mensch besteht aus vier Elementen und soll überall wegen der Güte des Vaters den katholischen Glauben mit gleicher Hingabe pflegen und tief in sich tragen (in alto habebit), nämlich den Sohn mit dem Vater und dem Heiligen Geist verehren, der alle seine Werke in ihnen wirkt. Wieso? Jedes Werk nämlich, das der Gottessohn getan hat und wirkt, vollendet er durch die Güte des Vaters im heiligen Geist. Was heißt das? Nach dem Willen des Vaters hatte der Sohn den Menschen durch seine Menschwerdung erlöst und das ist (der Beweis) großer Güte; denn der Vater bestimmte, daß sein Sohn aus der Jungfrau — vom Heiligen Geist empfangen — geboren werde und aus Liebe zum Menschen die Menschheit annehme, um ihn zur Wiederherstellung des Lebens zu führen. Der Mensch sollte nämlich Anteil an Gott haben und dadurch im rechten katholischen Glauben durch ihn zur Erlösung gelangen. In diesem Glauben soll man den Vater, den Sohn und den Heiligen Geist als den einen und wahren Gott erkennen.

26. Der Gläubige steige von Tugend zu Tugend auf

Doch es gibt dort auch *Bollwerke von größerer Höhe.* Wieso? Wenn der Mensch auf den Gipfel des guten Willens (mentis) blickt, dann baut er hohe, zuverlässige Mauern und erhebt sich in den Tugendkräften des Baues Gottes über die verstandesmäßige Glaubenseinsicht. Er weiß nämlich, daß Gott göttliche Macht besitzt. Auf diesem Glauben errichtet er dann die hochragenden Bollwerke höherer und größerer Tugenden, weil es ihm nicht genügt, nur an Gott zu glauben; er ersteigt vielmehr die grünende Palme, d. h. er steigt von Tugend zu Tugend auf. Mit ihnen wird der ganz aufrichtige Glaube erhoben und geschmückt wie eine Stadt mit Türmen.

27. Der Sohn Gottes wurde zu der vom Vater vorherbestimmten Zeit in die Welt gesandt, um den Willen des Vaters, die Erlösung des Menschen, zu vollbringen

Daß aber *der Abstand zwischen dem Gebäude und dem erwähnten, sich bis in die Tiefe des Abgrunds ausbreitenden Lichtglanz an der Ostecke nur eine Handbreit beträgt,* bedeutet die Spannweite der himmlischen Geheimnisse zwischen dem Werk des Gottessohnes, das er — er lebte sündenlos leiblich auf der Erde, d. h. unter der Güte des Vaters übte er viele Tugenden aus — als Gebäude vorstellt, und der Macht des Vaters, die sich mit größter Leuchtkraft in die Tiefe und Höhe ausbreitete, als er seinen Sohn in die Welt sandte. Das zeigt sich an der Ecke, die nach Osten blickt, d. h. in der Gerechtigkeit, die zuerst in Noe angezeigt wurde und durch die Ermahnung des Heiligen Geistes jene vollkommene Gerechtigkeit andeutete, die in der Menschwerdung des Gottessohnes offenbar wurde. So gab es zwischen diesen Geheimnissen gleichsam den Abstand, wie ihn eine gespreizte Hand zwischen dem Daumen und den anderen Fingern besitzt. Das bezeichnet die im Herzen des Vaters bestimmte Zeit, da er seinen Eingeborenen mit ganz starker Hand aussenden wollte, daß dieser so mit allen Gliedern der Finger — das sind alle seine Werke im Heiligen Geist — einen Bogen beschreibt, damit er den Willen des Vaters erfülle. Er hat am Kreuz gelitten wegen des elenden und verachtenswürdigen Ungehorsams, den der Teufel dem ersten Menschen mit seiner Einflüsterung einblies. Deshalb neigte sich die Barmherzigkeit Gottes zur Erlösung des Menschen durch die Menschheit des Gottessohnes aus der unbegreiflichen Höhe der Gottheit zur Erde.

28. Kein Mensch kann den Stolz des Bösen oder das Ende seines Einwirkens auf die Schöpfung, den Beginn und das Ziel der himmlischen Gerechtigkeit und die rechte Zuteilung des Willens Gottes erforschen

Daß aber an den anderen Stellen, d. h. an der nördlichen, westlichen und südlichen Seite, überall ein so großer Abstand zwischen dem Gebäude und dem Glanz ist, daß du seine Weite überhaupt nicht ermessen kannst, bedeutet: Kein Mensch, der mit dem sterblichen Leib belastet ist, kann erkennen, wie sich das Böse im Herzen des im Norden sitzenden Teufels erhebt, weder das Ende seines Einwirkens auf die Schöpfung zum Untergang des anfälligen Menschen, noch den Beginn oder die Grenze des heißen Südens, d. h. der himmlischen Gerechtigkeit. Er kann auch nicht den Abstand und die Unterscheidung zwischen dem Werk und der Macht meiner Erkenntnis in allen Völkern ermessen, nämlich bezüglich der Auserwählten oder der Verworfenen, die alle eine sehr gerechte Untersuchung erfahren. So werden sie sehr genau, sorgfältig und streng auf meine Gebote geprüft. Sie dürfen aber auch alle ganz offensichtlich darauf vertrauen, daß ich in all ihren Nöten für sie sorge (eos pasco). Denn das alles ist in meinen Geheimnissen so verborgen, daß weder Sinn noch Verstand des Menschen ihre Weite und Tiefe auf irgendeine Weise zu erfassen oder zu verstehen vermag, insofern es nicht von mir gestattet und gewährt wird.

Wer aber scharfe Ohren zum inneren Verständnis besitzt, der lechze in leidenschaftlicher Liebe zu meinem Abbild nach diesen Worten und schreibe sie ins Gewissen seiner Seele ein.

xxiii Q°d homo exquatuor elemtis ɔstans.
fidē catholicā equali deuotione
xxiiii Q°d fidelis homo ascendat & colat.
de uirtute ĩuirtutem.
xxv. Q°d filius dī missus ē inmundum
sedm temp' ꝓordinatū apatre.
ut ꝑficeret uoluntatē patris

q supbiā mali uel fine eī ĩ opante
cāusa aut initii aut fine supne
iusticie nullāq; distributione
uoluntatis dī null' hominū ꝑ
scrutari potest.

Die Abschnitte der 3. Vision des 3. Teils

1. Die göttlichen Tugenden, die unter dem Gesetz keimen, bringen unter dem neuen Gesetz reiche Frucht
2. In den Menschen wirken nach dem Willen Gottes die Tugendkräfte
3. Vom Standort der Liebe zum Himmlischen, der Zucht, der Ehrfurcht, der Barmherzigkeit und des Sieges und was er bezeichnet
4. Von ihrem Gewand und was es bezeichnet
5. Insbesondere von der Liebe zum Himmlischen, ihrem Gewand und was es bezeichnet
6. Insbesondere von der Zucht, ihrem Gewand und was es bezeichnet
7. Insbesondere von der Ehrfurcht, ihrem Gewand und was es bezeichnet
8. Insbesondere von der Barmherzigkeit, ihrem Gewand und was es bezeichnet
9. Insbesondere vom Sieg, seinem Gewand und was es bezeichnet
10. Vom Standort der Geduld und des Seufzens und was er bezeichnet
11. Von ihrem Gewand und was es bezeichnet
12. Insbesondere von der Geduld, ihrem Gewand und was es bezeichnet
13. Insbesondere vom Seufzen; seinem Gewand und was es bezeichnet

3. Vision des 3. Teils

Der Turm des Ratschlusses

Danach sah ich plötzlich ungefähr in der Mitte des besagten leuchtenden Teils der Mauer des erwähnten Gebäudes etwas wie einen eisenfarbenen Turm stehen. Er war von außen an die Mauer angebaut und vier Ellen breit und sieben Ellen hoch. In ihm erblickte ich fünf Gestalten; sie standen jede für sich unter einem eigenen Bogen, über dem sich gleichsam eine Turmspitze erhob. Die erste von ihnen blickte nach Osten, die zweite aber nach Nordosten, die dritte jedoch nach Norden und die vierte zur Säule des Wortes Gottes; an ihrem Fuß saß der Patriarch Abraham. Die fünfte blickte zum Turm der Kirche und auf die Menschen, welche in diesem Gebäude hin- und herliefen.

Sie glichen sich in einer Beziehung: Sie trugen alle nur seidene Gewänder und weiße Schuhe; eine Ausnahme machte nur die fünfte Gestalt: sie schien ganz von einer Rüstung umgeben zu sein. Die zweite und dritte waren unbedeckten Hauptes, das helle Haar hing lose herab und sie hatten keinen Mantel. Die erste, dritte und vierte jedoch trugen weiße Tuniken; doch sie unterschieden sich auch.

Die erste Gestalt trug auf ihrem Haupt eine Bischofsmitra, hatte gelöstes helles Haar und war mit einem weißen Mantel angetan, der an den beiden unteren Säumen mit Purpur besetzt war. In der Rechten trug sie aber Lilien und andere Blumen, in der Linken jedoch eine Palme. Und sie sprach: ‚O süßes Leben, o du liebliche Umarmung des ewigen Lebens, o seliges Glück! In dir liegt ewiger Lohn, du weilst immer in der wahren Wonne. Und dennoch kann ich mich niemals zur Genüge an der inneren Freude sättigen, die in meinem Gott ist.'

Die zweite aber war mit einer purpurroten Tunika bekleidet, eine gleichsam jugendliche Gestalt, die noch nicht zum Vollalter gelangt ist, doch von würdigem Aussehen. Und sie sprach: ‚Weder der furchtbare Feind, nämlich der Teufel, noch ein feindseliger Mensch oder diese Welt wird mich von der Zucht Gottes abschrecken, vor dessen Angesicht ich immer stehe.'

Die dritte jedoch bedeckte ihr Gesicht mit dem weißen langen Ärmel ihrer rechten Hand und sprach: ‚O Unrat und Schmutz dieser Welt, versteckt euch und weicht aus meinen Augen, denn mein Geliebter wurde von der reinen Jungfrau Maria geboren.'

Die vierte jedoch war nach Frauenart mit einem weißen Kopfschleier verschleiert; sie war in einem safrangelben Mantel gehüllt. Auf der Brust aber trug sie das Bild Jesu Christi mit der Umschrift auf ihrer Brust: »Durch das herzliche Erbarmen unseres Gottes, mit dem er uns als Aufgang aus der Höhe heimgesucht hat«. Und sie sprach: ‚Ich reiche immer den Fremdlingen, Bedürftigen, Armen, Schwachen und Seufzenden die Hände.'

Die fünfte aber war mit einem Helm auf dem Kopf ausgestattet, auch mit einem Brustpanzer, Beinschienen und Eisenhandschuhen angetan; in der Linken hielt sie einen von der Schulter herabhängenden Schild und war auch mit einem Schwert umgürtet. Die Rechte umfaßte eine Lanze. Unter ihren Füßen lag ein Löwe mit offenem Rachen und herausgestreckter Zunge, auch ein paar Menschen, von denen einige Trompeten bliesen, andere mit spaßhaften Instrumenten Scherz trieben und lärmten, wieder andere sich mit verschiedenen Spielen unterhielten. Die Gestalt trat sie mitsamt dem Löwen unter ihre Füße und durchbohrte sie energisch mit der Lanze, die sie in der Rechten hielt.

Und sie sprach: ‚Ich besiege den starken Teufel und dich, Haß und Neid, und auch dich, Unflätigkeit, mit denen, die mit verführerischem Betrug ihr Spiel treiben.'

Doch innerhalb des Gebäudes sah ich — dem Turm zugewandt — zwei weitere Gestalten stehen. Die eine schien auf dem Pflaster des Gebäudes gleichsam in einem flammenden Feuerbogen, der innen mit verschiedenen Bildern böser Geister bemalt und gegenüber dem erwähnten Turm war, zu sehen; die andere jedoch stand ohne eigenen Bogen an der Außenseite dieses Bogens. Beide blickten nämlich zuweilen auf den erwähnten Turm, zuweilen auf die Menschen, die das Gebäude betraten und es verließen. Auch sie waren mit seidenen Gewändern bekleidet und mit weißen Schleiern, die nach Frauenart um den Kopf gewunden waren, verhüllt. Sie hatten keine Mäntel an, trugen aber weiße Schuhe. Die erstere von ihnen hatte auf ihrem Haupt eine funkelnde dreizackige Krone, die wie ein rötlicher Hyazinth purpurfarben glänzte. Sie trug auch ein weißes Gewand; seine Falten hoben sich in grünlicher Färbung davon ab.

Und sie sprach: ‚Ich siege im Aufgang mit dem starken Sohn Gottes, der vom Vater ausging, zur Erlösung der Menschen in die Welt kam und wieder zum Vater zurückkehrte, als er unter großer Pein am Kreuz starb, von den Toten erstand und in den Himmel auffuhr. Deshalb will ich nicht durch die Flucht vor dem Unglück und den Leiden dieser Welt zuschanden-werden.'

Die zweite jedoch trug ein weißes Gewand; es war aber ein wenig verblichen. Im rechten Arm hielt sie ein Kreuz mit der Gestalt des Erlösers und neigte ihr Haupt darüber. Und sie sprach: ‚Dieses Kind erduldete in dieser Welt viel Elend; daher will ich immer weinen und trauern um der Freude des ewigen Lebens willen, zu dem die guten Schafe durch den edlen Gottessohn geführt werden sollen.'

Und ich erkannte, daß alle diese erwähnten Gestalten ihre Worte aus dem Geheimnis Gottes zur Ermahnung der Menschen sprachen.

Darauf redete der Thronende, der mir das alles zeigte, wiederum zu mir.

1. Die göttlichen Tugenden, die unter dem Gesetz keimen, bringen unter dem neuen Gesetz reiche Frucht

Durch die Kraft und Beständigkeit des göttlichen Willens begannen im Alten Testament die göttlichen Tugenden langsam zu sprossen, doch sie boten dort noch nicht den vollen süßen und lieblichen Geschmack für die, welche sie gleichsam unbewußt pflegten; denn damals wies die Strenge des Gesetzes nur die Sünder scharf zurecht. Später aber unter dem neuen Gesetz brachten sie durch die Gnade Gottes reiche Frucht hervor und boten den Hungernden in der Liebe zum Himmlischen eine kräftige und vollkommene Nahrung von größter Süßigkeit, während sie vorher — wie erwähnt — eine verborgene Andeutung und ein Zeichen für Künftiges waren. Das zeigt auch dieses wunderbare Geschehen mit seinen Begleitumständen.

Denn dieser Turm, den du ungefähr in der Mitte des besagten leuchtenden Teils der Mauer des erwähnten Gebäudes stehen siehst, hat die Bedeutung eines Vorläufers des göttlichen Willens, der sich in der Beschneidung in vielfacher Weise und mit verschiedenen Hinweisen kundtat. So deutete Gott im Zeichen dieser Beschneidung das Gesetz, und durch das Gesetz die Gnade der Frohbotschaft an. Denn als sich der Glaube am getreuen Abraham offenbart hatte, erhob sich in ihm auch die Beschneidung als geheimnisvolles und wahrhaftiges Vorbild. Durch göttliche Macht erstanden nämlich starke Tugendkräfte; sie begannen in Abraham gleichsam in der Mitte der Ausdehnung der spekulativen Erkenntnis der beiden Beweggründe, unter dem Schutz der zuverlässigen Güte des himmlischen Vaters. Später sollten sie sich nach dem Willen Gottes offen zeigen und bildhaft andeuten, was Gott tun wollte, bevor er es im Werk augenscheinlich kundtat.

Er ist eisenfarbig und von außen an die Mauer angebaut. Das ist die starke und unbesiegbare Gerechtigkeit Gottes, die sich durch die Beschneidung, die äußerlich auf fleischliche Weise stattfand (se formavit), in der spekulativen Erkenntnis gleichsam von außen zeigt. Mit den seligen Tugenden wird sie geistigerweise (in spiritalis) auf die geistige Mauer gesetzt, die Gott in den Menschen errichet.

2. In den Menschen wirken nach dem Willen Gottes die Tugendkräfte

Und dieser Turm ist vier Ellen breit, denn diese Tugenden wirken nach dem Willen Gottes im Menschen, der unter der Einwirkung von vier Elementen steht, die sein leibliches Leben erhalten. *Und sieben Ellen hoch,* weil in der Erhabenheit der sieben Gaben des Heiligen Geistes eine so große Festigkeit liegt, wie sie ein Turmbau aufweist, so daß aus ihr in der Menschwerdung meines Sohnes, die in der Beschneidung des Alten Testaments vorgebildet war, die Kirche hervorging.

3. Vom Standort der Liebe zum Himmlischen, der Zucht, der Ehrfurcht, der Barmherzigkeit und des Sieges und was er bezeichnet

Daß *du* aber *in ihm fünf Gestalten erblickst und sie jede für sich unter einem eigenen Bogen stehen, über dem sich gleichsam eine Turmspitze erhebt,* bedeutet: An diesem Turm, d. h. an der Kraft der Beschneidung, hingen fünf starke Tugenden: keine Tugend besteht nämlich aus eigener Lebenskraft, sondern sie ist nur ein leuchtendheller Schein, der von Gott her im Werk des Menschen aufstrahlt. Denn der Mensch wird mit den Tugenden gekrönt (perficitur), weil sie das Werk des in Gott wirkenden Menschen sind (opus operantis hominis in Deo). Deshalb stehen diese fünf Tugenden als Sinnbild für die fünf Sinne des Menschen auf diesem Turm. Denn mit großem Eifer strecken sie sich nach der Beschneidung aus und entfernen von ihr die Ungerechtigkeit, wie auch die fünf Sinne des Menschen in der Kirche durch die Taufe beschnitten werden; dennoch wirken sie in den Menschen nicht aus sich selbst. Der Mensch wirkt nämlich mit ihnen und sie mit dem Menschen, wie auch die fünf Sinne nicht aus sich selbst, sondern der Mensch mit ihnen und sie mit dem Menschen wirken, so daß sie sich gegenseitig befruchten. Und sie mühen sich jede für sich mit großem Eifer ab, d. h. sie haben bei jeder Amtswürde eine Turmspitze über sich, nämlich die hervorragende und wohlgeordnete Würde starker Standhaftigkeit (virtuosae constantiae).

Und die erste Gestalt blickt nach Osten, denn diese Tugend schaut mit Seufzern der Liebe auf den Sohn Gottes; wenn er kommt, soll er dasjenige über das ewige Leben verkünden, was die Beschneidung im Verborgenen besaß.

Die zweite aber sieht nach Nordosten, denn sie betrachtete die östliche und nördliche Seite; in großer Zucht schaut sie auf Gott gleichsam nach Osten, indem sie unangebrachte, zuchtlose Ausgelassenheit verwirft, nämlich Ehrfurchtlosigkeit gegenüber Gott, und sie ist unwillig, daß in jenem — gleichsam nördlichen Volk — das Gesetz Gottes nicht in Ehre gehalten wurde.

Die dritte richtet sich jedoch nach Norden, denn sie streckt äußerst tapfer durch ihre Verachtung die überbordende Unzucht nieder und schützt sich selbst vor ihr auf gesetzliche Anordnung.

Die vierte aber wendet sich zur Säule des Wortes Gottes, an deren Fuß der Patriarch Abraham sitzt. Sie nämlich drehte sich um und hing der Menschwerdung des Gottessohnes an, die Abraham wie im Fundament mit einem Vorzeichen von wunderbarer Tiefsinnigkeit berührte, als sich der Widder in den Dornen verfing.

Die fünfte aber blickt zum Turm der Kirche und auf die Menschen, welche in diesem Gebäude hin- und herlaufen. Denn sie erhob sich siegreich, um alle Ungerechtigkeit, die in Adam erstand, zu vernichten. Sie blickte auf die Stärke der Kirche, um siegreich gegen die Laster des Teufels zu kämpfen, und auf die Menschen, die sich in ihr in vielen verschiedenen Sitten ergehen; sie zeigt ihnen, indem sie ihnen vor dem Eifer Gottes Schrecken einjagt, daß sie rechtschaffene Schafe bleiben sollen.

4. Von ihrem Gewand und was es bezeichnet

Daß *sie sich* aber *in einer Beziehung gleichen*, heißt: Sie verehren Gott in gleicher Hingabe mit menschlichen Werken. Denn *sie tragen alle lediglich seidene Gewänder*, weil jede dieser Tugenden Süße und Annehmlichkeit in sich trägt; und die Menschen belasten sich nicht mit ihnen und engen sich nicht ein. Wie vielmehr Balsam lieblich von seiner Staude träufelt, so wirken sie sanft in den Menschenherzen den süßen Geschmack am Himmelreich, ohne Schmutz und Druck von Ungerechtigkeit. *Und sie tragen weiße Schuhe*, weil sie aufrichtig meiner Gerechtigkeit im Licht (in albedine) des himmlischen Reiches folgen, an der Unterwerfung unter den Teufel vorübergehen und seine Spuren unter den Menschen gänzlich vernichten (conculcantes).

Doch die fünfte Tugend scheint ganz von einer Rüstung umgeben zu sein, denn sie blickt auf die Kirche, in der sehr tapfere Kämpfe gegen die teuflischen Laster ausgetragen werden; überall in ihr breitet sich ihr Sieg in der überaus kostbaren Rüstung der unbesiegbaren Kraft Gottes aus, die im Vorübergehen alle Ungerechtigkeit zur Beschämung des teuflischen Betrügers (fraudis) tötet. Daß aber *die zweite und dritte unbedeckten Hauptes sind und das helle Haar lose herabhängt*, bedeutet: Sie erlegen sich aus Liebe zu mir keine harte Arbeit (supplicium laboris) noch die Last des Reichtums oder der Begierde auf, sondern erschließen mir mit unbedecktem Haupt — d. h. durch ihre Gewissenseröffnung — ihr Geheimnis. Sie brennen immer in Liebe zu mir, während sie alle Verwirrung und Ausgelassenheit der fleischlichen Begierde von sich werfen. Das beginnen sie mit den hellen Haaren, d. h. in heiterer Gesinnung, die sich nach guten Werken sehnt.

Und sie haben keinen Mantel, denn sie werfen die heidnischen Gebräuche mit der Schamlosigkeit und Gemeinheit des Teufels und allen weltlichen Sorgen von sich, weil die Weisheit dieser Welt bei Gott Torheit ist.

Die erste, dritte und vierte jedoch tragen weiße Tuniken, d. h. sie ergreifen die Unschuld, welche die Menschwerdung meines Sohnes, der den Menschen dem Tod entzog und ihn in der Erlösung mit Leben bekleidete, in lieblicher Keuschheit andeutet. Daß *sie sich auch unterscheiden*, besagt: ihre Kraft liegt wechselseitig in der Gabe des heiligen Geistes, weil eine Tugend dieses Werkzeug der Seele besitzt, jene ein anderes, und dennoch dasselbe Verlangen in Gott besteht, so daß mit ihnen das himmlische Jerusalem vollkommen aufgebaut wird. Denn sie sind das Werk, welches die Menschen wirken und durch das sie zu Gott gelangen.

5. Insbesondere von der Liebe zum Himmlischen, ihrem Gewand und was es bezeichnet

Deshalb bezeichnet *diese erste Gestalt* die himmlische Liebe, denn sie muß vor jeder Sorge in den Menschen wohnen (inesse). *Sie trägt auf ihrem Haupt eine Bischofsmitra und hat gelöstes helles Haar.* Sie ist nämlich herrlich (valde) im Hohenpriester Jesus Christus gekrönt und in den Hohenpriestern des Alten Testaments und in denen, die zum Gottessohn sprechen: ‚Würdest du doch die Himmel zerreißen und herabsteigen!' Sie steht unbedeckten Haars; es zeigt sich hell und ohne frauliche Verschleierung und deutet damit darauf hin, daß das Priesteramt von ehelicher Verpflichtung bei der Ankunft meines Sohnes freizuhalten war. Dieser soll von den Priestern um der Erlösung willen in Keuschheit nachgeahmt werden, weil sie der vollkommenen himmlischen Liebe immer so anhangen sollen, daß sie die schlechten Lebensgewohnheiten der Menschen der Ansteckung mit der Sünde entreißen und als heller und glänzender Anteil an der geistlichen Gabe Gottes hervortreten. Sie ist auch *mit einem weißen Mantel angetan, der an den beiden unteren Säumen mit Purpur besetzt ist.* Das heißt: Die Gnade Gottes umgab sie mit dem Schimmer der Sanftmut, untersetzt und geschmückt mit schönen Ornamenten der Liebe an den Grenzen ihrer Verteidigung; denn zur Vollendung eines jeden guten Werkes gehört es (inesse debet), die göttliche Gnade zu ergreifen; sie besteht aus zwei Teilen, nämlich in der Tugend der Gottes- und Nächstenliebe. Daß *sie* aber *in der Rechten Lilien und andere Blumen trägt,* bedeutet: Im guten Werk gewinnt sie den reinen Lohn von Lilien des ewigen Lebens und die Klarheit des ewigen Lichts und andere Blumen der Heiligkeit, die sich ihm zugesellen und sich mit ihm in himmlischer Liebe vereinigen.

In der Linken jedoch *trägt sie eine Palme,* d. h. in der Erinnerung an den Tod erwächst eine Palme aus dem Geheimnis der seligen Tugend, durch die sie den Tod gleichsam mit Steinhagel vernichtet, wie sie auch mit ihren Worten an die Söhne Gottes kundtut, wie schon gesagt wurde.

6. Insbesondere von der Zucht, ihrem Gewand und was es bezeichnet

Die zweite aber stellt die Zucht vor, denn nach der Liebe zum himmlischen Leben wird die Beherrschung der fleischlichen Begierde in der Zucht großer Zerknirschung sichtbar. *Sie ist mit einer purpurroten Tunika bekleidet,* weil sie in den Menschen mit meinem Gesetz und der Abtötung des Fleisches umgeben ist. Das zeigt das Beispiel meines Sohnes im Purpurgewand; so wurde mein Sohn in der Liebe, die auf jede Weise in ihm wirksam war, aus der Jungfrau geboren. *Sie ist gleichsam eine jugendliche Gestalt, die noch nicht zum Vollalter gelangt ist, doch von würdigem Aussehen.* Denn in der kindlichen Furcht liegt immer Zucht, wie ein streng erzogener Knabe seinen Lehrer in der Schule (sub magistratione) fürchtet. Deshalb bin ich, der Allmächtige, immer ein Lehrer der Zucht, denn sie ist mir gegenüber gleichsam noch nicht erwachsen, denn sie will nicht machtvoll kraft ihres Eigenwillens sein, sondern immer in großer Zucht der Ehrfurcht gläubig fürchten, wie sie auch in den oben erwähnten Worten bekundet.

7. Insbesondere von der Ehrfurcht, ihrem Gewand und was es bezeichnet

Die dritte jedoch macht die Ehrfurcht deutlich, denn nach der Zucht erhebt sich keusche Ehrfurcht, welche die Verwirrung der Sünde von sich wegtreibt. Daher *bedeckt sie auch ihr Gesicht mit dem langen weißen Ärmel ihrer rechten Hand,* denn sie schützt ihr inneres Bewußtsein, gleichsam das Antlitz der Seele, flieht die Unzucht und teuflische Befleckung und verteidigt sich mit dem leuchtendweißen Kleid der Unschuld und Keuschheit an ihrer Rechten, d. h. in ihrem heilbringenden Werk. Denn kraftvoll ist sie verbunden mit der Verachtung aller Gemeinheit des Satans, den sie gänzlich von sich weist, wie sie auch in den erwähnten mahnenden Worten bekundet.

8. Insbesondere von der Barmherzigkeit, ihrem Gewand und was es bezeichnet

Die vierte aber bezeichnet die Barmherzigkeit, denn nach der Ehrfurcht erhebt sich die Tugend der Barmherzigkeit gegen die Bedürftigen. Auch im Herzen des ewigen Vaters ist nämlich die wahre Barmherzigkeit seiner Gnade. Denn durch sie hat er in seinem alten Ratschluß bestimmt, was er zuerst barmherzig an Abraham in der Beschneidung aufgezeigt hat. Er führte ihn aus seinem Land heraus und schrieb ihm und seinem Geschlecht die Beschneidung vor, als er ihm große Wunder in der wahren Dreifaltigkeit zeigte. Durch sie ließ er ihn in bildhaftem Umriß seinen Sohn vorauserkennen; sie ist die Vollendung der Barmherzigkeit, deren Vorbild Abraham bei der Opferung Isaaks wurde.

Und sie hat nach Frauenart das Haupt mit einem weißen Schleier verschleiert. Das ist die Hülle und der Beginn der Erlösung, gleichsam das Haupt des

Erbarmers, der die Seelen aus der Verbannung des Todes unter der durchsichtigen liebevollen Verhüllung zurückführt. Denn es macht die Seelen weiß und den Menschen strahlend, wenn er von Gott mit Barmherzigkeit bedeckt wird. Jenen Menschen nämlich, welche Gottes unwürdig sind, solange sie sich noch in sündigem Zustand befinden, leuchtet sie wie ein liebkosender, angenehmer Sonnenstrahl auf, wenn ihnen vom Himmel das Erbarmen zuteil geworden ist. Denn die Barmherzigkeit ist in ihrer weiblichen Gestalt eine überaus fruchtbare Mutter der verlorengegangenen (de perditione) Seelen. Wie nämlich die Frau ihr Haupt bedeckt, so vernichtet die Barmherzigkeit den Tod der Seelen. Und wie die Frau anziehender als der Mann ist, so ist die Barmherzigkeit lieblicher als die tobenden Laster des wahnsinnigen Sünders, bevor sein Herz von Gott heimgesucht wird. So tritt auch diese Tugendkraft in weiblicher Gestalt auf, weil sich die liebliche Barmherzigkeit, in der weiblichen Keuschheit von jungfräulicher Materie umgeben, im Leib Mariens erhob. Sie war im Vater immer verhüllt, bis der Vater sie durch den Heiligen Geist im Schoß der Jungfrau sichtbar kundtat.

Und sie ist in einen safrangelben Mantel gehüllt. Sie ist nämlich von der strahlendsten Sonne umgeben; diese ist das Zeichen für meinen Sohn, der vom Himmel auf die Welt niederstrahlt wie Sonnenschein auf die Erde. Denn mein Sohn ist die wahre Sonne, welche die Welt mit der Heiligkeit der Kirche erleuchtet.

Auf der Brust trägt sie aber das Bild meines Eingeborenen. Das heißt: Ich wendete meinen Sohn der Gesinnung der Barmherzigkeit zu, als ich ihn in den Schoß der Jungfrau Maria sandte.

Deshalb *steht auch auf der Brust dieser Tugend die Umschrift:* ‚Durch das herzliche Erbarmen unseres Gottes, mit dem er uns im Aufgang aus der Höhe heimgesucht hat.' (Lk. 1,78) Was heißt das? Überall im Umkreis meiner Macht tut sich im geheimen Wissen des Herzens der Barmherzigkeit kund, daß mein Sohn das wahre Erbarmen ist. Auf welche Weise? Wie in den Worten meines Dieners Zacharias vorhergesagt wurde. Er spricht im Evangelium: ‚Durch das herzliche Erbarmen unseres Gottes, mit dem er uns im Aufgang aus der Höhe heimgesucht hat.' Das ist so: Durch das herzliche väterliche Erbarmen geschieht (est) Erlösung; denn es war im Herzen des Vaters verborgen — wie die Eingeweide im Menschen — daß mein Sohn am Ende der Zeiten Fleisch werden sollte. Dadurch suchte Gott die Menschen heim. Wie? Im himmlischen Brot nämlich, das sein Sohn ist, im Fleisch, aus der Jungfrau Maria geboren. Es kam aus der Höhe, d. h. er ging vom Herzen des Vaters aus und erwies denen, die ihn suchten, die größte Barmherzigkeit. So tröstet auch diese Tugend mit ihren oben erwähnten Worten die Kinder Gottes.

9. Insbesondere vom Sieg, seinem Gewand und was es bezeichnet

Die fünfte Gestalt aber stellt den Sieg dar. Denn nach dem Erbarmen, das ich in der Beschneidung erzeigte, erhob sich, als ich meinen Sohn in die Welt senden wollte, in dieser Beschneidung der Sieg. Er schritt mit größerer Kraft bis zu meinem Sohn voran und mit ihm bis zum Jüngsten Tag. Denn in meinem Sohn besiegte ich die alte Schlange, die sich über sein Haupt erhob, das Menschengeschlecht durch tausenderlei Bosheit mit sich riß und es durch sie wie mit einer Kette umschlang. Dann besiegte mein Eingeborener — die Blüte aller Tugenden — diese Bosheit durch alle Kriegswaffen, die sich in seiner Menschwerdung erhoben. Was bedeutet das? Nach der Barmherzigkeit erhebt sich der Sieg, wenn der Mensch sich selbst und fremde Laster besiegt. Wieso? Unter den erwähnten fünf Tugenden ist die erste die Liebe zum Himmlischen. Durch sie nämlich erkennt der Mensch Gott und erkennt ihn an, indem er ihn über alles liebt. Darauf bindet sich der Mensch um dieses Glaubens willen an das Gesetz der Zucht. Aus ihm heraus bezähmt er durch gute und rechte Ehrfurcht Schuld und Sünde (crimina peccandi). Durch diese drei Tugendkräfte also rechtfertigt sich der Mensch in seinem Herzen; daher richtet er seinen Blick auch auf etwas anderes über sich hinaus, d. h. auf die Not seines Nächsten, und sorgt für ihn in allen seinen Drangsalen wie für sich selbst.

Darum erhebt sich der Mensch alsbald mit diesen drei Kräften als äußerst starker Kämpfer. Mit ihnen ist er vollendet und ahmt in seiner Gesinnung barmherzig meinen Sohn, den wahren Samaritan, nach. So überwindet er sieghaft mit den Waffen der ruhmreichsten Tugenden die Kräfte des Teufels, wenn er sich selbst besiegt und seinen Nächsten anleitet (regit). In diesen Tugendkräften tötet er alles Böse, indem er nämlich den Hochmut, der Adam aus dem Paradies vertrieb, von sich wirft.

Und diese Tugend ist mit einem Helm auf dem Kopf ausgestattet. Der Mensch soll nämlich voller geistlicher Begierde zu Gott, dem Haupt aller, aufseufzen, damit er das ewige Heil erlange. *Sie ist auch mit einem Brustpanzer angetan,* damit der Mensch dem Teufel widerstehe und in Gerechtigkeit das Verlangen seiner fleischlichen Begierden zügle; in wahrer Furcht und mit ehrlichem Erschauern ist er Gott unterworfen und fürchtet gläubig seinen strengen Urteilsspurch, wie der von mir ermahnte Psalmist David sagt:

„Deine Blitze erhellten den Erdkreis, die Erde bebte und zitterte" (Ps. 76,19). Das ist so: Deine Wundertaten und Geheimnisse leuchteten wunderbar auf, o Herr des Alls. Wie? Wie der Blitz, der teils sichtbar, teils verborgen ist; denn deine Geheimnisse werden bald erkannt, bald aber sind sie unbekannt. Es gibt nämlich auf der Erde weit und breit kein Volk, das wunderbar nach deinem Willen erschaffen wurde, zu dem nicht auf verschiedene Art und Weise und durch erstaunliche Zeichen wunderbar der Ruhm deiner Herrlichkeit und die Macht deiner Majestät gelangt wäre, auch wenn es das Licht des Glaubens und der Wahrheit noch nicht vollkommen zu seinem Heil erleuchtet hätte. Deshalb wendet sich der Mensch, von schweren Seufzern erschüttert, von seinem Willen ab und gibt — vor dem himmlischen Gericht zitternd — seine Begierden auf. Er hatte sich nämlich früher im irdischen Leben (actibus) unklugerweise selbst vergessen; jetzt aber kehrt er weise zu sich zurück.

Die erwähnte Tugend ist auch mit Beinschienen angetan, um durch körperliche Zucht die Wege des Todes zu fliehen, da ihr der rechte Weg erklärt worden ist. *Sie hat auch Eisenhandschuhe an,* um durch die Beschneidung des Herzens und den richtigen Glauben, mit dem sie an Gott glaubt, die Werke des Teufels zu fliehen und so den Schlingen des grimmigen Feindes zu entgehen. *Auch hält sie in der Linken einen von der Schulter herabhängenden Schild,* weil sie auf der linken Seite, die den teuflischen Kampf gegen den Menschen darstellt, mit der Gnade(nhilfe) der sehr kraftvollen Gebote Gottes umgeben ist. Von ihnen soll der Mensch mit einer so großen Glaubenskraft umgeben und verteidigt werden, daß der Teufel ihn nicht mit seinen Einflüsterungen verderbe und der Mensch sich nicht selbst seinen Lastern unterwerfe, wenn er vom Schutz Gottes von den Schultern an umgeben ist. Die Gnade Gottes verbündet sich nämlich mit der Kraft der Seele, die sich nach Gott ausstreckt, in der Einheit von Gottes- und Nächstenliebe.

Und sie ist mit einem Schwert umgürtet. Der Mensch muß sich nämlich nach der strengen Weisung Gottes durch körperliche Kasteiung züchtigen, und die Bosheit sowohl von sich als auch von den andern entfernen (abscidens).

Ihre rechte Hand umfaßt auch eine Lanze. Das heißt: Der Mensch soll zuversichtlich und kühn (cum fiducia sit audax) in Gott alle Gemeinheit des

Teufels überwinden; das soll er mit dem so starken Frieden des Herrn vollbringen, der die wahre Gerechtigkeit im heftigen Kampf zwischen Teufel und Menschen ist. Ohne die Hilfe Gottes kann er nicht leicht gewonnen werden.

Daß aber *unter ihren Füßen gleichsam ein Löwe mit offenem Rachen liegt,* bezeichnet den Teufel, den der Sieg durch Schritte (pedibus) auf dem rechten Weg des Lebens und der Wahrheit niedergestreckt hat, als der Satan mit harter und bitterer Grausamkeit danach gierte, das Menschengeschlecht zu verschlingen.

Seine ausgestreckte Zunge ist die Absicht dessen, der in fürchterlicher Bosheit glaubte, das von Adam hervorgebrachte Menschengeschlecht gänzlich verschlingen zu können.

Und daß auch *gleichsam ein paar Menschen unter seinen Füßen liegen,* bezeichnet die unter seiner Geschäftigkeit erlahmenden Anhänger (fistulae) des Teufels, die sich dem Beginn alles Bösen zuneigen. Er tritt sie im Eifer Gottes, der in wahrer Gerechtigkeit vorgeht, nieder, weil diese boshaften Machenschaften sich dem Teufel in abweichenden Sitten unterwerfen und ihm dienen.

Einige von ihnen blasen Trompeten. Sie schwelgen im Lärm alles Bösen und toben in leidenschaftlich hochmütigem Zorn vor Haß gegen die göttliche Gerechtigkeit; ein Geschlecht übertrifft nämlich das andere an großem Stolz.

Andere treiben mit spaßhaften Instrumenten Scherz und lärmen, weil sie mit eingebildeten Täuschungen, die sich auf den Teufel beziehen, Betrug üben und hartnäckig in versteckter Ausschweifung hochmütig die Ordnung Gottes anfeinden. *Wieder andere unterhalten sich mit verschiedenen Spielen;* denn sie wälzen sich im Widerspruch und Unflat der Laster, denen sie nach den Gelüsten ihres Verlangens, wie sie es im Innern ersinnen, durch teuflische Hinterlist frönen.

Die Gestalt tritt sie alle mitsamt dem Löwen unter ihre Füße, denn sie vernichtet mit übergroßem Zorn in der Gerechtigkeit Gottes all diese eitlen Künste des Volkes und die Einflüsterungen des Satans. *Und sie durchbohrt sie energisch mit der Lanze, die sie in der Rechten hält.* Mit mutigem Vertrauen auf Gott nämlich stößt sie tapfer durch all diese Unreinheit hindurch, indem sie sie überwindet und schmerzhaft verwundet. Denn

Gott spottet ihrer und erachtet sie für nichts, wie sie selbst in den genannten Worten ihrer Ermahnung aufzeigt.

10. Vom Standort der Geduld und des Seufzens und was er bezeichnet

Daß *du aber innerhalb des Gebäudes — dem Turm zugewandt — zwei weitere Gestalten stehen siehst,* bedeutet: Innerhalb des Werkes, das der Vater durch seinen Sohn gewirkt hat, indem er ihn offen in einer öffentlichen Tat vor Augen stellte, während er in der Beschneidung im Schattenbild in Erscheinung trat, erhoben sich zwei Tugendkräfte. Die eine stellt das Beispiel Christi dar, die andere seine Nachfolge (sequi vestigia). Sie erscheinen in großer Stärke und Ehrwürdigkeit gegenüber dem göttlichen Ratschluß (praecursui voluntatis Dei). Denn sie stellen die Frucht dar, die in der Beschneidung vorgebildet war.

Die eine scheint auf dem Pflaster des Gebäudes gleichsam in einem flammenden Feuerbogen, der innen mit verschiedenen Bildern böser Geister bemalt ist, gegenüber dem erwähnten Turm zu stehen. Denn diese Tugend vollendet sich, indem sie die irdischen Dinge kraft der Güte des Vaters mit Füßen tritt und nach dem Beispiel des Gottessohnes umsichtig an den Begierden des Fleisches vorübergeht. Wieso? Weil sie in großer Tragfähigkeit die Widrigkeiten der Welt durchschreitet, erprobt und gesiebt im Gewölbe, d. h. durch die Überstellung der weltlichen Macht. Diese wirkt feurig durch die Furcht vor dem abschreckenden Stolz, den die teuflische Herde nachahmt, indem sie die inneren Begierden der Seelen der Weltmenschen, die das Fleischliche lieben, zu ihrem Verlangen hinzieht, während auch dieser Bogen selbst sich mittlerweile durch irdische Macht auf vielerlei Weise der Gerechtigkeit entgegenstellt; er widersteht dem wahren Bund, der in Gott errichtet ist. Dies alles überwindet die siegreiche Tugend dennoch mit der Hilfe Gottes in den guten Menschen, obzwar sie sehr von den Nachstellungen des Bösen bekämpft und hart mitgenommen werden.

Die andere jedoch steht ohne Bogen an der Außenseite dieses Bogens. Während nämlich die erste Tugend geduldig die aufgeblähte Macht besiegt, welche ihr viele Qualen bereitete, begibt sich diese Tugend außerhalb dieser Macht: Denn ohne die Schmerzen, die jene erduldete, wird sie gleichsam außerhalb diese Macht geboren, entkommt ihrem Wüten, bleibt aber dennoch in der Nähe, d. h. sie gedenkt der Drangsale, denen sie ihren Ursprung verdankt, ohne den Druck des Gewölbes; denn sie ist frei von der Macht dieser Welt und trägt öffentlich das Kreuz Christi.

Daß aber *beide zuweilen auf den erwähnten Turm blicken*, heißt: Sie sind das vollendete Werk, das im göttlichen Ratschluß vorgebildet wurde, und sie betrachten die Beschneidung des Alten Testaments als den Anfang ihres Ursprungs; dennoch sind sie diesem ihrem Anfang, den sie in der Beschneidung nahmen, entwachsen (maiores existentes). Denn das leuchtende Werk übestrahlt den Beginn der Lehre. *Zuweilen blicken sie auch auf die Menschen, die das Gebäude betreten und verlassen.* Das ist ihre Mahnung im heiligen Geist an die Scharen, die auf dem Weg der Gesetzesgerechtigkeit zu Gott pilgern, und an jene, die sich in teuflischen Lastern befinden und vom rechten Weg abweichen wollen; sie werden daher von ihnen ermahnt, sie im Guten nachzuahmen.

11. Von ihrem Gewand und was es bezeichnet

Auch sie sind mit seidenen Gewändern bekleidet, denn sie besitzen eine solche Anmut, damit der Mensch nicht von Widerwillen in der Drangsal der Verfolgungen niedergedrückt wird. *Und sie sind mit weißen Schleiern, die nach Frauenart um den Kopf gewunden sind, verhüllt.* Es ist nämlich recht, daß der Mensch Gott, seinem Haupt unterworfen ist und ihn immer im hellen Glanz der Liebe um sein Denken legt, so daß er ihn mit Freude und Frohlocken umarmt, wie eine Frau ihren Mann in Furcht und Liebe ehrt, wie Gott es bestimmt hat.

Sie haben aber keine Mäntel an, weil sie frei von aller weltlichen Sorge sind; sie neigen nur dem zu, was in Gott und im künftigen Leben unvergänglich ist. *Sie tragen aber weiße Schuhe*, denn sie leuchten auf den Wegen der Gerechtigkeit durch die Helligkeit ihres Glaubens in den Herzen der Menschen auf, so daß auch sie den Spuren ihres Beispiels folgen.

12. Insbesondere von der Geduld, ihrem Gewand und was es bezeichnet

Die erste Gestalt aber bezeichnet die Geduld. Sie erhob ich in der Stärke Abrahams, d. h. am Beginn des Gehorsams, als er Gott gehorchte. In der Beschneidung bedeutete sie die erste Äußerung des Gehorchens nach dem Fall Adams und war der Vorläufer des mühsamen Gehorsams im wahren Wort, d. h. im Sohn Gottes, wie der Klang dem Wort voraneilt. In der nördlichen Gegend nämlich steht sie der Bosheit und Beunruhigung der alten Schlange gegenüber. *Und sie hat auf ihrem Haupt eine funkelnde dreizackige Krone, die wie ein rötlicher Hyazinth purpurfarben glänzt.*

Denn anfänglich krönte der Glaube an die Heilige Dreifaltigkeit den Geist der Gläubigen gar herrlich (valde). Sie verachteten aus Liebe zu Gott und dem wahren Glauben ihr Fleisch und zögerten nicht, ihr Blut zu vergießen. Denn auch der Gottessohn erschien im Fleisch und besiegte den Tod mit dem Purpur seines Blutes. Es schmückte die Kirche wie mit einem edlen roten Hyazinth mit seiner Zierde. *Sie trägt auch ein weißes Gewand; seine Falten heben sich in grünlicher Färbung davon ab.* Sie bekleidet sich nämlich mit dem Gewand des Werkes Gottes im hellen Schein (in albedine) des ewigen Lichtes. Dieses Gewand hat als Faltenschmuck nämlich Mühsal und Seufzen, das sagt: ‚O, wann werde ich zum Anblick des wahren Lichtes gelangen!' Im gegenwärtigen Leben ist dieses Verlangen glücklicherweise im schattenhaften Vorbild vorhanden. Damit werden die Widerwärtigkeiten der Gläubigen geziert, deren Grünkraft der Seele von vielem Unheil verfärbt worden ist, wenn sie um Gottes willen das alles geduldig ertragen, wie auch diese Tugend in den erwähnten Worten verdeutlicht.

13. Insbesondere vom Seufzen, seinem Gewand und was es bezeichnet

Die zweite Gestalt aber stellt das Seufzen dar. Denn nach der Geduld in Widerwärtigkeiten erhebt sich in meinen Auserwählten das Seufzen zur Erinnerung an das Leben. Es steigt auf, um mich zu erinnern, daß ich meinen Sohn wegen des Seufzens meines Volkes aus meinem Herzen gesandt habe. Denn im Alten und im Neuen Testament besaß und besitzt mein Volk diese Erinnerung der Seele (mentis), welche das Seufzen zu ihrem Trauerschmuck nimmt; sie ist nämlich die wahre Herzenszerknirschung. Deshalb steht sie auch in der nördlichen Gegend, um der zügellosen Unreinheit der teuflischen Nachstellung zu widerstehen. *Und sie trägt ein weißes Gewand; es ist aber ein wenig verblichen.* Denn sie ist im Glanz des Glaubens mit guten Werken umgeben, der jedoch ein getrübtes Weiß zeigt, weil sie immer nach der ewigen Glückseligkeit seufzt und weint. Daß *sie* aber *im rechten Arm ein Kreuz mit der Gestalt des Erlösers hält und ihr Haupt darüber neigt,* bedeutet: Mit der Rechten, d. h. mit dem richtigen Teil ihres tapferen Tuns, umarmt sie das Leiden meines Sohnes. Mit aller Sehnsucht ihrer Absicht lechzt sie danach und neigt sich über ihn, indem sie ihn in Leiden und Drangsal nachahmt, wie sie auch in den erwähnten Worten ihrer Ermahnung zeigt.

Darum siehst du auch, daß alle diese erwähnten Gestalten ihre Worte aus dem Geheimnis Gottes zur Ermahnung der Menschen sprechen; denn in allen Tugendkräften lehrt die Güte Gottes, indem sie den Geist der Menschen (populorum) in liebreicher und angenehmer Weise ermuntert, das Böse aufzugeben und sich zum Guten emporzurichten.

Wer aber scharfe Ohren zum inneren Verständnis besitzt, der lechze in leidenschaftlicher Liebe zu meinem Abbild nach diesen Worten und schreibe sie ins Gewissen seiner Seele ein.

Post hec ui
di. Et ecce quasi
in medio lon
gitudinis
predicte luci
de partis mu
ri designati
edificii. stabat uelut turris fer
rei coloris. ipsi muro exterius im
posita latitudinis quattuor cu
bitorum. et altitudinis septem cubi
torum. in qua conspexi quinque imagi
nes singulariter stantes in singulo
arcu. desuper quasi turritum conum
habente. quarum prima respiciebat ad
orientem. secunda autem ad aquilonem. tercia
uero ad septentrionem. et quarta ad colum
nam uerbi dei in cuius radice abraham
patriarcha residebat. ac quinta ad tur
rim ecclesie. et ad illos homines qui in
ipso edificio huc et illuc discurre
bant. Similitudo autem una erat eis
in hoc. Singule earum uestite erant
solummodo quasi singulis uestibus sericeis. et
calciate calciamentis albis. excepta quin
ta que ex omni parte armata uide
batur. Secunda uero et tercia. erant nudo ca
pite dissoluta coma et alba. caren
tes amictu palliorum. Prima autem
et tercia ac quarta. induite erant tu
nicis albis. Sed dissimilitudo ex hoc
erat eis. Prima imago gestabat
in capite suo pontificalem infulam.
sparsis capillis et albis. induta quasi
pallio albo. interius in duabus oris ipsius
purpura contexto. In dextera uero
habebat lilia et alios flores. in sinis
tra autem palmam. Et dixit. O dulcis
uita et o dulcis amplexio eterne uite.
et o beata felicitas in qua sunt eterna

Die Abschnitte der 4. Vision des 3. Teils

1. Als die Strenge des Gesetzes in der Menschwerdung des Wortes Gottes gemildert (dulcorata) war, zeigten sich starke (virtuosae) Tugenden
2. Die Patriarchen deuteten geheimnisvoll an, daß das Gesetz nahe bevorstehe
3. Der Stärke Gottes kann kein Stolz widerstehen
4. Die Gerechtigkeit Gottes ist zu fürchten und die Größe übertrifft alle Geschöpfe
5. Das Wort Gottes hat drei scharfe Schneiden; das alte Gesetz, die neue Gnade und die Ausleger der heiligen Bücher
6. Über die anfängliche Erkenntnis des göttlichen Gesetzes, die Wirksamkeit des Evangeliums und die außerordentliche Weisheit der ersten Lehrer
7. Gott dehnte die Zeit der Patriarchen und Propheten vom Beginn des Gesetzes bis zur Offenbarung seines Sohnes aus
8. Die Patriarchen und Propheten ehrten die Lehre des Evangeliums und staunten über die Menschwerdung des Gottessohnes
9. Das Wort Gottes hielt sich in vorgebildeter Gestalt (per typum praefigurationis) in den Seelen der Altvorderen vom ersten bis zum letzten Erwählten verborgen
10. Die Lehre des Sohnes geht vom Vater aus und kehrt zum Vater zurück; sie ergießt sich in die Frucht des Segens und gelangt so zu den Kirchenlehrern
11. Bei der Predigt Christi wurden Apostel, Märtyrer und andere Auserwählte geschaffen
12. Nach der Verbreitung des Evangeliums wurde unter den Menschen die Weisheit der Heiligen Schrift verbreitet; anfänglich war das Interesse daran nicht groß und am Ende, da die Liebe vieler erkaltet war, schwach
13. Der Mensch sollte zu Beginn eines guten Werkes bedächtig sein, mitten darin stark und beständig und zum Schluß demütig
14. Die Mysterien des Gottessohnes im abgrundtiefen Geheimnis des Vaters, welche im Alten und Neuen Testament verkündet wurden, offenbarte die Gnade des Heiligen Geistes; das wird dem staubgeborenen (cinereo) Menschen nur im Schattenbild gezeigt
15. Von der Erkenntnis Gottes, ihrem Standort und was er bezeichnet
16. Daß sie von Engeln umgeben ist und warum sie beflügelt sind
17. Von denen, die als herbeigeführte Schafe gelten
18. Gott züchtigt manche mit milderer, manche mit kräftigerer Geißel; einige mit größter Qual an Geist und Leib

19. Beispiel vom Pharao, von Moses und von Aaron zu diesem Thema
20. Von der Art und Weise der Strafen und Tröstungen Gottes, der auf die Wege der Menschen blickt
21. Worte der Weisheit Salomons
22. Warum das Erkennen Gottes die Menschen mit einem neuen Gewand bekleidet sieht

4. Vision des 3. Teils

Die Säule des Wortes Gottes

Dann sah ich jenseits des erwähnten Turmes des göttlichen Ratschlusses, aber nur eine Elle von der Ecke entfernt, die nach Norden zeigt, etwas wie eine stahlfarbene Säule. Sie war außen an den erwähnten leuchtenden Teil der Mauer des Gebäudes angebaut, sehr schrecklich anzusehen und von solcher Stärke und Höhe, daß ich unmöglich ihr Maß beurteilen konnte. Und diese Säule hatte von unten bis oben drei scharfe Kanten wie ein Schwert. Die erste blickte nach Osten, die zweite aber nach Norden und die dritte nach Süden; sie berührte die Gebäude ein wenig an der Außenseite.

Aus der nach Osten gerichteten Kante jedoch wuchsen von der Wurzel bis zu ihrem Wipfel Zweige hervor. Nahe an der Wurzel sah ich auf dem ersten Ast Abraham sitzen, auf dem zweiten aber Moses und auf dem dritten Josue; dann folgten die übrigen Patriarchen und Propheten. So saßen sie übereinander, jeder auf seinem eigenen Ast, in der zeitlichen Reihenfolge angeordnet, wie sie auf dieser Welt einander gefolgt waren. Sie alle hatten sich der nach Norden schauenden Kante dieser Säule zugewandt und bestaunten, was sie im Geist an Zukünftigem an ihr erblickten.

Doch zwischen den beiden Kanten, nämlich der nach Osten und der nach Norden gerichteten, bot sich die Säule dem Anblick der Patriarchen und Propheten von unten nach oben wie gedrechselt und abgerundet voller Runzeln dar, wie gewöhnlich aus der Baumrinde ein Sproß wächst.

Von der zweiten Kante jedoch, die nach Norden blickte, ging ein Schein von wunderbarer Helligkeit aus, der sich ausbreitete und an der nach Süden gerichteten Kante reflektierte. In diesem Glanz, der sich derart weit ausbreitete, erblickte ich Apostel, Märtyrer, Bekenner, Jungfrauen und viele andere Heilige, die sich in großer Freude ergingen.

Die dritte Kante jedoch, die nach Süden blickte, war in der Mitte erweitert und breit, unten aber und oben ein wenig zierlicher und schmäler, wie ein gespannter Bogen, mit dem man Pfeile abschießt. An der Spitze der Säule aber sah ich einen solchen Lichtglanz, daß es eine menschliche Zunge nicht auszudrücken vermag. In ihm erschien eine Taube, die in ihrem Schnabel einen goldenen Strahl trug. Er beleuchtete die Säule mit hellem Schein.

»Als ich hinschaute, vernahm ich vom Himmel eine Stimme, die mich sehr erschreckte, zurückwies und sprach: ‚Was du siehst, ist göttlich.' Diese Stimme ließ mich derart erzittern, daß ich nicht weiter hinzuschauen wagte.«

Ich sah dann auch innerhalb des besagten Gebäudes etwas wie eine Gestalt vor derselben Säule auf dem Pflaster dieses Gebäudes stehen. Sie betrachtete abwechselnd die Säule selbst und auch die Menschen, welche in dem Gebäude umherliefen. Die Gestalt jedoch funkelte und strahlte so sehr, daß ich wegen des hellen Glanzes, der in ihr leuchtete, weder ihr Antlitz noch die Gewänder, mit denen sie bekleidet war, betrachten konnte; ich sah nur, daß sie wie die übrigen Tugenden in Menschengestalt erschien.

Um sie herum erblickte ich eine Schar überaus schöner engelhafter Wesen. Sie trugen Flügel und standen so ehrfürchtig da, als ob sie jene fürchteten und liebten. Ich sah jedoch vor ihrem Angesicht eine andere Schar menschlicher Gestalten in dunklem Gewand erscheinen; sie stand in großer Beklemmung und Angst da.

Und die besagte Gestalt blickte auf die Menschen, welche aus der Welt kamen und in diesem Gebäude mit einem neuen Gewand bekleidet wurden.

Sie sprach zu jedem von ihnen: ‚Bedenke, was für ein Gewand du angezogen hast, und vergiß nicht deines Schöpfers, der dich erschuf.' Als ich mich darüber wunderte, sprach der Thronende wiederum zu mir.

1. Als die Strenge des Gesetzes in der Menschwerdung des Wortes Gottes gemildert war, zeigten sich starke Tugenden

Das Wort Gottes, durch das alles geschaffen ist, ist selbst vor aller Zeit aus dem Herzen des Vaters gezeugt und wurde später am Ende der Zeiten – wie die alten Heiligen vorausgesagt hatten – aus der Jungfrau Fleisch. Obgleich es die Menschheit annahm, gab es die Gottheit nicht auf, sondern ist mit dem Vater und dem Heiligen Geist der eine und wahre Gott. Es erfüllte (dulcoravit) die Welt mit seiner Süßigkeit und erleuchtete sie mit dem Strahl seiner Herrlichkeit.

Deshalb bezeichnet auch *die Säule, die du jenseits des erwähnten Turmes des göttlichen Ratschlusses siehst,* das unaussprechliche Geheimnis des Wortes Gottes. Denn im wahren Wort, d. h. im Sohn Gottes, ist alle Gerechtigkeit des Alten und neuen Testaments erfüllt. Das erkannten die getreuen Gläubigen schon zu ihrem Heil durch göttliche Eingebung, als der Sohn des himmlischen Vaters sich würdigte, aus der lieblichen Jungfrau Fleisch anzunehmen. Denn als sich durch den göttlichen Ratschluß zu Beginn der Beschneidung starke Tugendkräfte zeigten, da wurde auch in scharfsinniger Gerechtigkeit das Geheimnis des göttlichen Wortes verkündet. Es drang nämlich durch das Wort der Patriarchen und Propheten ein. Diese sagten voraus, daß das Wort sich mit aller Gerechtigkeit offenbaren müsse, zusammen mit allen Gott zur Verfügung gestellten Hilfsmitteln (administrationibus Deo subiectis) und mit größter Strenge. Diese war der durchgreifenden Gerechtigkeit Gottes benachbart und ließ keine Ungerechtigkeit ungeschoren (illaesam), ohne sie durch die Gesetzesvorschriften abzuschneiden.

2. Die Patriarchen deuteten geheimnisvoll an, daß das Gesetz nahe bevorstehe

Aber nur eine Elle von der Ecke entfernt, die nach Norden schaut, siehst du eine Säule stehen. Das zeigt in der Geschichte und im persönlichen Leben (in humano et singulari curso) die auffallende Nähe der Patriarchen, die in ihren Andeutungen von der scharfsinnigen Gerechtigkeit des göttlichen Wortes sprachen, zum Gesetz, das gleichsam an der nördlichen Seite dem Teufel widersteht.

3. Der Stärke Gottes kann kein Stolz widerstehen

Deshalb ist sie (die Säule) auch stahlfarben und außen an den erwähnten leuchtenden Teil der Mauer dieses Gebäudes angebaut. Die Stärke des göttlichen Wortes ist nämlich unbesieglich und unüberwindbar. Keiner vermag ihr durch vergebliche Empörung oder gemeinen Hochmut zu widerstehen. So waren auch die Altväter durch den Schutz und die Taten der Gerechtigkeit mit der spekulativen Erkenntnis gleichsam äußerlich verbunden und noch nicht gefestigt durch das feurige vollkommene Werk, das sich im Gottessohn erhob; sie deuteten es nur im äußeren Klang ihrer Worte an.

4. Die Gerechtigkeit Gottes ist zu fürchten und die Größe übertrifft alle Geschöpfe

Sie ist auch sehr schrecklich anzusehen. Denn die Gerechtigkeit im Wort Gottes ist für die menschliche Erkenntnis im gottlosen Urteil der ungerechten Richter, die beim gottlosen Gericht nur nach ihrer eigenen Ansicht urteilen, zu fürchten. *Sie ist auch von solcher Stärke und Höhe, daß du unmöglich ihr Maß beurteilen kannst.* Denn das Wort an sich, nämlich der Sohn Gottes, übertrifft in der Größe seiner Herrlichkeit und in der Erhabenheit seiner Gottheit alle Geschöpfe der väterlichen Majestät (in paterna maiestate), so daß kein Mensch im modrigen Fleisch es vollständig betrachten kann.

5. Das Wort Gottes hat drei scharfe Schneiden: das alte Gesetz, die neue Gnade und die Ausleger der heiligen Bücher

Daß aber *diese Säule von unten bis oben drei scharfe Kanten wie ein Schwert hat,* bedeutet: Die Kraft des Wortes Gottes kreist und dreht sich in der Gnade; das Alte Testament deutete an, daß sie sich im Neuen offenbaren sollte und tat sie durch den Heiligen Geist in drei scharfen Schneiden kund: das alte Gesetz, die neue Gnade und die Erläuterung der gläubigen Lehrer. Mit ihrer Hilfe wirkt der heilige Mensch, was recht ist, indem er von seinem ersten Anfang an (initio inceptionis) von unten mit dem Guten beginnt, und so nach oben zur Vollendung strebt wie zu einem Gipfel, wenn er es vollbringt. Denn alles, was gerecht ist, war, ist und besteht in der einfachen (acuta) Gottheit, die alles durchdringt, so daß keine Macht in ihrer Bosheit bestehen kann, die sie herrlich und gütig (suae pietatis gloria) besiegen will.

6. Über die anfängliche Erkenntnis des göttlichen Gesetzes, die Wirksamkeit des Evangeliums und die außerordentliche Weisheit der ersten Lehrer

Und die erste Kante blickt nach Osten, das ist der erste Beginn der Gotteserkenntnis im göttlichen Gesetz vor dem vollen Tag der Gerechtigkeit. *Die zweite aber nach Norden.* Nach dem Beginn des guten geordneten Tuns erhoben sich das Evangelium meines Sohnes und andere Weisungen in mir, dem Vater, gegen die nördliche Gegend, von der alle Ungerechtigkeit ausging. *Die dritte aber nach Süden; sie berührte das Gebäude ein wenig an der Außenseite.* Das ist die durch Werke der Gerechtigkeit bekräftigte, tiefe und außerordentliche Weisheit der ersten Lehrer aus der Glut des Heiligen Geistes. Sie verdeutlichten das in Gesetz und Prophetentum Verhüllte und zeigten den Sproß in den Evangelien auf, den sie für die Erkenntnis fruchtbar machten. Sie berührten im Werk des gütigen Vaters die äußere Materie der Heiligen Schrift und erwogen mit innerer Freude (suaviter ruminantes) ihre mystische Bedeutung.

7. Gott dehnte die Zeit der Patriarchen und Propheten vom Beginn des Gesetzes bis zur Offenbarung seines Sohnes aus

Daß aber *aus der nach Osten gerichteten Kante von der Wurzel bis zum Gipfel Zweige hervorwachsen,* heißt: Am Ursprung der Gotteserkenntnis erschienen durch das Gesetz der Gerechtigkeit gleichsam an der rechten Kante Äste, nämlich die Zeit der Patriarchen und Propheten. Denn die spitz zulaufende Säule der Gottheit dehnte dies alles von der Wurzel, nämlich vom Beginn des Guten in den Herzen ihrer Auserwählten, bis zu ihrem Gipfel, d. h. bis zur Offenbarung des Menschensohnes aus, der die ganze Gerechtigkeit ist.

Deshalb *siehst du* auch *nahe an der Wurzel auf dem ersten Ast Abraham sitzen,* denn mit der höchsten Gottheit endete diese Zeit, welche mit Abraham begonnen hatte, als er im Gehorsam gegen Gott in Gelassenheit des Herzens seine Heimat verließ.

Auf dem zweiten aber Moses. Denn danach erhob sich auf die Eingebung Gottes zu Beginn der Gesetzgebung durch Moses eine Pflanzung, die den Sohn des Allerhöchsten andeutet. *Und auf dem dritten Josue.* Bald darauf wurde er nämlich von Gott inspiriert, im göttlichen Gebot den Wandel nach dem Gesetz Gottes zu stärken und zu festigen.

Und dann siehst du die übrigen Patriarchen und Propheten folgen; sie sitzen so übereinander, jeder auf einem eigenen Ast, in der zeitlichen Reihenfolge angeordnet, wie sie auf dieser Welt einander gefolgt waren. Denn in jedem Zeitabschnitt der nachfolgenden Patriarchen und Propheten hauchte Gott einem jeden von ihnen die Kraft ein, zur Höhe seiner Gebote zu streben, während sie selbst in ihren Tagen geordnet und gesammelt ruhig in der ihnen gezeigten Gerechtigkeit verblieben, gläubig der göttlichen Majestät unterworfen, wie es ihren Zeitverhältnissen entsprach.

8. Die Patriarchen und Propheten ehrten die Lehre des Evangeliums und staunten über die Menschwerdung des Gottessohnes

Sie alle wenden sich der nördlichen Kante der Säule zu und bestaunen, was sie im Geist an Zukünftigem an ihr erblicken. Denn auf die geistliche Ermahnung des Heiligen Geistes wendeten sich alle um und schauten auf die Lehre des Evangeliums von der Kraft des Gottessohnes, der gegen den Teufel kämpfte, sprachen über seine Menschwerdung und staunten darüber, daß er aus dem Herzen des Vaters und dem Schoß der Jungfrau kam und sich durch große Wundertaten in seinem Werk und an denen, die ihm nachfolgten, offenbarte. Sie ahmten ihn in der neuen Gnade staunenswert nach, traten das Vergängliche mit Füßen und eilten (anhelebant) mutig zu den ewigen Freuden.

9. Das Wort Gottes hielt sich in vorgebildeter Gestalt in den Seelen der Altvorderen vom ersten bis zum letzten Erwählten verborgen

Doch daß sich zwischen den beiden Kanten, nämlich der nach Osten und der nach Norden gerichteten, die Säule dem Anblick der Patriarchen und Propheten von unten nach oben wie gedrechselt und abgerundet, voller Runzeln darbietet, wie gewöhnlich aus der Baumrinde ein Sproß wächst, bedeutet: Zwischen den beiden Gipfeln, nämlich zwischen der offenbarten Gotteserkenntnis und der folgenden Lehre meines Sohnes, hielt sich in den Seelen der Altväter, welche in meinen Gesetzen wandelten, zeichenhaft vorgebildet mein eingeborenes (unicum) Wort verborgen, d. h. mein Sohn, geschmückt mit einer mystischen Verzierung (tornatura) vom ersten Auserwählten bis zum letzten Heiligen. Denn er selbst hat seine Werkzeuge gut ausgesucht und gefeilt, indem er sich nämlich allen in der kreisenden Gnade als gütig offenbarte. Das wurde in den Malen der Beschneidung angedeutet; sie war der Schatten des Zukünftigen, da sie den in den hinzugefügten Zeichen der Gesetzesstrenge verborgenen guten Keim der hochheiligen Menschwerdung in sich trug.

10. Die Lehre des Sohnes geht vom Vater aus und kehrt zum Vater zurück; sie ergießt sich in die Frucht des Segens und gelangt so zu den Kirchenlehrern

Daß jedoch von der zweiten Kante, die nach Norden blickt, ein Schein von wunderbarer Helligkeit ausgeht, der sich ausbreitet und an der nach Süden gerichteten Kante reflektiert, bedeutet: Vom andern, nämlich dem Neuen Testament, das dem Teufel entgegengehalten wird, gehen die Worte meines Sohnes aus, die von mir kommen und zu mir zurückkehren. Denn während aus dem Fleisch die Sonne hervorstrahlt, die mein Sohn ist, leuchtet das Licht des heiligen Evangeliums in seiner Predigt auf. Es ergießt sich von ihm und seinen Jüngern in eine Frucht des Segens und wogt zurück zum Quell der Erlösung. So gelangt es bis zu den Meistern (rectores), nämlich den gründlichen Erforschern der Worte des Alten und Neuen Testaments. Sie zeigen, daß die Weisheit in der eigentlichen Sonne, welche die Welt erleuchtet, aufgegangen (erecta) ist, die wie Mittagssonne mit ihrer Kraft heiß (valde) auf ihre Erwählten herniederbrennt.

11. Bei der Predigt Christi wurden Apostel, Märtyrer und andere Auserwählte geschaffen

In diesem Glanz, der sich derart weit ausbreitet, erblickst du Apostel, Märtyrer, Bekenner, Jungfrauen und viele andere Heilige, die sich in großer Freude ergehen. Denn als mein Sohn predigte und das Licht der Wahrheit verbreitete, wurden die Apostel in dem durchdringenden Licht zu Verkündern des wahren Lichts, die Märtyrer starke Soldaten, die gläubig ihr Blut vergossen, und die Bekenner meinem Sohn folgende Diener (officiales). Die Jungfrauen begleiteten den himmlischen Sproß und frohlockten mit meinen anderen Erwählten im Quell der Freude und des Heils, als der Heilige Geist sie durchströmte, damit sie glühend seien und von Tugend zu Tugend schritten (manantes).

12. Nach der Verbreitung des Evangeliums wurde unter den Menschen die Weisheit der Heiligen Schrift verbreitet; anfänglich war das Interesse daran nicht groß und am Ende, da die Liebe vieler erkaltet war, schwach

Daß aber die dritte Kante, die nach Süden blickt, in der Mitte erweitert und breit, unten aber und oben ein wenig zierlicher und schmäler, wie ein gespannter Bogen, mit dem man Pfeile abschießt, ist, bedeutet die Weisheit der Heiligen, die nach der Verbreitung des Evangeliums in der Glut des Heiligen Geistes erglühte. Sie suchten sie in ihrer ganzen Tiefe zu erkennen, um durch sie den typischen Keim der Tiefe zu entdecken, d. h. das, was ihnen vom Wort Gottes begreifbar sein sollte. Sie war nämlich in der Mitte breit, weil nach der Erstarkung und Festigung des Glaubens im christlichen Volk die verbreitete Bedeutung gleichsam in der Mitte lag; sie ging vom

Herzen der heiligen Lehrer aus, welche die unzugängliche Tiefe (profunda asperitas) der Heiligen Schrift erforschten und sie zum Wissen der Vielen machten, die sie belehrten. So erweiterten sie ihr Bewußtsein bei der Verbreitung der Weisheit und Wissenschaft der Heiligen Schrift, die ja am Anfang, gleichsam am unteren Ende der kirchlichen Institution, noch von dürftigerem und geringerem Interesse war. Denn die Völker umarmten sie noch nicht mit solcher Liebe wie später, während auch am Ende der Welt, gleichsam auf ihrem Höhepunkt, der Eifer vieler erkalten wird. So beweisen sie die Liebe zur göttlichen Erkenntnis nicht durch liebendes Tun, sondern sie verbergen ihr Gewissen vor sich selbst, als ob sie das Gute, das sie nur äußerlich wie im Schlaf wahrnehmen, nicht im Werk nachahmen müßten.

13. Der Mensch soll zu Beginn eines guten Werkes bedächtig sein, mitten darin stark und beständig und am Schluß demütig

Und deshalb ist diese Kante in der Mitte sehr breit und rauh. Denn die schwierigen Werke der Gottesverehrung waren von der Verhüllung des Alten Testaments befreit (nudata) und breiteten sich von der anfänglichen Einengung gleichsam zur Mitte hin aus. Das sind die stärksten Tugendkräfte aus größerem Eifer, da das Volk schneller gegen die Bosheit reagierte, d. h. den Teufel mit den Worten Gottes selbst (quae Dei sunt) verwundete, alle seine Laster mit Hilfe der strengen Gerechtigkeit Gottes hinauswarf und zertrat. Schließlich jedoch sank es, nicht auf sein Heil bedacht (in oblivione sui), hinab und wurde mehr eingeengt; gegen Ende der Welt in der Glut des Heiligen Geistes aber wie ein Bogen (lignum) mit Muskelkraft zum Kampf gespannt. Denn der Mensch muß sich mit Seele und Leib gegen die Laster erheben, an beiden Seiten eingeengt und in der Mitte breit dastehen, um beim ersten und letzten Werk besonnen und in großer Furcht und Demut zu sein, und mitten darin stark und beständig die Pfeile der guten Werke, die vom Heiligen Geist verliehen sind (per donum Spiritus Sancti), gegen die Hinterlist des Teufels schleudern. Bei Beginn des Guten ist der Mensch nämlich schwächlicher bezüglich der Tugend, wenn er aber im Vollbringen seines Werkes Gutes wirkt, kräftiger und stärker, weil der Heilige Geist ihn mit seiner Eingießung durchdrang. Im Wirken dieser Tugendkraft kann er jedoch nicht beständig sein. Deshalb wird er gegen Ende des Tuns aus Schwachheit seines Fleisches wiederum weniger tugendstark sein. So muß der Bogen dessen, der sich gegen die teuflischen Laster wehrt, immer gespannt bleiben.

14. Die Mysterien des Gottessohnes im abgrundtiefen Geheimnis des Vaters, welche im Alten und Neuen Testament verkündet wurden, offenbarte die Gnade des Heiligen Geistes; das wird dem staubgeborenen Menschen nur im Schattenbild gezeigt

Daß *du* aber *an der Spitze der Säule einen solchen Lichtglanz siehst, daß es eine menschliche Zunge nicht auszudrücken vermag,* bedeutet: Der himmlische Vater hat in seinem erhabenen und tiefen Geheimnis die Mysterien seines Sohnes verkündet. Dieser geht in hellstem Glanz im Vater auf, aus dem alle Gerechtigkeit hervorgeht — sowohl in der Gesetzesvorschrift, als auch im Neuen Testament, das die größte Herrlichkeit der leuchtenden Weisheit darstellt. So ist es keinem staubgeborenen Menschen möglich, das mit irgendeinem Wort auszusprechen, solange er im modernden Fleisch lebt.

Und in ihm erscheint eine Taube, die in ihrem Schnabel einen goldenen Strahl trägt. Er beleuchtet die Säule mit hellem Schein; das ist der feurige Heilige Geist, der im funkelnden Licht des Gottessohnes im Herzen des Vaters aufleuchtet. Durch ihn werden die Mysterien des Sohnes des Allerhöchsten offenbar. Er kommt aus der höchsten Höhe zur Erlösung des Volkes, das von der alten Schlange verführt wurde. Daher haucht der Heilige Geist alle Gesetzesvorschriften und neue Zeugnisse aus; er gibt nämlich das herrliche Gesetz seines Mysteriums vor der Menschwerdung des Herrn und zeigt in derselben Herrlichkeit seine Kraft in der Menschwerdung des Gottessohnes. In seinem unerschöpflichen Aushauchen hat er einen goldenen Glanz, nämlich die besondere und erhabene Erleuchtung seiner Salbung, und eröffnet den alten Verkündigern — wie gesagt — durch das reichliche und großzügige Überströmen die mystischen Geheimnisse des Eingeborenen Gottes. Diese deuteten den Gottessohn geheimnisvoll an und staunten sehr über den auf unaussprechliche Weise aus dem Vater Hervorgehenden und sich wunderbar aus der Morgenröte der ewigen Jungfrau Erhebenden, der auch den Text des Alten Testaments und des Evangeliums im geistlichen Sproß, in welchem sich alle Gerechtigkeit erhob, kraftvoll zum Erglühen brachte. Es ist dir deshalb wegen der unermeßlichen Kraft der Gottheit nicht möglich, die göttliche Herrlichkeit zu schauen, die von keinem sterblichen Menschen gesehen werden kann, es sei denn, daß ich sie, wem ich will, im Schattenbild zeige. Daher hüte auch du dich, dir herauszunehmen, dich verwegen nach dem Göttlichen auszustrecken. Darauf weist auch das Zittern hin, das dich ergreift.

15. Von der Erkenntnis Gottes, ihrem Standort und was er bezeichnet

Daß *du* aber *innerhalb des besagten Gebäudes etwas wie eine Gestalt vor dieser Säule auf dem Pflaster des Gebäudes stehen siehst,* bedeutet: Innerhalb des Werkes Gottes des Vaters zeigt sich diese Tugend zur Erläuterung des Mysteriums des göttlichen Wortes. Denn sie erschließt alle Gerechtigkeit in der Stadt des Allmächtigen, nämlich im Volk des Alten und Neuen Testaments. Sie steht auf dem Pflaster, d. h. über allem Irdischen im Werk des gütigen Vaters; denn alles Irdische unterliegt — wie das Himmlische — seiner Vorsehung.

Daß *sie* aber *abwechselnd die Säule selbst und auch die Menschen, welche in dem Gebäude umherlaufen, betrachtet,* heißt: Sie betrachtet ihr Geheimnis, das die Kraft der Gottheit im Wort Gottes hervorbrachte, und auch die Menschen, welche unter der Güte des Vaters wirken. Und sie untersucht, wer sich zu einer Tat rührt, und wer nicht. Denn sie kennt den Wert (qualitatem) eines jeden seinem Eifer gemäß.

Diese Gestalt aber stellt das Erkennen Gottes dar; denn es sieht alle Menschen voraus, und alles, was im Himmel und auf Erden ist. *Sie funkelt und strahlt so sehr, daß du wegen des hellen Glanzes, der in ihr leuchtet, weder ihr Antlitz noch die Gewänder, mit denen sie bekleidet ist, betrachten kannst.* Denn sie ist furchtbar und schrecklich (terribilis in terrore) wie ein drohender (minantis) Blitz, und mild und gütig (lenis in bonitate) wie der Sonnenschein. So ist sie unfaßlich schreckenerregend und mild (zugleich) für die Menschen durch den furchtbaren Glanz der Gottheit auf ihrem Antlitz und durch die Herrlichkeit, die sie gleichsam als Gewand ihrer Schönheit an sich trägt. So kann man der Sonne auch weder ins glühende Angesicht sehen noch sie im schönen Gewand ihrer Strahlen betrachten. Sie ist nämlich überall (apud omnia) und in allen und so schön in ihrem Geheimnis, daß kein Mensch wissen kann, mit wie großer Liebenswürdigkeit sie die Menschen erträgt und sie in undurchschaubarer Barmherzigkeit schont, solange, bis man den felsenharten Stein — den verhärteten, unverbesserlichen Menschen, der keineswegs von seinem bösen Tun ablassen will — in seiner undurchdringlichen Härte nicht mehr durchbohren kann.

Sie erscheint jedoch, wie die übrigen Tugenden in Menschengestalt. Denn Gott schuf den Menschen kraft seiner Güte mit Vernunft, Erkenntnis und Einsicht unermeßlich ausgestattet, damit er ihn mit innigster Liebe umfange, mit größter Hingabe verehre, die Trugbilder der Dämonen verachte und nur den liebe, der ihm eine derart große Ehre zuteilwerden ließ.

16. Daß sie von Engeln umgeben ist und warum sie beflügelt sind

Daß *du* aber *um diese Gestalt herum eine Schar überaus schöner engelhafter Wesen erblickst und sie Flügel tragen und so ehrfürchtig dastehen, als ob sie jene fürchteten und liebten,* bedeutet: Überall verehren die seligen erhabenen Geister in Engelsdiensten die Erkenntnis Gottes mit unaufhörlichem allerreinstem Lob. Der Mensch kann es nicht so würdig vollziehen, solange er noch in der vergänglichen Asche lebt. Sie umarmen Gott in seiner Glut, weil sie lebendiges Licht sind, und sind beflügelt, nicht weil sie Gefieder wie die anderen erschaffenen geflügelten Lebewesen haben, sondern sie flammen durch die Kraft Gottes auf ihrer Bahn auf, als ob sie Flügel hätten. Daher verehren sie mich, den wahren Gott, und verharren in der rechten Furcht und wahren Unterwerfung. Sie wissen um meine Gerichte und brennen in meiner Liebe, weil sie immer mein Angesicht schauen und nichts anderes ersehnen und wünschen, als was ihnen für meine durchdringenden Augen wohlgefällig erscheint.

17. Von denen, die als herbeigeführte Schafe gelten

Daß *du* jedoch *vor ihrem Angesicht eine andere Schar menschlicher Gestalten in dunklem Gewand erscheinen siehst und sie in großer Beklemmung und Angst dasteht,* besagt: Es sind die Menschen, die im Wissen Gottes existieren. Wieso? Der Mensch steht vor dem Auge Gottes in großem Ansehen, wenn er vorhersieht, daß er zu ihm gehört, nachdem er den von sich geworfen hat, der mehr danach strebt, im Verderben zu verharren, als in Gott zu sein. Die Menschen jedoch, welche du in dieser Schar erblickst, gelten als herbeigenötigte (compulsae) Schafe. Sie haben ein menschliches Aussehen wegen der menschlichen Werke und ein dunkles Gewand, das die Unschlüssigkeit bezüglich sündiger Taten andeutet, während sie dennoch, von Angst bedrängt, das Gericht Gottes fürchten. Sie gelten aber deshalb als herbeigenötigte Schafe, weil ich sie auf vielerlei Weise nötige, zum Leben zu gelangen, durch das Blut meines Sohnes vom Tod erlöst. Daher sind auch jene Menschen herbeigenötigte Schafe, die durch viele Drangsale und Mühsale gegen ihren Willen von mir gedrängt werden, die Bosheit aufzugeben, welche sie durch den Willen des eigenen Fleisches in der Blüte ihrer Jugend so lange gern verübten, als sie der Welt anhingen. So wollten sie in der glühenden Leidenschaft verharren, bis die Hitze des Fleisches durch die Abkühlung ihres Alters von ihnen weichen würde. Sie alle halte ich jedoch auf verschiedene Weise in Schranken, wie es mir für sie angemessen scheint, damit sie von ihren Sünden ablassen.

18. Gott züchtigt manche mit milderer, manche mit kräftigerer Geißel; einige mit größter Qual an Geist und Leib

Denn einige von ihnen, in denen die Lust an der Welt (saeculum) nicht mit so starkem Verlangen brennt, züchtige ich nicht mit kräftigerer Geißel, sondern mit einer milderen; denn ich sehe in ihnen nicht eine so große Verbitterung wie in den andern. Sobald sie nämlich mein Mißfallen zu spüren bekommen, verlassen sie sofort schnell ihren Willen und kommen unter Verzicht auf die Pracht der Welt zu mir. Manche aber strafe ich mit kräftigerem Schlag, weil sie so leidenschaftlich und großspurig (per magnanimitatem) bezüglich ihrer sündhaften Fleischeslaster sind, daß sie nicht für mein Reich geeignet wären, wenn sie nicht kräftig von mir bedrängt würden. Meine Erkenntnis sieht sie voraus, erkennt sie und weist sie gemäß der Unmäßigkeit (superfluitas) ihres Leibes in Schranken. Manche wiederum überwinde ich mit größter und stärkster Drangsal und Elend an Seele und Leib, weil sie so widerspenstig und so maßlos im Ausführen der fleischlichen Lust sind, daß sie im Mutwillen ihres Fleisches nicht von den Lastern ablassen würden, wenn sie nicht durch schwerstes Unglück gezüchtigt würden. Ginge es ihnen nämlich nach ihrem Wunsch gut, würden sie sich nicht zu Gott bekehren. Denn worüber einer aus Kleinmütigkeit ganz der Verzweiflung verfällt, darüber macht sich ein anderer in der Großspurigkeit seines Hochmuts lustig; und wodurch dieser von Verzweiflung ganz zunichtegemacht wird, dadurch erfährt jener in seiner satten (in plentitudine) Seele kaum eine Beeinträchtigung (constringitur). Auf diese Weise strafe ich die, welche zu mir gehören, wenn sie sich mir in ihren Werken widersetzen, damit sie, weil ich sie kenne, wenigstens durch das an Leib oder Seele erlittene Unglück angetrieben werden, zu mir zu gelangen, um gerettet zu werden. So trieb auch der eingeschüchterte Pharao schließlich das israelitische Volk zum Auszug aus seinem Land, wie geschrieben steht.

19. Beispiel vom Pharao, von Moses und von Aaron zu diesem Thema

„In der Nacht rief der Pharao Moses und Aaron und sagte: ‚Macht euch auf, zieht weg von meinem Volk, ihr und die Kinder Israels. Geht und opfert dem Herrn, wie ihr sagt. Nehmt, wie erbeten, eure Schafe und Viehherden mit und segnet mich beim Abzug'" (Ex. 12,31—32). Das ist so: Drückende und allerschwerste Verbrechen mit viel Mühsal und Unglück haften dieser Welt an und drücken viele Menschen übermäßig nieder; sie sprechen in ihrem Herzen: ‚Ach, ach, wohin sollen wir fliehen? Und dann vertreiben sie diese Drangsale zankend, d. h. auch diese Menschen selbst beeilen sich, ihnen zu entgehen. Ihr Leib verschmachtet nämlich innerlich unter der harten Geißel in der Hand Gottes und sie können nicht froh in der Lust der Welt leben, weil Gott sie heimsucht. Das ist die Berufung der Gerechten durch allerlei Unglück inmitten der finsteren Werke der Sündennacht.

Daher ruft der Pharao — die teuflischen Laster — im Getöse der Drangsal Moses, d. h. jene Menschen, die Gott mit schweren geistigen oder körperlichen Leiden züchtigt, und Aaron, d. h. jene, die er mit leichteren Widerwärtigkeiten zur nächtlichen Zeit der schlechten Taten zusammenruft, und sagt zu diesen Lastern zur Unterdrückung der menschlichen Begierde: ‚Erhebt euch aus eurer fleischlichen Gewohnheit und zieht aus aus eurer alten Wohnung, die ihr mit uns bewohnt habt. Trennt euch von dem gewöhnlichen Volk, das unser ist, da es uns verehrt; entzieht euch den weltlichen Geschäften, denen wir gern nachgehen (adhaeremus), ihr nämlich, die ihr eingeschüchtert unter uns lebtet, da ihr unsere Gefangenen wart, und die Kinder Gottes mit euch, die ihn sehen und erkennen.

Geht daher einen anderen Weg, wenn ihr uns verlaßt und opfert euch Gott unter den unüberwindlichen Umständen, mit denen ihr uns überwunden habt, auf, wie ihr in euerm Verlangen sagt. Nehmt auch eure Milde und Sanftmut von Lämmern mit, in der es euch hart ankommt, mit uns zu arbeiten — ihr wollt ja in der Nachfolge des Lammes einen anderen Schmerz erdulden — und die siegreichsten Waffen — die starke Herde — mit denen ihr uns besiegt habt und denen wir nicht widerstehen können, in der Erneuerung eures Geistes, die ihr bloß zeigen (habere) wollt. Trennt euch von uns, wie ihr es schon so lange wolltet, als ihr uns eifrig bekämpftet. Zieht in das Vaterland, nach dem ihr in euern Herzen Heimweh habt (qua doletis), ergreift das andere Leben, welches euch von uns wegführt, und preist im Lob Gottes jenen Kampf, durch den ihr den weltlichen Angelegenheiten und Geschäften entkommen seid.'

20. Von der Art und Weise der Strafen und Tröstungen Gottes, der auf die Wege der Menschen blickt

Wie ich, der allmächtige Gott, die erwähnten Schafe antreibe, zu mir überzugehen, so festige ich auch meine Säulen, d. h. die kräftigeren himmlischen Erben, auf dem Fundament meiner Strafe gemäß der Bosheit, mit der sie, in die Sünde verwickelt, beim Einbruch der Übertretung Adams angefeindet werden. Sie könnten nämlich nicht bestehen, wenn ich sie nicht mit meiner Gnade bestärken würde. Einige andere allerdings, die keine so schwere Last der Verfehlungen drückt, züchtige ich mit leichterer Strafe; denn wenn ich sie mit einem schärferen Schlag lähmen würde, fielen sie ganz mutlos (deficiente spiritu) in Verzweiflung, weil sie unter dem Wehen eines heftigeren Sturmes teuflischer Einflüsterung nicht gehalten werden (catenantur).

Ich habe auch andere, die mit einem schwereren Gewicht verschiedener äußerst wilder Sitten und maßloser Begierden vom teuflischen Widersacher (ex pugna diabolica) belastet sind. Sie stehen unter Zucht schwerster Leiden, damit sie nicht meinen Bund verlassen, zu dem sie antreten, mich mit ganzem Verlangen ergreifen und meine Gebote beobachten möchten. Würde ich diese wie die Vorhergehenden mild zurechtweisen, würden sie meine Strafen geringachten, weil sie von der alten Schlange mit schwerstem Kampf angefeindet werden.

Es gibt auch einige vom himmlischen Vaterland Verbannte, die ich nicht kenne, weil sie mich in ihrer habsüchtigen Gesinnung ganz verlassen haben. Sie täuschen sich selbst in raubgieriger Wut und wollen mich weder suchen noch kennen. Sie ersticken vielmehr das gute Verlangen in sich, so daß sie keinerlei Hilfe von mir begehren. Zum Ergötzen ihrer fleischlichen Begierden schwelgen sie nur unersättlich in ihren eigenen Interessen (rebus). Die einen von ihnen tun in Maßlosigkeit und Fleischeslust, was sie wollen; sie sind jedoch nicht sonderlich mit Haß und Neid erfüllt, sondern wälzen sich in behaglicher Wollust und haben Vergnügen und fleischlichen Genuß (suavitatem). Ich überlasse ihnen zu ihrem Glück die Früchte der Erde, damit sie nicht der Armut erliegen. Denn sie sind ja von mir erschaffen und verschlingen mein Volk auch nicht durch ihre Bosheit; deshalb wird ihnen nach ihrem Verlangen zuteil.

Andere jedoch sind von solcher Wildheit und fließen über von Bitterkeit, Galle, Haß und Neid. Sie vergelten Böses mit Bösem und wollen kein ihnen zugefügtes Unrecht ertragen. So würden sie, wenn sie Ansehen und weltlichen Reichtum besäßen, die himmlischen Tugenden in den Menschen zerstören, damit sie sie nicht pflegen. Deshalb entziehe ich ihnen die Früchte und den Reichtum und stürze sie in großes Unglück, damit sie sich nicht zu so großem Übel(tun) erheben können, wie es in ihrer Absicht liegt. Denn sie würden teuflische Werke vollbringen, wenn sie die Möglichkeit dazu hätten.

So begegne ich den Wegen der Menschen, d. h. der guten und der schlechten, mit dem rechten Maß. Ich beurteile ihre Einwilligung gemäß ihren Begierden, die mein Auge sieht. So bezeugt es auch die Weisheit, die durch Salomon spricht.

21. Worte der Weisheit Salomons

„Alle Wege der Menschen liegen offen vor seinen Augen; der Herr ist es, der die Geister beurteilt" (Spr. 16,2). Das ist so: Alle Wege, nach denen der lebendige Geist der Menschen in seiner gegenwärtigen Erkenntnis trachtet, um die er mit der Einsicht kreist, nämlich die tauglichen und fruchtbaren und die hinfälligen, unbrauchbaren, liegen offen vor dem Blick des allmächtigen Gottes. Gott durchblickt alles so, daß durchaus nichts dem Blick seiner Gottheit verborgen bleibt, denn er weiß alles, d. h. er sieht alles so, daß er alle Angelegenheiten richtig ordnet. Wie? Er beurteilt ja die Geister, besänftigt sie mit süßen Liebkosungen und Beruhigungen und weist sie mit der Bedrängnis von Leid und Unglück in Schranken, damit sie zum rechten Maß genötigt werden. Sie können es gegen seinen Willen (contra eum) weder im Laufen noch in der Flucht überschreiten, sondern nur insoweit er es ihren Verdiensten gemäß billigt. Denn ihre Beurteilung besteht darin, daß bei der Untersuchung zu ihrer Vergeltung — sei es in dieser oder in der künftigen Welt — zutagetritt, wie sie Gott verehrt haben.

Daher werden die Geister sogar auch gerecht beurteilt; dadurch nämlich, daß sich die Vernunft des Menschen nicht höher in den Himmel erhebt und nicht tiefer zu Boden gedrückt wird, als Gott es nach gerechtem Urteil zum Ausgleich bestimmt (recompensat). Denn er widersteht ihr so, daß keine noch so mächtige und von jeglichem Gut überfließende Seele sich Gott widersetzen könnte, weil er alles ganz richtig entscheidet. Er stellt ihnen seine Gerechtigkeit entgegen, der sie nicht widerstehen können, damit sie nicht mehr vermögen, als er erlaubt.

Wie nämlich Blei mit Recht Geld aufwiegt, so stellt Gott den Guten und Bösen gleich zugewogen ein solches Hindernis entgegen, daß sie auf keine Weise der ganz gerechten Norm seines Gerichtes entkommen können. Jene empfangen für ihre Verdienste die Herrlichkeit und Freude des Lebens, diese aber Strafe und tödliche Betrübnis dementsprechend, was Gott zuvor genau in ihnen erblickt.

22. Warum das Erkennen Gottes die Menschen mit einem neuen Gewand bekleidet sieht

Daß aber *die besagte Gestalt auf die Menschen blickt, welche aus der Welt kommen und in diesem Gebäude mit einem neuen Gewand bekleidet werden,* bedeutet: Das Wissen Gottes kennt die, welche die Treulosigkeit ihres Unglaubens aufgeben und in der Kraft des Werkes Gottes in der Taufe um des ewigen Lebens willen einen neuen Menschen anziehen. Es ermahnt sie, nicht zurückzuweichen und zum Teufel zu gehen oder wenn sie sich darin verirrt haben, zu Gott ihrem Schöpfer zurückzukehren, wie es zu einem jeden von ihnen in ermahnenden Worten spricht, wie oben gesagt ist.

Wer aber scharfe Ohren zum inneren Verständnis besitzt, der lechze in leidenschaftlicher Liebe zu meinem Abbild nach diesen Worten und schreibe sie ins Gewissen seiner Seele ein.

diffundens se ĩ fructũ benedictionis.
sic ꝑueniens ad ecclię doctores.

xi. Q uod pdicante xpo. facti sunt apli mar tires & alii electi.

xii. Diffuso euangelio. extensa ē in ho minib; sapientia diuinę scripturę. quę ĩ inicio minoris studii erat. & in fine debilis. refrigescente carita te multorũ.

xiii. Q uod homo in principio boni opis debet ēē timidus. ĩ medio fortis & constans. ĩ ultimo humilis.

xiiii. Q uod misteria filii dei. ĩ pfundissimo secreto patris. in ueteri & nouo testa mto edita. gra spc sci declarata sunt. quod cinere hominu ñ nisi ĩ umbratione ostendit.

xv. De scientia dei & statu ei9. & quid significet. S ti sunt.

xvi. Q uod angli circa eã sunt. & cur ala.

xvii. De his qui dicuntur compulsę oues.

xviii. Q uod ds quosdã leniore. qsdã for tiore flagello. qsdã maxima erũp na mtis & corpis constringit.

xix. E xemplũ de pharaone & moy se & aaron ad eandē rē.

xx. De modis castigationũ & di con solationũ. uias hoiũ inspicienti.

xxi. V erba sapientię salomonis.

xxii. Q uare scientia dei inspiciat ho mines. noua ueste indutos.

Die Abschnitte der 5. Vision des 3. Teils

1. Von der Gestalt des Eifers Gottes und was er bewirkt
2. Gott prüft (examinat) die Sünden der Menschen sorgsam zur körperlichen Bestrafung des Menschen oder zu einer Pein in der kommenden Welt; oder der Mensch selbst sühnt sie durch Buße an Seele und Leib
3. Worte Jobs über dasselbe Thema
4. Die unter Angst sündigen, gelangen durch die Gnade Gottes dazu, sich — durch Buße geläutert — wieder zu erheben; wenn sie das hienieden nicht vollständig erreichen, wird es ihnen künftig zum Leben gereichen
5. Wie in der Vernunft des Menschen das Gute dem Bösen und das Böse dem Guten entsprechen soll
6. Der Mensch hat zwei Berufungen in sich: eine ruft zum Leben, die andere zum Tod
7. Worte des Psalmisten darüber
8. Die wunderbaren und staunenswerten Gerichte des Eifers Gottes zeigten sich im Alten Testament, damit Gott gefürchtet werde
9. Gott wird vom richtigen Urteil weder durch betrügerische noch durch schmeichlerische Reden abgebracht
10. Die himmlische Vergeltung übertrifft die Taten der Menschen nicht durch (noch) schlimmere Ahndung
11. Worte Davids zum selben Thema
12. Die Augen des Herrn sehen jegliche Ungerechtigkeit und strafen sie so, daß — obwohl der menschliche Geist die Gerichte Gottes nicht erforschen kann — die Vergehen der Menschen dennoch nicht unbeachtet und ungeprüft bleiben (negleguntur indiscussa)
13. Der Eifer des Herrn, der die Taten der Menschen gerecht beurteilt, ist für die ganze Schöpfung schreckenerregend
14. Die Kraft der Heiligen Dreifaltigkeit unterwirft sich in großer Milde und gerechter Vergeltung die Herzen der Menschen wie es ihrer verschiedenen Willensneigung entspricht
15. Der Eifer Gottes hat zuerst in Christus den Teufel besiegt, ihn dann in den Auserwählten in die Flucht geschlagen und wird ihn drittens im Sohn des Verderbens ganz zerschmettern, während er die (Gottes)-fürchtigen schont und die Widerspenstigen züchtigt
16. Die verhärteten Verächter der göttlichen Gerechtigkeit und die, welche die Ermahnung Gottes und die Ermunterung eines Menschen nicht annehmen, werden ins Verderben gestürzt
17. Die Elemente klagen über die Verhärtung der Unbußfertigen und werden zur Rache an ihnen herangezogen

18. Gott bringt über die Rasenden und vermessen und bewußt Sündigenden die Strafe Kains, des Pharaos und derer, die am Horeb ein Götzenbild anbeteten und sich dem Belphegor weihten
19. Die Gerechtigkeit Gottes nahm ihren Anfang in Abel, wurde in den andern Erwählten heilig gehalten und war anziehend (suavis) im Gottessohn; ihre Übertretung wird durch den Eifer Gottes gerächt, der damals war, jetzt ist und bleiben wird
20. Wer die Kirche zynisch (canino more) verwünscht und die Weihe der Kirche und kirchlichen Besitz zerstört, wird vom Eifer Gottes vernichtet
21. Im Tun Jakobs wurde die Kirchweihe im Voraus dargestellt
22. Wo der Leib Christi geopfert werden soll, muß ein geweihter (signatus) Stein vorhanden sein, auch wenn es dort aus irgendeinem Grunde nicht möglich sein sollte, ein Gotteshaus zu errichten
23. Das Gotteshaus muß seiner Bestimmung dienen; sie steht mit der Drangsal des Volkes in Beziehung
24. Wie und warum Jakob den Zehnten seines ganzen Besitzes geopfert hat
25. Wehe denen, die Kirchen zerstören, ihre Weihe durch blutigen Mord oder Unzucht entehren und keinen geweihten Stein für das Opfer haben, und die den Zehnten oder Geräte des Gotteshauses rauben; o weh diesen Unglücklichen!
26. Der Zorneifer Gottes schleudert die, welche die Ausstattung (res) der Kirche an Hunde und Schweine verteilen, d. h. an schlechte Menschen und auch ihre Nachkommenschaft (semen), von der höchsten Stufe auf den Boden
27. Wie Gott mit seiner Vergeltung Gläubige und Ungläubige schlägt
28. Wie elend verzehrt der Eifer Gottes die, welche sich für weise halten und ihre Macht durch ungerechte Urteile heben
29. Im Eifer Gottes vernimmt man kein Geschrei einer drohenden Stimme, sondern man findet die unerschütterlich starke Macht eines gerechten Urteils
30. Die Einsicht (scientia) im Menschen ist wie ein Spiegel, in dem sich das Verlangen nach Gut und Böse verbirgt
31. Wie aus der Furcht Angst hervorgeht und aus der Angst Erschütterung, und wie der Mensch durch diese drei wirken muß, was recht ist
32. Von der ersten Wurzel, d. h. der Unterscheidung des Menschen, und von der Hinzufügung der feurigen Gnade in Christus
33. Niemand darf zur Entschuldigung seiner Sünde gegen seinen Schöpfer murren (mussitare)

5. Vision des 3. Teils

Der Eifer Gottes

Danach sah ich plötzlich, wie an der nördlichen Ecke, wo die beiden veschiedenen Mauern des erwähnten Gebäudes zusammentreffen, etwas wie ein seltsam geformtes Haupt erschien. Unbeweglich ruhte es auf dem Hals außen an dem Mauerwinkel; es war nämlich so weit über der Erde, als die Mauerecke hoch war, überragte sie jedoch nicht, sondern war nur genau so hoch wie sie. Und dieses Haupt war feuerrot und loderte wie eine Feuerflamme. Es hatte ein furchterregendes Menschenantlitz und blickte sehr zornig zum Norden.

Vom Hals abwärts sah ich nichts mehr von dieser Gestalt, denn sein übriger Leib war ganz verborgen und verdeckt von der besagten Mauerecke. Das Haupt selbst aber sah ich gleichsam in der Gestalt eines bloßen Menschenkopfes. Es war weder mit Haaren nach Männerart noch mit einem Schleier nach Frauensitte bedeckt, war jedoch mehr männlich als weiblich und sehr schrecklich anzusehen.

Es besaß aber drei Flügel von erstaunlicher Breite und Länge. Sie waren weiß wie eine lichte Wolke und zeigten nicht nach oben, sondern waren nur einzeln waagerecht ausgebreitet, und zwar so, daß das Haupt sie ein wenig überragte. Der erste von der rechten Wange ausgehende Flügel spannte sich nach Nordosten, der zweite aber, der auch der mittlere war, ging von der Kehle aus nach Norden; der dritte jedoch streckte sich von der linken Wange nach Westen. Zuweilen gerieten sie furchtbar schreckenerregend in Bewegung und schlugen in diese Richtungen aus; zuweilen jedoch hörten sie auf, zu schlagen. Ich hörte dieses Haupt kein Wort sprechen; es ruhte nur unbeweglich in sich und schlug — wie gesagt — ab und zu mit seinen Flügeln dorthin, wohin die Flügel zeigten.

Und wieder hörte ich den Thronenden zu mir sprechen.

1. Von der Gestalt des Eifers Gottes und was er bewirkt

Gott, der das alte (Bundes)volk mit strengem Eifer heimsuchte, zeigte sich dem neuen gegenüber aus Liebe zu seinem Sohn mild und gütig; nicht weil er jetzt die Sünden der Fehlenden übersähe und sie gleichgültig geringachtete, sondern weil er barmherzig auf die tiefe und wahre Reue eines lauteren Herzens wartet. Die Bosheit eines verhärteten jedoch duldet er nicht und bestraft sie nach seinem gerechten Urteil.

Deshalb *zeigt* auch *das Haupt, das du an der nördlichen Ecke, wo die beiden verschiedenen Mauern des erwähnten Gebäudes zusammentreffen, erscheinen siehst,* in seiner Bedeutung den Eifer des Herrn an. Er ist die unerbittliche (inflexibilis) Vergeltung für die Bosheit, die nach keinem Heilmittel verlangt. Er tritt offen auf, nachdem das Geheimnis des Wortes Gottes mitgeteilt worden war, das durch die Gestalten und das Wort der Patriarchen und Propheten zeichenhaft vorausverkündet wurde.

So erscheint auch der Eifer Gottes *in Gestalt eines Hauptes.* Denn man erfährt ihn in der Strenge seiner Vergeltung, die alle Schrecknis überbietet so, wie man den Menschen an seinem Gesicht erkennt. Und er flammt gegen den Norden auf; denn in (der Kraft) Gott(es) tötet er äußerst schnell und energisch den Teufel und alles Böse, da sich auch in Abraham und Moses die beiden Teile zur Rechtfertigung der Handelnden, nämlich die spekulative Erkenntnis der beiden Beweggründe und das Menschengeschlecht, im Werk Gottes miteinander verbinden. Der Mensch soll nämlich mit größter Tapferkeit durch die Güte des Vaters bei allen Gelegenheiten in der Erkenntnis des Guten und Bösen dem Teufel entgegenwirken.

Der Eifer Gottes rächt auch eine Übertretung, die sich in den Taten der Menschen, welche die Gebote Gottes überschreiten, durch die spekulative Erkenntnis ereignet, wo man sich nicht um Nachlaß bemüht. Wo geschieht das? Dort nämlich, wo es — in Anerkennung Gottes — weder Gottes- noch Menschenfurcht gibt. Und ist ein solches Herz so im Schmutz der Bosheit verhärtet und abgestorben, daß es weder das Gericht Gottes noch das strenge Gesicht eines Menschen fürchtet, macht es der Eifer des Herrn nach gerechtem Urteil zuschanden und wirft es mit seiner Strafe gemäß dem göttlichen Gesetz (in lege Dei) zu Boden.

2. Gott prüft die Sünden der Menschen sorgsam zur körperlichen Bestrafung des Menschen oder zu einer Pein in der kommenden Welt; oder der Mensch selbst sühnt sie durch Buße an Seele und Leib

Nach Erlaß der Vorschrift, aus der die Übertretung des Gesetzes entsteht, ist es der Eifer, welcher die Ungerechtigkeit mit sehr gerechtem Gericht entfernt. Am Alten Testament wurde die Ungerechtigkeit mit strenger

Vergeltung äußerlich am Menschen getilgt, da die Gesetzesübertretung ihn körperlich verwundete; und nach der Gnade(nvermittlung) des Evangeliums wirkte dieser Eifer durch die Reue. Nach dem Tod der Menschen zeigt er sich durch Strafen und Höllenqualen. Denn ich ahnde die empfangene, hervorgebrachte und verkehrte Bosheit der Menschen in denen, die sie vollbringen, so, daß ich sie entweder körperlich am Leib des Menschen, oder durch Strafe in der künftigen Zeit räche; oder der Mensch selbst reinigt sich davon durch Reue, die Vergebung bewirkt (remissionis), während er (noch) in Seele und Leib lebt, mit denen er auch die Bosheit gewirkt hat. So spricht mein Diener Job in meinem Geist.

3. Worte Jobs über dasselbe Thema

„Ich verändere mein Gesicht und bin von Schmerz gequält. Wegen all meiner Taten trug ich Bedenken, denn ich weiß, daß du den Sünder nicht schonst. Bin ich aber so gottlos, warum mühte ich mich vergeblich" (Job 9,27—29)? Das ist so: Ich werde mein inneres Aussehen wandeln. Wie? Ich will nämlich meine Unbeständigkeit und das Überwallen des Blutes meiner Adern vertreiben. Manchmal bin ich vergnügt, manchmal auch zornig und zuweilen hart mitgenommen von Traurigkeit; das sehe ich in mir, als erblickte ich ein heiteres Antlitz, weil ich es gern dahin brachte. Und ich werde es gegen meinen Willen ändern und mich zu einem Werk der guten Tat bekehren. Wenn ich das tue, martere ich mich sehr mit der Geißel der Selbstzüchtigung, indem ich mich von meinem wahrnehmbaren Gesicht trenne. Das ist das Werk meines Willens zur entgegengesetzten Lust: Ich gebe mich der beschaulichen Betrachtung hin und schaue Gott mit gutem Gewissen und nicht mit fleichlicher Begierde; mit ihr erreiche ich ihn nicht. Und aus diesen beiden Gründen bin ich besorgt um all meine Werke. Wieso? Tue ich ein gutes Werk, so fürchte ich, daß es vor Gott nicht vollkommen ist, weil ich es nicht deutlich sehe, sondern undeutlich wie im Spiegel. Manchmal erkenne ich es im Geist, zuweilen sogar unabhängig von der Bürde meines Leibes. Vollbringe ich aber eine böse Tat, bringt mich das Gewissen meiner Seele in Verwirrung, weil ich mit der inneren Einsicht erkenne, daß er derer nicht schont, die wissentlich sündigen, d. h. wenn der Mensch einsieht, daß er mit seiner Tat Gott zuwiderhandelt. Er hat aber Läuterung nötig, entweder durch leibliche Bestrafung, die Qual der Reue oder auch Folterstrafe im anderen Leben. Und darum schont er des Sünders nicht, wenn es ihn nicht reut; denn er läßt das Sündigen nicht zu, damit er sündigt, sondern weil er hier oder dort Züchtigung nötig hat.

Wenn ich also so gottlos und so sehr verhärtet bin, daß ich nicht dazu zu erweichen bin, mich von meinen eigenen Taten — das sind meine Sünden — abzuwenden, und mich nicht auf den großen Streit im Kampf gegen mich selbst einstelle, weil ich schwach bin, sondern Gott immer in meinen wohlbekannten Taten zuwiderhandle, weil ich in Sünden empfangen bin und immer Böses tun möchte, ohne Furcht, vom Herrn gerichtet zu werden: warum nehme ich mich vergeblich mühsam in Zucht? Ich widerspreche doch ständig in bewußter Anerkennung Gottes der Bosheit in mir! Ich bin jedoch nicht so ohnmächtig, daß ich Gut und Böse nicht kennen würde. So lüge ich, wenn ich die einsichtige Gesinnung von mir weise und sage: ‚Gott kenne ich nicht.' Denn die Erkenntnis selbst klagt mich als tadelnswert an, weil ich Schuldner Gottes bin, wenn ich anfange, unrecht zu handeln. Doch mühe ich mich nicht umsonst, wenn ich mit gutem Gewissen dem Bösen widersage, weil ich ein Werk Gottes bin. Deshalb bekehre ich mich auch zu ihm und empfange dafür einen guten Lohn.

4. Die unter Angst sündigen, gelangen durch die Gnade Gottes dazu, sich — durch Buße geläutert — wieder zu erheben; wenn sie das hienieden nicht vollständig erreichen, wird es ihnen künftig zum Leben gereichen

Daher bezeuge ich, der Herr aller, daß der Mensch unter schmerzlichem Seufzen in reuevoller Zerknirschung oder mit geziemender Strafe seine Sünden sühnen (reddere) muß, entweder auf dieser oder in der künftigen Welt, wie schon gesagt wurde. Auf welche Weise? Die unter Furcht sündigen und sich in schmerzvoller Reue wegen ihrer Sünden ängstigen, verdienen durch die Gnade Gottes, sich oft von ihren Vergehen zu erheben, um sich von ihnen zu reinigen; und wenn sie dennoch in dieser Zeit keine vollständige Läuterung erreichen, erlangen sie sie in der kommenden zum Leben.

Die jedoch ein so verhärtetes Herz haben, daß sie ihre Sünden nicht in der Furcht und im Schmerz der Reue anerkennen möchten und wollen, sondern in so großer Bosheit verharren, als ob sie Gott nicht zu fürchten hätten, erlangen die Läuterung von ihren Sünden weder in diesem noch im künftigen Leben. Sie erhalten vielmehr die Strafen ohne den Trost auf Läuterung zum Leben, weil sie mit der von mir erschaffenen Vernunft keine Rechenschaft über den Ungehorsam geben wollten. Wieso?

5. Wie in der Vernunft des Menschen das Gute dem Bösen und das Böse dem Guten entsprechen soll

Die Einsicht im geistbegabten Menschen kennt (habet) zwei Wege zur Erkenntnis des Guten und Bösen. Zu ihren gehören zwei Antworten, nämlich eine gute und eine schlechte. Wieso? Das Gute beantwortet das Böse, wenn es ihm in Gott(es Kraft) widersteht. Das Böse jedoch beantwortet das Gute, wenn es dieses mit dem Teufel bekämpft. Doch gut reagieren die auf das Böse, die sich immer im Bösen zügeln, damit sie sich nicht an ihren eigenen Lüsten vergnügen. Die sich aber durchaus nicht von ihren schlechten Taten trennen, um in ihren Begierden zu schwelgen, reagieren schlecht auf das Gute. Sie wollen der Lockung (vocationi) des Bösen nicht entgegentreten. Wieso?

6. Der Mensch hat zwei Berufungen in sich: eine ruft zum Leben, die andere zum Tod

Der Mensch hat zwei Berufungen in sich, nämlich das Verlangen nach Frucht(barkeit) und die Begierde nach dem Ende (defectio). Wieso? Durch das Verlangen nach Fruchtbarkeit wird er zum Leben berufen und durch die Begierde nach dem Ende wird er zum Tod gerufen. Wenn der Mensch aber im Verlangen nach Fruchtbarkeit etwas Gutes tun möchte, spricht er zu sich selbst: ‚Tu gute Werke.' Das ist die Absage an das Böse, damit er es meidet und nützliche Frucht bringt. Wenn er aber in der Begierde nach dem Ende etwas Schlechtes begehen will, so ermuntert er sich selbst folgendermaßen: ‚Vollbringe eine Tat zu deiner Lust'; das ist auch eine Absage an das Gute. Er will ja seiner Bosheit nicht widerstehen, sondern ergötzt sich daran, zum Ende zu gelangen. In dieser Antwort verachtet er mich und spottet meiner, indem er mir die geschuldete Ehre vorenthält. Und weil er sich vom Guten abwendet und sich keinen Schmerz aus Gottesfurcht zufügt, wendet er sich einer Täuschung im Himmel zu, wie der Psalmist David auf (per) meine Offenbarung hin spricht.

7. Worte des Psalmisten darüber

„Zum Himmel richteten sie ihren Mund und ihre Zunge erging sich auf der Erde" (Ps. 72,9). Das ist so: Viele Menschen sind unklug und unvernünftig. Sie wollen die unermeßliche (innumerabilem) Furcht des Herrn nicht begreifen. Sie trennen sich vom guten Begehren, mit dem sie zu mir eilen und mich als wahren Gott anerkennen sollten, und weigern sich, der guten Erkenntnis zuzustimmen, die dem Menschen immer zur Seite steht, daß er in Gott gute Taten wirke. Sie umarmen vielmehr oft im Widerspruch zum Guten die Bitterkeit, wenn sie sich selbst berauben und sich um den guten Schatz bringen, indem sie sich häufig verschiedenartige Bosheit aufhäufen.

Und dabei richten sie ihren herumschweifenden (circuitionem) Geist auf himmlische Werke und halten gleichsam ihren bösen Mund offen und geben sie innerlich in wildem Hohn preis, indem sie in ihren Herzen sprechen: ‚Diese Handlungen nach unserem Willen können wir mit derselben Freiheit vollbringen wie die sogenannten himmlischen, welche unsere Altvorderen für uns Unwissende angeordnet haben.' Und auf diese Weise spotten sie über die Worte und Anordnungen der Altväter, die durch das himmlische Werk auf mir beruhen.

Deshalb setzen sie sich auch durch den Genuß der schlimmen Tat gleichsam mit ihrer Zunge in Bewegung und ergehen sich kühn in ihrer Fähigkeit. So erfüllen sie hartnäckig ihre Wünsche, wollen ihren Leib nicht gegen die Laster in Zucht nehmen, sondern wälzen sich, ohne ihren Geist zu bemühen, in den Gelüsten ihres Fleisches gleichsam auf dem Boden. Das bewirkt die teuflische Verführung.

8. Die wunderbaren und staunenswerten Gerichte des Eifers Gottes zeigten sich im Alten Testament, damit Gott gefürchtet werde

Und *du siehst etwas wie ein seltsam geformtes Haupt*. Das bedeutet, daß im Eifer des Herrn wunderbare und staunenswerte Gerichte Gottes stecken. Kein von Sünden beladener Mensch kann sie verstehen.

Daß *es* aber *unbeweglich auf dem Hals außen an dem Mauerwinkel ruht*, bedeutet: Mein (Zorn)eifer gegen den Teufel — wie im Alten Testament durch Abraham und Moses gezeigt wurde — erscheint in der spekulativen Erkenntnis und der menschlichen Tat äußerlich sichtbar vor den Völkern, damit sie mich fürchten, wenn sie Aug in Auge meinen Schrecken zu spüren bekommen, während meine Gerechtigkeit überdies der so grausamen Bosheit des Satans gegen Norden droht.

9) Gott wird vom richtigen Urteil weder durch betrügerische noch durch schmeichlerische Reden abgebracht

Und es bleibt unbeweglich, weil Gott weder durch betrügerische noch durch schmeichlerische Reden von seinem richtigen Urteil über die nicht gesühnten Vergehen abgebracht oder besänftigt werden kann. Wie durch die Stärke seines Nackens (collum fortitudinis) dem von Gott aufgestellten Gesetz den Menschen zur Praktizierung auferlegt (infixum), vergilt es nämlich einem jeden, der die Gesetzesvorschriften nicht beobachtet, mit den verdienten Strafen, gemäß seinen schlimmen Werken, in denen er, von Schmutz starrend, dahinwelkt. Es widerstreitet auch in dieser seiner erhabenen Stärke wie in der Kraft seines Nackens dem Teufel und seinen Anhängern, indem es sich ihrer Ungerechtigkeit entgegenstellt.

10. Die himmlische Vergeltung übertrifft die Taten der Menschen nicht durch noch schlimmere Ahndung

Es ist nämlich so weit über der Erde als die Mauerecke hoch ist, denn Gott überragt in der erhabensten Gerechtigkeit seiner Vergeltung alles Irdische. Mit dieser so erhabenen Vergeltung wird — wie bei Abraham und Moses durch das Gesetz angedeutet wird — auf die Werke der Menschen hingewiesen. Denn das göttliche Gericht liegt auf dem Gipfel der spekulativen Erkenntnis und der Taten der Völker, um ihre Unwissenheit niederzustrecken, da sie Gott nicht kennen wollen. *Es überragt die Mauerecke jedoch nicht, sondern ist nur genau so hoch wie sie.* Denn die himmlische Rache übertrifft die Taten der Menschen zur Vergeltung des Bösen nicht mehr und schwerer, als ihre Verdienste es zulassen, und beurteilt in ihrer erhabenen Gerechtigkeit nur alles richtig nach gerechtem und rechtem Urteil. Davon weiß David der Psalmist wiederum in meinem Geist zu reden.

11. Worte Davids zum selben Thema

„Herr, ich weiß, daß deine Urteile gerecht sind und du mich in deiner Wahrhaftigkeit gedemütigt hast" (Ps. 118,75). Das ist so: Durch deine Güte, Herr, erkannte ich — da du mich nicht wegen meiner Sünden getötet und mir die Handlungsfähigkeit in Seele und Leib nicht geraubt hast — daß du weder mit Gewalt noch aus Zorn die Wissenden oder Unwissenden strenger (plus) beurteilst, als sie es verdienen.

Im Kampf gegen mich nämlich wirke ich Gutes, das Böse aber vollbringe ich durch die Begierde des Fleisches. Und daher belohnst du das Gute und verurteilst das Böse, richtest aber dennoch nicht anders als recht und gerecht. Wieso? Wenn du Härteres androhen würdest, als es nach vollbrachter Tat die Werke der Menschen erfordern (sunt), wäre es kein gerechtes Urteil. Würdest du es aber lau unterlassen, ihn zur Reue herauszufordern und es gäbe keine Untersuchung zur Läuterung von der Bosheit, dann würdest du, der gerechte Gott, die Ungerechtigkeit verharmlosen (delenires) und begünstigen. Beim Tod Adams war der Tod nämlich einst ein äußerst scharfes (amarissimum) Gericht. Jetzt aber rufst du den Menschen, der durch Reue die Gnade wiedererlangt hat, zum Leben zurück. Das kann unmöglich durch einen andern geschehen, als durch dich, Gott.

Und das ist dein ganz gerechtes und richtiges Urteil, nämlich die Läuterung für das Leben mit der Gnade; denn im rechten Maß beurteilen deine Gerichte die Beweggründe eines jeden. Alles, was du tust, geschieht nämlich in Wahrhaftigkeit; du gehst nämlich nie betrügerisch und zu weit über das Maß hinaus. Denn betrügerisch ist, was mehr zum Übermaß oder zum Geringfügigen hinneigt, als gerecht ist. Aber dennoch schonst du im großen Erbarmen deiner Macht; du tötest niemanden in der Kraft deiner herrlichen Stärke und es ist deine Sache, daß du aus Reue Schonung übst. Deshalb demütigte ich mich ob deiner Barmherzigkeit und gab deinem Namen die Ehre, zuweilen auch beunruhigt wegen des Gerichts über meine verschuldeten Verfehlungen.

12. Die Augen des Herrn sehen jegliche Ungerechtigkeit und strafen sie so, daß — obwohl der menschliche Geist die Gerichte Gottes nicht erforschen kann — die Vergehen der Menschen dennoch nicht unbeachtet und ungeprüft bleiben

Daß *du* aber *dieses Haupt feuerrot und lodernd wie eine Feuerflamme siehst,* bedeutet: Im Eifer des Herrn entsteht ein feuriger Wall (obstaculum), hochrot in der Glut seiner Vergeltung. *Es hat ein furchterregendes Menschenantlitz.* Denn die Augen des Herrn sehen jegliche Ungerechtigkeit von Angesicht zu Angesicht, so daß die Schuld der verschiedenen Vergehen von Gott nicht unbeachtet bleibt; er prüft sie in furchtbarer Weise und untersucht sie mit seinem gerechten Urteil. Denn die bösen Taten der Menschen sind ungeheuerlich und schauererregend und zeigen in den Werken der fleischlichen Begierden ein menschliches Gesicht.

Und es blickt sehr zornig nach Norden, weil Gott in seiner Rache alles Böse, das aus der teuflischen Einflüsterung hervorgeht, verwirft. Doch *vom Hals abwärts siehst du nichts mehr von dieser Gestalt, denn sein übriger Leib ist ganz verborgen und verdeckt von der besagten Mauerecke.* Das bedeutet: Kein menschlicher Sinn kann die gerechten Urteile des Eifers Gottes, die kraftvoll (virtuose) die verkehrten Werke der schlechten Menschen zerstören, gleichsam durch und durch erforschen, weil sie sich im Winkel zwischen der spekulativen Erkenntnis und dem Menschenwerk verbergen und bedeckt werden. So vermag sie keine Erforschung zu erkennen und zu begreifen. Zuweilen nur erkennt man sie, wenn die begangene Tat als Ursache der Vergeltung Gottes zutagetritt, so wie man das Gesicht eines Menschen dem Begehren seines Willens entsprechend wahrnimmt. Daher ist auch in dieser Rache keinerlei leichtfertiger Vorwand, nur immer ein gerechtes Urteil, den Sünden der Menschen entsprechend. Denn ihre Vergehen bleiben nicht unbeachtet und ohne Erörterung, wie gesagt wurde, weil der Eifer Gottes es (das Urteil) prüft.

13. Der Eifer des Herrn, der die Taten der Menschen gerecht beurteilt, ist für die ganze Schöpfung schreckenerregend

Daß *du jedoch das Haupt gleichsam in der Gestalt eines bloßen Menschenhauptes siehst,* bedeutet: Der Eifer des Herrn ist nicht der Sterblichkeit unterworfen; er bleibt nämlich frei von aller unterwürfigen Schwäche und urteilt gerecht über die Werke der Menschen. *Es ist nicht von Haaren nach Männerart bedeckt, noch von einem Schleier nach Frauensitte,* denn es denkt nicht in banger Sorge daran, einen Höherstehenden mit männlicher Kraft zu bezwingen, noch wohnt in ihm irgendeine weibische Schwäche einer furchtsamen Seele, um den Widerstand (se adversa) nicht überwinden zu können.

Es ist aber mehr männlich als weiblich, weil die überaus starke Kraft Gottes mehr in der männlichen Lebenskraft als in der verweichlichten Nachgiebigkeit der Frau (in mollitie femineae neglegentiae) steckt.

Es ist sehr schrecklich anzusehen, weil der (Zorn)eifer für alle Kreatur schreckenerregend und furchtbar ist, denn sie erfährt ihn im Vollzug (in gesta causa) seiner Rache.

14. Die Kraft der Heiligen Dreifaltigkeit unterwirft sich in großer Milde und gerechter Vergeltung die Herzen der Menschen wie es ihrer verschiedenen Willensneigung entspricht

Daß *es* aber *drei Flügel von erstaunlicher Breite und Länge besitzt, weiß wie eine lichte Wolke,* bedeutet die unerklärliche Ausbreitung der Kraft der Heiligen Dreifaltigkeit. Kein Mensch kann sie in der Weite ihrer Herrlichkeit und in der Ausdehnung ihrer Macht begreifen. Sie erstrahlt sehr lieblich und herrlich in der Gottheit und unterwirft sich durch die rechte Vergeltung die Herzen der Menschen, welche sehr verschieden wie Wolken dahinziehen.

Sie zeigen nicht nach oben, sondern sind nur einzeln wagerecht ausgebreitet, und zwar so, daß das Haupt sie ein wenig überragt. Denn die Vergeltung des Herrn überhebt sich keineswegs in anmaßender Weise, sondern richtet sich nach jedem einzelnen Fall, je nach Verdienst. Sie erstreckt sich nämlich beim gerechten Gericht ihrer Zurechtweisung auf die rechte Norm; jedoch so, daß das Vermögen der Macht Gottes gleichsam zu Beginn der Vergeltung den menschlichen Taten, welche die wahre Dreifaltigkeit nicht ungeprüft läßt, in der Erhabenheit ihrer Kraft vorangeht. Sie vergilt und zermalmt sie jedoch nicht so grausam, wie es im Vermögen ihrer Kraft stünde.

15. Der Eifer Gottes hat zuerst in Christus den Teufel besiegt, ihn dann in den Auserwählten in die Flucht geschlagen und wird ihn drittens im Sohn des Verderbens ganz zerschmettern, während er die Gottesfürchtigen schont und die Widerspenstigen züchtigt

Und der erste von der rechten Wange ausgehende Flügel spannt sich nach Nordosten. Denn Gott besiegte durch gerechtes Gericht zuerst von der rechten Seite — der Erlösung — in seinem Sohn den Teufel und alles Böse. *Der zweite aber, der auch der mittlere ist, geht von der Kehle aus nach Norden;* denn nach der Erlösung, die im Sohn Gottes geschah, als der Glaube der Erwählten gleichsam schon zur Hälfte erstarkt war und sie seine Süßigkeit gekostet hatten, schlug er durch sie den brüllenden Feind in die Flucht und entriß sie seinem Rachen. *Der dritte jedoch streckt sich von der linken Wange nach Westen.* Wenn nämlich der Satan von den Auserwählten Gottes verscheucht ist, wird er auch von links — der Seite des Verderbens — im Sohn des Verderbens (II Thess. 2,3) ganz vernichtet, während die Welt schon dem Untergang ihres Endes zustrebt.

Zuweilen geraten sie furchtbar schreckenerregend in Bewegung und schlagen in diese Richtungen aus. Denn durch das schreckliche und furchtbare Gericht über alle Geschöpfe gerät der Eifer des Herrn zur Vergeltung in Bewegung. Er übt Gericht im Zuschlagen, wo immer es der göttlichen Majestät nach gerechtem Urteil gefällt. Wo nämlich an der Furcht, der Liebe und der Ehre Gottes ehrfürchtig und gläubig festgehalten wird, dort zeigt sich Gott mild und liebreich und übt seine Vergeltung nicht aus. Hartnäckige und Widerspenstige jedoch züchtigt er furchtbar und gerecht.

16. Die verhärteten Verächter der göttlichen Gerechtigkeit und die, welche die Ermahnung Gottes und die Ermunterung eines Menschen nicht annehmen, werden ins Verderben gestürzt

Deshalb schlägt der erste Flügel meiner Rache zu und wirft die Menschen in den Abgrund des Verderbens, welche so verhärtet sind, daß sie einen Stein an Härte übertreffen. Mit den inneren Augen veschmähen und verachten sie (dedignando despiciant) immer meine Gerechtigkeit, blicken in der Erkenntnis ihrer Einsicht zurück und stimmen mehr den fleischlichen Begierden und teuflischen Einflüsterungen zu, als daß sie von meiner wahren Gerechtigkeit wissen wollen. Und sie sind auf keinen Fall, weder auf meine Ermahnung noch auf die Ermunterung eines Menschen hin, damit einverstanden, von ihrer Bosheit umzukehren. So quälen sie den Geist ihrer Erkenntnis; denn sie beachten und vollbringen eher die Ungerechtigkeit des Teufels als meine Gerechtigkeit. Diese lassen in ihr Herz gleichsam flüssiges Blei einströmen, nämlich die Begierden ihrer schlimmen Weichlichkeit, und lassen es wie zu hartem Eisen erstarren, nämlich zur Gottvergessenheit. So sind sie verhärtet, als wären sie von Eisen, so daß sie weder im Interesse Gottes noch eines Menschen sich oder jemanden mit der Bosheit verschonen.

17. Die Elemente klagen über die Verhärtung der Unbußfertigen und werden zur Rache an ihnen herangezogen

Die Elemente schreien und klagen über sie mit der übrigen Schöpfung, daß die so unbedeutende Natur des Menschen in ihrer äußerst kurzen (Lebens)-zeit Gott gegenüber so aufrührerisch ist, während sie immer in Furcht und Ehrfurcht die Gebote Gottes erfüllen. Daher schreien sie auch so furchtbar über den Menschen auf. Wie? Nicht daß die Elemente mit lauter Stimme rufen oder sich aus der Einsicht eines vernünftigen Geschöpfes heraus beklagen würden; aber sie schreien auf ihre Weise in lärmendem Getöse und erheben ihre Klagen in Furcht und Schrecken. Sie und die übrige Schöpfung führen das gerechte Gericht Gottes über die Menschen herbei, die gegen ihn rebellieren, während sie nicht anders dastehen oder sich innerlich verändern, als die göttliche Macht sie durch ihr Geheiß wandelt. Deshalb ahmen diese so entsetzlich verhärteten Menschen den Satan nach. Er wollte sich in der Verhärtung seiner Bosheit nicht Gott, seinem Schöpfer, unterwerfen. Deshalb ging ihm alle Seligkeit verloren. Mit ihm werden auch alle, die ihm folgen, verloren gehen.

18. Gott bringt über die Rasenden und vermessen und bewußt Sündigenden die Strafe Kains, des Pharaos und derer, die am Horeb ein Götzenbild anbeteten und sich dem Beelphegor weihten

Der mittlere Flügel meines Eifers aber schlägt die rasenden Menschen und jedes anmaßende Böse, das die Menschen bewußt und unüberlegt tun. Es erhob sich zuerst beim Menschen im Blut Abels, den sein Bruder deshalb haßte, weil er Gott wegen der Darbringung seines Besitzes, den er in guter Absicht hingab, teuer war. Es erhob sich auch im Pharao, der durch meine Wundertaten gemahnt wurde, so daß er — von meinen Schrecken eingeschüchtert — mein Volk Israel unfreiwillig entließ. Als er es in seiner Wut wieder zurückholen wollte, verschlang ihn deshalb mein Eifer. Und er erhob sich auch in jenem meinem Volk, das mich erkannte, meine Wunder sah und am Horeb ein Götzenbild anbetete. Deshalb fiel die Krone von seinem Haupt, so daß ihnen das Gesetz durch die beiden Steintafeln und andere ähnliche Dinge zum Verderben wurde. Daher fielen sie von ihrem Ruhm und Glück herab, weil meine Rache dies alles vergalt.

Deshalb vollzog auch Moses, mein Diener, aus demselben widerspenstigen Volk, der mir soundsooft entgegentrat, in meinem Eifer und nach meinem Wunsch die Rache. Er befahl meinen Auserwählten mit Nachdruck (efficaciter), daß ein jeder seinen Bruder, Freund und Nachbarn töten solle; ein andermal trug er den Richtern des Volkes leidenschaftlich auf, daß jeder seine Nächsten, die sich dem Beelphegor geweiht hatten, töten sollte. So rächte ich mich, indem ich die gegen mich kämpfende Bosheit umbrachte.

19. Die Gerechtigkeit Gottes nahm ihren Anfang in Abel, wurde in den andern Erwählten heilig gehalten und war anziehend im Gottessohn; ihre Übertretung wird durch den Eifer Gottes gerächt, der damals war, jetzt ist und bleiben wird

Doch in Abel ging zum ersten Mal die Gerechtigkeit Gottes auf; nach ihm fanden sich viele andere aus diesen bösen und verkehrten Geschlechtern Erwählte, die meine eingehenderen (subtiliora) Vorschriften sammelten und hochachteten, wie die Kinder Israels, unter denen auch Trauer und Betrübnis aus Sehnsucht nach der Menschwerdung (desiderantes humanitatem) meines Sohnes aufkam. Als aber mein Sohn in Erscheinung getreten war — ich hatte ihn zur Geburt aus der Jungfrau gesandt — wurde alle Gesetzesgerechtigkeit gekocht und gesalzen und dem ganzen an mich glaubenden Volk zur süßen und wohlschmeckenden Speise. Sie offenbarte den Aposteln der Wahrheit die Wahrheit selber. Daher rächt mein Eifer in all diesen besagten Generationen meine bewußt übertretene Gerechtigkeit und straft sie jetzt. Denn Gott, der damals war, existiert auch jetzt und wird immer bleiben; und mein Eifer bestand damals, besteht auch jetzt und wird immer bestehen, bis Stämme und Völker ein Ende haben. Die Gerechtigkeit Gottes hört nie auf und beseitigt allen Rost der Ungerechtigkeit.

20. Wer die Kirche zynisch verwünscht und die Weihe der Kirche und kirchlichen Besitz zerstört, wird vom Eifer Gottes vernichtet

Deshalb entferne ich auch in diesem meinem Eifer folgende (hanc) Bosheit: Ich werfe nämlich den zu Boden, der zynisch die in mir erblühende Kirche verwünscht oder in rasender Bosheit die von mir angeordnete Weihe zerstört oder andere von mir festgesetzte Rechte, die mein Gotteshaus betreffen und sich andeutungsweise bei meinem Knecht Jakob kraftvoll zeigten, wie folgendes Schriftzitat besagt.

21. Im Tun Jakobs wurde die Kirchweihe im Voraus dargestellt

„Frühmorgens erhob sich deshalb Jakob, nahm den Stein, der unter seinem Kopf gelegen hatte, stellte ihn als Gedenkstein auf und goß Öl darüber. Und er gab der Stätte den Namen Bethel" (Gen. 28,18—19). Das ist so: Jakob erhob sich frühmorgens, weil er zur rechten Zeit als Liebhaber der wahren Gerechtigkeit im errichteten Tempel erschien, dem er selbst einen passenden Namen verlieh; denn aus ihm sollte erst der eigentliche (rectissimum) Tempel hervorgehen, nämlich die Jungfrau Maria, aus der die Sonne der Gerechtigkeit aufstrahlte. Und er nahm den Stein, den er als Sinnbild des Altars seinem Oberhaupt, d. h. Christus untergelegt hatte, damit er in seinem Namen — er ist der wahre Fels — geweiht und heilig (sanctificatus) genannt würde. Denn jegliche Altarweihe unterliegt der Macht des allmächtigen Gottes, dem Haupt aller Gläubigen. Und er erhob ihn zum Titel des Buches des Lebens und zur Würde des vorzüglichsten Wohlgeruches des himmlischen Jerusalems; denn wie Christus das Haupt seiner Glieder im himmlischen Jerusalem ist, so ist jeder geweihte Altar der erhabenste Teil seines Tempels durch das Übergießen mit Öl, welches auf das Chrisam hindeutet, die in der heiligen Taufe ausgegossene Gnade des allmächtigen Gottes. Und er nannte diesen geweihten Ort Haus und Tempel Gottes nach dem Namen der himmlischen Stadt Jerusalem, die der lebendige Tempel des lebendigen Gottes ist.

22. Wo der Leib Christi geopfert werden soll, muß ein geweihter Stein vorhanden sein, auch wenn es dort aus irgendeinem Grunde nicht möglich sein sollte, ein Gotteshaus zu errichten

Nach diesem Beispiel und Zeichen soll in dem in meinem Namen zu errichtenden Gotteshaus ein Stein aufgestellt werden, d. h. das Gotteshaus soll deswegen mit einem Stein kenntlich gemacht werden, weil ich der feste Felsen bin, auf dem alle Gerechtigkeit und das Gesetz der Christen ruht (pertinet). Wo immer nämlich ein geheiligter Ort ist, dort soll der Leib meines Sohnes geopfert werden, und ich will, daß sich dort ein meinem Namen geweihter Stein befindet, denn ich bin die ganz reale Kraft, auch wenn es dort aus irgendeinem Grunde nicht möglich sein sollte, ein Gotteshaus zu errichten. Denn mein Knecht Jakob stellte — wie gesagt — in meinem Namen einen Stein zur sinnbildlichen Darstellung (in sua praefiguratione) auf, weil mein Sohn auch aus seinem Stamm Fleisch angenommen hat.

23. Das Gotteshaus muß seiner Bestimmung dienen; sie steht zur Drangsal des Volkes in Beziehung

Ein solches mir geweihtes Gotteshaus darf nicht ohne die Aufgabe bleiben, die seine Bestimmung fordert; sie steht zur Drangsal des ihm dienenden Volkes in Beziehung, wie auch das himmlische Jerusalem mit seinem Haupt Christus nicht seiner Gerechtigkeit entbehren möchte. Es blickt immer auf die Drangsale seiner Kinder, die es in Gott empfangen soll. Auf welche Weise? Um sich der teuflischen Knechtschaft zu entziehen, nehmen sie sich gegenüber den freiwilligen Begierden ihres Fleisches in Zucht, setzen sich selbst zu und trennen sich aus Liebe zum Himmlischen von wesentlichen Dingen. Sie überwinden sich und gebrauchen nicht alles. Sie entziehen sich vielmehr Einiges und bringen es Gott zu seiner Ehre dar, wie auch mein Knecht Jakob, der mir voranging, über den Zehnten all seines Besitzes bestimmte, als er sprach, wie wiederum geschrieben steht.

24. Wie und warum Jakob den Zehnten seines ganzen Besitzes geopfert hat

„Von allem, was du mir gibst, will ich dir den Zehnten darbringen" (Gen. 28,22). Das ist so: Den zehnten Teil von allem, was du mir gibst, werde ich dir opfern, weil du es geboten hast; zuerst in meiner Seele, o mein Gott, indem ich mich vom falschen Eigenwillen lossage und gegen mich selbst dir deine Gerechtigkeit darbringe; und dann den zehnten Teil all meiner Habe, die ich auf Erden besitze. Was heißt das? Jeder Gläubige nämlich, der zur zehnten Ordnung der Himmelsbürger gehört, muß immer den zehnten Teil seines Besitzes für meinen Tempel spenden, um zurückzuerstatten, daß er zur Zehnzahl der Auserwählten gerechnet wird, d. h. derer, die in der Gotteserkenntnis leben und zum wahren Tempel, nämlich dem himmlischen Jerusalem gehören.

25. Wehe denen, die Kirchen zerstören, ihre Weihe durch blutigen Mord oder Unzucht entehren und keinen geweihten Stein für das Opfer haben und die den Zehnten oder Geräte des Gotteshauses rauben, o weh diesen Unglücklichen!

Die aber — der Gottesfurcht vergessend — die in meinem Namen geweihten Gotteshäuser in ihrer wütenden Bosheit zerstören oder ihre vom Beispiel Jakobs herrührende Weihe beseitigen, indem sie nämlich die geheiligten Orte durch blutigen Mord oder durch Beschmutzung mit Samen, den sie in Ehebruch oder Unzucht ausstreuen, entehren, oder die von den Altvätern für das heilige Opfer (in superno sacrificio) angeordnete Weihe unterlassen und es ohne einen geweihten Stein feiern, wie ihn Jakob als Symbol aufstellte, oder die von mir festgesetzte Gerechtigkeit bezüglich des Zehnten oder der Einrichtung meines Gotteshauses aufgeben — o weh den Unglücklichen, o weh den Elenden, o weh diesen unglückseligen Menschen, die sich so schändlich täuschen und so töricht vor den Augen meiner Majestät dastehen, indem sie nämlich — wie gesagt — meine Anordnungen übersehen, die alle vom alten Gesetz überliefert wurden. Denn aus dem Alten Testament kam das neue Gesetz in meinem Sohn zugunsten der erbarmenden Gnade. Was nämlich an aller Gerechtigkeit des Gesetzes und der Propheten geringfügig war, wurde in meinem Sohn bedeutsam (maius), weil er alle Zeichen der Vorväter, von welchen diese im Schatten verborgen sprachen, an seiner Person in aller Gerechtigkeit öffentlich kundtat.

26. Der Zorneifer Gottes schleudert die, welche die Ausstattung der Kirche an Hunde und Schweine verteilen, d. h. an schlechte Menschen und auch ihre Nachkommenschaft, von der höchsten Stufe auf den Boden

Und die dies alles preisgeben, so daß sie selbst die Lebensspeise, welche beide Testamente bieten, verschmähen und wie Kot mit Füßen treten und an Hunde, Schweine und anderes Vieh verteilen, d. h. an schlechte Menschen, und sie lieber heidnischen Gebräuchen und eitler Unwissenheit überlassen, als mir, dem allmächtigen Gott, und sie nach ihrem Belieben zu ihrem Gebrauch verwenden; diese und auch ihre Nachkommenschaft will auch ich preisgeben und sie in diesem meinem vergeltenden Eifer von der höchsten Stufe auf den Boden und vom Reichtum in Armut schleudern.

27. Wie Gott mit seiner Vergeltung Gläubige und Ungläubige schlägt

Der dritte Flügel meiner Vergeltung aber schlägt Gläubige und Ungläubige in ihren gottlosen und ungerechten Taten. Er schlägt die Gläubigen, welche willentlich keine guten und gerechten Werke wirken. Sie wissen gut um den Glauben und die Gerechtigkeit Gottes ist ihnen bekannt, und dennoch sitzen sie in der Finsternis schlechter Taten. Sie seufzen in Unwissenheit nach der Finsternis der Bosheit und wollen in der Verkehrtheit schwelgen. Gott läßt es aber nicht zu, daß sie das erreichen, was sie möchten; er entzieht es ihnen durch seine Vergeltung, während sie so umdunkelt sind, daß sie ihn vergessen und sich sehr gern von ihm trennen würden. Die Ungläubigen jedoch schlägt er mit ihrem Unglauben, so daß ihnen auch mit der rächenden Vergeltung ihre Bosheit entzogen wird, weil ihnen nicht erlaubt wird, das Böse zu tun, welches sie gern vollbringen möchten. Daher würde sie auch der böse Teufel, welcher zur Seligkeit der Gläubigen, die vor den Augen Gottes funkeln, überwunden wurde, entsprechend seiner Bosheit gern in die Todesfinsternis ziehen; doch er kann sie nur insoweit packen, wie es ihren Taten entspricht.

28. Wie elend verzehrt der Eifer Gottes die, welche sich für weise halten und ihre Macht durch ungerechte Urteile heben

Es gibt aber auch ein anderes Maß für die (Beurteilung der) Menschen auf der Erde, denen es dank der Beschaffenheit des vernunftbegabten Geistes wohlergeht; so sind sie weise und werden von der Sinneserkenntnis angeregt, nach ihrer Stimmung an Gott zu denken. Deshalb möchten sie dann in innerer Anmaßung die Erkenntnis der Weisheit besitzen, tun, was sie sich ausdenken und vermischen die Gerechtigkeit mit Bosheit. Doch sie sind von törichter Klugheit, denn sie bezeichnen sich gleichsam als vollkommen und vollendet geeignet, die Erfüllung ihres Willens zu besitzen, zu ergreifen und zu gewinnen, entsprechend ihrer Entscheidung, die sie ausfindig machten.

Und wenn sie ihre Flügel zur Macht über Provinzen, Städte und andere Gebiete erheben möchten, und in anderen Bereichen, in denen sie jetzt regieren, nicht im Blick auf Gott ein verständiges Maß für ihr Handeln finden wollen, werden sie vor den Augen Gottes wegen der gottlosen und ungerechten Urteile jener, die sie früher richteten, vertrieben und verworfen; denn sie wollten dabei nichts von der Furcht des Herrn wissen.

Und so brechen sie unter meinem Eifer vor allem Volk in großes Wehklagen und lautes Weinen aus, wenn sie die Zeit des Gerichts über ihre Bosheit sehen und wahrnehmen. Manche von ihnen leben nämlich noch in diesem Leben im großen Elend ihrer Abtrünnigkeit; manche sterben auch nach verschiedenen Leiden einen sehr bösen Tod. Mit so verschiedenen Schicksalen rächt und verbrennt mein Eifer alle Ungerechtigkeit, weil sie mir zuwider ist.

29. Im Eifer Gottes vernimmt man kein Geschrei einer drohenden Stimme, sondern man findet die unerschütterlich starke Macht eines gerechten Urteils

Daß *du* aber jetzt *das erwähnte Haupt kein Wort sprechen hörst, sondern es nur unbeweglich in sich ruht und ab und zu — wie gesagt — mit seinen Flügeln dorthin schlägt, wohin die Flügel zeigen,* bedeutet: Im Eifer Gottes vernimmt man kein Geschrei einer drohenden Stimme, die sich hochmütig erhebt, sondern er beharrt auf der Macht seiner Stärke und unerschütterlich auf seinen richtigen Urteilen. Durch seine Vergeltung verwirrt und zertritt er nach der Raserei die verdienstlosen Werke, die ohne Gottesfurcht getan wurden, und rächt sie entsprechend der Dauer seines Strafgerichts, wie dir, o Mensch, in ganz wahrer Offenbarung angezeigt wurde. Und weil Gott gerecht ist, muß alle Ungerechtigkeit durch den Gerechten geprüft werden; denn Gott selbst kennt die geheime Einstellung gut, welche in der Einsicht des Menschen liegt.

30. Die Einsicht im Menschen ist wie ein Spiegel, in dem sich das Verlangen nach Gut oder Böse verbirgt

Denn die Einsicht im Menschen ist wie ein Spiegel, in dem sich verbirgt, wonach jemand verlangt, der Gutes oder Böses will. Der zwischen diese beiden Möglichkeiten (partes) gestellte Mensch, neigt sich daher durch seinen Willen nach der Seite, nach welcher er verlangt. Der Mensch aber, welcher sich dem Guten zuwendet und es mit der Hilfe Gottes mit einem gläubigen Werk umarmt, wird zu seiner Ehre (laudabiliter) einen Lohn zur seligen Vergeltung empfangen, weil er das Böse verachtete und das Gute tat. Wer sich jedoch zum Bösen neigt und es durch teuflische Einflüsterung in einer verkehrten Tat verschlingt, zieht sich auf erbarmungswürdige Weise dadurch die Strafen gerechter Vergeltung zu (incurret), weil er das Gute vernachlässigte und Böses beging. Deshalb unterwerfe sich der Mensch in großer Hingabe und Demut Gott und wirke gläubig sein Heil, das dem höchsten Gut entspringt, so daß seine Seele sich an innerer Heiligkeit berausche, weil er in gut vorbereiteter und recht geordneter Erschütterung seinem Schöpfer dient. Wieso?

31. Wie aus der Furcht Angst hervorgeht und aus der Angst Erschütterung und wie der Mensch durch diese drei wirken muß, was recht ist

Denn die Furcht — nämlich der Beginn der Not — schafft Angst, die Angst aber bewirkt Erschütterung. Dadurch soll der Mensch wirken, was recht ist. Wieso? Daß der Mensch von Furcht befallen wird, geschieht durch die Gabe des Heiligen Geistes im Sinn der Vernunft. Deshalb kann man auch keinesfalls davon absehen, daß er um Gott weiß; und dieses Wissen um Gott bewirkt in ihm die Furcht, nämlich, daß er beginnt, sich um das zu sorgen, was Gottes ist. Und wenn er dies eifrig, im Wissen um Gott tut, dann schreckt ihn wiederum die feurige Gnade in Christus auf und mahnt ihn, daß er sich dann erschüttern lasse, um durch die Zerknirschung dazu bewegt zu werden, gläubig Gottes Gerechtigkeit zu wirken.

32. Von der ersten Wurzel, d. h. der Unterscheidung des Menschen, und von der Hinzufügung der feurigen Gnade in Christus

Jetzt aber, ihr Menschen, versteht und erfahrt es: Woher kommt das? Was ist das? Gott ist es, der in euch wirkt, was gut ist. Wieso? Er hat euch so geschaffen, daß ihr ihn bei euren Werken, die ihr in kluger Unterscheidung tut, mit dem Sinn der Vernunft erfahrt. Das unvernünftige Tier handelt immer ohne Einsicht und Weisheit und ohne Unterscheidung und Ehrfurcht; und es kennt Gott nicht in seiner Unvernunft, sondern nimmt ihn nur wahr, weil es sein Geschöpf ist.

Das geistbegabte Lebewesen aber, der Mensch, besitzt Einsicht und Weisheit, Unterscheidung und Ehrfurcht bei seinen Taten, die er vernünftig wirkt. Das ist die erste Wurzel, welche Gottes Gnade mit der Seele in jeden zum Leben erweckten Menschen hineingesenkt hat. Diese Kräfte (praedicta) leben also — wie gesagt — in der Vernunft, weil die Menschen durch all dies Gott erfahren, um zu wollen, was gerecht ist. Darum entspringt auch das vollkommene und gesegnete Werk im guten Willen des Menschen. Der Mensch umarmt es in seinem Erlöser, nämlich im Sohn Gottes, durch den der Vater all seine Werke im Heiligen Geist wirkt. Dazu entflammt und ermuntert schließlich die in Christus Jesus geschenkte feurige Gnade.

33. Niemand darf zur Entschuldigung seiner Sünde gegen seinen Schöpfer murren

Deshalb wirke der Mensch in der Freude des Heiligen Geistes Werke der Gerechtigkeit; er zögere nicht in schlimmem Murren, d. h. er sage nicht, daß ihm etwas an all dem fehle, nämlich entweder an der ersten Wurzel, die dem Menschen zuerst durch die Gnade Gottes eingesenkt wurde, oder an der feurigen Gnade des Heiligen Geistes, der diese Wurzel wiederum zur Ermunterung berührt. Damit er also nicht töricht zugrundegehe, wird er dann um dessentwillen geängstigt, was er in tadelswertem Ungestüm begangen hat — als hätte er gleichsam an der inneren Wurzel zu wenig (Kraft) gehabt — damit er nämlich nicht, nach seinem Fall in Not geraten, murre und zu sich spreche: ‚Ach, ach, was habe ich getan, daß ich meine

Taten in Gott nicht voraussehen konnte?' Und er soll auch ohne die Last des Unglaubens einhergehen, so daß er Gott bei seinen Werken nicht mißtraut, sondern sorgenfrei, ohne Tränen und Klage über eine schlechte Tat ist.

Wer aber scharfe Ohren zum inneren Verständnis besitzt, der lechze in leidenschaftlicher Liebe zu meinem Abbild nach diesen Worten und schreibe sie ins Gewissen seiner Seele ein.

sanguine homicidiu̅ uel fornicatio
ne polluu̅t. & q̇ signatu̅ lapide in
sacrificio n̄ habent. & q̇ decimas
uel res templi diripiu̅t. o ue illis
o ue miseris illis.

xxii Q ui res ecclesię carnib; & potens. id ē p̄
uis hominib; diuidu̅t. hos uel semen
eoru̅ de su̅mo gradu usq; ad isimu̅
zelus di̅ p̄iciet.

xxiii Q uom̄ d̄s ultione sua cedit credu
los & incredulos.

xxiiii Q ui putant se sapientes. & potestate
sua̅ p̄ iniusta iudicia eleuant. q̇m
miserabilit̄ hos zelus di̅ excutit.

xxv Q d i zelo di̅ n̄ ē clamor mutantis
uocis. s; immobilis & firma potes
tas iusti iudicii. Iustum ē.

xxvi Q d scientia i homine ē q̇si speculu̅.
i quo latet desideriu̅ boni uel ma.

xxvii Q uom̄ ex metu p̄cedit ti ti.
mor. & de timore tremor. & q̇m
homo p̄ hec tria debet op̄ari q̇d.

xxviii D e p̄ma radice. id ē discretione ho
minis. & de ignea sup̄ addita
gr̄a in xp̄o.

xxviiii Q d nemo in excusatione peccati
sui. debet mussitare cont̄ creato
rem suum.

Die Abschnitte der 6. Vision des 3. Teils

1. Die Worte der Enthaltsamkeit
2. Die Worte der Freigebigkeit
3. Die Worte der Frömmigkeit
4. Die Worte der Wahrheit
5. Die Worte des Friedens
6. Die Worte der Glückseligkeit
7. Die Worte der Unterscheidung
8. Die Worte der Erlösung der Seelen
9. Kein Gläubiger verschmähe es, einer Obrigkeit zu unterstehen, denn selbst die Gesetzeslehrer des israelitischen Volkes deuteten schon die Führer zur Zeit der Gnade an
10. Was die Härte des Gesetzes gleichsam unter einem Schleier verbarg, das erhellte die Menschwerdung des Gottessohnes durch die Gnade des Heiligen Geistes
11. Ein mit der Würde des Vorsteheramtes Ausgestatteter gilt als Stellvertreter Gottes
12. Außer der geistlichen Obrigkeit gibt es manche von größerem weltlichen Einfluß und auch Unbedeutendere im Volk, die von beiden regiert werden
13. Am äußeren Amt erkennt man die innere Würde
14. Warum Gott es zuließ, daß ein Volk sich auszeichnete und ein anderes untergeordnet war
15. Worte Isaaks zu Jakob über dasselbe Thema
16. Hiermit wird ein dreifacher Stand angezeigt: Herren, Freie und Sklaven
17. Laien und geistliche Menschen gliedern sich in vier Arten
18. Niemand darf eine geistliche oder weltliche Würde durch Raub, List oder Bestechung (emptio) an sich reißen
19. Die ein reifes Urteil und ein gutes Gewissen besitzen und nicht nach unbeständigem Menschenlob (volantia verba laudis hominum), trachten, sind der Erwählung zu einem leitenden Amt würdig
20. Die Regierungsgewalt erlangen, sich nicht darum kümmern, ob es Gott gefällt oder nicht, und vor dem Angesicht Gottes fliehen, stehen auf der Seite des Teufels; sie erfahren keinen Widerstand, um einmal härter (amplius) bestraft zu werden
21. Wie die erwähnten Unterschiede zwischen den Menschen gewesen sind, so sind sie und werden nach dem Beschluß der göttlichen Vorsehung für die Dauer des menschlichen Zeitalters immer so sein
22. Es gibt unter den weltlichen Ständen — nämlich im höheren und im niedrigeren — drei Arten
23. Die geistlichen Führer müssen dem Volk in der Einheit des Glaubens vorstehen
24. Die weltliche Regierungsgewalt und das Volk sollen sich in aufrichtiger Lauterkeit und einfältiger Hingabe begegnen (invicem se tangant)
25. Im Werk Gottes waren sechs Tugenden das Vorbild der übrigen

26. Vom Standort der Enthaltsamkeit, der Freigebigkeit, der Frömmigkeit, der Wahrheit, des Friedens, der Glückseligkeit, der Unterscheidung, der Erlösung der Seelen und was er bezeichnet
27. Von ihrem Gewand und was es bezeichnet
28. Insbesondere von der Enthaltsamkeit, von ihrem Gewand und was es bezeichnet
29. Insbesondere von der Freigebigkeit, ihrem Gewand und was es bezeichnet
30. Insbesondere von der Frömmigkeit, ihrem Gewand und was es bezeichnet
31. Insbesondere von der Wahrheit, ihrem Gewand und was es bezeichnet
32. Insbesondere vom Frieden, seinem Gewand und was es bezeichnet
33. Insbesondere von der Glückseligkeit, ihrem Gewand und was es bezeichnet
34. Insbesondere von der Unterscheidung, ihrem Gewand und was es bezeichnet
35. Von der Erlösung der Seelen, ihrem Gewand und was es bezeichnet

6. Vision des 3. Teils

Das steinerne Gesetz

Und danach sah ich zwischen der Nord- und Westecke die Mauer des erwähnten Gebäudes an ihrer Innenwand. Sie war arkadenartig ganz mit Bogen vesehen, aber nicht wie ein Zaungitter durchbrochen, sondern ganz geschlossen. Unter jeder Wölbung war etwas wie das Bild eines Menschen. An der Außenseite dieser Mauer aber sah ich zwei andere niedrigere Mauern von der Länge der Entfernung der erwähnten Nordecke zur Westecke, die sich schutzdachartig beiderseits an die Ecken anschmiegten. Die Höhe dieser beiden niedrigeren Mauern aber betrug drei Ellen. Der Abstand zwischen der inneren Arkadenmauer und der mittleren maß eine Elle und zwischen der äußeren und dieser mittleren war er so breit wie eine Kinderhand.

Innerhalb dieses Gebäudes sah ich auch sechs Gestalten vor der erwähnten Arkadenmauer auf dem Pflaster des Gebäudes stehen, und zwar drei nebeneinander am Beginn dieser Mauer neben der Ecke, die nach Norden blickte, und ebenfalls drei zusammen am Ende dieser Mauer neben der Ecke, die sich nach Westen richtete. Sie betrachteten alle die Darstellungen in diesen Mauerbögen.

Am Ende dieser Mauer aber sah ich eine andere Gestalt innerhalb dieses Gebäudes auf einem Stein sitzen, der als eine Art Ruhesessel auf dem Pflaster stand. Die rechte Seite neigte sich der Mauer zu, ihr Antlitz aber wandte sie zur Säule der wahren Dreifaltigkeit. Am selben Ende jedoch erblickte ich eine weitere Gestalt; sie stand auf einem höheren Platz auf der Mauer und war gleichfalls der besagten Säule der wahren Dreifaltigkeit zugewandt.

An diesen Gestalten also gewahrte ich folgende Übereinstimmung: Sie waren — gleich den vorhergehenden Gestalten — wie mit seidenen Gewändern und schneeweißen Schuhen angetan, ausgenommen jene, die rechts neben der mittleren der drei stand, welche ich am äußersten Ende dieser Mauer gesehen hatte. Sie schien ganz von so großer Lauterkeit und Herrlichkeit zu sein, daß ich vor so viel Glanz ihre Gestalt nicht vollständig betrachten konnte, nur die, welche — wie gesagt — auf der Mauer stand und schwarze Schuhe trug. Alle jedoch waren ohne Mantel, nur die mittlere der drei (die auf dem ersten Teil der Mauer standen), war mit einem Mantel bekleidet.

Auch trugen zwei der drei ersteren, d. h. die zur Rechten und Linken der mittleren Gestalt standen, und zwei der drei letzteren, nämlich die mittlere und die zu ihrer Linken, keinen Frauenschleier auf dem Kopf; sie standen nur mit unbedecktem hellen Haar da. Die mittlere aber der drei ersteren und die, welche auf dem Stein neben der Mauer saß, hatten das Haupt mit einem blendendweißen Kopfschleier verhüllt, wie es Frauensitte ist. Dieselbe mittlere der drei ersten und die rechts von ihr Stehende waren auch mit schneeweißen Tuniken bekleidet. Ich sah jedoch folgende Unterschiede zwischen ihnen:

Die Gestalt, welche in der Mitte der drei ersteren stand, hatte auf ihrem Haupt einen kronenartigen, safrangelben Reif, in den rechtsseitig eingraviert war: ‚Setze immer in Brand.' Und ich sah, wie von rechts eine Taube zu der Gestalt hinflog und aus ihrem Schnabel diese Inschrift anblies.

Und die Gestalt sprach.

1. Die Worte der Enthaltsamkeit

‚Ich bin ganz von herzlichem (interior) Erbarmen erfüllt: ihm entspringt ein Bach, der keineswegs Geld, Gold, Edelsteine oder Perlen vor den Bedürftigen und der Not derer, die das Lebensnotwendige nicht haben und deshalb weinen, verbergen will. Jetzt werde ich sie trösten und ich will ihre Armut stets lindern aus Liebe zum Gottessohn, der mild und sanft ist, seine Güter an die Seelen der Gerechten verteilt und ihre Sündenwunden um der Reue willen (heilend) berührt.'

Die andere rechts von ihr stehende Gestalt trug auf ihrer Brust etwas wie einen spiegelklaren Löwen und von ihrem Hals hing eine fahle Schlange — gewunden und gekrümmt wie eine Rute (in torta flexura virgulae) — *auf die Brust herab.* Und sie sagte:

2. Die Worte der Freigebigkeit

‚Ich schaue auf den leuchtenden Löwen und aus Liebe zu ihm schenke ich. Die feurige Schlange jedoch fliehe ich, aber ich liebe die Schlange, welche am Holz hängt.'

Die dritte Gestalt aber links von ihr war mit einer hyazinthroten Tunika bekleidet. Und auf ihrer Brust erschien ein Engel, der an beiden Seiten einen Flügel hatte, derart, daß der rechte Flügel bis zur rechten Schulter der Gestalt und der linke Flügel bis zu ihrer linken Schulter reichte. Und diese Gestalt sprach.

3. Die Worte der Frömmigkeit

‚Ich verkehre mit den Engeln; mit Heuchlern, die sich verstellen, will ich nichts zu tun haben (ambulare), sondern ich sitze zu Tisch mit den Gerechten.'

Auch die mittlere Gestalt der drei letzteren war mit einer safranfarbenen Tunika angetan. Und auf ihrer rechten Schulter saß eine schneeweiße Taube und blies mit ihrem Schnabel in ihr rechtes Ohr. Auf ihrer Brust jedoch erschien ein ungeheuerliches, unförmiges Menschenhaupt. Unter ihren Füßen lag auch etwas wie von ihr zertretene und zermalmte Menschenleiber. In ihren Händen aber hielt sie eine ausgebreitete Schriftrolle; sie war auf der einen Seite, nämlich der oberen (versus caelum), *mit sieben Zeilen beschrieben. Ich wollte sie lesen, vermochte es aber nicht.* Und sie sagte:

4. Die Worte der Wahrheit

‚Ich will eine harte Zuchtrute und Geißel gegen jenen Lügner sein, der ein Sohn des Teufels ist. Denn auch der Teufel selbst verfolgt die unsagbare Gerechtigkeit Gottes. Darum bin ich ihm zuwider und lästig, denn niemals fand man mich in seinem Mund; ja, ich speie ihn wie ein tödliches Gift aus meinem Munde aus, weil er mich nie in seiner List fing (invenit). Er ist für mich auch das schlimmste und lästigste Übel aller Übel, denn alles Böse ging von ihm aus. Deshalb verwerfe und zertrete ich ihn in der liebenswerten Gerechtigkeit Gottes; sie ist mir unaufhörlich, ohne Ende liebenswert, und ich stütze und führe sie, weil sie auf mir gründen wird, und der ganze Bau der göttlichen Tugenden, den sie in der Höhe (des Himmels) errichten, wird fest stehen. Achte darauf, o du starker und hochgepriesener (nobilissime) Gott!'

Die andere Gestalt aber rechts von ihr hatte ein engelgleiches Antlitz und auf beiden Seiten einen schwungkräftigen Flügel, erschien aber — wie die anderen Tugendkräfte — in Menschengestalt. Und sie sprach.

5. Die Worte des Friedens

,Ich widerstehe dem teuflischen Streit, der sich hartnäckig gegen mich erhebt und behauptet (dicens): ,Ich kann keine Bedrängnis ertragen, sondern will alles mir Widerstrebende von mir fernhalten. Ich werde mich vor niemandem fürchten. Wen sollte ich auch fürchten? Niemanden will ich fürchten.' Doch die so Böses reden, werde ich niederwerfen, denn ich bin dazu bestellt, immer zu frohlocken und mich stets an allen Gütern zu freuen,weil der Herr Jesus in jedem Schmerz lindert und tröstet, da er selbst an seinem Leib Schmerz erduldete. Und weil er selbst auch eine gerechte Zurechtweisung ist, deshalb will ich mich mit ihm verbünden, ihn immer tragen und Haß, Neid und alles Übel von mir entfernen. Ich will auch immer ein frohes Antlitz in deiner Gerechtigkeit, o Gott, zeigen (habere).'

Die dritte Gestalt jedoch, die zu ihrer Linken stand, war mit einer weißen, grünlich schattierten Tunika bekleidet. In ihren Händen aber trug sie ein kleines, mattglänzendes Gefäß. Ein starkes Licht, leuchtend wie der Blitz, drang daraus hervor, so daß dieses Licht Gesicht und Hals dieser Gestalt umstrahlte. Und sie sprach.

6. Die Worte der Glückseligkeit

,Ich bin glücklich. Der Herr Christus Jesus bereitet mich und macht mich schön und weiß, wenn ich dem todbringenden Plan des Teufels entfliehe, der immer auf jenes Unglück sinnt (ruminat), nämlich Gott zu verwerfen und den Teufel mit bösen Taten herbeizuziehen. Diesen Satan fliehe ich, ich verwerfe ihn, er ist mir immer lästig, weil ich nach jenem Liebhaber verlange, den ich beständig umarmen möchte und in Freuden in allem und über alles besitzen will.'

Diese Gestalt aber, welche am Ende dieser Mauer auf einem Stein saß, war mit einer schwärzlichen Tunika angetan. Auf der rechten Schulter trug sie jedoch ein mittelgroßes Kreuz, auf dem das Bild Jesu Christi war. Es bewegte sich hin und her. Und gleichsam aus den Wolken ergoß sich in ihre Brust ein Glanz von wundersamer Helligkeit; er teilte sich in viele Strahlen, wie sich der Sonnenschein zerteilt, wenn er durch viele kleine Spalten eines Gegenstandes dringt (fulget). *In der Rechten hielt sie auch einen kleinen fächerartigen Gegenstand aus Holz; seiner Spitze waren in wundersamer Art drei Zweiglein mit einer Blüte entsprossen. In ihrem Schoß trug sie ferner alle Sorten von winzigen Edelsteinen, die sie sehr sorgsam und liebevoll betrach-*

tete, wie ein Kaufmann seine Waren sorgfältig zu mustern pflegt. Und sie sprach.

7. Die Worte der Unterscheidung

‚Ich, die Mutter der Tugenden, beobachte stets in allen Dingen die Gerechtigkeit Gottes. Denn ich erwarte im geistlichen Kriegsdienst und im weltlichen Getöse in meinem Bewußtsein immer meinen Gott. Ich verdamme nicht, zertrete nicht und verachte nicht Könige, Führer, Vorsteher und die übrigen weltlichen Amtsträger, die vom Urheber aller Dinge bestellt sind. Wie sollte es erlaubt sein, daß Asche die Asche verachtet? Der gekreuzigte Gottessohn wendet sich allen zu und ermahnt sie gemäß seiner Gerechtigkeit und Barmherzigkeit. Auch ich will alles so haben, wie er es nach seinem Willen angeordnet und bestimmt hat.'

Jene Gestalt jedoch, die an demselben Ende auf der Mauer stand, hatte ein bloßes Haupt mit schwarzem krausem Haar und ein finsteres Gesicht. Sie war auch mit einer bunten, vielfarbig durchwobenen Tunika bekleidet. Und ich sah, wie sie diese Tunika und ihre Schuhe auszog und nackt dastand. Da leuchteten plötzlich ihr Haar und ihr Antlitz so schön, weiß und frisch wie von einem neugeborenen Kind auf und sie strahlte am ganzen Leib, wie wenn ein reiner und leuchtender Glanz in Herrlichkeit hervorbricht. Dann erblickte ich weiter auf ihrer Brust ein hellstrahlendes Kreuz mit dem Bild von Christus Jesus; es war über einem kleinen Baum angebracht, der zwischen zwei blühenden Lilien und Rosen stand; diese reckten sich ein wenig zu dem Kreuz in die Höhe. Und ich sah, daß sie die ausgezogene Tunika und die Schuhe kräftig ausklopfte und so viel Staub ausgeschüttelt wurde. Und sie sprach.

8. Die Worte der Erlösung der Seelen

‚Ich lege den Alten Bund ab und ziehe den edlen Gottessohn mit seiner Gerechtigkeit in Heiligkeit und Wahrheit an. Deshalb bin ich zum Guten wiederhergestellt und von den Lastern gebessert. Daher gedenke auch du, mein Gott, nicht der Vergehen meiner Jugend und meiner Verirrungen und nimm keine Rache für meine Sünden.'

Und als ich noch aufmerksamer hinschaute, sprach der Thronende wiederum zu mir.

9. Kein Gläubiger verschmähe es, einer Obrigkeit zu unterstehen, denn selbst die Gesetzeslehrer des israelitischen Volkes deuteten schon die Führer zur Zeit der Gnade an

Kein Gläubiger, der Gott demütig gehorchen will, zögere, sich einer menschlichen Obrigkeit zu unterstellen, denn die Regierung über das Volk ist durch den Heiligen Geist zum praktischen Nutzen der Lebenden eingesetzt; sie soll für die kirchliche Disziplin da sein und gläubig und fest anerkannt werden; das wurde am alten Bundesvolk schon angedeutet.

Daß du dann auch zwischen der Nord- und Ostecke die Mauer des besagten Gebäudes an ihrer Innenwand arkadenartig ganz mit Bogen versehen, aber nicht wie ein Gitter durchbrochen, sondern ganz geschlossen siehst, bedeutet: Von Abraham und Moses, die dem Teufel widerstanden, erstreckte sich gleichsam von der nach Norden blickenden Ecke bis zur wahren Dreifaltigkeit (sie offenbarte sich deutlich im wahren und katholischen Glauben, als der von Gott dem Vater in die Welt gesandte Gottessohn am Ende der Zeiten seine Lehre weit verbreitete) bis an den westlichen Winkel eine Mauer; d. h. das israelitische Volk, unter das Gesetz der göttlichen Gerechtigkeit gestellt, arbeitete am Bauwerk der Güte des allmächtigen Vaters, und zwar durch das Alte Testament gezügelt und untereinander verbunden. Denn nach dem Sichtbarwerden der Strenge, die im Eifer Gottes durch die Institutionen der bisherigen Vorsteher hervorgerufen wurde, wurden neue Ämter und Würden im Voraus bezeichnet.

Der alte Bund erstreckt sich nämlich bis zum neuen; es entsproßten ihm die Gesetzesvorschriften des Neuen Testaments, die viel bedeutender waren, als die zuerst von ihm ausgegangenen. So wurde aus dem Kleineren das Größere, nämlich aus der unbedeutenden Lehre der alten Gesetzgeber die wichtigere und umfassendere (latior) der neuen, da das Alte Testament nur gleichsam das zuerst gelegte Fundament war, auf dem die tiefste Weisheit aller Lehre, die sich in der Menschwerdung des Gottessohnes kundtat, aufgebaut wurde. Sie reicht vom alten Gesetz der Beschneidung bis zur neuen Richtschnur der Taufe, die mit größeren Geboten ausgestattet ist.

10. Was die Härte des Gesetzes gleichsam unter einem Schleier verbarg, das erhellte die Menschwerdung des Gottessohnes durch die Gnade des Heiligen Geistes

Und diese Mauer, nämlich das jüdische Volk im inneren Teil seiner Einsicht, in der die Menschenseele Gott erkennt, ist überall von Bogen umschlossen, d. h. ringsum durch die Bedeutung des Vorsteheramtes seiner Vorläufer, die die Gesetzesvorschriften verkünden und ihm aufzeigen, schützend umgeben. So pflegen sich die Kleineren mit Größeren, gleichsam hervorragenderen Menschen zu versehen wie mit einer errichteten Umzäunung. Sie ist das typische Vorbild für den Heiligen Geist; in der Menschwerdung des Gottessohnes durchbrach er die harte Buchstaben(gerechtigkeit). Die, welche ihn baten, wies er ganz deutlich auf das Gitter seiner Barmherzigkeit hin. Dennoch tat sich bei der Durchbohrung des Torwächters, nämlich des Heiligen Geistes, das geistliche Verständnis für das alte Gesetz (noch) nicht auf, wie es später bei der Umzäumung der Barmherzigkeit des im Fleisch offenbarten Sohnes des Allerhöchsten geschah, sondern es blieb unberührt unter der Härte der Gesetzesvorschriften, die später durch den Heiligen Geist im Quell des lebendigen Wassers ins helle Licht gesetzt wurden.

11. Ein mit der Würde des Vorsteheramtes Ausgestatteter gilt als Stellvertreter Gottes

Unter jeder Wölbung ist auch etwas wie das Bild eines Menschen; denn wie diese Darstellung ein Menschenbild zeigt, so ist ein Mensch unter dem Triumphbogen, d. h. unter einer Amtswürde, zum Stellvertreter Gottes bestellt. Wieso? Die tiefste und vorzüglichste Weisheit ist nämlich durch die Gnade Gottes in den Mund eines geistbegabten Menschen gelegt, damit ein Mensch im Namen Gottes das Amt des Vorstehers in strenger Gerechtigkeit und Barmherzigkeit des Allerhöchsten ausübe.

12. Außer der geistlichen Obrigkeit gibt es manche von größerem weltlichen Einfluß und auch Unbedeutendere im Volk, die von beiden regiert werden

Daß *du* aber *an der Außenseite dieser Mauer zwei andere niedrigere Mauern siehst,* heißt: In den äußeren Geschäften, die über das geistliche Amt hinausgehen, liegt der unterbrochene Bau der größeren und kleineren

Völker, die auf Gottes Geheiß wie zwei Mauern aufgestellt sind. Denn außen stehen die Älteren in der Kraft ihrer weltlichen Macht nach meiner Anordnung; in der Mitte sind die Geringeren, die unter der Gewalt von geistlichen und weltlichen Persönlichkeiten stehen, gleichsam zwischen den Bögen der erwähnten Innenwand, welche die geistliche Obrigkeit darstellen, und der äußeren Mauer, welche — wie gesagt — die weltliche Macht darstellt. Daher sind die beiden Mauern außerhalb des Umkreises der inneren Arkaden, weil die Laien in irdischen Angelegenheiten mehr mit Äußerem als mit Innerem zu tun haben; doch sind sie dabei trotzdem unter dem Schutzdach meiner Verfügung. Wieso?

13. Am äußeren Amt erkennt man die innere Würde

Am Äußeren erkennt man das Innere; denn wie der Mensch an der sichtbaren (Gestalt) erkannt wird und eine hohe Persönlichkeit daran, wie der Mensch gefürchtet, geehrt und geliebt werden soll, so möge er auch mit dem Verstand einsehen, wie der unsichtbare und höchste Gott zu fürchten, zu verehren und über alles zu lieben ist. Denn durch die äußere weltliche Herrschaft wird der Mensch an die innere und geistliche Macht der göttlichen Majestät gemahnt, die dem Menschen so verschlossen und verborgen ist, daß sie sich nicht mit seinen fleichlichen Augen erkennen läßt, sondern nur insoweit sein Glaube sie erfaßt. Und da Gott nun einmal für die sterbliche Kreatur unsichtbar ist, lerne der Mensch wenigstens durch die sichtbare Obrigkeit den Allerhöchsten als den, der die Obrigkeit eingesetzt hat, zu fürchten und zu ehren. Wieso?

14. Warum Gott es zuließ, daß ein Volk sich auszeichnete und ein anderes untergeordnet war

Der göttliche Hauch verlieh dem Bewußtsein der Menschen durch ihre Vernunft die Erkenntnis, daß unter den Völkern in der rechten Ordnung große Persönlichkeiten herrschen sollen, die von ihnen gefürchtet und geehrt werden. Gott läßt nämlich deshalb zu, daß sich ein Volk hervortut und das andere untergeordnet ist, damit die Menschen aufgeteilt sind und sich nicht selbst gegenseitig töten und zu Grunde gehen und im Übrigen nachlässig sind und nicht verstehen, zur Erkenntnis Gottes voranzuschreiten, wenn sie das nicht zuvor durch die Ehrfurcht und Ehrerbietung gegenüber Menschen kennenlernen.

Und so trat der Heilige Geist als Führer des Volkes zum inneren Gesetz des Geistes auf, damit der Mensch dadurch innerlich und äußerlich geleitet würde, bis der lebendige (saliens) Quell hervorsprudelte und sich der Welt in der Fülle der Gerechtigkeit zeigte. Er regiert über beides, nämlich über Leib und Seele. Daher ist auch die Fürsorge der weltlichen Macht so zum Nutzen der irdischen Angelegenheiten bestimmt, wie der Leib nach Erquickung verlangt, damit er nicht erlahme, und die geistliche Obrigkeit, um das innere Verlangen (suspirationem) hervorzurufen, Gottes Diener zu werden, damit die Seele zum Himmel eile (ad caelestia anhelet). So ist es also von mir bestimmt und angeordnet, wie es auch Isaak seinem Sohn Jakob sagt.

15. Worte Isaaks zu Jakob über dasselbe Thema

„Du sollst Herr deiner Brüder sein und die Söhne deiner Mutter sollen sich vor dir neigen" (Gen. 27,29). Das ist so: Du bist dazu bestimmt, der Herr deiner Brüder zu sein, sie an Macht, Ehre und Glück zu übertreffen; mit Segnungen bist du gesegnet, die mir von Gott verliehen sind. Und es sollen sich vor dir alle Kinder der Söhne deiner Mutter neigen und dir wegen des hervorragenden Anlasses für deine Segnung untergeordnet sein. Aus dir wird nämlich ein großes Volk hervorgehen, aus dem der stärkste und mächtigste Held (vir) ersteht; seine Brüder werden ihn in die Flucht schlagen und verfolgen. Er aber wird sich ganz schnell mit (Aufbietung) seiner größten Kraft wie ein Löwe von ihnen befreien und sie äußerst gebieterisch beherrschen. Im Namen seiner Macht wird er sie unterdrukken. Da seine Brüder ihm nachgestellt wurden, wird diese niemals von einem ganz gewöhnlichen Nachkömmling (vilissima cauda) vertilgt werden.

So sage auch ich, der himmlische Vater, meinem menschgewordenen Sohn: ‚Du sollst der Herr über alle sein, die aus der Empfängnis menschlichen Samens geboren werden und die ich durch dich erschaffen habe. Denn du bist wunderbar aus einer Jungfrau geboren worden, nicht durch menschlichen Samen empfangen. Du bist vielmehr von mir durch das flammende Feuer ausgegangen und auf der Erde als wahrer Mensch erschienen, unter dem Siegel der ganz unversehrten und keuschen Jungfrau verschlossen.

Du bist also der Herr aus der himmlischen Herrlichkeit der Gottheit für jene, die wegen deiner Fleischwerdung, durch die du Mensch bist, deine

Brüder sind. Und die Verneigung, d. h. die Unterwerfung, wird dir von den Söhnen deiner Mutter, nämlich deiner Menschwerdung, entboten, und im Gehorsam frommer Hingabe werden dir die von Menschen geborenen Menschen unterworfen.'

Und weil der Sohn Gottes so der Herr aller Geschöpfe ist, stammt auch von ihm durch den Willen des Vaters und die Berührung des Heiligen Geistes die Einrichtung und Anordnung der verschiedenen Gewalten in der Welt. Auf welche Weise? Nämlich so, daß Gott das Übermaß und jene Prahlerei wegnimmt, in der ein Volk das andere nicht ehren und ein jedes tun würde, was ihm gefällt, wenn Gott das nicht in der außerordentlichen Weisheit seines Planes vereitelt hätte. Er selbst entschied vielmehr zwischen Volk und Volk, daß das kleinere dem größeren gehorsam diene und ihm untergeben sei, das größere aber mit ganz nutzbringender Herrschaft eifrig und hingegeben dem kleineren zu Hilfe komme. So wurde auch in der Erleuchtung des Heiligen Geistes Jakob von seinem Vater zugesichert (datum est), daß er der Herr seiner Brüder sein sollte, wie oben gesagt wurde.

16. Hiermit wird ein dreifacher Stand angezeigt: Herren, Freie und Sklaven

Daß aber gezeigt wurde, daß er der Herr sein sollte, weist darauf hin, daß eine weltliche Aufgabe eine Persönlichkeit verlangt, die über die Freiheit anderer verfügt. Um der Ehrfurcht willen, die ihm von ihnen entgegengebracht wird, geht er schonend mit seiner Macht um, indem er sie nicht, wie es sein Recht wäre (iure), als Sklaven unterdrückt, sondern sie in Liebe wie Brüder behandelt. Daß von einer Verneigung vor ihm gesprochen wird, meint den ergebenen Dienst (servitium ministrationis) jener, die ihren Herren wie fleischliche Söhne durch ein Dienstverhältnis unterstellt sind und fleischliche Sorge tragen.

Als aber später Jakob diese Herrschaft seinem Bruder durch den väterlichen Segen stahl und dann durch den zum Gedenkmal errichteten Stein und das Gelöbnis, den Zehnten zu spenden, eine himmlische Festfeier (celebrationem) bereitete, wie vorher gezeigt wurde, stellte er die erste Person im geistlichen Kriegsdienst dar. Denn jeder Gläubige muß von der untersten Stufe zur höchsten aufsteigen, nämlich durch weltliche Macht die höhere Lehre des helleren Lichtes des geistlichen Lebens erfahren, in der gemäß dem Weg des unbefleckten Lammes, das den Menschen mit der Fülle und Güte aller Gerechtigkeit emporhebt, d. h. den von den Nachstellungen des bösen Räubers niedergeworfenen Menschen aufrichtet, die Aufgabe des Steuermanns vollendet wird.

17. Laien und geistliche Menschen gliedern sich in je vier Arten

Daher gliedern sich auch diese beiden Stände, nämlich der nach dem Irdischen und der nach dem Himmlischen strebende, in je vier Teile; denn Gott hat den Menschen die große Kraft der geistbegabten Erkenntnis verliehen, so daß sie dies im Licht (in accensione) des Heiligen Geistes analog zu den vier Elementen bei sich untersuchen; sie fügen zu den besagten zwei Ständen mehr hinzu, was ich nicht verschmähe und verwerfe. Denn wer in meinem Namen das Wenige vermehrt, ist des Lohnes und nicht der Verwerfung würdig; es gibt nämlich auch sowohl bei den weltlichen Würden (gravaminibus) wie bei den geistlichen vier bestimmte Arten. Wieso? Weil in den weltlichen Angelegenheiten Vornehme und Adelige, Diener und Hörige vorhanden sind. In der geheimnisvollen geistlichen Ordnung (in spiritalibus sacramentis) gibt es in der Tat Vorsteher und Obere, Gehorsame und Zurechtweisende.

18. Niemand darf eine geistliche oder weltliche Würde durch Raub, List oder Bestechung an sich reißen

Ich aber will nicht, daß diese von mir aufgestellten und festgesetzten Ämter (officiales causae) mit einem verstohlenen Geschenk erkauft und verkauft werden, sondern ich möchte, daß man aus einem vernünftigen Grund an sie herantritt, so daß die, welche sie empfangen, für Gott und die Menschen von Nutzen sind. Aber ach, so manche giftige Skorpione übergehen meine Gerechtigkeit und reißen sie mit dem todbringenden Gift der Habsucht und des Hochmuts an sich, nicht nur in weltlichen Stellungen, sondern auch in geistlichen Bereichen.

Der Raub weltlicher Würden aber — man verschafft sich nämlich Irdisches durch Irdisches — unterliegt zwar einer harten Prüfung des Zorneifers Gottes, doch von größerem Gewicht und untersuchungsbedürftiger (maioris ponderis et examinationis) ist der Raub der geistlichen. Denn Laien sind äußerlich Fleisch von Fleisch, geistliche Menschen aber innerlich mit dem Geist verbunden. Doch obzwar die Laien sich mit äußeren Dingen befassen und für das Irdische Sorge tragen, sollten sie doch in dieser Form bei ihrer Verwaltung nach der innersten Gesinnung des Geistes trachten (anhelare).

Die geistlichen Menschen jedoch — zum religiösen Leben (in specie religionis) und zur Verachtung des Weltlichen bestellt, und innerlich im Herzen des allmächtigen Vaters dazu berufen (ordinati) — sollten umso eifriger unter dem geistlichen Namen seinen Sohn im Hohenpriestertum nachahmen. Denn wie der Sohn aus dem Herzen des Vaters hervorging, so bestimmte der Vater bei sich selbst in seinem Sohn die leitenden Persönlichkeiten. Sie stehen um des Nutzens der Kirche willen in einem so hohen Rang und sind mit Gott in einem gerechten Werk verbunden. Wie?

19. Die ein reifes Urteil und ein gutes Gewissen besitzen und nicht nach unbeständigem Menschenlob trachten, sind der Erwählung zu einem leitenden Amt würdig

Die Zerknirschung, Herzenskenntnis und ein reifes Urteil besitzen — das durchschaue ich vollkommen — d. h., die ein gutes Gewissen haben, so daß sie das Amt nicht auf verkehrte und widersprüchliche Weise anstreben und auch nicht durch teuflische Kunst darüber nachforschen, es nicht mit Geld oder weltlicher Macht erwerben und nicht das unbeständige Lob der Menschen suchen, sondern es in Demut als meine und des Volkes wahre Erwählung annehmen, sind sehr geschätzte und erprobte Wächter und meine ganz zuverlässigen Freunde.

20. Die Regierungsgewalt erlangen, sich nicht darum kümmern, ob es Gott gefällt oder nicht, und vor dem Angesicht Gottes fliehen, stehen auf der Seite des Teufels; sie erfahren keinen Widerstand, um einmal härter bestraft zu werden

Die sich aber rücklings einschleichen (incedunt) und es auf andere Weise im Dunkel erreichen, indem sie nämlich durch Weltliches und Irdisches verstohlen himmlische Geheimnisse rauben, fliehen mein Angesicht und töten grausam ihre Seele. Sie verspotten mich damit, weil sie mich so verleugnen und gegen meinen Willen ausschlagen. Wieso? Weil sie mich verachten und die Regierungsgewalt nicht von mir erhalten möchten, so daß sie ihre inneren Herzensaugen zu mir erheben und sagen: ‚Gefällt das Gott oder nicht?' Jeder spricht vielmehr zu sich: ‚Wenn das auch vor Gott schlecht ist, will ich es doch im Vertrauen auf den Herrn annehmen, weil ich es ja, solange ich in diesem Leibe lebe, bereuen kann.' Und auf solche Weise erreichen sie das Vorsteheramt ohne mich, den lebendigen Gott, indem sie es weder von mir verlangen noch darauf vertrauen, daß sie durch meinen Willen dazu gelangen. In dieser Leidenschaft fliehen sie vielmehr vor meinem Angesicht, rauben sich so das Vorsteheramt und erleiden Schiffbruch an meiner Barmherzigkeit.

Diese sind nicht im innersten Herzen des himmlischen Vaters, sondern außerhalb im Bereich des Nordwinds. Er (der Teufel) ist ihr Führer in diesen Angelegenheiten, da sie nicht mich, den Schöpfer des Alls, suchen wollen, sondern ihren eigenen Willen, den sie für Gott halten; ihm folgen sie und verlassen mich. Denn sie wollen mich nicht kennen und ich sie auch nicht. Ihre Begierde gibt ihnen ein, was sie wollen. Und weil sie es zurückweisen, Gottesfurcht zu besitzen, deshalb will auch ich ihnen nicht in meinem schrecklichen Zorn widerstehen, damit sie an jenem Tag Widerstand erfahren, an dem sie nicht mehr viel auszurichten vermögen. Ich besiege sie entweder in diesem Leben oder ziehe sie — wie erwähnt — im künftigen furchtbaren Gericht zur Verantwortung für das, was sie tun. Sie kennen mich nämlich durch den Glauben, wollen aber bei dem, was sie begehen, nicht auf mich blicken.

21. Wie die erwähnten Unterschiede zwischen den Menschen gewesen sind, so sind sie und werden nach dem Beschluß der göttlichen Vorsehung für die Dauer des menschlichen Zeitalters immer so sein

Daß *du* aber jetzt *siehst*, daß *die erwähnten zwei anderen niedrigeren Mauern von der Länge der Entfernung der erwähnten Nordecke zur Westecke sind*, heißt: Bei der Begründung der größeren und kleineren Völker im weiteren Verlauf des menschlichen Zeitalters, nämlich von Abraham und Moses — gleichsam vom Norden — bis zur Offenbarung des katholischen Glaubens an die wahre Dreifaltigkeit (diesen Glauben hat mein von mir in die Welt gesandter Sohn gleichsam bis zum Sonnenuntergang gelehrt) erstanden unter meinem Gesetz die Völker und ihre ersten Lehrer. Sie waren nämlich der vorangehende Sproß und das Vorbild für das Volk des neuen Bundes. Von meinem Zorneifer reichten sie bis zu meinem im Fleische geborenen Sohn. Wie die Unterschiede zwischen den innerlichen und äußerlichen Menschen, d. h. den geistlichen und weltlichen, den größeren und kleineren waren, so sind sie und werden immer sein.

Sie schmiegen sich schutzdachartig beiderseits an die Ecken an. Denn die Völker stellen sich wie im alten Bund, so auch im neuen, an beiden Enden in Hochachtung und Führung vereint, dar. Und das geschieht wie bei einem Schutzdach, d. h. sie sind in der Autorität der göttlichen Vorsehung gut und würdig zusammengefügt zur Errichtung des Baues des himmlischen Jerusalem.

22. Es gibt unter den weltlichen Ständen — nämlich im höheren und im niedrigeren — drei Arten

Daß aber *die Höhe dieser beiden niedrigeren Mauern drei Ellen beträgt,* heißt: Zur Unterstützung des Rechten in den beiden weltlichen Ständen, nämlich dem höheren und dem niedrigeren, gibt es drei Arten von Menschen, d. h. höhere Vorsteher, andere, die von der Fessel der knechtlichen Dienstbarkeit frei sind, und das gewöhnliche Volk, das seinen Vorgesetzen im Gehorsam untersteht.

23. Die geistlichen Führer müssen dem Volk in der Einheit des Glaubens vorstehen

Deshalb *mißt* auch *der Abstand zwischen der inneren Arkadenmauer und der mittleren eine Handbreit.* Das ist die festgesetzte Spannweite des Ranges zwischen den höheren Persönlichkeiten im geistlichen Amt und den unbedeutenderen in den Berufen irdischer Dienstbarkeit, in der Einheit des Glaubens von Gott zur Zurechtweisung ihrer Untergebenen eingesetzt.

24. Die weltliche Regierungsgewalt und das Volk sollen sich in aufrichtiger Lauterkeit und einfältiger Hingabe begegnen

Und *zwischen der äußeren und dieser mittleren ist er so breit wie eine Kinderhand.* Den es gibt auch zwischen der niedrigeren Macht der weltlichen Regierungsgewalt und zwischen der Unterwerfung im weltlichen Dienst die Spanne gerechten Abwägens. So begegnen sie sich einmütig und in einfältiger Hingabe kindlicher Unschuld anhand ihres gemeinsamen Wirkens.

25. Im Werk Gottes waren sechs Tugenden das Vorbild der übrigen

Daß *du* aber *innerhalb dieses Gebäudes sechs Gestalten vor der erwähnten Arkadenmauer auf dem Pflaster des Gebäudes stehen siehst,* besagt: Im Werk der Güte Gottes erscheinen sechs Tugenden, die das Vorbild der übrigen Tugenden sind, so wie Gott in sechs Tagen seine Geschöpfe erschaffen hat. Diese Tugenden erscheinen nämlich in Gestalt der Zukunft vor der Mauer, d. h. vor dem israelitischen Volk, das vom göttlichen Gesetz gezügelt und von der Obrigkeit und der Verantwortung seiner Vorläufer schützend umgeben ist (circumvallatum), während sie auch das Pflaster der weltlichen Sorgen in diesem Gebäude des himmlischen Vaters mit Füßen treten zum Zeichen dafür, daß sich in ihnen die christliche Heerschar dem Teufel entgegenstellt.

26. Vom Standort der Enthaltsamkeit, der Freigebigkeit, der Frömmigkeit, der Wahrheit, des Friedens, der Glückseligkeit, der Unterscheidung, der Erlösung der Seelen und was er bezeichnet

Daher *stehen drei nebeneinander am Beginn dieser Mauer, neben der Ecke, die nach Norden blickt,* weil die heilige, in der Kraft ihrer Majestät untrennbare Dreifaltigkeit, die durch verschiedene geheimisvolle Sinnbilder bezeichnet wurde, zu Beginn des alten Bundes, der mit Abraham und Moses begann, anfing, sich dem Teufel entgegenzustellen. *Und ebenfalls drei zusammen am Ende der Mauer neben der Ecke, die sich nach Westen richtet.* Denn die in der Einheit der Gottheit herrschende Dreifaltigkeit wurde am Ende des dahinschwindenden Gesetzes durch die volle Offenbarung ihres Namens verkündet, als der Gottessohn zur Erlösung des Menschen, der dem Untergang zustrebte, im Fleisch geboren worden war.

Sie betrachten alle die Darstellungen in diesen Mauerbögen. Denn sie achten in immer gleichem hingegebenem Eifer auf das unter den Menschen von Gott eingesetzte Lehramt, das seine Macht im Gesetz des alten wie des neuen Bundes anzeigt, und schauen, was es an ihnen bewirkt.

Daß *du* aber *am Ende dieser Mauer eine andere Gestalt innerhalb dieses Gebäudes auf einem Stein sitzen siehst, der als eine Art Ruhesessel auf dem Pflaster steht,* heißt: Als Gott bei der Ablösung des alten Gesetzes des einstigen Bundesvolkes und zu Beginn des neuen Glaubens an die wahre Dreifaltigkeit alle folgerichtigen (constantes) Tugenden in die Kirche einfügte, erschien auch anmutig diese Tugend im Werk des himmlischen Vaters und betätigte sich durch den Menschen in ihm bis zum Ende der Welt.

Daher sitzt sie auch auf einem äußerst festen Stein, nämlich auf dem einzigen Sohn Gottes, welcher die Ruhe und der Friede (quies) aller Gläubigen ist, die das Vergängliche verachten und in reinem Glauben auf ihn vertrauen.

Und die rechte Seite neigt sich der Mauer zu, weil sie in ruhiger Gerechtigkeit und auf Seiten der Erlösung diesem Volk, das unter der herrscherlichen Verfügung Gottes steht, anhaftet. So sollen sie sie auch — die Größeren mit den Kleineren — in ihren Werken verehren.

Ihr Antlitz aber wendet sich zur Säule der wahren Dreifaltigkeit; denn in jeder Lage (re) richtet sich ihre Aufmerksamkeit mit dem äußerst scharfen Blick richtiger Erwägung auf die Dreifaltigkeit, damit alle Gott so verehren und ihn in ihren Taten aufs eifrigste betrachten und ihn in der Betrachtung nicht verlassen, wie die ewige Dreifaltigkeit unversehrt in drei Personen gesehen werden muß.

Daß du aber *am selben Ende eine weitere Gestalt erblickst und sie auf einem höheren Platz auf der Mauer steht,* besagt: Auch bei der Übertragung des schattenhaften alten Gesetzes auf den Glauben an die heilige Dreifaltigkeit im strahlenden Licht der wahren Gerechtigkeit wurde diese Tugend durch die höchste Obrigkeit und das gläubige Volk zu einem höheren Gipfel des himmlischen Verlangens nach Erlösung erhoben. Im Sohn Gottes emporgerichtet, steht sie im Kampf gegen die Laster, weil sie von ihm den Anfang nahm und mit ihm im himmlischen Jerusalem nach dem Ende der Welt bestehen wird.

Sie ist gleichfalls der besagten Säule der Dreifaltigkeit zugewandt; denn durch die heilige, unsagbar (erhabene) Dreifaltigkeit bestärkt, führt sie die Seelen zur Heimat zurück.

27. Von ihrem Gewand und was es bezeichnet

Daß *du* also *an diesen Gestalten folgende Übereinstimmung gewahrst,* bedeutet: Diese Tugendkräfte verhalten sich einmütig in der Verschiedenheit der Gaben Gottes. Deshalb *sind sie auch — gleich den vorhergehenden Gestalten — wie mit seidenen Gewändern angetan,* die sie umgeben wie sehr wohltuende (suavissima) Taten die übrigen Tugenden. Diese erweisen sich im göttlichen Gesetz als Gottesverehrer, indem sie in Gerechtigkeit und Wahrheit (veritatis) handeln. *Und mit schneeweißen Schuhen,* weil zu ihrer Glut auch der Glanz der Nachahmung des Beispiels der guten Werke in den Menschen kommt.

Jene aber, *die rechts neben der mittleren der drei steht, welche du am äußersten Ende dieser Mauer siehst, scheint ganz von so großer Lauterkeit und Herrlichkeit zu sein, daß du vor so viel Glanz ihre Gestalt nicht vollständig betrachten kannst.* Denn diese Tugend erhebt sich durch das Geschenk der heiligen Dreifaltigkeit wahrhaft heilsam bestärkt (cum salute verae confortationis), am Ende der alten Düsternis; sie ist ganz durchsichtig und lauter, jede teuflische Äußerung des Unwillens fehlt ihr in der hellen, fröhlichen Freude (in claritate laeti gaudii) der einmütigen Menschen. So kann ihre unermeßliche Einmütigkeit, die gleichsam ihre Gestalt ist, vor großer Herrlichkeit und Würde, die sie im Himmel besitzt, von keinem sterblichen Menschen betrachtet werden, nur insoweit Gott es zu enthüllen sich würdigte.

Und *jene, die auf der Mauer steht, trägt schwarze Schuhe,* weil sowohl bei höherer als auch bei geringerer Stellung vor der Menschwerdung meines Sohnes das Zeichen und die Spur des Todes an den Menschen vorhanden war.

Daß aber *alle ohne Mäntel sind,* heißt: Sie haben die irdischen Kultformen zugleich mit dem äußeren Geflecht der gesetzlichen Ordnung abgeworfen und schauen innerlich die wahre Gerechtigkeit. *Nur die mittlere der drei, welche auf dem ersten Teil dieser Mauer stehen, trägt einen Mantel,* denn sie, die sich unter dem Schutz Gottes zu Beginn der gebotenen Strenge abmüht (desudans), ist von der Umarmung (comprehensione) der Liebe Gottes umgeben. In ihr verbirgt sie einen himmlischen Schatz, nachdem sie das Verlangen nach dem Fleischlichen abgelegt hat.

Und *zwei der drei ersteren, d. h. die zur Rechten und Linken der mittleren Gestalt Stehenden und zwei der drei letzteren, nämlich die mittlere und die zu ihrer Linken, tragen keinen Frauenschleier auf dem Kopf; sie stehen nur mit unbedecktem hellen Haar da.* Denn Gesetz und Prophetie entstehen durch die Kraft der himmlischen Majestät und zeigen in ihrer Stärke Tod und Leben an. Vom Doppelgebot der Liebe durch diese göttliche Kraft begleitet und im Besitz beständiger innerster Besonnenheit in Widerwärtigkeiten und süßer Freude am Göttlichen sind sie zuverlässig von der Unterwerfung unter jeglichen Schmerz oder einer Todesschlinge befreit; auf dem Haupt, nämlich Christus, meinem Sohn, leuchtet jedoch das Haar im Glanz der Jungfräulichkeit, weil die Gottheit die jungfräuliche Natur in der Jungfrau Maria sehr geliebt hat.

Daß aber *die mittlere der drei ersteren und die, welche auf dem Stein neben der Mauer sitzt, das Haupt mit einem blendendweißen Kopfschleier verhüllt haben, wie es Frauensitte ist,* heißt: Diese sind mit Hilfe der himmlischen Erhabenheit und in der Festigkeit des bewahrten seligen Friedens auf anziehende und angenehme Weise mit dem starken Band des Gehorsams gebunden. Sie verehren Gott als Haupt aller Gläubigen im Weiß der frommen Hingabe, wie ein Gatte von der Gattin mit aufrichtiger Liebe geehrt werden soll.

Und *dieselbe mittlere der drei ersten und die rechts von ihr Stehende sind mit schneeweißen Tuniken bekleidet.* Denn durch diese Kraft der göttlichen Majestät entströmen ihnen in süßestem Glück die leuchtendsten und strahlendsten Werke in den Menschen; sie sind auf das Gesetz des Herrn gegründet, dem sie angehören. Daß *du* aber auch *Unterschiede zwischen ihnen siehst,* heißt: Sie besitzen verschiedene Kräfte in Gott, verehren ihn jedoch einträchtig.

28. Insbesondere von der Enthaltsamkeit, ihrem Gewand und was es bezeichnet

Deshalb *ist die Gestalt, welche in der Mitte der drei ersteren steht,* ein Vorbild der Enthaltsamkeit. Denn sie ist zu Beginn des Kampfes gleichsam die Stadt, die Stütze und der Schmuck der ihr anhaftenden Tugendkräfte. Sie enthält sich in Sittenstrenge der Sünde, so daß sie alles Kindische beim Übel(tun) durchschaut und zurückweist und keine Ausgelassenheit an sich hat (in se), sondern wie eine Mutter inmitten der Tugenden erscheint, welche die Herrlichkeit der Dreifaltigkeit am Anfang des überlieferten Gesetzes des Bundesvolkes andeuten.

Und sie hat auf ihrem Haupt einen kronenartigen, safrangelben Reif, in den rechtsseitig eingraviert ist: ‚Setze immer in Brand', weil sie vom Allerhöchsten (summum caput) mit dem goldgelben Strahl der leuchtendsten Sonne, nämlich des Gottessohnes, gekrönt ist, von dessen Helligkeit sie ganz erfaßt ist. Nach ihm allein verlangt sie; und er setzt sie auch immer auf der rechten Seite der Erlösung der Seelen in Brand.

Daher *fliegt* auch *von rechts* — wie du siehst — *eine Taube zu der Gestalt hin und bläst aus ihrem Schnabel diese Inschrift an.* Denn zur Rechten des himmlischen Glücks ist immer die Gabe der wahren Einfalt, nämlich des Heiligen Geistes zugegen und setzt in der Enthaltsamkeit alles Gute durch himmlische Inspiration zur Rettung der Seelen in Brand. So tut es auch diese Tugend in den obigen Worten ihrer Ermahnung kund.

29. Insbesondere von der Freigebigkeit, ihrem Gewand und was es bezeichnet

Die andere, rechts von ihr stehende Gestalt bezeichnet die Freigebigkeit, die sich aus der kindlichen Einfalt ergibt, doch überhaupt keine Schlauheit oder Härte gegenüber den Schmerzen der Menschen zeigt. Mit ihr hält sich die Enthaltsamkeit immer von aller Härte zur Rechten der guten Werke fern und streckt sich so nach Gott aus. Denn die Freigebigkeit ist der Beginn ihres Wirkens, sobald die Enthaltsamkeit an ihr Werk geht.

Sie trägt auf ihrer Brust etwas wie einen spiegelklaren Löwen. Es ist mein Sohn Christus Jesus in ihrem Herzen, der stärkste Löwe, wie im Spiegel der frommen und strahlenden Liebe enthalten. Daß aber *von ihrem Hals eine fahle Schlange — gewunden und gekrümmt wie eine Rute — auf die Brust herabhängt,* bedeutet: Gleichsam mit seinem Nacken, nämlich der überaus starken Geduld, ertrug mein so einsichtiger Sohn in der Blässe seines geängstigten Fleisches die qualvolle Verrenkung und die Erhöhung am Kreuz. Sie ist nämlich das Heilmittel für alle Wunden, das die Freigebigkeit durch die himmlische Liebe ihrem Herzen einprägt, und sie schaut es häufig in den Herzen der Menschen an, wie sie auch in den erwähnten Worten bekennt.

30. Insbesondere von der Frömmigkeit, ihrem Gewand und was es bezeichnet

Die dritte Gestalt aber links von ihr stellt die Frömmigkeit dar. Sie kennt keine Art von Haß oder Neid auf irgendein menschliches Glück, sondern freut sich stets und liebt das Glück aller Menschen, durch deren Gedeihen und großzügige Salbung die Enthaltsamkeit der linken Seite des teuflischen Anhauchs widersteht. Denn die Frömmigkeit ist das vollendete Werk der Enthaltsamkeit im Kampf des Bannerträgers (in signifera pugna); durch sie erweist sie sich immer als Siegerin.

Daher *ist sie* auch *mit einer hyazinthroten Tunika bekleidet.* Denn sie ist von einem herrlichen Werk, unter dem sich in ruhmvollster Ausdauer Widerstand bis aufs Blut (sanguineae contrarietates) verbirgt, umgeben, nämlich dem Erleiden jeglichen Unrechts in der Nachahmung des Leidens und durch das Beispiel meines Sohnes.

Daß aber *auf ihrer Brust ein Engel erscheint, der an beiden Seiten einen Flügel hat,* besagt: Der Mensch soll in seinem Denken immer die Engelchöre nachahmen und jede Anordnung Gottes lieben, indem er sich an beiden Seiten mit den einzelnen Flügeln der Erfolge wie der Widerwärtigkeit und dem Flügelpaar – nämlich in dem einen Gott durch zweifache Kraft weder übermütig im Glück noch gänzlich niedergeschlagen im Unglück – zum Flug erhebt. Das bedeutet, Gott in der Reinheit des Herzens schauen, sich so nach oben auszustrecken und sich nicht zu Boden fallen zu lassen.

Deshalb *reicht* auch *der rechte Flügel bis zur rechten Schulter der Gestalt,* weil das Glück des Menschen zur Rechten der Erlösung der Seelen in der Unterstützung der Frömmigkeit liegt, da mein Sohn den Menschen zum Vaterland zurückgetragen hat. Und der linke erstreckt sich bis zu ihrer linken Schulter, weil der gläubige Mensch auf der linken Seite im Widerstand gegen teuflische Nachstellungen einen schwungkräftigen Fittich zum Abwerfen der Werke der Finsternis in die Höhe hebt, um bei meinem Sohn Zuflucht zu suchen. Durch ihn erweist er sich stark gegen alle Widerwärtigkeit und ahmt das Leben der Gerechten nach, wie auch diese Tugend mit ihren Worten es kundtut, wie oben gezeigt wurde.

31. Insbesondere von der Wahrheit, ihrem Gewand und was es bezeichnet

Die mittlere Gestalt der drei letzteren stellt die Wahrheit vor. Denn nach der Enthaltsamkeit und den mit ihr zusammenhängenden Tugenden erhebt sich die Wahrheit in all ihren Interessen mit den ihr zur Seite stehenden Gestalten wie ein Turm zu ihrem Schutz, d. h. sie bedeutet ein starkes Bollwerk gleichsam inmitten der Tugendkräfte, die ein Vorbild für die heilige Dreifaltigkeit beim Untergang der jüdischen Lebensweise und dem Entstehen des wahren Glaubens sind.

Auf ihrer rechten Schulter sitzt eine schneeweiße Taube und bläst mit ihrem Schnabel in ihr rechtes Ohr. Das ist die wunderbare Kraft des Heiligen Geistes, welche am oberen Teil des rechten Armes, nämlich bei der seligen Rückkehr zum Leben durch die Menschwerdung des Gottessohnes, erscheint. Er haucht durch seine Berührung in das rechte Ohr, d. h. ins Herz der Gläubigen, damit sie verstehen, was Gott in seiner göttlichen Macht ist.

Daß aber *auf ihrer Brust ein ungeheuerliches, unförmiges Menschenhaupt erscheint,* bedeutet: Gott läßt zu, daß es in den Herzen seiner Erwählten (die Erfahrung von) Unglück und Verfolgung durch Herrscher gibt, wie auch mein Sohn unter den Hohenpriestern leiden wollte. Und weil Gott im Herzen der Gläubigen wohnt, muß daher der Mensch aus Liebe zu Gott geduldig Verfolgung erleiden. Und da sich beim Fall des Teufels der Tod erhob, ist es für den gläubigen Menschen nötig, gegen die teuflischen Bosheiten viele Gefechte in verschiedenen Drangsalen zu ertragen, die für seinen Leib oft mühsam und widerwärtig sind. Denn der Mensch hat etwas an sich, das die alte Schlange immer verfolgt. Was ist das? Die Begierde des Fleisches, welcher der boshafte Feind im Hinterhalt liegend auflauert.

Daß jedoch *unter ihren Füßen etwas wie von ihr zertretene und zermalmte Menschenleiber liegt,* heißt: Unter den Tritten der Wahrheit werden alle teuflischen Irrtümer, welche in den menschlichen Taten geschehen, zunichtegemacht, während sie selbst am Aufbau der Kirche Gefallen findet, wenn alle Tugenden öffentlich auftreten und auf die Wahrheit geprüft werden. Diese war vor aller Zeit unsichtbar im Herzen des Vaters verborgen, doch am Ende der Zeiten erscheint sie sichtbar im wahren Fleisch des Gottessohnes.

Daher *hält sie auch in ihren Händen eine ausgebreitete Schriftrolle; sie ist auf der einen Seite, nämlich der oberen, mit sieben Zeilen beschrieben,* denn in allen Werken der Wahrheit ist dem christlichen Volk durch die Gnade Gottes eine Schriftrolle des aufgestellten Gesetzes unterbreitet, das hinsichtlich der himmlischen Wünsche in öffentlichem Kult zu beobachten, bezüglich der fleischlichen Begierden zu fürchten ist. Sie weist auf die sieben Gaben des Heiligen Geistes in sich hin, d. h. auf die unüberwindliche Stärke gegen die teuflischen Nachstellungen des Todes.

Und du willst sie lesen, vermagst es aber nicht. Denn obwohl der Mensch sehr danach verlangt, das Geheimnisvolle und Verborgene in den Gaben Gottes zu erkennen, ist es ihm dennoch unmöglich, solange er mit seinem sterblichen Leib beschwert ist, einzusehen oder zu begreifen, was Gott mit seinen Gaben erreichen (fieri) möchte. Doch der Mensch umarmt und erfaßt sie in der Wahrheit, wenn er gläubig die Gebote Gottes befolgt, wie auch diese Tugend mit den erwähnten Worten zeigt.

32. Insbesondere vom Frieden, seinem Gewand und was es bezeichnet

Die andere Gestalt aber rechts von ihr bezeichnet den Frieden, der ein himmlisches Zeichen ist und mit Engeln verkehrt. Denn er sproßt in der vollen Grünkraft der Wahrheit, weil diese Tugend mit den außerordentlichen himmlischen Gaben auf der rechten Seite der Erlösung der Seelen umgeben ist und durch den Sohn Gottes den Frieden besitzt. Wie? Wie im Gesang der Engel geschrieben steht, wo es heißt: ‚Ehre sei Gott in der Höhe und auf Erden Friede den Menschen guten Willens.' (Lk. 2,14) Das ist so: Der Mensch strahlt im allerhöchsten Gott auf und Gott im Menschen, weil der Sohn Gottes wunderbar Fleisch geworden ist und Gott im Himmel deshalb lobenswert und ruhmwürdig für seine ganze Schöpfung ist. Daher herrsche auch auf Erden für alle Menschen, die den Willen des Vaters hingegeben und gläubig annehmen, der Friede der Erlösung. Denn auch der Friede des guten Willens ist der Wunsch aller Güte des Vaters, welche sein Sohn ist, der Gott und Mensch ist.

Und wie ist er selbst der Friede? Er selbst ist der Friede der Menschen, weil er sie vor allen Nachstellungen der alten Schlange verteidigt, die sich als erste Abtrünnige erwies, das Licht des Lebens verlor und in die Finsternis geworfen wurde. Dieses Licht brachte der wahre Friede, d. h. der Sohn Gottes, den Menschen, so daß diese an dem seligen Ort, den der Teufel verscherzt hat, des Gottesreiches teilhaftig wurden.

Und — wie du siehst — *hat diese Tugend ein engelhaftes Antlitz,* denn sie flieht vor allem Bösen und schaut Gott in heiliger Absicht gleichsam mit ihrem Angesicht in engelgleichem Verlangen an. Deshalb *hat sie* auch *auf beiden Seiten einen schwungkräftigen Flügel.* Denn sie trachtet von beiden Seiten, nämlich in ruhiger und lebhafter Äußerung, in die Höhe zu Gott; sie verursacht weder Schrecken noch Erbitterung, sondern zeigt sich immer glücklich und gelassen (in prosperitate placida) und erreicht den einen Gott in der Übereinstimmung der beiden Flügel, weil sie von keinem Sturm der Unbeständigkeit, und weder im Guten noch im Bösen zu Fall gebracht, nur in Ruhe verharrt.

Und sie erscheint in Menschengestalt wie die anderen Tugendkräfte. Denn sie erglänzt wunderbar durch den Sohn Gottes, während auch alle anderen Tugenden von ihr in den Menschen geprüft werden. So sucht sie keineswegs Kampf oder Streit, sondern stets Sanftmut und stellt sich so dem teuflischen Kampf entgegen, wie auch oben in den Worten ihrer Rede kundgetan wird.

33. Insbesondere von der Glückseligkeit, ihrem Gewand und was es bezeichnet

Die dritte Gestalt jedoch, *die zu ihrer Linken steht*, zeigt die Glückseligkeit an, die nach dem ewigen Leben strebt. Durch ihre Treue und innere Gelassenheit widerspricht die Wahrheit von links aller betrügerischen Überredungskunst der Schlange, welche den Menschen, der ihr zustimmt, täuscht. Denn die Glückseligkeit ist die unbesiegliche Sicherheit der wahren Herrlichkeit, in der sie das Unglück des Todes nicht fürchtet.

Daher *ist sie auch mit einer weißen, grünlich schattierten Tunika bekleidet*, weil sie von gläubigen Taten umgeben ist, die in der himmlischen Sehnsucht hell werden und mit vielerlei Gaben geschmückt sind, die in der Grünkraft des Heiligen Geistes grünen.

Daß *sie* aber *in den Händen ein kleines, mattglänzendes Gefäß trägt*, bedeutet: Sie zeigt in ihrem Werk, wie der Mensch Gott in einem kleinen Gefäß, d. h. in der Tiefe seines zerknirschten Herzens, Gott durch den Glauben umgreift, wenn auch in der bleichen Gebrechlichkeit des menschlichen Fleisches. Denn der Glaube muß auch in diesem sterblichen Leben rein und heilig gehalten (pure colenda) werden, wo das Elend die Menschen nicht verläßt.

Deshalb *dringt* auch *ein starkes Licht, leuchtend wie der Blitz daraus hervor, so daß dieses Licht Gesicht und Hals dieser Gestalt umstrahlt*. Denn die Erkenntnis des ewigen Lichts verbreitet sich sowohl in der Gottesfurcht als auch in der Gottesliebe, indem sie nämlich vom Innersten des Menschenherzens bis zum Antlitz, d. h. bis zum Beginn des rechten Werkes reicht, das seine Absicht im guten Beispiel kundtut; *und um den Hals:* das bedeutet, daß sie später überall weise im vollendeten Werk an Kraft gewinnt, wenn dieses im Menschen durch die Glückseligkeit vor Gott heller aufleuchtet als die Sonne. So wird es auch durch das erwähnte Auftreten dieser Tugend deutlich.

34. Insbesondere von der Unterscheidung, ihrem Gewand und was es bezeichnet

Die Gestalt aber, welche am Ende dieser Mauer auf einem Stein sitzt, stellt die Unterscheidung dar. Denn sie ruhte am Ende der alten (Gesetzes)beobachtung in Christus und erschien vollkommen als tüchtige Durchsieberin aller Dinge. Was nämlich festzuhalten ist, behält sie und schneidet ab, was abzuzuschneiden ist, damit der Weizen vom Unkraut getrennt werde.

Und *sie ist mit einer schwärzlichen Tunika angetan.* Denn sie ist von der Abtötung des Fleisches umgeben und wirft die Leichtfertigkeit aller Eitelkeit ab. Daß *sie* aber *auf der rechten Schulter ein mittelgroßes Kreuz trägt, auf dem das Bild Jesu Christi ist,* besagt: Diese Tugend senkte ihre Wurzel zur rechten Seite der mächtigen Kraft Gottes ein, als der allmächtige Gott seinen Sohn sandte, um wunderbar Mensch zu werden und demütig zu leiden; mit seiner Liebe ist die Unterscheidung verbunden. Er hat nämlich offenbart, daß durch sie alle Gerechtigkeit beurteilt wird. Und wie Gott über die angemessene Größe des Menschen befindet (dispensator est), so ist die Unterscheidung seine Nachahmerin bei ihrer Aufgabe, indem sie nämlich ihre Taten im Verwalter, dem gekreuzigten Gottessohn vollbringt, während sie selbst beide Ränge innehat, nämlich Gottheit und Menschheit.

Es bewegte sich hin und her, weil es im Zeichen des heiligen Kreuzes die Spannweite einer Kreisbahn zwischen Gut und Böse besitzt.

Daß *sich* aber *gleichsam aus den Wolken in ihre Brust ein Glanz von wundersamer Heiligkeit ergießt,* heißt: Aus der Barmherzigkeit Gottes leuchtet (aspiratur) wie aus einer helleuchtenden Wolke die Flamme (accensio) der göttlichen Liebe (pietatis) in die Menschenherzen. Sie bewirkt in ihnen die Unterscheidung und erleuchtet sie.

Deshalb *teilt er sich* auch *in viele Strahlen, wie sich der Sonnenschein zerteilt, wenn er durch viele kleine Spalten eines Gegenstandes dringt.* Denn der Heilige Geist teilt den Menschen in himmlischer Kraft die verschiedenen Strahlen seiner Gaben zu. Er gießt sie nämlich, leuchtender als die Sonne, unsagbar diskret in die demütigen Gefäße, d. h in die scharfsichtigen Augen der Seelen seiner Gläubigen aus, indem er ihre Sinne und Herzen erleuchtet, so daß sie in allen Lagen ganz genau erkennen, was sie angemessenerweise in Gott tun sollen.

Daß sie aber *in der Rechten einen kleinen fächerartigen Gegenstand aus Holz hält,* heißt: Die Unterscheidung betrachtet immer auf der rechten Seite der Erlösung, gleichsam im Holz des gebrechlichen Fleisches, ihr Werk in den Menschen durch die Gabe des Heiligen Geistes; sie gibt jedoch einen Hinweis (signum in se habentis), daß sie mit der Hilfe Gottes die verschiedenen Fliegen, d. h. die teuflischen Überredungsversuche, vertreibt, um nicht von ihnen in unterschiedliche Eitelkeiten zerstreut zu werden.

Deswegen *entsprießen seiner Spitze auch in wundersamer Art drei Zweiglein mit einer Blüte,* damit die Gläubigen über alles und in allem getreu an die heilige Dreifaltigkeit glauben, die immer in ihren Wundern blüht und in der Einheit der Gottheit aufs ruhmreichste regiert. Sie sollen nicht verwegen in ihren Herzen die himmlischen Geheimnisse prüfen, sondern wie Gott alle seine Werke in seinen verschiedenen Geschöpfen gerecht und diskret verteilt, so sollen auch die Menschen in der Kraft der Unterscheidung alle ihre Taten gut und recht ordnen.

Daß *sie* aber *in ihrem Schoß alle Sorten von winzigen Edelsteinen trägt, die sie sehr sorgsam und liebevoll betrachtet, wie ein Kaufmann seine Waren sorgfältig zu mustern pflegt,* besagt: Im innersten Herzen (in sinu mentium) der Menschen hält sie gleichsam in den Edelsteinen der Tugenden alles fest, was geeignet und schicklich ist an unbedeutendsten Plänen und Künsten. Jegliche Gerechtigkeit, die von Gott festgesetzt ist, durchforscht sie in vorsichtiger und sorgfältiger Prüfung, damit sie in allen Dingen entsprechend und gerecht in den Herzen der Menschen voranschreite. Wegen des Lohnes für das Werk achtet sie genauestens darauf, wo die Vergeltung Gottes (angebracht) ist, wie sie auch mit ihren Worten, wie schon gezeigt wurde, verkündet.

35. Insbesondere von der Erlösung der Seelen, ihrem Gewand und was es bezeichnet

Jene Gestalt jedoch, die an demselben Ende auf der Mauer steht, bezeichnet die Erlösung der Seelen; denn sie leuchtete beim Untergang der alten Strenge auf dem Gipfel des Ansehens der neuen Gnade auf, so daß die Unterscheidung gleichsam ihr Fundament bildet. Mit ihr und über ihr erscheint die Erlösung der Seelen, die vom Sohne Gottes ausging, als er zum Heil der Menschen aus der Jungfrau geboren wurde.

Sie hat ein bloßes Haupt mit schwarzem krausem Haar. Denn sie ist bar der Knechtschaft des Gehorsams; sie behält nämlich die Würde ihrer Freiheit, weil sie dem Gottessohn öffentlich anhängt, von dem sie auch gütig erweckt wurde. Dennoch trägt sie schwer (patiens) *an der Schwärze ihrer Haare.* Denn im jüdischen Volk verdunkelt, erschien sie nicht in der wahren Herrlichkeit, sondern in vielerlei Widersprüchlichkeiten wie im krausen Haar verschiedener (Gesetzes)verpflichtungen.

Sie hat auch ein finsteres Gesicht, denn vor der Menschwerdung des Gottessohnes erlangte sie im Schatten des Todes offenbar nicht die Glückseligkeit des ewigen Heils. Deshalb *ist sie* auch *mit einer bunten, vielfarbig durchwobenen Tunika bekleidet.* Denn im alten Bundesvolk wurde sie von einer bunten Vielfalt von Werken umgeben, die mit vielen verschiedenen Lastern vermischt war.

Daß du aber siehst, *wie sie diese Tunka und ihre Schuhe auszieht und nackt dasteht,* bedeutet: Als das Leiden meines Sohnes mit dem Tod abgeschlossen (abstersa) war und auch nach dem Kommen des Heiligen Geistes Lehre und Wort der Apostel in die Welt ausgesandt waren, wurde die Erlösung der Seelen erweckt. Sie verachtete die schlechten Taten und verwarf verderbliche Schritte. Sie zog sich aus und befreite sich mutig von der teuflischen Herrschaft, indem sie in ihrem Innern sprach: ‚O du allerschändlichster Teufel, du würdest mich niemals aufgeben, wenn ich nicht im Blut des Lammes erlöst wäre. Du wolltest mich nämlich im Abgrund der Unterwelt zurückhalten, aber jetzt bin ich durch die Gnade Gottes befreit.'

Und *so leuchten ihr Haar und ihr Antlitz so schön weiß und frisch wie von einem neugeborenen Kind auf,* weil nach der Fleischwerdung meines Sohnes viel Volk — im Bild ihrer Haare — heranwuchs, gut erleuchtet im inneren Antlitz der Seele und der wahren strahlenden Gerechtigkeit anhängend. So suchte es die ewige Glückseligkeit und vertraute darauf, durch ein reines (in albedine) Leben und durch die Befreiung der Glieder Christi, die ihrem Haupt, Christus, anhangen, durch die neue Wiedergeburt und die wahre kindliche Unschuld für das himmlische Leben gerettet zu werden.

Und sie strahlt am ganzen Leib, wie wenn ein reiner und leuchtender Glanz in Herrlichkeit hervorbricht. Denn sie wurde gleichsam an allen ihren Gliedern, nämlich durch das ihr durch meinen Sohn unterstellte gläubige Volk, rein in taubenhafter Einfalt und strahlend in der leuchtenden Schönheit der göttlichen Gerechtigkeit.

Daß du aber *auf ihrer Brust ein hellstrahlendes Kreuz mit dem Bild von Christus Jesus erblickst und es über einem kleinen Baum, der zwischen zwei blühenden Lilien und Rosen steht, angebracht ist, die sich ein wenig zu dem Kreuz in die Höhe recken,* bedeutet: Diese Tugend wurde im Leiden Jesu des Erlösers zum starken Herzen (praecordium) der gläubigen Völker. Er warf durch sein Leiden mit den Tritten des guten und rechten Beispiels den Baum des Todes und des Verderbens Adams nieder und zertrat ihn. Gegen ihn gingen die beiden Testamente, nämlich das alte weißglänzende und das neue rote hervor, die ihm nach der Anordnung Gottes widerstanden. Auf der Höhe der geistlichen Einsicht reckten sie sich zum Leiden des gütigen und edlen Erlösers und zu aller Gerechtigkeit aus der Verderbnis des Todes empor.

Deshalb *siehst du* auch, *daß sie die ausgezogene Tunika und die Schuhe kräftig ausklopft und so viel Staub ausgeschüttelt wird.* Denn die Erlösung der Seelen zeigt in den neuen und gerechten Werken der Menschen die ausgezogene Tunika der früheren Gewohnheit und aller alten Sündenlaster und das verworfene böse Beispiel der Übertretung Adams an. In energischer Prüfung schüttelt sie sie aus, verachtet sie und wirft den Staub des eitlen Ruhms und der anderen Sünden von sich, wie sie auch oben in ihrer Rede von sich selbst bekennt.

Wer aber scharfe Ohren zum inneren Verständnis besitzt, der lechze in leidenschaftlicher Liebe zu meinem Abbild nach diesen Worten und schreibe sie ins Gewissen seiner Seele ein.

Specialit̄ de saluatione animarū.   & habitu ei. & quid significet.

Die Abschnitte der 7. Vision des 3. Teils

1. Die unaussprechliche, am Ende der Zeiten offenbarte Dreifaltigkeit ist von den Gläubigen einfältigen und demütigen Herzens für wahr zu halten und zu verehren, damit niemand, wenn er mehr erforscht als man soll, Schlimmerem anheimfällt, weil sie nicht erfaßt werden kann.
2. Durch das Blut Christi wurde die Welt gerettet und die Verehrung der heiligen Dreifaltigkeit aufs deutlichste offenbart. Sie selbst jedoch ist keiner Erkenntnis zugänglich.
3. Die unaussprechliche Dreifaltigkeit erscheint vor aller Kreatur ganz offenkundig in Gewalt und Macht, nur nicht den ungläubigen Herzen; sie durchdringt gleichwohl alles wie ein schneidendes Schwert.
4. Die Gottheit schneidet zu ihrer Bestürzung jene, die in der Dürre ihres Unglaubens dem katholischen Glauben im christlichen Volk entgegentreten, ab.
5. Die Gottheit wirft die Prahlerei des jüdischen Volkes zu Boden.
6. Die teuflische Spaltung des von Gott getrennten Heidenvolkes läuft ins Verderben
7. Ein Gleichnis zum selben Thema
8. Worte des Johannes zum selben Thema
9. Von der Verschiedenheit und der Einheit der drei Personen
10. Von drei Vergleichen mit der Dreifaltigkeit
11. Worte aus dem Buch der Könige zum selben Thema

7. Vision des 3. Teils

Die Dreieinigkeit

Dann sah ich an der Westecke des gezeigten Gebäudes eine wunderbare, geheimnisvolle und äußerst starke Säule von dunkelroter Färbung. Sie war so in den Mauerwinkel eingefügt, daß sie sowohl innerhalb als auch außerhalb dieses Gebäudes zu sehen war. Auch war sie so umfangreich, daß sich meinem Verstand weder ihre Größe noch ihre Dicke offenbarte, sondern nur ihre wundersame Ebenmäßigkeit, ohne alle Unebenheit.

Sie hatte aber an ihrer Außenseite drei stahlfarbene Kanten, vom Fuß bis zur Spitze schneidend wie ein scharfgeschliffenes Schwert. Eine davon richtete sich nach Süden, wo viel trockenes Stroh lag, das von ihr abgeschnitten und verstreut worden war, und eine nach Nordwesten; dorthin waren eine Menge von ihr zerschlissene Federchen gefallen. Die mittlere Kante zeigte gegen Westen, wo viele von ihr abgesägte, morsche Hölzer lagen. Diese schnitten diese Kanten einzeln wegen ihrer Verwegenheit ab.

Und wieder sprach der, welchen ich auf dem erwähnten Thron sitzen sah und der mir das alles zeigte, zu mir: ‚Diese geheimnisvollen, wunderbaren und unbekannten vollkommenen Gaben, welche dir, o Mensch, aufs herrlichste im wahren Licht erscheinen, zeige ich dir und verleihe dir, davon zu sprechen und sie zur Entfachung der glühenden Herzen der Gläubigen zu zeigen, welche die reinsten Steine zum Aufbau des himmlischen Jerusalem sind.'

1. Die unaussprechliche, am Ende der Zeiten offenbarte Dreifaltigkeit ist von den Gläubigen einfältigen und demütigen Herzens für wahr zu halten und zu verehren, damit niemand, wenn er mehr erforscht als er soll, Schlimmerem anheimfällt, weil sie nicht erfaßt werden kann

Denn die unsagbar heilige Dreifaltigkeit der höchsten Einheit war denen, die unter dem Joch des Gesetzes dienten, verborgen. Doch sie wurde den in der neuen Gnade von der Knechtschaft Befreiten offenbart. Die Gläubigen sollen einfältigen und demütigen Herzens an Gott als den Einen und Wahren in drei Personen glauben und ihn nicht waghalsig erforschen. Wer mit der vom Heiligen Geist empfangenen Gnade nicht zufrieden sein will und nach mehr trachtet als ihm gebührt, wird eher um seines verwegenen Hochmuts willen Schlimmerem anheimfallen, als finden, was er ungeziemender Weise erstrebt. Das zeigt auch die augenblickliche Vision.

Diese Säule nämlich, *welche du an der Westecke des gezeigten Gebäudes siehst,* stellt die wahre Dreifaltigkeit dar. Denn Vater, Wort und Heiliger Geist sind ein Ort in der Dreifaltigkeit und diese Dreifaltigkeit besteht in Einheit. Sie ist die vollkommene Säule alles Guten, durchdringt Höhen und Tiefen und beherrscht den ganzen Erdkreis.

Sie erscheint in der westlichen Gegend, weil der in der Zeit gleichsam beim Untergang Fleisch gewordene Sohn Gottes seinen Vater überall verherrlicht und seinen Jüngern den Heiligen Geist versprochen hat. Und als der Sohn auch nach dem Willen des Vaters den Tod auf sich nahm, vollendete er das gute Beispiel für die Menschen, damit auch sie richtig in das Bauwerk des himmlischen Vaters eingehen, indem sie im Heiligen Geist wahre und gerechte Taten vollbringen.

Sie zeigt sich aber als wunderbar, geheimnisvoll und äußerst stark, weil Gott sich in seinen Geschöpfen so wunderbar erweist und auf keine Weise von ihnen an eine Grenze geführt werden kann. Er ist so geheimnisvoll, daß er durch keine Kenntnis oder Sinnesempfindung von ihnen (earum) hartnäckig geprüft werden kann, und so stark, daß all ihre Kraft von ihm gelenkt wird und sich nicht mit seiner Stärke vergleichen kann.

2. Durch das Blut Jesu Christi wurde die Welt gerettet und die Verehrung der heiligen Dreifaltigkeit aufs deutlichste offenbart. Sie selbst ist jedoch keiner Erkenntnis zugänglich

Daß *sie* aber *von dunkelroter Färbung ist und so in den Mauerwinkel eingefügt ist, daß sie sowohl innerhalb als auch außerhalb dieses Gebäudes zu sehen ist,* heißt: Nach dem Willen des Vaters vergoß sein einziger Sohn sein purpurfarbenes Blut für die Schwärze der menschlichen Sünden, erlöste so die Welt durch sein Leiden und brachte den Gläubigen den wahren und rechten Glauben; denn beim Dahinschwinden der alten (Gesetzes)beobachtung und zu Beginn der neuen Heiligung wurde die Verehrung der heiligen Dreifaltigkeit ganz öffentlich dargetan: da glaubte man offenkundig, daß der himmlische Vater seinen durch den Heiligen Geist empfangenen Sohn in die Welt gesandt hat. Er suchte nicht seine Ehre, sondern die des Vaters und erschloß den Zugang zur unerschöpflichen

Tröstung des Heiligen Geistes, wie vorhergesagt wurde. So blieb es keineswegs verborgen, daß er sowohl den Gläubigen, welche beim Werk Gottes blieben, als auch den Ungläubigen, die sich außerhalb des Glaubens befanden, verkündet wurde.

Und daß *sie so umfangreich ist, daß sich deinem Verstand weder ihre Größe noch ihre Dicke offenbart,* bedeutet: Die Dreifaltigkeit ist so unaussprechlich herrlich und mächtig, daß sie weder in der Größe der Majestät noch in der Erhabenheit der Gottheit von irgendeinem Gedanken (circuitu) oder prahlerischer Klugheit des menschlichen Geistes begrenzt werden kann.

Sie ist nur wundersam ebenmäßig, ohne alle Unebenheit, denn sie erweist sich als überaus bewundernswert, ist überaus mild durch die Gnade und stets gütig und ebenmäßig in der Süßigkeit der Gerechtigkeit für die Herbeieilenden, so daß nichts Runzliges irgendeiner Ungerechtigkeit an ihr erfunden wird, da sie sich als gerecht und gut auf Seiten der Erlösung erweist.

3. Die unaussprechliche Dreifaltigkeit erscheint vor aller Kreatur ganz offenkundig in Gewalt und Macht, nur nicht den ungläubigen Herzen; sie durchdringt gleichwohl alles wie ein schneidendes Schwert

Daß *sie* aber *an ihrer Außenseite drei stahlfarbene Kanten, vom Fuß bis zur Spitze schneidend wie ein geschliffenes Schwert hat,* besagt: Die unaussprechliche Dreifaltigkeit scheint in der Einheit der Gottheit ganz offensichtlich dem Widerspruch der Finsternis in aller Welt gegenübergestellt zu sein und keinem ihrer Geschöpfe ist sie in ihrer Gewalt und geheimen Macht verborgen, nur den ungläubigen Herzen; vor ihnen verbirgt sie sich wegen ihres Unglaubens. Deswegen tötet das Gericht Gottes sie auch verdienterweise in angemessener Vergeltung, wie der stärkste Strahl keinem Sturmwind weicht, der sich ihm entgegenstellt. Deshalb reicht sie auch von einem Ende zum andern, nämlich vom Beginn der Schöpfung (creationis saeculi) bis zu ihrem Ende; und was übrigbleibt, das hat sie stets machtvoll wie mit einem schneidenden Schwert in der durchdringenden Gottheit mit Weisheit und Macht ergriffen und durchdringt es.

4. Die Gottheit vernichtet zu ihrer Bestürzung jene, die in der Dürre ihres Unglaubens dem katholischen Glauben im christlichen Volk entgegentreten

Und daß *sich eine Kante nach Süden richtet, wo viel trockenes Stroh liegt, das von ihr abgeschnitten und verstreut wurde*, heißt: Die allergerechteste Gottheit der Dreifaltigkeit schneidet im christlichen Volk alle Dürre des Gegensatzes und des Widerspruchs und auch der Verwerfung des richtigen katholischen Glaubens, die ihr entgegentritt, zu seiner größten Bestürzung ab und verbrennt sie wie Heu, das — vom nützlichen Weizenkorn getrennt — zertreten und im Feuer verbrannt wird. Das ist in der Wissenschaft der Heiligen Schrift der Glaube mit den Werken. Von ihm wird alles, was dem wahren Glauben entgegengesetzt und unbrauchbar ist, in seinem Unglauben zerstreut und entfernt, und das törichte Volk verfährt damit wie das dumme Vieh.

5. Die Gottheit wirft die Prahlerei des jüdischen Volkes zu Boden

Und *eine richtet sich nach Nordwesten; dorthin fällt eine Menge von ihr zerschlissene Federchen*, weil die Gottheit die stolze Prahlerei des jüdischen Volkes, das sehr hochmütig im Geistesstolz dahineilt, zu Boden warf, als es aus eigener Kraft (in semetipso) und nicht in Gott gerecht sein wollte. So verhielten sich die Pharisäer, welche versuchten, hoch in den Himmel hinaufzusteigen, im Selbstvertrauen und auf sich selbst bauend, doch nach dem gerechten Urteil Gottes wegen des Abweichens ihrer Sitten zerrissen wurden und in dieser Anmaßung zu Fall kamen.

6. Die teuflische Spaltung des von Gott getrennten Heidenvolkes läuft ins Verderben

Die mittlere aber *blickt gegen Westen, wo viele von ihr abgesägte, morsche Hölzer liegen.* Denn die Dreifaltigkeit schneidet die gottlose und teuflische Spaltung des Heidenvolkes ab, welches beim Untergang des Unglaubens im wahren Glauben irrt. Wie nämlich morsches Holz im Weg (molesta) und unnütz zum Gebrauch der Menschen ist, so ist auch dieses Volk abgeschnitten und verbannt (abiectus) von der Freude des Lebens, da es lieber den teuflischen Trugbildern folgt als den göttlichen Geboten.

Deshalb *schneiden diese Kanten sie auch einzeln wegen ihrer Verwegenheit ab.* Denn in all diesen erwähnten Fällen läßt die Heilige Dreifaltigkeit die Ungläubigen, welche sie entweder tollkühn zerreißen oder hartnäckig nicht an sie glauben wollen, von ihr getrennt ins Verderben laufen. Sie fallen nämlich rasend und unwissend die Gottheit an und wollen sich nicht dem Glauben beugen, den der Gottessohn selbst gebracht hat und auch den Menschen durch seine Jünger übergab, wie es dieses Gleichnis sagt.

7. Ein Gleichnis über dasselbe Thema

Ein Herr besaß einen feurigen Stein. Durch ihn und seine Boten wollte er allem Volk das eine Notwendige anvertrauen. Aber die Botschafter waren nicht weise und gebildet genug, die Worte ihres Herrn zu verstehen, sondern töricht und unerfahren zur Ausführung dieses Auftrags. Mittlerweile entstand ein Sturm und großes Unwetter, ein Gießbach und schrecklicher Donner, so daß die Erde bebte und Felsen gespalten wurden. So geschah es auch, daß ein Gefäß, in dem mehrere kleine Gefäße steckten, das verborgen, mit der Unterseite zum Himmel gewandt, auf dem Boden lag, mit ungeheurer Kraft von der Erde emporgewirbelt wurde und sein Bauch (vulva) sich zum Himmel drehte. Dann kam von jenem Herrn her durch diesen Stein ein Feuer mit lodernder Flamme, das jene Boten mit so großer Glut durchdrang, daß alle ihre Adern sich erhitzten und alle träge Furcht so schnell von ihnen verjagt wurde, wie von trockenem Leder ganz rasch herabrinnt, was darübergegossen wird. Und so erinnerten sie sich schließlich an alles, was sie von ihrem Herrn gehört und gelernt hatten und gingen zu einem Volk, das keinen Nabel (umbilicos) hatte und dessen Stadt zerstört worden war, und verkündeten ihm den Auftrag ihres Herrn. Doch einigen von ihnen stellten sie den Nabel wieder her, bauten ihre Stadt wieder auf und gaben sie ihnen wieder zurück. Manchen aber stellten sie weder den Nabel her, noch gaben sie ihnen die Stadt wieder, sondern sie töteten sie und zerteilten sie wie Schweine. Und so wurde jener Stein der ganzen Welt bekannt, der alle fehlerhaften Werke des menschlichen Fleisches zerschlägt und vernichtet (occidit).

Das ist so: Jener Herr ist der allmächtige Vater. Bei ihm ist sein Eingeborener; er ist nämlich der Eckstein, der vom feurigen Heiligen Geist geboren wurde, d. h. er ist die schneeweiße, ganz schöne Blume, die im Weiß und in der Schönheit aller Heiligkeit erscheint. Denn der Gottessohn war der Gottheit nach auf unsagbare Weise von Ewigkeit her (ante aevum) beim Vater und dem feurigen Tröster (refrigerator). Später wurde er zur Zeit der

Huld (tempore placito) vom Vater ausgesandt, um – wie schon gesagt – vom Heiligen Geist empfangen und wahrhaft Fleisch geworden, aus einer Jungfrau geboren zu werden, um den Gläubigen den Glanz und die Zier des Lebens zu vermitteln.

Nach seiner Menschwerdung zeigte der himmlische Vater durch ihn das eine Notwendige an und verkündete es gütig durch seine Jünger, nämlich das Heil und die Erlösung für die Menschen, welche an ihn glaubten. Doch obgleich dieser Sohn leiblich bei ihnen auf Erden weilte, waren seine Jünger zu töricht, unwissend, dumm und träge, seine Worte wachsam im Geist zu begreifen und im Werk zu erfüllen; sie hörten sie vielmehr nur einfach wie im Schlaf, noch nicht gestärkt, sondern furchtsam und ängstlich wie Menschen (es sind).

Inzwischen kam die Zeit des Wahnsinns (insanarum cordium), so daß die Juden lärmend versuchten, viele Spaltungen gegen den Sohn Gottes hervorzurufen, um ihn in dieser großen Unruhe zu töten. Und als sie so all ihre Bosheit nach Wunsch ins Werk setzten, da geschah unter vernichtendem und mächtigem Donnerschlag ein so großer Mord, wie er niemals zuvor war noch später sein wird, so daß die Erde bebte, d. h. die irdischen Herzen der Menschen mit der übrigen Kreatur in Schrecken versetzt wurden und das steinerne Gesetz der Juden in ihrer verbrecherischen Tat zerspalten wurde.

Dann wurde der erste Mensch mit seinem Geschlecht, in dem sich ein Zeichen für die übrige Schöpfung verborgenhielt, als er im Tod begraben lag – er hatte sich mit aller Aufmerksamkeit dem Irdischen zugewandt und kehrte dem Himmel den Rücken zu, da er nicht auf Gott schauen wollte – in der großen Kraft des Gottessohnes aus dem Erdreich des Todes entwurzelt, in dem er mit seinen Kindern schlief. So seufzte er von ganzem Herzen und wandte sich ganz bewußt gleichsam von der Gebärmutter zum himmlischen Vaterland, weil er hörte, daß Christus, der Sohn Gottes, um seinetwillen getötet worden sei.

Doch nach der Himmelfahrt des Gottessohnes kam vom Vater und durch den Sohn selbst, wie der Sohn versprochen hatte, der Heilige Geist (herab). Denn die ganze Erde träufelte von himmlischer Süßigkeit, weil das himmlische Brot in der Welt geblieben war; die Ungläubigen hatten es im Vorbeigehen im Volkstumult übersehen, die Gläubigen aber mit aller treuen Ergebenheit aufgenommen. Weil also das wahre Wort Fleisch geworden war, erschien der Heilige Geist sichtbar in feurigen Zungen. Denn vom

Heiligen Geist wurde der Sohn empfangen, welcher durch seine Predigt die Welt zur Wahrheit bekehrte. Und weil auch die Apostel vom Sohn belehrt waren, erfüllte sie der Heilige Geist mit seiner Glut, damit sie mit Seele und Leib in verschiedenen Sprachen redeten. Weil die Seele in ihnen den Leib beherrschte, riefen sie so laut, daß von ihrer Stimme der ganze Erdkreis erschüttert wurde.

Der Heilige Geist nahm ihnen auch die menschliche Furcht, so daß sie sich nicht so ängstigten, daß sie aus Furcht vor der Wut der Menschen das Wort Gottes nicht verkündigt hätten. Vielmehr wurde ihnen alle derartige Furchtsamkeit durch so große Glut und so schnell genommen, daß sie gleichsam zäh (aridi) und unempfindlich (non molles), ja wie Tote gegenüber jedem Widerstand wurden, der ihnen begegnen konnte. Daher erinnerten sie sich auch bald in vollem Bewußtsein an alles, was sie früher in trägem Glauben gleichgültig von Christus gehört und empfangen hatten. Sie riefen es sich so ins Gedächtnis zurück, als wenn sie es zu dieser Stunde von ihm erfahren hätten.

Und sie zogen fort und machten sich auf den Weg zu den ungläubigen Völkern, die keinen Nabel, nämlich kein Siegel, d. h. Verständnis für heilige Unschuld und Gerechtigkeit hatten, und deren Stadt — nämlich die Hilfsmittel des göttlichen Gesetzes — im Unglauben zerstört worden war, als sie die Worte des Heils und des wahren Glaubens an Christus verkündeten. Deswegen führten sie viele aus dieser Menge zur Anerkennung Gottes zurück und geleiteten sie zum Nabel, d. h. zum Quell der Taufe. Dort erhielten sie die bei der stolzen Übertretung verlorene Heiligkeit wieder. Und sie errichteten die heilige Stadt der Gebot Gottes und bauten sie ihnen wieder auf. Der hinterhältige Teufel hatte sie ihrer in Adam beraubt und sie gaben sie ihnen im Glauben zu ihrem Heil wieder zurück.

Die jedoch den Glauben der Taufe und den Schutz der Vorschrift Gottes wegen ihres Unglaubens nicht annehmen wollten, die übergingen sie mit der Verkündigung der Zeichen, verurteilten sie ob ihrer Härte und Ungläubigkeit, die sie in sich trugen, und überließen sie dem Tod. Denn sie wälzten sich in ihren Vergehen, in der schmutzigen Befleckung ihres Fleisches und in den Verlockungen der Unzucht und ihres Ehebruchs wie ein Schwein sich im Schlamm wälzt. Sie wollten nicht zum wahren Glauben umkehren, deshalb sind sie auch vom Leben getrennt und abgesondert. Und so wurde der Gottessohn durch viele bewundernswerte Zeichen auf dem ganzen Erdkreis offenbart als der aus dem Vater gemäß der Gottheit vor aller Zeit wunderbar Gezeugte und danach in der Zeit seiner Menschheit nach wunderbar aus einer Jungfrau Fleischgewordene. So wurden die Herzen aller, die das hörten, von übergroßem Entsetzen und Schaudern erschüttert und durchbohrt, so daß die eitlen und betrügerischen Taten, die sie zu ihrer Lust begingen, durch das wahre Wort Gottes zum Zeugnis für die heilige Dreifaltigkeit und die belebende Erlösung, welche durch das Wasser der Wiedergeburt geschieht und das Leben zurückschenkt, durch die Todesverachtung in ihnen zunichte wurden, wie der geliebte Johannes in den Worten seiner Ermahnung zeigt und spricht.

8. Worte des Johannes zum selben Thema

„Und der Geist bezeugt, daß Christus die Wahrheit ist; denn drei sind es, die auf Erden Zeugnis geben: Der Geist, das Wasser und das Blut. Und diese drei sind eins. Und drei sind es, die im Himmel Zeugnis geben: Der Vater, das Wort und der Heilige Geist. Und diese drei sind eins" (1 Joh. 5,6—8). Das ist so: Der Geist des Menschen ist geistiger Natur (spiritalis), d. h. er geht nicht aus dem Blut hervor und entsteht nicht aus dem Fleisch, sondern er entspringt dem Geheimnis Gottes und erweist sich dabei für das unsichtbar, was dem Wechsel unterworfen ist. Deshalb dient sein Zeugnis dem Sohn Gottes, dessen Herrlichkeit wunderbar im mystischen Hauch besteht. Kein Mensch kann sie vollständig begreifen, d. h. wie der Eingeborene Gottes vom Heiligen Geist empfangen ist und in diese Welt kam. So kann auch kein Mensch vollkommen wissen, wie die Seele den Leib und das Blut des Menschen durchdringt, so daß ein einziges Leben entsteht.

Und wie der menschliche Geist die sicherste Grundlage der ihr von Gott geschenkten Einsicht ist — er durchdringt in ihr alles, was ihm Gott zugesteht, weil er keine unechte und trügerische Leben(säußerung) ist, sondern eine sehr treffende, — so ist Christus die vollkommene Wahrheit, in der das Leben erstand und das Licht der Erlösung aufleuchtete; durch sie kam der Tod zu Fall, weil er ein Betrüger ist. Und die drei, welche die Dreifaltigkeit bezeichnen, geben auf Erden Zeugnis, indem sie in der gegenwärtigen Zeit das Heilmittel der belebenden Erlösung aufzeigen und gewähren, durch das man zum ewig währenden Himmlischen gelangen soll. Im sterblichen Fleisch besitzt man es noch nicht wirklich, sondern erwartet es in Hoffnung. Der Geist des Menschen trägt nämlich das Zeugnis von mir in sich, daß es kein volles Lebes zur Wiedererlangung des Heils gibt, wenn er nicht durch mich im Wasser der Wiedergeburt aufersteht, denn er nahm ab an jenem Licht, das in mir aufleuchtet, als er durch die verderbliche Empfängnis der Sünde, die im Blut entsteht, aus der Glückseligkeit vertrieben wurde.

Und das Wasser gibt Zeugnis, daß alles Schmutzige in ihm gereinigt wird, und daß selbst das todbringende Verderben des Todes in ihm durch völlige Läuterung verschwindet, wenn es hierbei vor dem Blut mit dem Geist verbunden wird. Denn wie der Geist geistiger Natur ist, so bringt auch das Wasser eine geistliche Heiligung und liegt mitten zwischen Geist und Blut, weil es sowohl die Seele als auch den Leib durch die geistliche Wiedergeburt stärkt und zum Leben führt.

Auch das Blut bezeugt, daß es seine verderblichen Wege durch das Wasser der Erlösung zum Haus der Heiligkeit zurückleitet. Dies ist die heilsame Kraft, welche in meinem Sohn (zu wirken) begann und in ihm lebenslang fortdauert. Das Blut enthält nämlich in sich sehr schuldhafte Vergehen und eine große Unruhe (infolge) der Ungerechtigkeit. Denn es läuft auf Irrwegen in heimlicher Süßigkeit, welche der brennenden Begierde dient und die Unschuld durch entsetzliche Laster erstickt. Sie beginnt durch den Geschmack des Kostenden an der Einflüsterung des hinterhältigen Teufels zu wachsen.

Und diese drei sind eins, denn der Geist ist kein lebendiger Mensch ohne die leibliche Materie des Blutes und die Blutsubstanz des Leibes kein lebendiger Mensch ohne die Seele; auch erwachen diese beiden nur durch das Wasser der Wiedergeburt in der Gnade des neuen Gesetzes zum Leben. Und so sind sie eins in der Erlösung und sind nicht vollständig erlöst, solange sie von diesem heilsamen Wasser entfernt sind. Denn der Vernunft fehlt die überragende Würde des Lebens, in welcher der erlöste Mensch immer vor dem Angesicht Gottes, der ihm die Vernunft gegeben hat, ein vollkommenes Lob erschallen lassen soll.

Denn Gott erschuf den Menschen nach eigenem Wunsch zu jener Würde, die sich am Leib seines Sohnes im ewigen Leben vollendet, wenn der verlorene Mensch — durch die heilbringende Gnade in Gott erlöst — wieder zu einem würdigen Leben erwacht. Und der Geist — obzwar unsichtbar für die leiblichen Augen — bezeichnet den Vater, der für alle Kreatur unbegreiflich ist. Und das vom Schmutz reinigende Wasser bezeichnet das Wort, d. h. den Sohn, der durch sein Leiden die Flecken der Menschen abwäscht. Und das Blut, welches den Menschen durchströmt (circumplectens) und erwärmt, stellt den Heiligen Geist dar; er weckt und entzündet in den Menschen die herrlichsten Tugenden. So sind diese drei, nämlich Geist, Wasser und Blut, in Einem, und eins in Dreien. Und sie sind eins in der Erlösung, wie ja schon gesagt wurde, und zeigen die Dreifaltigkeit in der Einheit und die Einheit in der Dreifaltigkeit. Wie?

Die heilige himmlische Dreifaltigkeit gibt derart ein himmlisches Zeugnis, daß es nicht von einem andern stammt, sondern tatsächlich (certa re) in ihr selbst offenbar wird. Wie? Der Vater bezeugt, daß sein einziges fruchtbares Wort, das er vor der Zeit gezeugt hat und durch welches alles geschaffen ist, später zur vorherbestimmten Zeit in einer Jungfrau aufs Herrlichste erblühte. Das Wort aber bezeugt, daß es vom Vater ausging, sich zur menschlichen Natur hinabneigte, indem es nämlich in keuscher Jungfräulichkeit Fleisch wurde, weil es vom Vater in geistlichem Hervorgang ausging und in fleischlicher Fruchtbarkeit wiederum zum Vater zurückkehrte. Hierbei liegt es in der Mitte, weil es vom Vater vor aller Zeit unsichtbar gezeugt und vom Heiligen Geist in der Zeit im Schoß der Jungfrau leiblich empfangen wurde. Der Heilige Geist jedoch bezeugt, daß er die Unversehrtheit der Jungfrau zur Empfängnis des Wortes Gottes entflammte und daß er die Lehre dieses Wortes mit feurigen Zungen bekräftigte, als er die Apostel so erfüllte, daß sie die wahre Dreifaltigkeit auf der ganzen Welt laut verkündeten. Auf welche Weise?

Sie predigten (clamabant), daß Gott der Vater (sein Werk) vollendete. Er hatte den Menschen zur himmlischen Seligkeit erschaffen und der Mensch wurde ihrer beraubt; denn er war aus dem Lehm der Erde zum Aufstieg in die Höhe geschaffen, doch er neigte sich freiwillig hinunter zur Erde. Jetzt wurde er wieder durch den Fleisch gewordenen Gottessohn in der Gnade aufgerichtet und vom Heiligen Geist erleuchtet und bestärkt, damit er nicht im Verderben verlorengehe, sondern gerettet und in der Erlösung der ewigen Herrlichkeit wiedergeschenkt werde.

9. Von der Verschiedenheit und der Einheit der drei Personen

So bezeugen Vater, Sohn und Heiliger Geist, daß sie sich durchaus nicht an Macht unterscheiden, obzwar eine Verschiedenheit der Personen da ist. Denn sie wirken zusammen in der Einheit der unvermischten und unveränderlichen Wesenheit. Auf welche Weise? Der Vater erschafft nämlich alles durch das Wort, d. h. durch seinen Sohn im Heiligen Geist; durch den Sohn wird alles im Vater und im Heiligen Geist vollendet; durch den Heiligen Geist grünt alles im Vater und im Sohn. Und diese drei Personen existieren in untrennbarer Einheit des Wesens und vermischen sich nicht miteinander. Inwiefern? Wer also gezeugt hat, ist der Vater und wer gezeugt wurde, ist der Sohn; und wer vom Vater und vom Sohn in glühender Lebenskraft hervorging und in Gestalt eines unschuldigen Vogels über den Wassern erschien, sie heiligte und die Apostel mit feurigen Zungen übergoß, ist der Heilige Geist. Der Vater besaß nämlich vor aller Zeit einen Sohn und der Sohn war beim Vater, während der Heilige Geist von Ewigkeit her in der Einheit der Gottheit mit Vater und Sohn gleich ewig ist. Daher muß man bedenken, daß es Gott nicht in seiner Vollendung gäbe, wenn von diesen drei Personen zwei oder eine fehlen würden. Wieso? Weil sie die eine Einheit der Gottheit bilden und es keinen Gott gäbe, wenn einer von ihnen nicht vorhanden wäre. Denn obgleich diese drei Personen sich unterscheiden, sind sie dennoch die eine, ganze und unveränderliche Wesenheit der unermeßlichen Schönheit, die in ungeteilter Einheit verharrt. Wie?

10. Von drei Vergleichen mit der Dreifaltigkeit

Macht, Wille, Glut, diese drei Gipfel kulminieren in einem Werk. Wieso? In der Macht liegt der Wille, im Willen Glut, und sie sind untrennbar, wie auch der Atem des Menschen zu seinem Hauch (gehört). Wieso? Im Atem des Menschen ist der Luftaustausch (circuiens ventus) mit Feuchtigkeit und Wärme zu einem untrennbaren Hauch (verbunden), wie auch dein Auge eine Ganzheit bildet. Wieso? Die Rundung deines Auges besteht aus zwei durchsichtigen Häuten (perlucida), besitzt aber nur ein Gehäuse (habitaculum exsistens) und stellt sich auf alles ein (omniaque regens), was ihm vorgehalten wird. Höre und verstehe, o Mensch!

So bestehen die drei Personen in einer unveränderlichen Wesenheit der Gottheit. Im Vater ist der Sohn, in beiden der Heilige Geist und sie sind eins; sie wirken untrennbar zusammen. Denn der Vater tut nichts ohne den Sohn, noch der Sohn ohne den Heiligen Geist, noch der Heilige Geist ohne sie; und weder Vater noch Sohn etwas ohne den Heiligen Geist, weil sie eine ungeteilte Einheit sind. So ist Gott von Anfang an vor aller Zeit in drei Personen. Vor Beginn der Welt hatte der Sohn noch kein Fleisch angenommen; erst zur vorherbestimmten Zeit, als das Ende jenes Zeitalters kam und Gott seinen Sohn sandte. Doch auch nach der Menschwerdung dieses Sohnes existiert Gott auf gleiche Weise in drei Personen und möchte so in ihnen angerufen werden, da die jungfräuliche Blume in unversehrter Jungfräulichkeit erblühte und der unaussprechlichen Dreifaltigkeit deshalb keine Person hinzugefügt wurde. Vielmehr bekleidete sich der Sohn Gottes nur mit dem auf unversehrte Weise angenommenen Fleisch.

Deshalb sind diese drei Personen auch ein Gott in der Gottheit. Und wer nicht daran glaubt (non sic credit), der wird vom Reich Gottes abgehauen, weil er die Unversehrtheit der Gottheit und seinen eigenen Glauben (se ipsum in fide) zerrissen hat, wie geschrieben steht.

11. Worte aus dem Buch der Könige zum selben Thema

„Am dritten Tag aber erschien ein Mann, der aus dem Lager Sauls kam, mit zerrissenem Gewand und staubbedecktem Haupt" (II Kg. 1,2). Das ist so: Zur Zeit, als der katholische Glaube durch die Offenbarung der Heiligen Dreifaltigkeit entstand, wuchsen die Menschen in einem großen Schisma auf. Sie kamen vom Heer der teuflischen Kohorte und forschten zu Unrecht nach dem, was ein Mensch nicht wissen kann. Daher geben sie — gebückt, mit vielen Einflüsterungen teuflischer List — vor, sich über jede Erhabenheit zu erheben, indem sie mehr wissen wollen, als sie von der unfaßbaren Gottheit erkennen sollen. Und daher werden sie vom Gewand des Heils und der Gerechtigkeit abgerissen, weil sie Gott zuwider sind; und sie beschmutzen sich mit verschiedenen Dingen, die sie sich auf das Haupt ihres Glaubens streuen, da sie keinen unversehrten Glauben besitzen, sondern die einzigartige Würde der Gottheit in viele Teile spalten und ihre höhere Würde im Hohn der Spaltung mindern. Sie alle werden von Gott verurteilt, wie es die folgenden Verse beinhalten.

„David sprach zu dem jungen Mann, der ihm die Botschaft gebracht hatte: ‚Woher kommst du? Er erwiderte: ‚Ich bin der Sohn eines zugezogenen Amalekiters.' Und David sagte zu ihm: ‚Warum hast du dich nicht gescheut, deine Hand auszustrecken, um den Gesalbten des Herrn umzubringen?' Und David rief einen von seinen Knechten und befahl: ‚Tritt heran und stürze dich über ihn.' Er durchbohrte ihn und er starb. Und David sprach zu ihm: ‚Dein Blut komme über dein Haupt. Dein Mund hat nämlich gegen dich gezeugt, als du sagtest: ‚Ich habe den Gesalbten des Herrn getötet'" (II Kg. 1,13—16).

Das ist so: Jener Sieger, den die ganze Schöpfung nicht fassen kann, spricht zu der jugendlichen Unwissenheit, die im Menschen wohnt, nämlich zu jenem kindischen Alter, das sich selbst erhöht und wissen möchte, was man nicht wissen darf; in solcher Torheit geht es gleichsam gegen Gott an und ruft ihm zu: ‚Ich kenne dich gut, Herr', so daß dieser ihm so antworten wird: ‚Woher kommst du, der du einen Anfang hast und alles wissen möchtest, was keinen Anfang kennt?' Und die Torheit, welche im Menschen erstand, der einen Anfang hat, erwidert gleichsam in ihrer Einsicht und sagt: ‚Ich bin ein Menschenkind, das hier fremd ist und von dieser verfluchten Erde kommt. Denn der erste Mensch, der beim Kosten des Apfels gefallen ist, wanderte vom Vaterland in dieses Exil und ich bin sein Nachkomme.'

Dann spricht Gott zu ihm: ‚Wenn du ein Mensch aus verfluchtem Land bist, aus der Heimat vertrieben und in der Verbannung, warum bist du nicht davor zurückgeschreckt, mit so großer Anmaßung zu erforschen, was du nicht wissen sollst, und hast dein Werk erwürgt, so daß es dir gar keinen Nutzen im Licht der Hoffnung bringt und du dadurch praktisch Mord begehst (tangens malum homicidii)? Denn wer immer verwegen erforscht, was Gott vor Erschaffung der Welt gewesen ist, oder was Gott nach dem Jüngsten Tag tun wird, der sei verbannt von der Teilnahme an der seligen Verbindung (communionis). Denn das darf einer nicht wissen, der einen von Sünden belasteten sterblichen Anfang hat. Er wird vielmehr unglücklich vom seligen Heil der guten Einsicht (getrennt) sein, weil er hartnäckig erforschte, was er nicht erforschen sollte.

Der du daher so etwas anmaßend und grausam durch einen Totschlag tust, tötest in dir die selige Einsicht in die Prophetie der Könige, weil deine Seele sich um reine Erkenntnis sorgen müßte, um getreulich in jener Einfalt, die angemessen ist, an Gott zu glauben.'

Dann befiehlt Gott dem Eifer seiner reinsten Gerechtigkeit, die keinen Makel der Bosheit hat, ruft ihn durch die ganz gerechte Übereinstimmung des Urteils seiner Gerichte und redet in dieser Weise: ‚Beeile dich und unterdrücke in ihm die gute Einsicht, die er hat, damit er nicht in irgendeinem sinnenhaften Glück ruhe, weil er mir keine Ruhe in seinem Herzen bereitet hat.'

Und so trifft ihn der Schlag des Eifers des Herrn, so daß ihm kein Fünkchen seiner Sehkraft bleibt, um zu sehen, d. h. Gott zu erkennen. Daher stirbt er der Gerechtigkeit lebensspendenden Trostes ab und vermag nicht, sich selbst zu beherrschen. Dann spricht Gott zu ihm: ‚Dein blutiges Unrecht, in dem du dich zu Höhen erhebst, welche du nicht schauen kannst, laste auf deinem Geist, den du ungerechterweise über mich erhebst, jenes Böse, das dich an einen niedrigen Ort schleudert (conculcans te), von dem du dich nicht zum rechten Maß des vorgegebenen Glaubens erheben kannst, weil du die richtigen Wege nicht gehen wolltest, sondern in deinem Sinn eine große Spaltung gesucht hast. Dein Mund soll nämlich von den Worten der Weisheit im Stich gelassen werden, weil du gegen dein Heil geredet hast, als du betrügerisch die geheime und unfaßbare Gottheit erforschtest und dir herausnahmst, zu wissen, was man nicht wissen darf, indem du verwegen zu dir sprachst: ‚Ich weiß gut, was Gott ist.' Durch diese Verwegenheit hast du dein inneres Heil getötet, da du nicht behutsam an Gott glauben wolltest, sondern dich stolz gegen ihn erhoben hast.'

Wer aber scharfe Ohren zum inneren Verständnis besitzt, der lechze in leidenschaftlicher Liebe zu meinem Abbild nach diesen Worten und schreibe sie ins Gewissen seiner Seele ein.

Die Abschnitte der 8. Vision des 3. Teils

8. Vision des 3. Teils

Die Mitarbeit am Erlösungswerk

Und dann sah ich an der Südseite in der erwähnten Steinmauer des beschriebenen Gebäudes jenseits der besagten Säule der wahren Dreifaltigkeit noch eine große Säule; sie war im Schatten und innerhalb und außerhalb dieses Gebäudes zu sehen. Für meinen Blick erschien sie allerdings so umschattet, daß ich weder ihre Stärke noch ihre Höhe erkennen konnte. Und zwischen dieser Säule und der Säule der wahren Dreifaltigkeit war eine Unterbrechung, eine offene Stelle von drei Ellen Länge ohne Mauer, wie oben gezeigt wurde; nur das Fundament war dort gelegt. Diese umschattete Säule stand also in demselben Gebäude und am gleichen Ort, über dem ich früher in den Mysterien des Himmels vor Gott den großen Glanz in einem Viereck von hellstem Licht gesehen hatte. Als Zeichen für das Geheimnis des himmlischen Schöpfers wurde er mir in einem überaus großen Mysterium offenbart. In ihm strahlte noch ein anderer Glanz auf; er hatte wie das Morgenrot am Himmel einen tiefblauen durchsichtigen Schein von purpurnem Licht und hatte mir in geheimnisvoller Weise das Mysterium des fleischgewordenen Gottessohnes angezeigt. In dieser Säule aber war eine leiterartige Treppe vom Fuß bis zur Spitze. Auf ihr stiegen alle göttlichen Tugendkräfte auf und nieder; ich sah, daß sie mit Steinen für ihren Bau beladen an ihre Arbeit gingen und eifrig bestrebt waren, dieses Werk zu vollenden.

»Und ich hörte den Leuchtenden, der auf dem Thron saß, sagen: ‚Das sind die allerstärksten Werkleute Gottes.'«

Doch unter diesen Tugenden erblickte ich vor allem sieben, deren Gestalt und Gewand ich sehr eingehend betrachtete. In folgenden (Stücken) stimmten sie überein: Alle trugen z. B. wie die anderen oben erwähnten Tugenden Gewänder aus Seide. Auch kamen sie alle mit hellen Haaren, unbedeckten Hauptes und ohne umgeworfenen Mantel daher. Nur die erste hatte nach Frauenart das Haupt verschleiert und trug etwas wie einen kristallklaren Kapuzenmantel; und ausgenommen die zweite, welche schwarzes Haar hatte; und außer der dritten, die keiner menschlichen Gestalt zu gleichen schien. Ebenso waren die erste, vierte und fünfte mit weißen Tuniken bekleidet. Alle trugen auch weiße Schuhe, mit Ausnahme der dritten, welche — wie gesagt wurde — nicht in Menschengestalt erschien, und der vierten, die wundersam leuchtende Kristallschuhe trug. Das waren die Unterschiede zwischen ihnen. Die erste Gestalt trug eine goldene Krone auf dem Haupt, die drei herausragende Zacken (ramos) hatte und vom reichen Schmuck der kostbarsten grünen und rötlichen Edelsteine und weißer Perlen funkelte. Auf der Brust aber trug sie einen helleuchtenden Spiegel, in dem wunderbar klar das Bild des fleischgewordenen Gottessohnes erschien.

Und sie sprach:

1. Die Worte der Demut

‚Ich bin die Säule der demütigen Seelen (mentium) und ich töte die Herzen der Stolzen. Beim Niedrigsten habe ich begonnen und bin zu den steilen Höhen des Himmels emporgestiegen. Luzifer hat sich über sich hinaus erhoben und stürzte unter sich hinab. Wer mich nachahmen will und mein Sohn sein möchte, und wenn er danach verlangt (sitit), mich als Mutter zu umarmen und dadurch mein Werk in mir zu vollenden, der berühre das Fundament und steige gelassen (leniter) zur Höhe hinauf. Was heißt das? Er schaue zuerst auf die Niedrigkeit seines Fleisches und steige so stufenweise freudigen und ruhigen Herzens (suavi et leni animo) von Tugend zu Tugend weiter. Denn wer zuerst den höchsten Zweig eines Baumes zum Hinaufklettern ergreift, fällt sehr oft in unvermutetem Absturz. Wer aber hochsteigen will und bei der Wurzel beginnt, der kommt nicht so leicht zu Fall, wenn er vorsichtig vorgeht.'

Die zweite aber erschien ganz wie ein Hyazinth in der Farbe der Himmelsatmosphäre, nämlich sowohl ihre Gestalt als auch ihre Tunika. Und in diese Tunika waren auf unvorstellbare Weise zwei mit Gold und Edelsteinen geschmückte Streifen wundersam eingewebt; so lief über jede Schulter der Gestalt vorne und hinten ein Streifen bis zu ihren Füßen hinab.

Und sie sprach.

2. Die Worte der Liebe

‚Im Himmel erregte es meinen Unwillen, als Luzifer sich selbst in Haß und Stolz zerbiß. Doch ach, ach, ach, die Demut wollte das nicht dulden. Deshalb erlag er auch einem großen Zusammenbruch. Nach der Erschaffung des Menschen wurde — o, o, o, welch edles Samenkorn, o, o, o, lieblicher Sproß! — der Sohn Gottes am Ende der Zeiten um des Menschen willen als Mensch geboren. Und weil Luzifer begehrte und es versuchte, mein Gewand und meine Unversehrtheit zu zerreißen, deshalb erschien ich als helleuchtender Glanz in Gott und im Menschen. Jetzt aber nennen sich Blinde, Tote, Buhler, Dirnen und Unzüchtige nach mir (aequivocas meas). Doch wie es für Kot unmöglich ist, an den Himmel zu rühren, so ist es auch dieser Gemeinheit nicht möglich, meinen Willen zu tangieren. Ich werde mir deshalb in den anderen Tugenden Flügel herstellen, mit denen ich all das Verderbliche, welches Luzifer über die Welt verstreut hat, hinter mir lassen will (abiciam). O ihr Tugenden, wo ist Luzifer? In der Hölle ist er. Wir wollen uns also alle erheben und dem wahren Licht nähern; laßt uns in den Provinzen ganz große und starke Türme bauen, damit wir, wenn der Jüngste Tag kommt, reiche Frucht an geistlichen und weltlichen (carnalibus) Dingen einbringen können. Und wenn die Völker vollzählig versammelt sind (plenitudo introierit), dann werden auch wir auf Erden und im Himmel vollendet. O du allerschändlichster Luzifer, was hat dir deine unvermutete Verwegenheit genutzt? In deinem ersten Glanz, als du von Gott erschaffen warst, wolltest du mich wütend und rasend zertreten und vom Himmel herabstürzen; doch du bist in den Abgrund gestürzt und ich blieb im Himmel. Später stieg ich im fleischgewordenen Sohn Gottes zur Erde hernieder. Und durch mich wurde die Schar der Gläubigen mit tausend gerechten und guten Kriegskünsten ausgerüstet, die du ihnen, wenn du könntest, schon längst gar zu gern entrissen hättest. O Demut, die du jene bis zu den Sternen erhebst, die wie Erde zertreten und zerrieben sind; o Demut, du bist die ruhmvollste Königin der Tugendkräfte. Was für ein starker und unüberwindlicher Schutzwall bist du überall für die Deinen! Keiner kommt zu Fall, der dich mit lauterem Herzen liebt. So bin auch ich mit dir eine sehr vorteilhafte und vielersehnte Verteidigung für die Meinen. Denn ich bin sehr zart und fein und mache die noch so kleinen Spalten derer, die mich verehren, ausfindig und schlüpfe ganz genau hindurch.'

Die dritte Gestalt aber sah ich in derselben Form, wie ich sie schon in einer früheren Vision geschaut hatte, nämlich stattlicher und größer als die übrigen Tugendkräfte und nicht menschenähnlich. Sie hatte überall sehr viele Augen an sich und lebte ganz in der Weisheit. Und sie war mit einem schattenähnlichen Gewand bekleidet, durch das diese Augen hindurchblickten. Sie zitterte aus großer Furcht vor dem erwähnten Leuchtenden auf dem Thronsitz.

Und sie sprach.

3. Die Worte der Gottesfurcht

‚O weh den elenden Sündern, die Gott nicht fürchten, sondern gleichsam Spott mit ihm treiben! Wer kann der Furcht des unbegreiflichen Gottes entkommen, die den Schuldigen, der das Böse nicht von sich wirft, zugrundegehen läßt? Deswegen werde ich Gott den Herrn gewaltig (valde et valde) fürchten. Wer wird mir vor dem wahren Gott beistehen? Wer wird mich bei seinem schreckenerregenden Gericht befreien? Kein einziger, nur er selbst, der gerechte Gott. Ihn will ich daher suchen, mich immer zu ihm flüchten.'

Die vierte aber trug ein schneeweißes Band um den Hals und hatte Hände und Füße mit einer schimmernden Fessel gebunden. Und sie sprach.

4. Die Worte des Gehorsams

‚Ich kann nicht nach meinem Willen einen weltlichen Weg einschlagen (currere) und mich auch nicht vom Eigenwillen (humana voluntas) beeinflussen lassen; und deshalb will ich zu Gott, dem Vater aller, zurückkehren, den der Teufel abwies und dem er nicht gehorchen wollte.'

Die fünfte hatte ebenso eine rote Kette um den Hals. Und sie sagte.

5. Die Worte des Glaubens

‚Gott ist Einer in drei Personen desselben Wesens und mit der gleichen Verherrlichung zu ehren. Daher werde ich an den Herrn glauben und ihm vertrauen und seinen Namen in Ewigkeit nicht aus meinem Herzen tilgen.'

Die sechste aber trug eine blaßfarbene Tunika. Und vor ihr in der Luft erschien der Leidenspfahl des gekreuzigten Gottessohnes. Zu ihm erhob sie hingebungsvoll Augen und Hände. Und sie sagte:

6. Die Worte der Hoffnung

,O gütiger Vater, schone der Sünder. Du hast die Verbannten nicht verlassen, sondern sie auf deine Schultern gehoben. Deshalb werden wir auch jetzt nicht zugrundegehen, da wir auf dich unsere Hoffnung setzen.'

Die siebente jedoch war mit einer Tunika bekleidet, die heller und reiner als Kristall war. Sie leuchtete von solchem Glanz wie das Wasser widerstrahlt, wenn die Sonne darauf scheint (sole perfunditur.) *Und auf ihrem Haupt saß eine Taube mit gleichsam zum Flug ausgebreiteten Flügeln und wandte sich ihrem Antlitz zu. In ihrem Leib aber erschien wie in einem Spiegel ein ganz leuchtendes Kind, auf dessen Stirn geschrieben stand: ,Unschuld'. Auch hatte sie ein königliches Szepter in der rechten Hand, die Linke hatte sie auf ihrer Brust liegen.* Und sie sprach.

7. Die Worte der Keuschheit

,Ich bin frei und nicht gebunden. Den reinsten Quell habe ich durchschritten, nämlich den lieblichen und innigst geliebten Sohn Gottes. Ich durchschritt ihn und ging von ihm aus. Und ich zertrete den so hochmütigen Teufel, der es nicht fertigbringt, mich zu binden. Dieser ist von mir getrennt, weil ich immer im himmlischen Vater bleibe.'

Doch auf der Spitze der erwähnten umschatteten Säule sah ich noch eine andere überaus schöne Gestalt mit unbedecktem Haupt stehen. Sie hatte krauses und schwärzliches Haar und ein männliches Gesicht, das von so großer Helligkeit flammte, daß ich es nicht genau wie das Gesicht eines Menschen betrachten konnte. Sie war auch mit einer purpurfarbenen dunklen Tunika angetan. In sie war ein rotgelber Streifen eingewebt, der über beide Schultern der Gestalt vorn und hinten bis zu ihren Füßen hinablief. Um ihren Hals aber trug sie ein wunderbar mit Gold und kostbarsten Edelsteinen geschmücktes bischöfliches Pallium. Der überhelle Glanz jedoch hatte sie von allen Seiten so eingehüllt, daß ich sie nur von vorne, und zwar vom Kopf bis hinunter zu den Füßen, anschauen konnte. Ihre Arme, Hände und Füße jedoch waren für meinen Blick im Schatten verborgen. Der Glanz aber, welcher sie umgeben hatte, war überall voller Augen, ganz lebendig, und verteilte sich hierhin und dorthin, wie eine Wolke auseinanderzufließen pflegt. So erschien er bald breiter, bald aber schmäler.

Und die Gestalt rief mit lauter Stimme in die Welt und sprach zu den Menschen.

8. Die Worte der göttlichen Gnade zur Ermahnung der Menschen

‚Ich bin die Gnade Gottes, meine kleinen Kinder. Deshalb hört und versteht mich, denn ich schenke denen das Licht der Seele, die mich bei der Ermahnung erkennen. Ich bewahre sie auch in dieser Glückseligkeit, damit sie nicht zur Bosheit zurückkehren. Und weil sie mich nicht verachtet haben, will ich sie auch mit meiner Ermahnung berühren, damit sie beginnen, Gutes zu wirken; jene nämlich, die mich in der Einfalt und Lauterkeit des Herzens suchen.

Und während ich die Perlen des Guten anbiete und den Menschen ermahne und ermuntere, d. h., wenn die Einsicht des Menschen auf diese Weise von mir berührt wird, bin ich ihm ein Anfang; wenn nämlich das Empfindungsvermögen des Menschen meine Ermahnung mit dem Ohr vernimmt, indem auch diese Wahrnehmung in seiner Seele zur Übereinstimmung mit meiner Berührung kommt (ducitur), dann bin ich ihm ein Anfang des Guten, das er mit dieser meiner Hilfe (me sic illi adiutrice) beginnen soll. Hierauf erhebt sich dort auch ein Kampf, ob das, was ich schenke, zur Vollendung kommt oder nicht. Wieso? Ich möchte das so verstanden wissen: Wenn ich den Menschen auf solche Weise ermahne, daß er beginnt, seine Sünden zu beseufzen und zu beweinen, und wenn dann sein Wille mit meiner Ermahnung übereinstimmt, mit der ich ihn ermuntert habe — der Mensch empfindet nämlich mit seinen Sinnen die Wandlung seines Geistes, wie er seine Augen zum Sehen, seinen Mund zum Reden, die Hände zum Fühlen und die Füße zum Gehen nach dem Verlangen, das er im Herzen trägt, gebraucht (levat) — und wenn dann sein Wille meine Ermahnung angenommen hat, erhebt er sich alsbald und unterdrückt und überwindet das Gefühl, so daß dieses Empfinden sich an das Unbekannte gewöhnt. Wie?

Es ändert sich von selbst, weil es — wenngleich unfreiwillig — meinem Willen, der über ihm waltet, gehorchen muß. Es ist nämlich seiner Dienstbarkeit unterworfen, weil es unter ihm steht und ihm folgen wird, ob es will oder nicht. Denn ich verleihe zuerst das Gute, erwärme es in der Seele (mens) und gebe das Werk dem Willen zur Vollendung. Und das tue ich durch Ermahnung, Ermunterung und durch die Glut des verliehenen Hauches des Heiligen Geistes. Wenn aber der Wille diesen Gaben widersteht, dann wird zunichte, woran ich mahnte. Deshalb eile der Mensch alsbald ans Werk, solange er in der Glut der Gaben der deutlichen Botschaft, die von mir ausgeht, beginnen kann. Und so wird auch der Wille zum Guten leichter hinzukommen und es in Herrlichkeit vollenden.

Denn die Erkenntnis von Gut und Böse besitzt der Mensch deshalb, damit er in allen seinen Taten Gott umso besser erkenne, wenn er das Böse meidet und Gutes tut. So verehrt er nämlich Gott in Furcht und umarmt ihn in vollkommener Liebe. Wie? Indem er nämlich die inneren Augen des Geistes zum Guten öffnet und das Böse, das er tun könnte, verneint und im äußeren Menschen verwirft. Daher ist auch die irdische Kratur seiner Gewalt unterworfen, damit er Gott umso tiefer (amplius) erkennt und liebt und in ihm mit seiner Einsicht das erkannte Werk wirke. Damit fürchtet und liebt er den Allmächtigen, der für ihn die große Ehre bestimmte, daß ihm die meisten Geschöpfe dienen. Daher und aus diesen Gründen gibt und nimmt (effundit et infundit) der Mensch, d. h. mit seiner Einsicht versteht und unterscheidet er die Kreaturen. So weiß er, welche liebens- oder hassenswert sind, nützlich oder unnütz, und daß auch letztlich im Glauben, mit dem er Gott erkennt, alle seine Werke eingeschlossen sind, so daß sie sowohl Gott als auch seinen Engeln gefallen.

Manchmal berühre ich auch einen Menschen in seinem Herzen (animus) und mahne ihn, damit zu beginnen, Gerechtigkeit zu wirken und das Böse zu meiden. Doch er verschmäht mich und glaubt, daß es ihm möglich sei, zu tun, was er will. Er setzt sich selbst die Frist für die Reue fest, bis zu der Zeit, da sein Leib einfach aus altersbedingter Schlaffheit (in simplicitate frigidae aetatis) seine Zustimmung gibt und er auch wegen seines greisenhaften Zustands Widerwillen gegen weiteres Sündigen empfindet. Dann ermuntere und ermahne ich ihn wiederum zum Guten und daß er seinem Trieb widerstehe. Solange er sich nicht um mich kümmert, wird er oft durch viele Widerwärtigkeiten bezüglich seines Reichtums oder aus ähnlichem Anlaß, der ihm Leiden verursacht, dazu geführt, gleichsam unfreiwillig und im Widerspruch mit sich selbst das Gute tun zu müssen; seine erbitterte Seele ergötzt sich nicht sehr daran, zu erfüllen, was er sich zu einer glücklichen Zeit zu vollbringen vorgenommen hatte, da ihm nichts Gegenteiliges hinderlich zu sein schien. Er hatte ja selbst festgelegt, es nach einem so langen Zeitraum zu tun, wie es ihm gefallen hatte. Dieser Mensch nahm mich unentschieden auf. Ich will ihn aber nicht im Stich lassen; denn obwohl er mich (nur) auf solche Weise aufnimmt, hat er mich doch nicht gänzlich verachtet. Daher habe ich mich auch nicht vergeblich um ihn bemüht.

Ich ekle mich nämlich nicht, schwärende Wunden zu berühren, die vom Unrat des Wurmfraßes — unzählige Laster, übler Geruch des schlechten Rufes und Siechtum der eingewurzelten Sündenbosheit — bedeckt sind. Ich wende den Blick nicht ab, ohne sie sanft zu schließen, zu der Zeit, da ich beginne, das verzehrende Übel (livorem) der Bosheit herauszuziehen, d. h., wenn ich diese Wunden besehe und sie mit dem gelinden warmen Hauch des Heiligen Geistes berühre. Doch häufig setzt sich ein solches Übel (dolor) unter einem alten Verband fest (inveteratur), so daß die Sünde im Herzen des Menschen brennt und glüht und so auch schmerzhafte Sündenwunden entstehen. So bilden sich als Gerinnsel dieser Unreinheit gleichsam Geschwülste und Beulen aus dem großen Schmutz der Würmer und dem im Verband eingehüllten Kot. Aus ihm entspringt das tödliche Gift von Skorpionen, Schlangen, Kröten und anderen ähnlichen giftigen Gewürms. Und wenn sie selbst dann so steinhart bleiben, in einer Hartnäckigkeit, die niemand zu brechen gedenkt — es sind die unerträglichen Bürden der Vergehen in jenen Menschen, die mit schwereren Lasten beladen sind — was soll dann geschehen? Die Menschen können dann nämlich wegen ihres Unglaubens nicht darauf vertrauen, daß es diesem Menschen möglich sein soll, sich von seiner Bosheit zu Gott zu bekehren, weil sie ihn gleichsam als Speise des Teufels betrachten. Ich aber will diesen Menschen nicht verlassen, sondern ich möchte mit meinem Beistand und meinem Kampf für ihn streiten, da ich zuerst sanft beginne, gleichsam die Steinhärte seiner Sünde zu berühren; denn es ist schwierig, ihn im schlimmen Geruch der schrecklichen Frevel zu brechen, welche die erwähnten Ursachen der großen Unreinheit und der Bosheit sind. Wie ein verwesender Leichnam sind sie und eine Speise des Teufels, die er sich sicherlich einverleibt hat (absorbuit). Auf welche Weise? Die Heilige Schrift verzeichnet einen Ausspruch des Gottessohnes: „Meine Speise ist es, den Willen meines Vaters zu tun" (Joh. 4,34). Dagegen ist es die Speise des Teufels, die Menschen in den Tod hinabzustoßen. Dadurch versengt er — wie gesagt — jene, die ihm mit ihrem Willen beistimmen und hinter ihm her abweichen, mit solchen Dingen. Und gerade das ist das Verlangen und ständige Trachten des Teufels, daß aus diesem Schmutz alles Böse entsteht.

Doch von diesen Menschen erkennen mich viele. Wie? Wenn ich sie zum ersten Mal berühre, spricht jener Mensch zu sich: ‚Was ist mit mir? Ich kenne nichts Gutes und weiß auch nicht darauf zu sinnen.' Und wieder seufzt er unwillkürlich (nesciens) und sagt: ‚Ach, ich Sünder!' Er spürt aber nichts weiter, als daß er mit Sündenlast beladen ist und daß die Finsternis der Bosheit ihn beunruhigte. Da berühre ich abermals seine Wunden. Und weil er schon einmal (prius) von mir gemahnt worden war, erkennt er mich jetzt schon (eo) besser; er schaut in sich und sagt wieder: ,Weh mir, was soll ich tun? Ich weiß nicht und kann mir nicht ausdenken, was mit mir wegen meiner vielerlei Sünden geschehen soll. Ach, wohin soll ich mich wenden oder zu wem soll ich um Hilfe eilen, um meine so schändlichen Vergehen zu bedecken und in der Reue zu tilgen?' Daher blickt er wieder in sein Inneres und ringt so mit sich wie vorher im Verlangen nach dem Sündigen. Und mit demselben Begehren kehrt er zur wahren Reue um, mit dem er vorher nach den Sünden trachtete. Und weil dieser Mensch dann durch meine Ermahnung auf diese Weise vom Schlaf des Todes erwacht ist, den er sich zum Leben erkoren hatte, deswegen will er dann weder in Gedanken noch in Worten oder Werken, die er früher leidenschaftlich zum Freveln verwandte, weiterhin sündigen. Er erhebt sich vielmehr überaus eifrig in kraftvollster Reue zu mir. Daher nehme auch ich ihn bald ganz auf und entlasse ihn wie einen Freien. So wird er aus den erwähnten Gründen nicht mehr schwerer Gefahr ausgesetzt, wie sie meine geliebten Söhne erdulden, die ich mit mannigfachem Elend durch die feurigen Pfeile der teuflischen Einflüsterungen mahne, denn er hat das ja dann nicht nötig. Er wird nämlich immer seine begangenen Sünden bedauern, so daß er sogar — gegen sich selbst erzürnt — so eifrig Buße tut, daß er sich auch nicht würdig erachtet, Mensch zu heißen. Doch dieser Sieg erhebt sich aus dem stinkenden Schmutz jener Menschen, die ich nicht verwerfen will, weil sie mich nach ihren Sünden dennoch gesucht haben. Die mich nämlich nicht verachten, sondern meine Ermahnung annehmen und mich hingebungsvoll suchen, für die bin ich bereit, zu tun, was sie wollen. Die mich aber verächtlich abweisen, sind tot und ich kenne sie nicht.

Es gibt nämlich viele Menschen, die mich, wenn sie meine Gegenwart spüren und erkennen, daß ich mit meiner Mahnung ihr Herz berührt habe, durch die schlechte Gewöhnung an die begangenen Sünden fliehen. Sie nahmen sie durch die Absicht (voluntate), Einwilligung und Tat zu sich (deglutiebant); deshalb sind sie auch vor Gott wie nichts und eitel erachtet, weil sie sich nicht bewußt sein wollten, wozu sie durch meine Berührung fähig sind. Ich will aber mit der Unreinheit dieser Sünder, die meine Ermahnung nicht annehmen wollen, nichts zu tun haben. Sie wollen sich weder durch meine Ermahnung reinigen, um sich von ihren Sünden abzuwenden, noch haben sie Verlangen nach dem Genuß jener Speise, welche das Wort (scriptura) des Evangeliums ist, an dem sich alle Gläubigen sättigen sollen, oder dem Verkosten ihres Wohlgeschmacks, wie es ihnen gegeben ist. Sie beeilen sich nämlich, der Gnade Gottes zu entkommen, weil sie weder sehen noch hören, noch daran denken wollen, was sie tun müssen, wenn sie durch eine Mahnung zum Guten gerufen werden. Sie fliehen vor einer guten Mahnung wie ein Wurm, der sich in die Erde bohrt und sich vor aller Schönheit dieser Welt verbirgt. So tun auch diese so schlimmen Menschen. Sie fliehen die Gebote Gottes, beschmutzen sich im Kot, in den sie sich zum Sterben einhüllen, wenn sie sich in ihrer Bosheit verbergen und aus dem üblen Geruch der Schlechtigkeit nicht ans Licht kommen wollen. Solche gehören nicht zu mir. Denn ich will nicht hier und dort im schmutzigen Kot zerteilt werden. Wieso? Ich will bei denen sein, die mich in aufrichtiger Reue erkennen und verbinde mich dort auch mit der menschlichen Verwesung, weil ich sie reinigen will. Die mich aber nicht aufnehmen wollen, schleudere ich von mir und mag nicht bei ihnen sein, weil ich keinen Anteil an denen habe, die auf Seiten der törichten Unkenntnis stehen und mich nicht verstehen wollen, und da ich am Werk, das mit der verhärteten Bosheit eng verknüpft ist und zum Tod führt, nicht mitarbeiten (esse in opere) möchte.

Und die mich auf diese Weise verachten, ahmen den verworfenen Engel nach, der, solange er Gott sehen konnte, ihn nicht anschauen wollte, um ihn nämlich demütig anzuerkennen. Und deshalb entfloh er aller himmlischen Herrlichkeit und verfiel dem Tod, als er Gott durch gleiche Ehre ähnlich sein wollte. Diese erachten mich gering, weil sie ein böses Werk tun, wie es die unerlaubten Begierden des Fleisches in ihren Lüsten fordern. Und weil sie mich verachten, deshalb tun sie, was sie wollen. Sie beachten Gott nicht und so kümmern sie sich auch nicht um sein Gebot. Daher sind sie auch oft von meiner Ungnade dazu bestimmt, zur Befriedigung (ad plenitudinem) ihres Herzens zu tun, was sie wollen, weil das Leben der ewigen Glückseligkeit ihnen entgeht, als ob sie nichts seien. Oft verläßt sie auch sowohl das Glück des gegenwärtigen als auch des künftigen Lebens, weil sie zu abgestumpft und unbeweglich sind für das Glück, das im Guten liegt (boni). Ich gebe nämlich den halsstarrigen Sünder, der auf seinen Übeltaten beharrt, auf und belebe den wieder, der in sich blickt und sich von seinen Sünden in Gottesfurcht mit aufrichtiger Reue zu mir bekehrt.

Denn ich bin eine standfeste Säule, die den, der mich sucht, niemals verläßt. Wer mich nämlich ergreift und sich mir tief und gläubig verbindet, wird nie der Verwerfung anheimfallen. Wer mich aber in seinem Herzen vergißt und sich stolz (superbiendo) über mich erhebt, d. h. wer mehr auf sich selbst, als auf mich vertraut und es deshalb geringschätzt, sein Vertrauen auf mich zu setzen, weil er die Gnade Gottes für nichts erachtet, den will ich von mir werfen und töten. Ich bin nämlich in seiner Seele wie ein Wirbelwind, er aber vernachlässigt mich spöttisch und stolz, während sich die Verzweiflung erhebt, und er spottet meiner nicht ob der Schwere seiner Sünden, die er begangen hat, sondern wegen seines Stolzes, indem er spricht: ‚Was ist die Gnade Gottes?' Ich entscheide mich, ihn nicht aufzurichten, weil er für die ewige Glückseligkeit tot ist.

Doch auch die Menschen, die keine Zuversicht besitzen, sich aus den großen Verschuldungen ihrer Sünden erheben zu können, und so den allmächtigen Gott und seine Gnade von sich werfen, nämlich in allzugroßer Traurigkeit verzweifeln, als ob sie nicht aus der Ungeheuerlichkeit ihrer Vergehen gerettet werden könnten, schwinden von mir verworfen dahin und verfallen grausam dem Tod. Sie sterben in der Unterwelt durch die Höllenqual des ewigen Todes.

Jetzt will ich auch von meinen geliebten Kindern sprechen, die mich in offenherziger Gesinnung, mit bereitwilligem Geist und wachem Verstand aufnehmen und mich mit Seufzen und Weinen berühren. Sie empfangen mich freudig und umarmen mich aufs Innigste. O meine Blumen! Sobald sie meine Gegenwart spüren, freuen sie sich sogleich in mir und ich an ihnen. Süßer und angenehmer sind sie für mich als die Lust am kostbarsten Edelstein und an glänzenden kostbaren Perlen in der menschlichen Seele, die sie mit leidenschaftlicher Begierde umarmt. Sie sind mir auch die edelsten Quadersteine, weil sie in meinen Augen immer liebenswürdig sind. Unermüdlich will ich sie glätten und säubern, damit sie richtig und anmutig im himmlischen Jerusalem ihren Platz finden. Denn sie halten durch den guten Willen in ihrem Geist immer mit mir Mahl und können sich nicht genug an meiner Gerechtigkeit sättigen. Sobald sie nämlich meine Berührung verspüren, eilen sie zu mir wie der Hirsch zur Wasserquelle. Doch ich verlasse sie oft, so daß es ihnen scheint, sie seien hilflos. Das tue ich deswegen, damit ihr (in eis) äußerer Mensch nicht von Stolz aufgeblasen werde. Dann weinen und trauern sie und meinen, ich sei ihnen ungnädig gesinnt; ich prüfe aber so ihren Glauben.

Dennoch aber halte ich sie mit starker Hand und entferne so den Hochmut von ihnen; und ich lasse sie nicht erkennen, was sie in ihren verborgenen guten (Taten) sind. Denn ich will vielfache Frucht in ihnen hervorbringen, während ihre Seele trauert und ihr Herz von Schmerzen verwundet ist. Ich lasse nämlich oft zu, daß sie teuflische Überredungskünste mit feurigen Pfeilen aus dem unreinen Hauch des glühend brennenden Geistes der Unzucht anfallen. Sie verletzen ihren Leib in der Schwäche der gebrechlichen Natur. Und deshalb lasse ich dies zu, damit sie auf diese Weise so mächtig vom Hauch des Heiligen Geistes befruchtet werden, daß sie später, von Tugenden glühend, ausgezeichnete Verkünder werden. Sie werden nämlich wie Gold im Ofen erprobt, d. h. durch Spott und Ablehnung (indignatione) geprüft, so daß sie gleichsam als nichtig erachtet werden. Und sehr oft wird ihr Besitz von Räubern geplündert und sie werden im Streit des Volkes inmitten der Widerwärtigkeiten wie ein Lamm von Wölfen zerrissen. Und wie Schafe, wenn der Wolf sie zerstreut und versprengt, doch nicht sterben, so geht es diesen Menchen; sie sterben nicht den Tod der Seele, sondern sind durch die Läuterung in Widerwärtigkeiten umso lebenstüchtiger (magis viventes). Denn der gute Baum wird zum Fruchtbringen bewässert und beschnitten und man gräbt um ihn herum um; man hält von ihm das Ungeziefer ab, damit es nicht seine Frucht verzehre. Was bedeutet das?

Der gute Mensch sei also nicht verhärtet und nicht übelwollend gegenüber der göttlichen Gerechtigkeit, sondern sanft und lenksam für alles Gute. Er entferne das Böse von sich, betrachte sich bei der Prüfung seiner Taten und entziehe sich dem Angriff der ihn verletzenden Feinde. Ich bin ihm gleichwohl, bevor der Mensch mich in seiner Vorstellungskraft fühlt und seine Einsicht mich innerlich erkennt, die Quelle (caput) und Erzeugerin (plantatrix) der Fruchtbarkeit und die Stärke und Kraft der festen Stadt, die auf dem sicheren Fels gebaut ist. Jeder Gläubige höre mich zu sich sagen:

‚O Mensch, ist es auch nur geziemend und entsprechend, daß der geistbegabte Mensch ohne Einsicht ist wie unvernünftiges Vieh, das nichts anderes tut, als wonach seine Begierde sich ausstreckt? O die unglücklichen Menschen, welche nicht wissen wollen, welch große Herrlichkeit Gott ihnen geschenkt hat, damit sie ihm ähnlich seien (ad similitudinem sui)! Es kann aber nicht sein, wie sie wünschen, daß sie freizügig und gleichsam aus ererbtem Recht alles Böse tun, nach dem sie verlangen, als ob sie aus ihrer natürlichen Veranlagung (ex natura corporis sui) dazu berechtigt wären (possideant), und nicht erwägen wollen, daß sie die Würde besitzen, gute Werke wirken zu können. Gott hat in seiner Anordnung alles gerecht festgesetzt. Und wer kann ihm widerstehen? Was heißt das? Wer könnte denn bei einem derartigen Vergleichspunkt mit einem der Anordnung Gottes ähnlichen Beispiel an Weisheit und Unterscheidung in irgendwelchen Angelegenheiten verglichen werden? Und warum ist es so, daß sie die ihnen geschenkte Vollmacht (efficaciam) beseitigen wollen, d. h., daß sie Gutes und Böses tun können? Wieso? Wenn ich sie nämlich durch meine Berührung ermahne und diese mich ergreifen, sobald sie meine Gegenwart spüren, so können sie mit meiner Hilfe das gute Werk, welches sie beabsichtigten, ausführen. Die mich aber verachten, gehen ohnmächtig und unglücklich zugrunde. Doch die schlechten Menschen versuchen sich zu entschuldigen, sie könnten keine guten Werke tun. Und das tun sie deshalb, weil der äußere Mensch ungebunden in ihnen seinen Willen ausführt.

Jetzt, o meine vielgeliebten Söhne, die ihr für mich süßer duftet als alle Wohlgerüche, hört meine Mahnung. Solange ihr Zeit habt, Gutes und Böses zu tun, verehrt mit aufrichtiger Hingabe euern Gott. Und zum zweiten Mal, o meine liebsten (dulcissimi) Söhne, die ihr wie die Morgenröte aufsteigt, ihr, die ihr von Liebe glühen müßt wie die Sonne in ihrem Strahl, lauft und eilt, meine Geliebten (carissimi), auf dem Weg der Wahrheit, die das Licht der Welt ist, nämlich Jesus Christus, der Sohn Gottes, der euch durch sein Blut am Ende der Zeiten erlöst hat, so daß ihr nach euerm Hinübergang in Freude zu im gelangen könnt.'

Und wiederum hörte ich den Thronenden zu mir sprechen: ,Die nach dem Himmlischen verlangen, müssen getreulich glauben; sie dürfen nicht verwegen untersuchen, auf welche Weise der in die Welt gesandte Gottessohn vom Vater aus der Jungfrau gezeugt ist, weil der mit dem sterblichen Leib und einer so schweren Sündenlast beladene menschliche Verstand die Geheimnisse Gottes nicht besser (plus) unterscheiden kann, als es der Heilige Geist, wem er will, offenbart.'

9. Die Menschheit des Erlösers, welche den Bau der Kirche trägt, erscheint im Glauben der Völker, die getreulich mitarbeiten

Daher bezeichnet auch *diese Säule, die du an der Südseite in der erwähnten Steinmauer des beschriebenen Gebäudes jenseits der besagten Säule der wahren Dreifaltigkeit siehst,* durch ein mystisches Geheimnis die Menschheit des Erlösers, der vom Heiligen Geist empfangen und aus der lieblichen Jungfrau als Sohn des Allerhöchsten geboren, zur stärksten Säule der Heiligkeit wurde, die nämlich den Bau der Kirche trägt. Seine Menschheit erscheint nach der öffentlichen Verkündung der Dreifaltigkeit im glühenden Glauben der Steine — der gläubigen Völker — die unter der Güte des himmlischen Vaters rüstig am Werk sind. Denn nachdem die Dreieinigkeit in Gott beglaubigt worden war, wurde dem gläubigen Volk auch das fleischgewordene Wort als wahrer Gott mit dem Vater und dem Heiligen Geist in der Einheit der Gottheit zur Verehrung in dem einen und wahren Gott anvertraut.

10. Die Heiligkeit der wahren Menschwerdung ist für den menschlichen Geist verhüllt; von denen, die sich innerhalb befinden, wird sie im Glauben und im Werk erkannt, den Außenstehenden durch Hören und Verkünden offenbart

Diese große Säule ist im Schatten und innerhalb und außerhalb dieses Gebäudes zu sehen. Denn die große und unermeßliche Heiligkeit der wahren Menschwerdung ist für die Menschenherzen so verhüllt, daß man sie nur insoweit betrachten kann, als es der Glaube ermöglicht, sie anzuschauen. Denen, die sich innerhalb (der Kirche) im göttlichen Kult abmühen, wird sie im Glauben und Werk erkenntlich, denen, die außerhalb friedlich leben können (otio vacantes), wird sie im Hören und Verkünden offenbart.

Für deinen Blick erscheint sie so umschattet, daß du weder ihre Stärke noch ihre Höhe erkennen kannst. Denn mein Sohn lebte unter den Menschen im sterblichen Fleisch, nämlich wie ein verhüllter Sterblicher, und erschien ohne allen Makel der Sünde. Dennoch übersteigt seine wahre Menschwerdung, die in der mystischen Bedeutung der Geheimnisse Gottes unfaßlich und in der Erhabenheit der göttlichen Macht unermeßlich ist, alle Erkenntnis des menschlichen Verstandes.

11. Nur Gott ist bekannt, wieviele und was für welche den Leib Christi vollenden werden

Daß aber *zwischen dieser Säule und der Säule der wahren Dreifaltigkeit eine Unterbrechung, eine offene Stelle von drei Ellen Länge ohne Mauer ist, wie dir oben gezeigt wird,* bedeutet: Der fleischgewordene Gottessohn — wahrer Gott mit dem Vater und dem Heiligen Geist — ist noch in seinen Gliedern verborgen. Das sind die Gläubigen, welche bis zum Ende der Welt geboren werden sollen; durch lebendige Werke sind sie — wie du oben wunderbar und durch Zeichen (typice) belehrt wurdest — zu Gliedern ihres Hauptes geworden. Wieviele und was für welche es im Lauf der kommenden Zeiten sein werden, liegt im Geheimnis der unaussprechlichen Dreifaltigkeit beschlossen. Sie werden die Dreifaltigkeit in der Einheit der Gottheit in gläubigem Kult anbeten, während der Platz derer, die erst noch geboren werden sollen, offen, ohne die errichtete Mauer der guten Werke ist.

Doch *ist* dort *das Fundament gelegt,* weil sie schon im Vorherwissen Gottes existieren und weil auch der Glaube an ihre Erlösung, die ihnen zuteil wird, schon gepflanzt ist und kräftig dasteht. So hat der Mensch Hoffnung und Vertrauen auf keinen andern als Gott. Er mißtraut seiner Barmherzigkeit nicht, sondern traut ihm zu, daß er das festeste Fundament der gläubigen Seele ist.

12. Alles Tun des menschgewordenen Gottessohnes und das Sammeln der Kirche aus den vier Himmelsrichtungen unterliegen dem Willen des Vaters

Daß aber *diese umschattete Säule in demselben Gebäude und am gleichen Ort steht, über dem du früher in den Mysterien des Himmels vor Gott den großen Glanz in einem Viereck von hellstem Licht gesehen hast, und es dir als Zeichen für das Geheimnis des himmlischen Schöpfers in einem überaus großen Mysterium offenbart wurde,* heißt:

Der fleischgewordene Gottessohn vollendete nach dem verborgenen Willen des Vaters alle seine Werke, die er in der Welt unter körperlich erlittenem Unrecht gewirkt hat. *Das bezeichnet nämlich jener große Glanz mit den vier Ecken als Zeichen für die Geheimnisse Gottes.* Denn viele von denen, die in den vier Himmelsgegenden geboren werden, werden zur Erkenntnis Christi gelangen. *Und er ist außerordentlich hell,* weil keine Dunkelheit die helleuchtende Gottheit verfinstern kann. Daher wird dir dieses Geheimnis der herrlichen himmlischen Majestät in sehr tiefem Sinn und durch das Mysterium der Erkenntnis des Schöpfers aller Dinge, der alles erschaffen hat, zeichenhaft kundgetan. Und zwar so, daß dem Schöpfer dabei niemand zu Hilfe eilen müßte noch irgendwer ihm darin Widerstand leisten und sich widersetzen würde; er bringt es einzig durch sein Wort aus dem Willen zum Guten hervor. *Daher strahlt in ihm noch ein anderer Glanz auf; er hat wie das Morgenrot am Himmel einen tiefblauen durchsichtigen Schein von purpurnem Licht und zeigt dir in geheimnisvoller Weise das Mysterium des fleischgewordenen Gottessohnes an.* Denn in der Verborgenheit des höchsten Gottes wird der Glanz der Morgenröte, nämlich der Jungfrau Maria offenbart, die in ihrem Schoß den Sohn des allerhöchsten himmlischen Vaters trug. Dieser vergoß sein purpurfarbenes Blut, das vom hellsten Licht der Erlösung strahlte, so wie dir in dieser geheimen Schau die Menschwerdung dieses Sohnes in geheimnisvollem Dunkel gezeigt wird.

13. In Christus wirken alle Tugendkräfte mit zielsicherem Eifer vollkommen zusammen und in ihm wurden sie öffentlich kundgetan

Daß aber *in dieser Säule eine leiterartige Treppe vom Fuß bis zur Spitze ist,* bedeutet: Im Fleisch gewordenen Gottessohn wirkten alle Tugenden zusammen. Er hinterließ in seiner Person die Fußstapfen zur Erlösung, auf daß unter den Gläubigen der Kleinmütige und der Großherzige in ihm die geeignete Stufe finden, auf die sie ihren Fuß zum Aufstieg zu den Tugenden setzen sollen, um an den besten Platz zu gelangen, wo es mit den Tugenden zu wirken gilt. Wieso? An den besten Orten der edlen Herzen versammeln sich die Tugenden zu ihrem heiligsten Werk, um den Gottessohn in ihren Gliedern, d. h. in den auserwählten Menschen, zu vollenden. Deshalb ist in ihm das Beispiel der Vollkommenheit für alle Gläubigen, die sich mit dem Gesetz Gottes befassen, (zu finden), damit sie sich vom Guten zum Besseren wenden (torqueant). Sie verstehen das Offenbarwerden der wahren Fleischwerdung, wo sich der Gottessohn wahrhaft im Fleisch gezeigt hat; und in ihm findet man einen sehr zuverlässigen Aufstieg zum Himmlischen.

Deshalb *steigen* auch *alle göttlichen Tugendkräfte auf und nieder und du siehst, daß sie mit Steinen für ihren Bau beladen sind.* Denn im Eingeborenen Gottes steigen die helleuchtenden Tugenden gleichsam durch seine Menschheit hinab und streben durch seine Gottheit gleichsam nach oben. Sie steigen auch durch ihn zu den Herzen der Gläubigen hinunter, die hochgemuten Herzens (bono corde) ihren Willen aufgeben und sich geschmeidig für rechte Taten machen, wie sich ein Arbeiter bückt, um einen Stein zu heben, den er zum Bau tragen will. In ihm steigen sie auch in die Höhe, wenn sie Gott die in den Menschen vollbrachten himmlischen Werke mit dem Ausdruck großer Freude (gratulabunde) darbringen, damit der Leib Christi in seinen gläubigen Gliedern aufs schnellste vollendet werde. Deshalb tragen sie auch gleichsam Steine hinauf; das sind die beflügelten leuchtenden Werke, welche die Menschen mit ihnen zu ihrem Schutz wirken; denn eine jede Handlung erhält von Gott ihre Flügel, mit denen sie sich aus dem Schmutz des menschlichen Geistes erheben soll. Sie besitzt auch einen strahlenden Glanz, durch den sie vor Gott leuchtet, denn was aus dem Quell des ewigen Lebens fließt, kann nicht verschlossen und verborgen werden. Wie nämlich eine Quelle nicht im Verborgenen, sondern sichtbar sein muß, damit jeder Mensch, der dürstet, zu ihr komme, schöpfe und trinke, so ist der Sohn Gottes nicht verschlossen und nicht verborgen für die Seinen, sondern offenbar. Er bereitet sich auf die Vergeltung der Taten vor, um durch gerechte Belohnung kundzutun, was von den Menschen nach seinem Willen vollbracht wird. Darum wandere der gläubige Mensch im Glauben zu Gott, suche sein Erbarmen und es wird ihm geschenkt. Wer es aber nicht sucht, findet es nicht, wie auch der Quell nicht zu den Menschen fließt, die ihn nur kennen und nicht zu ihm kommen wollen. Sie müssen vielmehr zu ihm hinzutreten, wenn sie sein Wasser schöpfen möchten. So handle der Mensch. Er nähere sich Gott durch das ihm von ihm aufgestellte Gesetz und er wird ihn finden. Es wird ihm die Speise des Lebens und das heilbringende Wasser gereicht, so daß er ferner weder Hunger noch Durst leidet. Deshalb *sind die* genannten *Tugenden* auch *eifrig bestrebt, das Werk zu vollenden.* Denn sie eilen übereifrig wie Sturzbäche zum göttlichen Werk, um sich als Glieder Christi, die heller als die Sonne strahlen — durch hinzugewonnenen Glanz auf das Vortrefflichste vollendet — mit ihrem Hauppt zu vereinigen. Deshalb werden sie auch, wie du gehört hast, starke Werkleute Gottes genannt, weil sie sich tatkräftig immer in den guten Werken der Gläubigen betätigen (conversantur).

14. Die sieben Tugendkräfte bezeichnen die sieben Gaben des Heiligen Geistes

Daß *du aber unter diesen Tugenden vor allem sieben erblickst, deren Gestalt und Gewand du, soweit es dir gestattet wird, betrachtest,* heißt: Beim tugendhaften Wirken bezeichnen diese sieben Tugendkräfte vor allem die sieben überaus feurigen Gaben des Heiligen Geistes. Denn unter der Überschattung des Heiligen Geistes empfing die herrliche Jungfrau den Sohn Gottes ohne Sünde, nämlich durch die Heiligung der heiligen Tugenden, die im Eingeborenen Gottes offen zu Tage traten. Sie erleuchteten gleichsam in ihrer Gestalt die Herzen der Gläubigen und breiteten sich wie ein Gewand zur Einheit des Glaubens aus, wie mein Knecht Isaias bezeugt und spricht.

15. Worte des Isaias über dasselbe Thema

„Aus der Wurzel Jesse wird ein Reis hervorgehen und eine Blume erhebt sich aus seiner Wurzel. Und der Geist des Herrn wird über ihr ruhen: der Geist der Weisheit und der Einsicht, der Geist des Rates und der Stärke, der Geist der Erkenntnis und der Frömmigkeit; und der Geist der Furcht des Herrn wird sie erfüllen" (Is. 11,1—3). Das ist so: Die Jungfrau Maria ging aus der Enge der weltlichen Bedrängnisse zur Süßigkeit angesehener Tugenden (honestatis morum) über, wie jemand aus dem Haus tritt, in dem er gefangen gehalten wurde; er erhebt sich nicht über das Haus, sondern geht geraden Weges vor sich hin; und wie ein aus der Kelter gepreßter Bach von Wein sich nicht über diese Kelter emporschwingt, sondern ruhig (moderate) zur rechten Stelle fließt. Und warum ein Reis? Weil es nämlich nicht dornig an Sitten und nicht knorrig durch irdische Begierden, sondern ebenmäßig, d. h. nicht mit fleischlicher Begierde verbunden, aus der Wurzel Jesse hervorging, nämlich aus jenem, der gleichsam das Fundament der königlichen Nachkommenschaft bildete, aus der diese unbefleckt geborene Mutter hervorging. Daher stieg von der Wurzel dieses Reises ein überaus lieblicher Duft auf; das war die unversehrte Grünkraft der Jungfrau, welche ans höchste Ziel eilte. Der Heilige Geist überflutete sie so, daß aus ihr die liebliche (almus) Blume hervorging. Auf welche Weise? Wie eine Blume aus dem Feld, für welche kein Same gelegt wurde, so entstand in ihr das himmlische Brot ohne den Ursprung der Vereinigung mit einem Mann (virilis commixtionis) und ohne alle menschliche Mühe, sondern einzig aus der lieblichen Gottheit (in suavitate divinitatis) geboren; unberührt von aller Niedertracht der Sünde, ohne Wissen und ganz ohne Berührung der gewundenen Schlange erschien es. Daher hat jene Blume sie auch heimlich getäuscht, als sie aufwuchs (in sursum ascendit) und das in Sünde empfangene Menschengeschlecht in die Höhe mitnahm, das jene zuvor betrügerisch getäuscht und mit sich ins Verderben gezogen hatte. Und weil diese Blume der Sohn Gottes war, ruhte über ihr der Geist des Herrn, d. h. der Geist der ewigen Gottheit. Wieso?

Als sich im Aufgehen dieser Blume die Demut erhob, da wurde der Stolz, dem sich die erste Frau hingab, als sie mehr haben wollte als sie durfte, zum Gespött zu Boden gestreckt. Die zweite Frau unterwarf sich dem Dienst Gottes, da sie sich als klein erkannte und demütig ihren Gott bekannte. Der Heilige Geist ruhte glühend in ihr; in ihm verbarg sich die erlesene Liebe, welche das verlorene Volk rettete und die Vergehen und Verbrechen der Menschen tilgte. Denn in ihr (der Blume) war die Fülle der Heiligkeit, weil in ihr das lebende Licht aufstrahlte, in dem der verderbliche Apfelbaum mit den sich daraus ergebenden Schlechtigkeiten verdorrte. Es entstand in ihm ein Heilmittel für die Toten, da sich in ihm jenes Siegesbanner erhob, das den Tod überwand und zerschmetterte. In ihm (Christus) fehlte es nämlich der Heiligkeit an keiner Möglichkeit, da er ohne Berührung mit Sünde (peccati commixtione) empfangen war, wie sie sehr oft den Menschenkindern zum Schaden gereicht, die inmitten vieler verschiedenartiger Laster geboren werden. Doch weil diese Blume in Werk und Hinweis jeglichen Hauch der Gerechtigkeit ausströmte, brachte sie schon in der Fülle des Heiligen Geistes Frucht. Im Gewand des Fleisches zeigte der Sohn Gottes nämlich selbst öffentlich in seinem Werk an, wozu der Heilige Geist vorher durch seine Eingebung geheimnisvoll und im Verborgenen mahnte.

Es wird angezeigt, daß der Heilige Geist siebenfältig über jener Blume ruhte, weil Gott, als er alles durch sein Wort im Heiligen Geist erschuf, am siebenten Tag von seinem Werk ausruhte. Diese Gaben aber werden paarweise angeführt (in signatione geminantur); denn auch Leib und Seele sollen — miteinander in doppelter Liebe verbunden — durch die Salbung des Heiligen Geistes wirken; nur die Furcht des Herrn steht allein da, weil sie gleichsam bebend die Liebe verehrt und andeutet, daß der Eine über alles angebetet wird. Deshalb wird auch nur der Geist des Herrn genannt; stärkste Tugendkräfte strahlen aus ihm hervor, wie Zweige aus der Wurzel sprossen. Denn es ist ein Gott, von dem alles Gute kommt und durch den alles weise geordnet ist. Und weil über dieser Blume der Geist des Herrn ruhte, bleibt auch der Geist der Weisheit auf ihr. Wo nämlich der Geist des Herrn zugegen war, dort fehlte die Weisheit nicht.

So wohnte also der Geist der Weisheit und der Einsicht in ihr. Denn die mächtige Weisheit erschien, als Gott alles durch sein Wort erschuf. Die Weisheit wurde nämlich so in ihm ausgegossen, daß das Wort selbst Weisheit war. Doch das noch nicht Fleisch gewordene Wort war unsichtbar; es erschien aber sichtbar im Fleisch. Denn das Wort, welches vor aller Schöpfung im Herzen des Vaters war, durch das alles geschaffen wurde und ohne das nichts erschaffen ist, es erglänzte als Blume in der Zeit; es funkelte nämlich in der Menschheit auf und brachte den Menschen durch sein Zeugnis die gute Einsicht. Was heißt das? Die Einsicht ist entsprechend mit der Weisheit verbunden, weil der Mensch, da er von Gott in Weisheit erschaffen wurde, seinen Schöpfer geziemend erkennen sollte. Also war Gott vor der jungfräulichen Geburt ohne jeden Zweifel zu erkennen. Doch nach der jungfräulichen Geburt, welche die besagte Blume im Fleisch hervorbrachte, mußte man diese Blume als Gott und Mensch verstehen, aber nicht ohne zu staunen. Und dieses vorherige unsichtbare Erkennen zeigte sich sichtbar in der Blume, indem diese Blume einen wahrnehmbaren Anlaß bot, d. h., daß der Mensch Gott in seinen Taten weise erkennt. Wieso? Die Weisheit ist der Ursprung der guten Werke, wenn der Mensch seinen Gott weise verehrt. Mit ihr ist die Einsicht eng verbunden (adhaeret). Denn wenn der Mensch durch die Weisheit Gutes wirkt, wird es schon auf andere ausgedehnt, so daß sie mit Freude daran erkennen, daß ein guter Geruch und ein süßer Geschmack von ihm ausgeht (emicantem).

In jener jungfräulichen Blume folgt der Einsicht auch der Rat; denn der mit Einsicht begabte Mensch sollte nach göttlichem Rat befreit werden. Daher ruhte der Geist des Rates und der Stärke auf ihr. Das nämlich stand im Ratschluß des ewigen (sine tempore) Vaters, daß sein Wort in der Zeit Fleisch würde, alle seine Werke nach dem Willen des Vaters vollbringe und an sich selbst den Gehorsam aufzeige; er sollte so von ihm zu den Menschen ausstrahlen, damit sie ihn so in ihren Taten nachzuahmen lernten. Und als es so in äußerst starker Grünkraft erschien und ganz aus der Gottheit hervorging, verbarg sich in ihm die Stärke, damit es den Teufel umso machtvoller überwände, je tiefer es sich durch den Ratschluß vor ihm verborgen hatte. Wieso? Mit dem Rat ist ganz eng die Stärke verbunden, weil der Ratschluß Gottes durch die Stärke seines Sohnes das Reich des Teufels zerstört hat. Daher vernichtete der Gottessohn, d. h. der mächtigste Löwe, den Tod des Unglaubens durch das strahlendste Licht, welches der Glaube ist. Denn es ist eine große Kraft, daß der Mensch das durch den Rat glaubt, was er mit dem leiblichen Auge nicht zu sehen vermag. Was heißt das? Der Rat durchdringt durch die mit ihm verbundene Stärke die Härte der steinernen Herzen, welche in der Gewohnheit verdorbener Sitten verhärtet sind. Er durchbohrt die törichte (ineptam) Verhärtung so, daß das fleischliche Werk verworfen und Gottes Werk sehr angemessen vollendet wird. Deshalb begleitet in der erwähnten Blume auch die Wissenschaft die Stärke. Denn die Menschen gelangen durch die Kraft Gottes zu seiner Erkenntnis, so daß sie ihn erkennen. Und dort fand auch der Geist der Wissenschaft und der Frömmigkeit in ihm durch himmlische Süßigkeit Ruhe. Denn er hatte bewußt Mitleid mit dem Elend der Menschen, während auch die Hoffnung bestand, durch die man zur Erlösung gelangt, als er in großer Güte bewußt die Schuld der Welt durch seinen Tod tilgte. Was bedeutet das?

Die Frömmigkeit verbindet sich (folge)richtig mit der Wissenschaft, weil der Gottessohn bewußt in großer Liebe den Willen seines Vaters erfüllte. Er hat nämlich — als einziger Sohn aus der Jungfrau geboren — auf die Völker den Keim der himmlischen Tugend übertragen. Sie sollten sich der Gemeinschaft der Engel anschließen, die sittenrein und keusch ist. Denn diese Tugend erhob sich in der himmlischen Güte so, daß in dem aus Jesse hervorgehenden Reis die Tugendkräfte dieser Blume keimten. Die erste Frau hatte sie vertrieben, als sie zustimmte, da sie den Rat der Schlange hörte. Da fiel in ihr das ganze Menschengeschlecht und mußte auf die Freude der himmlischen Herrlichkeit verzichten. Nur die Blüte jenes Reises hob es bewußt in Güte zur Heiligkeit der Erlösung empor. Auf welche Weise? Der Heilige Geist haucht der Stärke, die den Teufel besiegt, die mit ihr verbundene Wissenschaft ein, während Gott von den Gläubigen hingebungsvoll in glühendem Verlangen erkannt wird und die gläubige Seele ihn in innerster Berührung voller Sehnsucht umfängt.

Doch in der jungfräulichen Blume folgt der Frömmigkeit auch die Furcht des Herrn. Denn wenn die Frömmigkeit in den Gläubigen wohnt, erwerben sie die Furcht des Herrn, um seine Gebote zu erfüllen. Daher erfüllte diese Blume die Furcht des Herrn. Denn sie trug eine solche Fülle der Tugenden in sich, daß man an ihr keine freie Stelle fand, wo der todbringende Hochmut, Ergötzen an Ehre oder Gesetzesübertretung Platz hätte finden können. Sondern sie war ganz erfüllt von der Furcht des Herrn und suchte nach keinem fremden Gut wie der erste Engel und Adam es erstrebten. Sie ehrt vielmehr ihren Vater mit allem ihrem Tun und erweist ihm gebührenden Gehorsam. Daher ist (habet) die Furcht des Herrn auch der Beginn aller Weisheit, weil sie das Ziel und der Anfang der übrigen Tugenden ist. So zeigt auch der siebente Ruhetag die Vollendung und die Entstehung der Geschöpfe an. Wieso? Die Furcht erzeugt (excutit) und erregt Schrecken; sie ist der Wurzelsproß, damit Tugendfrüchte hervorgehen. Daher ist jene Blume von der Furcht des Herrn erfüllt, weil alle Keime zu guten Werken an ihr hängen. Denn sie ist ihr Urgrund (materia), während die Blume in der Grünkraft aller Tugenden sproßt und vor den übrigen mit ihrer Frucht erfüllt ist, damit sie alles Gute vollbringe, wie auch die Heilige Schrift von ihr folgendes sagt.

16. Worte Salomons zum selben Thema

„Wie der Apfelbaum unter den Bäumen des Waldes, so ist mein Geliebter unter den Jünglingen. Unter dem Schatten dessen, nach dem ich verlangte, saß ich, und seine Früchte sind süß für meinen Gaumen“ (Hl. 2,3). Das ist so: Der Sohn der Jungfrau, ein überaus anziehender Liebhaber der keuschen Liebe, ist die herrlichste Frucht des Obstbaumes, d. h. der Sohn der Jungfrau. Ihn ergreift die gläubige Seele, welche danach verlangt, durch seine süße Umarmung ihre Unversehrtheit zu krönen, nachdem sie ihren fleischlichen Gatten verlassen hat, um sich Christus zu einen, ihn in einem ganz zuverlässigen Bund zu lieben und im Spiegel des Glaubens zu schauen. Er ging aus der jungfräulichen Keuschheit wie eine Obstfrucht aus der befruchteten Blüte (de fructuosa floriditate) hervor, spendete den Hungernden erquickende Speise und den Dürstenden süßen Saft. Und auf diese Weise übertraf er die Waldbäume, d. h. die Menschenkinder, welche in Sünden empfangen werden und in ihnen wandeln. Und sie bringen keine solche Frucht wie er sie brachte, weil von Gott die reife Frucht ausging, welche die Süßigkeit des Lebens brachte. Die andern aber haben weder Grünkraft noch Frucht aus sich selbst, sondern von ihm. Wieso? Der geliebte Gottessohn selbst erschien unter den Menschenkindern und schenkte durch seine Menschwerdung der Welt die Erlösung. Durch seine Glut grünten sie und brachten Frucht, doch nicht in solcher Fülle der Fruchtbarkeit, von der er selbst erfüllt war. Denn er ging ganz heilig aus Gott hervor und wurde von der Jungfrau geboren. Und warum geliebt? Weil er selbst das zertritt, was sich der gläubigen, zum Himmlischen eilenden Seele in den Weg stellt.

Deshalb bezeichnet ihn die heilige Seele nach gerechtem Urteil auch als Geliebten. Denn im Vertrauen auf die Liebe verläßt sie sich selbst und eilt (anhelans) im heftigen Kampf der fleischlichen Begierden bereitwillig zu ihm. Und in der Glut des tränenreichen Verlangens schmäht sie sich selbst und hängt ihm an, wie eine Frau mit einem Mann in freudigem Verlangen verbunden ist. Und daher spricht sie zu sich selbst, während sie anfänglich um Bewahrung ihrer Keuschheit zu ihm zu seufzen begann: ‚Ich will meine fleischliche Lust in der Verbindung mit jenem Mann vernichten. Ich sitze unter seinem Liebesschatten, durch den er mich in der Glut seines brennenden Verlangens vor feindlichem Feuer geschützt hat.' Wieso? Indem ich mir das berauschende Trachten nach seiner Liebe untertänig mache, unterdrücke ich übereinstimmend mit meiner Seele die feurige Fleischesliebe. Und dadurch ist mir seine allersüßeste Frucht, die ich in meiner nach Gott seufzenden Seele kostete, süßer in ihr als alle Süßigkeit des Fleisches, die ich in meinen Begierden empfand. Und warum süß? Weil er, aus der Jungfrau geboren, einen süßen Geschmack und das kräftigste Salböl besitzt, das wie Balsam träufelt, d. h. die Auferstehung zum Leben, bei der sich die Toten erhoben haben. Und er enthält das stärkste Heilmittel, welches durch seine Menschwerdung die Sündenwunden tilgte; sie ist ganz von der Heiligkeit und Süßigkeit jeder Art von Tugend und mit der Jungfräulichkeit erfüllt.

Daher, o Jungfräulichkeit, die du vom Feuer entzündet, als überaus kräftiger Sproß bestehst, der aus dem Meeresstern hervorbricht und allen schändlichen Unflat stets im Kampf gegen die so grausamen Pfeile des Teufels zunichtemacht, freue dich in himmlischer Harmonie in der Hoffnung auf die Gemeinschaft der Engel. Wieso? Der Heilige Geist ertönt im Zelt der Jungfräulichkeit, denn sie sinnt immer über das Wort Gottes nach (ruminat), wie sie Christus mit aller Hingabe umfangen und in seiner Liebe glühen könne und wie sie vergesse, was in der Begierde des Fleisches und in der Glut des Brandes am Menschen gebrechlich ist, wenn sie dem einen Mann, den niemals eine Sünde berührt hat, anhängt. Mit ihm ist sie ohne alle fleischliche Begierde verbunden und blüht immer mit ihm in der Freude der königlichen Hochzeit.

17. Vom Standort und dem Gewand der erwähnten Tugenden und was es bezeichnet

Daß du jetzt aber *folgende Übereinstimmung unter den erwähnten Tugenden siehst, z. B., daß alle die anderen Tugenden, die dir oben gezeigt wurden, Gewänder aus Seide tragen,* bedeutet: Diese Leuchten bereiten in ihrer Beschaffenheit in den Menschenherzen eine fromme Einmütigkeit, so wie auch die übrigen Tugenden in Gott anschmiegsame Kleidung besitzen, d. h. eine sanfte Hingabe im Hinblick auf die Heiligkeit der Seelen (in respectione sanctarum animarum), denen die Dornen durch die Enthaltung von Lastern fehlen.

Daß aber *manche mit hellen Haaren, unbedeckten Hauptes und ohne umgeworfenen Mantel daherkommen,* heißt: Sie haben in Verbindung mit dem Glanz der Unschuld keine fesselnde Bindung an die schlechten Sitten in den Herzen der Gläubigen und sie sind auch nicht mit weltlichen Bestrebungen umgeben, da sie durchaus die wechselnden Laster fliehen. *Doch die erste hat nach Frauenart das Haupt verschleiert und trägt etwas wie einen kristallklaren Kapuzenmantel.* Denn sie trägt, demütig Gott unterworfen, die Fessel der Unterwerfung, nämlich in himmlischer Sorge alle teuflische Erhöhung zu Boden tretend, hängt sie dem gütigen Haupt, d. h. Christus an. Sie ahmt den überaus demütigen und von jedem Sündenstaub reinen Priester in strahlendster Herzensreinheit nach. Denn die Zuchtvollen, Demütigen und Reinen sollen Priester des Hohenpriesters sein. *Die zweite aber hat schwarzes Haar* und zeigt öffentlich, daß sie in ihrem Haupt Christus die Sündenschwärze in den Menschen tilgt.

Die dritte jedoch scheint keiner menschlichen Gestalt zu gleichen, denn sie hat die Aufgabe, den Menschen so zu erschrecken, daß er sich fürchtet und vor dem Gericht Gottes zittert; deshalb fehlt ihr das menschliche Aussehen. Der Mensch setzt nämlich Gott oft hintenan und vergißt die Gottesfurcht. Sie weigert sich durchaus, so zu handeln.

Ebenso sind die erste, vierte und fünfte mit weißen Tuniken bekleidet. Denn sie sind vom Gewand der Unschuld umgeben, das Adam verlor, als er die gütige Vorschrift übertrat. Später aber wurde es durch die leuchtendweiße Lilie der reich blühenden Jungfräulichkeit mit der angezogenen Tat einfältiger Unterwerfung in Gott zur Erlösung wiedergewonnen. Diese leuchtet vor Gott und funkelt wie der hellste Stern für die Augen der Menschen.

Alle tragen auch weiße Schuhe, mit Ausnahme der dritten, welche nicht in Menschengestalt erscheint, denn sie sind das schönste Werk in den Menschen, welche nach dem Beispiel ihres Erlösers, der der prächtigste Glanz ist, die Begierden des Fleisches in sich zunichtemachen. *Eine von ihnen gleicht keinem Menschen,* weil sie keine Beziehung zu irgendeiner Verwegenheit hat. Sie ist immer eifrig besorgt und nicht nachlässig wie ein Mensch, der sich häufig in Trotz vergißt, und verteilt rechte Ermahnung, damit jeder Gläubige bedachtsam das göttliche Gericht im Auge habe. *Und mit Ausnahme der vierten, die wundersam leuchtende Kristallschuhe trägt.* Denn jene hält sich bezüglich ihres Willens in Zucht und wandelt den so strahlenden Weg Christi. So erstickt sie sogar durch die feurige Glut des Heiligen Geistes in sich den Tod.

Daß aber unter diesen Tugenden Unterschiede sind, bedeutet: Obgleich sie einmütig vom selben Eifer beseelt sind, wirken sie dennoch in den Menschen verschiedene Werke.

18. Insbesondere von der Demut, ihrem Gewand und was es bezeichnet

Deshalb *stellt* auch *die erste Gestalt die Demut dar,* welche zum ersten Mal den Gottessohn kundtat, als Gott, der Himmel und Erde in seiner Gewalt hat, es nicht verschmähte, seinen Sohn auf die Erde zu senden. Daher *trägt sie auch eine goldene Krone auf dem Haupt, die drei herausragende Zacken hat,* denn sie übertrifft die übrigen Tugenden und geht in anziehender Weise voran, mit einer goldenen Krone gekrönt, nämlich mit der äußerst kostbaren und strahlenden Menschwerdung des Erlösers, der sie gleichsam am Haupt, d. h. im Mysterium der Fleischwerdung, geschmückt hat. Sie ist dreizackig, weil die Dreifaltigkeit in Einheit und die Einheit in Dreiheit existiert; der Sohn ist nämlich mit dem Vater und dem Heiligen Geist der eine und wahre Gott, der alles in der Erhabenheit der Gottheit übertrifft.

Und sie funkelt vom reichen Schmuck der kostbarsten grünen und rötlichen Edelsteine und weißen Perlen. Denn die Menschheit des Erlösers läßt in sich die größte und unerschöpfliche Güte ihres Werkes sehen, das der Gottessohn in jener Grünkraft wirkte, als die Tugenden schon in seiner

Lehre grünten; und in der Röte seines Blutes, als er zur Rettung des Menschen den Tod am Kreuz erlitt; und im strahlenden Weiß seiner Auferstehung und Himmelfahrt. Mit all diesen (Geheimnissen) wurde die Kirche erleuchtet und geschmückt, wie einem Gegenstand Glanz und Zier verliehen wird, den man mit kostbaren Edelsteinen besetzt. Daß *sie* aber *auf ihrer Brust einen helleuchtenden Spiegel trägt, indem das Bild des fleischgewordenen Gottessohnes wunderbar klar erscheint,* bedeutet: In der Demut, welche im Herzen des geweihten Tempels lebt, leuchtete der Eingeborene Gottes auf in ganz glückseliger und strahlender Erkenntnis, gütig, demütig, herrlich und stark in all seinen Taten, die er leiblich wirkte. Durch sie offenbarte er sich hauptsächlich der Welt. Daher bezeugt sie sich auf hervorragende Weise in den Herzen der gläubigen Auserwählten und schlägt in ihnen ihren Richterstuhl auf: sie leitet und lenkt nämlich all ihre Taten. Denn sie ist das stärkste Fundament alles Guten in den Menschen, wie sie auch in ihrer obigen mütterlichen Ermahnung zeigt.

19. Insbesondere von der Liebe, ihrem Gewand und was es bezeichnet

Die zweite jedoch bezeichnet die Liebe, weil nach der Demut, in welcher der Gottessohn sich würdigte, Fleisch zu werden, auch die wahre und flammende Leuchte der Liebe in Erscheinung trat, als Gott den Menschen so liebte, daß er aus Liebe zu ihm seinen Eingeborenen zur Fleischwerdung sandte. *Sie erscheint ganz wie ein Hyazinth in der Farbe der Himmelsatmosphäre, sowohl ihre Gestalt als auch ihre Tunika.* Denn der fleischgewordene Gottessohn verlieh durch seine Menschheit den gläubigen und auf Himmlisches bedachten (caelestes) Menschen Glanz, wie ein Gegenstand durch einen aufgesetzten Hyazinth verschönt wird (illustratur). So entflammt er auch sie zur Liebe, damit sie jeglichem bedürftigen Menschen gläubig zu Hilfe kommen, wie auch diese Tugend mit der Tunika der göttlichen Güte (dulcedinis Dei) bekleidet wird. Sie hat die Aufgabe, getreu, wirksam und fruchtbringend (devotione, actu et usu) allen Menschen mit dem rechten Licht zu leuchten.

Deshalb *sind* auch *in diese Tunika auf unvorstellbare Weise zwei mit Gold und Edelsteinen geschmückte Streifen wundersam eingewebt.* Das sind in der göttlichen Güte die beiden Liebesgebote, aus dem guten und hervorragenden Willen wie Gold, und gerechten Taten wie herrliche Edelsteine durch das wunderbare (Gnaden)geschenk des höchsten Gebers zusammenfügt, so daß *über jede Schulter der Gestalt vorne und hinten ein Streifen bis zu ihren Füßen hinabläuft.* Denn sie trägt in großer Sorgfalt diese beiden

Gebote; das eine nämlich gegenüber Gott wie auf der rechten Schulter, und das andere gegenüber dem Nächsten gleichsam auf der linken Schulter, wie geschrieben steht: ‚Du sollst deinen Gott lieben aus deinem ganzen Herzen, mit deiner ganzen Seele, aus allen deinen Kräften und mit deinem ganzen Gemüt; und deinen Nächsten wie dich selbst' (Lk 10,27). Das ist so:

So sollst du den Herrn deinen Gott, lieben; er ist nämlich dein Herr wegen seiner Würde (honor), da er die ganze Schöpfung beherrscht; und dein Gott, weil er keinen Anfang besitzt, sondern der Schöpfer aller Dinge ist, damit du um seiner Liebe willen in deinem Herzen alsbald obsiegst und das Fleisch deines Leibes demütigst (prosternas). Das kommt es sehr hart an, weil erst nach der Besiegung des Fleisches dein Geist in dir fortan herrschen wird. Und dann sollst du Gott in deiner Seele so erkennen, daß du seine Gebote bewußt beobachtest und nicht säumst, sie im Werk zu erfüllen (non pigro opere compleas). Und dann werden auf diese Weise alle Kräfte des Leibes und deiner Seele Gott unterworfen. Denn das ist der erste Sieg, der in deinem Leib errungen wurde (facta est), so daß du jetzt unter all diesen angeführten Umständen Gott in deinem Herzen ganz fest ergreifst. Das ist dir ein so starkes Bollwerk gegen die Nachstellungen deiner Feinde, daß seine Stärke kein Feind in den erwähnten Situationen zu durchdringen vermag. Dein Geist soll nämlich dies alles in sich aufnehmen und alles, was du tust, bestärken und festigen. Das sollst du also aus ganzem Herzen, ganzer Seele, mit allen Kräften und deinem ganzen Gemüt tun, so daß dir nichts am Glauben fehle, damit du keiner Sache zustimmst, die Gott widerstrebt, und dich in fremde (Angelegenheiten) einmischst. Du sollst dich vielmehr auf die Süßigkeit seiner Liebe konzentrieren und auch dich selbst lieben. Wie? Wenn du Gott liebst, liebst du dein Heil. Und wie du in all dem dich liebst, so sollst du auch deinen Nächsten lieben. Ein jeder gläubige Mensch ist für dich der Nächste im christlichen Namen und im Glauben. So magst du dich über sein rechtes Wohlergehen und die himmlische Erlösung freuen, damit er getreu im Glauben verharre (conservetur), wie auch du über dein Heil frohlockst. Dieses Doppelwerk der Liebe sei im Menschen und senke sich bis zu seinen Füßen hinab; d. h. bis zum Ziel der Vollendung; es erscheint nämlich vorn im göttlichen Gesetz; und hinten offenbar in der Mitwirkung des Menschen. So soll der Mensch auf die Liebe aus sein, damit er nach der Zurückweisung des Todes zur Vollendung des Lebens gelange, wie auch die Liebe oben in ihren Worten kundtut.

20. Insbesondere von der Furcht des Herrn, ihrem Gewand und was es bezeichnet

Die dritte Gestalt aber bezeichnet die Furcht des Herrn, die sich nach der Liebe, die Gott den Menschen offenbarte, als er wollte, daß sein Sohn für sie den Tod auf sich nehme, in den Herzen der Gläubigen erhob, so daß sie die himmlischen Gebote umfassender (plenius) verständen und vollkommener als vorher erfüllten. *Du siehst sie jetzt in derselben Form, wie du sie schon in einer früheren Vision geschaut hast,* denn sie gleicht dem unveränderlichen Gott und ist in jedem seiner Werke und Geschöpfe genau so zu ehren und zu fürchten, wie es dir auch oben erklärt wurde. *Sie ist auch stattlicher und größer als die übrigen Tugenden und nicht menschenähnlich.* Sie flößt den Menschen nämlich vor den übrigen Angst und Schrecken ein, so daß sie unter dem ständigen Blick ihrer durchdringenden Augen vor der Größe der höchsten Majestät und der Erhabenheit der Gottheit erzittern. Denn Gott muß von allen Menschen sehr verehrt und gefürchtet werden, weil sie von ihm und von keinem anderen geschaffen sind. Deshalb hat diese Tugend auch keine menschliche Gestalt; denn sie verwirft den Widerspruch, Gott durch Missetaten zu widerstehen, wie oben gesagt wurde, und heftet ihre innere Erkenntnis nur an Gott und geht die ganz geraden Wege seines Willens.

Daher *hat sie auch überall viele Augen an sich und lebt ganz in der Weisheit.* Durch die Augen der guten Einsicht sieht sie sich nämlich überall um und betrachtet Gott in seinen Wundern. So verfolgt sie in guten Werken den rechten Weg und bei den bösen geht sie durch die Erkenntnis Gottes an der Verwirrung des Teufels vorbei. Auf solche Weise funkelt sie ganz von Weisheit, da sie alles, was dem Geist tödlich schadet, verachtet, den Tod flieht, die Bosheit aufgibt und sich weise ein Haus im Leben erbaut.

Sie ist auch mit einem schattenhaften Gewand bekleidet, durch das diese Augen hindurchblicken. Denn sie ist von kraftvollster Zucht umgeben, bezähmt in den Menschen die Begierden des Fleisches und erblickt durch diese Enthaltsamkeit das Licht des Lebens, in dem der Mensch in Glückseligkeit wunderbar aufleuchtet. *Sie zittert aus großer Furcht vor mir,* denn sie legt Angst und Schrecken in die erleuchteten Menschenherzen, so daß sie sich immer vor der Verwirrung und Gebrechlichkeit ihres Fleisches fürchten und daß sie in Sünden verfallen und ihre Zuversicht nicht auf sich selbst oder andere Menschen setzen, sondern auf den, der in Ewigkeit regiert. So bekennt sie auch — wie oben gesagt wurde — in ihrer Klage.

21. Insbesondere vom Gehorsam, seinem Gewand und was es bezeichnet

Die vierte aber stellt den Gehorsam dar. Denn nach jener Ehrfurcht, die mir in der Ehrerbietung erwiesen wird, gehorcht man auch entsprechend meinen Geboten. Deshalb *trägt sie* auch *ein schneeweißes Band um den Hals,* weil sie die Herzen der Menschen durch die Unterwerfung gläubigen Gehorsams strahlend weiß macht, da sie überall ihren halsstarrigen Eigenwillen (fortitudinem colli voluntatis suae) aufgeben und dem unschuldigen Lamm, nämlich meinem Sohn, anhängen. *Und sie hat Hände und Füße mit einer schimmernden Fessel gebunden,* denn sie ist im Weiß des wahren Glaubens an das Werk Christi und den Weg der Wahrheit gebunden. Nicht nach ihrem Urteil (secundum se) handelt und wandelt sie, sondern nach dem Befehl (vox) des Stellvertreters Gottes, was sie auch in ihren erwähnten Worten zeigt.

22. Insbesondere vom Glauben, seinem Gewand und was es bezeichnet

Die fünfte aber bezeichnet den Glauben. Denn nach diesem Gehorsam, in dem das Volk im Hören meinen Geboten gehorcht, wird es auch gläubig im Vertrauen und erfüllt getreulich im Werk, was es klug in der Ermahnung aufgenommen hat. Und diese *hat eine rote Kette um den Hals.* Überall harrt sie nämlich in ihrer Stärke gläubig aus und wird mit dem blutigen Martyrium geschmückt; ihre Zuversicht setzt sie nicht auf betrügerische Eitelkeiten, sondern auf Gott. Dementsprechend macht sie es auch an sich deutlich, wie oben gezeigt wurde.

23. Insbesondere von der Hoffnung, ihrem Gewand und was es bezeichnet

Die sechste jedoch versinnbildet die Hoffnung. Nach der gläubigen Zuversicht auf Gott erhebt sie sich zum Leben, das man auf Erden (noch) nicht besitzt; es ist vielmehr bis zur Zeit der ewigen Vergeltung im Himmel verborgen, und die Hoffnung trachtet (anhelat) mit ganzem Verlangen danach, wie ein Taglöhner nach seinem Lohn und ein junger Mann nach dem ihm zukommenden Erbe. Daher *trägt sie* auch *eine blaßfarbene Tunika,* weil ihr zuversichtliches Wirken gleichsam farblos ist, da sie noch nicht im gegenwärtigen Leben belohnt wird, sondern das zukünftige, wonach sie sich immer unter Seufzen sehnt, in großer Mühsal erwartet.

Daß aber *vor ihr in der Luft der Leidenspfahl meines gekreuzigten Sohnes erscheint, zu dem sie hingebungsvoll Augen und Hände erhebt,* bedeutet: Sie bereitet in den Herzen der Gläubigen — gleichsam in der Luft — durch himmlisches Verlangen große Zuversicht auf das Leiden meines Eingeborenen. So sollen sie den inneren Blick des Glaubens und herrliche Werke ihrer Mühe mit demütiger und aufrichtiger Absicht auf ihn richten, wie auch diese Tugend in ihrer obigen Rede zeigt.

24. Insbesondere von der Keuschheit, ihrem Gewand und was es bezeichnet

Die siebente jedoch stellt die Keuschheit vor. Denn wenn die Menschen ihre Hoffnung vollständig auf Gott gesetzt haben, wächst in ihnen das Werk der Vollkommenheit; so beginnen sie in der Keuschheit, sich vor den fleischlichen Begierden in Zucht zu nehmen. Sie erfährt in der Blüte der Jugend (carnis) die Enthaltsamkeit sehr einschneidend (acutissime), wie ein junges Mädchen die Glut des Begehrens empfindet, aber sich dennoch nach keinem Mann umsehen möchte. So verwirft die Keuschheit alle Gemeinheit und betrachtet mit edelstem Verlangen nach ihrem anziehenden Liebhaber. Er ist der süßeste und liebenswerteste Duft alles Guten in der Wonne aller Tugendkräfte der Beständigkeit, und seine Freunde dürfen ihn durch die innere Schönheit der Seele erblicken. Daher *ist sie* auch *mit einer Tunika bekleidet, die heller und reiner als ein Kristall ist. Sie leuchtet von solchem Glanz, wie das Wasser widerstrahlt, wenn die Sonne darauf scheint.* Denn sie ist vom leuchtendsten Gewand der Unschuld umgeben und sie wird vom Heiligen Geist in der ganz einfältigen und lauteren, von jedem Stäubchen brennender Lust der Begierden freien Absicht wunderbar bestärkt. Es leuchtet im hellsten Weiß der Quelle lebendigen Wassers, welche die strahlendste Sonne ewiger Herrlichkeit ist.

Daß aber *auf ihrem Haupt eine Taube mit gleichsam zum Flug ausgebreiteten Flügeln sitzt und sich ihrem Antlitz zuwendet,* heißt: Die Keuschheit wurde anfänglich gleichsam an ihrem Haupt durch das Ausbreiten und die Überschattung der Flügel, d. h. durch den Schutz des Heiligen Geistes gehegt. Er ließ sie die verschiedenen teuflischen Hinterhalte überfliegen, als er gewahr wurde, daß sie sich durch die feurige Liebe seiner Eingebung dorthin wendet, wo die Keuschheit ihr liebliches Antlitz offenbart. Deshalb *erscheint auch in ihrem Leib wie in einem Spiegel ein ganz leuchtendes Kind, auf dessen Stirn geschrieben steht: ‚Unschuld',* denn im Innern dieser lauteren sichtbaren Tugend lebt die unverletzliche, schöne und entschiedene Unversehrtheit. Sie sieht noch unerfahren aus (habens rudam formam) wegen der Unberührtheit der einfältigen Kindheit; so zeigt auch die Stirn, d. h. ihre Erkenntnis, keine Anmaßung und hochmütigen Stolz, sondern einfältige Unschuld.

Und daß *sie in der rechten Hand ein königliches Szepter hat und die Linke auf ihrer Brust liegt,* bedeutet: Durch die Rechte der Erlösung wurde das Leben aller durch den königlichen Gottessohn in Keuschheit offenbar. Die Linke der Begierde wurde durch diesen Kämpfer verwirrt und in den Herzen derer, die sie lieben, zunichte gemacht. Wieso? Weil sie der Lust keine Freiheit lassen wollte, sondern wie ein Raubvogel (acer volucer) einen faulenden Kadaver erbeutet, packt und vertilgt (ad nihilum deducit), so verwirft sie vor Gott die ekelhafte Begierde und zerreißt sie gänzlich, so daß sie unter ihr nicht einmal mehr zu atmen vermag, wie sie es oben in ihren Worten kundtut.

25. Insbesondere von der göttlichen Gnade, ihrem Standort und ihrem Gewand und was es bezeichnet

Daß *du aber auf der Spitze der erwähnten umschatteten Säule noch eine andere überaus schöne Gestalt stehen* siehst, heißt: Aus höchster und erhabenster Güte des Allmächtigen wurde in der Menschwerdung des Erlösers diese so strahlende Tugendkraft — nämlich die göttliche Gnade — sichtbar. In Gott besteht sie in größter Fülle und mahnt die Menschen, Buße zu tun, damit ihnen dadurch ihre begangene Bosheit nachgelassen werde.

Sie steht mit unbedecktem Haupt da, weil allen, die sie suchen, ihre Würde und Herrlichkeit offenkundig ist. Sie hat krauses und schwärzliches Haar. Denn der Eingeborene Gottes bekleidetete sich unter dem in der Schwärze seines Unglaubens verwickelten und verflochtenen jüdischen Volk im jungfräulichen Fleisch mit der vom Makel der Sünde freien Menschheit.

Und sie hat ein männliches Gesicht, das von so großer Helligkeit flammt, daß du es nicht genau wie das Gesicht eines Menschen betrachten kannst. Denn die göttliche Gnade, welche in der starken Kraft (virtuosa virtute) des Allmächtigen das Leben spendet, erschien in der Welt (vita). Sie flammt so in der überaus herrlichen Gottheit, daß sie das innere wie das äußere Sehvermögen des Menschen übersteigt, solange er noch mit der Bürde des Leibes beschwert ist. Und sie erscheint nicht so deutlich in ihren Geheimnissen, daß sie nach dem Urteil der Menschen enthüllt scheint, sondern verborgen. Denn die Urteile der göttlichen Gnade sind geheim.

Daß *sie* aber *mit einer purpurfarbenen dunklen Tunika angetan ist,* heißt: Das in Liebe brennende Werk der göttlichen Gnade neigt sich zu der Schwärze der Sünder wie zu einem menschlichen Gewand. Wie? Indem sie sie zum Heil ermuntert und sie aus dem Sündenschlamm durch Reue zum Anblick (spectaculum) des Lichtes erhebt. Denn wie der Tag die Finsternis verscheucht, so nimmt sie die Missetaten hinweg, indem sie die Sünder durch die Reue wieder zum Leben auferbaut.

In sie ist auch *ein rotgelber Streifen eingewebt, der über beide Schultern der Gestalt vorn und hinten bis zu ihren Füßen hinabläuft.* Denn die göttliche Gnade neigt sich in Stärke zu den Gläubigen und hebt sie in ihrer Güte hinauf zum Himmlischen. Auf welche Weise? Mit diesen beiden Streifenbahnen berührt sie nämlich die Ängstlichkeit des gebrechlichen Fleisches, das in blutigem Kampf schwitzt, und die starke Kraft der Seele im Leib des Lauen und zieht sie im roten und gelben Glanz der Menschheit und Gottheit des Gottessohnes, d. h. der ganz hellen Sonne, zur Liebe der himmlischen (Dinge). So widerstehe der gläubige Mensch sich selbst in der Begierde nach der Sünde, ganz von der Gnade bewegt (tactus), nämlich nach vorn zu den Tugenden und rückwärts zur Abtötung der Laster, damit er mannhaft seine Werke mit einem guten Abschluß vollende, wenn er durch sie mit einem sehr erwünschten und beglückenden Gewand (textura) bekleidet ist.

Daß *sie* aber *um ihren Hals ein wunderbar mit Gold und kostbaren Edelsteinen geschmücktes bischöfliches Pallium trägt,* bedeutet: Christus, der Sohn Gottes, ist der Hohepriester des Vaters; er hat überall das Priesteramt in kraftvoller Stärke inne. Von seinen Nachahmern muß es durch die Gnade Gottes mit dem Gold der Weisheit und den Edelsteinen der Tugenden an den Gliedern dieser Gläubigen geschmückt werden. Daher *hüllt sie auch der überhelle Glanz von allen Seiten so ein, daß du sie nur von vorne, und zwar vom Kopf bis hinunter zu den Füßen anschauen kannst.* Denn sie ist durch seine Gnade vom hellsten Glanz der Barmherzigkeit des Allmächtigen umgeben. Diese war im Geheimnis der Gottheit in den zurückliegenden Zeiten vor der Menschwerdung des Erlösers unsichtbar und unbekannt verborgen, und nur von der Fleischwerdung des Erlösers an bis zum letzten seiner Glieder, das gegen Ende der Welt leben wird, tritt sie deutlicher in ihren Werken öffentlich in Erscheinung, soweit es der menschliche Verstand (zu begreifen) ermöglicht.

Ihre Arme, Hände und Füße jedoch sind für deinen Blick im Schatten verborgen; weil die Kraft, das Werk und das Ende des Weges der göttlichen Gnade (erst) in den Menschen, die von keinem Leib (mehr) beschwert sind, vollkommen zu erkennen ist (apparent).

Daß aber *der Glanz, der sie umgibt, überall voller Augen und ganz lebendig* ist, heißt: Die göttliche Barmherzigkeit zeigt zusammen (adiuncta) mit der Gnade Gottes das große Mitgefühl der barmherzigen Augen seiner so vielen Erbarmungen, welche auf die Schmerzen der Menschen blicken, die Gott folgen möchten. Sie lebt ganz zum Trost und zur Rettung der Seelen und rüstet sie innerlich keineswegs zum Verderben, sondern zum Leben. *Und der Glanz verteilt sich hierhin und dorthin, wie eine Wolke auseinanderzufließen pflegt.* Denn sie geht den Gerechten voran, damit sie sich vor dem Fall hüten, und folgt den Sündern, damit sie Buße tun und sich erheben. Allen, die sie suchen, tut sie sich durch himmlische Gabe kund, *so daß er bald breiter, bald aber schmäler erscheint.* Denn in den elenden und klagenden Herzen der Gläubigen strömt sie manchmal in großer Fruchtbarkeit über, zuweilen aber zieht sie sich in den lasterhaften und harten Herzen der Sünder wegen ihrer Dürre zusammen.

Deshalb geht sie auch voran und folgt, berührt und mahnt die Menschen — wie gesagt — damit die, welche Kinder Gottes sein möchten, ihre Worte feurig aufnehmen und im Aufnehmen erfüllen, indem sie nämlich das Hinfällige verachten und das Bleibende umfassen, wie auch die Tugend selbst in ihrer obigen Ermahnung zu den Kindern Gottes spricht.

Wer aber scharfe Ohren zum inneren Verständnis besitzt, der lechze in leidenschaftlicher Liebe zu meinem Abbild nach diesen Worten und schreibe sie ins Gewissen seiner Seele ein.

eius & quid significet.
xvii. Specialiter de caritate & habitu
eius & quid significet.
xviii. Specialiter de timore domini & habitu
eius & quid significet.
xviiii. Specialiter de obedientia & habitu
eius & quid significet.
xx. Specialiter de fide & habitu eius.
& quid significet.
xxi. Specialiter de spe & habitu eius. &
quid significet.
xxii. Specialiter de castitate & habitu
eius & quid significet.
xxiii. Specialiter de gratia dei. & statu & ha
bitu eius & quid significet.

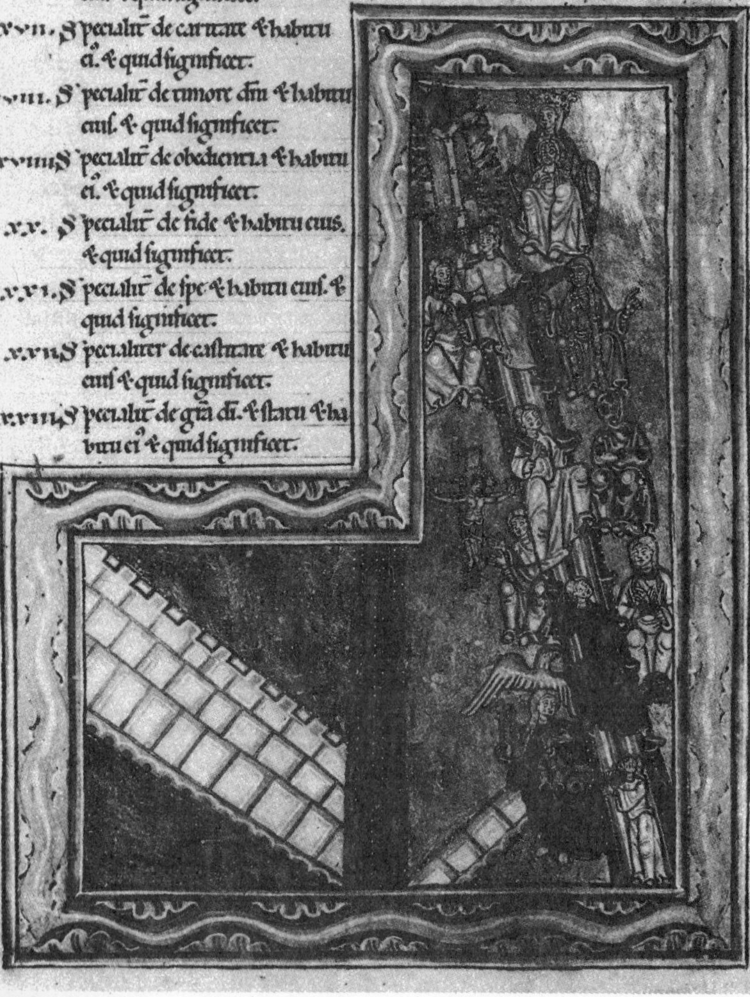

Die Abschnitte der 9. Vision des 3. Teils

28. Insbesondere von der Stärke, ihrem Gewand und was es bezeichnet

29. Insbesondere von der Heiligkeit, ihrem Gewand und was es bezeichnet

9. Vision des 3. Teils

Der Turm der Kirche

Darauf sah ich jenseits der genannten Säule der Menschheit des Erlösers einen Turm von überaus hellem Glanz. Er war so auf die erwähnte Steinmauer an der Südseite aufgesetzt, daß man ihn sowohl innerhalb als auch außerhalb dieses Gebäudes sehen konnte. Sein Durchmesser betrug an der Innenseite überall gewiß fünf Ellen, seine Höhe aber war so ungeheuerlich, daß ich sie nicht ausmachen konnte.

Zwischen diesem Turm und der Säule der Menschheit des Erlösers jedoch war nur das Fundament gelegt und noch keine Mauer darauf gebaut; es zeigte sich nur eine ellenlange unterbrochene freie Stelle, wie auch oben schon angedeutet wurde. Und dieser Turmbau war noch nicht ganz vollendet. Sehr geschickt und schnell bauten zahlreiche Werkleute unermüdlich daran; ringsum an seiner Spitze waren sieben wunderbar starke Schutzwehren errichtet. Von der Innenseite des besagten Gebäudes sah ich etwas wie eine Leiter bis an die Spitze dieses Turmes angelegt und auf ihren Sprossen standen von unten bis oben eine Menge Menschen mit feurigem Antlitz, weißem Gewand, aber schwarzen Schuhen. Einige von ihnen hatten zwar das gleiche Aussehen, waren aber größer und strahlender und blickten sehr aufmerksam auf den Turm.

Dann sah ich an der Nordseite dieses Gebäudes die Welt und die Menschen, welche aus dem Samen Adams hervorgehen. Sie liefen zwischen der erwähnten Lichtmauer dieses Gebäudes — der spekulativen Erkenntnis — und dem Schein des Lichtkreises, der sich von dem Thronenden ergoß, hin und her. Viele von ihnen betraten durch die erwähnte Mauer der spekulativen Erkenntnis zwischen dem Turm des göttlichen Ratschlusses und der Säule seines göttlichen Wortes dieses Gebäude, gingen hindurch und verließen es wieder, wie sich eine Wolke dahin und dorthin verzieht. Die aber dieses Gebäude betraten, wurden mit einem blendendweißen Gewand bekleidet. Die einen frohlockten in großer Freude über dieses angenehme und anschmiegsame (de suavitate et lenitate) Gewand und behielten es an, die andern aber wollten es, gleichsam traurig über seine Last und Mühsal, ausziehen. Die Tugend, welche ich früher Gotteserkenntnis nennen gehört hatte, beschwichtigte sie öfter gütig und sprach zu jedem von ihnen: ‚Betrachte und bewahre das Gewand, mit dem du bekleidet bist.'

Und ich nahm war, daß manche von ihnen — durch diese Worte zurechtgewiesen — obzwar ihnen dieses Gewand beschwerlich vorkam, es dennoch mit großer Anstrengung (sudore) *anbehielten; einige jedoch spotteten über diese Worte, zogen das Gewand wütend aus, warfen es weg und kehrten in die Welt zurück, woher sie gekommen waren. Sie erforschten viele Dinge und lernten viel unnütze weltliche Eitelkeit* (kennen). *Schließlich kehrten einige davon in das Gebäude zurück, nahmen das abgeworfene Gewand wieder an sich und zogen es an. Die andern aber wollten nicht zurückkehren und blieben, seiner beraubt, in Schande in der Welt zurück.*

Und ich sah, wie einige, voller Schmutz und pechschwarz, wie vom Wahnsinn angetrieben, von Nordosten herankamen und auf dieses Gebäude anstürmten. Sie fielen rasend über den Turm her und zischten gegen ihn wie Schlangen. Einige von ihnen aber ließen von dieser Torheit ab und wurden rein, während andere auf dieser Bosheit und in ihrem Schmutz verharrten.

Ich sah jedoch innerhalb dieses Gebäudes gegenüber dem Turm auch etwas wie sieben weiße Marmorsäulen stehen. Sie waren wunderbar rund gedrechselt und sieben Ellen hoch und trugen auf ihrer Spitze eine eiserne runde Galerie, die anmutig ein wenig oben darüber hinausragte. Am obersten Ende dieser Galerie sah ich eine überaus schöne Gestalt stehen, die auf die Menschen in der Welt blickte. Ihr Haupt strahlte einen so starken Glanz wie ein Blitz aus, daß ich es nicht vollständig betrachten konnte. Sie hatte die Hände ehrerbietig über der Brust gefaltet, während ihre Füße hinter der Galerie für meinen Blick verborgen blieben. Auf dem Haupt aber trug sie einen kronenförmigen, von hellem Schein strahlenden Reif. Sie war aber auch mit einer goldfarbenen Tunika angetan. Darin lief von der Brust bis zu den Füßen herab ein Streifen. Er war mit dem Schmuck von kostbarsten Edelsteinen, nämlich von grüner, weißer, roter und himmelblauer, von Purpurglanz schimmernder Farbe geziert.

Und sie rief den Menschen, die in der Welt waren, zu und sagte:

1. Die Worte der Weisheit

‚O ihr Trägen, warum kommt ihr nicht? Wird euch nicht Hilfe zuteil, wenn ihr kommen wollt? Beginnt ihr den Weg Gottes zu laufen, ist euch das Surren von Mücken und Fliegen lästig (impedimento). Nehmt doch den Fächer der Eingebung des Heiligen Geistes und verscheucht sie immer wieder von euch. Ihr müßt laufen und Gott muß euch auch helfen. Bietet euch Gott nicht heuchlerisch zum Dienst an und ihr werdet von seiner Hand gestärkt.'

Doch auf dem Pflaster dieses Gebäude sah ich drei weitere Gestalten. Die eine von ihnen lehnte sich an die erwähnten Säulen an und die beiden andern standen nebeneinander vor ihr. Alle wandten sich der Säule der Menschheit des Erlösers und dem besagten Turm zu. Die sich aber an die Säule lehnte, erschien so umfangreich, daß fünf Menschen zusammen ihre Breite ergeben könnten. Sie war jedoch so riesig groß, daß ich ihre Höhe nicht ganz zu ermessen vermochte; sie schaute nämlich über dieses ganze Gebäude hinweg. Auch hatte sie einen großen Kopf und helle Augen, blickte scharf zum Himmel empor und war ganz strahlendweiß und durchsichtig wie eine heitere Wolke. Sonst erblickte ich nichts Menschenförmiges an ihr. Und sie rief durch das ganze Gebäude allen übrigen Tugenden zu und sprach.

2. Die Worte der Gerechtigkeit

,Wir wollen uns tatkräftig erheben; denn Luzifer ergießt seine Finsternis über die ganze Welt. Laßt uns Türme bauen und sie mit himmlischen Schutzwehren befestigen. Denn der Teufel widersteht den Auserwählten Gottes und bekämpft sie. Wie er am Anfang in seiner Herrlichkeit vieles wollte und versuchte, so will und versucht er auch jetzt in seiner Finsternis sehr viel. Er verbreitet nämlich seine Schlechtigkeit und Bosheit durch seinen Anhauch und seine Saat und will nicht davon ablassen. Wir Himmelskämpfer sind dazu bestellt, ihn in seiner Schlechtigkeit und Bosheit zu überwinden, damit die Menschen auf der Welt vor seiner Feindschaft gerettet werden können. Und wie er gleich bei seiner Erschaffung versuchte, die Gottheit zu bekämpfen, so wird auch sein Nachahmer, der Antichrist, in der Endzeit versuchen, der Menschwerdung des Herrn Widerstand zu leisten. Luzifer fiel am Beginn der Zeiten, an ihrem Ende aber wird auch der Antichrist zugrundegehen. Dann wird man erkennen, wer der wahre Gott ist, und sehen, wer er ist, der niemals zu Fall kam. Wie aber Luzifer Dämonen als Anhänger hatte, die ihm von der Höhe des Himmels in den Sturz der Verdammnis folgten, so besitzt er auch auf der Erde noch Menschen, die ihm in den Untergang der Verwerfung folgen. Wir Tugendkräfte aber sind (zum Schutz) gegen seine Ränke und Einflüsterungen bestimmt, die er in die Welt aussendet, um Seelen zu verschlingen. So sollen durch uns alle seine Listen in den Seelen der Gerechten zunichte gemacht werden, damit er völlig (ex omni parte) beschämt erscheint.

Deshalb wird Gott von uns anerkannt; denn man soll ihn nicht verschweigen sondern offenbaren, weil er in allem gerecht ist.'

Die erste der beiden, die vor dieser Gestalt nebeneinander standen, schien bewaffnet zu sein. Sie trug nämlich Helm, Schild, Beinschienen und Eisenhandschuhe. In der Rechten hielt sie ein entblößtes Schwert, in der Linken aber eine Lanze. Und unter ihren Füßen zertrat sie einen schrecklichen Drachen und durchbohrte seinen Rachen mit dem Eisen der Lanze, so daß er unreinen Schaum ausspie. Aber sie schwang auch das Schwert, welches sie hielt, wie zum tapferen Dreinschlagen. Und sie sagte:

3. Die Worte der Stärke

,O allmächtiger (fortissime) Gott, wer kann dir widerstehen und dich bekämpfen? Das vermag die alte Schlange, jener teuflische Drache, nicht. Darum will auch ich mit deiner Hilfe gegen ihn kämpfen. So soll mich niemand überwinden oder zu Boden werfen, d. h. kein Starker oder Schwacher, weder ein Fürst noch ein Niedriger, ein Edler oder Unedler, ein Reicher oder Armer. Ich will mich als stahlhart erweisen und alle zum Gotteskrieg tauglichen Waffen unbesieglich machen. Unter ihnen möchte ich sogar die schärfste Schneide sein, denn im allmächtigen Gott kann mich niemand brechen. Durch ihn erhob ich mich auch, den Teufel zu vertreiben. Daher werde ich für die gebrechlichen Menschen (fragilitate hominum) immer eine ganz sichere Zuflucht sein und verleihe ihrer Nachgiebigkeit eine scharfe Schneide zu ihrer Verteidigung. O milder und gütiger Gott, hilf den Zertretenen!

Die andere Gestalt aber hatte drei Häupter, d. h. es erschien ein Kopf am gewöhnlichen Ort und auf jeder Schulter einer: der mittlere ragte jedoch ein wenig über die beiden andern hinaus. Doch dieser mittlere und der zu seiner Rechten strahlten von so großem Glanz, daß ihre Herrlichkeit meine Augen blendete. So konnte ich nicht ganz genau sehen, ob er ein männliches oder ein weibliches Aussehen hatte. Der links erscheinende war dagegen mit einem verbergenden weißen Schleier verhüllt, wie ihn Frauen gewöhnlich tragen. Diese Gestalt war aber mit einer Tunika aus weißer Seide und schneeweißen Schuhen angetan. Und auf ihrer Brust trug sie das Zeichen des Kreuzes. Auch umgab es ein heller rötlicher Schein, der auf der Brust wie Morgenrot erstrahlte, schimmernd. In der Rechten jedoch hielt sie ein entblößtes Schwert, das sie sehr andächtig an ihre Brust und das Kreuz drückte.

Und ich sah an der Stirn des mittleren Hauptes geschrieben: ‚Heiligkeit' und an der Stirn des rechten: ‚Wurzel des Guten' und an der Stirn des linken: ‚Ohne sich zu schonen'. Und das mittlere blickte auf die beiden andern und sprach.

4. Die Worte der Heiligkeit, die drei Häupter hatte

‚Ich stamme von der heiligen Demut. In ihr wurde ich gezeugt, wie ein Kind in der Mutter gezeugt wird. Von ihr wurde ich auch erzogen und erstarkte wie ein Knabe, der von einer Amme großgezogen wird (enutritur ad fortitudinem). Meine Mutter, die Demut, übersteht und überwindet alles Widerwärtige, das andern vollends unerträglich ist.'

Und das Haupt zu seiner Rechten blickte zu seinem Oberhaupt hin und sprach.

5. Die Worte des rechten Hauptes

‚Auf dem höchsten Berggipfel, der Gott ist, schlage ich gleich bei der Geburt Wurzel. Und daher, o Heiligkeit, muß ich mich mit deinem Herzen verbinden (adhaeream visceribus tuis), damit du bestehen kannst.'

Auch das Haupt zu seiner Linken sprach zu seinem Oberhaupt gewandt (videns).

6. Die Worte des linken Hauptes

‚Ach, ach, ach, wie bin ich doch so hart und unbeugsam, daß ich mich kaum überwinden kann, dir, o Heiligkeit zu Hilfe zu eilen, da du doch ohne mich nicht stehen kannst, wenn ich fliehe? Weh, weh, weh dem, der das Gute vernachlässigt! Und dennoch muß ich den quälenden (inquietissimam) Dorn herausziehen, der mich durch sein Stechen ins Verderben zu treiben versucht, wenn ich ihn nicht entferne, bevor er sich ganz in mir festgebohrt hat und wie in einem faulenden Kadaver in mir Entzündung hervorruft. O Heiligkeit, damit du frei aus dir bestehen kannst, will ich die räuberische Schlinge des Teufels meiden und sie im wahren Gott zerreißen.'

Und wiederum deutete mir das der Thronende, wie vorher gesagt, und sprach.

7. Nach der Fleischwerdung des Gottessohnes begann durch die Festigung in den Tugenden die Berufung des neuen Volkes zu einem neuen Bau

Nach der Fleischwerdung des Gottessohnes erging — durch seine Lehre im Heiligen Geist gefördert — die Berufung des neuen Volkes zur Erlösung. Sie wurde durch die Ermahnung der seligen Tugendkräfte in den tugendliebenden Menschen gegen den furchtbaren Feind bestärkt; da kein Mensch ohne die Hilfe der Gnade Gottes ihm widerstehen kann, erweist sie sich mit Gottes Hilfe so unbesiegbar, daß sie durch keine seiner hinterhältigen Listen von Gott abgezogen oder vernichtet werden kann. Deshalb versinnbildlicht *dieser Turm, den du jenseits der genannten Säule der Menschheit des Erlösers siehst,* die Kirche. Als die Fleischwerdung meines Sohnes vollbracht war, entstand in jedem guten Werk ein neuer Bau, wie ein gut befestigter (munitissima) Turm in der Kraft und Erhabenheit der himmlischen Handlungen der Bosheit des Teufels zum Widerstand entgegengesetzt.

8. Die vom Licht der Menschheit des Gottessohnes erleuchtete Kirche wird der inneren und äußeren Erkenntnis der Menschen vor Augen gestellt

Daher *ist er von überaus hellem Glanz und so auf die erwähnte Steinmauer an der Südseite aufgesetzt, daß man ihn sowohl innerhalb als auch außerhalb dieses Gebäudes sehen kann.* Denn durch das heitere Licht der Menschheit des Gottessohnes erhellt, nimmt sie (die Kirche) lebendige, durch die Glut des Heiligen Geistes derart entzündete Steine zu ihrem göttlichen Werk, damit es der inneren Erkenntnis der himmlischen Einsicht in die Heilige Schrift, und der äußerlichen Torheit (des Umgangs) mit weltlichen Dingen in jenem Bau, den der himmlische Vater durch seinen Eingeborenen errichtet, Gläubigen und Ungläubigen offen vor Augen gestellt wird.

9. Die Kirche stellt all ihren Schmuck ihrem Bräutigam zurück

Sein Durchmesser beträgt an der Innenseite überall gewiß fünf Ellen. Denn die Weite aller inneren Schau und die Absicht der ganzen beständigen Betrachtung leitet sie durch ihre Ausstattung mit den fünf Sinnen bei der Eingießung des Heiligen Geistes mit allen jenen Tugendkräften, welche ihr das wahre Lamm offenbart, zur Verherrlichung (ad honorem) dieses Lammes, d. h. ihres Bräutigams, zurück.

10. Das Menschenherz kann die göttliche Weisheit im Aufbau der Kirche nicht erforschen

Seine Höhe aber erscheint so ungeheuerlich, daß du sie nicht ausmachen kannst. Denn die Erhabenheit und Tiefe der göttlichen Weisheit und Erkenntnis beim Aufbau der Kirche (in ecclesiastico opere) ist größer, als das gebrechliche und sterbliche Herz mit seiner Beurteilung erforschen kann.

11. Die Verherrlichung Gottes in der Kirche ist noch im Wissen Gottes verborgen; durch den Eifer und Fleiß der Lehrer eilt sie täglich unaufhaltsam der Vollendung entgegen

Daß *jedoch zwischen diesem Turm und der Säule der Menschwerdung des Erlösers nur das Fundament gelegt und noch keine Mauer darauf gebaut ist, sondern sich nur eine ellenlange unterbrochene freie Stelle — wie schon oben angedeutet wurde — zeigt,* heißt: Der große Ruhm der Kirche, welche bräutlich mit meinem Sohn verbunden ist, bleibt noch im Wissen Gottes wie auf einem festen Fundament verborgen; es strahlt noch nicht im abgeschlossenen Werk der Vollendung öffentlich wider, sondern steht in den Menschenherzen noch, ohne sich kundzutun, frei zur Verfügfung, hat aber dennoch das Maß eines Menschen. Die Sinne der Menschen unterliegen nämlich der Macht des einen wahren allmächtigen Gottes. So kann der Mensch auch in Erkenntnis des Guten und Bösen durch seinen Verstand erfassen, was für ihn nützlicher ist, wie dir auch oben in öffentlicher Kundgabe gezeigt wurde.

Und daß *dieser Turmbau noch nicht ganz vollendet ist und zahlreiche Werkleute sehr geschickt und schnell unermüdlich daran bauen,* heißt: Die Kirche ist noch nicht zu dem Stadium und Stand gelangt, den sie erreichen soll, obwohl sie nicht aufhört, mit großem Eifer und Fleiß im schnellen Ablauf der Zeiten in ihren gehenden und kommenden Kindern täglich ohne Aufschub der Vollendung ihrer Schönheit entgegenzueilen.

12. Die Kirche ist unüberwindlich, umgeben von den sieben Gaben des Heiligen Geistes

Ringsum an seiner Spitze jedoch *sind sieben wunderbar starke Schutzwehren errichtet.* Denn sie ist in der Erhabenheit himmlischen Wirkens mit den sieben unbesiegbaren Gaben des Heiligen Geistes umgeben, welche von solcher Stärke sind, daß sie kein Feind zerstören oder im Hochmut seines Geistes stolz daran zu rühren vermag.

13. Die Kirchenlehrer, welche sich in der apostolischen Lehre auszeichnen, stärken die Kirche durch ihr einmütiges Wirken

Daß *du* aber *von der Innenseite des besagten Gebäudes etwas wie eine Leiter bis an die Spitze des Turmes angelegt siehst,* bedeutet: In dem Bauwerk, das der himmlische Vater nach göttlichem Plan durch seinen Sohn erstellt hat, gab es viele Sprossen in der einmütigen blühenden Entwicklung der ursprünglichen (simplicis) kirchlichen Institution, die an die erhabenen himmlischen Geheimnisse rühren, mit denen die Kirche gestärkt und gefestigt wird.

Und auf ihren Sprossen stehen, von unten bis oben, eine Menge Menschen. Denn seit den ersten Zeiten der Brautschaft der Kirche bis zur Hochzeit, da sie sich öffentlich mit ihrem Bräutigam an der Vollzahl ihrer Kinder freuen wird, werden auf den Sprossen der aufgestellten Gebote, durch die sie erbaut wurde, die apostolischen Leuchten erstrahlen, welche sie mit ihrem Schutz vor der Finsternis des Unglaubens verteidigen.

14. Die Kirchenlehrer führen die Irrenden in Glaube und Tat zum Weg der Wahrheit

Deshalb *haben sie* auch *ein feuriges Antlitz, ein weißes Gewand, aber schwarze Schuhe.* Denn bei ihrem Sinn für das Geistige (in intellectuali sensu) — nämlich der apostolischen Leitung — wurde der Glaube, d. h. der Glaube an den einen Gott, durch die Glut des Heiligen Geistes gleichsam sichtbar auf ihrem Antlitz entfacht. So strahlen sie in lauterster Herrlichkeit im Gewand der guten Werke vor Gott und der Welt wider, wenn sie auch in schwarzem Schuhwerk auftreten, weil sie auf den Wegen des Unglaubens und der Beschmutzung mit den Vergehen der ungläubigen Völker umhergezogen sind. Durch ihr Beispiel führten sie die Umkehrenden — wenngleich unter großer Schwierigkeit — dennoch auf den Weg der Gerechtigkeit.

15. Die Apostel und ihre Nachfolger, d. h. die im Apostolat Tätigen, haben die eine Hauptaufgabe, die Braut Gottes mit großem Eifer liebevoll anzuleiten

Daß aber *einige von ihnen zwar das gleiche Aussehen haben, aber größer und strahlender sind,* heißt: Unter diesen Verteidigern der Kirche sind die Gründer der Kirche die ersten; sie haben sie gleich nach dem Gottessohn durch ihre Predigt auferbaut und haben dieselbe Sendung wie auch ihre Nachfolger, die als ihre besonderen Nachahmer gelten. Jene nämlich gingen voran, diese folgten; doch jene hatten den Vorrang (forma praestantes), weil sie selbst keinen andern Vorgänger hatten, von dem sie das Beispiel des neuen Gnadenlebens erhielten, als den Sohn Gottes. Aus seinem Mund hörten sie das Wort des Lebens. Und sie übertrafen jene an Ruhm (claritate), weil sie vor den übrigen persönlich das Aufblitzen seiner Menschwerdung schauten. *Sie blicken sehr aufmerksam auf den Turm,* weil sie nicht aufhören, der Braut Gottes beständig in der göttlichen Liebe ihres frommen Eifers zur Seite zu stehen, damit sie in voller Kraft dastehe, wie geschrieben steht.

16. Worte Salomons zum selben Thema

„Dein Hals ist wie der Davidsturm, der mit Schutzwehren erbaut ist; tausend Schilde hängen daran, die ganze Waffenrüstung der Helden" (Hld. 4,4) Das ist so:

Wie die Menschwerdung des Sohnes des höchsten Herrschers (rectoris), d. h. des starken Löwen aus jungfräulicher Blüte (veniens), zum stärksten Instrument der neuen Gnade bestimmt ist, so ist, o neue Braut, die Stärke deines Glaubens, der unversehrt besteht, zum sichersten Schutz des gläubigen Volkes bestellt. Wie? Deinen so starken Kräften helfen und vereinen sich alle Verteidigungsmauern deiner Söhne. Diese sollen an den neu ans

Licht gekommenen kleinen Bächen, die aus dem lebendigen, ganz reinen Quell rinnen, aufwachsen. Sie sind mit dir in jener Stärke vereinigt, wie der Hals mit dem Rumpf verbunden ist. So kannst du weder zerstört noch zerstreut werden, wie auch die siegreichen Waffen des wahren David nicht überwunden werden konnten. Wieso?

Die Kraft Christi Jesu, des Gottessohnes, ist ein äußerst starker Turm, in dem sich die ruhmreiche Kriegsschar der Gläubigen in unbesiegbarer Bewährung übt; kein Feind kann sich rühmen, diese zu überwinden, weil sie Christus, den wahren Gott und Menschen, in ihrer Mitte hat. Bei der zweiten Wiedergeburt wird sich durch ihn die ganze Mauer (compago) deiner Söhne entsprechend zum Heil entwickeln. Daher wurde diese ganz reine Menschwerdung von den Propheten vorhergesagt und mit den kostbarsten Edelsteinen der Tugenden geschmückt. Mit den Schutzwehren der apostolischen Lehre, d. h. mit (Hilfe) der Verkünder des wahren Lichtes der Gerechtigkeit, wurde sie über den ganzen Erdkreis zum Heil der Gläubigen verbreitet, wie dieses Gleichnis zeigt.

17. Ein Gleichnis zum selben Thema

Ein Gebieter besaß eine marmorweiße Stadt und ließ darin laut seine Stimme ertönen. Und die Mauern schmückte er innen mit viel Reliefarbeit und man (ipsa) blies die feinen Feilspäne aus dem unpolierten Gestein. Danach rief dieser Herr mit seinem einzigen Wort die Wassertropfen (aquae aquarum), daß sie das Gestein mit ihrem Regen glätten möchten. Als auch das geschehen war, ermunterte er schweigend das Feuer vom Feuer, kleine Zelte zu erstellen. Als auch das ausgeführt war, wuchsen diese Zelte derart in die Höhe, daß sie durch ihr rasches Wachstum jene Stadt an Höhe übertrafen. Das ist so: Jener Herrscher ist der, dem niemals ein anderer in der Herrschaftsgewalt voranging; er ist vielmehr allein über allem und in allem. Denn nichts gab es (inventum est) vor und nach ihm, und deshalb ist er Herr über alles. Diese berühmte Stadt, nämlich die Schar der Propheten, hat er gegen die Wut der irdischen Stürme fest und beständig in seiner Gewalt. Sie sollten nämlich von der Eingießung des Heiligen Geistes erfüllt werden. Da ließ der Herr so seine Stimme unter ihnen ertönen und er erzeugte in ihnen einen solchen Redestrom (exspirationem), daß sie seine Geheimnisse in dunklen Worten aussprachen, wie man zuerst einen Ton hört, wenn man das Wort noch nicht versteht. Indes folgte das wahre Wort nach der Menschwerdung des Gottessohnes der Stimme ihrer Prophetie. Der Herr meißelte ihre Herzen auf vielfache Weise, als er ihrer Einsicht den vielfältigen Geist der Weisheit einflößte, so daß sie die Unermeßlichkeit Gottes in der gegenwärtigen wie auch in der künftigen Zeit mit geistlichem Gespür prophezeiten. Durch ihn brachten sie gegen die widersprüchlichen Sitten der Menschen scharfe Worte hervor, mit denen sie die verhärteten Herzen der Juden zur Milde und Güte seligmachender Taten herausforderten.

Doch nach der Fleischwerdung des Wortes Gottes bedeutete der himmlische Vater in seinem Sohn den Aposteln, welche als hervorragende Menschen aus dem gewöhnlichen Volk ausgesondert waren — wie ganz lautere Bäche von den in der Ebene hinfließenden Wassern geschieden werden — und sagten ihnen, sie sollten im Strom des Glaubens auf den Erdkreis hinausfließen und die große Spaltung der höhnischen Aufgeblasenheit des Stolzes und die überhebliche Götzenverehrung niederhalten und zertreten, damit die Menschen auf ihre Predigt hin in Erkenntnis des wahren Gottes ihren Unglauben aufgäben. Als dieser Glaube in den Völkern erstarkt war, ermahnte dieser Prokurator die glühenden Gemüter aller seiner Erwählten, die von den feurigen Herzen derer entzündet waren, welche der Heilige Geist bei seiner Herabkunft in feurigen Zungen berührt hatte, auch liebreich im Heiligen Geist: Da sie nun die Welt verachtet hätten, sollten sie es nicht von sich weisen, klein und arm im Geist im Hinblick auf das himmlische Leben zu sein, um sich durch diese kleinen Zelte der Demut überirdischen Reichtum zu erwerben. Als die Verächter des Vergänglichen diese Werke der Demut nachahmten und in erhabenem Eifer beständig über die so einfachen Gebote Gottes nachsannen (ruminantes), stiegen sie so — wie die Märtyrer, Jungfrauen und die übrigen, welche sich selbst erniedrigten — durch ihre Zerknirschung zur himmlischen Liebe auf. So obsiegten auch die Arbeiter, welche im Weinberg des Alten Testaments arbeiteten, schnell durch ihren guten Eifer, als sie sich selbst für nichts erachteten und mit ganzem Verlangen nach dem Ewigen trachteten.

Daher hängen auch am Sohn Gottes unter der neuen Gnade tausend Schilde, nämlich viele vollkommene Verteidigungsmöglichkeiten des vollendeten Glaubens, indes sich die ersten Hirten der Kirche an ihm ein Beispiel nehmen und wegen der Hoffnung auf das Himmlische sich selbst mit Füßen treten und den katholischen Glauben, der durch das Vergießen ihres Blutes gestärkt wurde, vor den feurigen Pfeilen des Teufels, welche die Seelen der Menschen verwunden, beschützen. Ihnen folgen vielerlei Tugendkräfte der bewaffneten (armaturae) himmlischen Heerschar in den übrigen Erwählten, die sich auch in dieser Welt der Liebe Gottes hingeben. Wieso? Weil die alte Schlange dem ersten Menschen den so schlechten

Geruch der Gottesverachtung einblies. Deshalb wird auch der Teufel selbst vom Duft aller Wohlgerüche, nämlich der Keuschheit, Enthaltsamkeit und Bindung an die Gebote Gottes und auch des mit Christus gemeinsam getragenen Joches und der Verachtung der ganzen Welt, grausam mit diesen ihn verderbenden himmlischen Pfeilen durchbohrt, so daß er, aus der Gottesstadt vertrieben, beschämt und niedergetreten wird und — öffentlich auf der Seite der Verdammten — die Gläubigen abschreckt.

18. Die nach dem Fleisch Lebenden sollen die Macht Gottes erkennen und beachten

Daß *du* aber *an der Nordseite dieses Gebäudes die Welt und die Menschen, welche aus dem Samen Adams hervorgehen und zwischen der erwähnten Lichtmauer dieses Gebäudes — der spekulativen Erkenntnis — und dem Schein des Lichtkreises, der sich vom Thronenden ergießt, hin- und herlaufen siehst,* bedeutet: Die Welt und die weltlichen Menschen sind von der Schuld der Stammeltern her in den Zustand der fleischlichen Begierden versetzt, die sich in Schwäche gegenüber vergänglichen irdischen Lüsten äußern. Einerseits wird ihnen die Erkenntnis von Gut und Böse mitgegeben, damit sie sich durch das Gute am Werk Gottes beteiligen und das Böse fliehen; andererseits zeigt sich ihnen die Macht Gottes, damit sie sich bewußt werden, daß sie unter seiner Oberhoheit stehen und nicht daran zweifeln, daß alle ihre Taten von ihm geprüft werden.

19. Von der Verschiedenheit der vielerlei Menschen, welche die Kirche betreten und verlassen

Daher *betreten* auch *viele von ihnen durch die erwähnte Mauer der spekulativen Erkenntnis zwischen dem Turm des göttlichen Ratschlusses und der Säule seines göttlichen Wortes dieses Gebäude, gehen hindurch und verlassen es wieder, wie sich eine Wolke dahin und dorthin verzieht.* Denn viele nähern sich — vom Alten oder Neuen Bund ermahnt — dem göttlichen Bauwerk und betreten es durch die spekulative Erkenntnis, nachdem sie sich von den fleischlichen Begierden getrennt haben. Und viele folgen ihren Lüsten und verlassen es wieder in ihren bösen Begierden. So verziehen sie sich, je nach ihrem Wunsch nach dem Guten oder dem Bösen, schnell wie die Wolken, d. h. von ihren Gedanken beeinflußt, nachgiebig (relaxando) da- und dorthin.

Daß aber *die, welche dieses Gebäude betreten, mit einem blendendweißen Gewand bekleidet werden, heißt: Die sich mit gutem Willen dem Bauwerk Gottes nähern, werden, um Gott zu erkennen, durch seine Barmherzigkeit mit dem reinsten und strahlendsten Gewand des wahren Glaubens bekleidet. Die einen frohlocken in großer Freude über dieses angenehme und anschmiegsame Gewand und behalten es an.* Denn vom Geist der Zerknirschung und Demut und vom süßen und milden katholischen Glauben durchdrungen und vom innerlichen Saft der Heiligkeit durchströmt, erfreuen sich ihre inneren Augen stets am Himmlischen. Sie erfüllen und bewahren ganz hingegeben alles, was ihnen der Heilige Geist eingibt. *Die andern aber wollen es, gleichsam traurig über seine Last und Mühsal, ausziehen.* Sie versuchen nämlich, wie mit einer zu schweren Bürde belastet, auf einen äußerst schwierigen, hindernisreichen Weg gestellt und sich innerlich nach der unruhigen und bitteren Gewohnheit ihrer unerlaubten Lust zerfleischend und zerreißend, den Glauben in ihren Werken abzuwerfen, um sich nicht von den göttlichen Geboten ermahnen lassen zu müssen. *Die Tugend, welche du früher Gotteserkenntnis nennen gehört hast, beschwichtigt sie öfter gütig und spricht mahnend zu jedem von ihnen,* wie schon gesagt wurde. Denn der allerhöchste Gott weiß schon im voraus, daß die steinharten Herzen der Menschen sich erweichen lassen; er neigt sich in seinem Erbarmen zu ihnen, wie dir gezeigt wurde, und ermahnt sie häufig, ihn innerlich seufzend und weinend anzuflehen, sie von ihrer lästigen Bosheit zu befreien, mit der sie die teuflische Überredungskunst erfüllt hat, damit sie reuevoll (in hac paenitentia) zur Einsicht ihres guten Willens zurückkehren können und sich an das Gewand der Unschuld erinnern, das sie in der Wiedergeburt aus Geist und Wasser empfangen haben.

Daß *du aber wahrnimmst, daß manche von ihnen — durch diese Worte zurechtgewiesen — obzwar ihnen dieses Gewand beschwerlich vorkommt, es dennoch mit großer Anstrengung* anbehalten, bedeutet: Von der Eingebung des Heiligen Geistes ermuntert, reißen sie gleichsam den für das Herz beschwerlichen und schwierigen Weg an sich. Wenn es ihnen auch viel Mühe kostet, vollenden sie ihn schließlich doch, ohne zu verzweifeln oder in Überdruß zu erschlaffen. *Einige jedoch spotten über diese Worte, ziehen das Gewand wütend aus, werfen es weg und kehren in die Welt zurück, woher sie gekommen sind. Sie erforschen viel Dinge und lernen viel unnütze weltliche Eitelkeiten kennnen.* Das sind jene, die das Gesetz Gottes und seine Gerechtigkeit lächerlich machen, sich in den Einbildungen ihrer Irrtümer des Glaubens entkleiden und ihn in ihren bösen Taten verleugnen, die zum Tod führen. Sie neigen sich den Eitelkeiten dieser Welt zu, die sie vorher heuchlerisch aufgegeben hatten. Durch unrechte Kunstgriffe erkunden sie wollüstige Handlungen, lernen den leidenschaftlichen Genuß der Welt kennen und verkehren ihn in teuflischer Spötterei gemäß seiner Täuschung. *Schließlich kehren einige davon in das Gebäude zurück, nehmen das abgeworfene Gewand wieder an sich und ziehen es an.* Denn diese kehren vom Weg des Irrtums zurück und kommen zum göttlichen Bau. Die Spaltung des Teufels, in der sie nach seinem Willen lebten, werfen sie von sich und nehmen das Gewand des wahren Glaubens, welches sie in der Taufe empfangen und in ihren Irrtümern zum Hohn des wahren Gottes abgeworfen hatten, wieder an sich, indem sie ihn wiederum reinen und einfältigen Herzens anerkennen. *Die anderen aber wollen nicht zurückkehren und bleiben, seiner beraubt, in Schande in der Welt zurück,.* Denn diese verschmähen es, in aufrichtiger Buße zu Gott zurückzukehren und führen — des Gewandes der Unschuld beraubt und deshalb vom Gut gläubiger Taten entblößt, aber voll des Bösen lästerlicher teuflischer Künste in der Schlechtigkeit weltlicher Eitelkeiten — in größter gegenwärtiger und künftiger Beschämung bis zum Tod ihr unbußfertiges Leben weiter.

20. Von den Simonisten und den geheimen göttlichen Urteilen über sie

Daß *du* aber *siehst, wie einige voller Schmutz und pechschwarz, wie vom Wahnsinn angetrieben, von Nordosten herankommen und auf dieses Gebäude anstürmen, rasend über den Turm herfallen und gegen ihn wie Schlangen zischen,* heißt: manche verbrecherische Menschen, die vom Schmutz der ruhelosen Leidenschaft nach abgeschmackten Vergnügungen (mobili calore laeti stuporis) starren, verachten Gott mit finsterem teuflischem Blick und suchen den Gegenstand ihres Verlangens nicht kraft der Gabe des Heiligen Geistes. Vielmehr sind sie von teuflischer List angehaucht und angestachelt und von der Seite der Verdammnis ausgesandt; sie betreten in schlauer List den Bau. Durch heimliches Erschleichen, offenen Raub und in unsinnigem Wüten vereinnahmen sie aufs Geratewohl (temere) durch das verruchte Geld in fürchterlicher teuflischer Schwärze die von Gott festgesetzten Ämter. Und auf diese Weise bringen sie die Kirche durch ihr unsinniges Wüten in Verwirrung und lassen gegen sie das Zischen der betrügerischen alten Schlange hören. Auf welche Weise? Mit teuflischen Ränken wehen sie unvorsichtige Menschen so lange an, bis sie sie nach ihrem Wunsch durch eine todbringende Bestechung gewinnen. Mit diesem Zischen der Prahlerei beflecken sie die Kirche, wenn sie Vollmachten, die der Anordnung Gottes unterliegen, erschleichen. Weil sie das tun, sind sie als Unbußfertige von meinem Angesicht verstoßen und ich kenne sie bei diesen Ämtern nicht, weil sie sie aus sich und nicht durch mich erlangt haben, wie mein Knecht Osee andeutet und spricht: „Sie regierten, doch nicht in meiner Vollmacht; sie ragten als Fürsten hervor und ich kenne sie nicht. Aus ihrem Silber und Gold machten sie Götzen zu ihrem Verderben" (Os. 8,4). Das ist so:

Menschen, die ihrem eigenen Willen folgen, rechnen sich aus und beschließen in ihrem Herzen, was ihnen ihr eigenes Verlangen rät. Was ist das? Ihre leidenschaftliche Begierde, die sie dazu überredet, mit weder von mir erbetener noch empfangener oder bestimmter, sondern erschlichener und geraubter Würde über Menschen zu herrschen. Zuweilen erlaube ich es gleichwohl, daß es so geschieht, damit sie für ihre Eigenwilligkeit das Strafgericht überkommt; denn sie haben mich nicht darüber befragt. Und was nützt ihnen das, da sie darin nicht grünen sondern verdorren, und weil das nicht von mir kommt (non plantavi)? Doch in ihnen entsteht unnützes Kraut ohne Stengel. Unfruchtbare Gräser entsprießen nämlich leicht von selbst der Erde, fruchtbare aber werden mit großer Mühe gesät und gepflanzt. So lasse ich auch zu, daß manchmal das irdische Verlangen eines Menschen, ohne verwurzelt zu sein, leicht im Bösen erblüht und nicht nach der Einpflanzung des Guten fragt, weil es nicht die Grünkraft des Sommers besitzt. Manchmal erlaube ich es auch, daß sein rechtes Verlangen, richtig im Guten verwurzelt, durch vieles Unglück hindurch Frucht bringt und die Bewässerung der Heiligkeit liebt. Denn ihm fehlt die Strenge des Winters. Deshalb herrschen oft gemeine Menschen über das einfache und taugliche Volk, wie manchmal auch unnützes Gras höher ist als nützliche Gewächse. Diese sind aber nur auf ihre Eigenwilligkeiten gestellt, nicht durch meine Einpflanzung verwurzelt, von der Erkenntnis meiner Gabe berührt oder von mir bestellt. Doch das lasse ich nach gerechtem Urteil geschehen. Denn sie haben das nicht von mir erbeten, sondern selbst für sich bestimmt; deshalb werden sie mir bei meinem Gericht Rechenschaft darüber ablegen. Denn die Glückseligkeit der so vorzüglichen Lehre sollten sie in ihrem Geist auf alle ungebührliche Ungläubigkeit untersuchen, wie Silber von allem Unechten gereinigt wird; und über den Nutzen der tiefsten Weisheit müßten sie in ihrem Willen verfügen und mit ihr in lebendigem Glauben (splendidissima fide) stets wahrnehmen, wie Gott zu verehren, zu fürchten und zu bekennen ist. Sie machen sie sich aber zur nachteiligen Eitelkeit. Wie? Sie verbiegen sie zum größten Unglück, indem sie nämlich ihre Einsicht, die sie von Gott haben, den unersättlichen Begierden ihres Fleisches opfern, als ob das übelriechende und verwesende Fleisch allein ihr Gott sei. Sie wollen ihre Augen nicht zu Gott ihrem Schöpfer erheben, sondern halten ihren Willen für Gott; sie leben nämlich so, wie sie es sich selbst verordnen und festsetzen. Das tun sie also nicht deshalb, um in den Besitz des Ackers zu kommen, der die Speise des ewigen Lebens hervorbringt, sondern um sich von ihm zu entfernen und unbußfertig auf ewig verloren zu gehen. Denn der, den sie als Gott verehren, ist tot, wie auch sie tot sind, nämlich sowohl die Verschacherer als auch die Käufer geistlicher (Würden), indem sie das zu sein verlangen, was sie von mir nicht erbeten haben. Denn wer tollwütig über die Macht herfällt und die begründete (rationabile) Gabe des Heiligen Geistes käuflich macht, wie kann der durch Feilgebotenes glücklich werden, da ja auch ein Mensch, der sein Vermögen Fremden verkauft, nicht weiter darüber verfügen kann? Und wie sollte auch dieser Käufer aus dem erkauften Glück Nutzen ziehen, da er es nicht von Gott annehmen wollte, sondern sich beeilte, es mit Geld zu erwerben? Dennoch läßt Gott es nach seinem gerechten Urteil geschehen, daß er es erwirbt.

Denn manchen erlaubt Gott unwillig, es zu erschleichen, straft sie aber nach geheimem Urteil schon jetzt und nicht in Zukunft, damit die Welt, die sie — ohne den Heiligen Geist zu beachten — liebten, in ihnen zuschanden werde, so daß sie durch diese Beschämung dazu geführt werden, reuig zu Gott zurückzukehren, und wenn das geschehen ist, die künftige Vergebung erlangen. Manche aber duldet er in diesem Zustand, peinigt sie nicht im gegenwärtigen Augenblick, sondern verschiebt es aus gerechtem Grund auf die Zukunft, weil sie ihren Willen für Gott halten. Daher zeigt auch er ihnen erst in Zukunft, daß ihnen ihr Wille zu bitteren Qualen gereicht. Er bestraft aber auch manche von ihnen sowohl jetzt als auch später. Denn ihre scharfe innere Einsicht macht sich eigenwillig (sua voluntate) gemein und verachtungswürdig, indem sie in ihren bösen (Taten) den Teufel nachahmt. Andere läßt er auch dazu gelangen, daß das Böse durch ihre Buße zunichte wird, wenn sie sich für die begangene Ungerechtigkeit scharf strafen und sie wie einen verwesenden Kadaver wegwerfen. Manchen jedoch widersteht er barmherzig, dazu zu gelangen; denn wenn sie das erreichen würden, würden sie die Höllenqualen nicht fliehen und verdienen, sehr darin gepeinigt zu werden.

Wer immer aber auch den Thron der Macht auf den Rat seines Vaters, des Geldes, preisgibt oder raubt — es wird nämlich sein Vater, da es ihm käuflich das Verderben einbringt — der soll, ob er sie nun verliehen oder erworben hat, von dieser Würde abgesetzt werden. Denn wenn einem Mann sein Vieh entwendet und an einen andern verkauft wurde, darf es der Bestohlene mit allem Recht zurückverlangen, wenn es gefunden wird. Der Verkäufer jedoch und der Käufer müssen es beide ohne Widerspruch hergeben. So wird auch eine Amtswürde (dignitas potetatis), die man gemäß meiner Gerechtigkeit besitzen soll, wenn sie durch Bestechung geraubt und zu Unrecht (perverse), an andere vergeudet wird, in strengem Gericht von mir zurückverlangt. Und daher wird, wer sie feilgeboten hat oder unwürdig erwarb, nach gerechtem Urteil ihrer Nutznießung beraubt. Denn sie machten das meinem Namen geweihte Gotteshaus zu einer Räuberhöhle (domum rapinae). Wieso?

Die Weisheit und den Rat, die ich ihrem Herzen schenkte, brachten sie nach ihrem Entschluß auf den Markt und empfangen für sich dafür zum Verderben der andern das Geld der Ungerechtigkeit. Deshalb sollen sie in bitterer Reue das Erworbene fortwerfen oder sich mir in grausamer Feuersglut dafür verantworten. Denn wer versucht, die bestehende (viventem) Würde, welche der Heilige Geist in den geistlichen Häuptern (apicibus) zum Leben erweckt, mit einem irdischen Preis zu begleichen und zum üblen Geruch, der in Verwesung übergeht, zu führen, ist — wenn er nicht schnell Buße tut, wegen dieser boshaften Überheblichkeit verloren. So spricht auch der vom Heiligen Geist entflammte Sohn der Taube, Petrus, der den Irrtum aufgab und alles verließ, zu dem abtrünnigen Aufwiegler (transeunti turbini), welcher das Licht mit häßlicher Finsternis verschlingen wollte.

21. Worte des Apostels Petrus über dasselbe Thema

„Dein Geld fahre mit dir ins Verderben, weil du glaubtest, die Gabe Gottes mit Geld erwerben zu können. Denn du hast weder Anteil daran noch ein Recht darauf. Dein Herz ist nämlich nicht aufrichtig gegenüber Gott" (Apg. 8,20—21). Das ist so:

Das Geld deines trügerischen Vertrauens, das du auf ein fremdes Gut wie auf einen Herrn setzst, während es dich für nichtig erachtet, gereiche dir zum Verderben im höllischen Feuer, wenn du diese Gabe, die vom feurigen Heiligen Geist stammt, durch ruchloses (nefas) Geld erworben hast und reuelos behältst. Denn in einer oberflächlichen Erkenntnis deiner Seele meintest du, das Feuer (accensionem) dessen, der alles genau sieht (inspectoris) mit Bestechung in Besitz zu nehmen, dem du es nicht zutrautest, als Gabe Gottes dein Eigentum werden zu können. Reut dich aber diese Tat, gib her, was du gekauft hast und du sollst zu spüren bekommen, daß das Geld, welches du dafür aufwandtest, verloren ist. Denn du wolltest mit Kot das Ewige von dem erkaufen, der dich aus Lehm gebildet hat. Doch bleibst du bei diesem Kauf, erhältst du keinen Anteil am Licht in der Gemeinschaft der Engel im Himmel. Du hast nämlich durch die Rede deiner Zunge die Raubgier deines Herzens zum Ausdruck gebracht (protulisti) und etwas anderes begehrt, als wonach die Bürger der ewigen Herrlichkeit verlangen. Daher ist auch dein Herz in dieser Verkehrtheit ungerecht vor Gott, da du durch Bestechung haben willst, was ein freies Geschenk Gottes ist. Deshalb werden die Hintansetzer dieses göttlichen Vertrages, weil sie durch das freie Geschenk des Heiligen Geistes danach verlangen sollten und es nicht tun, nach gerechtem Urteil von mir mit eitlen Götzenbildern verglichen; denn wie diese ein Machwerk sind und ohne Beziehung zur Wahrheit stehen, aber dennoch von den Ungläubigen als Gott verehrt werden, so werden auch sie durch die Zweckwidrigkeit dieser ruchlosen Geschenke (foetentium munerum), in Ermanglung der Erleuchtung des Heiligen Geistes täuschende Lehrer; nicht erwählt und ohne Aufseufzen ihrer Seele, als ob sie des Amtes unwürdig seien, sondern in leidenschaftlichem Hochmut empfangen sie es von Menschen und beachten dabei nicht meinen Willen. Deshalb weiß ich nicht, woher sie kommen, weil sie mir gleichsam fremd sind. Denn wegen ihrer Ungerechtigkeit sind sie — wenn sie so bleiben — von mir verworfen. Tun sie aber aus ganzem Herzen Buße, nehme ich sie auf und mache sie zur Freude der Engel.

22. Die Würde des Leitungsamtes ist gut und zum Nutzen der Menschen von Gott angeordnet, damit sie durch sie lernen, Gott zu fürchten; wer ihr Widerstand leistet, widersteht Gott

Doch obgleich die ungerecht handeln, welche diese Würden in verkehrter Leidenschaft ersehnen, und man denen nicht zustimmen darf, die danach trachten, sich ihrer in ihrer Schlechtigkeit zu bemächtigen, wie schon gesagt wurde, sind diese Obrigkeiten dennoch gut und zum Nutzen der Menschen recht von Gott eingerichtet. Man darf ihnen nicht stolz und hartnäckig widerstehen, sondern muß vielmehr aus Liebe zu mir Gehorsam leisten. Deshalb darf sich kein Gläubiger, der Gott angemessen gehorchen will, dem ihm vorstehenden Meister (magisterio) widersetzen. Denn er beansprucht (imitatur) die Ehre Gottes, dessen Schafe er bewacht und weidet, damit die Hochachtung dieser Schafe nicht an einen andern, der ein Dieb und Räuber ist, verschwendet werde. Wie nämlich niemand Gott Widerstand leisten darf, so darf sich niemand unklug seinem Vorgesetzten widersetzen.

Also muß jeder lebendige Mensch mit (vivens in) Seele und Leib unterwürfig den höher als er selbst stehenden Würdenträgern gehorchen, mögen sie nun leibliche oder geistliche Rechtsbelange vertreten (retineant), damit aus Furcht vor ihrem Vorsteheramt das für die Menschen aufgestellte Gesetz verbessert wird und sie nicht in zuchtloser Willkür (libertate voluntatis suae) abweichen, ein Gesetz für sich aufstellen wie sie es wünschen, und so auf dem Weg des Herrn herumirren. Denn damit sie nicht irren, stammt diese Macht von Gott. Wieso?

Die Regierung der Menschen ist auf die Eingebung des Heiligen Geistes so geordnet, daß die Menschen dadurch die Gottesfurcht erlernen. Wenn sie sie nach ihren Gelüsten ins Gegenteil verkehren, so liegt es dennoch nicht so im Willen Gottes, sonden an seiner geheimen Zulassung, damit nach gerechtem Urteil ihre Begierde in verkehrter Leidenschaft zu ihrem Schaden Erfüllung finde. Also sind die Machtbefugnisse von Gott zum Nutzen der Menschen verliehen (inspiratae) und wegen ihrer großen Bedrängnis von ihm gerecht geordnet, damit das Volk Gottes nicht nach Art des Viehs ohne Leitung lebt und auf den Abweg jeglicher Unbeständigkeit gerät (incederet). Wer ihnen daher Widerstand leistet und auf Antrieb seines Stolzes nicht in demütiger Unterwerfung gehorchen will, wie es recht ist, widerspricht nicht Menschen, sondern mir dem Schöpfer, der ich alles gerecht ordne. Er gibt sich hartnäckig — wie in der Übertretung Adams — der Empörung preis und zieht sich dafür die Finsternis der Verdammnis zu (sibi accumulans), wie auch jener aus der Freude in die Qualen verstoßen wurde. Nicht so der, welcher im Eifer für mich der verkehrten Schlechtigkeit der Menschen nicht demütig beipflichtet (consentit) — denn dieser mehrt eher die richtige Gerechtigkeit (iustitiam iustitiae) Gottes, als daß er sie mindert, wenn er das entsprechend und geschickt tut — sondern wer diese Würden durch hochmütigen Stolz ungeziemend unterdrücken möchte. Denn sie sind — wie schon gesagt wurde — auf meine Anordnung zum Nutzen der Lebenden öffentlich eingesetzt. Und wer stolz gegen sie ausschlägt, widerstrebt meiner Eingebung; obzwar manche in wahnsinniger Unwissenheit — ohne auf die Furcht vor mir zu achten — in der Bosheit ihres Wollens das göttliche Gebot übertreten und sich in diese Würden eindrängen. Das lasse ich nach gerechtem Urteil geschehen, wie sie es ersehnen; sie werden sich in einer sehr gerechten Prüfung durch schwere Buße oder das Feuer der Hölle verantworten müssen.

23. Von den bußfertigen Simonisten und den unbußfertigen

Daß du aber siehst, wie *einige von ihnen von dieser Torheit ablassen und rein werden, während andere in dieser Bosheit und in ihrem Schmutz verharren,* bedeutet: Einige von ihnen kommen auf göttliche Eingebung aus ihrer Verkehrtheit wieder zu Verstand und verdienen, durch aufrichtige und wahre Buße gereinigt und gerettet zu werden, während die andern verhärtet und unbußfertig im Schmutz ihrer Verschlagenheit bis zum Ende ihres Lebens verharren und so erstickt, elend und grausam im Sterben eines harten Todes erlöschen (in morte dirae mortis morientibus).

24. Gott gab der neuen Braut zur Verteidigung und zum Schmuck die Gaben des Heiligen Geistes

Daß *du* jedoch *innerhalb dieses Gebäudes gegenüber dem Turm auch etwas wie sieben weiße Marmorsäulen stehen siehst und sie wunderbar rund gedrechselt sind,* heißt: Im Bauwerk des allmächtigen Vaters hat der Heilige Geist zum Schutz und zur Zierde der neuen Braut sieben schneeweiße Schutzvorrichtungen für sein Wehen, welche alle feindlichen Stürme mit ihrer Kraft abhalten, bestimmt. Er offenbarte, daß die höchste Macht weder Anfang noch Ende am Rad (in rotunditate) der Ewigkeit besitzt. *Sie sind sieben Ellen hoch,* denn diese alle Kraft und Erhabenheit der ganzen menschlichen Einsicht übertreffenden Gaben deuten an, daß der, welcher alles geschaffen hat, in allerreinstem Glauben zu verehren ist.

Sie tragen auf ihrer Spitze eine eiserne runde Galerie, die anmutig ein wenig oben darüber hinausragt; denn sie bezeichnen in ihrer erhabenen Herrlichkeit die feine und ungreifbare Macht der Gottheit, welche jene in ihrer auserlesenen himmlischen Aufrichtigkeit schützt und erhält, die sich hienieden mit Hilfe der Gaben des Heiligen Geistes von fleischlichen Lüsten getrennt haben.

25. Von der Weisheit, ihrem Standort und Gewand und was es bezeichnet

Daß *du* aber *am obersten Ende dieser Galerie eine überaus schöne Gestalt stehen siehst,* bedeutet: Diese Tugendkraft war vor aller Schöpfung im höchsten Vater; nach seinem Ratschluß gab sie allen Geschöpfen ihre Ordnung (ordinans instrumenta creaturarum), die im Himmel und auf Erden erschaffen sind. Sie selbst erstrahlt nämlich als herrlicher Schmuck in Gott und ist die breiteste aller Sprossen der Tugendleiter in ihm, und mit ihm in ganz liebreicher Umarmung vereint beim Siegesreigen der brennenden dreifaltigen Liebe (ardentis amoris tripudio). *Sie blickt auf die Menschen in der Welt,* denn sie leitet und bewacht unter ihrem Schutz die, welche ihr folgen wollen, und liebt sie sehr, weil sie mit ihr übereinstimmen. Denn diese Gestalt bezeichnet die Weisheit Gottes, weil durch sie alles von Gott geschaffen und regiert wird. *Ihr Haupt strahlt einen so starken Glanz aus wie ein Blitz, daß du es nicht vollständig betrachten kannst.* Denn die Gottheit ist für jedes Geschöpf furchterregend und anziehend. Sie sieht und betrachtet alles, wie das menschliche Auge unterscheidet, was ihm vorgelegt wurde; dennoch vermag kein Mensch, sie bezüglich ihrer Geheimnistiefe an ein Ende zu führen.

Daher *hat sie* auch *die Hände ehrerbietig über der Brust gefaltet.* Das ist die Macht der Weisheit, die sie klug an sich fesselt, so daß sie jedes ihrer Werke in solcher Weise lenkt, daß niemand ihr bei irgendetwas, weder mit Klugheit noch mit Gewalt widerstehen kann, *während ihre Füße hinter der Galerie für deinen Blick verborgen bleiben.* Denn ihr im Herzen des Vaters verborgener Weg zeigt sich keinem Menschen; vor Gott allein liegen ihre Geheimnisse bloß und offen. Daß *sie* aber *auf dem Haupt einen kronenförmigen, von hellem Schein strahlenden Reif trägt,* heißt: Die Majestät Gottes ohne (carens) Anfang und Ende glänzt in unvergleichlicher Würde. Die Gottheit strahlt von solch göttlicher Schönheit, daß die Sehkraft des menschlichen Geistes von ihr geblendet wird. Daß *sie* aber *mit einer goldfarbenen Tunika angetan ist,* bedeutet: Das Werk der Weisheit erblickt man häufig wie aus purstem Gold. Daher *läuft von der Brust bis zu den Füßen herab ein Streifen. Er ist mit dem Schmuck von kostbarsten Edelsteinen, nämlich von grüner, weißer, roter und himmelblauer, von Purpurglanz schimmernder Farbe geziert.* Denn vom Beginn der Welt erstreckte sich schon — sobald die Weisheit ihr Werk offen in Erscheinung treten ließ — ein mit heiligen und rechten Geboten geschmückter Weg bis zum Ende der Zeiten, nämlich zuerst angelegt im grünenden Sproß der Patriarchen und Propheten, die aus der Not und den Seufzern der Mühsal heraus mit größtem Verlangen die Menschwerdung des Gottessohnes herbeiflehten, und dann geschmückt mit der blütenweißen (candidissima) Jungfräulichkeit in der Jungfrau Maria; danach mit dem festen, rotfarbenem Glauben der Märtyrer und schließlich mit der purpurleuchtenden Liebe der Beschaulichkeit, in der Gott und der Nächste in der Glut des Heiligen Geistes geliebt werden sollen. So schreitet sie bis zum Ende der Welt voran; ihre Ermahnung hört nicht auf, sondern ergießt sich, solange die Welt dauert. So zeigt es auch diese Tugend in ihrer Mahnung auf, wie schon gesagt wurde.

26. Vom Standort der Gerechtigkeit, der Stärke und der Heiligkeit und was er bezeichnet

Daß *du aber auf dem Pflaster dieses Gebäudes drei weitere Gestalten siehst,* bedeutet: Diese drei Tugendkräfte, die das Irdische mit Füßen treten und beim Bauwerk Gottes sich an das Himmlische halten, bezeichnen die drei Werkzeuge, durch welche die Kirche in ihren Kindern das Ewige erstrebt: nämlich die Speise der Lehrer, den Kampf der Gläubigen gegen den Teufel und ihre Abkehr vom Einverständnis mit den Laster. *Die eine von ihnen lehnt sich an die erwähnten Säulen an;* denn die von den Gaben des Heiligen Geistes erfüllten Kirchenlehrer finden Ruhe bei ihrer Stärke. *Und die beiden andern stehen nebeneinander vor ihr.* Die Gottes- und Nächstenliebe ist nämlich auf ihre Ermahnung in ihrem vereinten und gemeinschaftlichen Wirken enthalten.

Deshalb *wenden sich alle der Säule der Menschheit des Erlösers und dem besagten Turm zu.* Denn mit gleicher Einmütigkeit zeigen sie an, daß der Sohn Gottes als wahrer Gott und wahrer Mensch ganz getreu in der Kirche verehrt und angebetet wird, indem sie so die Gerechtigkeit durch Gerechtigkeit erhöhen; sie deuten nämlich in den alten Heiligen den höchsten Gott und in der Fleischwerdung seines Sohnes die Erlösung der Seelen an.

27. Insbesondere von der Gerechtigkeit und ihrem Gewand und was es bezeichnet

Diese Gestalt aber, die sich an die Säulen anlehnt, versinnbildet die Gerechtigkeit Gottes, denn sie bringt nach der Weisheit durch den Heiligen Geist in den Menschen mit all ihrem rechten Tun alles ins rechte Lot (temperatur). *Sie erscheint so umfangreich, daß fünf Menschen zusammen ihre Breite ergeben könnten.* Das bedeutet die Spanne der fünf Sinne in der menschlichen Fassungskraft, mit denen sie sich in der Weite des göttlichen Gesetzes bewegt und für die, welche sie lieben, die von Gott aufgestellten Gebote des Lebens enthält und bewahrt. *Sie ist jedoch so riesengroß, daß du ihre Höhe nicht ganz zu ermessen vermagst; sie schaut nämlich über dieses ganze Gebäude hinweg.* Denn in ihrer Erhabenheit übertrifft sie die menschliche Einsicht und strebt nach oben zum Himmlischen. So blickte sie auch bei der Fleischwerdung des Erlösers vom Himmel hernieder, als der Erlöser, nämlich der Gottessohn, aus dem Vater hervorging, der die wahre Gerechtigkeit darstellt. Daher richtet sie auch ihren Blick auf alle Werkzeuge der Kirche, denn von ihr werden sie hergestellt und umgriffen, wie die höheren Schutzwehren mit dem starken Turm, durch den sie Bestand gewinnen, verbunden sind. Deswegen *hat sie* auch *einen großen Kopf und helle Augen und blickt scharf zum Himmel empor.* Denn die größte und höchste Güte der Gerechtigkeit offenbarte sich den Menschen im fleischgewordenen Gottessohn als strahlende Erscheinung, als er sich den irdischen und beschatteten Augen in einem menschlichen Leib zeigte und durch die Erlösung der Seelen auf das Himmlische blickte. Und sie *ist ganz strahlend weiß und durchsichtig wie eine heitere Wolke.* Denn sie wohnt im Glanz und in der Reinheit der gerechten Menschenherzen, die all ihren Eifer darauf richten, der Gerechtigkeit Gottes aufs Treueste ergeben zu sein. So ahmt sie auch die Wolken nach, weil sie sich in den Herzen der Gerechten eine angenehme Wohnstatt bereitet.

Daß *du* aber *sonst nichts Menschenförmiges an ihr erblickst,* bedeutet: Wie dir kundgetan wurde, bleibt sie himmlisch und nicht irdisch, d. h. es sind mit ihr keine rein irdischen Taten verbunden, mit denen es sich jene Menschen schwer machen, sondern solche, die sie zur Rechtfertigung des Lebens führen; denn Gott ist gerecht, wie auch sie — im Gegensatz zum Teufel — die übrigen Tugendkräfte beim Bauwerk Gotts ermuntert und es oben getreu andeutet.

28. Insbesondere von der Stärke, ihrem Gewand und was es bezeichnet

Die erste der beiden, die vor dieser Gestalt nebeneinander stehen, zeigt die Stärke an. Denn nach der Gerechtigkeit Gottes erhebt sich wie ein Fürst vor dem Angesicht des höchsten Königs die Stärke. Sie bekämpft in den Menschen mit rechter und heiliger Tat alle Nachstellungen der Feinde; sie erscheint nämlich mit der Kraft des allmächtigen Gottes bewaffnet. Denn sie widersteht glaubensstark dem Angriff des Teufels (diabolicae obiectioni). Daher *trägt sie* auch *einen Helm,* d. h. himmlische Lebenskraft zum Heil der Gläubigen, *und einen Schild,* das ist das christliche Gesetz, welches durch die in ihm enthaltene Gerechtigkeit von keinem Pfeil der teuflischen List vernichtet wird; *und Beinschienen,* nämlich die gewöhnlichen rechten Wege unter der Lehre der ursprünglichen Meister; *und Eisenhandschuhe, das sind die starken und wirksamen Werke, welche die Gläubigen in Christus vollbringen.*
In der Rechten hält sie ein entblößtes Schwert, d. h. im guten Werk offenbart sie die unverhohlene (nudam) und offene Ermahnung, welche der Gottessohn in der göttlichen Heiligen Schrift in mystischer Bedeutung darlegte, als er die innere Süßigkeit des Kerns in der Enthüllung des

Gesetzes aufzeigte. *In der Linken hat sie aber eine Lanze.* Denn sie deutet an, daß sie in den gläubigen Menschen — wenn sie in fleischlichen Begierden durch die Lust des Fleisches angefeindet werden — auch bei dieser Tat das Vertrauen auf die ewigen (Güter) besitzt.

Daß *sie* aber *unter ihren Füßen einen schrecklichen Drachen zertritt,* heißt: Auf dem Weg der Aufrichtigkeit unterwirft sie den alten furchtbaren Drachen ihrer Gewalt und *durchbohrt seinen Rachen mit dem Eisen der Lanze, so daß er unreinen Schaum ausspeit.* Denn den Rachen der so schmutzigen und teuflischen Begierde durchbohrt sie in der scharfen Kühnheit der Keuschheit und entzieht ihm den Geifer der brennenden Begierde, mit dem er die Menschen befleckt hat.

Daher *schwingt sie auch das Schwert, welches sie hält, wie zum tapferen Dreinschlagen.* Denn Gott hat sein scharfes Wort in vermehrter Kraft zum Ertöten aller Ungläubigkeit im Götzendienst und anderen Spaltungen, die zum Unglauben gehören, kundgetan, wie es auch die Tugend in ihrer oben angeführten Mahnung deutlich zeigt.

29. Insbesondere von der Heiligkeit, ihrem Gewand und was es bezeichnet

Die andere Gestalt aber bezeichnet die Heiligkeit. Denn während man durch die Stärke dem Teufel widersteht, geht in den guten Menschen die Heiligkeit zum Schmuck der himmlischen Streitschar auf; *sie hat drei Häupter.* Denn durch diese dreifache Würde gelangt sie zu ihrem Rang, *so daß ein Kopf am gewöhnlichen Ort und auf jeder Schulter einer erscheint.* Denn bei gerechtem und gottgemäßem (digna) Tun ist Gott als die Ursache aller wahren Freude (exsultationis), und im Glück wie auch im Unglück, über das sich ein Mensch freuen oder betrüben kann, zu fürchten und zu verehren. *Der mittlere ragt jedoch ein wenig über die andern beiden hinaus.* Denn jener, der Richter über die Guten und Bösen ist, überragt alles mit seiner Gerechtigkeit (aequitate). Daß aber *dieser mittlere und der zu seiner Rechten von so großem Glanz strahlt, daß ihre Herrlichkeit deine Augen blendet, und du so nicht ganz genau sehen kannst, ob er ein männliches oder ein weibliches Aussehen hat,* heißt: Die Heiligkeit steht auf dem Gipfel der Ehre und auf der Seite des Glückes ewiger Wonne von so großem Glanz der göttlichen Gnade erfüllt da, daß die Tiefe ihres Geheimnisses die Einsicht der Menschen übersteigt. So kann man wegen der Last der Sterblichkeit weder ihre Freiheit noch ihre Unterwürfigkeit in Christus erblicken, nur, daß sie in ihm lebt.

Der links erscheinende Kopf ist dagegen von einem verbergenden weißen Schleier verhüllt, wie ihn Frauen gewöhnlich tragen. Diese Vollkommenheit nämlich, die sich aus Liebe zu Gott in jeder Widerwärtigkeit tapfer in Zucht nimmt — sie wird mit teuflischer Feindseligkeit und menschlichem Tun bekämpft — ängstigt und sorgt sich gleichsam, wie sie sich mit göttlichem Beistand verteidigen soll und empfiehlt sich in ganz demütiger Unterwerfung in der lichten Schönheit des christlichen Kampfes mit den Seufzern der gläubigen Herzen ihrem höchsten Erlöser.

Daß aber *diese Gestalt mit einer Tunika aus weißer Seide angetan ist,* bedeutet: Sie erscheint mit dem Werk des strahlenden und gewinnenden Eifers, in dem die vollkommene Heiligkeit meinen Sohn nachahmt, bekleidet, und *auch mit schneeweißen Schuhen ausgerüstet.* Denn durch den Tod Christi erstrahlt sie im Schimmer der Wiedergeburt aus Geist und Wasser in den Herzen der Menschen, damit auch sie seinen Tod nachahmen.

Und auf ihrer Brust trägt sie das Zeichen des Kreuzes; auch ein heller rötlicher Schein, der auf der Brust wie Morgenrot erstrahlt, umgab es schimmernd. Sie ruft nämlich immer wieder in den aufmerksamen Herzen der Gläubigen, die sie eifrig lieben, die Erinnerung an das Leiden Christi Jesu wach. Auch deutet sie überall im heitersten Licht des Glaubens in diesen Herzen an, daß jener, der im Gehorsam gegen den Vater in seiner heiligen Menschheit derart gelitten hat, nach dem Willen des Vaters in der ganz schönen Morgenröte der Sonne, welche die Jungfrau Maria ist, ohne Sündenmakel geboren, gekommen war. Daß *sie* jedoch *in der Rechten ein entblößtes Schwert hält, das sie sehr andächtig an ihre Brust und das Kreuz drückt,* bedeutet: Sie zeigt in einer guten und heiligen Geste, wie sie die Erinnerung an die Heilige Schrift, die durch den Heiligen Geist offenbart wurde, in den Herzen der Erwählten liebt, durch die auch sie liebreich des Leidens ihres Erlösers gedenken.

Daher *siehst du auch an der Stirn des mittleren Hauptes geschrieben: ‚Heiligkeit'.* Denn man erkennt die Heiligkeit am inneren Antlitz, d. h. an der Seele, die sich ohne eine ungeziemende Scham am Leben freut; *und an der Stirn des rechten: ‚Wurzel des Guten'.* Sie ist nämlich der sichtbare Beginn und das Fundament bei der Erlösung zur Heiligkeit; *und an der Stirn des linken: ‚Ohne sich zu schonen',* weil sie, ohne zu erlahmen, die Verweichlichung und Nichtigkeit der fleischlichen Begierden von sich wirft, sich immer zuchtvoll zügelt und sich die Ausstattung mit den übrigen Tugendkräften aneignet, um vollendet werden zu können, und nach Beharrlichkeit strebt. *Und das mittlere blickt auf die beiden andern und diese zu ihm, und so leisten sie sich gegenseitig einen guten Dienst* (utilitatem conferunt). Sie bleiben nämlich gemeinsam stark in der Eintracht des inneren Schauens und der Liebe, so daß keines von ihnen ohne die Hilfe des andern zu bestehen vermag. Ihre Worte und Ermahnungen zielen — wie schon gesagt — auf den Fortschritt der Menschen.

Wer aber scharfe Ohren zum inneren Verständnis besitzt, der lechze in leidenschaftlicher Liebe zu meinem Abbild nach diesen meinen Worten und schreibe sie ins Gewissen seiner Seele ein.

Die Abschnitte der 10. Vision des 3. Teils

1. Die Rede des Menschensohns
2. Der Mensch ist im Besitz der Erkenntnis von Gut und Böse unentschuldbar
3. Mahnung an die Eheleute
4. Der Vergleich mit einem Acker
5. Der Mensch darf nicht erforschen, was er nicht wissen soll; das wird aus Beispielen ersichtlich
6. Niemand soll den Weg der Heiligkeit plötzlich an sich reißen, wie man an den beigefügten Beispielen sieht
7. Mahnung an die Jungfräulichen und Enthaltsamen, auf welche Weise sie nach Heiligkeit streben (aggredi) sollen
8. Von der inneren Enthaltsamkeit des Herzens (mentis), wie sie aus den angefügten Beispielen ersichtlich ist
9. Der Vergleich mit einem Schatz
10. Die Worte der Beständigkeit
11. Die Worte des himmlischen Verlangens
12. Die Worte der Herzenszerknirschung
13. Die Worte der Weltverachtung
14. Die Worte der Eintracht
15. Durch die Erhabenheit der Gerechtigkeit und die Kraft der Gaben des Heiligen Geistes werden die Werke, welche Gott in den Menschen wirkt, bestärkt
16. Alles Tun, das sich in den Gläubigen im Glauben und im Werk vollzieht, wird durch die göttliche Vorsehung mit der Furcht des Herrn verbunden
17. Der Sohn Gottes führt den, der beharrlich im guten Tun bleiben will, damit er nicht dem Irrtum verfällt; er hat durch seine Demut den Tod vernichtet
18. Die Finsternis des Gesetzes nahm mit der Geburt und dem Leiden des Gottessohnes ein Ende
19. Was Gott in der Kirche getan hat, können die Menschen sehen und wissen, das Künftige aber nur im Glauben oder durch göttliche Offenbarung
20. Gott blickt barmherzig auf den Menschen und ermuntert ihn, durch die Nachahmung der Heiligen nach dem himmlischen Vaterland zu trachten
21. Vom Standort der Beständigkeit, des himmlischen Verlangens, der Herzenszerknirschung, der Weltverachtung und der Eintracht und was er bezeichnet
22. Von ihrem Gewand und was es bezeichnet
23. Insbesondere von der Beständigkeit, ihrem Standort und was er bezeichnet
24. Insbesondere vom himmlischen Verlangen, seinem Standort und was er bezeichnet
25. Insbesondere von der Herzenszerknirschung, ihrem Standort und was er bezeichnet
26. Insbesondere von der Weltverachtung, ihrem Standort und was er bezeichnet

27. Insbesondere von der Eintracht, ihrem Standort und was er bezeichnet
28. Das gute Werk stellt sich in wachsamer Glaubensstärke dar und in der Vollendung des Werkes zeigt sich, mit welcher Hingabe jemand Gott verehrt
29. Gott schleuderte die alte Schlange durch die Kraft des Glaubens in die Tiefe ewiger Beschämung
30. Heiden, Juden und falsche Christen, die den wahren Glauben verleugnen, unterstehen der Macht Gottes, obwohl sie von der himmmlischen (in alto posita) Kirche ausgeschlossen sind
31. Worte des Johannes zum selben Thema
32. Gott führt die von allen Gegenden der Welt gesammelte Kirche nach der Vernichtung des Teufels zum vorherbestimmten Ziel: das geschieht am Jüngsten Tag

10. Vision des 3. Teils

Der Menschensohn

Und danach sah ich am höchsten Punkt an der östlichen Ecke des vorher gezeigten Gebäudes, wo seine besagten beiden Mauerteile, nämlich die leuchtende und die steinerne, sich vereinten, etwas wie sieben Stufen von blendendweißem Marmor, die sich zu dem großen Stein, auf dem der erwähnte Leuchtende auf einem Thronsitz erschien, wie ein Schilddach hinabzusenken schienen.

Und auf diesen Stufen stand ein Thron, auf dem ein junger Mann saß. Er hatte ein männliches edles, aber bleiches Antlitz, fast schwarze Haare, die bis auf seine Schultern fielen, und war mit einer purpurroten Tunika bekleidet. Er zeigte sich mir von seinem Haupt bis zum Nabel; doch vom Nabel abwärts war er meinem Blick verhüllt. Und er blickte in die Welt und rief den Menschen darin mit größter Stimmkraft folgendes zu:

1. Die Rede des Menschensohns

O ihr dummen Menschen! Lau und schlecht dämmert ihr vor euch hin und wollt nicht einmal ein Auge öffnen, um zu sehen, was ihr in euerm gut ausgestatteten Geist seid. Ihr brennt vielmehr darauf, das Böse zu tun, nach dem euer Fleisch begehrt, und weigert euch, ein gutes Gewissen und die rechte geistige Betrachtungsweise (speculatio animi) zu haben, als ob ihr keinen Begriff von Gut und Böse hättet, noch die Ehre, daß ihr das Böse zu meiden und Gutes zu tun wißt. Hört auf mich, den Menschensohn, der zu euch spricht: O Mensch, bedenke, was du warst, als du noch als Gerinnsel im Schoß deiner Mutter lagst. Du warst nämlich ohne Bewußtsein und ohnmächtig, als du ins Leben gerufen wurdest (in vivificatione). Doch dann empfingst du Geist, Beweglichkeit und Gefühl, damit du dich lebhaft regst und in deiner Bewegung nutzbringenden Gewinn erkennst.

2. Der Mensch ist im Besitz der Erkenntnis von Gut und Böse unentschuldbar

Du besitzst nämlich das Wissen um Gut und Böse und die Fähigkeit zu handeln. Deshalb kannst du dich nicht entschuldigen, als hättest du damit nicht alle Talente (bona) in dir, damit du — von himmlischer (summa) Eingebung ermuntert — Gott in Wahrheit und Gerechtigkeit liebst, dir selbst in der Begierde und im Ergötzen an der Ungerechtigkeit widerstehst, so daß du dich darin kreuzigst und auf diese Weise mein Leiden ehrst, indem du in diesen Leidenschaften dir selbst widerstreitest, da du nämlich an deinem Leib mein Kreuz trägst, d. h. die unerlaubten Begierden fliehst, wenn dich das Sündigen ergötzt. Und warum besitzst du so große Macht? Damit du nämlich das Böse meidest und Gutes tust. Denn du wirst mir über die Erkenntnis des Guten und Bösen, mit der du begreifst, daß du ein Mensch bist, Rechenschaft ablegen. Doch du verachtest das Gute und vollbringst — in fleischlichen Begierden brennend — das Böse, weil dir das Gute zu beschwerlich scheint, das Böse aber in dir leicht entfacht wird. Und weil es sich so verhält, willst du dich nicht in Zucht nehmen, sondern frei sündigen. Was tat ich, als ich am Kreuz in der Schwäche meines Fleisches litt, zitterte und mich ängstigte, ich, der Menschensohn? Deshalb verlange ich von dir das Martyrium, das dir zuwider ist, welches du in der Lust deines Fleisches und in den andern Stürmen und unerlaubten Begierden, die gegen meinen Willen sind, erduldest, und in andern derartigen Schlechtigkeiten, die ihnen folgen. Du kannst dich nicht damit entschuldigen, daß du nicht weißt, wann du gut und böse handelst.

3. Mahnung an die Eheleute

Doch ich verwerfe nicht die gesetzmäßige Vereinigung der Bindung an eine Frau (copulam costae), welche nach göttlichem Plan zur Vermehrung der von Adam gezeugten Kinder bestimmt wurde, wo das in aufrichtigem Verlangen nach Nachkommenschaft und nicht in betrügerischer Fleischeslust durch die geschieht, denen es ohne Unrecht erlaubt ist, d. h. gemäß den göttlichen Gesetzesvorschriften durch die, welche sich der Welt widmen und nicht fur den Geist (ein geistliches Leben) ausgesondert sind. Das Gute also, das du von mir hast, sollst du wider dich lieben. Denn du bist himmlisch in Bezug auf den Geist, irdisch bezüglich des Fleisches. Daher mußt du lieben, was himmlisch ist, und was irdisch ist, mit Füßen treten. Im Wirken des Himmlischen stelle ich dir himmlischen Lohn vor Augen, im Willen deines Fleisches aber, wenn du Unrecht vollbringen willst, zeige ich dir mein Martyrium und die Qualen, welche ich deinetwegen erduldete, damit auch du aus Liebe zu meinem Leiden dir in den widerstreitenden Begierden widerstehst. Du hast sehr viel Einsicht in dir, es wird aber auch viel Verständnis von dir verlangt werden. Viel ist dir geschenkt, viel wird auch von dir gefordert. Doch bei all dem bin ich das Wichtigste (caput) und deine Hilfe. Denn wenn du — von himmlischer Berührung angerührt — mich anrufst, wirst du Antwort von mir vernehmen. Klopfst du an die Tür, wird dir geöffnet. Im Geist der so scharfen Erkenntnis, die dich erfüllt, wirst du alles, was dir nützlich ist, in dir haben. Und weil das in dir ist, deshalb werden meine scharfen durchdringenden Augen schauen, was sie in dir finden.

Daher suche ich in deinem Gewissen die Wunden und den Schmerz deines Herzens, mit denen du dich bezwingen sollst, wenn du spürst, daß dein Wille dich zur Sünde hinzieht, und wenn du so dazu entfacht wirst, daß du ganz aufgelöst kaum zu atmen vermagst. Und schau, ich blicke dich an. Was sollst du dann tun? Wenn du mich jetzt in dieser Drangsal mit verwundetem Herzen, feuchten Augen und von der Furcht vor meinem Gericht erschüttert anrufst, und dann auch bei deinem lauten Rufen bleibst, daß ich dir gegen die Bosheit deines Fleisches und gegen die Gefechte der bösen Geister zu Hilfe eile, will ich all das tun, was du dir ersehnst, und meinen Wohnsitz in dir nehmen.

4. Der Vergleich mit einem Acker

Sieh nun also, mein Sohn, mit wieviel Mühe und Schweiß man auf dem Acker arbeitet, bevor der Same ausgestreut wird. Doch wenn der Same gesät ist, bringt er seine Frucht. Betrachte das also aufmerksam. Versage ich es nicht der Erde, ohne Schweiß und Anstrengung Frucht hervorzubringen? Wenn es mir aber gefällt, quillt sie so von Früchten über, daß die Menschen reichlich genug haben, zuweilen sogar zuviel (superabundant). Und will ich es, gibt es einen so kargen Ertrag (eis attenuatur), daß die Menschen manchmal vor Hunger kaum leben können; zuweilen sind sogar viele davon so gewaltig (vi illius) geschwächt, daß sie sterben. So steht es nach meinem Beschluß (per me) mit den Menschen. Dem, der mit bereitwilligem Herzen (bono corde voluntarie) den Samen meines Wortes aufnimmt, gewähre ich wie einem guten Acker in Überfülle die großen Gaben des Heiligen Geistes. Wer aber einmal mein Wort aufnimmt, sich aber ein andermal weigert, es anzunehmen, ist wie ein Acker, der zeitweise grünt, zu anderer Zeit aber vertrocknet. Dieser Mensch geht jedoch trotzdem nicht ganz verloren. Denn obzwar er seelisch hungert, besitzt er doch — wenn auch geringe — Grünkraft. Wer aber nicht beabsichtigt und wünscht, meine Worte aufzunehmen, und weder durch die Mahnung des Heiligen Geistes noch durch Belehrung von Menschen sein Herz zum

Guten anregen lassen will, stirbt gänzlich ab. Darüber wunderst du dich, o Mensch, und willst wissen, warum das so geschieht.

5. Der Mensch darf nicht erforschen, was er nicht wissen soll; das wird aus Beispielen ersichtlich

Doch wie du die Gottheit nicht mit sterblichen Augen zu erblicken vermagst, so kannst du auch ihre Geheimnisse nur insoweit, als sie es dir ermöglicht, mit dem menschlichen Verstand (mortali sensu) erfassen. Du aber wendest dich mit deinem schwankenden Herzen da- und dorthin. Wie daher Wasser von der Hitze eines brennenden Ofens verzehrt wird, so wird dein Geist von der Unruhe deines törichten Herzens erstickt. Du begehrst nämlich zu wissen, was dem in Sünden aus menschlichem Samen empfangenen Fleisch zu wissen verwehrt ist. Hebe doch deinen Finger und berühre die Wolken. Was nun? Doch das kann nicht geschehen. So auch nicht, daß du erkundest, was du nicht wissen sollst. Kann doch auch die Saat (herbulae) das Feld (regiones) nicht begreifen, weil es ihr an Verstand und Einsicht fehlt und sie nicht weiß, was sie darstellt und was ihr Samen bewirkt, obwohl sie die Felder mit nützlicher Frucht (utilitatis usu) umsäumt. Auch Mücken und Ameisen oder anderes kleines Getier wollen nicht über andere ihresgleichen herrschen oder Kraft und Bedeutung des Löwen oder anderer größerer Tiere verstehen und begreifen. So kannst auch du nicht erkennen, was im Wissen Gottes beschlossen ist.

Was hast du getan oder wo warst du, als Himmel und Erde erschaffen wurden? Der dies erschaffen hat, brauchte deine Hilfe nicht. So auch jetzt nicht. Wozu erforschst du Gottes Gericht? Wenn dich die heilsame Flut von oben benetzt (tactus fueris), zeige mir, wie du auf dem Acker deiner Seele arbeitest und wie du ihn pflegst. Wenn mir nun diese Anstrengung gefällt, gebe ich dir vorzüglichste Frucht. Nach deiner Mühe bemißt sich deine Frucht und der Verdienst. Gebe ich etwa Erdenfrüchte ohne Anstrengung? So handle ich auch an dir, o Mensch, nicht ohne Schweiß, den ich dir abverlange. Durch mich besitzst du nämlich die Kraft (illa), mit der du dich mühen kannst.

Übe dich also fleißig bei der Arbeit und du gewinnst daraus Frucht. Und wenn du Frucht bringst, erlangst du dafür Lohn. Doch was nun? Viele suchen mich mit hingabebereitem, reinem und einfältigem Herzen, finden mich und halten mich fest.

6. Niemand soll den Weg der Heiligkeit plötzlich an sich reißen, wie man an den beigefügten Beispielen sieht

Viele aber möchten mit mir ihr Spiel treiben (iocolari et ludere) und wollen sich mir nähern, ohne Verstand und Denkkraft zu bemühen. Sie wollen nicht überlegen, was sie tun sollen, nämlich mich anrufen und auf das Einverständnis ihres Leibes achten, sondern möchten mich nur ergreifen, als ob sie aus tiefem Schlaf erwachen. Plötzlich reißen sie den Weg der Heiligkeit mit einer täuschenden und betrügerischen Geste, wie sie es sich ausdenken, an sich. Sie nehmen mein Joch auf ihre Schultern: die einen nämlich im Abschütteln ihrer weltlichen Geschäfte, andere im Verzicht auf fleischliche Dinge, wieder andere in jungfräulicher Keuschheit, in der Meinung, alles sei ihnen möglich, was sie wollen, und möchten nicht wahrhaben (intueri), wer und was sie sind oder was sie vollbringen können, noch sich bewußtmachen, wer sie gebildet hat und wer ihr Gott ist. Er soll nur ihr Hausgenosse sein, der alle ihre Wünsche erfüllt.

Dazu verleihe ich meine Gabe nicht und besäe kein Brachland in einem Menschen, der versucht, sich mir in derartiger Einbildung (vanitate) zuzugesellen, als ob er mich in der Entfremdung der Unwissenheit nicht kenne. Deshalb wird sein Fuß auch oft straucheln.

Und ich sage zu ihm: ‚O Mensch, warum hast du den Acker deiner Seele nicht untersucht, um unnützes Unkraut, Dornen und Disteln auszureißen, d. h., mich anzurufen und dich zu betrachten, bevor du wie ein Trunkener und Wahnsinniger, der sich selbst nicht kennt, zu mir kommst? Denn du kannst ohne meine Hilfe kein leuchtendes Werk vollbringen. Du wirst nämlich nach dieser Übereilung, in der du mich wie im Schlaf gesucht hast, und nachdem du aus Überdruß an meinem Dienst dich an jenen Schlaf erinnert hast, in dem du zuvor in deinen Gewohnheitssünden schlummertest, krank und ohne Ahnung (inscius) vom Guten und auch um die Hilfe und den Trost des Tröstergeistes betrogen zu diesen ehemaligen Verfehlungen zurückkehren. Welchen Führer und Helfer hast du aber dazu gesucht? Deinen betrügerischen Sinn, der dich Törichten in die Wüste (ariditas) ohne Lebenskraft und Erinnerung an deine Einsicht führte. Er hatte vergessen, daß du nichts Gutes ohne mich tun kannst. Und was hast du nun (davon)? Zweifellos wirst du jetzt elend und nichtig vor mir und dem Volk (zu Boden) stürzen und wie unnützer Staub zertreten werden. Denn was ist dir wider mich möglich? Nichts. Und was vermagst du mit mir zu vollbringen? Helleuchtende Werke; sie übertreffen die Sonne an Glanz und sind für den inneren Geschmack süßer als Honig und Milch, wenn sie dem verlangenden Volk offenbar werden. Denn wenn du mich mit der innersten Einsicht deiner Seele suchst, wie du bei der Taufe im Glauben belehrt wurdest, tue ich dann nicht alles, was du möchtest?

Doch nach ihrem Fall suchen mich viele, die vor ihrem Sturz nach mir verlangt haben müßten, wieder seufzend unter Schmerzen. Ihnen reiche ich die Hand und sage: ‚Warum habt ihr mich nicht vor dem Fall gesucht? Wo war ich? Und wo habt ihr mich wieder gesucht? Habe ich euch etwa, als ihr mich suchtet, abgewiesen?' Und ich spreche: ‚O Mensch, ständest du vor der Brücke über ein tiefes Gewässer und du würdest aus dummer Überheblichkeit und deiner nicht achtend (tui oblivione) — wie du mich bei allen Gelegenheiten verachtet hast, als du glaubtest, alles sei dir möglich, was du begehrtest, als ob du meiner Hilfe nicht bedürftest — stolz im Herzen sprechen: ‚ich will diese Brücke meiden und durchs Wasser schreiten'; würdest du da klug handeln? Wenn du das anmaßend und unklug tun würdest, würdest du gewiß in demselben Geschöpf, das dir unterworfen und zu deinem Nutzen geschaffen ist, deinen Geist aushauchen. Damit dir das aber nicht zustößt, hütest du dich aus momentan einleuchtender Furcht vor dem dich tödlich verschlingenden Wasser. Oder würdest du, wenn du einen ganz großen abgesägten Baum stürzen siehst, nicht fliehen, um nicht von ihm verletzt zu werden? Oder du siehst Löwen, Bären oder Wölfe dir entgegenkommen; würdest du dich nicht, wenn du könntest, von Angst überwältigt, in die Erde verkriechen? Und wenn du einer körperlichen Verletzung so ausweichst, warum meidest du nicht in Furcht vor deinem Schöpfer den so grausamen Tod der Seele? Hast du etwa gesehen oder gehört, daß er sich je gegen mich empören konnte? Denn wer nicht mit mir ist, wird vernichtet, und auf wen ich falle, der zerschellt. Was warst du, als Himmel und Erde erschaffen wurden, die tun, was für sie festgesetzt ist? Du aber, nach dem Plan Gottes gestaltet und von seiner Erleuchtung berührt, übertrittst seine Gebote. O große Torheit! Durch die Kreatur, welche dir ergeben dient, verachtest du deinen Gott und überspringst Erde und Himmel, die ihrem Schöpfer in Furcht gehorchen und seinen Befehl ausführen. Das tust du nicht, da du ihn weder in Gedanken noch in deinem Tun kennen, noch zu ihm aufblicken willst, weil du Verlangen trägst, ihn kennenzulernen.

Wenn du daher nicht Buße tust, wird dich die Unterwelt nach gerechtem Urteil aufnehmen, wie auch jenen, der wegen Verhärtung aus dem Himmel hinausgeworfen wurde; ihn hast du nachgeahmt. Doch wenn du auch gefallen bist, rufe und suche gläubig nach mir und ich will dich aufheben und annehmen. Du aber, o Mensch, willst soundsooft an das Höchste rühren, der du nicht einmal das Niedrigste zu verstehen vermagst.'

7. Mahnung an die Jungfräulichen und Enthaltsamen, auf welche Weise sie nach Heiligkeit streben sollen

Deshalb höre meine Stimme: ‚Möchtest du auf meine Mahnung hin durch das Abschütteln weltlicher Geschäfte oder die Enthaltsamkeit von fleischlichen Dingen mein Joch tragen, rufe, bevor du darangehst, und lasse nicht nach, mich zu suchen; und ich werde dir helfen. Willst du mich auch, von meiner Ermahnung angerührt, nachahmen und im Blick auf mich (post me respiciens) keusch und jungfräulich sein — denn wie eine Blume aus ungepflügtem Feld hervorgeht, so bin auch ich ohne männlichen Samen geboren — so zeige mir in großer Demut den Acker deiner Seele und rede mich unter deinen strömenden (in largitate) inneren Tränen an und sprich: ‚O mein Gott, ich unwürdiger Mensch besitze nicht aus mir die Kraft, dieses Vorhaben, meine Jungfräulichkeit zu bewahren, ausführen zu können, wenn nicht du, o Herr, mir hilfst. Denn ich bin ganz schuldbefleckt durch meine Entstehung aus dem glühenden Lebenssaft, dem ich unter vielerlei Elend entwuchs, und frage mich oft nach der Ursache meiner Gebrechlichkeit. Deshalb kann ich mich auch nicht aus eigener Kraft im Geschmack an der Lust (dulcedo) meines Fleisches bezwingen, da ich ein in Sünden empfangenes und geborenes Gewächs bin. Gib du mir darum, Herr, in deiner Kraft die feurige Gabe, welche in mir diese Veranlagung (causam) und die schlimme Glut auslöscht, so daß ich mit rechtem Verlangen (suspiriis) vom Wasser des lebendigen Quells trinke, der mir Lebensfreude verleiht. Denn ich bin modernde Asche und blicke mehr auf die Werke der Finsternis als auf die Werke des Lichts.' Und bist du dann eifrig und beharrlich bei dieser Bitte geblieben, bereite ich mir in dir jenen Acker, den Isaak seinem Sohn vor Augen stellte, als er sprach: ‚Sieh, der Duft meines Sohnes ist wie der Geruch eines üppigen Ackers, den der Herr gesegnet hat'; diesen meinen Acker in deinem Herzen will ich segnen, und wie er noch hinzufügte: ‚Du sollst der Herr deiner Brüder sein und vor dir sollen sich die Söhne deiner Mutter neigen', so wirst auch du auf dieselbe Weise ein aus dem gewöhnlichen Volk herausgehobenes Geschlecht sein. Ich aber will Rosen, Lilien und andere herrliche farbenprächtige Tugenden (virtutum pigmenta) auf jenen Acker säen, ihn durch die Eingebung des Heiligen Geistes ständig bewässern und ihn im Ausrotten alles Unnützen vom Bösen befreien, so daß sich meine darüberschweifenden Augen am Grün und an der Blütenpracht dieses unversehrten Feldes weiden. Das ist mein (Werk) durch mich und nicht deines, noch durch dich, o Mensch. Denn ich bin die Blume des Feldes. Wie nämlich das Feld ohne Pflügen Blüten hervorbringt, so bin ich, der Menschensohn, ohne Vereinigung mit einem Mann aus einer Jungfrau geboren. Und deshalb ist das mein Geschenk und nicht deines. Du bist nämlich in Sünden empfangen und in Sünden aus der Verderbnis geboren. Doch wenn du diese Gabe gläubig von mir erbittest, wirst du sie sicher von mir erhalten. Ich verleihe dir, angesichts meines Vaters in Jungfräulichkeit mit mir Gemeinschaft zu haben. Wegen der Gebrechlichkeit deines Leibes aber kannst du das nicht ohne Drangsal ob der Glut, die in dir ist, haben. Denn die Schwäche deiner menschlichen Natur (humana natura fragilitatis) wird sich soundsooft in dir zeigen. Du kannst ihr nicht entgehen, weil du Fleisch von Fleisch bist.

Doch darin mußt du mein Kreuz tragen und mein Leiden nachahmen, indem du dich nämlich in Zucht nimmst, so daß du dich durch mich besiegst. Das ist mir immer liebenswert, weil ich weiß, daß du ein zerbrechliches kleines Gefäß bist. Dann will auch ich mich mit dir vereinigen und mit deinen Schmerzen mitleiden. Solltest du jedoch einmal auch dabei fallen, erhebe dich rasch und tue von Herzen Buße. Und ich werde dich aufnehmen und heilen.

8. Von der inneren Enthaltsamkeit des Herzens, wie sie aus den angefügten Beispielen ersichtlich ist

Gewisse, vom Teufel getäuschte und im Bösen verharrende Menschen meinen, sie seien geheiligt, wenn sie sich in ihrem äußeren Menschsein der Ehe enthalten; sie verwerfen die Beschneidung der Gesinnung, in der sie von unreinen Gedanken überfließen und auch die Beschneidung des Geistes zurückweisen, wenn sie in ihrem Reden und Tun Böses zeugen und nicht wissen wollen, daß dies ein Vergehen ist. Sie achten in ihrer Lässigkeit nur darauf, daß ihr Fleisch unberührt von Vermischung bleibt und lehnen die Unversehrtheit ihres Geistes ganz ab. Daher sind sie unwürdig vor mir, d. h. sowohl vom fleischlichen als auch vom geistlichen Gesetz ausgestoßen, weil sie weder im Fleisch noch im Geist entsprechend der göttlichen Gerechtigkeit gelebt haben. Denn sie hielten weder am für sie geltenden Gesetz der Ehe fest, noch bewahrten sie, was über die Gesetzvorschrift hinausgeht, die Liebe zur Jungfräulichkeit. Daher sind sie in meinen Augen unwürdig, denn ich weiß nicht, was sie sind. Ich sah sie nämlich weder unter dem Gebot des Gesetzes wandeln noch in diesem Punkt mehr tun, als ihnen geboten ist. Daher sind sie auch von meinem Angesicht verstoßen. Ich vergleiche sie der unfruchtbaren Erde, die Dornen und Disteln und unnütze Gräser, die zu nichts zu gebrauchen sind, hervorbringt. In ihrer Größe und Farbe ähneln sie Rosen, Lilien und anderen brauchbaren Blumen und Kräutern, die nutzbringenden Saft, süße Frucht und guten Duft als Heilmittel bieten. Und ich vergleiche sie mit Kupfer, das sich für Gold hält und heuchlerisch vortäuscht, inwendig Gold zu sein. Denn auf diese Weise gebärden sich diese Menschen wie kluge Jungfrauen, innerlich sind sie voll Täuschung und Niedertracht.

Daher sind sie vor mir wie ein lauer Wind, in dem weder Hitze noch Kälte irgendwie zum Zuge kommt (ullum vigorem habet), weil sie weder dazu zu gebrauchen sind, in der Leidenschaft ihres Herzens in jungfräulicher Enthaltsamkeit zu verharren — wie sie begonnen haben — noch sich in irdischen Angelegenheiten — wie sie es sich vornehmen — gleichgültig zu verhalten, um in weltlichen Verhältnissen zu leben. Denn sie sündigen weder außerhalb des Gesetzes stehend wie die Zöllner, noch innerhalb des Gesetzes wie die Ungerechten, sondern sind innerlich lau, weder ganz gerecht noch ungerecht. Wie aber das Junge unreiner Tiere beseitigt wird, bevor es bewußt lebt oder bevor es zu voller Lebenskraft erstarkt ist, so wird dieses Volk in den Tod gestoßen; denn es weiß weder sinnvoll zu leben (vivere ad vitam), noch versteht es die Kraft der ihm innewohnenden Tugenden (zu nutzen), welche im Haus der Weisheit wohnen. Deshalb blase ich sie von meinem Mund weg, weil sie meines Anblicks unwürdig sind, wenn sie so unbußfertig bleiben. Jetzt aber, o Mensch, gehe in dich.

9. Der Vergleich mit einem Schatz

Wenn nämlich irgendein Mensch dir einen Schatz schenken würde, weil er dich sehr liebt, und zu dir spräche: ‚Treibe Gewinn damit und sei reich, damit man weiß, wer der ist, welcher dir diesen Schatz gegeben hat'; da müßtest du dir genau überlegen, wie du ihn gewinnbringend nutzen sollst und zu dir sprechen: ‚Der Schatz meines Herrn soll mir offensichtlichen ansehnlichen Gewinn bringen, damit er dadurch Ruhm erhält.' Und wenn du ihn auf diese Weise nutzbringend vermehren und vervielfachen würdest, käme die gute Kunde davon zu den Ohren dessen, der ihn dir geschenkt hatte. Und deshalb würde er auch dich — dadurch an dich erinnert — mehr lieben und dir noch größere Geschenke machen.

So handelt auch dein Schöpfer. Er schenkte dir den vorzüglichsten Schatz, nämlich die lebendige Einsicht, da er dich sehr liebt, weil du sein Geschöpf bist. Er gebot dir durch die Worte des von ihm aufgestellten Gesetzes, mit dieser Einsicht in guten Werken Gewinn zu machen und an Tugenden reich zu sein, damit man daran den guten Geber genauer erkenne. Daher mußt du jederzeit darüber nachsinnen, auf welche Weise dieses große Geschenk, das du empfangen hast, sowohl zum Nutzen der anderen als auch zu deinem eigenen, in Werken der Gerechtigkeit den Glanz der Heiligkeit aus dir hervorbringen soll, damit die Menschen, von deinem guten Beispiel herausgefordert, Gott dafür Ruhm und Lob zollen. Wenn du es fruchtbringend in aller Gerechtigkeit vervielfachst, wird Lob und Danksagung zur Erkenntnis Gottes gereichen, der dir diese Tugenden im Heiligen Geist eingehaucht hat. Daher wird auch er dir ebenso die Barmherzigkeit seiner Gnade zuwenden und dich durch die Süßigkeit seiner Liebe überreich in der Liebe zu ihm entbrennen lassen. So wirst du — erfüllt von der Tröstung des Heiligen Geistes — alles was gut ist, weise unterscheiden und noch größere gute Werke tun und in glühendster Liebe deinen Vater verherrlichen, der dir dies gütig geschenkt hat.

Diese meine Worte sollen meine Schafe hören, und wer innere Ohren des Geistes (aures interioris spiritus) besitzt, nehme sie in sich auf. Denn es gefällt mir, daß die Menschen, welche mich erkennen und lieben, so handeln, damit auch diese innerlich begreifen, was sie im Besitz der Gaben des Heiligen Geistes tun sollen.

Doch in derselben östlichen Gegend sah ich auf dem Pflaster des erwähnten Gebäudes vor dem jungen Mann drei Gestalten nebeneinander stehen und ihn mit Hingabe betrachten. Gegen Norden jedoch erblickte ich zwischen jenem großen Lichtkreis, der sich von dem besagten Leuchtenden auf dem Thronsitz ausbreitete, und diesem Gebäude etwas wie ein in der Luft hängendes Rad. In ihm erschien bis zur Brust die Gestalt eines Menschen, der sehr scharf auf die Welt blickte.

Vor der nach Süden weisenden Ecke dieses Gebäudes aber wurde innerhalb des Baues auf dem Pflaster eine andere Gestalt sichtbar, welche dem besagten jungen Mann mit ganz heiterem Antlitz zugewandt war. Und diese Gestalten glichen sich folgendermaßen: Wie die übrigen Tugenden welche ich vorher gesehen hatte, trugen sie alle seidene Gewänder. Auch hatten sie alle den Kopf mit einem weißen Schleier bedeckt, mit Ausnahme jener, die zur Rechten der mittleren der ewähnten drei stand; sie schien auf dem unbedeckten Haupt schneeweißes Haar zu haben. Keine von ihnen war mit einem Mantel angetan, außer derselben mittleren der drei, welche einen weißen Mantel trug. Sie waren jedoch alle mit einer weißen Tunika bekleidet, ausgenommen jene, die im Rad erschien und eine schwärzliche Tunika hatte, und außer der links neben der mittleren der drei dastehenden, welche über eine farblose Tunika verfügte. Alle hatten auch weiße Schuhe an. Nur das Schuhwerk der mittleren der drei schien schwarz und mit verschiedener Farbe bemalt zu sein.

Doch gab es auch folgende Unterschiede zwischen ihnen: Auf der Brust der mittleren der drei erwähnten nebeneinanderstehenden Gestalten erschienen zwei Fensterchen und über ihnen ein zur Rechten dieser Gestalt gewandter Hirsch dergestalt, daß er die Vorderläufe auf das rechte Fenster und die Hinterläufe auf das linke gestützt hatte und sich gleichsam aufs Losspringen eingestellt hatte. Und diese Gestalt sprach:

10. Die Worte der Beständigkeit

‚Ich bin die stärkste Säule und nicht wankelmütig in leichtsinniger Unbeständigkeit. So kann mich kein Windhauch in Bewegung setzen wie das Blatt eines Baumes, das von ihm geschüttelt und da- und dorthin gefegt wird. Ich muß vielmehr auf dem wirklichen Fels ausharren, welcher der wahre Sohn Gottes ist. Und wer vermag mich zu beunruhigen? Wer kann mich verletzen? Dazu ist kein Starker oder Schwacher, kein Fürst oder Adeliger, Reicher oder Armer imstande. Ich bleibe im wahren Gott, der in Ewigkeit nicht wankt.

Und auch ich werde nicht wanken, weil ich auf dem stärksten Fundament gegründet bin. Ich mag nicht bei den Schmeichlern sein, die vom Wind der Versuchung auf alle Wege verweht werden und niemals in der Ruhe der Beständigkeit verharren, sondern immer zum Geringeren und Schlechteren abfallen. So geht es mir aber nicht; denn ich bin auf den festen Fels gestellt.

Doch *die Gestalt zu ihrer Rechten* sprach *im Blick auf den erwähnten Hirsch:*

11. Die Worte des himmlischen Verlangens

‚Wie der Hirsch nach den Wasserquellen verlangt, so sehnt sich meine Seele nach dir, o Gott. Daher will ich über die Berge und Hügel und die kraftlose Süßigkeit des vergänglichen Lebens hinwegspringen und einfältigen Herzens nur nach dem Quell des lebendigen Wassers Ausschau halten; denn er ist von unermeßlicher Herrlichkeit erfüllt. Niemand kann sich an seiner Wonne aus Überdruß am Überfluß übersättigen.‘

Die zu ihrer Linken stehende Gestalt jedoch schaute auf *die erwähnten Fensterchen* und sprach.

12. Die Worte der Herzenszerknirschung

‚Immer blicke ich auf das wahre und ewige Licht und bewahre es; und ich kann mich weder im Nachdenken, noch im Sehen und Anschauen an der Süßigkeit, die im erhabenen Gott ist, ersättigen.'

Die Gestalt aber, welche gegen Norden in einem Rad erschien, hatte in der rechten Hand einen kleinen grünenden Zweig. Das Rad jedoch umkreiste sie ständig, während die Gestalt selbst unbeweglich darin verharrte. Rings um dieses Rad aber stand geschrieben: ‚Wer mir dient, folge mir, und wo ich bin, dort wird auch mein Diener sein' (Joh. 12,26). *Und auf der Brust dieser Gestalt war eingemeißelt: ‚Ich bin das Lobopfer im ganzen Land.'* Und diese Gestalt sprach.

13. Die Worte der Weltverachtung

‚Dem Sieger werde ich vom Baum des Lebens zu essen geben, der im Paradies meines Gottes steht; denn der Quell des Heils ertränkte den Tod, ergoß seine Bäche über mich und ließ mich in der Erlösung grünen.'

Die Gestalt aber, welche vor der nach Süden blickenden Ecke erschien, trug einen so hellen Glanz auf dem Antlitz, daß ich sie nicht ganz betrachten konnte. Doch hatte sie beiderseits einen weißen Flügel; ihre Spannweite übertraf die Größe dieser Gestalt. Und sie sprach.

14. Die Worte der Eintracht

‚Wer ist so stark, daß er versuchen könnte, Gott zu widerstehen? Und wer ist so kühn, daß er es wagen würde, mich bloßzustellen und durch schändlichen Haß und Neid zugrundezurichten? Gott ist gerecht und nur er (besitzt) unverfälschte Macht und Herrlichkeit. Ihn will ich immer reinen Herzens und mit frohem Antlitz umarmen und mich stets an all seiner Gerechtigkeit erfreuen. Ich will jedoch nicht launisch (mutabilis) sein, sondern immer gleichmütig bleiben und Gott unermüdlich loben. Deshalb kann mich weder der Teufel noch ein übelwollender Mensch schwächen (emollire) oder mich in so falsche Begeisterung versetzen, daß ich aufhören würde, in rechter Eintracht eine Nachahmerin des Friedens zu sein. Wenn die Welt vergeht, werde ich deutlicher in einer himmlischen Vision erscheinen.'

Dann schaute ich (hin), *und plötzlich erschien das Pflaster des erwähnten Gebäudes wie helles Glas und ein überaus leuchtender Glanz ging von ihm aus. Doch auch der Glanz des auf dem Thron sitzenden Leuchtenden, der mir das alles deutlich zeigte, strahlte durch dieses Pflaster bis in den Abgrund wider. Zwischen dem Lichtkreis, der sich vom Thronenden ausbreitete, und diesem Gebäude aber erschien die bloße* (tantum) *Erde; sie neigte sich gleichsam ein wenig abwärts, so daß das Gebäude dadurch wie auf einem Berg zu liegen schien.* Und der Leuchtende auf dem Thronsitz sprach wiederum zu mir: ‚Der Sohn des lebendigen Gottes, aus der Jungfrau geboren, ist allein der Eckstein. Ihn verwarfen jene, die um ihres Heiles willen unter dem Gesetz Gottes einen Bau errichten sollten; doch sie weigerten sich, es zu tun, indem sie die Finsternis mehr als das Licht und den Tod mehr als das Leben liebten. Mächtig regiert er in denen, die von der Berührung des Heiligen Geistes entflammt, sich selbst äußerlich mit Füßen treten und sich mit aller Anstrengung in der Vollendung der Tugenden und guter Werke ins Innerste des Geistes aufmachen (se rapientes).'

15. Durch die Erhabenheit der Gerechtigkeit und die Kraft der Gaben des Heiligen Geistes werden die Werke, welche Gott in den Menschen wirkt, bestärkt

Daher siehst du auch am höchsten Punkt an der östlichen Ecke des vorher gezeigten Gebäudes, wo seine besagten beiden Mauerteile, nämlich die leuchtende und die steinerne, sich vereinen, etwas wie sieben Stufen von blendendweißem Marmor. Denn auf der Höhe der Gerechtigkeit, die sich vom wahren Aufgang, welcher im göttlichen Bauwerk der Eckstein ist, ausbreitet, wo sich die beiden erforderlichen Verbindungsstücke des Mauerwerks, nämlich die spekulative Erkenntnis und das menschliche Tun, in stiller Übereinkunft zusammenfügen, befindet sich die siebenstufige Treppe der blendendweißen Kraft; sie ist von ganz rechtem Tun erfüllt, das Gott in den Menschen wirkt und vollendet, wie er in sechs Tagen tätig war und am siebten ruhte.

16. Alles Tun, das sich in den Gläubigen im Glauben und im Werk vollzieht, wird durch die göttliche Vorsehung mit der Furcht des Herrn verbunden

Sie scheinen sich zu jenem großen Stein, auf dem der erwähnte Leuchtende auf einem Thronsitz erscheint, wie ein Schilddach anmutig hinabzusenken; denn jede Handlung, die in den Gläubigen in Glaube und Werk vollbracht wird, steht mit der Furcht des Herrn, welcher der Allherrscher selbst mit seiner so starken Allmacht gebietet, aus der Autorität seiner Vorsehung zu passendem Gelingen des Baues (compositionis) in Verbindung.

17. Der Sohn Gottes führt den, der beharrlich im guten Tun bleiben will, damit er nicht dem Irrtum verfällt; er hat durch seine Demut den Tod vernichtet

Und daher steht auf diesen Stufen ein Thron, d. h. über den Werken, die Gott in den Menschen wirkt, ruht der starke Schutz dessen, der sie leitet und unterstützt. Denn wer immer bei ihm ausharren will, wird nicht im Irrtum verkommen, weil er (Gott) sich als ganz starke Stütze erweist, auf der alle Gerechtigkeit ruht.

Und auf dem Thron sitzt ein junger Mann; das ist der Menschensohn, nämlich der Sohn Gottes, in unwandelbarer Herrscherwürde. *Er* regiert in aller Gerechtigkeit mit dem Vater und dem Heiligen Geist als ein Gott und *hat ein männliches und edles Antlitz,* weil er als starker Löwe den Tod vernichtet hat. Mit einem edlem Angesicht, d. h. ohne Sünde, erscheint er sichtbar aus der Jungfrau geboren, ist aber bleich (pallidi coloris). Er hat nämlich bei den irdischen (Menschen) keine irdische Ehre gesucht, sondern erschien ganz niedrig, bescheiden und arm in heiliger Demut.

18. Die Finsternis des Gesetzes nahm mit der Geburt und dem Leiden des Gottessohnes ein Ende

Deshalb hat er auch fast schwarze Haare, die bis auf seine Schultern fallen. Denn das jüdische Volk fragte nicht nach dem Licht (claritas) des Glaubens, auf das in der Fleischwerdung dieses meines Sohnes hingewiesen wurde. Es war von der Finsternis der äußerlichen Gesetzeserkenntnis umdunkelt und schwand hartnäckig und ungläubig dahin. Dennoch war es am Ursprung der Gerechtigkeit entstanden und bis zur Stärke der Schultern gelangt; dort erblühte in der Menschheit meines Sohnes das vollkommene Werk, durch welches seine Ungläubigkeit ein Ende nahm. *Und er ist mit einer purpurroten Tunika bekleidet;* denn er vergoß aus Liebe sein Blut und hat den verlorengegangenen Menschen erlöst.

19. Was Gott in der Kirche getan hat, können die Menschen sehen und wissen, das Künftige aber nur im Glauben oder durch göttliche Offenbarung

Daß *er sich dir aber von seinem Haupt bis zum Nabel zeigt,* heißt: Welche Werke er von seiner Fleischwerdung bis zur gegenwärtigen Zeit in der Kirche gewirkt hat, ist den Gläubigen bekannt. *Doch vom Nabel abwärts ist er deinem Blick verhüllt.* Was nämlich von jetzt an bis zum Weltende in der Kirche geschehen wird, kann man weder sehen noch wissen; nur insoweit, als man es durch göttliche Offenbarung und im katholischen Glauben erfaßt. Denn das gewaltige Aufblitzen (coruscationes) der Tugenden, die vor dem Jüngsten Tag an den Menschen offenbar werden sollen, bleibt den Menschen noch unbekannt und verborgen.

20. Gott blickt barmherzig auf den Menschen und ermuntert ihn, durch die Nachahmung der Heiligen nach dem himmlischen Vaterland zu trachten

Und er blickt in die Welt. Denn der Sohn Gottes richtet den Blick seines Erbarmens auf die Menschen und ermutigt sie, durch Vergangenheit und Zukunft veranlaßt, mit seinen zuverlässigen Worten, sie möchten den himmlischen Kriegsdienst seiner Heiligen nachahmen und die Gefahr zu sündigen, meiden (effugientes), um in mutigem Kampf die himmlische Glückseligkeit zu erlangen, wenn sie den Peinigungen der Gottlosen ihre Taten entgegensetzen.

21. Vom Standort der Beständigkeit, des himmlischen Verlangens, der Herzenszerknirschung, der Weltverachtung und der Eintracht und was er bezeichnet

Daß *du aber in derselben östlichen Gegend auf dem Pflaster des erwähnten Gebäudes vor dem jungen Mann drei Gestalten nebeneinander stehen und ihn mit Hingabe betrachten siehst,* bedeutet: Beim Aufgang der Gerechtigkeit, welcher die fleischlichen Begierden unterdrückt, als auf Anordnung des allmächtigen Vaters der Sohn Gottes im Fleisch erschien, wurden diese drei Tugenden in einmütiger Hingabe durch die Kraft der Dreifaltigkeit ständig sichtbar und richteten ihren Blick auf ihn; denn ihn ersehnen und suchen sie in den gläubigen Menschen.

Deshalb *erblickst du auch gegen Norden zwischen jenem großen Lichtkreis, der sich von dem besagten Leuchtenden auf dem Thronsitz ausbreitet, und diesem Gebäude, etwas wie ein in der Luft hängendes Rad. In ihm erscheint bis zur Brust die Gestalt eines Menschen, der sehr scharf in die Welt blickt.* Denn gegen die teuflischen Künste findet zwischen der verborgenen Macht Gottes und seinem geistlichen Bauwerk in den Menschenherzen — wie in der Luft hängend — der Kreislauf seines Erbarmens statt; bald berührt er die Macht der Gerechtigkeit Gottes, bald treibt er sein Wirken in ihnen mit stärkerer Kraft voran. Darin erscheint die christliche Vollkommenheit in der Weltverachtung bis zu ihrem tapferen Herzen (pectus fortitudinis). Diese Tugend mahnt nämlich, mitten in ihrem so tapferen Streit auf Gott vertrauend, die Menschen, welche weltlich auf Erden leben, mit dem scharfen Blick ihrer Ermahnung, das Beispiel des voranschreitenden Gottessohnes durch die Verachtung des Irdischen nachzuahmen und unter beständiger Anstrengung laut nach ihm aufzuseufzen. Daher *wird* auch *vor der nach Süden weisenden Ecke dieses Gebäudes innerhalb des Baues auf dem Pflaster eine andere Gestalt sichtbar, welche dem besagten jungen Mann mit ganz heiterem Antlitz* (magna hilaritate) *zugewandt ist.* Denn damit der Fall des Menschen durch die Güte des himmlischen Vaters in der fruchtbringenden Glut wieder zum Leben zurückgeführt werde, tritt diese Tugend in der Vollkraft des göttlichen Wirkens das weltliche (Trachten) nieder, gibt sich öffentlich in der Zärtlichkeit ihrer Liebe kund und streckt sich zur Freude der Gläubigen gemeinsam mit dem Engelchor nach dem Gottessohn aus. Denn sie erblühte aus himmlischer Kraft in der Fleischwerdung des Erlösers.

22. Von ihrem Gewand und was es bezeichnet

Doch diese Gestalten gleichen sich folgendermaßen: Sie offenbaren nämlich Gott mit gleicher Hingabe in den Menschen, die ihn in ihren Taten einmütig verherrlichen. Deshalb *tragen sie* auch *alle, wie die übrigen Tugenden, welche du vorher gesehen hast, seidene Gewänder.* Denn sie sind bezüglich ihrer Kräfte den übrigen Tugenden, die dir oben ganz wahrhaft gezeigt wurden, nicht unähnlich, sondern trachten — in sanftem Bemühen um das so liebevolle Wirken in den gläubigen Menschen — immer zusammen zu Gott in die Höhe.

Daß aber auch *alle den Kopf mit einem weißen Schleier bedeckt haben,* heißt: In blütenweißer Lebensweise stehen sie in ganz gesammelter Hingabe (occupatae sunt) vor Gott, dem Haupt aller, wie sich eine Frau vor ihrem Mann zu verschleiern pflegt; *mit Ausnahme jener, die zur Rechten der mittleren der erwähnten drei steht; sie scheint auf dem unbedeckten Haupt schneeweißes Haar zu haben.* Denn jene ist — im glücklichen Besitz der durch die himmlische Dreifaltigkeit sichtbar werdenden Kraft — von keiner Sorge dieser Welt beschwert und verlangt im hellen Glanz himmlischer Sehnsucht nur danach, aufgelöst und bei Christus zu sein. Deshalb *ist* auch *keine von ihnen mit einem Mantel angetan,* weil sie von jedem Knechtsdienst befreit sind, der sie von ihrer freien Verpflichtung — nämlich stets zum Himmel aufzuschauen und zu Gott zu eilen (anhelare) — abhalten könnte; sie ersehnen ja nur das, was nichts mit irdischen Angelegenheiten zu tun hat. *Außer der mittleren der drei, welche einen weißen Mantel trägt.* Durch Dulden senkt sich göttliche Schönheit in das verborgene Handeln nach dem seligen Gesetz und mit ihm bekleidet, wird diese Tugend so geschützt, wie wenn ein Mensch sich einen Mantel umwirft. Daß *jedoch alle mit einer weißen Tunika bekleidet sind,* bedeutet: Sie bewegen sich im Glanz guter Werke ohne die Schwärze schlechter Sitten, welche durch die Verkehrtheiten und Laster des verblendeten Unglaubens verfinstert werden. *Ausgenommen jene, die im Rad erscheint und eine schwärzliche Tunika hat.* Denn diese ist beim Kreisen der göttlichen Güte mit Taten umgeben, die in ihrer vielseitigen Beanspruchung dem Fleisch schwer fallen; *und außer der links neben der mittleren der drei dastehenden, welche über eine farblose Tunika verfügt.* In Widerwärtigkeit umgibt sie der Schutz der höchsten Majestät zu ihrer Verteidigung und sie ist von Tränen und Trauer geschützt, wenn sie bei ihrem mühseligen Werk immer weinend und klagend zu Gott aufseufzt. Daher *haben auch alle weiße Schuhe an.* Sie leuchten nämlich beim Tod meines Sohnes auf und bereiten in den Herzen der Menschen den Weg des Friedens, damit sie sich nach dem Himmlischen sehnen. *Nur das Schuhwerk der mittleren der drei scheint schwarz und mit verschiedener Farbe bemalt zu sein.* Denn diese bleibt unter dem Schutz Gottes, doch sie erdulde große Spaltungen durch Ungläubige, die in finsterem Hohn vom Weg der Wahrheit abirren. Und dennoch verharrt sie, geschmückt mit dem rechten Weg des Glaubens und im Vertrauen auf den Tod meines Sohnes, in vielen Anfeindungen teuflischer Ränke und vielfach bedrängt von den Sitten der Menschen, in ihrer Tapferkeit und Schönheit und trachtet nach dem Himmlischen. *Doch es gibt* auch *Unterschiede zwischen ihnen.* Denn obzwar sie einträchtig miteinander am Werk sind, so zeigt doch eine jede in der Glut himmlischer Herrlichkeit in den ihr ergebenen Menschen ihre besonderen Kräfte.

23. Insbesondere von der Beständigkeit, ihrem Standort und was er bezeichnet

Deshalb stellt *die mittlere der drei erwähnten nebeneinanderstehenden Gestalten* die Beständigkeit dar. Sie ist die Säule und der Schutz der mit ihr zusammenhängenden Tugenden und offenbart sich in der Mitte dieser die heilige Dreifaltigkeit bezeichnenden Ziffer den Menschen. Sie weist sie an, beständig in guten Werken zu sein, denn auch Christus hat als Gott und Mensch seine Werke, die er in der Welt wirkte, zu einem guten Ende geführt. So erweist sich auch diese Tugendkraft als Stütze der inneren Tugenden in den Menschen und führt die Menschen mit strenger Zucht zu Gott. Deswegen *erscheinen* auch *auf ihrer Brust zwei kleine Fenster;* das bedeutet die Offenbarung der himmlischen Dinge in den Herzen der Menschen, die durch die zwei Spiegel des Glaubens angezeigt wird. Man soll nämlich an die Gottheit und Menschheit des Gottessohnes glauben. Durch ihn wird diese in den Menschen vollendete Tugend in der Stärke ihre Redlichkeit unerschütterlich. Doch *über diesen Fenstern erscheint ein zur Rechten dieser Gestalt gewandter Hirsch.* Denn über den Glauben an den Sohn Gottes als Gott und Mensch wird ganz sicher er selbst durch die Gläubigkeit des getreuen Volkes gestellt; durch seinen schnellen Lauf bezeichnet er nämlich das himmlische Verlangen und wendet sich nach rechts zur Beständigkeit. Das ewige Leben findet man nämlich in der Beharrlichkeit im guten Tun. *Dergestalt, daß er die Vorderläufe auf das rechte Fenster und die Hinterläufe auf das linke gestützt hat.* Er ist nämlich der wahre Gott, der auch in (der Zeit) ungestörten Glaubens nicht verachtet werden darf; auch daran, daß er wahrer Mensch ist, darf keiner, der Gott wirklich liebt, zweifeln, selbst in der Glaubensverfolgung nicht. Daher *stellt er sich auch gleichsam aufs Losspringen ein.* Denn die Erlösung der Seelen findet man in seinem schnellen Lauf; da lief er unter großen Schmerzen zum Kreuzesleiden und brachte allen, die in der Wahrheit ausharren, das Leben, wie auch diese Tugend oben in den Worten ihres Bekenntnisses andeutet.

24. Insbesondere vom himmlischen Verlangen, seinem Standort und was er bezeichnet

Doch *die zweite Gestalt zu ihrer Rechten* stellt das himmlische Verlangen dar. Es blickt immer zum Himmel auf und trachtet nach der Erlösung. Dadurch strebt die Beständigkeit nicht nach vergänglichem Glück, sie ersehnt vielmehr die ewige Seligkeit. Deshalb *blickt sie* auch *auf den erwähnten Hirsch.* Sie achtet nämlich beständig bei ihrem lichten Tun auf den Sohn Gottes und kann sich an seinen liebreichen Umarmungen nicht ersättigen. So versichert sie auch oben mit den Worten ihrer Sehnsucht.

25. Insbesondere von der Herzenszerknirschung, ihrem Standort und was er bezeichnet

Die zu ihrer Linken stehende Gestalt jedoch zeigt die Herzenszerknirschung und die Erinnerung des Geistes an, die in ständiger Zerknirschung ihre Verbannnung beseufzt und beweint. Durch dieses selige Überströmen eilt die Beständigkeit, die sich von der entgegengesetzen linken Seite — dem Verderben der Seele — abwendet, vom Tod zum Leben. Daher *schaut sie auch auf die erwähnten Fensterchen.* Denn sie richtet in den gläubigen Herzen all ihre Aufmerksamkeit auf den Sohn Gottes, der sowohl in der Menschheit als auch in der Gottheit herrscht. Sie erfreut sich in unablässiger Schau des Genusses seiner Süßigkeit, wie sie es auch in ihren erwähnten Worten offen kundgibt und zeigt.

26. Insbesondere von der Weltverachtung, ihrem Standort und was er bezeichnet

Die Gestalt aber, welche gegen Norden in einem Rad erscheint, veranschaulicht die Vollkommenheit Christi und die Weltverachtung. Durch den Sohn Gottes wurde nämlich die Fülle der Tugenden im Abwerfen der weltlichen Dinge ganz offen sichtbar. Er lebte unter den Menschen und jagte dem Irdischen nicht nach (non inhians). Seine Nachahmer ermahnte er, starkmütig mit ganzer Leidenschaft nach dem Himmlischen zu trachten (anhelare). *Sie hat in der rechten Hand einen kleinen grünenden Zweig.* Denn in der glückseligen Erlösung der Seele umfaßt sie das Werk des lebenskräftigen (viridissimi) und ganz schönen Sprosses der seligen Tugenden, der vom Hauch des heiligen Geistes erfüllt ist. Deswegen *umkreist* auch *das Rad sie beständig, während die Gestalt selbst unbeweglich darin verharrt.* Denn die Barmherzigkeit Gottes beugt sich in liebevollem Mitleiden zu den Menschen und erduldet ihr Elend mit; sie neigt sich immer zu den Suchenden, während die Vollkommenheit Christi in der Weltverachtung sich nicht ändert und unbeständig ist, sondern immer dem zustrebt, was ohne irgendeine negative Veränderlichkeit besteht. Daß aber *rings um dieses Rad geschrieben steht:* Wer mir dient, folge mir, und wo ich bin, dort wird auch mein Diener sein, bedeutet: Überall hat die einfühlsame Barmherzigkeit Gottes zum Inhalt: Wer immer dem Gottessohn Gehorsam leistet, indem er sein Beispiel nachahmt, erfreut sich der himmlischen Glückseligkeit und gelangt mit ihm zur Gemeinschaft der Engel ohne Ende. Deshalb *sieht man auch auf der Brust dieser Gestalt eingemeißelt: ‚Ich bin das Lobopfer im ganzen Land'*. Denn Christus, der weise die Weltverachtung lehrt, gibt den Herzen seiner Erwählten auf geheimen Ratschluß ein (insinuat), daß jede gläubige Seele ihn, die dem Vater am Holz des Kreuzes dargebrachte Opfergabe, mit innerster Hingabe verehre und anbete, während auch auf dem ganzen Erdkreis die Stimme und Zunge aller Gläubigen nicht aufhören soll, seine Ehre und sein Lob um der Vergeltung des ewigen Lebens willen ertönen zu lassen. So verkündet sie auch selbst öffentlich in ihrer obigen Rede.

27. Insbesondere von der Eintracht, ihrem Standort und was er bezeichnet

Die Gestalt aber, welche vor der nach Süden blickenden Ecke erscheint, bezeichnet die Eintracht, welche das Toben der bösen Geister flieht und dafür die Gemeinschaft mit den Engeln liebt (amplectentem), während sie selbst die Spaltungen der Ungläubigen vermeidet und zur Schau des ewigen Friedens eilt. Daher *trägt sie* auch *einen so hellen Glanz auf dem Antlitz, daß du sie nicht ganz betrachten kannst*. Denn sie ist frei von tödlichem Haß und Neid und bereitet in den Menschenseelen eine größere Helligkeit, als der vom gebrechlichen Leib beschwerte Geist zu erfassen vermag. Daß *sie* jedoch *beiderseits einen weißen Flügel hat und ihre Spannweite die Größe dieser Gestalt übertrifft*, heißt: Während sich Glück und Unglück mit dem Schweiß gerechter Mühe verbinden, breitet diese Tugend den Schutz ihrer blendendweißen Güte aus; ihre Spannweite, die sie in der Liebe zum Himmlischen besitzt, erstreckt sich weiter als die Dauer des noch kommenden Menschengeschlechts. Denn wenn die Welt das Ende gefunden hat, fliegt sie über die Himmel der Himmel hinaus und wird dann noch heller erscheinen als jetzt. Nichts Irdisches und Hinfälliges wird man dann suchen, sondern in süßer Umarmung lieben, was himmlisch und ewig ist. Dort wird alles Helle und Frohe Bestand haben und aller Nebel der Bosheit ist verschwunden, wie auch in den Worten des Zeugnisses dieser Tugend getreulich verkündet wird.

28. Das gute Werk stellt sich in wachsamer Glaubensstärke dar und in der Vollendung des Werkes zeigt sich, mit welcher Hingabe jemand Gott verehrt

Daß *du* aber *hinschaust und das Pflaster des erwähnten Gebäudes plötzlich wie helles Glas erscheint und ein leuchtender Glanz von ihm ausgeht*, bedeutet: Die Kraft des wahren Glaubens, welche das Werk und die Stadt Gottes trägt und ausbreitet, ist ganz durchsichtig (tota in candore) und im Spiegel der Einfalt lauter und ebenmäßig, während der Glaube selbst mit allen zu ihm gehörigen Werken in dieser Gottesstadt wacht und baut, da Gott bei Beginn der guten Werke der Menschen durch den Glanz der reinen Absicht berührt und bei ihrem Abschluß durch die Erlösung der Seele genau erkannt wird. Denn nach vollbrachtem Werk zeigt der Glaube an, mit welcher Hingabe jedwede Seele Gott gesucht hat.

29. Gott schleuderte die alte Schlange durch die Kraft des Glaubens in die Tiefe ewiger Beschämung

Daher *strahlt* auch *der Glanz des auf dem Thron sitzenden Leuchtenden, der dir dies alles deutlich zeigt, durch dieses Pflaster bis in den Abgrund wider.* Denn die Gnade des allmächtigen Gottes, der alles regiert und dir alles, was du in dieser Schau erkennst, offenbart, hat den Teufel durch die Glaubensstärke im Verderben des Todes zunichtegemacht. Wie? Gott schleuderte die alte Schlange und den Tod ewiger Verworfenheit durch den ganz reinen Glauben, der in der Wiedergeburt aus Geist und Wasser entspringt, in die Tiefe ewiger Beschämung. Er durchdrang kraftvoll die Finsternis des Unglaubens, als der Gottessohn seine Gläubigen ermahnte, die von ihm empfangenen Worte seiner Lehre in die Welt auszusenden.

30. Heiden, Juden und falsche Christen, die den wahren Glauben verleugnen, unterstehen der Macht Gottes, obwohl sie von der himmlischen Kirche ausgeschlossen sind

Daß aber *zwischen dem Lichtkreis, der sich vom Thronenden ausbreitet, und diesem Gebäude die bloße Erde erscheint und sie sich gleichsam ein wenig abwärts neigt, so daß das Gebäude dadurch wie auf einem Berg zu liegen scheint*, heißt: Zwischen der starken Kraft des allmächtigen Gottes und dem auserlesenen Werk seiner Güte gibt es sehr viele Menschen, die den wahren Glauben verleugnen und mehr dem Zeitlichen als dem Ewigen nachjagen, wie die Heiden, Juden und falschen Christen. Sie verfallen ständig von einem Laster ins andere und schauen in den irdischen Angelegenheiten nicht auf zum Spiegel des katholischen Glaubens; sie bemühen sich vielmehr in ihren Begierden, eine verkehrte Handlung in die Tiefe der Sündhaftigkeit zu ziehen. So erscheint das größte und schönste Werk Gottes jedem Menschen, der es auf dem Berg der höchsten Güte sucht, offen in der Finsternis dieser Unglückseligkeit, wie der geliebte Evangelist Johannes in göttlicher Offenbarung bezeugt und spricht.

31. Worte des Johannes zum selben Thema

„Und er entführte mich im Geist auf einen großen und hohen Berg. Und er zeigte mir die heilige Stadt Jerusalem, die im Glanz der Herrlichkeit Gottes vom Himmel herabkam" (Apc. 21,10—11). Das ist so: Der Geist erhebt den Geist. Wieso? Der Heilige Geist zieht den Geist des Menschen mit seiner Kraft aus der Last des Fleisches heraus, damit er sich mit den Augen jenes Geistes, der das Innere sieht, zur Schau emporschwingt, ohne von der Blindheit der fleischlichen Begierden umdunkelt zu sein. Was bedeutet das? Der Heilige Geist nämlich hebt den Geist des Menschen empor zum Berg der himmlischen Sehnsüchte, damit er genau zu sehen vermag, welche Werke es zu vollbringen gibt, die im Geist gewirkt werden sollen. Das ist die Größe der Werke Gottes, dem die tausend Listen des teuflischen Machwerks unterlegen sind; so herrscht er über sie, wie ein Berg die ebene Erde überragt. Sie ist ein unerschütterliches Fundament und wie ein Berg, der nicht von seinem Platz weicht; auch von solcher Höhe, daß ein sterblicher Mensch sie mit seinem Verstand nicht beschreiben (enarrare) kann. Denn sie übertrifft alle menschliche Klugheit, die von irdischen Geistern irdischer Beschaffenheit aufsteigt.

Und so werden der gläubigen heiligen Seele die Werke des Geistes gewiesen, wie auch das himmlische Jerusalem ohne die Arbeit menschlicher Hände (manuum carnis) durch das vom Heiligen Geist geschenkte Wirken geistlich erbaut werden muß. So erscheint sie in der Größe und Höhe der heiligen Werke im Geist, in dem Maße, wie diese Stadt mit den guten Taten, die durch die Berührung des Heiligen Geistes in den Menschen geschehen, geschmückt wird. Denn so auf dem Berg gelegen, setzt sie sich auch aus unzähligen Gebäuden zusammen. Die edelsten Steine sammelt sie in sich; das sind die heiligen, von aller Fäulnis der Sünde gereinigten Seelen in der Schau des Friedens. Daher leuchtet sie auch mit diesen kostbaren Steinen wie Gold; die Weisheit zeigt nämlich in den guten Menschen das

Werk ihrer Herrlichkeit. Doch diese, in der redlichen Gerechtigkeit der vollbrachten Werke, mit denen auch der Schmuck des himmlischen Jerusalem selbst vollendet wird, woher stammen und kommen sie? Offenbar aus der Höhe des Himmels. Denn wie der Tau aus den Wolken niederträufelt (descendit) und die Erde mit seinem Naß durchtränkt, so steigen die guten Werke von Gott in die Menschen herab und sie werden durch die Eingießung des Heiligen Geistes benetzt, so daß der gläubige Mensch gute und süße Frucht hervorbringt und Bürgerrecht (consortium) in der himmlischen Stadt erhält. So haben also die himmlischen Werke, die durch das Geschenk des Heiligen Geistes vom Himmel auf die Menschen herabkommen, die Herrlichkeit in dem, von dem sie auch ausgingen. Wieso? Weil die Herrlichkeit Gottes in den guten Werken der Gerechten aufleuchtet, so daß er auf Erden umso leidenschaftlicher zu erkennen gesucht, angebetet und verehrt wird. Durch diese Tugendkräfte wird die heilige Stadt mit ihrem Schmuck geziert, weil der Mensch, wenn er mit seiner Hilfe gute Werke vollbringt, Gott in seinen unzähligen Wundertaten verehrt. Und so ist diese Offenbarung mit den Augen des Geistes sichtbar und erkennbar, wie durch die Eingießung des Heiligen Geistes die rechten, in den Menschen vollbrachten Taten vor Gott im Himmel erscheinen.

32. Gott führt die von allen Gegenden der Welt gesammelte Kirche nach der Vernichtung des Teufels zum vorherbestimmten Ziel; das geschieht am Jüngsten Tag

Also wirkt Gott, wie angedeutet wurde, vom Osten, Norden und Westen bis zum Süden, wo er durch seinen Sohn in der Liebe zur Kirche alles, was vor Erschaffung der Welt vorherbestimmt worden war, zu dem Ziel führt, das der Jüngste Tag darstellt. So bringt er auch sein Werk aus sich hervor, und führt es — mit den unter mystischer Bedeutung erwähnten Türmen und Tugendkräften gefestigt und geschmückt und in größter Vollkommenheit vollendet — zu sich zurück. Wie? Die Gerechtigkeit richtigen Handelns reicht nach dem Fall Adams — in Noe angedeutet — bis zum Jüngsten Tag; sie ist mit vielen Wundertaten ringsum gesichert, die Gott ohne Unterlaß durch die verschiedenen Zeiten hindurch an seinen Auserwählten unaufhörlich unter Beweis stellte. Dies geschah vorbereitend (in exaratione) in Noe, sichtbar in Abraham und Moses und von seinem Sohn ins Werk gesetzt. Auf welche Weise? Vor aller Zeit war es im Herzen des himmlischen Vaters beschlossen, daß er seinen Sohn am Ende der Zeiten um des wahren Heiles und der Erlösung des verlorenen Menschen willen in die Welt senden wollte. Aus der Jungfrau geboren, erfüllte er in vollkommenem Werk alles, was die Heiligen des Alten Bundes, vom Heiligen Geist erfüllt, vorhergesagt hatten, wie sich gleichsam zuerst der Arm des Menschen zu einer Handlung beugt und sie dann die Hand ausführt. Was bedeutet das? Die Gerechtigkeit begann sich nämlich nach gerechtem Urteil Gottes, als Adam von der blühenden Erde vertrieben wurde, zuerst in Noe zu regen, wie im ersten, dem Schultergelenk; dann strebte sie nach größerer Kraft in Abraham und Moses, gleichsam im biegsameren zweiten Gelenk, dem Ellbogen, und kam so schließlich zum vollbrachten Werk im Gottessohn. Durch ihn wurden alle Zeichen und Ankündigungen des alten Gesetzes offenkundig im Werk vollendet und durch ihn alle Tugenden, mit denen das himmlische Jerusalem in seinen Kindern geschmückt wird, in glaubwürdiger Verkündigung bei der Wiedergeburt aus Geist und Wasser sichtbar, wie eine Hand mit ihren Fingern die Handlung, die sie ausführt, vollständig in Erscheinung treten läßt. Auf diese Weie vollende ich mein Werk zu meinem Ruhm und deiner Beschämung, o Teufel; ich widerstehe dir durch die Stärke meines Armes im Norden, Nordosten und Westen und leiste dir auch auf der Bahn der Sonne über Osten und Süden Widerstand. So vernichte ich dich im Westen, um dich von allen Seiten zu verwirren. Denn ich vollbringe in meiner Kirche, die der Berg der Stärke ist, zu deinem Untergang, o schändlicher Betrüger, das Werk der Gerechtigkeit und Heiligkeit. So gehst du als Besiegter ganz zugrunde, der du wolltest, daß mein Volk zugrunde gehe.

Wer aber scharfe Ohren zum inneren Verständnis besitzt, lechze in leidenschaftlicher Liebe zu meinem Abbild nach diesen meinen Worten und schreibe sie ins Gewissen seiner Seele ein.

Decima visio tercie partis.

Et post hec in summitate orientalis anguli premonstrati edificii, ubi predicte due partes muri ipsius, illa lucida et lapidea videlicet, coniuncte erant, vidi quasi septem gradus candidissimi lapidis, qui ad lapidem illum magnum super quem prefatus lucidus sedens in throno apparuit, in modum testudinis advoluti videbantur. Et super eosdem gradus sedes posita erat, super quam iuvenis quidam sedens, virilem et nobilem vultum pallidi tamen coloris et capillos subnigros usque ad scapulas ipsius descendentes habebat, purpurea tunica indutus. Qui a capite suo usque ad umbilicum mihi apparuit, sed ab umbilico deorsum obumbratus mihi ad videndum fuerat. Et ipse respiciens in mundum maxima fortitudine vociferabatur ad homines qui in eo erant dicens:

Verba filii hominis.

O stulti homines qui tepide et turpiter marcetis in vobismetipsis, nolentes vel oculum unum aperire ad videndum quid in bonitate spe vestri sitis. sed

Die Abschnitte der 11. Vision des 3. Teils

24. Warum Gott wollte, daß sein Sohn am Ende der Zeiten Mensch wurde
25. Vom Antichrist und seiner Mutter
26. Von der Mutter in den magischen Künsten unterwiesen, führt er mit Gottes Zulassung seinen Willen an den verschiedenen Geschöpfen aus
27. Von seiner Macht und den verschiedenen Wundern, die er zu vollbringen scheint
28. Worte des Moses über die Schau Gottes
29. Einige vom Teufel Betrogene lassen täuschenderweise Wunderzeichen an Geschöpfen sehen, aber sie können sie nicht in eine andere Art verwandeln
30. Auf wie verschiedene Art der Antichrist die Seinen täuscht und warum ihm das gestattet wird
31. Vom Scheintod des Antichrist und dem Buch der Verwünschung; wer ihm widerspricht, wird getötet
32. Worte des Johannes
33. Warum Henoch und Elias bis zu dieser Zeit zurückbehalten werden
34. Ihre Worte an die Kinder Gottes
35. Von ihren wahrhaftigen Zeichen, durch die der Betrug des Antichrist verworfen wird
36. Nach dem von Gott zugelassenen Tod erhalten sie den Lohn ihrer Mühen
37. Alle Glieder der Kirche werden durch den anmaßenden Übermut des Antichrist in Schrecken versetzt, der glaubt, er könne das Innerste des Himmels durchdringen
38. Die Macht Gottes vernichtet in sichtbarer Stärke gleichermaßen den Sohn des Verderbens wie den Teufel durch ewige Verdammung
39. Höllischer Gestank und Dunst wird den Ort seiner Überheblichkeit erfüllen, damit die Getäuschten zurückweichen
40. Nach der Niederstreckung des Sohnes des Verderbens wird die Braut Christi vom Glanz wunderbarer Schönheit strahlen, während die Irrenden zum Weg der Wahrheit zurückkehren
41. Den Tag des Gerichtes kann niemand als Gott kennen
42. Ein Beispiel von Samson

11. Vision des 3. Teils

Das Ende der Zeiten

Dann schaute ich nach Norden: Siehe, da standen dort fünf wilde Tiere. Das eine war wie ein feuriger, aber nicht brennender Hund, eines wie ein dunkelgelb gefärbter Löwe, ein anderes glich einem fahlen Pferd, das nächste einem schwarzen Schwein und ein weiteres einem grauen Wolf. Sie wandten sich nach Westen; und dort im Westen erschien vor diesen Tieren etwas wie eine Anhöhe mit fünf Gipfeln. Und aus dem Rachen eines jeden Tieres reichte ein Seil bis zu jeder einzelnen Spitze des Hügels; sie waren alle schwärzlich gefärbt, mit Ausnahme des Seils, das aus dem Wolfsrachen kam. Dieses schien teils schwarz, teils weiß zu sein. Und plötzlich sah ich im Osten wiederum jenen jungen Mann, den ich früher über der Verbindungsecke zwischen der erwähnten Licht- und Steinmauer des besagten Gebäudes mit einer purpurroten Tunika bekleidet gesehen hatte, über diesem Winkel. Jetzt erschien er mir aber von seinem Nabel an abwärts, und zwar so, daß er vom Nabel bis zu der Stelle, an der man den Mann erkennt, wie das Morgenrot leuchtete; dort lag eine Leier quer mit ihren Saiten. Und von dieser Stelle an abwärts war er, bis zu zwei Fingerbreit über seinem Knöchel, umschattet; und von diesem Streifen an, der von oben bis an den Knöchel reichte, erschienen seine ganzen Füße weißer (candidior) als Milch. Doch auch die Frauengestalt, welche ich früher an dem Altar vor den Augen Gottes erblickt hatte, wurde mir jetzt wiederum dort gezeigt, und zwar so, daß ich auch sie nur von der Mitte ihres Leibes an abwärts sah. Sie hatte nämlich von ihrem Nabel bis zu der Stelle, an der man die Frau erkennt, verfärbte und schuppige Flecken. An derselben Stelle des weiblichen Erkennungsmerkmals erschien ein unförmiges pechschwarzes Haupt mit feurigen Augen, eselsgleichen Ohren und mit Nase und Rachen wie ein Löwe sie hat. Mit weit aufgerissenem Maul knirschte es und wetzte schreckenerregend die furchtbaren eisenartigen Zähne. Doch von diesem Haupt bis zu ihren Knieen war diese Gestalt weiß und rot und wie von vielen Schlägen hart mitgenommen (contritione tunsa); *von den Knieen jedoch bis zu den beiden Querstreifen, die oben an den Knöchel rührten und weiß erschienen, sah sie blutig aus. Und plötzlich löste sich dieses unförmige Haupt mit so großem Getöse von seiner Stelle, daß die ganze Frauengestalt in all ihren Gliedern davon erzitterte. Aber auch eine Unmenge von Kot befand sich um das Haupt; es erhob sich daraus wie über einen Berg und versuchte, zur Himmelshöhe aufzusteigen. Und da ertönte plötzlich etwas wie ein Donnerschlag und traf das Haupt mit solcher Wucht, daß es von diesem Berg herabstürzte und seinen Geist im Tode aushauchte. Da ergriff sogleich ein so übelriechender Dunst den ganzen Berg und das Haupt wurde darin von so großem Schmutz bedeckt, daß das dabeistehende Volk in größten Schrecken versetzt wurde. Der Dunst aber blieb noch etwas länger um diesen Berg herum. Als das anwesende Volk das sah, rief es sich angsterfüllt gegenseitig zu: ‚Ach weh, was ist das? Was scheint euch das gewesen zu sein? Ach wir Unglücklichen, wer wird uns beistehen? Oder wer wird uns befreien? Wir wissen nämlich nicht, auf welche Weise wir getäuscht wurden. O allmächtiger Gott, erbarme dich unser! Wir wollen zurückkehren. Laßt uns daher eilends zum Bund des Evangeliums Christi umkehren, denn, ach, ach, ach, wir sind bitter getäuscht worden.' Und plötzlich erschienen die Füße der erwähnten weiblichen Gestalt glänzendweiß und leuchteten heller auf als der Glanz der Sonne. Und ich hörte eine Stimme vom Himmel* zu mir sprechen.

1. Vom unaufhaltsamen Dahineilen der fünf Weltreiche

Obzwar alles auf Erden seinem Ende zustrebt -- die Welt ist nämlich durch das Abnehmen ihrer Kräfte für ein Ende bestimmt und von vielen Drangsalen und Unglücken erdrückt, niedergebeugt — wird die Braut meines Sohnes dennoch keineswegs aufgerieben, obgleich ihr sowohl von den Vorboten des Sohnes des Verderbens als auch vom Verderber selbst in ihren Kindern sehr zugesetzt wird. Doch wenn sie auch viel von ihnen bekämpft wird, erhebt sie sich am Ende der Zeiten stärker und kräftiger und wird schöner und strahlender, um so lieblicher und anziehender zur Umarmung ihres Geliebten zu erscheinen. Das deutet auch diese Vision in mystischer Weise an, die du wahrnimmst. Du schaust nämlich nach Norden und *siehe, da stehen dort fünf wilde Tiere.* Das sind die dahineilenden fünf weltlichen Reiche in den fleischlichen Begierden, denen der Makel der Sünde anhaftet (non deest): wild wüten sie gegeneinander.

2. Was der feurige Hund bezeichnet

Das eine davon ist wie ein feuriger, aber nicht brennender Hund, weil dieser Zeitabschnitt bissige Menschen in die Welt setzen wird (suae constitutionis habebit). Nach ihrer Meinung erscheinen sie zwar wie Feuer, doch sie brennen nicht in der Gerechtigkeit Gottes.

3. Was der dunkelgelbe Löwe bezeichnet

Und eines ist dunkelgelb gefärbt wie ein Löwe. Denn diese Epoche wird kampflustige Menschen zu tragen haben; sie werden viele Kriege entfachen, doch dabei nicht das Recht (rectitudinem) Gottes beachten. In dunkelgelber Farbe nämlich beginnen jene Reiche in Schwäche dahinzuwelken (fatigationem debilitatis incurrere).

4. Was das fahle Pferd bezeichnet

Ein anderes aber gleicht einem fahlen Pferd. Denn diese Zeiten bringen in der Sündenflut Ausschweifende hervor, die in ihrer lebhaften (in velocitate) Begierde das Wirken der Tugendkräfte überspringen. So wird das Herzstück jener Reiche in der Blässe seines Untergangs zerbrochen, weil es die Röte seiner Kraft vollends verliert.

5. Was das schwarze Schwein bezeichnet

Das nächste aber einem schwarzen Schwein, weil diese Epoche führende Persönlichkeiten (rectores) hat, welche die große Schwärze der Schwermut in sich tragen und sich im Kot der Unreinheit wälzen. Sie setzen nämlich das göttliche Gesetz in vieler widernatürlicher Unzucht und anderen ähnlichen Schlechtigkeiten hintan und verursachen viele Spaltungen in den unverletzlichen (in sanctitate) göttlichen Geboten.

6. Was der graue Wolf bezeichnet

Ein weiteres aber einem grauen Wolf. Denn in jenen Zeiten leben Menschen, die viel Raub an Macht und anderen Erfolgen an sich bringen. Wenn sie sich bei diesen Streitereien weder schwarz noch weiß, sondern grau in ihren Listen zeigen, stürzen sie die Häupter jener Reiche und teilen sie auf. Dann kommt nämlich die Zeit, da viele Seelen verunsichert werden (tempus irretitionis), wenn sich der Wahn der Irrtümer (error errorum) von der Unterwelt bis zum Himmel erhebt, so daß die Kinder des Lichts in die Kelter ihrer Leiden geworfen werden, weil sie den Sohn Gottes nicht verleugnen, sondern den Sohn des Verderbens verwerfen, der versuchen wird, mit teuflischen Listen seine Absichten auszuführen.
Und diese Tiere wenden sich nach Westen; denn diese vergänglichen Zeiten

schwinden mit der untergehenden Sonne dahin, denn wie die Sonne auf- und untergeht, so geht es auch den Menschen: dieser wird geboren und jener stirbt.

7. Was die Anhöhe mit den fünf Gipfeln und den fünf Seilen der Tiere bezeichnet

Deshalb *erscheint* auch dort im Westen *vor diesen Tieren etwas wie eine Anhöhe mit fünf Gipfeln.* Denn die geordnete Gewalt zeigt in den fleischlichen Begierden Ausbrüche, die fünf Höhepunkte bilden. *So reicht aus dem Rachen eines jeden Tieres ein Seil bis zu jeder einzelnen Spitze des Hügels.* Denn vom Beginn dieser Zeiten an erstreckt sich die Dauer der Entwicklung zu jedem Höhepunkt geordneter Macht. *Sie sind alle schwärzlich gefärbt, mit Ausnahme des Seils, das aus dem Wolfsrachen kommt; dieses scheint teils schwarz, teils weiß zu sein.* Denn diese lang andauernde Entwicklung in der vielfältigen widerspenstigen Leidenschaft der Menschen, die in gefräßiger Raublust gipfelt (positum est), breitet — im schwarzen Teil — viele Bosheiten aus; doch gehen dennoch aus ihm jene im hellen Glanz der Gerechtigkeit hervor, die sich dem Sohn des Verderbens unter unvorhergesehenen Wundern zum Widerstand stellen, wie auch mein Knecht Job an dem rechtschaffenen Mann, der Gerechtigkeit übt, aufzeigt und spricht.

8. Worte Jobs zum selben Thema

„Der Unschuldige empört sich über den Heuchler. Und der Gerechte hält an seinem Weg fest und reine Hände gewinnen Kraft" (Job 17,8—9). Das ist so: Wer unschuldig ist an einer Bluttat, d. h. an Mord, Unzucht und ähnlichen schlechten Werken, wird wie ein glühender Funke gegen jenen entfacht, der immer mit seinen Taten lügt. Wieso? Weil dieser Gift verschlingt und es Honig nennt, und als Freund bezeichnet, den er wie einen Feind erwürgt, indem er nämlich süße Worte ertönen läßt, doch Bosheit in sich trägt, schmeichlerisch mit seinem Freund spricht, doch ihn hinterhältig umbringt. Wer aber eine Rute hat, vertreibt die niederträchtigen Tiere von sich und hat auf dem rechten Weg seines Herzens auch angesichts der strahlenden Sonne helle Pfade; er wird nämlich als heller Funke und klares Licht in Gott wie eine strahlende Fackel entfacht. Und so verbreitet er um sich kraftvolle und ganz reine Werke, gibt ihnen einen starken Schild und ein schneidendes Schwert dazu und vertreibt auch die Laster von sich und erwirbt sich Tugenden.

9. Die Kirche erstrahlt im Schmuck der Gerechtigkeit von ihrer Vollendung an bis zur Zeit des Antichrist

Deswegen *siehst du* auch *im Osten wiederum jenen jungen Mann, den du früher über der Verbindungsecke zwischen der erwähnten Licht- und Steinmauer des besagten Gebäudes, mit einer purpurroten Tunika bekleidet gesehen hast, über diesem Winkel.* Denn der Aufgang der Gerechtigkeit, der Menschensohn, verfügt über die Kraft der Vereinigung von spekulativer Erkenntnis und menschlichem Werk. In der Güte des Vaters errichtet er einen Bau in der Höhe. Dort vergoß der Menschensohn nach dem Willen seines Vaters sein Blut für das Heil der Welt, wie dir schon vorher gezeigt wurde, und es wird dir erneut durch seine geheimnisvollen Wunder kundgetan, daß er jetzt noch dort in derselben Erhabenheit zur Bekräftigung der Wahrheit thront; *aber so, daß er dir jetzt von seinem Nabel an abwärts erscheint.* Denn du siehst von der Stärke seiner Glieder, d. h. seiner Auserwählten, durch die er als Bräutigam der Kirche Ansehen genießt (viget), bis zur Vollendung dieser Glieder viele erstaunliche und verborgene Zeichen; *und zwar so, daß er vom Nabel bis zu der Stelle, an der man den Mann erkennt, wie das Morgenrot leuchtet.* Denn von jener Vollendung, da seine gläubigen Glieder bereits zur vollen Stärke gelangt sind, bis zur Zeit des Sohnes des Verderbens, der vorgeben wird, ein tugendhafter Mann (vir virtutis) zu sein, wird er sich als Glanz der Gerechtigkeit derer, die ihn in Rechtschaffenheit treu ergeben verehren, dartun. Daher *liegt dort eine Leier quer mit ihren Saiten.* Das sind die Freudenlieder jener, die in dieser Verfolgung, in welcher der Sohn der Bosheit den Erwählten viele Qualen bereitet, nun wegen der harten Pein, die sie an ihrem Leib erdulden, von den Fesseln des Leibes befreit werden und zur Ruhe eingehen.

10. Dann ist der Glaube der Kirche gleichsam verunsichert, abgesehen vom Zeugnis des Henoch und Elias

Doch von dieser Stelle an abwärts ist er, bis zu zwei Fingerbreit über seinem Knöchel umschattet. Denn von dieser Verfolgung an, welche die Gläubigen durch den Sohn des Teufels erleiden werden, bis zur Belehrung der beiden Zeugen, nämlich Henoch und Elias, welche das Irdische verachteten und ihre Anstrengungen auf das himmlische Verlangen stützten (ponentes), ist der Glaube der Kirche (ecclesiasticae institutionis) gleichsam verunsichert. Die Menschen sagen sehr traurig: ‚Was sagt man da von Jesus? Ist es wahr oder nicht?'

11. Vor dem Ende der Welt wird durch ihr Zeugnis der Bräutigam der Kirche in hellem Glanz aufstrahlen, wenn der Sohn des Verderbens besiegt und der Glaube an die Wahrheit in Erscheinung getreten ist

Doch von diesem Streifen an, der von oben bis an den Knöchel reicht, erscheinen seine ganzen Füße weißer als Milch. Das bedeutet: Vom Zeugnis dieser Zeugen an, die ewige Belohnung erwarten, wird nach der Verwerfung des Sohnes des Verderbens der Menschensohn vor dem Ende der Welt im katholischen Glauben schneeweiß und wunderbar (pulcherrimus) aufstrahlen. So wird man durch ihn jetzt klar die Wahrheit erkennen und der Irrtum wird im Sohn der Bosheit gänzlich verworfen werden, wie auch mein Diener David bezeugt, wenn er spricht.

12. Worte Davids zum selben Thema

„Der König aber freut sich in Gott; alle, die auf ihn schwören, werden gerühmt, denn denen, die Böses reden, ist der Mund gestopft" (Ps. 62,12). Das ist so: Die tiefe Erkenntnis, welche im Menschen einen hohen Rang einnimmt — sie beeinflußt nämlich nach dem Willen und der Anordnung Gottes die Schönheit des Ausdrucks der menschlichen Sprache — ertönt harmonisch (symphonizat) auf dem Altar Gottes, weil sie Gott kennt. Und die Seligen eilen mit loberfülltem Herzen herbei und bahnen dem Redestrom einen Weg in der ganz reinen Quelle des allmächtigen Herrschers, wenn zur Zeit des Verderbens die zischenden Rachen der teuflischen Listen, welche die Menschenherzen schmählich verpesten, vernichtet werden.

13. Die Kirche wird beklagenswerterweise viele verschiedene Leiden und Verfolgungen erdulden, da man von der Gerechtigkeit abkommt

Doch auch die Frauengestalt, welche du früher an dem Altar vor den Augen Gottes erblickt hast, wird dir jetzt wiederum dort gezeigt. Denn die Braut des Gottessohnes nimmt sich der ganz reinen Gebete der Heiligen an und bietet sie hingegeben — wie es dir schon vorher gezeigt wurde — dem prüfendem Auge droben (supernae inquisitionis) dar; nur wird es dir auch in diesen Geheimnissen zur Bekräftigung der Gerechtigkeit dargetan, *und zwar so, daß du auch sie nur von der Mitte ihres Leibes abwärts siehst.* Sie wird dir nämlich von jenem schöpferischen Akt (procreatio) an, aus dem sie jetzt zur Würde der Kirche erhoben wird, bis zur Vollzahl ihrer Kinder durch viele geheimnisvolle Wunder zum Heil (ad tuitionem) vieler offenbart. *Sie hat nämlich von ihrem Nabel bis zu der Stelle, an der man die Frau erkennt, verfärbte und schuppige Flecken.* Das bedeutet: Von jener Kraft her, in der sie in ihren Kindern würdig und lobenswert lebt, bis zu der Zeit, wenn der Sohn des Verderbens versuchen wird, die Ränke, welche der Teufel der ersten Frau einflößte, zu vollenden, wird sie beklagenswerterweise und erbarmungswürdig Unbeständigkeit und Gefühllosigkeit in der Preisgabe an viele Laster durch die Sünde der Unzucht, des Mordens und Raubens erdulden. Wieso? Weil die, welche sie lieben sollten, sie grausam verfolgen.

14. Der Antichrist zerreißt die Gläubigen unter furchtbarem Terror und flößt den Menschen den üblen Geruch seiner Grausamkeit und den Wahnsinn seiner Bissigkeit ein

Deshalb *erscheint* auch *an derselben Stelle des weiblichen Erkennungsmerkmals ein unförmiges pechschwarzes Haupt.* Denn der wahnsinnige Sohn des Verderbens wird mit den Künsten der ersten Verführung in riesigen Schlechtigkeiten und pechschwarzen Bosheiten auftreten, *mit feurigen Augen, eselsgleichen Ohren und mit Nase und Rachen wie ein Löwe* sie hat, wenn er den Menschen die unsinnigen Taten der bösen Leidenschaft (nequissimi ignis) und schändliche Äußerungen des Widerspruchs, der Gottesleugnung verursacht, einflößt. So gießt er ihren Sinnen den übelsten Geruch ein und zerfleischt in grausamster Raubgier die Institutionen der Kirche, *indem er* nämlich *mit weit aufgerissenem Maul knirscht und schreckenerregend die furchtbaren eisenartigen Zähne wetzt.* Er flößt nämlich auf schlimmste Weise seinen Gesinnungsgenossen mit gefräßigem Schlund seine starken Laster und seine wahnsinnige Bissigkeit ein.

15. Der Sohn des Verderbens wird versuchen, diejenigen mit grausamsten Verfolgungen niederzubeugen, welche er mit Schmeichelei nicht kann

Und von diesem Haupt bis zu ihren Knien ist diese Gestalt weiß und rot und wie von vielen Schlägen hart mitgenommen. Denn von der so schlimmen Täuschung, mit der dieser Sohn des Verderbens die Menschen zuerst schmeichlerisch und sanft zu verführen sucht, bis zu der Zeit, da er versuchen wird, sie jetzt grausamer zu verdemütigen und zu erniedrigen (inflectere et incurvare), wird die Kirche in ihren Kindern das Weiß des wahren Glaubens (bewahren), doch in ihm die Bedrängnis gefühllosen Blutvergießens und größte Drangsale in mannigfachen Leiden erdulden.

16. Die Kirche wird am Weltende mit dem edelsten Blut getränkt werden, bis zu den beiden Zeugen der Wahrheit

Von den Knien jedoch bis zu den beiden Querstreifen, die oben an den Knöchel rühren und weiß erscheinen, sieht sie blutig aus. Denn während sie schon bis zu den beiden Zeugen der Wahrheit, welche die Kirche kraftvoll bewahren werden, indem sie gegen Ende der Welt das Weiß der Gerechtigkeit und Rechtschaffenheit zeigen, gleichsam die Erschütterung ihrer Vergewaltigung erduldete, wird sie ruchlose Verfolgungen und grausamstes Blutvergießen unter denen, die jenen Verderber verachten, erleiden. Was besagt das? Wenn der Sohn des Verderbens, in seiner widersprüchlichen Lehre trügerisch bestärkt, Selbstvertrauen und Kraft gewonnen hat, dann wird auch die Kirche auf ihrem schnellen Lauf mit dem edelsten Blut getränkt. Dann wird sie dadurch nun auch selbst vollständig zu einer himmlischen Wohnstatt auferbaut. Ihr nämlich, o Straßen Jerusalems, werdet dann durch das Blut der Heiligen im edelsten Gold aufleuchten; denn der Teufel wird zugrundegehen (exstinguetur), weil er die Glieder des himmlischen Königs verfolgt hat. So wird er selbst von seinem großen Terror zunichte gemacht.

17. Nachdem sechs Zeitalter vergangen sind, befinden wir uns im siebten

Doch ihr, o Menschen, die ihr in ihnen (den Straßen) wohnen möchtet, flieht ihn (den Teufel) und betet Gott an, der euch geschaffen hat. In sechs Tagen hat Gott nämlich seine Werke vollendet und am siebten ruhte er von seinem Werk. Was besagt das?

Die sechs Tage sind die Zeitalter, sechs an der Zahl. Im sechsten jedoch sind neue Wundertaten für die Welt zutagegetreten, wie auch Gott am sechsten Tag seine Werke vollendet hat. Jetzt aber steht die Welt im siebten Zeitalter vor dem Jüngsten Tag, gleichsam am siebten Tag. Wieso? Die Propheten haben ihre Worte erfüllt und auch mein Sohn hat meinen Willen in der Welt vollbracht. Das Evangelium ist auf der ganzen Welt offen verkündet worden; es hatte aber auch bis zur Fülle der Zeiten und über die Jahre der Zeitenfülle hinaus (per tempus temporum pleni numeri et plus temporum annorum eiusdem pleni numeri) Bestand, wenngleich unter verschiedenartigen menschlichen Verhältnissen (morum), doch von mir festbegründet.

18. Warum Gott neue Geheimnisse und viel Mystisches, das bisher verborgen war, nur durch einen Unberedten und Ungelehrten verkündet

Doch jetzt wankt der katholische Glaube unter den Völkern und das Evangelium steht bei diesen Menschen auf schwachem Fuß (claudicat). Auch die dicken Bände, welche die erfahrenen Lehrer mit großem Eifer herausgegeben hatten (enucleaverant), lösen sich in schmählichen Überdruß auf und die Lebensspeise der göttlichen Schriften ist schon lau geworden. Deshalb spreche ich jetzt durch einen unberedten Menschen über die Heilige Schrift; er ist nicht von einem irdischen Lehrer belehrt, sondern ich, der ich bin, verkünde durch ihn neue Geheimnisse und viel Mystisches, das bisher in den Büchern verborgen war. So verfährt ein Mensch, der sich zuerst Lehm sammelt und dann daraus irgendwelche Formen nach seinem Wunsch heraushebt.

19. Eine Ermahnung Gottes an die Lehrer, diese Rede nicht zu verachten, sondern sie wie ein siegreiches Banner gegen den Sohn der Bosheit zu erheben

O ihr erfolgreichen und gewinnenden Lehrer (fructuosi doctores boni lucri), kauft eure Seelen zurück und ruft diese Worte laut aus und mißtraut ihnen nicht! Denn wenn ihr sie verschmäht, verachtet ihr nicht sie, sondern mich, der ich wahrhaftig bin. Ihr sollt nämlich mein Volk unter meinem Gesetz erziehen und bis zur vorherbestimmten Zeit seiner Heilung für es Sorge tragen, wenn alle Sorge und Mühsal (omnis cura omnium laborum) vergeht. Von dieser Zeit an habt ihr jedoch festgelegte, vorherbestimmte Zeitabschnitte, die auf jene Zeit hinauslaufen, in welcher der Sohn des Verderbens auftreten wird. Gewinnt also Kraft und seid stark, meine Auserwählten, und hütet euch sehr, in die Schlinge des Todes zu fallen. Erhebt vielmehr das Banner dieser Worte und schart euch gegen den Sohn der Bosheit zusammen. Folgt nämlich inmitten des Irrtums jener Wege, die dem Sohn des Verderbens, welchen ihr den Antichrist nennt, voranlaufen und folgen, der Spur dessen, der euch den Weg der Wahrheit lehrte, als er im Fleisch auf Erden in großer Demut und nicht mit Stolz erschien. Hört also und vesteht!

20. Worte des Geistes an die Kirche der Endzeit

Der Geist spricht nämlich zur Kirche über die Zeit des letzten Irrtums. Denn der Tod rennt gegen die Kirche zu derselben Stunde an, da am Ende der Zeiten der verfluchte Lästerer (maledictus maledictionis) kommt; er ist der Fluch der Flüche, wie mein Sohn im Evangelium über die Stadt des schlimmsten Irrtums bezeugt und spricht.

21. Das Evangelium darüber

„Und du Kapharnaum, wirst du dich etwa bis in den Himmel erheben? Bis zur Unterwelt wirst du hinabfahren" (Mt. 11,23). Das ist so: O du Höhle der Bosheit, du bist eine verborgene Grube (fossa absconsionis) und hast Flügel heuchlerischer Verstellung (simulationis hypocritarum); wie könntest du auf der Höhe der Mauer stehen, da dein Auge auf die Schlechtigkeiten der Laster blickt, die das brennende Licht im Kot verstecken und sagen: ‚Wer gleicht dem heuchlerischen Mörder', den die Törichten Herrscher nennen? Wirst du etwa den Himmel mit Wundern und Zeichen (in miraculis signorum) erringen, wenn du deinen Finger in die Unterwelt tauchst? Wieso? Deine Werke erreichen den Grund der Hölle; dort wirst du, von ihrer Gefräßigkeit verschlungen, liegen, so daß auch diese Unterwelt jenen Gestank ausspeit, in dem die Welt die Bitterkeit des Todes am Verderber der Verworfenen (in perditore perditionum) sehen wird.

22. Nach der Erschütterung des Erdkreises werden die vier Elemente gereinigt und die Zahl der Kinder der Kirche voll gemacht, damit es dem Haupt nicht an Gliedern fehle

Doch ein Haupt darf nicht ohne Leib und die übrigen Glieder sein. Das Haupt der Kirche ist der Sohn Gottes, der Leib und die übrigen Glieder, welche dazu gehören (sequuntur), ist die Kirche mit ihren Kindern. Die Kirche ist aber in ihren Gliedern und ihren Kindern noch nicht vollendet, sondern am Jüngsten Tag, wenn die Zahl der Erwählten voll gemacht wird, ist dann auch die Kirche vollständig. Am Jüngsten Tag jedoch kommt es dann auch zur Erschütterung des Erdkreises, wenn ich, Gott, die vier Elemente reinige, mit dem, was am menschlichen Fleisch sterblich ist. Dann wird auch am Ende der Welt die Freude der Kirche an der Nachkommenschaft vollkommen sein.

23. Der Weltlauf ist jetzt beim siebten Abschnitt und nach der Drangsal werden die versiegelten Geheimnisse der Bücher offen und gelassen, wie in diesem Buch, ausgesprochen; und es gibt keine weitere Zählung mehr. Das Übrige darf der Mensch nicht wissen

Wie nämlich schon gesagt wurde, vollendete Gott in sechs Tagen seine Werke. Die fünf Tage sind die fünf Zeitabschnitte. Im sechsten wurden auf Erden neue Wundertaten offenkundig, wie auch am sechsten Tag der erste Mensch gebildet wurde. Doch jetzt ist der sechste Abschnitt beendet; mit dem siebten Abschnitt ist nun der Weltenlauf gleichsam am siebten Tag angelangt. Denn die Mühe, welche sich früher die unerschrockenen (fortissimi) Lehrer um die unerschöpflichen, unzugänglichen und versiegelten (Geheimnisse) der heiligen Schriften machten, ist nun offenkundig und soll jetzt öffentlich in gelassener Rede — wie die Worte dieses Buches — gleichsam am siebten Tag der Ruhe zutage treten. Sechs Tage sind nämlich zum Wirken da, der siebte gehört der Ruhe. Ein anderes Zeitmaß gibt es nicht. Was darüber hinausgeht, o Mensch darf man nicht wissen, sondern es ist im Geheimnis des Vaters beschlossen. Ihr aber, o Menschen, habt von dieser Zeit diesen Abschnitt für euern Lauf (zur Verfügung), bevor jener Menschenmörder kommt, der den katholischen Glauben zu vernichten begehrt. Über die folgenden Geschehnisse ist euch nicht gestattet, Zeit oder Augenblick zu wissen, wie ihr auch nicht wissen könnt, was nach den sieben Tagen der Woche geschieht (sit); der Vater allein vielmehr weiß es, der es auch in seiner Macht festgesetzt hat. Über die Tage der Woche oder über die Zeitabschnitte der Welt, darfst du, o Mensch, nichts weiter wissen.

24. Warum Gott wollte, daß sein Sohn am Ende der Zeiten Mensch werde

Doch nach den fünf Zeitaltern verkündete ich der Welt himmlische Wundertaten, wie auch in fünf Tagen die andere Kreatur vor dem Menschen geschaffen worden war, welche dem Menschen untertan ist. So hatte es auch eine große Zahl Heiden und Juden gegeben und verschieden Spaltungen durch mannigfache Übel waren sowohl unter dem heidnischen, als auch dem jüdischen Volk aufgekommen (efferbuerant). Das Gesetz und die Prophetie hatten sich schon abgemüht und alle Völker waren sowohl im Guten als auch im Bösen erprobt worden, bevor mein Eingeborener aus der Jungfrau Fleisch annehmen sollte. Denn ich wollte ihn nicht senden, bevor all dies vorangegangen war, damit alle Gerechtigkeit an ihm erprobt werde und alle Ungerechtigkeit an ihm Ärgernis nehme.

Wäre mein Sohn aber früher gekommen, wäre das gleichsam unklug geschehen, wie auch jener Mensch unverständig handelt, der seine Früchte einsammeln will, bevor sie reif sind. Oder wenn seine Fleischwerdung bis zum Ende der Welt selbst aufgeschoben worden wäre, würde er unvermutet kommen, wie ein Vogelfänger, der die Vögel listig fängt, da sie nicht wissen, wie sie ins Netz geraten sind. Doch mein Sohn kommt zu jener Zeit, da sich der Tag nach der neunten Stunde gleichsam dem Abend zuneigt, nämlich wenn die größte Kraft des Tages geschwunden ist und es kalt zu werden beginnt. So war auch mein Sohn nach fünf Zeitaltern in der Welt gegenwärtig, als die Welt schon zum Untergang eilte. Was folgt daraus? Er kam und erschloß das Innerste (medullam) des Gesetzes, als er das Wasser des Gesetzes in den Wein des Evangeliums verwandelte und auch starke Ströme der Tugendkräfte entstehen ließ. Er vollbrachte das durch ein so zeitgerechtes Kommen, daß die Tugenden der Kirche (ecclesiasticae), welche der Heilige Geist entflammte, durch feste Wurzeln in den Menschen erstarkten und die Jungfräulichkeit, welche er in seiner Person brachte, überall die schönsten Blumen aufkeimen lassen konnte.

25. Vom Antichrist und seiner Mutter

Doch der wahnsinnige Mörder, nämlich der Sohn des Verderbens, wird in kürzester Zeit kommen, wie der Tag schon scheidet, wenn die Sonne am Abend untergeht, d. h. wenn die letzte Zeit schon schwindet (cadit) und die Welt ihren Lauf aufgibt. O meine Getreuen, hört dieses Zeugnis und versteht es ergeben als Warnung (ad cautelam vestram), damit euch nicht der ohne euer Wissen plötzlich über euch kommende Schrecken dieses Verderbers ins Unglück des Unglaubens und der Verwerfung stürze. Bewaffnet euch daher und bereitet euch, auf diese Weise gewarnt, mit zuverlässigen Verschanzungen für den so heftigen Kampf. Wenn nämlich diese Zeit gekommen ist, da jener schlimme Betrüger schrecklich in Erscheinung treten soll, ist die Mutter, welche diesen Verführer in die Welt setzen soll (eiciet), von ihrer Kindheit an und im Mädchenalter durch teuflische Künste voller Laster in einer abgelegenen Wüste unter ganz gottlosen Menschen erzogen worden. Ihre Eltern wissen nichts von ihrem dortigen Aufenthalt und die, mit denen sie zusammenlebt, kennen sie nicht; denn der Teufel überredet sie, dorthin zu gehen und bereitet sie dort durch Täuschung nach seinem Wunsch vor, als ob er ein heiliger Engel wäre. Und sie trennt sich deshalb von den Menschen, um sich umso leichter verbergen zu können. Daher vereinigt sie sich auch mit einigen, wenn auch wenigen Männern heimlich in der schlimmsten Preisgabe der Unzucht und entehrt sich mit ihnen in so großem Eifer für die Unsittlichkeit, wie der heilige Engel sie die Leidenschaft ihre Schlechtigkeit vollbringen läßt. Und so empfängt sie in der brennendsten Glut ihrer Unzucht den Sohn des Verderbens und weiß nicht, von welchem Samen dieser Männer sie ihn empfangen hat.

Doch Luzifer, nämlich die alte Schlange, von dieser Schändlichkeit entzückt, weht nach meinem gerechten Urteil dieses Gerinnsel mit seinen Ränken an und besitzt es mit allen seinen Kräften gänzlich im Schoß seiner Mutter. So geht dieser Verderber aus dem Leib seiner Mutter voll teuflischen Geistes hervor. Dann meidet sie die gewohnte Unzucht und sagt dem törichten und unwissenden Volk offen, daß sie keinen Mann habe und den Vater ihres Kindes nicht kenne. Die Unzucht, die sie beging, nennt sie heilig und daher hält sie das Volk für heilig und nennt sie so. So wird der Sohn des Verderbens bis zum kräftigeren Alter erzogen und entzieht sich immer dem ihm bekannten Volk.

26. Von der Mutter in den magischen Künsten unterwiesen, führt er mit Gottes Zulassung seinen Willen an den verschiedenen Geschöpfen aus

Seine Mutter aber zeigt ihn mittlerweile mittels einiger magischer Künste sowohl dem Volk, das Gott verehrt, als dem, das ihn nicht ehrt. So bewirkt sie, daß er von ihnen gesehen und geliebt wird. Wenn er zum Vollalter gelangt ist, wird er öffentlich eine verderbliche (contrariam) Lehre vertreten (docebit) und so mir und meinen Erwählten entgegentreten; er wird so große Kraft gewinnen, daß er versucht, sich in seiner gewaltigen Macht über die Wolken zu erheben. Denn ich erlaube ihm nach meinem gerechten Urteil, seinen Willen an verschiedenen Geschöpfen auszuführen. Denn wie der Teufel am Anfang sprach: ‚Ich werde dem Höchsten gleich sein' und fiel, so lasse ich auch zu, daß dieser Teufel in der Endzeit stürzt, wenn er in diesem seinem Sohn sagt: ‚Ich bin der Erlöser der Welt.' Und damit die Gläubigen in der ganzen Welt erkennen, daß Luzifer ein Lügner war, als er am Anfang der Tage Gott gleichen wollte, so soll auch jeder Gläubige sehen, daß dieser Sohn der Bosheit ein Lügner ist, wenn er sich vor dem Jüngsten Tag dem Sohn Gottes ebenbürtig macht.

27. Von seiner Macht und den verschiedenen Wundern, die er zu vollbringen scheint

Er ist nämlich ein ganz schlimmes wildes Tier und tötet die Menschen, die ihn ablehnen. Er gesellt sich Königen, Führern, Fürsten und Reichen zu, unterdrückt die Demut und richtet den Stolz auf. Den Erdkreis unterwirft er sich mit teuflischer List. Denn seine Macht dringt bis zur Behausung (labrum) des Windes vor, so daß er die Luft in Bewegung zu setzen, Feuer aus dem Himmel zu bringen und Blitz, Donner und Hagel zu verursachen scheint. Er scheint auch die Berge umzustürzen, die Wasser auszutrocknen, den Wäldern ihr Grün zu nehmen und ihnen ihren Saft wieder zurückzugeben. Solche Täuschungen zeigt er an verschiedenen Geschöpfen, d. h. bezüglich ihrer Feuchtigkeit, Grünkraft und Dürre. Er läßt aber auch nicht davon ab, an Menschen seine Betrügerei zu wirken. Auf welche Weise? Offenbar verursacht er bei den Gesunden Krankheit und bei den Kranken Gesundheit, scheint Dämonen auszutreiben und zuweilen Tote zu erwekken. Wie? Wenn nämlich manchmal jemand verschieden ist (vita evanuerit), dessen Seele in der Gewalt des Teufels ist, übt er zuweilen — mit meiner Zulassung — an dem Leichnam seinen Mutwillen (illusiones) aus und bringt seine Leiche in Bewegung, als ob sie lebe; allerdings wird ihm das nur ganz kurze Zeit und nicht über eine längere Zeitspanne zu tun gestattet, damit nicht durch diese Anmaßung die Ehre Gottes ins Lächerliche gezogen werde. Einige, die das sehen, vertrauen ihm. Manche aber möchten bei ihrem früheren Glauben bleiben und ihn dennoch gnädig stimmen. Da er sie wenigstens doch nicht grausamer verletzten will, schickt er ihnen irgendwelche Krankheiten. Suchen sie jedoch ein Heilmittel bei den Ärzten und können nicht geheilt werden, laufen sie zu ihm zurück und versuchen, ob er sie zu kurieren vermag. Wenn er sie aber dann aufsucht, nimmt er ihnen die Krankheit weg, die er ihnen auferlegt hat; daher lieben sie ihn sehr und glauben an ihn. Und so werden viele getäuscht, wenn diese die Augen des inneren Menschen umnebeln, mit denen sie auf mich schauen sollten. In dieser Erprobung ihres Geistes wollen sie in einer gewissen Neugier wissen, was sie mit den äußeren Augen sehen und mit Händen greifen; das Unsichtbare, welches in mir vorhanden und im wahren Glauben zu ergreifen ist, verachten sie. Denn sterbliche Augen können mich nicht erblicken, sondern ich zeige meine Wunder im Schattenbild, wem ich will. Mich selbst aber wird keiner schauen, solange er im sterblichen Leib lebt, nur im Schatten meiner Geheimnisse, wie ich zu meinem Diener Moses sagte und geschrieben steht.

28. Worte des Moses über die Schau Gottes

„Kein Mensch wird mich sehen und kann am Leben bleiben" (Ex. 33,20). Das ist so: Wer sterblich ist, wird den irdischen Blick seiner Vergänglichkeit nicht auf die Herrlichkeit meiner Gottheit richten, um das sterbliche Leben in unvergänglicher Asche besitzen zu können, während er sich im Wandel der vergänglichen Zeit befindet, d. h. ein Leben verläßt und zu einem andern übergeht. Denn alles Lebendige ist durch mich dauerhaft, weil ich lebe; und in mir gibt es keine Veränderung. Wie nämlich eine Mücke nicht am Leben bleiben kann, wenn sie sich in eine Feuerflamme stürzt, so könnte auch kein sterblicher Mensch bestehen, wenn er das Aufleuchten meiner Gottheit sähe. Ich aber zeige mich den sterblichen Menschen, solange sie von der Last ihrer Sterblichkeit beschwert sind, so in einem Schattenbild, wie ein Maler den Menschen das Unsichtbare durch seine gemalten Bilder verdeutlicht. Doch wenn du, o Mensch, mich liebst, umarme ich dich und erwärme dich mit der Glut des Heiligen Geistes. Wenn du mich nämlich in deiner guten Absicht anblickst und mich durch deinen Glauben erkennst, dann bin ich mit dir. Doch die mich verachten, wenden sich zum Teufel hin, weil sie mich nicht kennen wollen. Daher verwerfe auch ich sie.

29. Einige vom Teufel Betrogene lassen täuschenderweise Wunderzeichen an Geschöpfen sehen, aber sie können sie nicht in eine andere Art verwandeln

Diese aber verspottet und täuscht der Teufel, wie immer es ihm beliebt, so daß sie für wahr halten, was er ihnen zeigt. Und diese List seiner Täuschung flößt der Teufel jenen ein, die auf ihn vertrauen, so daß auch sie die Menschen in dieser Kunst täuschenderweise Wunderzeichen an Geschöpfen nach ihrem Wunsch sehen lassen. Aber dennoch können weder die Elemente noch die anderen von Gott geschaffenen Kreaturen in eine andere Art verwandelt werden; sie täuschen nur durch ihre Betrügereien denen, welche an sie glauben, unheimliche nebelhafte Erscheinungen an ihnen vor. Denn auch Adam verlor, als er nach mehr verlangte als er haben sollte, die Paradiesesherrlichkeit. So verlieren auch diese Auge und Ohr des inneren Menschen, weil sie Gott verlassen und den Teufel verehren.

30. Auf wie verschiedene Art der Antichrist die Seinen täuscht und warum ihm das gestattet wird

Auf diese Weise bewerkstelligt der Sohn des Verderbens seine täuschenden Künste an den Elementen und läßt an ihnen — je nach dem Wunsch der Menschen, die er täuscht — Schönheit, Anmut und Reiz sehen. Diese Gewalt ist ihm aber deshalb zugestanden, damit die Gläubigen im rechten Glauben erkennen, daß der Teufel keine Macht über das Gute hat, sondern nur über die Übel des ewigen Todes. Denn was immer dieser Sohn der Bosheit tut, wirkt er mit Gewalt, Stolz und Grausamkeit; er besitzt keine Barmherzigkeit, Demut und Unterscheidung, sondern drängt die Menschen mit einem Befehl und großer Verblüffung dazu, ihm zu folgen. Er gewinnt eine große Schar (plurimos populos) für sich, indem er ihnen sagt, sie dürften frei ihren Willen erfüllen und bräuchten sich nicht zu vielem Wachen und Fasten verpflichten. Er verheißt ihnen, daß sie nur ihren Gott, der er zu sein vorgibt, zu lieben bräuchten, um, von der Hölle befreit, zum Leben zu gelangen. Daher sagen die derart Getäuschten: ‚O weh, diese Unglücklichen, welche vor diesen Zeiten lebten, ihr Leben mit grausamen Quälereien erschwerten und ach, die Güte unseres Gottes nicht kannten.' Jener zeigt ihnen nämlich Schätze und Reichtum und erlaubt ihnen, nach ihren Wünschen zu schwelgen. Mit trügerischen Zeichen bekräftigt er seine Lehre, so daß sie glauben, es nicht nötig zu haben, ihren Leib irgendwie in Zucht zu nehmen und zu bändigen. Er befiehlt ihnen jedoch, die Beschneidung und das Judentum nach den Gebräuchen der Juden zu beobachten und erleichtert ihnen die schwereren Gesetzesvorschriften, welche das Evangelium — mit würdiger Buße verbunden — in Gnade wandelt, nach ihrem Willen. Und er spricht: ‚Wer sich zu mir bekehrt, dessen Sünden werden getilgt und er wird mit mir in Ewigkeit leben.' Er verwirft auch die Taufe und das Evangelium meines Sohnes und spottet über alle Gebote, die der Kirche übergeben sind. Und wiederum sagt der Teufel spöttisch zu denen, die ihm dienen: ‚Seht nur, wer und wie verrückt der gewesen ist, welcher dem einfachen Volk mit seiner Betrügerei das zur Beobachtung aufgestellt hat!'

31. Vom Scheintod des Antichrist und dem Buch der Verwünschung; wer ihm widerspricht, wird getötet

‚Ich aber will für euch und zu euerm Ruhm sterben und vom Tod auferstehen und so werde ich mein Volk von der Hölle befreien, so daß ihr von nun an glorreich in meinem Reich lebt; dieser Betrüger gab vor, das schon früher getan zu haben.' Und darauf befiehlt er seinen Anhängern (dilectis), ihn mit einem Schwert zu erschlagen und ihn bis zum Tag seiner Auferstehung in reines Leinen zu hüllen. Und sie werden so getäuscht, daß sie glauben, ihn zu töten und auf diese Weise seine Befehle auszuführen; später ersteht er scheinbar und führt eine Schrift vor, die gleichsam zum Heil der Seelen eine schreckliche Verwünschung enthält. Er übergibt sie den Menschen als Zeichen und läßt sich von ihnen anbeten. Wenn das aber ein Gläubiger aus Liebe zu meinem Namen verweigert, wird er von ihm durch grausame Pein und Foltern vernichtet. Daher sind alle, die das sahen oder hörten, von Staunen und Zweifel betroffen, wie auch mein geliebter Johannes zeigt und spricht.

32. Worte des Johannes

„Und ich sah eins von seinen Häuptern tödlich getroffen und seine Todeswunde wurde geheilt. Und voll Bewunderung folgte die ganze Welt dem Tier" (Apc. 13,3). Das ist so: Ich, der Liebhaber der Geheimnisse Gottes, sah, wie der Betrüger und Verfluchte mit ganz großen und unzähligen Bosheiten die Unschuld (sanctimoniam) der Heiligen umzingelt und sie mit vielfachen Lasten heimsucht. Er wird durch die Listen seiner Betrügereien vortäuschen, sein Blut bei seiner Hinmordung zu vergießen und so zu sterben. Nicht körperlich findet er den Tod, sondern er wird gleichsam als täuschendes Schattenbild erschlagen und für sterbend erachet. Daher gibt er auch — als sei er mit seinen täuschenden Wunden tot — vor, wie aus einem Todesschlaf zum Leben erwacht zu sein. Und so werden alle Menschen auf der ganzen Erde, starr vor Staunen und Schrecken über ihn, in Furcht vor diesem Verfluchten geraten, wie auch das Volk über die Größe und Stärke Goliaths entsetzt war, als es ihn bewaffnet zum Kampf sich gegenüberstehen sah. Wie du siehst, scheinen auch so die Säulen meiner Auserwählten, sowohl vor diesen Foltern als auch vor den widersprüchlichen, auffallenden und schrecklichen Zeichen, welcher dieser Sohn des Verderbens von sich gibt, von großem Staunen und Zittern erfaßt zu sein und stöhnen vor Jammer und Not auf.

33. Warum Henoch und Elias bis zu dieser Zeit zurückbehalten werden

Doch meine beiden Zeugen, die ich im Geheimnis meines Willens bis zu dieser Zeit aufbewahrt habe, nämlich Henoch und Elias, werde ich aussenden, damit sie ihn bekämpfen und die Irrenden zum Weg der Wahrheit zurückführen. Sie werden meinen Gläubigen die stärksten und kräftigsten Tugenden vor Augen führen. Denn weil die Worte ihres Zeugnisses in beider Mund ganz übereinstimmen, werden sie den Hörern den Glauben bringen. Deswegen sind diese beiden Zeugen der Wahrheit nämlich solange bei mir zurückbehalten worden, damit sogleich bei ihrem Auftreten ihr Wort in den Herzen meiner Erwählten verstanden und bekräftigt werde und der Sproß meiner Kirche von da an in großer Demut Bestand habe. Und sie werden zu den Kindern Gottes, deren Namen im Buch des Lebens stehen, sprechen.

34. Ihre Worte an die Kinder Gottes

,O ihr Redlichen, zum herrlichen Lob der beglückenden Gnaden des (ewigen) Lebens erwählt, hört und versteht, was wir euch zuverlässig berichten: Dieser Verfluchte ist vom Teufel entsandt, um die Seelen, welche sich seinen Vorschriften unterwerfen, in Irrtum zu führen. Wir lebten nämlich von dieser Welt zurückgezogen, in den Geheimnissen Gottes zurückbehalten, die den Menschen verborgen sind. Der Sorge und Angst der Menschen waren wir entzogen. Dazu aber sind wir aufbewahrt und zu euch gesandt worden, um den Irrtümern dieses Verderbers zu widersprechen. Seht also, ob wir euch nicht an Wuchs und Alter ähneln.'

35. Von ihren wahrhaftigen Zeichen, durch die der Betrug des Antichrist verworfen wird

Und alle, die den wahren Gott erkennen und bekennen wollen, folgen diesen beiden Greisen und wahren Zeugen, die das Banner der göttlichen Gerechtigkeit tragen, und geben den ungerechten Irrtum auf. Denn sie werden unter lautem Lobpreis vor Gott und den Menschen aufleuchten, Ortschaften, Straßen und Städte, sowie die anderen Orte, wo immer der Sohn des Verderbens seine verderbliche Lehre ausgestreut hat, durcheilen und dort viele Zeichen im heiligen Geist wirken. So wird das ganze Volk, welches sie sieht, zu größter Bewunderung geführt. Diese großen Wunderzeichen, die auf festem Felsen gründen, werden ihnen aber deswegen geschenkt werden, daß die verderblichen und falschen Zeichen herabgesetzt werden. Denn wie ein Blitz zündet und verbrennt, so handelt auch der Sohn des Verderbens. Mit seiner schlimmen Bosheit und Schlechtigkeit verbrennt er die Leute durch magische Künste wie ein feuriger Blitz. Doch Henoch und Elias werfen mit der rechten Lehre seine ganze Kohorte gleichsam mit einem Donnerschlag eingeschüchtert zu Boden und festigen so die Gläubigen.

36. Nach dem von Gott zugelassenem Tod erhalten sie den Lohn ihrer Mühen

Sind sie jedoch mit der Zulassung meines Willens schließlich von ihm getötet worden, erhalten sie den Lohn für ihre Mühen im Himmel. Dann fallen zwar die Blüten ihrer Lehre ab, weil ihre Stimme in der Welt bereits verstummt ist, aber in den Erwählten tritt die gute Frucht zutage. Diese verachten die Phrasen (verba) und die Wut der teuflischen List und sind wohlgefestigt in der Hoffnung auf das himmlische Erbe, wie auch Salomon auf den guten und redlichen Menschen verweist und spricht: Das Haus des Gerechten ist am dauerhaftesten und im Gewinn des Gottlosen liegt Beunruhigung (Spr. 15,6). Das ist so: Das sichere Haus (acutum tabernaculum), in dem es keinen Schmerz (contritio) und kein Unglück gibt, ist der besondere Spiegel des göttlichen Auges im redlichen Menschen. In ihm sieht dieses Auge die Kraft seiner Wundertaten gleichsam im Herannahen eines tödlichen Schwertes.

Doch in den Taten, die wie wachsende Früchte aus einem hochmütigen Herzen hervorgehen, das in seinen Eigenwilligkeiten Ruinen errichtet, wird eine gewisse Traurigkeit stecken, weil dieses stolze Herz nicht auf die Hoffnung vertraut, welche in himmlischer Sättigung erblüht.

37. Alle Glieder der Kirche werden durch den anmaßenden Übermut des Antichrist in Schrecken versetzt, der glaubt, er könne das Innerste des Himmels durchdringen

Daß du aber siehst, wie *sich dieses unförmige Haupt mit so großem Getöse von seiner Stelle löst, daß die ganze erwähnte Frauengestalt in allen ihren Gliedern davon erzittert,* bedeutet: Wenn der Sohn des Verderbens, der das Haupt der Bosheit ist, sich in heftigem arrogantem Hochmut aus der ihm anhaftenden Bosheit wie aus einem kleinen Irrtum erhebt, reißt er einen größeren Wahn an sich; er möchte sich nämlich über alle erhöhen, d. h., wenn seine Täuschungen ans Ende gelangt sind, wird die ganze Kirche in all ihren größeren und kleineren Kindern in großen Schrecken versetzt und erwartet seine wahnsinnige Anmaßung. *Und es befindet sich eine Unmenge Kot um das Haupt; es erhebt sich daraus wie über einen Berg und versucht zur Himmelshöhe aufzusteigen.* Denn die so großen Listen der teuflischen Nachstellung, welche viel Unreinheit verursachen, stehen diesem Sohn der Bosheit bei, verleihen ihm die Flügel des Stolzes und erheben ihn zu solcher Anmaßung, daß er sogar glaubt, das Innerste des Himmels durchdringen zu können. Auf welche Weise? Wenn er nämlich den Willen des Teufels vollkommen erfüllt hat, so daß er nach dem gerechten Urteil Gottes keine Erlaubnis mehr zu seiner so großen Macht an Bosheit und Grausamkeit erhält, sammelt er seine ganze Horde und sagt denen, die an ihn glauben, er wolle in den Himmel auffahren (ire). Doch wie der Teufel nicht wußte, daß der Gottessohn zur Erlösung der Seelen geboren werde, so ist auch diesem großen Übeltäter (pessimus) nicht bekannt, daß der kräftige Schlag der Hand Gottes über ihn kommt, wenn er sich in das todbringende Übel aller Übel einhüllt.

38. Die Macht Gottes vernichtet in sichtbarer Stärke gleichermaßen den Sohn des Verderbens wie den Teufel durch ewige Verdammnis

Und da ertönt plötzlich etwas wie ein Donnerschlag und trifft das Haupt mit solcher Wucht, daß es von diesem Berg herabstürzt und seinen Geist im Tod aushaucht. Denn die sich offenbarende Macht Gottes streckt den Sohn des Verderbens mit solcher Kraft seines Eifers nieder, daß er vom Hochmut, mit dem er sich gegen Gott erhoben hatte, durch den großen Fall seiner Anmaßung kopfüber herabstürzt und so im Tod ewiger Verdammnis seinen Lebensodem vollständig von sich gibt (evomit). Denn wie die Versuchungen meines Sohnes beendet wurden, als er bei der Versuchung dem Teufel befahl: ‚Weiche Satan' und jener erschreckt floh, so werden auch diese Verfolgungen, die der Sohn der Bosheit über die Kirche bringt, in diesem meinem Eifer ihr Ende finden.

39. Höllischer Gestank und Dunst wird den Ort seiner Überheblichkeit erfüllen, damit die Getäuschten zurückweichen

Daher *ergreift* auch *sogleich ein so übelriechender Dunst den ganzen Berg, und das Haupt wird darin von so großem Schmutz bedeckt, daß das dabeistehende Volk in größten Schrecken versetzt wird.* Denn der so unreine und höllische Gestank wird den Ort seiner Überheblichkeit ganz erfüllen, an dem jener schlimme Verleumder einen solchen Schmutz ausspie (effervebat), daß man sich nach gerechtem Urteil Gottes von da an weder an seinen Beginn noch an sein Ende erinnern kann. Jene Scharen sehen nämlich seine

Leiche stumm auf die Erde hingestreckt und von großer Fäulnis erfüllt; sie erkennen, daß sie getäuscht sind *und der Dunst bleibt noch etwas länger um diesen Berg herum.* Denn jener Gestank, der den teuflischen Hochmut umgibt (circumamplectens), erweist ihn als unrein, damit die von ihm verführten Menschen, welche den Gestank und jenen Schmutz wahrnehmen, ihren Irrtum meiden und zur Wahrheit zurückkehren. Denn *als das anwesende Volk das sieht, wird es von großer Angst erfüllt; als sie das nämlich erblicken, überfällt sie größtes Entsetzen, so daß sie heulend und weinend in Klagen ausbrechen und bekennen, sie hätten sich schwer getäuscht.*

40. Nach der Niederstreckung des Sohnes des Verderbens wird die Braut Christi vom Glanz wunderbarer Schönheit strahlen, während die Irrenden zum Weg der Wahrheit zurückkehren

Und plötzlich erscheinen die Füße der erwähnten weiblichen Gestalt glänzendweiß und leuchten heller auf als der Glanz der Sonne. Das heißt: Die Stärke des Fundaments und die Stütze der Braut meines Sohnes wird den großen Glanz des Glaubens zeigen und jene Schönheit, die alle Anmut irdischer Herrlichkeit übertrifft, aufweisen, wenn der Sohn des Verderbens – wie schon gesagt wurde – niedergestreckt ist und viele der Verirrten zur Wahrheit zurückkehren.

41. Der Tag des Gerichts kann niemand als Gott kennen

Doch nach dem Fall des Gottlosen soll der sterbliche Mensch nicht zu erfahren suchen, wann bei der Auflösung der Welt der Jüngste Tag eintrifft, denn er kann ihn nicht kennen. Der Vater hat ihn nämlich in seinem verborgenen Geheimnis aufbewahrt. Bereitet euch also zum Gericht, o Menschen! Wie aber schon erwähnt wurde, wird der Sohn des Verderbens mit seinem Vater, dem Teufel, und mit all seinen Künsten in der Endzeit von meinem Sohn, dem stärksten Kämpfer, überwunden werden, wie auch die so starken Feinde des Samson, der sein Vorbild war, verworfen wurden, wie geschrieben steht.

42. Ein Beispiel von Samson

„Durch die starke Erschütterung der Säulen stürzte das Haus über allen Fürsten und den übrigen Leuten, die sich darin aufhielten, zusammen und er brachte sterbend viel mehr Menschen um, als er in seinem Leben getötet hatte" (Ri. 16,30). Das ist so:

Dem Sohn Gottes, d. h. dem so starken Samson, verband sich zuerst die Synagoge. Ihr teilte er in seiner wunderbaren Lehre die Geheimnisse (occulta) mit, welche im Alten Testament verborgen waren, und erschloß ihr gütig die Süße dieses Gesetzes, welche stärker als ein Löwe war. Sie aber täuschte ihn und bewirkte, daß seine Geheimnisse verspottet wurden; sie wollte nicht auf seine Lehre blicken, sondern verachtete sie in großem, hochmütigem Stolz (fastu superbiae). Daher verkündete er erzürnt (commotus), daß das Reich Gottes von ihr genommen und einem anderen Volk verliehen werde. Also zog er unter vielen Wunderzeichen mit einer sehr großen Schar nach Jerusalem hinauf und wurde durch den Unglauben derer, die ihre Kleider auf dem Weg ausbreiteten, getötet. Dort schenkte er ihnen durch die Wunder, durch die er von seiner Braut verraten worden war, was er verheißen hatte. Und mit demselben (Zorn)eifer verließ er diese seine Braut, als er vorher verkündete, daß ihr Haus öde zurückgelassen werde. Doch der Vater jener Braut, nämlich die teuflische Täuschung, verband sie mit einem anderen Mann, d. h. mit dem Unglauben. Da sandte der Sohn Gottes kluge Wölfe, nämlich die Apostel aus. Sie verbrannten mit dem Feuer des Heiligen Geistes die Saaten ihrer Feinde, d. h. sie vertauschten die Gesetzesvorschriften mit geistiger Einsicht. So wurde die Synagoge mit ihrem Vater verbrannt, nämlich der schlimme Unglaube der Synagoge vernichtet. Darauf tötete er unter großen Zeichen und erstaunlichen Wundertaten die Ungläubigen, so daß alle vor lauter Betroffenheit erzitterten, als sie sagten, sie fürchteten, daß die Römer kommen und ihr Land und Volk vertilgen (tollere) würden. Deshalb sammelten sie ihre Horde, um ihn zu verderben, doch er verbarg sich auf einem Berg im Gebet; damals bat er darum, daß jener Kelch an ihm vorübergehen möge, wenn es möglich wäre.

Doch Judas Iskarioth verriet ihn und lieferte ihn den Händen seiner Feinde aus. Er aber verheimlichte die Stärke seiner Kraft, die er im Haar, d. h. in seinem Vater besaß. Das wußte das Volk nicht, nur im Glauben ist es erfaßbar, wie man die Haare am Kopf sieht. Als er später leiden wollte, zeigt er die Kraft seiner Stärke; er ergreift nämlich den Kinnbacken eines Esels, als er zu den Töchtern Jerusalems sagt, sie sollten nicht über ihn, sondern über sich selbst weinen. So setzte er ihnen zu (illas occidens), indem er ihnen nämlich den Schrecken der künftigen Übel voraussagte.

Und als er so erschöpft am Kreuz Durst empfand, ging vom Heidenvolk ein Quell des Glaubens aus. Er schämte sich nicht, davon zu trinken und sagte auch, daß es so vollbracht sei. Daher stieg er auch, als er aushauchte, in die Hölle, d. h. zur Buhlerin hinab, als seine Feinde ihn belagerten, da sie Wächter an sein Grab stellten. Doch er erstand vom Tod und gelangte mit den zwei Torflügeln — mit seinen besonderen Erwählten und mit dem ganzen Volk, die er aus der Hölle befreite — ins himmlische Reich. Aber es fragte ihn die allerschönste Braut — nämlich die Kirche, die so mit ihm vereint war — begierig (diligentissime), wie sie seine Kraft erkennen könnte. Er aber enthüllte ihr seine Kräfte nicht sofort auf einmal (repente), sondern nach und nach, wie es ihm angemessen schien (cum discretione). Wieso? Sobald die Gläubigen den katholischen Glauben empfangen hatten, glaubten manche von ihnen, daß sie, wie unter dem alten Gesetz, so auch im neuen bis zur Vervollkommnung wandeln müßten. Das war die Fessel aus frischen Sehnen, welche jedoch noch nicht ganz ausgetrocknet waren. Daher sprach die Kirche zu der noch unerfahrenen großen Menge: ‚Das ist die Kraft meines Bräutigams.' Und das Volk, welches das hörte, wollte Gott in plötzlicher Begeisterung, als es diese Worte vernahm, nur verehren, aber nicht nach der Weisung (in significatione) des Heiligen Geistes wandeln. Doch so erkannte man seine Stärke nicht. Darauf erhob sich in edler Art die Jungfräulichkeit wie neue Stricke, die noch nie gebraucht wurden, da ja auch die Jungfräulichkeit bisher nicht als rühmlich galt. Diese Fessel berührte den Sohn Gottes zwar stark, zeigte ihn aber dennoch nicht vollständig. Die Kirche aber richtete sich empor und sprach: ‚O meine Freunde, das sind die stärksten Kräfte meines Bräutigams!' Und mit großem Geschrei stürzte sich eine Menge Volk plötzlich über ihn und rief: ‚Wir haben ihn in seiner größten Kraft überlistet!' Doch auch so wurden seine Kräfte nicht sichtbar. Später wurde die Kirche durch die sieben Gaben des Heiligen Geistes — wie durch seine sieben Locken — unerschütterlich. Diese wurden mit einem starken Pflock als Stütze der apostolischen Verkünder eingeschlagen. Als daher auf diese Weise das Netz des Glaubens geknüpft war, rief die Kirche: ‚O wie stark ist mein Bräutigam mit seinen sieben Locken!' Und alles Volk, das sie hörte, fiel über ihn her und glaubte, er habe keine größeren Kräfte. Doch auch diesmal verkannte man seine Kraft.

Von da an vergoß die Kirche viele Tränen, weil sie die Stärke der heiligen Dreifaltigkeit nicht kannte. Sie erklärte, daß sie zwar die Menschheit des Gottessohnes gesehen, doch seine Gottheit noch nicht vollständig begriffen habe. Davon bewegt, offenbarte er durch seinen geliebten Johannes zur Ehre des Vaters und in der Glut des Heiligen Geistes die Geheimnisse der heiligen Dreifaltigkeit, soweit es dem Menschen gestattet ist, sie zu kennen. Und so bettet (reclinans) er sein Haupt in den Schoß seiner Braut und ruht darin bis zu den großen Spaltungen, die durch den Sohn des Verderbens stattfinden werden. Dort nimmt man ihm (abscidetur) durch das Abscheren seiner Locken seine Kraft, da die Menschen jener Zeit mehr danach trachten, dem Sohn des Verderbens als ihm zu folgen und sagen: ‚Was bedeutet das, o Gott, daß wir so große und viele Wunder sehen?' Und so wird seine Kraft geschwächt, als der wahre Glaube von der Blindheit des Unglaubens verdunkelt zu werden schien. Doch seine Kräfte werden wieder erwachen, wenn Henoch und Elias erscheinen. Deswegen schlägt er den Stolz und die Anmaßung tapfer nieder und vernichtet den Sohn des Verderbens mit allen teuflischen Listen und den übrigen Vergehen. Er wird die teuflischen Laster noch viel härter zerschlagen, sobald die Kirche unter dem christlichen Namen von der gegenwärtigen vergänglichen Welt in die Ewigkeit übergeht, als er es vorher tat, da der göttliche Kult noch zeitweise in der Welt Ansehen genoß (vigeret). Was bedeutet das? Wenn die Welt bereits zu Ende geht, werden auch die teuflischen Verfolgungen und das so starke Wirken der Tugendkräfte in den Menschen zeitweise aufhören.

Wer aber scharfe Ohren zum inneren Verständnis besitzt, lechze in leidenschaftlicher Liebe zu meinem Abbild nach diesen Worten und schreibe sie ins Gewissen seiner Seele ein.

Die Abschnitte der 12. Vision des 3. Teils

1. Zur Endzeit löst sich die Welt unter viel Unheil wie ein Mensch in der Todesstunde auf
2. Alle Kreaturen geraten plötzlich in Aufruhr und alles Sterbliche in der Luft, zu Wasser oder auf der Erde gibt das Leben auf, und was häßlich an ihnen ist, vergeht
3. Die Körper der Toten erstehen – wo immer sie sich befinden – unversehrten Leibes, je nach ihrem Geschlecht
4. Von den besiegelten und unbesiegelten Auferstehenden
5. Der Sohn, dem der Vater die Gewalt gegeben hat, Gericht zu halten, wird in menschlicher Gestalt zum Gericht kommen
6. Das Evangelium darüber
7. Die Besiegelten werden mühelos und schnell dem gerechten Richter entgegen entrückt und ihre Werke werden offenbar
8. Alle Blumen werden prangen (fulgebunt): die Patriarchen, Propheten, Apostel, Märtyrer, Bekenner, Jungfrauen, Mönche und andere Vorangestellte
9. Wenn der Sohn den Urteilsspruch verkündet, nachdem die persönliche Gewissenseröffnung stattgefunden hat, enthalten sich die Himmel einstweilen schweigend ihrer Lobgesänge
10. Von den zu richtenden Guten und Bösen
11. Von den schon gerichteten Ungläubigen, die nicht vor Gericht gelangen
12. Nach beendetem Gericht entsteht größte Ruhe und Stille
13. Die Auserwählten empfängt unter lautem Lobgesang (magnis laudibus) die Herrlichkeit der Ewigkeit, doch die Verworfenen veschluckt die Unterwelt unter großem Geheul
14. Das Evangelium darüber
15. Wie sich die Elemente, die Sonne, der Mond und die Sterne nach beendetem Gericht zum Besseren wandeln und es keine Nacht (mehr) geben wird
16. Worte des Johannes darüber

12. Vision des 3. Teils

Der Tag der großen Offenbarung

Danach schaute ich: Und plötzlich wurden alle Elemente und Geschöpfe von einem schrecklichen Beben erschüttert, Feuer, Luft und Wasser brachen hervor und brachten die Erde in Aufruhr. Es dröhnte von Blitzen und Donnerschlägen. Berge und Wälder fielen, so daß alles Sterbliche das Leben aushauchte. Und alle Elemente wurden gereinigt, so daß auf diese Weise alles Schmutzige an ihnen verschwand und nicht mehr auftauchte. Und ich hörte eine Stimme mit lautem Ruf über den ganzen Erdkreis erschallen; sie rief: ‚O ihr Menschenkinder, die ihr in der Erde ruht, erhebt euch alle!'

Und siehe da! Alles menschliche Gebein an jedem Ort der Erde sammelte sich augenblicklich und bedeckte sich mit seinem Fleisch; und alle Menschen erstanden mit ihren unversehrten Gliedern und Leibern, je nach ihrem Geschlecht. Die Guten leuchteten in Herrlichkeit und die Bösen erschienen schwarz, so daß man das Werk eines jeden an ihm wahrnahm. Und einige von ihnen waren mit dem Glauben besiegelt, manche aber nicht. So trug ein Teil der Besiegelten einen goldenen Glanz auf ihrem Antlitz, die andern gleichsam einen Schatten; das war ihr Kennzeichen.

Doch plötzlich flammte vom Osten her ein mächtiger Blitz auf. Und ich erblickte dort auf einer Wolke den Menschensohn mit demselben Antlitz, das er auf Erden trug, und mit offenen Wunden. Er kam mit den Chören der Engel und thronte auf einer Flamme, die glühte, aber nicht brannte. Unter ihm tobte ein gewaltiger Sturm zur Reinigung der Welt, und die Besiegelten wurden wie von einem Wirbelwind ergriffen, der sie ihm entgegen entrückte, dorthin, wo ich schon früher jenen Glanz erblickt hatte, der das Geheimnis des himmlischen Schöpfers versinnbildet. Dort wurden die Guten nämlich von den Bösen getrennt. Er aber beglückte mit einladender Stimme — wie das Evangelium deutlich zeigt — die Gerechten mit dem Himmelreich und die Ungerechten bestimmte er — wie dort ebenfalls geschrieben steht — mit schreckenerregenden Worten für die höllischen Qualen. Es erfolgte dort jedoch keine andere Befragung oder Antwort bezüglich ihrer Taten, als das Wort des Evangeliums bekundet, denn das Werk eines jeden, ob es nun gut oder schlecht gewesen war, trat öffentlich an ihm zutage. Die Unbesiegelten aber standen weitab in der nördlichen Gegend unter der Schar der Teufel und gelangten nicht vor dieses Gericht; sie sahen dennoch dies alles wie in einem Wirbelsturm. Sie erwarteten den Ausgang dieses Gerichts und seufzten bitterlich in ihrem Herzen (intra se).

Als so das Gericht beendet war, hörten Blitzen, Donnern, Winde und Unwetter auf, und was an den Elementen vergänglich war, verschwand plötzlich. Eine große Stille entstand. Dann eilten die Gerechten, die auf einmal noch mehr leuchteten als die Sonne, mit dem Sohn Gottes und den seligen Scharen der Engel in großer Freude zum Himmel, während die Verworfenen mit dem Teufel und seinen Engeln mit großem Wehgeschrei zum Ort der Hölle fuhren. Und so empfing der Himmel die Auserwählten und die Hölle verschlang die Verworfenen. Doch plötzlich entstanden solche Freude und so laute Lobgesänge im Himmel und so große Traurigkeit und lautes Heulen in der Unterwelt, daß es kein menschlicher Begriff mehr auszudrücken vermag. Und alsbald erstrahlten alle Elemente in größter Heiterkeit, als wenn ihnen eine schwarze Haut abgezogen worden wäre. So verbrannte das Feuer nicht mehr, die Luft war nicht mehr getrübt, das Wasser tobte nicht mehr und die Erde war nicht mehr vergänglich. Auch die Sonne, der Mond und die Sterne funkelten am Firmament in hellem Glanz und großer Schönheit wie kostbarer Schmuck (plurimus ornatus) und blieben unbeweglich auf ihrer Kreisbahn stehen, so daß sie nicht mehr Tag und Nacht schieden. Auf diese Weise war es nicht Nacht sondern Tag. Das Ende war da.

Und wiederum hörte ich eine Stimme vom Himmel zu mir sprechen.

1. Zur Endzeit löst sich die Welt unter viel Unheil wie ein Mensch in der Todesstunde auf

Diese Geheimnisse zeigen die Endzeit an, in der die vergänglichen Zeiten (temporalia tempora) mit jenem ewigen Licht vertauscht werden, das kein Ende nimmt. Die letzten Zeiten werden nämlich von vielen Gefahren erschwert werden (fatigabuntur) und viele Anzeichen werden auf den Untergang der Welt hinweisen. Denn *wie du siehst, wird an jenem Jüngsten Tag der ganze Erdkreis von Schrecknissen erschüttert und von Unwettern zerrüttet, so daß alles, was auf ihm hinfällig und sterblich ist, durch dieses Unheil das Ende findet.* Denn da der Weltenlauf bereits vollendet ist, kann er nicht länger bestehen, sondern wird nach göttlichem Ratschluß zerstört. Wie nämlich ein Mensch, der seinem Ende entgegensieht, von vielen Krankheiten heimgesucht (praeventus) und niedergestreckt wird, so daß er sich in seiner Todesstunde sogar unter großem Schmerz vollends auflöst, so werden dem Ende der Welt große Widerwärtigkeiten voraneilen und sie an ihrem Ende unter verschiedenen Schrecknissen auflösen. Denn die Elemente werden dann ihre Schrecken zeigen, weil sie sie weiterhin nicht mehr ausüben können.

2. Alle Kreaturen geraten plötzlich in Aufruhr und alles Sterbliche in der Luft, zu Wasser oder auf der Erde gibt das Leben auf, und was häßlich an ihnen ist, vergeht

Allerdings *werden bei diesem Ende die Elemente unter einem plötzlichen und unerwarteten Beben entfesselt,* alle Menschen geraten in Bewegung, Feuer bricht aus, die Luft löst sich (in ihre Bestandteile) auf, das Wasser fließt über, die Erde wird erschüttert, Blitze zucken, Donnerschläge krachen, Berge werden gespalten, Wälder stürzen *und alles Sterbliche* in der Luft, zu Wasser oder auf der *Erde gibt das Leben auf.* Das Feuer bringt nämlich die ganze Luft in Bewegung und Wasser erfüllt die ganze Erde. Und auf diese Weise *wird alles gereinigt* und so verschwindet alles Häßliche auf der Welt, als ob es nie gewesen wäre, wie Salz zerfließt, wenn man es ins Wasser wirft.

3. Die Körper der Toten erstehen — wo immer sie sich befinden — unversehrten Leibes, je nach ihrem Geschlecht

Und auf den göttlichen Befehl aufzuerstehen, verbinden sich augenblicklich die Gebeine der Toten — wie dir schon gezeigt wurde — an ihrem Ort, wo sie sich auch befinden mögen, und bedecken sich mit ihrem Fleisch, ohne jeden Aufschub. In größter Schnelligkeit werden sie wiederhergestellt, ob sie nun von Feuer, Wasser, einem Vogel oder einem wilden Tier verzehrt worden sind. Die Erde gibt sie auf diese Weise zurück, wie Salz aus dem Wasser ausgeschieden wird (sudat), denn mein Auge kennt alles und nichts kann vor mir verborgen werden. So erstehen alle Menschen mit Seele und Leib, ohne daß eines ihrer Glieder verkrüppelt oder abgeschnitten wäre, *unversehrten Leibes und je nach ihrem Geschlecht* in einem Augenblick. *Die Auserwählten haben den Glanz ihrer guten Werke und die Verworfenen tragen die Schwärze ihrer unglückseligen Taten.* So werden ihre Werke dort nicht verheimlicht, sondern sie erscheinen offen an ihnen.

4. Von den besiegelten und unbesiegelten Auferstehenden

Und einige von ihnen sind mit dem Glauben besiegelt, manche aber nicht, so daß das Gewissen der einen, die gläubig sind, durch Werke des Glaubens *im Glanz der Weisheit funkelt, das der andern aber in der Finsternis ihrer Nachlässigkeit erscheint.* Dadurch unterscheidet man sie öffentlich, denn jene haben den Glauben in Werken vollendet, diese jedoch haben ihn in sich ausgelöscht. *Etliche aber tragen dieses Zeichen des Glaubens nicht,* denn diese wollten weder unter dem alten Gesetz noch in der neuen Gnade die Erkenntnis des lebendigen und wahren Gottes besitzen.

5. Der Sohn, dem der Vater die Gewalt gegeben hat, Gericht zu halten, wird in menschlicher Gestalt zu Gericht kommen

Und dann wird der Sohn Gottes in der Helligkeit des ewigen Lichts, aber dennoch in einer Wolke, durch die den Verworfenen die himmlische Herrlichkeit verhüllt wird, in der Gestalt seiner Menschheit und seines Leidens, das er nach dem Willen des Vaters für das Heil des Menschengeschlechts erduldete, von der himmlischen Heerschar umgeben, kommen, um dieses Menschengeschlecht zu richten. Denn der Vater hat ihm das übergeben, damit er das Sichtbare auf der Welt beurteile, weil er selbst sichtbar auf Erden gelebt hatte. So zeigt er es auch im Evangelium auf und spricht.

6. Das Evangelium darüber

„Er gab ihm die Vollmacht, Gericht zu halten, weil er der Menschensohn ist (Joh. 5,27). Das ist so:

Der Vater legt Zeugnis ab von seinem Sohn. Was bedeutet das? Der Vater übergab dem Sohn die Vollmacht. Denn dieser bleibt immer in seiner Gottheit beim Vater, empfängt aber von der Mutter die Menschheit gemäß seines Menschseins. Der Vater verlieh ihm auch, daß die ganze Schöpfung ihn als Sohn Gottes erfährt, wie auch die ganze Schöpfung in der Erschaffung ihrer Gestalt als Gottes Geschöpf besteht. Und deshalb werden alle Werke vom Sohn beurteilt, wie beachtlich oder geringfügig sie auch sein mögen; und wie sie einzustufen sind, so stuft er sie ein, um gerecht zu beurteilen, was auf der Welt sichtbar war, weil er selbst auf Erden ein Mensch zum Anfassen und Sehen gewesen ist. Er erscheint nämlich in der richterlichen Gewalt furchtbar für die Ungerechten, aber für die Gerechten gewinnend (blandus), und richtet sie so, daß auch die Elemente seine Reinigung zu spüren bekommen.

7. Die Besiegelten werden mühelos und schnell dem gerechten Richter entgegen entrückt und ihre Werke werden offenbar

Dann werden die, welche besiegelt sind, mühelos, ja in großer Schnelligkeit entrückt; denn weil sie treu an Gott glaubten, werden auch die Werke des Glaubens offen an ihnen in Erscheinung treten, und da Gottes Wissen auch ihre Taten bezüglich Gut und Böse kennt, wie dir schon gezeigt wurde, werden dort Gute und Böse getrennt, denn auch ihre Werke sind ungleich. Dort wird nämlich sowohl an den Bösen als auch an den Guten unfehlbar sichtbar, in welchem Maß sie Gott in der Kindheit, im Knabenalter, in der Jugend, im Alter oder am Lebensende (finita aetate) gesucht haben.

8. Alle Blumen werden prangen: die Patriarchen, Propheten, Apostel, Märtyrer, Bekenner, Jungfrauen, Mönche und andere Vorangestellte

Dort leuchten alle Blumen meines Sohnes, nämlich die Patriarchen und Propheten, die vor seiner Menschwerdung gelebt haben, die Apostel, welche mit ihm auf Erden wandelten, und die Märtyrer, Bekenner, Jungfrauen und Witwen, die ihn gläubig nachahmten, und jene, die meiner Kirche sowohl in weltlichen als auch in geistlichen Belangen vorangestellt wurden, und auch die Einsiedler und Mönche, die sich in Züchtigung und Abtötung ihres Fleisches um des Namens meines Sohnes willen verächtlich machten, weil sie auch in großer Demut und Liebe durch ihr Gewand zeigten, daß sie die Ordnung der Engel nachahmen. Sucht man mich aber derart im beschaulichen Leben, daß man sagt: ‚Dieses Leben ist rühmlicher als jenes', so gilt das nichts vor mir; doch der mich demütig in jenem Wandel sucht, der durch die Eingebung des Heiligen Geistes geschenkt wurde, dem werde ich im himmlischen Vaterland die ersten Plätze zuweisen.

9. Wenn der Sohn den Urteilsspruch verkündet, nachdem die persönliche Gewissenseröffnung stattgefunden hat, enthalten sich die Himmel einstweilen schweigend ihrer Lobgesänge

Danach enthalten sich die Himmel einstweilen schweigend ihrer Lobgesänge, wenn der Sohn Gottes den Gerechten und Ungerechten den Urteilsspruch verkündet und sie mit größter Ehrfurcht (cum reverentia honoris) zuhören, wie er sie beurteilt, wenn er den Gerechten freundlich himmlische Freude gewährt und die Ungerechten furchterregend in höllische Qualen schickt. *Es erfolgt jedoch dort keine weitere Entschuldigung oder Befragung bezüglich ihrer Taten:* nur das Gewissen der guten und bösen Menschen liegt dort entblößt und offen.

10. Von den zu richtenden Guten und Bösen

Die Gerechten aber, denen die Worte des ganz gerechten Richters zuteil werden, haben zwar viele Werke der Gerechtigkeit getan, brachten sie aber, solange sie auf der Welt lebten, nicht zur vollkommenen Vollendung und werden jetzt darüber gerichtet. Die Ungerechten jedoch, welche dort die richterliche Strenge an sich erfahren, haben zwar böse Taten begangen, handelten aber dennoch nicht in Unkenntnis über die göttliche Majestät, d. h. in der Bosheit des schon vorher verdammten Unglaubens. Und deshalb entkommen sie dort nicht dem Urteilsspruch des Richters, weil allem das rechte Gewicht beigelegt werden muß (aequo pondere ponderanda sunt).

11. Von den schon gerichteten Ungläubigen, die nicht vor Gericht gelangen

Die aber nicht mit dem Glauben besiegelt sind, weil sie nicht an Gott geglaubt haben, *stehen in der nördlichen Gegend,* d. h. in der Region der Verdammung, *halten sich inzwischen bei der Schar der Teufel auf und gelangen nicht vor dieses Gericht. Sie sehen es dennoch schattenhaft und ersehnen sein Ende mit vielem innerem Seufzen.* Sie haben nämlich auf ihrem Unglauben beharrt und den wahren Gott nicht erkannt, weil sie weder vor der Taufe den lebendigen Gott im alten Bund verehrten, noch unter dem Evangelium das Heilmittel der Taufe empfingen. Sie verharrten vielmehr unter dem Fluch von Adams Fall und zogen sich die Qualen der Verdammung zu. Daher trifft man sie im Unglauben ihrer Vergehen schon gerichtet an.

12. Nach beendetem Gericht entsteht größte Ruhe und Stille

Wenn so das Gericht beendet ist, hören die Schrecknisse der Elemente und Blitze, Donnerschläge und Stürme in den Gewittern auf und alles Hinfällige und Vergängliche vergeht und erscheint nicht wieder, wie Schnee keinen Bestand hat (esse desinit), der von der Hitze der Sonne zerschmilzt; *so entstand auf göttliche Anordnung größte Ruhe und Stille.*

13. Die Auserwählten empfängt unter lautem Lobgesang die Herrlichkeit der Ewigkeit, doch die Verworfenen verschluckt die Unterwelt unter großem Geheul

Und so gelangen die Auserwählten im Glanz der Ewigkeit zusammen mit ihrem Haupt, nämlich meinem Sohn, und mit der ruhmreichen himmlischen Heerschar in großer Herrlichkeit zu den himmlischen Freuden und die Verworfenen kommen mitsamt dem Teufel und seinen Engeln in großer Beschämung (an den Ort) der ewigen Strafen. Dort werden sie fortwährend vor Augen haben, daß ihnen der ewige Tod bereitet ist, weil sie lieber ihren Begierden als meinen Geboten folgten. *Und so nimmt der Himmel die Auserwählten* in die Herrlichkeit der Ewigkeit *auf,* weil sie den Beherrscher der Himmel geliebt haben.

Und die Hölle verschlingt die Verworfenen, weil sie den Teufel nicht fahren ließen. *So ertönt in der himmlischen Herrlichkeit vor lauter Freude* (omnium gaudiorum) *ein so lauter Lobgesang und in der Unterwelt vor lauter Seufzen* (omnium gemituum) *ein so großes Wehgeschrei, daß es kein menschlicher Sinn mehr fassen kann;* denn jene gehen zum ewigen Leben ein (possident) und diesen wird der ewige Tod zuteil (habent), wie mein Sohn im Evangelium sagt und spricht.

14. Das Evangelium darüber

„Und diese werden zur ewigen Pein eingehen, die Gerechten aber zum ewigen Leben“ (Mt. 25,46): Das ist so: Die den üblen Geruch ihrer Buhlerei mit allem Schlechten an sich tragen und nicht danach dürsten, in der höchsten Güte Gerechtigkeit zu schöpfen, werden auf dem Weg ihres Unglaubens und ihrer Schlechtigkeit in die Strafen des ewigen Verderbens gestürzt und empfangen höllische Qualen gemäß ihren Taten. Die Erbauer des strahlenden (coruscationis) himmlischen Jerusalem aber, die gläubig vor den Pforten der Tochter Sion stehen, werden im Licht des ewigen Lebens aufleuchten, das die allerreinste Jungfrau in der Fruchtbarkeit ihrer Jungfräulichkeit den Gläubigen wunderbar gebracht hat.

15. Wie sich die Elemente, die Sonne, der Mond und die Sterne nach beendetem Gericht zum Besseren wandeln und es keine Nacht mehr geben wird

Und wie du siehst, werden die Elemente, nachdem dies alles geschehen ist, in größter Klarheit und Schönheit erstrahlen, d. h. alle hinderliche Schwärze und Schmutzigkeit ist verschwunden. *Das Feuer* wird dann nämlich *ohne Glut* wie Morgenrot schimmern und *die Luft ohne Trübung* ganz rein und glänzend sein; *das Wasser* wird *ohne heftigen Erguß und Überfließen* durchsichtig und ruhig daliegen *und die Erde* wird *ganz unverwüstlich und ohne Verunstaltung* fest und eben erscheinen, wenn das alles in große Ruhe und Schönheit übergegangen ist.

Doch auch die Sonne, der Mond und die Sterne werden wie kostbare Edelsteine auf Goldhintergrund *sehr klar und mit großem Glanz* am Firmament *schimmern und nicht mehr* auf ihrer unruhigen Kreisbahn *Tag und Nacht zu trennen haben.* Denn am Weltende sind sie nunmehr unbeweglich, so daß *von jetzt an keine nächtliche Finsternis erscheint, weil der Tag dann nicht zu Ende geht;* so bezeugt und spricht auch mein geliebter Johannes.

16. Worte des Johannes darüber

„Und es wird keine Nacht mehr geben und sie benötigen kein Lampen- und Sonnenlicht, weil Gott der Herr ihnen leuchtet" (Offb. 22,5). Das ist so: Wer einen Schatz besitzt, verbirgt ihn zuweilen und bringt ihn zuweilen auch zum Vorschein, wie auch die Nacht das Licht verdeckt (celat) und der Tag die Finsternis verscheucht und den Menschen Licht bringt. So wird es beim Übergang der Zeiten (in die Ewigkeit) nicht sein. Denn dann wird der Schatten der Nacht verscheucht, so daß von nun an keine nächtliche Finsternis mehr auftritt, denn auch jene umgewandelte Welt (transmutatio illa) benötigt nicht mehr jenes Licht, das sich die Menschen anzünden, um die Schatten der Finsternis zu vertreiben. Es hängt auch dann nicht vom Sonnenstand (mutabilitas solis) ab, der sogleich jene Zeiten beeinflußt, die dem Schatten gehören (in umbra habentur). Denn dann wird der Tag ohne irgendwelche Veränderung bestehen, weil jetzt auch der Herrscher über alles mit dem Licht seiner Gottheit, das keine Veränderlichkeit verdunkelt, die erleuchtet, welche auf Erden durch seine Gnade die Finsternis vertrieben haben.

Wer aber scharfe Ohren zum inneren Verständnis besitzt, lechze in leidenschaftlicher Liebe zu meinem Abbild nach diesen Worten und schreibe sie ins Gewissen seiner Seele ein.

no ululatu absorbet.
xiiii E uangeliū de eodem.
xv Quomō elemēta. & sol. & luna. & stelle

finito iudicio ī meli' mutant̄. & nox
non erit.
xvi. Verba iohis de eodem.

Die Abschnitte der 13. Vision des 3. Teils

13. Vision des 3. Teils

Lobpreis auf die Heiligen

Dann sah ich eine ganz durchsichtige Atmosphäre. In ihr vernahm ich auf wundersame Weise den unterschiedlichen Klang von Harmonien in all den erwähnten Sinnbildern: Lobgesänge auf die Freuden der Himmelsbürger, die mutig auf dem Weg der Wahrheit verharren, Klagelieder über die, welche aufs Neue zu den gleichen Freudengesängen berufen werden sollen, und den aneifernden Gesang der Tugendkräfte, die einander ermuntern, den Völkern, die von teuflischer List bekämpft werden, Heil zu erwirken. Diese Tugendkräfte jedoch bezwingen sie. So gehen die gläubigen Menschen schließlich durch Buße von den Sünden zum himmlischen (Leben) über.

Und dieser Klang, der wie eine Menge von Stimmen in harmonischem Lobgesang aus der Höhe ertönte, brachte Folgendes zum Ausdruck:

1. Das Lied von der heiligen Jungfrau Maria

O funkelnde Gemme, der Sonne lautere Zier,
die sich aus dem Herzen des Vaters in dich
als sprudelnder Quell (des Lebens) ergoß —
sein einziges Wort, durch das er der Erde
Urelement, das Eva verdarb, erschuf.
Dies Wort hat der Vater in dir zum Menschen geformt;
der leuchtende Urstoff bist du deshalb,
durch den das Wort aller Tugenden Kräfte im Hauch entsandte,
wie jeden Geschöpfes Gestalt es zum Dasein erweckte.

O liebliches Reis voller Grünkraft am Stamme Jesse,
welch großes Geschehen: Die Gottheit wirft
den Blick auf die Schönste der (Menschen)kinder,
wie auf die Sonne sein Auge heftet der Adler,
da der Vater vom Himmel die Reinheit der Jungfrau erkor,
die in Fleischesgestalt gebären sollte sein Wort.

Erleuchtet ward nämlich der Jungfrau Herz
durch Gottes Geheimnis auf mystische Weise;
und wunderbar ging eine lichte Blume
aus dieser Jungfrau hervor.

Und wiederum ertönte es:

2. Von den neun Ordnungen der himmlischen Geister

O ihr herrlichen Engel, lebendes Licht!
Im dunklen Geheimnis jeglicher Kreatur
erblickt ihr zu Füßen der Gottheit
in brennender Sehnsucht die Augen Gottes;
nie könnt ihr davon gesättigt werden.
O welch herrliche Freuden birgt eure (Engel)natur,
da keine Untat sie je in euch berührte,
wie sie sich erstmals erhoben hat
in euerm Gefährten, dem Engel, der fiel.
Fliegen wollte er über die Zinne,
die im Inneren Gottes verborgen;
qualvoll verrenkt versank er in Trümmer.
Dem Geschöpfe des göttlichen Fingers
lieh er mit listigem Rat seines Falles Werkzeug.

Doch ihr, o Engel, Hüter der Völker,
deren Natur euer Antlitz strahlt wider,
o Erzengel, die ihr empfangt der Gerechten Seelen,
ihr Kräfte, Gewalten und Fürstentümer,
ihr Herrschaften und ihr Throne,
vereint im Geheimnis der Fünfzahl,
o Cherubim, Seraphim, Siegel auf die Mysterien Gottes,
gepriesen seid ihr! Ihr schaut am Quell
des Ewigen Herzens Gelaß,
denn gleichsam als Antlitz
seht ihr das Herz des Vaters
ausatmen seine innere Kraft.

Und weiter hieß es:

3. Von den Patriarchen und Propheten

O ihr ehrfurchtgebietenden Männer!
Ihr habt die Lande durchzogen (pertransistis),
Geheimes geschaut mit den Augen des Geistes,

und angekündet im lichten Abbild
das scharfe lebende Licht, das entsprießt
dem Reis, das einzig allein
durch den Einfall des Lichtes erblühte,
das in ihm Wurzel gefaßt.

Ihr Heiligen aus dem alten Bund
habt Rettung den Seelen vorausgesagt,
die versunken waren im Tode
und aus der Heimat verbannt.
Gleich kreisenden Rädern wunderbar
spracht vom Geheimnis des Berges ihr,
der den Himmel berührt und die Fluten,
die er durchwatete, salbte,
da auch die strahlende Leuchte,
die sich erhob unter euch,
auf diesen Berg verwiesen,
dem sie vorangeeilt.
O ihr fruchtbaren Wurzeln, aus denen erwuchs
das Werk der Wunder, nicht das der Schuld
im reißenden Strome des lichten Schattens.
Und du, o beständig wiederkehrender zündender Ruf,
welcher voranläuft dem schleifenden Stein,
der die Hölle zerschmettert:
Freut euch in euerm Haupte!
Freut euch in ihm, den viele auf Erden
in Sehnsucht gerufen und nimmer geseh'n.

Und wiederum erscholl es:

4. Von den Aposteln

O Kriegsschar der Blüte vom Reis ohne Dornen,
du bist der Schall übers Erdenrund,
der in den Ländern sich weit verbreitet,
wo mit den Schweinen am Fraße
sich der Wahnwitzigen Schar ergötzt.
Du hast sie besiegt, erfüllt vom Helfer,
da in den Zelten du Wurzel schlägst,
die des Wortes vom Vater vollendetes Werk.

Du bist auch das edle Geschlecht des Erlösers,
welches den Weg betreten hat
zur Wiedergeburt durch das Lamm im Wasser.
Schwertbewaffnet entsandte er dich
unter die wütenden Hunde,
die durch das Werk ihrer Hände zerstörten
ihre eigene Würde,
als sie den Ungeschaffenen (non manufactum)
preisgaben ihren Händen,
ihn aber so nicht fanden.
Denn du leuchtende Schar der Apostel,
die sich in wahrer Erkenntnis erhob
und das Gefängnis des teuflischen Herrschers
öffnete und die Gefangenen wusch
in der Quelle lebendigen Wassers:
Du bist in schwärzester Finsternis
das strahlendste Licht und die stärkste Art
der Säulen, die tragen die Braut des Lammes
mit all ihrem Schmuck; die Fahne der Freude
trägt die jungfräuliche Mutter.
Denn Bräutigam dieser Braut ohne Makel
ist ja das unbefleckte Lamm.

Und weiter klang es:

5. Von den Märtyrern

O ihr so siegreichen Helden!
Ihr habt euer Blut vergossen,
den Aufbau der Kirche begrüßend,
und tratet hinzu zu des Lammes Blut,
mit dem Schlachtopfer Mahl zu halten.
O welch großer Lohn wird euch jetzt zuteil,
weil ihr lebendig verachtet habt euern Leib,
um nachzufolgen dem Lamme Gottes.
Ihr verherrlicht sein Leiden, durch das er euch führte
zum wiedergewonnenen Erbe.
Ihr Rosenblüten, glückselig seid ihr!
In größter Freude wie Duft und Tau
verströmt euer Blut ihr für die Erlösung,

die dem innersten Herzen des Planes entsprang,
der vor der Zeit schon in dem bestand,
für den sie von Anfang an nicht war bestimmt.

Ehre sei eurer Schicksalsgemeinschaft!
Ihr seid ja die Waffenrüstung der Kirche
im wogenden Blut eurer Wunden.

Und wiederum schallte es:

6. Von den Bekennern

O Nachfolger ihr des starken Löwen!
Zwischen Altar und Tempel
waltet ihr ihm zu Diensten.
Wie die Engel ihm singen Lob
und Hilfe bringen den Völkern,
handelt ihr mitten unter ihnen
und sorgt für sie stets in des Lammes Dienst.
O ihr Nachahmer des Erhabenen,
im kostbaren, herrlichen Zeichen
ausgerüstet mit großer Vollmacht:
ein Mensch geht daran, zu lösen und binden
im Namen Gottes die Trägen und Pilger,
die Glänzendweißen und auch die Schwarzen
mit aller Schönheit zu zieren
und große Sündenlasten zu tilgen.

Ihr seid ja beauftragt mit Engelsdienst;
ihr kennt schon im Voraus die mächtigen Fundamente,
die es zu legen gilt allerorts,
und darum ist groß euer Ruhm.

Und weiter tönte es:

7) Von den Jungfräulichen

Die ihr Gott schaut und im Morgenrot baut,
wie ist euer Antlitz so schön,
wie edel seid ihr, o selige Jungfrau'n!
In euch hat der König sich selber erblickt,
da er mit allem himmlischen Schmuck
euch hier schon sein Siegel aufgedrückt.
Der lieblichste Garten seid ihr daher,
duftend von jeglicher Zier.

O edelste Grünkraft, die in der Sonne du wurzelst;
in blendender Klarheit strahlst du im Rade auf,
das keine irdische Macht begreift.
Umfangen von den Umarmungen der Geheimnisse Gottes
schimmerst du wie das Morgenrot
und brennst wie der Sonne Feuer.

Und wiederum ertönte jener Klang wie eine Menge Stimmen in Klageliedern über die, welche aufs Neue zu derselben Würde berufen werden sollen, und klagte einmütig folgendermaßen:

8. Das einstimmige Klagen über die, welche aufs Neue zu diesen Würden berufen werden sollen

O welch eine klagende Stimme ist das,
erfüllt von größtem Schmerz, ach, ach!
Ein wunderbarer Sieg in wundersamem Gottverlangen
erhob sich, doch die Lust des Fleisches
hielt heimlich sich in ihm verborgen, wehe, wehe!
— da doch der Wille kein Vergehen kannte
und menschliches Verlangen floh die Zügellosigkeit —
O Unschuld, trauere und klage du darüber!
Du hast in edler Keuschheit nicht verloren
die Unversehrtheit; und dir nicht gefallen lassen
die gierige Gefräßigkeit der alten Schlange.
Wie groß ist deine Lieblichkeit, o Quell des Lebens,
ihr Bild in dir hast du nicht eingebüßt,
vielmehr genau vorausgeseh'n,
wie du dem Fall der Engel wollt'st entreißen

die, welche glaubten zu besitzen,
was so nicht weiter darf besteh'n.

Freue dich daher, Tochter Sion
denn Gott hat viele dir zurückgeschenkt,
die dir die Schlange rauben wollte.
Sie strahlen nun in hell'rem Licht,
als damals sie verdient es hätten.

Denn so spricht das lebend'ge Licht
von ihnen: Die gekrümmte Schlange
ließ ich samt ihrer Überredung
zu Falle kommen; sie verfehlte
die volle Wirkung, wie geplant.
Und daher schwor ich bei mir selbst:
Weit mehr, o Schlange habe ich darin erreicht,
als deine Freude ihnen nützen würde.
Entzogen hab' ich nämlich deinem Einfluß,
was nie erlangen sollte deine Wut,
o allerschändlichster Betrüger.

9. Zur Ermunterung der Tugendkräfte und zum Widerspruch gegen die teuflischen Listen

Und wiederum ertönte jener harmonische Klang wie eine Menge Stimmen zur Ermunterung der Tugendkräfte, den Menschen beizustehen, und zum Widerspruch gegen die widerstrebenden teuflischen Listen in der Überwindung der Laster mit Hilfe der Tugenden, während die Menschen schließlich durch göttliche Eingebung zur Reue zurückkehren.

Wir Tugendkräfte sind in Gott
und bleiben auch in Gott.

Im Dienste stehen wir des Königs aller Könige
und scheiden zwischen Gut und Böse.
Beim ersten Kampf traten wir auf den Plan
und haben dort als Sieger uns erwiesen,
indes zu Falle kam, der wollte
sich über sich hinaus erheben.

So laßt uns also nun auch dienen,
zu Hilfe kommen denen, die uns rufen:
des Teufels Listen niedertreten
und jene, die uns folgen wollen,
geleiten zu glücksel'ger Heimstatt.

Klage der im Fleisch lebenden Seelen

Ach, wir sind Fremdlinge! Was taten wir,
da wir zum Sündigen sind abgewichen?
Wir sollten Königstöchter sein,
doch in die Finsternis der Sünden
sind wir hinabgestürzt.

O trage uns, lebend'ge Sonne,
auf deinen Schultern zu dem Erbe,
das uns gebührt und das in Adam
wir haben eingebüßt.
O König du der Könige,
wir kämpfen deinen Kampf!

Anruf einer gläubigen Seele:

O liebliche Gottheit, o süßes Leben,
in dem das Gewand der Herrlichkeit
vollenden ich soll und wiedererhalten,
was ich beim ersten Menschen (apparitio) verlor;
in Sehnsucht seufze ich nach dir auf
und rufe alle Tugenden an.

Antwort der Tugendkräfte:

O glückliche Seele und du, o liebliches Gottesgeschöpf,
geschaffen in unergründlicher göttlicher Weisheit,
groß ist die Liebe dein.

Die gläubige Seele:

O wie gerne käm ich zu euch,
zu empfangen von euch den Kuß des Herzens!

Die Tugendkräfte:

Mit dir zusammen müssen wir kämpfen,
o Tochter des Königs.

Doch die bedrückte Seele klagt:

O schwere Mühsal, o drückende Last,
die ich im Gewand dieses Lebens erdulde;
es ist nämlich hart für mich,
wider das Fleisch zu kämpfen.

Die Tugendkräfte:

O Seele, erschaffen nach Gottes Willen,
und du, o gesegnetes Werkzeug,
warum nur bist du so schwach gegen das,
was Gott in den Staub getreten hat
kraft der Jungfräulichkeit?
Mit uns mußt den Teufel du überwinden.

Jene Seele:

Eilt mir zu Hilfe, daß ich zu stehen vermag!

Die Gotteserkenntnis spricht zu jener Seele:

Sieh nur, womit du bekleidet bist,
Tochter des Heils, sei beständig!
So kommst du niemals zu Falle.

Jene Seele:

Ach ich weiß nicht, was ich soll tun
oder wohin ich soll fliehen!
Weh mir, ich kann nicht vollenden das Kleid,
welches ich angelegt.
ja, ich werfe es ab!

Die Tugendkräfte:

O unglückseliges Gewissen,
o du bejammernswerte Seele,
warum verbirgst du dein Gesicht,
vor dem, der dich erschaffen hat?

Die Gotteserkenntnis zu jener Seele:

Du erkennest ihn nicht
noch siehst oder kostest du den,
der dich ins Leben gerufen.

Jene Seele:

Gott hat die Welt erschaffen;
ich tue ihm kein Unrecht an,
ich will sie nur genießen!

Der Teufel flüstert der Seele ein:

Einfältige du und Törichte,
was nützt dir alle Mühe?
Sieh nach der Welt dich um; sie wird
mit großer Schönheit dich umarmen.

Die Tugendkräfte:

Wehe, wehe! Ihr Tugendkräfte,
laßt uns klagen und trauern:
Dem Leben entfloh ein Schäflein des Herrn.

Die Demut:

Ich der Tugenden Königin,
die Demut, rufe euch zu:
‚Ihr Tugendkräfte, kommt alle zu mir!
Ich will euch Stärke verleihen (enutriam vos),
um die verlorene Drachme zu suchen
und die Glückliche dann zu krönen,
wenn sie beharrlich geblieben ist.'

Antwort der Tugendkräfte:

O glorreiche Königin, liebliche Mittlerin du,
wir kommen mit Freuden!

Die Demut:

Daher, geliebteste Töchter,
halt ich euch fest im Königsgemach.
O Israels Töchter, zum Leben erweckt
hat unterm Baume euch Gott.
Seiner Aussaat gedenket jetzt.
Freuet euch deshalb, ihr Töchter Sions!

Das Fauchen des Teufels gegen die Demut und die übrigen Tugendkräfte

Welche Gewalt ist das denn, als gäbe es
niemanden außer Gott?
Ich aber sage: ‚Dem gebe ich alles,
der mir will folgen und seinem Willen.'
Du aber samt deiner Anhängerschaft

hast ja gar nichts zu bieten,
denn ihr wißt ja auch alle nicht,
was ihr eigentlich seid.

Die Demut erwidert:

Ich mit meinen Gefährten weiß gut,
daß du der alte Drache bist,
welcher sich wollte erheben
über den Höchsten; doch in den Abgrund
schleuderte Gott dich selbst.

Die Tugendkräfte:

Wir aber wohnen alle im Himmel.

Die im Leib lebende reuige Seele klagt und ruft die Tugendkräfte an:

O Tugendkräfte, wie seid ihr so schön!
Königlich strahlet ihr auf an der Sonne Zenit;
o wie lieblich ist eure Wohnung!
Drum weh mir, daß ich geflohen vor euch!

Die Tugendkräfte:

Komm, o Entlaufene, komm zu uns
und auch Gott nimmt dich auf.

Die reuige Seele im Leibe:

Ach, ach, die Glut der Leidenschaft
hat mich verzehrt in Sünden.
Drum wagte ich nicht einzutreten.

Die Tugendkräfte:

Fürchte dich nicht und fliehe nicht,
denn sein verlorenes Schaf
sucht der Gute Hirte in dir.

Die reuige Seele im Leibe:

Hab's bitter nötig, daß ihr mich aufnehmt,
denn übel riechen die Wunden,
womit mich die alte Schlange verdarb.

Die Tugendkräfte:

Komm schnell zu uns und folge diesen Spuren;
sind wir bei dir, wirst du nie fallen
und heilen wird dich Gott.

Die reuige Seele im Leibe:

Ich Sünderin, die ich das Leben floh,
bedeckt mit Wunden will ich zu euch kommen,
daß ihr mir leiht den Schild der Rettung.

Die Tugendkräfte:

Sei stark, du flüchtige Seele
und lege die Waffen des Lichtes an!

Die reuige Seele im Leibe:

O all ihr Streiter der Königin
und ihr, ihre schneeweißen Lilien
und purpurgeschmückten Rosen,
neigt euch mir zu; aus der Heimat
bin ich verbannt — euch entfremdet.

Helft mir, daß ich mich erheben kann
im Blute des Sohnes Gottes.
Und du, o Demut, wahre Arznei,
gewähre mir deine Hilfe;
zerbrochen hat mich durch schwere Schuld
der Stolz und mich sehr verwundet.
Nimm mich nun auf, denn ich fliehe zu dir!

Die Demut zu den Tugendkräften:

O ihr Tugendkräfte alle,
nehmt den armen Sünder voller Narben
um der Wunden Christi willen auf
und geleitet ihn zu mir!

Die Tugendkräfte zur reuigen Seele im Leibe:

Zurückgeleiten wollen wir dich
und wollen dich nicht verlassen;
die ganze himmlische Heerschar frohlockt
über dich; und es ziemt sich darob,
miteinander vereint zu lobsingen.

Die Demut zur reuigen Seele:

Ich will dich umarmen, o unglückselige Tochter,
denn grausame, bittere Wunden erlitt
um deinetwillen der große Arzt.

Der Teufel flüstert der reuigen Seele ein:

Wer bist du denn und woher kommst du?
Umarmt hast du mich und ich habe dich
ins Weite hinausgeführt.
Doch deine Umkehr macht mich jetzt zuschanden.
Ich aber will in meinem Streit
dich nun zu Boden strecken.

Die reuige Seele wider den Teufel:

Als böse erkannte ich all deine Wege
und deshalb floh ich vor dir.
Jetzt aber, Spötter, bekämpfe ich dich.

Die reuige Seele zur Demut:

O Königin Demut, mit deiner Arznei
eile mir deshalb zu Hilfe.

Die Demut zum Sieg und den anderen Tugendkräften:

O Sieg, der du jenen im Himmel besiegt,
mit deinen Gefährten eile herbei
und leget in Fesseln den Teufel hier!

Der Sieg zu den Tugendkräften:

Ihr starken und ruhmreichen Streiter kommt,
und helft überwinden mir diesen Betrüger.

Die Tugendkräfte zum Sieg:

O liebliche Kämpferin unter dem Sturzbach,
der den gefräßigen Wolf verschlungen!
Ruhmvoll Gekrönte, wir streiten gern
mit dir gegen den Spötter hier.

Die Demut zu den Tugendkräften:

Fesselt ihn also, o ihr herrlichen Kräfte!

Die Tugendkräfte:

Dir uns're Königin, woll'n wir gehorchen,
und in allem erfüllen wir deine Gebote.

Der Sieg:

Freuet euch, ihr Gefährten,
gebunden ist nämlich die alte Schlange!

Die Tugendkräfte:

Lob sei dir, Christus, König der Engel!
O Gott, wer bist du, der im Herzen
diesen großen Ratschluß getragen,
der vernichtet den höllischen Trank
in den Zöllnern und in den Sündern,
die nun in der Güte des Vaters (suprema) leuchten?
Daher sei Lob dir, o König!

O allmächtiger Vater du!
Aus dir fließt ein Quell in feuriger Glut.
Führ' übers Wasser die Söhne dein
im günstigen Wind für die Segel.
Und auch wir wollen sie so geleiten
zur himmlischen (Stadt) Jerusalem.

Und diese Stimmen waren wie die Stimmen einer Menge, wenn eine Menge laut ihre Stimme erhebt. Und ihr Schall durchdrang mich so, daß ich sie unschwer und schnell verstand. *Und ich hörte eine Stimme aus dieser durchsichtigen Atmosphäre zu mir sprechen.*

10. Gott ist unaufhörlich mit Herz und Mund für seine unaussprechliche Gnade zu loben

Dem himmlischen Schöpfer muß man unaufhörlich mit der Stimme des Herzens und des Mundes Lobgesänge darbringen, denn er weist nicht nur den Stehenden und Aufrechten, sondern auch den Fallenden und Gebeugten durch seine Gnade Plätze im Himmel zu.

Deshalb *siehst du,* o Mensch, *eine ganz durchsichtige Atmosphäre,* welche die helle Freude (candorem gaudii) der Himmelsbürger darstellt. *In ihr vernimmst du in all den erwähnten Sinnbildern auf wundersame Weise den unterschiedlichen Klang von Harmonien: Lobgesänge auf die Freuden der Himmelsbürger, welche mutig auf dem Weg der Wahrheit verharren, und Klagelieder über die, welche aufs Neue zu den gleichen Freudengesängen berufen werden sollen.* Denn wie die Luft das, was unter dem Himmel ist, umfaßt und trägt, so besingt — wie du bei den dir angedeuteten Wundertaten Gottes vernimmst — ein süßer und lieblicher harmonischer Freudengesang die wunderbaren Taten der Auserwählten, die in der himmlischen Stadt leben und in freudiger (suavi) Hingabe verharren; und Klagelieder (besingen) die Verdemütigung jener, welche die alte Schlange zu verderben sucht. Diese führt die Stärke Gottes dennoch kraftvoll zur Teilhabe an den Freuden der Seligen und bringt in ihnen jene Geheimnisse ans Licht, die den der Erde zugeneigten Menschenherzen unbekannt sind; *und* du (vernimmst) *den aneifernden Gesang der Tugendkräfte, die einander ermuntern, den Völkern, die von teuflischer List bekämpft werden, Heil zu erwirken. Diese Tugendkräfte jedoch bezwingen sie. So gehen die gläubigen Menschen schließlich durch Buße von den Sünden zum himmlischen Leben über.* Damit widerstehen die Tugendkräfte nämlich in den Herzen der Gläubigen zu deren Rettung ihren Lastern, mit denen ihnen der teuflische Anhauch heftig zusetzt. Doch wenn sie mit heldenhafter Stärke überwunden sind, kehren die in Sünden verfallenen Menschen auf göttliches Geheiß zur Buße zurück, wenn sie die begangenen Taten erforschen und beweinen und die künftigen bedenken und sich davor hüten.

11. Ein Lied soll in Einmütigkeit und Eintracht vorgetragen werden

Deshalb ertönt dieser Klang wie eine Menge Stimmen in harmonischem Lobgesang aus der Höhe. Denn ein Lied in Einmütigkeit und Eintracht verdoppelt (ruminat) den Ruhm und das Ansehen der Himmelsbürger; es trägt nämlich empor, was das Wort offen verkündet.

12. Das Wort bezeichnet den Leib, die Melodie aber den Geist und die Harmonie die Gottheit; das Wort jedoch bezeichnet die Menschheit des Sohnes

So bezeichnet das Wort den Leib, die Melodie aber offenbart den Geist; denn auch die himmlische Harmonie verkündet die Gottheit und das Wort macht die Menschheit des Gottessohnes offenbar.

13. Die erschlaffte Seele wird durch die Melodie der Vernünftigkeit zum Wachen angeeifert

Und wie die Macht Gottes überall hineilt (volans) und alles umkreist und ihr kein Hindernis entgegensteht, so besitzt auch die menschliche Vernünftigkeit die große Kraft, mit lebendigen Stimmen zu erschallen und mit einer Melodie die erschlafften Seelen zum Wachen anzueifern. Das erprobt auch David im Lied seiner Prophetie und Jemias zeigt es mit wehklagender Stimme in seinem Klagelied. *So vernimmst du, o Mensch, der du armselig und gebrechlicher Natur bist, in einem Lied die Melodie von der feurigen Glut der jungfräulichen Keuschheit in den Umarmungen der Worte des blühenden Reises, die Melodie über die Heiligkeit der lebenden Lichter, die in der himmlischen Stadt leuchten, die Melodie über die Prophezeiung geheimnistiefer Rede, die Melodie von der Verkündigung wunderbarer Worte beim Aposteldienst* (apostolatus), *die Melodie derer, die sich gläubig zum Vergießen ihres Blutes anbieten, die Melodie den Geheimnissen des Priesteramts und die Melodie von der jungfräulichen Würde der in himmlischer Grünkraft Blühenden.* Denn dem himmlischen Schöpfer antwortet (resultat) sein gläubiges Geschöpf mit der Stimme des Jubels und der Freude und zollt ihm ständig Dank. *Du vernimmst aber auch wie eine Menge von Stimmen den einmütigen Gesang von Klageliedern über die, welche aufs Neue zu diesen Würden berufen werden sollen,* denn das Lied freut sich nicht nur in einmütigem Frohlocken über die, welche mutig auf dem Weg der Gerechtigkeit ausharren, sondern auch einträchtig über die Wiedererweckung der vom Weg der Gerechtigkeit Abgefallenen und frohlockt schließlich über die wahre Glückseligkeit der Wiedererstandenen. Denn auch der Gute Hirt trägt das verlorengegangene Schaf freudig zur Herde zurück.

Desgleichen ertönt dieser harmonische Klang, wie du vernimmst, wie eine Menge von Stimmen als aneifernder Gesang der Tugendkräfte zur Hilfe der Menschen und zum Widerspruch gegen die widerstrebenden teuflischen

Listen, während die Tugendkräfte die Laster besiegen und die Menschen schließlich auf göttliche Eingebung zur Buße zurückkehren. Denn lieblich ist der Zusammenschluß der Tugenden, welche die gläubigen Menschen zur wahren Glückseligkeit ziehen; hart aber ist die Anhäufung von Lastern durch Nachstellung des Teufels. Doch nicht so, daß die Tugenden die Laster nicht bezwingen würden; sie lähmen sie nämlich vollständig und führen die mit ihnen Einverstandenen — vom himmlischen Helfer unterstützt — durch wahre Reue zum ewigen Lohn, wie dir auch in ihrem harmonischen Gesang vor Augen geführt wird.

14. Ein Gesang erweicht harte Herzen, bewegt zu Tränen der Zerknirschung und ruft den Heiligen Geist herbei

Denn ein Gesang erweicht harte Herzen, bewegt sie zu Tränen und ruft den Heiligen Geist herbei. *Deshalb sind auch diese Stimmen wie die Stimme einer Menge, wenn eine Menge laut ihre Stimme erhebt.* Denn die in der Einfalt der Einmütigkeit und Liebe erschallenden frohlockenden Lobgesänge geleiten die Gläubigen bis zu jener Eintracht, die keine Zwietracht kennt, weil sie sie auf Erden mit Herz und Mund nach der himmlischen Belohnung seufzen lassen. *Und ihr Schall durchdringt dich so, daß du sie unschwer und schnell verstehst.* Denn wo die göttliche Gnade wirkt, nimmt sie alle Schattenfinsternis hinweg und macht rein und strahlend, was durch die fleischlichen Sinne im schwachen Fleisch dunkel ist.

15. Der Gläubige muß unablässig mit aller Hingabe frohlocken

Wer immer daher Gott gläubig erkennt, wird ihm unermüdlich getreu Lobgesänge darbringen und unablässig mit gläubiger Hingabe vor ihm frohlocken, wie auch mein Knecht David, von unerschöpflich erhabenem Geist erfüllt, ermunternd von mir spricht.

16. Worte Davids über dasselbe Thema

„Lobt ihn mit Trompetenschall; lobt ihn mit Harfe und Zither; lobt ihn mit Pauken und Reigen; lobt ihn mit Saitenspiel und Flöte; lobt ihn mit wohlklingenden Zimbeln. Alles, was Odem hat, lobe den Herrn" (Ps. 150, 3—6). Das ist so: Die ihr Gott in einfältiger Absicht und reiner Hingabe kennt, anbetet und liebt, lobt ihn mit Trompetenschall, d. h. mit dem Sinn der Vernunft. Denn als der verworfene Engel mit seiner Anhängerschaft ins Verderben stürzte, beharrten die Chöre der seligen Geister vernunftgemäß auf der Wahrheit und hingen in treuer Ergebenheit Gott an.

Und lobt ihn mit der Harfe tiefer Ergebenheit und mit der Zither lieblich tönenden Gesanges (melliflui canoris). Denn dem Posaunenschall folgt das Harfenspiel und dem Harfenspiel die Zither, wie sich auch nach den seligen Engeln, die in der Liebe zur Wahrheit verharrten, nach der Erschaffung des Menschen die Propheten mit wunderbaren Stimmen erhoben, denen die Apostel mit gewinnenden Worten folgten.

Und lobt ihn mit der Pauke (der Bereitschaft) zum Sterben und mit dem Reigen der Freude; denn nach der Zither frohlockt die Pauke und nach der Pauke der Reigen(gesang). Wie nämlich die Apostel über das Heil predigten, so erduldeten die Märtyrer zur Ehre Gottes viele Martern an ihrem Leib, und ihnen folgten dann die wahren Lehrer im priesterlichen Dienst.

Und lobt ihn mit dem Saitenspiel der menschlichen Erlösung und mit der Flöte des göttlichen Schutzes. Denn den Freudenreigen begleiten die Stimmen des Saitenspiels und der Flöte, wie auch den Lehrern der Wahrheit, die im Dienst der Glückseligkeit die Wahrheit aufzeigten, die Jungfräulichen vorangingen. Sie liebten den Sohn Gottes als wahren Menschen — gleichsam mit Saitenspiel — und beteten ihn als wahren Gott wie mit Flötenspiel an, da sie an ihn als wahren Gott und wahren Menschen glaubten. Was bedeutet das? Als der Sohn Gottes für das Heil der Menschen Fleisch annahm, verlor er nicht die Herrlichkeit der Gottheit. Daher erwählten sich ihn die seligen Jungfrauen zum Bräutigam in bräutlicher Liebe (in desponsatione) als wahren Menschen und in keuscher Enthaltsamkeit (in castitate) als wahren Gott, und ergriffen ihn in gläubiger Hingabe.

Lobt ihn aber auch mit wohlklingenden Zimbeln, d. h. mit solcher Zustimmung (assertionibus), die einen guten Klang in wahrer Freude ergibt, wenn Menschen, die in den Abgründen der Sünden liegen, vom göttlichen Hauch durchdrungen, sich aus der Tiefe empor zur himmlischen Höhe erheben.

Lobt ihn mit jubilierenden Zimbeln, nämlich mit zustimmendem göttlichen Lob, wenn die starken Tugendkräfte tapfer den Sieg erringen und die Laster in den Menschen bezwingen, um sie in starkem Verlangen zur Seligkeit wahrer Belohnung zu führen, wenn sie beharrlich im Guten sind.

Daher lobe alles, was Odem hat und guten Willens ist, an Gott zu glauben und ihn zu ehren, den Herrn, d. h. jenen, welcher der Herr über alles ist. Denn es ist recht, daß der, welcher das Leben ersehnt, den verherrlicht, der das Leben ist.

Und wiederum hörte ich eine Stimme aus dieser durchsichtigen Atmosphäre sprechen: ‚O erhabenster König, Lob sei dir, der du das in einem einfältigen und ungelehrten Menschen tust.'

Doch nochmals rief eine Stimme ganz laut (maxima vociferatione) vom Himmel: Hört und gebt acht, ihr alle, die ihr nach himmlischem Lohn und Glückseligkeit verlangt! O ihr Menschen, ihr habt gläubige Herzen und erwartet himmlische Vergeltung. Nehmt diese Worte auf und legt sie im Innern eures Herzens nieder; weist diese Ermahnung zu eurer Heimholung nicht zurück. Denn ich, der lebendige wahre Zeuge der Wahrheit, der sprechende und nicht schweigende Gott, sage immer und immer wieder: Wer kann mich überwältigen? Wer das versucht, den strecke ich nieder. Daher nehme der Mensch keinen Berg in Angriff, (apprehendat), den er nicht in Bewegung setzen kann, sondern bleibe im Tal der Demut. Doch wer setzt sich über wasserlose Strecken hinweg? Wer sich im Wirbel dreht und saftlose Früchte verteilt. Und wie könnte ich dort zelten? Mein Zelt ist vielmehr dort, wo der Heilige Geist bewässert (irrigationem suam fundit). Was besagt das?

Ich bin in der Mitte. Inwiefern? Wer immer mich richtig ergreift, der wird weder in der Höhe noch in der Tiefe oder in der Breite zu Fall kommen. Was heißt das?

Ich bin jene Liebe, die kein leidenschaftlicher Hochmut zu Fall bringt noch Stürze in die Tiefe zerschellen lassen oder die Ausbreitung der Bösen aufreibt. Kann ich etwa nicht in der Höhe bauen, bis zum Schemel der Sonne? Die Starken, welche in den Niederungen ihre Kraft beweisen (ostendunt), verachten mich, die Schwachen verwerfen mich im Tosen der Stürme, die Klugen und wer immer für sich einen Turm nach seinem Willen baut, weisen meine Speise zurück. Doch ich will sie durch einen Geringen und Kleinen zuschanden machen, wie ich Goliath durch einen Knaben zu Boden streckte und wie ich Holofernes durch Judith überwand. Wer daher die geheimnisvollen Worte dieses Buches zurückweist, gegen den spanne ich meinen Bogen und durchbohre ihn mit den Pfeilen meines Köchers. Seine Krone schleudere ich von seinem Haupt und werde ihn mit denen vergleichen, die am Horeb fielen, als sie wider mich murrten. Doch auch wer seine Verwünschungen gegen diese Prophetie ausstößt, über den komme der Fluch, den Isaak aussprach; so werde auch der vom Segen des himmlischen Taus erfüllt, der sie umarmt; desgleichen, wer sie in seinem Herzen bewahrt und wer ihr die Wege ebnet. Und wer sie kostet und in seinem Gedächtnis behält, werde ein Berg, der von Myrrhe, Weihrauch und allen Wohlgerüchen (duftet), und eine Ebene, die reich gesegnet ist (dilatatio multarum benedictionum). Wie Abraham wird er von Segnung zu Segnung emporsteigen. Und mit dem, der eine Säule ist, soll sich die neuvermählte Braut des Lammes im Angesicht Gottes verbinden. Und der Schatten der Hand Gottes wird ihn beschützen.

Wer aber diese Worte des Fingers Gottes (Hl. Geist) ohne guten Grund verbirgt, sie wütend verkürzt oder sie wegen einer menschlichen Empfindung an einen unbekannten Ort beiseiteschafft und so nicht ernst nimmt (deriserit), der sei verworfen. Und der Finger Gottes wird ihn zermalmen.

Lobet, lobt also Gott, ihr seligen Herzen (viscera) in all diesen Wundern, die Gott in der weiblichen Gestalt (molla forma) der Schönheit des Allerhöchsten geschaffen hat, die er selbst vorausschaute, als sie zum ersten Mal in der Rippe des Mannes (Eva), den Gott erschuf, erschien.

Wer aber scharfe Ohren zum inneren Verständnis besitzt, der lechze in leidenschaftlicher Liebe zu meinem Abbild nach diesen Worten und schreibe sie ins Gewissen seiner Seele ein. Amen.

Im „Scivias“ behandelte Bibelstellen

BILDLEGENDEN

Seite 91: Die Mutter der Menschwerdung des Gottessohnes, die Synagoge, sah die göttlichen Geheimnisse im Schattenbild voraus, aber sie blickte nicht auf das wahre Licht. Schau I, 5

Seite 101: Die neun Chöre der himmlischen Geister besingen die Wunder, die Gott in den Seelen der Seligen wirkt. Schau I, 6

Seite 115: Das lebendige Feuer bezeichnet Gott, die Sterne die Propheten, der Glanz der Morgenröte das fleischgewordene Wort, das den in Finsternis darniederliegenden Menschen aufrichtete. Schau II, 1

Seite 124: Das helle Licht und die saphirfarbene, von rötlichem Feuer durchglühte menschliche Gestalt darin sind ein einziges Licht, drei Personen – der eine Gott. Schau II, 2

Seite 163: Die durch die Gabe des Heiligen Geistes wie ein Turm befestigte Kirche stärkt die Getauften mit der Salbung dieses Geistes. Schau II, 4

Seite 286: Menschen treten zum Empfang des Sakraments hinzu; die einen leuchtend und feurig, andere finster, einige vom Schmutz der Laster starrend, manche von Dornen umgeben und aussätzig. Schau II,6

Seite 306: Der Teufel sendet die Flammen boshafter Überredungskunst in die vier Himmelsrichtungen unter die Menschen aus, damit sie ihm folgen. Er bietet verführerisch seine Künste an, wie wenn ein Verkäufer auf dem Markt seine verschiedenen Waren feilbietet. Schau II,7

Seite 347: Auf dem Berg steht das rechteckige Heilsgebäude. Der Sohn Gottes ist der Eckstein. Er hält das erlesene Bauwerk in den Menschen bis zum Ende zusammen. Schau III,2

Seite 366: Auf dem Turm stehen fünf Tugenden als Sinnbild für die fünf Sinne des Menschen. Schau III,3

Seite 386: Die Säule bezeichnet das Geheimnis des göttlichen Wortes. An einer ihrer Kanten sitzen die Patriarchen und Propheten, an der zweiten die Apostel und Heiligen, an der dritten die Kirchenlehrer. Schau III,4

Seite 410: Das Haupt blickt zornig nach Norden. Es besitzt drei Flügel und versinnbildet den Eifer Gottes. Schau III,5

Seite 441: Die Arkadenmauer ist das israelitische Volk; die beiden niedrigeren Mauern der Bau der Völker; die Darstellungen die im Werk der Güte Gottes erscheinenden Tugendkräfte. Schau III, 6

Seite 492: In der Säule sind leiterartige Treppen; auf ihr steigen die göttlichen Tugenden mit Steinen beladen zur Arbeit empor. Schau III,8

Seite 522: Der Turm ist die Kirche; die Menschen darin wenden sich zum Guten oder zum Bösen. Die sieben Säulen sind die Stütze der neuvermählten Braut. Schau III,9

Seite 550: Der Menschensohn spricht mahnende Worte; die Tugenden betrachten ihn hingegeben und weisen einzeln auf ihre Kraft in den Menschen hin. Schau III,10

Seite 589: Nach beendetem Gericht nimmt die Auserwählten unter lautem Lobgesang die ewige Herrlichkeit auf; doch die Verworfenen verschluckt unter großem Geheul die Unterwelt. Schau III,12